알베르 카뮈(1913~1960)

프로방스 마을 알베르 카뮈가 죽기 전까지 살았고 무덤도 그곳에 있다.

프로방스 루르마랭 카뮈 거리에 있는 카뮈의 집

알베르 카뮈 초등학교 보육원 및 매점 조성물로 구성되어 남쪽 도시에 위치한다.

알베르 카뮈와 친구 미셸 갈리마르

프랑스 지식인 피카소 그룹 사진 라캉, 다다, 피에르 레 버디, 시몬 드 보부아르, 미셸, 사르트르와 카뮈 등(1944)

교통사고 가족과 함께 휴가를 마치고 친구가 운전하던 차를 타고 파리로 돌아오던 중 빙판길에 차가 미끄러져 나무와 부딪히는 사고로 숨졌다.

알베르 카뮈와 그의 아내 프랑신 포르의 묘

카뮈 기념물 교통사고로 사망한 빌르블레뱅의 작은 마을 르 그랑 포사르에 있다.

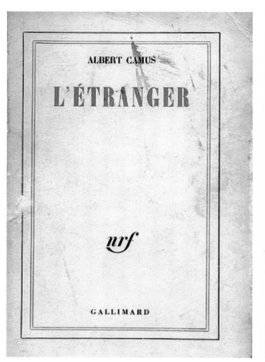

《이방인》 초판 표지

《페스트》 초판 표지

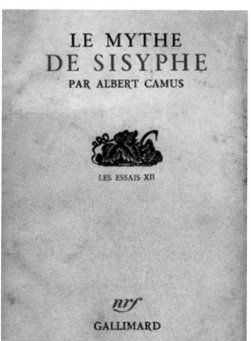

《시지프 신화》 초판 표지

시시포스의 동상 아센 헤르트 세네마

영화 〈이방인〉 루키노 비스콘티 감독, 마르첼로 마스트로얀니·안나 카리나 주연. 1967.

World Book 154

Albert Camus
L'ÉTRANGER/LA PESTE/LE MYTHE DE SISYPHE
이방인/페스트/시지프 신화
알베르 카뮈/이혜윤 옮김

동서문화사

디자인 : 동서랑 미술팀

이방인/페스트/시지프 신화
차례

L'Étranger
이방인

제1부

1

오늘 어머니가 돌아가셨다. 어쩌면 어제일지도 모른다. 양로원으로부터 전보 한 통을 받았다.

'모친 사망, 내일 장례식. 근조(謹弔).'

이것만으로는 아무것도 모르겠다. 아마 어제였는지도 모르겠다.

양로원은 알제에서 80킬로미터 떨어진 마랑고에 있다. 2시에 버스를 타면 해지기 전에 도착할 수 있으리라. 그러면 밤샘을 하고, 내일 저녁에는 돌아올 수 있을 것이다. 나는 사장에게 이틀의 휴가를 요청했는데 그는 이유가 이유니만큼 거절할 수 없었다. 그러나 좋아하지 않는 눈치였다.

"제 탓이 아닙니다."

그는 아무 대꾸도 하지 않았다. 그제야 나는 그런 소리는 하지 말았어야 했다고 생각했다. 어쨌든 변명 따위는 하지 않아도 상관없었다. 오히려 그가 나에게 조의를 표해야 할 터이다. 하지만 그가 실제로 조문을 하는 것은 모레, 내가 상장을 달고 있는 것을 봤을 때이리라. 지금은 어쩐지 어머니가 돌아가시지 않은 것 같은 기분이다. 장례식이 끝나면 이는 확정적인 사실이 되어 만사가 공인된 형식을 갖추게 될 것이다.

2시에 버스를 탔다. 몹시 더웠다. 평소와 다름없이 셀레스트네 식당에서 점심을 먹었다. 식당 사람들은 모두 나를 가엾게 여겨 매우 슬퍼해주었고, 셀레스트는 나에게 말했다.

"어머니란 둘도 없는 분이지."

내가 나올 때는 모두들 문까지 바래다주었다. 나는 에마뉘엘의 집에 들러 검은 넥타이와 상장을 빌려야 했으므로 마음이 몹시 급했다. 에마뉘엘은 몇 달 전에 작은아버지를 잃었다.

나는 늦지 않으려고 뛰었다. 내가 깜빡 존 것은 그처럼 서둘러 뛰었기 때문이다. 더욱이 버스가 흔들리고, 가솔린 냄새가 풍겼으며, 길과 하늘에 반사되는 햇빛 탓이기도 하다. 차를 타고 가는 동안 거의 내내 잤다. 잠을 깨어 보니 어떤 군인의 어깨에 기대어 있었는데, 그는 나를 향해 웃으며 먼 데서 오느냐고 물었다. 별로 말하고 싶지 않아서 "네" 대답했다.

양로원은 마을에서 2킬로미터쯤 떨어진 곳에 있었다. 나는 그 길을 걸었다. 곧 어머니를 보고 싶었지만, 문지기가 원장을 만나야 한다고 말했다. 원장은 바빴으므로 나는 조금 기다렸다. 그동안 문지기는 줄곧 이야기를 했다. 이윽고 원장을 만났다. 원장은 자기 사무실로 나를 맞아주었다. 키 작은 노인으로 레지옹도뇌르 훈장을 달고 있었다. 그는 맑은 눈으로 나를 쳐다보았다. 그러고는 내 손을 붙들고 꽤나 오랫동안 놓지 않았기 때문에, 나는 어떻게 손을 빼내야 할지를 몰랐다. 원장은 서류를 뒤적여보고 나서 말했다.

"뫼르소 부인은 3년 전에 이곳에 오셨군요. 당신이 유일한 가족이었네요."

그가 나를 나무라는 것이라고 여겨져 사정 설명을 하기 시작했다. 그러나 그는 내 말을 가로막으며 말했다.

"변명할 건 없어요. 나도 당신 어머니의 서류를 읽어보았는데, 어머님을 부양할 수 없는 처지더군요. 어머니한테는 돌봐줄 만한 사람이 필요했는데, 당신의 월급은 얼마 안 됐지요. 결국, 여기 계신 게 어머니에게도 다행이었지요."

"네, 그렇습니다, 원장님." 나는 말했다.

"여기에는 같은 연배의 친구들도 계셨지요. 그들과 함께 지나간 옛 이야기를 나눌 수도 있었을 겁니다. 당신은 젊으니까 당신과 함께 살았으면 아무래도 적적하셨을 겁니다." 원장이 덧붙였다.

그것은 사실이었다. 집에 있었을 때, 엄마는 아무 말 없이 나를 지켜보기만 하며 시간을 보냈다. 양로원으로 들어가고 난 처음 며칠 동안은 자주 울고는 했다. 그러나 습관 탓이었다. 몇 달이 지나고, 양로원에서 데리고 나오겠다고 했더라도 울었을 것이다. 그 또한 습관 탓이다. 마지막 해에 내가 거의 양로원에 가지 않은 것도 그런 이유 때문이다. 게다가 그러자면 또 일요일을 빼앗겨야 하기 때문이었다—버스를 타고 표를 사고 2시간 동안이나 차를 타야 하는 수고는 말할 것도 없었다.

원장은 다시 이야기를 계속했지만, 나는 거의 듣지 않았다. 그러자 그는 이렇게 말했다.

"물론 어머님을 보고 싶으실 테지요."

나는 아무 대답도 하지 않고 일어섰고 그는 방문을 향해 앞장서 갔다. 계단으로 나서자 그는 설명을 덧붙였다.

"시신은 조그만 영안실로 옮겨놓았습니다. 다른 사람들을 자극하지 않기 위해서지요. 원내에서 누군가 사람이 죽을 때마다 2, 3일 동안 다른 사람들의 신경이 날카로워져서 일하기가 어려워진답니다."

우리는 안뜰을 지나갔는데 거기에는 노인들이 많이 보였고, 두서넛씩 모여서 이야기를 나누고 있었다. 우리가 지나갈 때에는 잠시 말을 끊었다가 지나간 뒤에는 다시 이야기가 계속되는 것이었다. 마치 앵무새들이 나직하게 재잘거리는 소리 같았다. 어떤 조그만 건물의 문 앞에 이르자 원장은 나와 헤어졌다.

"그럼 나는 가보겠습니다, 뫼르소 선생. 사무실로 오시면 언제든지 만날 수 있습니다. 원칙적으로 장례식은 아침 10시로 예정되어 있습니다. 고인 옆에서 밤샘하실 것을 생각해서 그렇게 정한 것입니다. 그리고 또 하나, 어머님께서는 가끔 이곳 친구분들에게, 장례식은 종교장으로 해주었으면 하는 희망을 표시하셨던 것 같습니다. 필요한 모든 준비는 제가 해놓았습니다. 하지만 미리 알려드려야 할 것 같아서 말씀드리는 겁니다."

나는 원장에게 감사 인사를 했다. 어머니는 무신론자는 아니지만, 생전에 종교를 생각한 적은 한 번도 없었다.

나는 안으로 들어갔다. 하얗게 회칠을 하고, 큰 유리창이 달린 매우 밝은 방이었다. 의자들과 X자 모양의 받침대로 괸 틀들이 놓여 있고, 방 한가운데 있는 두 개의 틀 위에는 뚜껑이 덮인 관이 가로놓여 있었다. 호두기름을 칠한 판자 위에 대충 박아둔 번쩍거리는 나사못만이 드러나 보였다. 관 곁에는 흰 블라우스를 입고 머리에 짙은 색의 수건을 쓴 간호사가 있었다.

그때 내 뒤로 문지기가 들어왔다. 뛰어온 것이 틀림없었다. 그는 좀 더듬거리며 말했다.

"입관을 했습니다만, 고인을 보실 수 있도록 나사못을 뽑아드려야죠."

그러면서 관으로 가까이 다가가려기에 나는 그를 제지했다.

"안 보시렵니까?"

그가 묻기에 그렇다고 대답했다. 그는 말을 멈췄다. 그런 소리는 하지 말았어야 했다고 느낀 나는 어쩐지 겸연쩍었다. 조금 뒤 그는 나를 쳐다보고 왜냐고 물었는데, 별로 비난하는 기색은 없었다.

나는 말했다.

"이유는 없습니다."

그러자 그는 흰 수염을 잡고 꼬면서 쳐다보지도 않고 말했다.

"알겠습니다."

그는 맑고 푸른, 아름다운 눈에 얼굴빛은 조금 붉었다. 나에게 의자를 권하고 자기도 내 뒤에 조금 떨어져서 앉았다. 간호사가 일어서서 문으로 걸어갔다. 그때 문지기가 나에게 말했다.

"저 사람은 종기가 났어요."

나는 무슨 말인지 몰라서 간호사를 쳐다보았다. 눈 밑을 붕대로 감고, 그게 머리까지 한 바퀴 한 바퀴 감겨져 있는 것을 알 수 있었다. 코 높이에서 붕대가 편편해져 있었다. 그녀의 얼굴에는 흰 붕대밖에 보이지 않았다.

간호사가 가버리자 문지기가 말했다.

"혼자 계시게 해드리지요."

내가 어떤 몸짓을 했는지 모르겠지만, 그는 나가지 않고 내 뒤에 서 있었다. 그렇게 내 등 뒤에 사람이 서 있는 것이 몹시 거북했다. 방 안에는 저물어가는 오후의 아름다운 빛이 가득했다. 말벌 두 마리가 유리창에 부딪치며 붕붕거리고 있었다. 졸음이 오는 것을 느꼈다. 나는 문지기에게 고개를 돌리지 않은 채 말했다.

"여기 오신 지 오래되십니까?"

그가 바로 대답했다.

"5년 됐습니다."

마치 처음부터 내가 그렇게 물어주기를 기다리고나 있었다는 듯이. 그리고 그는 수다스럽게 떠들어댔다. 그가 마랑고 양로원에서 문지기로 일생을 마치게 되리라고 혹시 누가 말했더라면, 아마 그는 묘한 표정을 지었으리라. 그는 예순네 살로 파리 태생이었다. 그때 나는 그의 이야기를 가로막으며 말했다.

"아! 이 고장 분이 아니시군요?"

그러고는 그가 나를 원장실로 데리고 가기 전에 어머니 이야기를 했던 생각이 떠올랐다. 그는, 인가가 없는 벌판과 들은 덥기 마련인데 이 나라에서는 특히 더우니까 서둘러 매장해야 한다고 했었다. 또 파리에 살았었고, 파리는 좀처럼 잊히지 않는다고 알려준 것도 그때였다. 파리에서는 사흘씩이나 시체와 같이 있을 수도 있지만 여기서는 그럴 시간이 없다. 영구차를 따라가야 한다는 것이었다. 그때 그의 아내가 그에게 말했다.

"가만있어요. 이분에게 할 얘기가 아니잖아요."

노인은 낯을 붉히고 사과를 했다. 나는 그들 사이에 끼어들어 말했다. "아니, 상관없어요. 정말 괜찮아요." 그의 이야기가 그럴듯하고 재미있다고 생각했다.

조그만 영안실에서, 그는 극빈자로서 양로원에 들어왔다고 말했다. 아직 건강하다고 생각해, 그 문지기의 자리를 자원했다는 것이었다. 나는, 결국 그도 재원자(在院者)의 한 사람이 아니냐고 지적했다. 그는 아니라고 했다. 자신보다 나이가 어린 사람도 꽤 있는데, 재원자들의 이야기를 할 때 '그들', '다른 사람들', 또 어쩌다가는 '늙은이들'이라는 표현을 하는 것이 인상에 강하게 남았다. 그러나 물론 그는 그들과는 같지 않았다. 그는 문지기인 만큼, 어느 정도까지는 영향력이 있었다.

그때 간호사가 들어왔다. 갑자기 땅거미가 내렸다. 삽시간에 밤이 유리창 위에 짙어갔다. 문지기가 스위치를 켜자 별안간 쏟아지는 불빛 때문에 눈이 보이지 않았다. 그가 식당으로 저녁을 먹으러 가라고 권했으나, 나는 배가 고프지 않았다. 그랬더니 그는 밀크커피를 한 잔 가져오겠다고 말했다. 나는 밀크커피를 아주 좋아했으므로 그러라고 했다. 조금 뒤에 그는 쟁반을 하나 들고 돌아왔다. 커피를 마셨다. 이번엔 담배가 피우고 싶었다. 그러나 어머니 앞에서 담배를 피워도 좋을지 어떨지 몰라 망설였다. 생각해보니, 아무래도 좋았다. 문지기에게 담배 한 대를 권하고, 우리는 담배를 피웠다.

문득 그가 말했다.

"그런데 어머님 친구분들도 밤샘을 하러 올 겁니다. 관습이 그러니까요. 의자와 블랙커피를 가져와야겠습니다."

나는 전등을 하나 꺼도 되냐고 물었다. 불빛이 벽에 반사되어 피로를 느꼈기 때문이다. 문지기는 그럴 수 없다고 했다. 배선 때문에 다 켜든지 모두 꺼버리든지 하는 수밖에 없다는 것이었다. 나는 이제 그에게 별로 주의를 기울이지 않았다. 그는 나갔다가 들어와서 의자들을 늘어놓고, 한 의자 위에 커피주전자를 놓고 그 주위에 찻잔들을 포개놓았다. 결국 그는 어머니 건너편, 내 앞에 앉았다. 간호사도 방 안쪽에 등을 돌리고 앉았다. 그녀가 무엇을 하고 있는지는 몰랐으나, 팔을 놀리는 것으로 보아 뜨개질을 하고 있다는 것을 짐작할 수 있었다. 방 안도 따뜻하고 커피를 마셔서 몸도 따뜻해졌다. 열어놓은 문으로 시원한 밤공기에 꽃향기가 실려왔다. 약간 졸았던 모양이다.

무언가 스치는 소리에 잠이 깼다. 눈을 감고 있어서 방 안의 흰빛이 눈부셔 보였다. 내 앞에는 그림자 하나 없어, 물체 하나하나, 모서리 하나하나, 모든 곡선들이 눈이 아플 정도로 뚜렷이 두드러져 보였다. 어머니 친구분들이 들어온 것은 그때였다. 모두 여남은 명 되었는데, 그들은 아무 말 없이 그 눈부신 빛 속을 미끄러지듯 들어왔다. 그들은 의자에 앉았는데 삐걱거리는 소리 하나 나지 않았다. 나는 지금까지 아무도 보지 못했던 터라 그들을 자세히 보았는데 그들의 얼굴이나 옷차림의 사소한 모습 하나에 이르기까지 놓치지 않았다. 그러나 무척 말이 없어서 그들이 거기에 있다고는 믿기 어려웠다. 여자들은 거의 모두가 앞치마를 두르고 있었다. 허리를 졸라맨 끈이 불룩 나온 배를 더욱 두드러져 보이게 했다. 나는 지금까지 늙은 여자들의 배가 얼마나 나올 수 있는지 눈여겨 본 적이 한 번도 없었다. 남자들은 거의 모두가 몹시 여위었고 지팡이를 짚고 있었다. 그 얼굴에서 주의를 끈 것은, 눈은 보이지 않으면서 온통 주름살투성이인 얼굴 한가운데서 광채 없는 빛을 발하고 있다는 것뿐이었다. 그들이 앉았을 때, 거의 모두가 나를 바라보며 이가 빠져버린 입 속으로 입술이 온통 다 말려들어간 채 머리를 어색하게 수그렸는데, 그것이 나에 대한 인사인지 단순히 습관적인 경련인지는 알 수 없었다. 아마도 나에게 인사를 한 것이었으리라. 그때 그들이 모두 나와 마주 앉아서 문지기를 둘러싸고 가볍게 고개를 꾸벅거리고 있음을 알았다. 나는 한순간, 그들이 나를 심판하기 위해서 거기에 와 앉아 있다는 어처구니없는 인상을 받았다.

조금 지나자 한 여자가 울기 시작했다. 그 여자는 둘째 줄에 앉아 있었는데, 앞에 앉은 다른 여자에게 가려져 잘 보이지 않았다. 작은 소리를 내며 규칙적으로 울었다. 언제까지나 그녀가 울음을 그치지 않을 것처럼 생각되었지만, 다른 사람들은 들리지 않는 척했다. 그들은 맥없이, 침울한 낯으로 묵묵히 앉아 있었다. 모두들 관이라든가 지팡이라든가, 또는 아무것이든, 그러나 오직 그것 한 가지만을 들여다보고 있었다. 여자는 여전히 울고 있었다. 나는 그 여자를 알지도 못하는 처지였으므로 몹시 놀랐다. 이제 울음소리를 듣고 싶지 않았다. 하지만 여자에게 말할 용기는 없었다. 문지기가 그 여자에게로 고개를 숙이고 무슨 말을 하였으나, 그녀는 머리를 가로젓고 뭐라고 중얼거리더니 이전과 다름없이 규칙적으로 계속 울었다. 그때 문지기가 내 쪽으로 와서 옆에 앉았다. 상당히 오랫동안 그러고 있더니, 내 얼굴도 보지 않고 이렇게 가르쳐주었다.

"저분은 어머님과 매우 친하게 지냈답니다. 여기서는 어머님이 하나뿐인 벗이었는데, 이제 자기는 벗이 하나도 없는 신세가 되고 말았다는군요."

우리는 오랫동안 그렇게 앉아 있었다. 여자의 한숨과 흐느낌은 차츰 간격이 뜸해졌다. 그녀는 몹시 훌쩍거렸다. 그리고 마침내 울음을 그쳤다. 나는 이제 졸리지 않지만, 피곤해서 허리가 아팠다. 이제 사람들의 침묵이 나를 괴롭혔다. 다만 때때로 괴상한 소리가 들렸는데, 그것이 무슨 소리인지 알 수가 없었다. 결국 그중의 어떤 늙은이들이 볼 안쪽을 빨아서 그처럼 이상한 혀 차는 소리를 내고 있다는 것을 알았다. 그들 자신은 그런 소리가 나는 것을 알지도 못하고 있었다. 그만큼 저마다 깊은 생각에 몰두해 있었던 것이다. 그들 한가운데에 뉘어진 그 시체가 그들의 눈에는 아무런 의미도 없다는 느낌마저 들었다. 그러나 지금 생각해보면, 그것은 그릇된 인상이었던 것 같다.

우리는 모두 문지기가 따라준 커피를 마셨다. 그 다음 일은 기억이 나질 않는다. 밤이 깊어졌다. 문득 눈을 뜨니 노인들이 서로 포개진 채 잠이 들어 있었던 것이 기억난다. 어떤 한 사람만은 지팡이를 그러쥔 손등 위에 턱을 괴고, 내가 깨기만을 기다리고 있었다는 듯이 나를 뚫어지게 바라보고 있었다. 그러고 나서 나는 또다시 잠이 들었다. 허리의 통증이 더욱 심해져서 나는 눈을 떴다. 유리창으로 날이 밝아오는 모습이 보였다. 조금 뒤에, 노인들 중 한 사람이 잠이 깨어 기침을 몹시 했다. 그는 체크 무늬의 커다란 손수건에 가래침을 뱉고 있었는데, 뱉을 때마다 뱉는다기보다는 마치 잡아뜯는 듯했다. 그 덕분에 다른 사람들은 잠에서 깼고, 문지기는 그들에게 갈 시간이 되었다고 알려주었다. 그들은 일어섰다. 불편한 밤샘으로 말미암아 그들의 얼굴은 잿빛이 되었다. 나갈 때, 놀랍게도 그들은 모두 내 손을 잡고 악수를 했다. 마치 서로 말 한 마디 주고받지 않은 그날 밤 덕분에 우리의 친밀감이 한층 두터워지기라도 했다는 듯이.

피곤했다. 문지기가 자기 방으로 데려가 줘서 간단히 세수할 수 있었다. 그리고 또 밀크커피를 마셨는데 매우 맛이 좋았다. 밖으로 나왔을 때는 해가 완전히 떠올라 있었다. 바다와 마랑고 사이를 가로막고 있는 언덕들 위 하늘에 불그레한 빛이 가득 퍼지고 있었다. 언덕 위로 부는 바람은 여기까지 소금기 있는 냄새를 실어오고 있었다. 아름다운 하루가 시작되려는 참이었다. 나는 오랫동안 시골에 간 일이 없었다. 그래서 어머니 일만 없었다면 산책하기에 얼마나 즐거울까 하는 생각이 들었다.

나는 안뜰의 플라타너스 밑에서 기다렸다. 상쾌한 흙냄새를 들이마셨다. 이제 졸리지 않았다. 사무실 동료들 생각이 났다. 지금 이 시각이면 그들은 출근하려고 일어났을 것이다. 내게는 언제나 그때가 가장 힘든 시각이었다. 그런 생각을 좀더 해 보았으나, 건물 안에서 울리는 종소리에 주의가 산만해져버렸다. 창문 뒤가 소란스럽더니 이윽고 모든 것이 잠잠해졌다. 해는 하늘로 좀더 높이 떠올랐다. 햇볕이 내 발을 뜨겁게 비추기 시작했다. 문지기가 마당을 가로질러 와서 원장이 나를 부른다고 일러주었다. 원장실로 갔다. 그는 나에게 몇 가지 서류에다 서명을 하게 했다. 나는 그가 줄무늬 바지에 검은 윗옷을 입고 있는 것을 보았다. 그는 수화기를 손에 들고 나에게 물었다.

"장의사가 조금 전에 왔습니다. 와서 관을 닫으라고 해야 하는데, 그전에 마지막으로 한 번 더 어머님을 보시겠습니까?"

나는 안 본다고 말했다. 그는 목소리를 낮추어서 전화로 명령했다.

"피자크, 인부들에게 일을 하라고 말하게."

그러고 나서 원장이 자기도 장례식에 참석하겠노라는 말을 하기에, 나는 그에게 고맙다고 했다. 그는 자신의 책상 뒤에 앉아 짧은 다리를 꼬았다. 그는 나와 자기와 당번 간호사만이 참석하게 될 것이라고 일러주었다. 원칙적으로 재원자들은 장례식에 참석해서는 안 된다. 원장은 밤샘만 허락했던 것이었다.

"그건 인정 문제니까요." 그는 힘주어 말했다. 그러나 어머님의 친구 토마 페레 씨에게는 장지까지 따라가는 것을 허락했다며 빙그레 웃었다. "그야 좀 유치한 감정이지요. 하지만 그와 어머님은 떨어져 있는 일이 거의 없었습니다. 원내에서 놀리느라고 페레에게, '당신의 약혼자군요' 하면 그는 웃곤했어요. 그렇게 말해주는 것이 그들에겐 좋았던 겁니다. 뫼르소 부인이 세상을 떠난 것이 그에게 큰 슬픔을 준 것이 당연하죠. 그래서 장례식 참석을 그에게 허락하지 말아야 한다는 생각은 안 들었습니다. 그러나 왕진 의사의 권고에 따라서 어젯밤 밤샘만은 금했지요."

우리는 상당히 오랫동안 말없이 있었다. 원장은 일어서서 사무실 창문으로 밖을 내다보았다. 문득 그가 말했다.

"마랑고의 사제님이 벌써 오시네. 일찍 오셨군."

마을에 있는 성당까지 가자면 걸어서 적어도 45분은 걸릴 것이라고 그는 내게 일러주었다. 우리는 내려갔다. 건물 앞에는 사제와 합창대 아이 둘이 있었다. 그중 한 아이는 향로를 들고 있었는데, 사제는 은줄의 길이를 조절하느라 그에게로 허리를 굽히고 있었다. 우리가 그 앞으로 가자 사제는 허리를 폈다. 그는 나를 '내 아들'이라고 부르면서 몇 마디 말을 했다. 그러고는 안으로 들어갔다. 나도 그의 뒤를 따랐다.

얼핏 보니 관의 나사못이 꽉 조여 박혀 있었고 방 안에는 검은 옷을 입은 남자들 넷이 있었다. 영구차가 길에서 기다리고 있다고 원장이 나에게 하는 말과 기도를 시작하는 사제의 목소리가 동시에 들렸다. 이때부터 모든 것이 신속히 진행되었다. 인부들은 큰 보자기를 들고 관 앞으로 나섰다. 사제와 그를 뒤따르는 복사들과 원장과 나는 밖으로 나왔다. 문 앞에 내가 모르는 어떤 부인이 서 있었다.

"뫼르소 씨입니다." 원장이 말했다. 그 부인의 이름은 듣지 못했고 다만 그녀가 담당 간호사라는 것만 이해했다. 그녀는 웃는 기색도 없이, 뼈가 앙상하게 드러난 길쭉한 얼굴을 숙여 인사했다.

그리고 우리는 관이 지나갈 수 있도록 나란히 비켜섰다. 우리는 운구하는 인부들을 따라 양로원을 나왔다. 문 앞에 영구차가 기다리고 있었다. 그 차는 모양이 기다란 데다 칠을 하여 번쩍거리는 품이 필통을 연상케 했다. 그 옆에 진행을 맡은 사람이 서 있었는데, 우스꽝스런 옷차림을 한 키가 작은 사내였다. 그리고 거동이 어색해 보이는 노인 한 사람이 있었다. 나는 그가 페레 씨임을 알았다. 그는 위가 동그랗고 테두리가 널찍한 중절모를 썼고

(관이 문을 지날 때는 그것을 벗었다), 바지 자락은 구두 위로 비틀려 늘어진 옷차림에다가 커다란 흰 옷깃이 달린 셔츠에 비해서 지나치게 작은 검정 넥타이를 매고 있었다. 검은 점들이 박힌 코 밑에서 입술이 떨리고 있었다. 가느다란 흰 머리털 밑으로 축 처지고 귓바퀴가 흉하게 말려 묘하게 생긴 귀가 드러나 있었다. 창백한 얼굴에, 그 귀만이 선지처럼 새빨간 것이 인상에 남았다. 진행을 맡은 사람이 우리에게 자리를 정해 주었다. 사제가 앞장서 걸었다. 다음에 영구차, 그 주위에 네 사람의 인부, 그 뒤로 원장과 나, 행렬의 끝에는 담당 간호사와 페레 씨가 따랐다.

하늘에는 벌써 햇빛이 가득 차 있었다. 그것은 땅 위로 무겁게 내리쬐기 시작했고, 더위는 급속히 더해갔다. 왜 그러는지는 알 수 없으나, 우리는 걷기까지 상당히 오랫동안 기다렸다. 검은 상복을 입고 있어서 나는 몹시 더웠다. 모자를 쓰고 있던 노인은 다시 모자를 벗었다. 고개를 돌리고 조금 그를 보고 있으려니까 원장이 내게 그에 대한 이야기를 했다. 원장은 어머니와 페레 씨가 저녁이면 흔히 간호사를 데리고 마을까지 산책을 했다고 했다. 나는 주위의 벌판을 바라보았다. 저 멀리 하늘 닿는 언덕까지 늘어선 사이프러스 나무숲의 윤곽이며 적갈색과 초록색의 대지, 드문드문 흩어져 있지만 그린 듯 뚜렷한 집들을 통하여 나는 어머니의 심경이 어땠을지 이해할 수 있었다. 이 고장에서의 저녁은 서글픈 휴식시간과도 같았을 것이다. 오늘 천지에 넘쳐나는 햇빛은 풍경을 전율케 하면서 비인간적이고도 쇠약하게 만들었다.

우리는 걷기 시작했다. 그때 페레가 다리를 약간 전다는 것을 알았다. 영구차의 속도가 점점 빨라졌고 영감은 자꾸 뒤처졌다. 영구차 곁을 따라가던 인부 한 사람도, 지금은 뒤로 처져서 나와 나란히 걸어가고 있었다. 나는 태양이 그렇게 빨리 하늘로 솟아오르는 것을 보고 놀랐다. 벌써 오래전부터 벌판에 윙윙거리는 벌레 소리와 바스락거리는 풀잎 소리가 소란스럽게 들리고 있는 것도 알아차렸다. 땀이 볼을 타고 흘러내렸다. 나는 모자를 갖고 있지 않았으므로 손수건으로 부채질을 했다.

그때 장의사 인부가 나에게 뭐라고 말을 했는데 나는 잘 듣지 못했다. 동시에 그 인부는 오른손으로 모자 차양을 들어올리고 왼손에 들고 있던 손수건으로 이마를 닦았다. 나는 그에게 말했다.

"뭐라고요?"

그는 하늘을 가리키며 되풀이했다.

"무던히 내리쬐는군요."

"그러네요."

조금 뒤에 그가 물었다.

"저분이 댁의 어머닌가요?"

나는 또 그렇다고 말했다.

"연세가 많으셨습니까?"

"그렇죠, 뭐."

나는 정확한 나이를 몰라서 그렇게 대답했다. 그리고 나서 그는 말이 없었다. 뒤를 돌아보니까, 50미터쯤 뒤에 페레 영감의 모습이 보였다. 손에 든 모자를 흔들거리면서 서두르고 있었다. 나는 눈을 돌려 원장을 보았다. 그는 필요 없는 몸짓은 전혀 하지 않았고 매우 점잖게 걷고 있었다. 이마 위에는 땀이 몇 방울 맺혀 있었으나, 그것을 닦으려고 하지 않았다.

행렬이 조금 서두르는 듯이 보였다. 주위에는 한결같이 햇빛이 넘쳐서 눈부시게 빛나는 벌판이 보일 뿐이었다. 하늘에서 쏟아지는 빛이 참기 힘들었다. 우리는 최근에 새로 포장한 길에 들어섰다. 뜨거운 햇볕을 받아 아스팔트가 녹아서 갈라터져 있었다. 발이 그 속에 푹푹 빠져들어 가서는, 타르의 번쩍거리는 살을 벌려놓는 것이었다. 영구차 위로 드러나 보이는 마부의 가죽모자는 마치 검은 진흙 반죽으로 이겨서 만든 것만 같았다. 푸르고 흰 하늘과 갈라진 아스팔트의 끈적거리는 검은 빛깔, 상복들의 우울한 검은 빛깔, 니스 칠한 영구차의 검은 빛깔 등 단조롭기만 한 빛깔들 사이에서 나는 정신이 좀 아득해졌다. 햇빛, 가죽 냄새, 영구차의 말똥 냄새, 니스칠 냄새, 향냄새, 잠을 자지 못한 하룻밤의 피로, 그러한 모든 것이 내 눈과 머리를 어지럽게 만드는 것이었다. 나는 다시 한 번 뒤돌아보았다. 구름처럼 드리운 무더운 공기 속으로 페레 영감이 까마득하게 멀리 나타나 보이더니 그 다음에는 또 더 이상 보이지 않았다. 여기저기 찾아보니 그가 길을 벗어나 벌판을 가로질러 가는 것이 보였다. 동시에 나는, 길이 내 앞 저쪽에 가서 구부러져 있다는 것을 알아차렸다. 페레는 그 지방을 잘 아니까 우리를 따라잡으려고 지름길로 접어든 것임을 알 수 있었다. 길이 구부러진 곳에 이르자, 그는 우리와 만나게 되었다. 그러고는 또 보이지 않았다. 그는 다시 벌판을 가로질러 갔고, 그러기를 여러 차례나 되풀이했다. 나는 관자놀이에서 피가 뛰는 것을 느꼈다.

　그 다음에는 모든 것이 신속하고 확실하고 또 자연스럽게 진행되었으므로 내 기억에는 아무것도 남아 있지 않다. 다만 한 가지 기억에 남는 것은 마을 어귀에서 담당 간호사가 나에게 말을 한 것이다. 얼굴과는 어울리지 않는 야릇한, 매끄럽고 떨리는 목소리로 그녀는 말했다.

　"천천히 가면 더위를 먹을 수 있어요. 하지만 너무 빨리 가면 땀이 나서 성당에서 춥답니다."

　그 말이 맞았다. 어쩔 도리가 없었다. 이날 나는 몇 가지 광경이 잊히지 않는다. 마을 근처에서 마지막으로 우리를 따라잡았을 때 페레의 그 얼굴. 피로와 고통으로 굵은 눈물방울이 그의 뺨 위에 번득이고 있었다. 그러나 주름살 때문에 더 이상 흘러내리지는 않았다. 눈물방울은 그 일그러진 얼굴 위에 퍼졌다가 한데 모였다가 하며 니스칠을 해놓은 듯 번들거렸다. 그리고 또 성당, 보도 위에 서 있던 마을 사람들, 묘지 무덤들 위의 제라늄 꽃들, 페레의 기절(줄이 끊어진 꼭두각시처럼), 어머니의 관 위로 굴러 떨어지던 핏빛 같은 흙, 그 속에 섞이던 나무 뿌리의 하얀 살, 또 사람들, 목소리, 마을, 어느 카페 앞에서 기다리던 일, 끊임없이 도는 엔진 소리, 그리고 마침내 버스가 알제의 빛의 둥지 속으로 돌아왔을 때의, 그리하여 이제는 드러누워 12시간 동안 실컷 잠잘 수 있겠구나 하고 생각했을 때의 나의 기쁨, 그러한 것들이다.

2

　잠에서 깨어나자 나는, 이틀 동안의 휴가를 청했었을 때 왜 사장이 못마땅한 기색을 보였는지 그 까닭을 알아차렸다. 오늘이 바로 토요일이기 때문이다. 여태껏 잊어버리고 있었는데, 자리에서 일어나면서 그 생각이 문득 떠오른 것이다. 사장은 자연히 내가 일요일까지 합쳐서 나흘 동안 쉬게 될 것을 생각했을 것이므로 탐탁하게 여겨졌을 리가 없다. 그러나 한편으로 생각해 보면 어머니의 장례식을 오늘 치르지 않고 어제 치른 것은 내 탓이 아니고, 토요일과 일요일은 본디 쉬는 날이다. 물론 그렇다고 사장의 심정을 이해할 수 없는 바도 아니다.

어제 일로 피곤했기 때문에 일어나기가 힘들었다. 면도를 하면서 오늘 무엇을 할까 하고 생각하다가 수영을 하러 가기로 했다. 전차를 타고 항구 해수욕장으로 갔다. 거기서 나는 곧 바닷물 속으로 뛰어들었다. 젊은이들이 많았다. 물속에서 마리 카르도나를 만났다. 전에 같은 사무실에서 일하던 타이피스트인데 당시 나는 그녀에게 마음이 있었다. 그녀 역시 그런 것 같았다. 그러나 얼마 지나지 않아 그녀가 회사를 그만두어, 우리는 만날 시간이 없었던 것이다. 나는 그녀가 부표 위로 기어오르는 것을 거들어주었는데, 그러면서 그녀의 가슴에 손이 닿았다. 그녀가 부표 위에 배를 깔고 엎드렸을 때, 나는 아직 물속에 있었다. 그녀는 나에게로 몸을 돌렸다. 눈 위로 머리카락이 흘러내린 채 웃고 있었다. 부표 위 그녀의 곁으로 기어올랐다. 날씨가 좋았다. 장난하는 척하고 머리를 뒤로 젖혀 그 여자의 배 위에 누웠다. 그녀가 아무 말도 하지 않기에, 그냥 그대로 하고 있었다. 온 하늘이 내 눈 속에 담겨지듯 보였는데, 푸른빛과 황금빛이 돌고 있었다. 목덜미 밑에서 나는 마리의 배가 천천히 오르락내리락하는 것을 느꼈다. 우리는 어렴풋이 선잠이 들어 오랫동안 그렇게 부표 위에서 가만히 있었다. 햇볕이 너무 뜨거워지자 마리가 물속으로 뛰어들었고 나도 그녀의 뒤를 따랐다. 그녀의 곁으로 따라가서 팔로 허리를 감고 함께 헤엄을 쳤다. 마리는 줄곧 웃고 있었다. 둑 위에서 몸을 말리고 있을 때, 그녀가 말했다.

"당신보다도 제가 더 그을렸네요."

나는 저녁에 영화를 보러 가지 않겠느냐고 물었다. 그녀는 웃으면서 페르낭델(Fernandel : 1903~1971. 프랑스 영화배우. 마르셀 파뇰 작품의 영화에 출연, 또〈돈 카밀로〉시리즈로 유명)이 나오는 영화를 보고 싶다고 말했다. 우리 둘이 옷을 다 입었을 때, 내가 검은 넥타이를 매고 있는 것을 보고 마리는 매우 놀란 듯이 상을 당했느냐고 물었다. 나는 어머니가 돌아가셨다고 대답했다. 언제 그런 일을 겪었는지 알고 싶어하기에 나는 "어제"라고 대답했다. 그녀는 흠칫 뒤로 물러섰으나, 아무 말도 하지 않았다. 그건 내 탓이 아니라고 말하고 싶었으나, 그런 소리를 사장에게도 한 일이 있었던 것을 생각하고 그만두었다. 그런 말을 해본댔자 무의미한 일이었다. 어차피 사람이란 언제든지 잘못을 저지를 수 있으니까.

저녁때가 되자 마리는 모든 일을 다 잊어버렸다. 영화는 때때로 우습기도 했지만 정말 너무나 시시했다. 마리는 다리를 내 다리에 대고 있었다. 나는 그녀의 젖가슴을 어루만졌다. 영화가 끝날 무렵 키스한다는 것이, 서툴렀다. 영화관을 나와 그녀는 내 집으로 왔다.

내가 눈을 떴을 땐, 마리는 가버리고 없었다. 그녀는 자기 아주머니한테 간다고 했었다. 오늘이 일요일이라는 것에 생각이 미치자, 기분이 나빠졌다. 나는 일요일을 좋아하지 않는다. 그래서 침대로 돌아가 마리가 베개에 남긴 머리카락의 소금기 냄새를 더듬다가 10시까지 자버렸다. 그리고는 여전히 침대에 누운 채 12시까지 담배를 피웠다. 나는 여느 때처럼 셀레스트네 식당에 가서 점심을 먹고 싶지는 않았다. 왜냐하면 틀림없이 식당사람들이 질문들을 할 텐데 그게 싫기 때문이다. 나는 달걀부침을 해서 접시에다 입을 대고 먹어버렸다. 빵이 떨어졌으나 사러 내려가기가 싫어서 빵은 참았다.

점심을 먹고 나니 좀 심심해져서 아파트 안을 어슬렁거렸다. 어머니가 계셨을 때는 알맞은 아파트였다. 그러나 지금의 나에겐 너무 커서 식당의 탁자를 내 방으로 가져다 놓을 수밖에 없었다. 나는 이제 이 방만 쓰며 약간 내려앉은 의자들과, 거울이 누렇게 변색된 옷장과 화장대와 구리 침대 사이에서 살고 있을 뿐이다. 그 나머지는 아무래도 좋았다. 잠시 뒤 무엇인가 해야겠기에 옛날 신문을 한 장 들고 읽었다. 거기서 크뤼셴 소금 광고를 오려서 낡은 공책에다 붙였다. 신문에서 재미있다고 생각한 기사를 거기에 모아둔 것이다. 나는 손을 씻고 마침내는 발코니에 나가 앉았다.

내 방은 변두리의 간선도로에 닿아 있다. 오후엔 날씨가 좋았다. 그러나 보도는 끈적끈적하고, 행인들은 드물고 걸음도 빨랐다. 우선 산책 가는 가족들이 지나갔다. 바지가 무릎 밑까지 내려오는 해군복 차림으로, 뻣뻣하게 풀기를 먹인 옷 속에서 거북해 보이는 두 소년, 그리고 커다란 장밋빛 리본을 달고 에나멜 구두를 신은 소녀. 그 뒤로 밤색 비단옷을 입은 엄청나게 뚱뚱한 어머니와 아버지. 그 아버지는 키가 작고 비쩍 마른 사나이로, 얼굴만은 나도 알고 있었다. 그는 밀짚모자를 쓰고, 나비넥타이를 맸으며 손에는 지팡이를 짚고 있었다. 아내와 나란히 있는 그를 보니까, 나는 그 동네에서 사람들이 왜 그를 보고 점잖은 사람이라고 하는지 알 수 있었다. 조금 뒤에 변두리 젊은이들이 지나갔다. 머리에는 기름을 반지르하게 바르고, 붉은 넥타이에 허리를 몹시 잘록하게 조인 양복저고리를 입고, 수놓은 장식손수건을 꽂고, 코가 네모진 구두를 신은 차림이었다. 나는 그들이 시내로 영화 구경을 가는 길임을 짐작할 수 있었다. 그래서 그들은 그렇게 일찌감치 길을 떠나 큰 소리로 웃어대면서 전차를 타러 서둘러 가고 있는 것이었다.

그들이 지나간 뒤로는, 길에는 점점 인적이 드물어졌다. 아마 어딘가에 가설극장이라도 연 모양이었다. 이제 길에는 가게를 보는 주인들과 고양이들밖에 없었다. 길가에 늘어선 무화과나무들 위로 보이는 하늘은 맑았으나 광채가 빠져 있었다. 맞은쪽 보도 위에 담뱃가게 주인이 의자를 문 앞에 내다놓고, 등받이 위에 두 팔을 괸 채 거꾸로 타고 앉았다. 조금 전에는 터질 듯이 들어찼던 전차들도 지금은 거의 비어 있었다. 담배가게 옆 조그만 카페 '피에로'에서는 보이가 텅 빈 가게 안에 톱밥을 뿌려서 쓸고 있었다. 그야말로 일요일이었다.

나는 의자를 돌려서 담배가게 주인처럼 놓았다. 그것이 더 편하다고 생각되었기 때문이다. 담배를 두 대 피웠고 방 안으로 들어가 초콜릿을 한 조각 가지고 다시 창 앞으로 나와서 먹었다. 얼마 안 있어 하늘이 점점 어두워졌고, 나는 소나기가 오려나 보다라고 생각했다. 그러나 하늘은 점점 개었다. 지나가는 구름이 비를 뿌릴 듯이 거리 위를 맴돌아 거리는 한층 더 어둑했다. 나는 오랫동안 하늘을 바라보고 있었다.

5시에 전차들이 소리를 내며 도착했다. 교외의 경기장으로부터, 발판이며 난간에까지 다닥다닥 매달린 구경꾼들을 다시 싣고 오는 것이었다. 그 다음 전차들은 운동선수들을 싣고 왔다. 손에 든 작은 가방으로 그들이 운동선수인지 알 수 있었다. 그들은 자기네 팀은 결코 지지 않을 것이라고 목이 터지도록 고함치고 노래를 불렀다. 여러 명이 나에게 손짓을 했다. 그중 한 사람은, "우리가 이겼어요" 하고 나에게 소리치기까지 했다. 그래서 나는 머리를 끄덕여, '그렇군요'라는 표시를 했다. 그때부터 차들이 넘쳐났다.

해는 조금 더 기울어졌다. 지붕들 위로 하늘은 불그스름해지고, 땅거미가 지면서 길거리는 활기를 띠었다. 산보객들이 차츰 돌아오고 있었다. 그 무리들 속에 그 점잖다는 사람이 눈에 띄었다. 어린애들은 울거나 억지로 끌려나오고 있었다. 곧 동네 영화관들이 구경꾼들의 물결을 길에 쏟아놓았다. 구경꾼들 가운데 젊은이들이 여느 때보다 더 단호한 몸짓을 하고 있는 것을 보고 나는, 활극 영화를 구경하고 나오는구나 하고 생각했다. 시내 영화관으로부터 돌아오는 사람들은 조금 뒤에 도착했다. 그들은 한결 심각해 보였다.

계속해서 웃고 있었으나, 이따금 지쳐서 꿈이라도 꾸는 듯했다. 그들은 맞은 쪽 인도 위에 남아서 왔다 갔다 했다. 동네의 젊은 아가씨들이 머리에 아무것도 쓰지 않은 채 서로 팔짱을 끼고 서 있었다. 청년들이 그녀들 옆을 일부러 지나쳐 가면서 농을 걸자 여자들은 고개를 돌리고 웃어댔다. 그중 내가 아는 몇몇 아가씨들은 나에게 인사를 했다.

그때 갑자기 가로등이 켜지며, 어둠 속에 떠오르던 첫 별빛들을 희미하게 했다. 그처럼 온갖 사람들과 빛이 가득한 보도를 바라보고 있자니, 나는 눈이 피로해지는 것을 느꼈다. 가로등은 젖은 보도를 비추고, 전차들은 일정한 간격을 두고, 빛나는 머리털, 웃음을 띤 얼굴, 혹은 은팔찌 위에 불빛을 던지는 것이었다. 조금 뒤에 전차들이 점점 뜸해지고 벌써 캄캄해진 밤이 나무들과 가로등 위에 내려앉게 되면서 거리는 어느새 텅 비고, 고양이 한 마리가 인기척 하나 없는 거리를 천천히 가로질러 갔다. 그제야 나는 저녁을 먹어야겠다고 생각했다. 오랫동안 의자 등받이에 턱을 괴고 있었기 때문에 목이 좀 아팠다. 빵과 밀가루 식료품을 사가지고 올라와서, 요리를 해서 선 채로 먹었다. 창 앞으로 가서 담배를 한 대 피우려 했으나, 공기가 서늘해서 좀 추웠다. 나는 창문을 닫았고, 방 안으로 돌아오다가 거울 속에 알코올램프와 빵조각이 나란히 놓여 있는 테이블 한 끝이 비치는 것을 보았다. 일요일이 또 하루 지나갔고, 어머니의 장례식도 이제는 끝났다. 나는 다시 일을 시작해야 할 것이고, 결국 아무것도 변한 것이 없다고 생각했다.

3

오늘 나는 회사에서 일을 많이 했다. 사장은 친절하게 대해 주었다. 그는 나에게 너무 피곤하지 않은지 물었고, 어머니의 나이도 물었다. 나는 틀리게 대답하지 않으려고, "한 육십 되었습니다"라고 말했는데 왜 그런지는 알 수 없었으나, 사장은 안심이라는 듯한, 그리고 이미 끝난 일이라고 생각하는 듯한 눈치였다.

내 책상 위에는 산더미처럼 쌓인 선하증권(船荷證券)이 있었는데, 그걸 모두 자세하게 검토해봐야 했다. 점심을 먹으러 사무실을 나오기 전에 손을 씻었다. 정오의 이 시간이 가장 좋았다. 저녁때는 회전식 수건이 완전히 젖어 있어서 이렇게 좋지는 않았다. 온종일 사용된 것이기 때문이다. 어느 날 나는 사장에게 그 점을 지적한 적이 있었다. 사장의 대답은, 자기도 그것을 유감스럽게 생각하지만 그것은 사소한 문제에 지나지 않는다고 대답했다. 나는 조금 늦은 12시 반에, 발송과에 근무하고 있는 에마뉘엘과 함께 밖으로 나왔다. 사무실은 바다로 향해 있어서, 우리는 잠시 햇볕이 이글이글 내려쬐는 항구의 화물선들을 바라보느라 한순간 멍했다. 바로 그때 화물차 한 대가 쇠사슬 소리와 폭발음을 요란스럽게 내면서 달려왔다. 에마뉘엘이 나에게, "탈까?" 묻기에 나는 달음박질치기 시작했다. 자동차가 우리를 지나쳐 버렸고, 우리는 뒤를 쫓아 돌진했다. 나는 소음과 먼지 속에 휩싸였다. 내 눈에는 아무것도 보이지 않고, 다만 크레인이나 기계들, 수평선 위에서 춤추는 돛대, 우리 옆을 지나치는 선체 따위들 한가운데로 그저 마구 달리는 육체의 약동을 느낄 뿐이었다. 내가 먼저 달리는 차에 발을 붙이고 매달려 가면서 뛰어올랐다. 그러곤 에마뉘엘이 기어올라 앉는 것을 거들어주었다. 우리는 숨이 턱끝에 닿아 있었고, 자동차는 부두의 고르지 못한 보도 위로, 먼지가 자욱한 햇빛 속을 덜컥거리며 달렸다. 에마뉘엘은 숨이 넘어가도록 웃어댔다.

우리는 땀에 흠뻑 젖은 채 셀레스트네 식당에 이르렀다. 언제나 다름없이, 흰 수염을 기른 셀레스트는 뚱뚱한 배에 앞치마를 두른 채 거기에 있었다. 그는 나에게 잘 지내냐고 물었다. 나는 그렇다면서 배가 고프다고 말했다. 나는 얼른 먹고 나서 커피를 마셨다. 그러고 나서 집으로 돌아와, 포도주를 너무 많이 마셨던 탓에 잠을 좀 잤다. 잠에서 깨니 담배를 피우고 싶었다. 늦었기 때문에 전차를 타러 뛰어갔다. 오후 내내 일을 했다. 사무실 안은 몹시 더웠다. 그래서 저녁에 퇴근해 부둣가를 천천히 걸으며 돌아오는 것이 즐거웠다. 하늘은 초록빛이었고 나는 기분이 좋았다. 그래도 삶은 감자요리를 해먹고 싶어서 바로 집으로 왔다.

컴컴한 계단을 올라가다가, 나와 같은 층의 이웃에 사는 살라마노 영감과 부딪혔다. 영감은 개를 데리고 있었다. 8년 전부터 영감과 개는 늘 함께 있었다. 그 스패니얼 개(보기에 붉은 털인데)는 피부병에 걸려 털이 거의 다 빠지고 온몸이 반점과 갈색의 딱지투성이가 되어 있었다. 그 개와 단둘이 조그만 방에서 오랫동안 살았기 때문에, 결국 살라마노 영감은 개의 모습을 닮고 말았다. 그의 얼굴에도 불그스름한 딱지가 있고, 털은 누렇고 드문드문하다. 개도 그의 주인에게서 코를 앞으로 내밀고 목을 뻗는 식의 구부정한 자세를 배웠다. 그들은 아무래도 동일한 족속 같은데, 서로를 미워했다. 하루에 두 번씩, 11시와 오후 6시에 영감은 개를 데리고 산책을 나선다. 8년 전부터 그들은 한 번도 산책 경로를 바꾼 적이 없다. 언제나 리옹 길거리에서 그들을 볼 수 있는데, 개가 늙은이를 끌고 간다. 이따금 살라마노 영감은 발에 걸려 넘어지고 만다. 그러면 영감은 개를 때리고 욕지거리를 하는 것이다. 개는 무서워서 설설 기며 끌려간다. 이번에는 영감이 개를 끌고 갈 차례다. 개가 그것을 잊어버리고 다시금 앞서서 주인을 끌어당기면 또 매를 맞고 욕을 먹는다. 그때는 둘 다 멈춰 서서, 개는 공포에 차서 떨고, 주인은 증오에 차서 서로 노려본다. 매일 그 모양이다. 개가 오줌을 싸고 싶어해도, 영감이 그럴 시간을 주지 않고 끌어당기니까, 스패니얼 개는 오줌 방울을 찔끔찔끔 흘리면서 따라간다. 어쩌다가 개가 방 안에서 오줌을 싸면 또 매를 맞는다. 그러면서 벌써 8년이나 계속된 것이다. 셀레스트는 늘 '가엾다'고 말하지만 사실은 아무도 모른다. 내가 계단에서 그를 만났을 때, 살라마노는 개에게 욕지거리를 퍼붓는 중이었다. "빌어먹을 놈! 망할 자식!" 그는 야단을 치고, 개는 끙끙거리고 있었다. "안녕하십니까?" 내가 인사를 하였으나, 영감은 그냥 욕지거리를 계속하고 있었다. 그래서 나는 개가 무슨 잘못을 저질렀느냐고 물었다. 대답이 없었다. 영감은 다만, "빌어먹을 놈! 망할 자식!" 하고 말할 뿐이었다. 그 개 위로 몸을 굽히고 있었는데 목걸이 속의 무엇인가를 고쳐주고 있다는 것을 짐작할 수 있었다. 나는 목소리를 좀더 높여서 말해보았다. 그제야 그는 고개도 돌리지 않고, 북받치는 역정을 억지로 삼켜버리듯이 대꾸했다. "이놈이 그래도 버티고 있어." 그러고는 개를 잡아 끌고 가버렸다. 개는 네 발로 버틴 채 끌려가면서 끙끙거리고 있었다.

마침 그때, 나와 같은 층에 사는 또 다른 이웃 사람이 들어왔다. 동네에서는 그가 여자들을 등쳐먹고 산다고들 한다. 그러나 그에게 직업이 무어냐고 물을라치면 그는 '창고 감독'이라고 했다. 대다수가 그를 좋아하지 않았다. 그러나 그는 자주 나에게 말도 걸고, 가끔은 내가 그의 말을 들어주는 탓으로 내 방에 잠깐 들어와 앉는 일도 있다. 그의 이야기는 재미있다. 게다가 그와 말을 하지 않을 이유는 없다. 그의 이름은 레몽 생테스라고 한다. 키는 꽤 작고 어깨는 딱 벌어지고 코는 마치 권투선수의 코 같다. 옷차림은 언제나 매우 반듯하다. 그 역시 살라마노의 이야기를 하며, "참 가엾기 짝이 없어요!" 하고 말했다. 그 꼴을 보면 싫지 않으냐고 묻기에, 나는 그렇지 않다고 대답했다.

계단을 다 올라와서 막 헤어지려 할 때 그가 나에게 말했다.

"우리집에 소시지와 포도주가 있는데, 같이 좀 드시지 않겠어요……?"

나는 그러면 끼니를 준비하지 않아도 될 것이라고 생각하여 승낙했다. 그의 집도 방은 하나밖에 없는데, 창문 없는 부엌이 딸려 있다. 그의 침대 위 벽에는 흰색과 분홍색 석회로 만든 천사 석고상과 운동선수들의 사진과 여자의 나체 사진이 두서너 장 걸려 있다. 방은 더럽고 침대는 어질러져 있었다. 그는 먼저 석유램프를 켠 다음, 호주머니에서 상당히 지저분한 붕대 하나를 꺼내어 오른손을 싸매었다. 내가 그에게 왜 그러냐고 물었더니, 어떤 녀석이 시비를 걸어서 그 녀석과 싸움을 했다고 했다.

"그건 말입니다, 뫼르소 선생." 그가 말했다. "내가 나빠서가 아니라 단지 참지 못해서일 뿐이죠. 그 녀석이 나에게 하는 말이, '사나이면 전차에서 내려와라' 그러더란 말이에요. 나는 '이봐, 잠자코 있지' 하고 말했지요. 녀석이 나더러 사나이답지 못하다고 합디다. 그래서 나는 내려가서 말했어요. '그만해 두는 게 너한테 좋을걸. 그렇지 않으면 본때를 봬줄 테니.' '본때는 무슨 본때야?' 하고 녀석이 대꾸를 하더군요. 그래서 한 대 갈겼지요. 그랬더니 나가자빠지더군요. 일으켜 주려고 했어요. 그런데 녀석이 땅에 자빠진 채 발길질을 하는 거예요. 무릎다짐을 한 번 하고 두어 번 쇄기질을 했지요. 녀석의 얼굴은 피투성이였어요. 내가 그 녀석에게 '맛 좀 봤느냐'고 물었죠. '그렇다'고 하더군요." 그런 말을 하면서 생테스는 줄곧 붕대를 감고 있었다. 나는 침대 위에 앉아 있었다. 그는 다시 말을 이었다. "내가 싸움을 건 게 아니었어요. 그 녀석이 버릇없이 굴다가 그랬던 겁니다."

사실이었다. 나는 그것을 인정했다. 그러자 그는 마침 나에게 그 사건에 관해서 충고를 구하고 싶었다면서, 나는 사나이다운 데다 세상물정을 잘 알 테니 자기를 도와줄 수 있으리라며, 그래준다면 자기가 내 친구가 되겠다고 했다. 내가 아무런 대답도 하지 않자, 그는 다시 나에게 자기와 친구가 되고 싶으냐고 물었다. 내가 어느 쪽이든 상관없다고 말했더니 만족해하는 눈치였다. 그는 소시지를 꺼내어 화덕에다가 굽고는 컵, 접시, 포크 따위와 술

두 병을 늘어놓았다. 그러는 동안 그는 아무 말도 없었다. 우리는 자리에 앉았다. 먹으면서 그는 자기 이야기를 시작했다. 처음에는 약간 망설였다.

"어떤 여자를 내가 알게 되었는데…… 그러니까 내 정부였어요."

그와 싸움을 한 사나이는 그 여자의 오빠였다. 여자의 살림을 그가 꾸려주었다는 말도 했다. 내가 아무 말도 하지 않자, 바로 동네 사람들이 자기를 뭐라고들 말하는지 알고 있지만 양심의 가책을 받을 일은 조금도 없고 정말 창고 감독이라고 덧붙였다.

"아까 얘기로 돌아가자면," 그가 말했다. "내가 속고 있었다는 사실을 알게 되었어요."

그는 여자에게 꼭 먹고살 만큼만 대주고 있었다는 것이었다. 손수 여자의 방세를 치러주고, 식비로 하루에 20프랑씩 주고 있었다.

"방세가 300프랑, 식비가 600프랑, 이따금 양말도 사주고, 그래서 한 1천 프랑 들었습니다. 그런데 일도 하지 않고 내게 한다는 소리가, 그걸로는 너무 빠듯해서 내가 대주는 것으로는 도저히 생활할 수가 없다는 거였어요. 그렇지만 나는 이렇게 말했어요. '왜 반나절만이라도 일을 안 하지? 그러면 온갖 자잘한 비용 부담이 줄어들겠는데. 이달에 옷도 한 벌 사주었고, 하루에 20프랑씩 용돈도 주고 방세도 치러줬잖아. 그런데도 당신은 오후에 친구들과 커피도 마셔. 당신 친구들에게 커피와 설탕을 내바치는 건 당신이지만, 돈은 내가 내오. 난 당신에게 잘해주었는데, 당신은 내게 제대로 보답하고 있지 않아.' 그래도 일은 하지 않고, 생활할 수가 없다는 소리만 해대는 거였어요. 그러던 끝에 내가 속고 있었다는 사실을 알게 된 겁니다."

그는 여자의 핸드백 속에서 복권 한 장을 발견했는데, 여자는 그것을 어떻게 샀는지 설명하지를 못했다는 이야기를 차례대로 했다. 얼마 지나지 않아 여자의 방에서 팔찌 두 개를 잡혔다는 증거로 전당표 한 장을 발견했다. 그 때까지 그는 그 팔찌들이 있는 것조차 몰랐다.

"나는 속고 있었다는 것을 확실히 알았어요. 그래서 그 여자와 관계를 끊었습니다. 나는 우선 그년을 두들겨 패고, 사실대로 죄다 이야기를 했습니다. 네까짓 건 그걸 가지고 노는 것밖엔 바라지 않는 년이라고 말해주었지요. '넌 몰라. 내가 너한테 주는 행복을 세상 사람들이 부러워하고 있다는 걸 말이야. 좀 있으면 지난날의 행복을 알게 될 테니, 두고 봐'라고 말해줬

답니다. 뫼르소 씨."

　그는 피가 나도록 여자를 때렸다. 그전에는 그 여자를 때린 일이 없었다는 것이다.

　"손찌검은 했지만 말하자면 살살 했던 셈이지요. 그러면 그년은 우는소리를 했지요. 나는 덧문을 닫아버리고 결국은 늘 마찬가지로 끝나버리곤 했어요. 그렇지만 이번엔 웃어넘길 일이 아니었어요. 게다가 나로서는 그년에게 벌을 속 시원히 다 주지 못했거든요."

　그러더니 그는 나에게, 그래서 충고가 필요한 것이라고 설명했다. 그러고는 그가 그을음이 나는 램프의 심지를 조절하느라고 말이 중단되었다. 나는 줄곧 그의 이야기를 듣고 있었다. 포도주를 거의 1리터나 마셨기 때문에 관자놀이가 몹시 달아올랐다. 내 담배가 떨어져서 레몽의 담배를 피웠다. 마지막 전차들이 지나가며, 변두리의 소리도 이제 멀어져 갔다. 레몽은 이야기를 계속했다. 난처한 일은, '아직도 그 여자에게 미련을 갖고 있다는 것'이었다. 그렇지만 혼을 내주어야겠다고 했다. 먼저 그는 계집을 호텔로 데려다 놓고, '풍기단속반'을 불러다가 추문을 일으켜서 계집을 기록대장에 오르게 할 생각이었다. 그 다음으로는 그의 뒷골목 친구들에게도 이야기를 했지만, 그들은 별로 좋은 방법을 가르쳐주지 못했다. 사실 레몽이 나에게 말한 것처럼, 뒷골목의 위인들이 그런 것 하나쯤 몰라서야 말이 아니었다. 레몽이 그런 말을 하니까 그들은 여자에게 '낙인'을 찍어버리면 어떠냐고 했다. 그러나 그것은 그가 원하지 않았다. 그는 좀더 잘 생각해봐야겠다고 했다. 그러나 먼저 나에게 한 가지 묻고 싶은 것이 있는데, 그것을 물어보기 전에, 그 이야기를 내가 어떻게 생각하는지 알고 싶어했다. 나는, 별 생각은 없지만, 재미있는 이야기라고 대답했다. 그가 자기가 속고 있었다고 생각하느냐고 묻기에, 내가 봐도 과연 속고 있었던 것 같다고 말했다. 그 여자를 혼내주어야 한다고 생각하느냐, 그렇다면 나 같으면 어떻게 하겠느냐는 물음에 나는, 어떻게 할는지는 알 수 없으나 그가 여자를 혼내주겠다는 기분은 이해할 수 있다고 대답했다. 나는 또 포도주를 약간 마셨다. 그는 담배에 불을 붙이고 나서 자기의 생각을 털어놓았다. 그는 여자에게 '발길로 차버리는 듯이, 그러나 동시에 여자가 뭔가 뉘우치게 하려고' 쓴 편지를 보내겠다는 것이었다. 그래서 여자가 돌아오면, 그때는 여자와 함께 잠자리에 들고는 '바로 끝나갈 무렵에' 여자의 낯짝에다 침을 뱉어주고는 밖으로 내쫓아버린다는 것이었다. 나도, 그렇게 하면 정말 여자는 벌을 받는 것이라고 여겨졌다. 그러나 레몽은 말하기를, 자기는 적절한 편지를 쓸 수가 없을 것 같아서, 편지 내용을 작성하는 일을 나에게 부탁할까 생각한 것이라 했다. 내가 아무 대답도 하지 않고 있으려니 그는 나에게, 지금 당장 그 편지를 쓰는 것은 귀찮겠느냐고 물었고 나는 그렇지 않다고 대답했다.

그러자 그는 포도주를 한 잔 마시더니 일어서서, 접시들과 먹다 남은 소시지를 옆으로 밀어놓았다. 그러더니 탁자의 방수포를 정성스럽게 닦았다. 그러고는 라이트테이블 서랍에서 방안지 한 장과 노란 봉투, 붉은 나무로 된 작은 펜대와 보랏빛 잉크가 든 네모진 병을 꺼냈다. 그가 말하는 여자의 이름을 들어보니, 무어인(Mauresque : 무어 여인. 무어인은 서사하라 주민, 베르베르인, 아라비아인, 흑인의 혼혈. 일반적인 회교도를 가리키는 데 사용되기도 한다.)이었다. 나는 편지를 썼다. 그냥 되는 대로 쓰기는 했지만, 그래도 레몽이 만족하도록 애썼다. 왜냐하면 내게는 레몽의 마음에 들지 않아야 할 아무런 이유도 없었기 때문이다. 그리고 큰 소리로 편지를 읽었다. 그는 담배를 피우며 머리를 끄덕거리면서 듣고 있더니, 다시 한 번 더 읽어달라고 청하였다. 그는 매우 마음에 들어했다. "자넨 세상물정에 밝다는 것을 나는 알고 있었어." 그가 말했다. 처음엔 그가 나에게 자네라고 말하고 있는 것을 알아차리지 못했으나, "이젠 자넨 내 친구야" 하고 그가 말했을 때에야 나는 비로소 그 말에 놀랐다. 그는 거듭 그렇게 말했고, 나도 역시 "그렇지" 하고 대답했다. 그의 친구가 된다 해도 내겐 상관없는 일이었고, 그는 정말로 나와 친구가 되고 싶은 모양이었다. 그가 편지를 봉하고, 우리는 포도주를 다 마셨다. 그러고는 잠시 서로 말없이 담배만 피웠다. 밖은 쥐죽은 듯이 고요했고 미끄러지듯 지나가는 자동차 소리가 들렸다. "늦었군" 하고 나는 말했다. 레몽도 그렇다고 생각하는 모양이었다. 그는 시간이 빨리 간다고 말했는데, 어떤 의미에서 이건 사실이었다. 나는 졸렸는데 일어서기가 힘들었다. 내가 피곤하게 보였던지, 레몽은 나에게 자포자기하면 안 된다고 말했다. 처음엔 무슨 말인지 알아차리지 못했다. 그러자 그는 나에게 엄마가 세상을 떠났다는 소식을 들었다면서, 그러나 그것은 어차피 한 번은 당해야 할 일이라고 설명했다. 내 의견도 마찬가지였다.

나는 일어섰다. 레몽은 굳게 나의 손을 움켜쥐고, 사나이끼리는 언제나 이해할 수 있는 것이라고 말했다. 그의 방을 나서자 나는 문을 닫고 어둠 속의 계단참에 잠시 서 있었다. 집 안은 고요하고, 깊숙한 계단 밑으로부터 으스스하고 습한 바람이 올라오고 있었다. 귓전에 맥박이 뛰는 소리가 들렸다. 나는 그냥 우두커니 서 있었다. 살라마노 영감 방에서 개가 나직이 끙끙거리는 소리가 들려왔다.

4

한 주일 동안 나는 줄곧 일을 많이 했다. 레몽이 와서 편지를 보냈노라고 말했다. 에마뉘엘과 함께 영화 구경을 두 번 갔었는데, 그가 스크린 위에서 무슨 일이 일어나는지 이해하지 못해 설명을 해주어야 했다. 어제는 토요일이라 약속했던 대로 마리가 찾아왔다. 나는 그녀에게 몹시 정욕을 느꼈다. 마리가 붉고 흰 줄무늬가 있는 아름다운 옷을 입고 가죽 샌들을 신고 있었기 때문이다. 탄력 있어 보이는 젖가슴이 완연히 드러나 보이고, 햇볕에 그을어 갈색이 된 얼굴이 꽃처럼 아름다웠다. 우리는 버스를 타고, 알제에서 수 킬로미터 떨어진, 좌우에 바위가 솟고 육지 쪽으로는 갈대가 우거진 바닷가로 나갔다. 4시의 태양은 과히 뜨겁지는 않았으나 물은 미지근하고, 길게 퍼진 작은 물결이 나른하게 넘실거리고 있었다. 마리가 놀이를 한 가지 가르쳐주었다. 헤엄을 치며 물결 등성이에서 물을 들이마셔 입속에 거품을 가득 채운 다음 반듯이 누워서 하늘을 향하여 그것을 내뿜는 것이다. 그러면 물거품 레이스가 되어서 공중으로 사라지기도 하고 미지근한 보슬비처럼 얼굴 위로 떨어지기도 하는 것이었다. 그러나 얼마 지나지 않아 입속이 짠 소금기 때문에 얼얼하였다. 그러자 마리가 다가와 물속에서 나에게 달라붙었다. 마리는 자기의 입술을 나의 입에 갖다 대었다. 그녀의 혀가 내 입술에 산뜻하게 닿았다. 잠깐 우리는 물결 속을 뒹굴었다.

바닷가로 나와서 옷을 갈아입을 때, 마리는 빛나는 눈길로 나를 바라보았다. 나는 그녀에게 키스를 해주었다. 그때부터 우리는 아무 말도 하지 않았다. 나는 그녀를 꼭 안고서 급히 버스를 잡아타고 돌아왔다. 우리는 방 안으로 들어서자 곧장 침대 속으로 뛰어들었다. 창문을 열어두었었는데 여름밤이 우리의 갈색으로 그은 몸 위로 흘러 들어오는 것을 느낄 수 있어 참 상쾌했다.

오늘 아침엔 마리가 가지 않고 있어서, 나는 점심을 같이 먹자고 했다. 나는 고기를 사러 마을에 내려갔다. 방으로 돌아올 때, 레몽의 방에서 여자 목소리가 들려왔다. 조금 뒤에는 살라마노 영감이 개를 꾸짖는 소리가 들렸다. 나무 계단 위에서 구두창 소리와 개가 발톱으로 긁는 소리가 나더니, 이윽고 "빌어먹을 놈, 망할 자식!" 하는 소리가 들려왔고, 그들은 길가로 나가버렸다. 영감의 이야기를 마리에게 해주었더니, 마리는 웃었다. 그녀는 내 파자마를 입고 소매를 걷어올리고 있었다. 그녀가 웃었을 때, 나는 또 정욕을 느꼈다. 조금 뒤에 마리는 나에게 자기를 사랑하느냐고 물었다. 그런 것은 아무 의미도 없는 말이지만, 사랑하고 있는 것 같지는 않다고 나는 대답했다. 마리는 슬픈 표정을 지었다. 그러나 점심을 준비하면서 아무것도 아닌 일에 또 웃어댔으므로, 나는 키스를 해주었다. 바로 그때 레몽의 방에서 말다툼 소리가 터져나왔다.

　먼저 들려온 것은 여자의 날카로운 비명 소리였다. 이어서 레몽의 목소리가 들렸다.

　"요년이 나를 곯려먹으려고 했겠다. 나를 곯려먹으면 어떻게 되는지 가르쳐주지."

　둔탁한 소리가 나더니 여자가 비명을 질렀다. 그 비명이 어찌나 날카로운지 계단참에 곧 사람들이 가득 모여들었다. 마리와 나도 밖으로 나갔다. 여자는 여전히 소리를 지르고, 레몽은 여전히 때리고 있었다. 마리는 끔찍하다고 말했지만, 나는 아무 대답도 하지 않았다. 그녀는 나에게 경찰을 불러오라고 했지만, 나는 경찰이 싫다고 말했다. 그러나 3층에 세들어 사는 납땜장이와 함께 경찰 한 사람이 들어왔다. 경찰이 문을 두드렸으나 이젠 아무 소리도 들리지 않았다. 더 크게 두드리자, 곧 여자의 울음소리가 들리고, 레몽이 문을 열었다. 그는 입에 담배를 물고 시치미를 뗐다. 여자는 문으로 뛰어나와 경찰에게 레몽이 때렸다고 말했다.

　"이름이 뭐야?" 경찰이 물었다.

　레몽은 대답했다.

　"말할 때는 입에서 담배를 빼." 경찰이 말했다.

　레몽은 망설이고 나서 나를 바라보더니 담배를 빨아들였다. 그러자 경찰은 레몽의 면상에다 힘껏 두껍고 무거운 손바닥으로 따귀를 한 대 올려붙였다. 담배가 몇 미터 떨어진 곳까지 날아갔다. 레몽은 안색이 변했으나 당장에는 아무 말도 하지 않았다. 그러더니 공손한 목소리로, 꽁초를 주워도 좋으냐고 물었다. 경찰은 그러라고 하면서 덧붙여 말했다.

"그러나 다음부터는 경찰이 허수아비가 아니라는 걸 알아두라고."

그동안 여자는 줄곧 울면서 되풀이했다.

"날 때렸어요. 이놈은 포주예요."

"경관 나리. 남자에게 포주라는 말을 해도 된다는 법이 있습니까?" 이번에는 레몽이 물었다.

그러나 경찰은 그에게 닥치고 있으라고 호통을 쳤다. 그러자 레몽은 여자에게로 고개를 돌리고는 말했다.

"두고 봐, 요년아. 다시 만날 날이 있을 테니."

경찰은 레몽에게 닥치라고 한 다음, 여자는 가도 좋고, 레몽은 방으로 들어가 경찰서에서 소환할 때까지 기다려야 한다고 말했다. 그는 또 레몽에게, 그렇게 몸이 떨리도록 술에 취했으면 부끄럽게 생각해야 할 노릇이라고 말했다.

그 말을 듣자 레몽이 설명을 했다.

"경관 나리, 저는 취하지 않았습니다. 그저 나리님 앞에 서 있으니 떨릴 뿐이지. 별도리가 없잖습니까?"

그는 문을 닫아버렸고, 구경꾼들도 모두 흩어졌다. 마리와 나는 점심 준비를 끝마쳤다. 그러나 그녀는 먹고 싶은 생각이 없다기에 내가 혼자서 거의 다 먹었다. 마리는 1시에 갔고 나는 조금 잠을 잤다.

3시쯤 문 두드리는 소리가 나더니, 레몽이 들어왔다. 나는 누워 있었다. 그는 내 침대 가에 앉았다. 그는 한동안 말이 없었다. 나는 그의 일이 어찌 되었는지 물었다. 그는 말하기를, 계획대로 했었는데 여자가 따귀를 때려 두들겨 패준 것이라고 했다. 그 뒤의 일은 내가 목격한 대로였다. 이제는 여자가 혼이 났으니까, 당신도 만족해야 한다고 말하자 그의 의견도 역시 그렇다는 것이었다. 그리고 그는, 제아무리 경찰이 뭐라고 해보았댔자 여자가 이미 맞은 매를 어떻게 할 수는 없으리라는 점을 지적했다. 그는 또 덧붙여서, 자기는 경찰들이 어떤 사람들인지를 알고 있으므로 그들을 어떻게 다뤄야 하는 것인지 알고 있다고 말했다. 그러고는 경찰이 따귀를 올려붙인 것에 자기가 응수할 것을 기대하고 있었느냐고 나에게 물었다. 나는 전혀 기대하지 않았고, 경찰을 싫어한다고 말했다. 레몽은 매우 만족한 눈치였다. 함께 나가지 않겠느냐고 하기에, 일어나서 머리를 빗기 시작했다. 그때 그는 나더러 그의 증인이 되어 주어야겠다고 말했다. 아무래도 상관없었지만, 무슨 말을 해야 좋을지 몰랐다. 레몽 말에 의하면, 여자가 그를 배신했다고 말하기만 하면 된다는 것이었다. 나는 그의 증인이 되기를 승낙했다.

우리는 밖으로 나갔다. 레몽이 내게 브랜디를 한 잔 사주었다. 그러고는 당구를 한 판 쳤는데, 나는 아깝게 졌다. 그 다음에 그는 여자를 사자고 했으나, 나는 그런 것을 좋아하지 않는 까닭에 싫다고 했다. 그리하여 우리는 천천히 집으로 돌아왔는데, 레몽은 계집을 혼내주는 데 성공한 것을 얼마나 만족스럽게 여기고 있는지를 말했다. 그가 내게 다정스럽게 대해주는 것 같았고, 나는 즐거운 한때라고 생각했다.

멀리서부터 나는 입구 문턱에서 흥분한 듯한 표정으로 서 있는 살라마노 영감을 알아보았다. 가까이 가보니 그는 개를 데리고 있지 않았다. 그는 이리저리 사방을 둘러보고 빙글빙글 돌고, 컴컴한 복도를 들여다보면서 두서없는 말을 중얼거렸고, 충혈된 작은 눈으로 몇 번이나 두리번거리며 길을 훑어보는 것이었다. 레몽이 그에게 무슨 일이 있었느냐고 물어도 곧 대답을 하지 않았다.

"빌어먹을 놈! 망할 자식!" 중얼거리는 소리만이 어렴풋이 들렸다. 그리고 노인은 계속해서 어쩔 줄 모르고 서성거렸다. 개는 어디 있느냐고 내가 물으니까 불쑥, 없어졌다고 했다. 그러더니 갑자기 수다스럽게 이야기를 늘어놓았다.

"여느 때처럼 연병장에 데리고 갔었다오. 노점들 근처에 사람들이 많이 있었어요. 잠시 멈춰서 '탈주왕(脫走王)'이란 간판이 붙은 것을 보고 가려니까, 그놈은 이미 없었어요. 물론 오래전부터 좀 작은 목걸이를 사주려고 생각하고 있었지만, 그 빌어먹을 놈이 그렇게 도망쳐 버리리라고는 꿈에도 생각하지 않았어요."

그러자 레몽이, 개는 아마 길을 잃어버렸을지도 모르니까 언젠가는 돌아올 것이라고 설명했다. 그는 주인을 다시 만나려고 수십 킬로미터나 걸어온 개가 있었다는 예까지 들었다. 그랬는데도 영감은 더욱 흥분할 뿐이었다.

"그렇지만 잡혀가고 말 거라고요. 누가 그걸 데려다 돌봐 준다면 또 모르지만, 그럴 리는 없을 거요. 그렇게 헐고 딱지투성이인데 어디 좋아할 사람이 있을라고. 경찰들이 잡아가고 말 겝니다. 틀림없어요."

그래서 나는 그에게 경찰서의 개 보호소로 가보는 것이 좋으리라는 것과, 수수료를 얼마쯤 내면 찾을 수 있으리라는 것을 말해주었다. 영감은 그 수수료의 액수가 많으냐고 물었으나, 나는 그것은 알지 못했다. 그러자 영감은 화를 내며 욕설을 퍼붓기 시작했다.

"그 빌어먹을 놈 때문에 돈을 내다니. 아아, 뒈져버리라지!"

레몽은 웃으며 집으로 들어갔다. 나도 그의 뒤를 따랐고 우리는 이층 계단 참에서 헤어졌다. 얼마 지나지 않아 영감의 발소리가 나더니 그가 내 방문을 두드렸다. 문을 열어 주니까, 그는 잠시 문간에 멈춰 서서 말했다.

"실례합니다, 미안해요."

안으로 들어오라고 권했으나, 그는 들어오려 하지 않았다. 그는 구두 끝만 내려다보고 있었는데, 그의 딱지투성이인 손이 떨리고 있었다. 고개를 들지 않은 채 그는 나에게 물었다.

"개를 빼앗진 않겠지요, 뫼르소 선생? 돌려주겠죠? 그렇지 않으면 난 어떻게 될까요?"

개 보호소에는 주인이 찾아갈 수 있도록 사흘 동안 개를 보호하는데, 사흘이 지나면 적당히 처분해버린다고 나는 그에게 일러주었다. 그는 아무 말 없이 나를 쳐다보았다. 그러고는 말했다. "안녕히 주무세요." 그가 자기 방으로 돌아가 방문을 닫고 방 안에서 왔다 갔다 하는 소리가 들렸다. 그의 침대가 삐걱거렸다. 그러고는 벽을 통해서 조그맣게 들려오는 괴상한 소리로 나는 그가 울고 있다는 것을 알았다. 왜인지는 모르겠지만, 나는 어머니를 생각했다. 그러나 이튿날 아침에는 일찍 일어나야 한다. 별로 배가 고프지 않았으므로 나는 저녁도 먹지 않고 잤다.

5

레몽이 회사로 나에게 전화를 했다. 그의 친구 한 사람이(그 친구에게 내 이야기를 했다는 것이었다) 알제 근처의 조그만 별장으로 와서 일요일 하루를 지내도록 나를 초대한다는 말이었다. 물론 나는 좋지만, 사실 그날 여자

친구와 약속이 있다고 대답했다. 그러자 곧 레몽은 그 여자친구도 같이 오라는 것이었다. 그 친구의 부인은, 온통 남자들뿐이고 여자라곤 자기 혼자뿐이기 때문에 매우 좋아하리라고 했다.

밖에서 전화가 걸려오는 것을 사장이 좋아하지 않기 때문에 나는 곧 수화기를 놓으려고 했다. 그러나 레몽은 조금 기다리라고 하더니, 이 초대에 대한 이야기는 저녁에라도 전할 수 있었겠지만, 그보다도 다른 일을 얘기하고 싶다고 했다. 그는 하루 종일 정부의 오라비가 낀 한 패의 아랍 사람들에게 미행을 당했다는 것이다. 그러면서 이렇게 말했다.

"오늘 저녁 퇴근하는 길에 집 근처에서 그놈들을 보거든 내게 좀 알려줘."

나는 승낙했다.

얼마 지나지 않아 사장이 나를 불렀다. 전화는 되도록 삼가고 좀더 열심히 일하라고 말할 것이라고 생각하자, 돌연 언짢은 생각이 들었다. 그런데 전혀 다른 이야기였다. 아직은 막연한 어떤 계획에 대해서 나에게 이야기를 하고 싶다는 것이었다. 그는 다만 그 문제에 관하여 내 의견을 구할 생각이었다. 파리에 출장소를 설치하여, 현지에서 직접 큰 회사들과의 거래를 하려고 하는데, 그리로 갈 생각이 있는지 내 의향을 묻는 것이었다. 그러면 파리에서 생활할 수 있을 것이고, 일 년에 얼마 동안은 여행을 할 수도 있게 된다.

"자넨 젊고, 그런 생활이 자네 마음에 들 것 같은데."

나는, 그렇기는 하지만 결국 이러나저러나 내게는 마찬가지라고 말했다. 그러자 사장이 생활의 변화에 흥미가 없는지 물었다. 누구나 결코 생활을 바꿀 수는 없는 노릇이고, 어쨌든 어떤 생활이든지 다 비슷하고, 또 이곳에서의 내 생활에 조금도 불만을 느끼지 않는다고 나는 대답했다. 그는 만족스럽지 못한 듯이, 내 대답은 언제나 미적지근하고 나에게는 야심이 부족한데 그건 사업하는 데는 아주 좋지 못한 점이라고 말했다. 나는 일을 하려고 자리로 돌아왔다. 사장의 비위를 거스르고 싶지는 않았으나, 내 생활을 바꿔야 할 하등의 이유도 찾아낼 수 없었다. 곰곰이 생각해봐도 나는 불행진 않았다. 학생 때는 그런 야심도 많이 있었다. 그러나 학업을 포기해야 했을 때, 그런 모든 것이 사실 아무런 의미가 없다는 것을 나는 곧 깨달았던 것이다.

저녁에 마리가 찾아와서 자기와 결혼하고 싶은지 물었다. 나는 그건 아무래도 상관없지만, 마리가 원한다면 그래도 좋다고 말했다. 그러자 자기를 사랑하냐고 물었다. 나는 이미 한 번 말했던 것처럼, 그건 아무 의미도 없지만 아마 사랑하지는 않는 것 같다고 대답했다.

"그렇다면 왜 나하고 결혼을 해요?" 마리가 말했다. 나는, 그런 건 아무 중요성도 없지만 네가 원한다면 결혼을 해도 좋다고 설명했다. 게다가 결혼을 요구한 것은 그녀 쪽이고, 나는 그저 받아들인 것뿐이다. 그러자 마리는 결혼이란 건 중대한 일이라고 나무라는 투로 말했다. 나는 아니라고 대답했다. 그녀는 잠시 말없이 나를 쳐다보더니 말을 꺼냈다. 자기와 같은 관계로 맺어진 다른 여자로부터 같은 청혼이 있었어도 승낙했을 것인가, 다만 그것이 알고 싶을 뿐이라고 했다. 나는 "물론"이라고 대답했다. 그러자 마리는 자기가 나를 사랑하는지 어떤지 생각해보는 듯했으나, 나는 그 점에 관해서는 아무것도 몰랐다. 잠시 또 침묵이 흐르고, 그녀는 내가 이상한 사람이라고, 아마 그 때문에 나를 사랑하는 것일 테지만, 바로 그 같은 이유로 내가 싫어질 때가 올지도 모른다고 했다. 더 할 말이 없어 잠자코 있노라니까, 마리는 웃으면서 내 팔을 붙들고 나와 결혼하고 싶다고 말했다. 원한다면 언제든지 결혼하자고 대답했다. 그리고 사장의 제안을 이야기해주니까, 마리는 파리를 알고 싶다고 했다. 내가 잠시 파리에서 살아본 일이 있다고 말했더니, 어떻더냐고 물었다. 나는 대답해주었다.

"더러워. 비둘기들과 어두침침한 안뜰들이 있어. 사람들은 모두 피부가 허옇고."

그러고 나서 우리는 큰길을 골라 시내를 어슬렁거렸다. 여자들이 아름다웠다. 나는 마리에게 그 점을 눈여겨보았느냐고 물었다. 마리는 그렇다고 대답하고 내 기분을 이해할 수 있다고 말했다. 잠시 동안 우리는 아무 말이 없었다. 그래도 그녀가 나와 함께 있어 주었으면 싶어서, 셀레스트네 식당에서 저녁을 같이 먹으면 어떻겠느냐고 물었다. 마리는 그러고 싶지만 볼일이 있다는 것이었다. 그때 우리는 내 집 근처에 이르렀기에, 나는 잘 가라고 인사말을 하였다. 그녀는 나를 쳐다보며 말했다.

"내가 무슨 볼일이 있는지 알고 싶지 않아?"

알고 싶긴 하지만 물어볼 생각을 미처 못 했을 뿐이었는데, 마리는 그것을 나무라는 눈치였다. 그러고는 내 어색한 표정을 보고 다시 웃더니, 갑자기 달려들며 입술을 내게로 내밀었다.

나는 셀레스트네 식당에서 저녁을 먹었다. 막 먹기 시작했는데 키가 작은 이상한 여자가 한 사람 들어와서 내 테이블에 앉아도 좋으냐고 물었다. 물론 앉아도 좋다고 했다. 몸짓은 앙증맞고, 능금처럼 작은 얼굴에 눈이 빛나고 있었다. 그녀는 재킷을 벗고 자리에 앉아서 열심히 메뉴를 살펴보더니 셀레스트를 불러, 명확하지만 빠른 목소리로 먹을 요리를 전부 주문했다. 그러고는 오르되브르를 기다리는 동안, 핸드백을 열고 네모진 종잇조각과 연필을 꺼내어 미리 합산을 해보고는, 지갑에서 팁까지 덧붙여 정확한 금액을 자기 앞에 내놓았다. 그때 오르되브르가 나오자 그녀는 서둘러서 먹었다. 다음 요리를 기다리며 또 핸드백에서 푸른 연필과 일주일 동안의 라디오 프로그램이 실린 잡지를 꺼냈다. 그 여자는 정성스럽게 거의 모든 방송에 하나씩 표시를 했다. 잡지는 열두어 페이지나 되었으므로 식사를 하는 동안 줄곧 세밀하게 그 일을 계속했다. 내가 식사를 끝마쳤을 때도 그녀는 사뭇 열심히 표시를 하고 있었다. 그러더니 벌떡 일어서서, 거의 기계적으로 다시 재킷을 입고 나가버렸다. 아무것도 할 일이 없었으므로, 나도 밖으로 나가 여자를 잠시 뒤쫓았다. 그녀는 인도 가장자리를 따라 믿을 수 없을 만큼 엄청난 속도와 똑바른 걸음으로, 옆으로 비키거나 뒤돌아보지도 않고 제 갈 길만 가고 있었다. 마침내 나는 여자를 시야에서 놓쳐버려 가던 길을 되돌아왔다. 이상한 여자라는 생각이 들었지만 곧 그 여자를 잊어버렸다.

　내 방 문간에서 살라마노 영감을 만나 그를 방으로 들어오게 했다. 영감은, 개는 어디에서도 찾지 못하고, 개 보호소에도 없다고 했다. 개 보호소의 사무원들이 아마 개가 차에 치여버렸을 거라고 말하더라는 것이었다. 경찰서에 가보면 그런 걸 알 수 있지 않느냐고 물으니까, 매일 있는 일이라 아무 기록도 하지 않는다고 대답하더라는 것이었다. 나는 살라마노 영감에게 다른 개를 기르면 되지 않느냐고 말했지만, 영감은 그 개와 정이 들었다고 했는데, 일리가 있는 말이었다.

　나는 침대 위에 웅크리고, 살라마노는 테이블 앞 의자에 앉아 있었다. 영감은 나와 얼굴을 마주하고 두 손을 무릎 위에 놓고 있었다. 낡은 중절모를 쓴 채로였다. 누런 수염 밑으로 말 마디를 씹어 삼키듯이 중얼거려 잘 들리지 않았다. 같이 있기가 좀 지루했으나, 그렇다고 별로 할 일도 없었고 졸리지도 않았다. 무엇이든지 이야기를 하려고 나는 그의 개 이야기를 물어보았다. 영감의 말로는, 그 개는 그의 아내가 죽은 뒤부터 길렀다고 한다. 그는 꽤 늦게 결혼했었다. 젊었을 적에는 연극이 하고 싶어서, 군대에 있었을 때는 군인극 보드빌(노래·춤·촌극 등을 엮은 오락연예)에 출연하기도 했다. 그러나 결국 철도국에 근무하게 되었는데, 그것을 후회하지는 않았다. 왜냐하면 지금 약간의 연금을 탈 수 있기 때문이었다. 아내와의 관계가 그리 행복하지는 못했었으나, 전체적으로 아내에게 길이 들어 있었다. 아내가 세상을 떠났을 때 그는 매우 외로움을 느꼈다. 그래서 공장 동료에게 개 한 마리를 부탁해서 아주 어린놈을 얻어왔다. 처음에는 젖병을 물려서 길러야 했다. 그러나 개의 수명은 사람보다 짧아서, 그들은 함께 늙고 말았다. 그가 말했다.

"그놈은 성미가 못되어서 가끔 우리는 말다툼을 하곤 했었지요. 그렇지만 좋은 개였어요."

혈통이 좋은 개였다고 나도 맞장구쳤더니, 살라마노는 만족해하며 덧붙였다.

"게다가 병에 걸리기 전에 본 일이 없으시죠? 그 털이 정말 아름다웠어요."

개가 피부병에 걸린 다음부터는, 살라마노는 매일 아침저녁으로 포마드를 발라주었다. 그가 한 말에 의하면 그의 진짜 병은 늙어서 쇠약해진 것인데, 고칠 도리가 없다는 것이다.

그때 내가 하품을 하자 노인은 가겠노라고 말했다. 나는 좀더 있어도 괜찮다고 말하고 개가 그렇게 된 것을 딱하게 생각한다고 했더니, 고맙다고 했다. 그리고 어머니가 그 개를 몹시 귀여워했다고 말했다. 어머니 이야기를 하면서 그는 '가엾은 자당님'이라고 말했다. 어머니가 세상을 떠난 이후로 내가 매우 상심하고 있을 것이라고 그는 말했지만, 나는 아무런 대답도 하지 않았다. 그러자 그는 조금 당황하여 빠른 어조로, 동네에서는 어머니를 양로원에 넣었다고 나를 나쁘게 생각하고 있다는 것을 알고 있지만, 그는 내가 어떤 사람인지 잘 알며, 내가 어머니를 퍽 사랑했었다는 것도 알고 있노라고 말했다. 왜 그랬는지는 지금도 모르지만, 나는 어머니 때문에 이러니저러니 말이 많다는 것을 지금까지 전혀 모르고 있었으며 내게는 어머니를 간호할 만한 돈이 없었으므로 양로원에 넣는 것은 마땅한 처사로 생각되었던 것이라고 대답했다. 거기에 덧붙였다.

"게다가 어머니는 오래전부터 내게 하실 말씀도 없어서 외롭고 적적해하셨는 걸요."

"그럼요, 양로원에선 친구라도 생기지요."

그가 말했다. 그리고 그는 자리에서 일어섰다. 가서 자려는 것이었다. 이제 그의 생활은 바뀌게 됐는데, 앞으로 어떻게 하면 좋을지 그는 알지 못했다. 그와 알게 된 이래 처음으로 그는 슬그머니 나에게 손을 내밀었다. 내 손에 비늘같이 거슬거슬한 그의 피부가 느껴졌다. 그는 살짝 웃고는 방을 나서다가 말했다.

"오늘 밤은 제발 개들이 짖지 말았으면 좋으련만. 내 개가 아닌가 하는 생각이 자꾸 들어서요."

6

일요일은 좀처럼 일어나기 힘들어, 마리가 와서 내 이름을 몇 번이나 부르면서 흔들어 깨워야 했다. 우리는 일찍부터 해수욕을 하고 싶어서 아침도 먹지 않았다. 나는 속이 텅 빈 것 같고 머리가 조금 아팠다. 담배를 피워도 쓴맛이 났다. 마리는 나더러, '초상 치르는 사람 같은 얼굴'을 하고 있다며 놀려댔다. 마리는 흰옷을 입고 머리를 풀어 늘어뜨린 차림이었다. 예쁘다고 말하니까, 그녀는 좋아서 웃었다.

내려오는 길에 레몽의 방문을 두드리자, 그는 곧 내려가겠다고 대답했다. 길에 나서자, 피로한 탓도 있고 또 덧창을 열지 않고 있었던 탓도 있어서 벌써 퍼질 대로 퍼진 뜨거운 햇볕에 마치 따귀라도 얻어맞은 것 같았다. 마리는 기뻐서 깡충거리며 날씨가 좋다고 몇 번이나 되풀이해 말했다. 나는 기분이 좀 나아져서 배가 고픈 것을 느꼈다. 마리에게 그 말을 하니까, 그녀는 우리 두 사람의 수영복과 수건만 들어 있는 헝겊가방을 열어 보였다. 기다리는 수밖에 없었다. 이윽고 레몽이 방문을 닫는 소리가 들렸다. 그는 푸른 바지와 소매가 짧은 흰 셔츠를 입고 있었다. 그런데 밀짚모자를 쓰고 있어서, 마리가 웃음을 터뜨렸다. 그리고 팔목은 허연데 검은 털로 덮여 있었다. 그것이 나는 좀 보기 싫었다. 그는 휘파람을 불면서 내려왔는데, 자못 만족스런 눈치였다. 레몽은 나에게 잘 잤냐고 말하고, 마리를 '마드무아젤'이라고 불렀다.

그 전날 경찰서에 함께 가서 나는, 그 여자가 레몽을 '배신했다'고 증언했었다. 레몽은 경고만으로 끝났다. 내 진술을 트집 잡는 사람은 없었다. 문 앞에서 레몽과 그 이야기를 하고 나서 우리는 버스를 타기로 결정했다. 바닷가는 그다지 멀지 않았으나, 그렇게 하면 더 빨리 갈 수 있으리라. 레몽은, 그의 친구도 우리가 일찍 오는 것을 기뻐하리라고 생각하고 있었다. 우리가 막 길을 떠나려던 참이었는데, 갑자기 레몽이 맞은쪽을 보라는 눈짓을 했다. 아랍 사람들 한 무리가 담배가게 진열창에 기대고 서 있는 것이 보였다. 묵묵히 우리를 바라보고 있었는데, 마치 우리가 돌이나 죽은 나무에 지나지 않는다는 듯한 태도였다. 왼편에서 두 번째 녀석이 그놈이라고 레몽이 말했는데, 어쩐지 신경이 쓰이는 눈치였다. 그래도 이젠 끝난 이야기라고 덧붙였다. 마리는 무슨 영문인지 몰라서, 그가 왜 그러는 거냐고 우리에게 물었다. 아랍 사람들이 레몽에게 원한을 품고 있는 것이라고 내가 말하자, 마리는 바로 출발하기를 원했다. 레몽은 몸을 젖히고, 서둘러야겠다고 말하며 웃음을 터뜨렸다.

우리는 조금 떨어진 정류장으로 갔고 레몽은 아랍 사람들이 따라오지 않는다고 나에게 일러주었다. 나는 뒤를 돌아다보았다. 그들은 있던 자리에 그냥 서서 우리가 이제 막 떠나온 곳을 여전히 무관심한 태도로 바라보고 있었다. 우리는 버스에 올라탔다. 레몽은 아주 안심한 듯이 마리에게 줄곧 농담을 하고 있었다. 마리가 마음에 든 눈치였으나, 마리는 거의 아무 대답도 하지 않았다. 이따금 웃으면서 레몽을 쳐다볼 뿐이었다.

우리는 알제 교외에서 내렸다. 바닷가는 정류장에서 멀지 않았는데, 바다를 굽어보며 모래밭 쪽으로 내리뻗은 조그만 언덕을 지나야 했다. 언덕은 하늘의 이미 눈부시게 빛나는 푸른빛을 배경으로 노란 돌들과 새하얀 수선화들에 뒤덮여 있었다. 마리는 재미난다는 듯이 헝겊가방을 휘둘러 꽃잎을 떨어뜨리는 장난을 쳤다. 초록색 또는 흰색 울타리를 둘러친 작은 별장들이 늘어선 사이를 걸어갔다. 별장의 어떤 것들은 베란다까지 타마리스(위성류)나무 속에 파묻히고, 어떤 것들은 돌들 가운데 덩그렇게 서 있었다. 언덕 끝에 이르기도 전에 벌써 움직이지 않는 바다가 눈앞에 나타나고, 더 멀리 맑은 물속에 조는 듯 육중한 곳이 보였다. 가벼운 모터 소리가 고요한 대기를 뚫고 우리에게까지 들려왔다. 저 멀리 조그만 트롤 어선 한 척이, 반짝이는 바다 위로 움직이는 듯 마는 듯 가고 있었다. 마리는 창포를 몇 송이 꺾었다. 바다로 내려가는 언덕길에서 바라보니, 바닷가에는 벌써 수영하는 사람들이 더러 있었다.

레몽의 친구는 바닷가 기슭의 조그만 목조 별장에 살고 있었다. 집은 바위를 등지고 있었는데, 집의 전면 밑쪽을 떠받치는 기둥들은 물속에 잠겨 있었다. 레몽이 우리를 소개했다. 그의 친구는 마송이라는 이름으로, 체격과 어깨가 건장하고 키가 큰 사람이었는데, 파리 말씨를 쓰는 동글동글하고 예쁘장하게 생긴 조그만 여자와 함께 있었다. 그는 곧 우리에게 거리낌없이 지낼 것을 권하고, 바로 그날 아침에 낚아온 생선 튀김이 있다고 말했다. 내가 그의 집이 어쩌면 이렇게도 아담하냐고 말했더니, 그는 토요일과 일요일, 그리고 휴일마다 그 별장에 와서 지낸다는 것이었다. 그리고 아내는 누구든지 마음이 잘 맞는다고 덧붙였다. 그의 아내는 마침 마리와 웃고 있었다. 아마 그때 처음으로 나는 마리와 결혼할 것을 진정으로 생각한 것 같다.

마송은 헤엄치러 가고 싶었으나 그의 아내와 레몽은 가고 싶어 하지 않았다. 그래서 우리 셋이 바닷가로 내려갔는데 마리는 그대로 물속에 뛰어들었다. 마송과 나는 잠깐 그대로 서 있었다. 그는 말을 천천히 했는데, 나는 그가 말끝마다 '뿐만이 아니라'를 덧붙이는 버릇이 있다는 것을 알아차렸다. 실제로 그가 한 말의 뜻에 보충하는 것이 없을 때도 그렇게 했다. 마리에 대해서 그는 이렇게 말했다.

"아주 멋져요. 뿐만 아니라 매력이 있어요."

이윽고 나는 그의 버릇에 주의하지 않게 되었다. 햇볕을 쬐어 기분이 좋아지는 것을 느끼고 그것에 정신을 뺏겼기 때문이다. 발 밑에서 모래가 뜨거워지기 시작했다. 물속으로 들어가고 싶은 욕망을 좀더 참았다가 마침내 마송에게 말했다.

"들어가 볼까요?"

나는 물속으로 뛰어 들어갔다. 마송은 천천히 물속으로 들어가 발이 땅에 닿지 않게 되어서야 몸을 던졌다. 그는 개구리헤엄을 쳤으나 퍽 서툴러서, 나는 그를 남겨두고 마리에게로 헤엄쳐 갔다. 물은 차가웠고, 헤엄을 치니 기분이 좋아졌다. 마리와 함께 멀리까지 갔었는데, 우리는 몸짓과 만족감에 있어 서로 일치하는 것을 느낄 수 있었다.

바다 한가운데로 나가서 우리는 몸을 띄웠다. 얼굴을 하늘로 향하자 태양은 입으로 흘러드는 물의 장막을 걷어주었다. 마송이 모래사장으로 나가서 햇볕을 쐬려고 눕는 것이 보였다. 멀리서도 그는 거대해 보였다. 마리는 나와 함께 헤엄치고 싶어했다. 나는 뒤로 돌아가 마리의 허리를 붙잡고, 마리가 팔을 놀려 앞으로 나가는 것을 발로 물장구를 쳐서 도와주었다. 고요한 아침에 철썩거리는 물소리가 우리 곁에서 떠나지 않았고, 마침내 나는 지치고 말았다. 그래서 나는 마리를 남겨두고, 숨을 크게 쉬면서 규칙적으로 헤엄을 쳐서 돌아왔다. 바닷가로 나와서 나는 마송 옆에 배를 깔고 엎드려 모래 속에 얼굴을 파묻었다. 기분이 좋다고 했더니, 그도 그렇다고 했다. 얼마 지나지 않아 마리가 왔다. 나는 고개를 돌려 마리가 걸어오는 것을 바라보았다. 소금물에 젖은 몸은 번들거렸으며, 머리를 뒤로 늘어뜨리고 있었다. 마리와 나는 옆구리를 꼭 붙인 채 누웠는데, 그녀의 체온과 뜨거운 햇볕 때문에 나는 조금 잠이 들었다.

마리는 나를 흔들어 깨우고, 마송은 벌써 집으로 돌아갔는데, 이젠 점심을 먹어야 할 것이라고 말했다. 나도 배가 고팠으므로 곧 일어났다. 그러나 마리는, 아침부터 내가 키스를 한 번도 해주지 않았다고 했다. 정말 그랬다. 나도 키스하고 싶었다.

"물속으로 들어가요." 마리가 말했다.

우리는 뛰어가서 곧장 잔물결 속에 몸을 뻗었다. 몇 번 팔을 저어 헤엄쳐 가다가 마리가 나에게 달라붙었다. 그녀의 다리가 내 다리에 휘감기는 것을 느끼고, 나는 그녀에게 정욕을 느꼈다.

우리가 돌아오자 마송이 불렀다. 배가 몹시 고프다고 말했더니 마송은 곧, 내가 자기의 마음에 들었노라고 그의 아내에게 말했다. 빵은 맛있었고, 나는 내 몫의 생선을 허겁지겁 먹었다. 그런 다음 고기와 감자튀김이 나왔다. 우리는 모두 아무 말 없이 먹었다. 마송은 술을 자주 마시고 나에게도 계속 따라 주었다. 커피가 왔을 때는 머리가 좀 무거워서, 나는 담배를 많이 피웠다. 마송과 레몽 그리고 나는 공동비용으로 8월달을 바닷가에서 지낼 계획을 짰다. 마리가 갑자기 말했다.

"지금 몇 신지 아세요? 11시 반이에요."

우리는 모두 놀랐다. 그러나 마송은, 너무 일찍 식사를 했지만 배고플 때가 결국 식사시간이니까 별로 이상할 것은 없다고 말했다. 왜인지는 모르겠지만, 그 말을 듣자 마리는 자지러지게 웃었다. 아마 술을 좀 지나치게 마신 탓이었으리라. 그때 마송은, 함께 바닷가로 나가서 같이 산책하지 않겠느냐고 나에게 물었다.

"제 아내는 점심을 먹은 뒤엔 반드시 낮잠을 자지요. 나는 그게 싫어요. 걷는 게 좋거든요. 나는 늘 걷는 게 건강에 좋다고 아내에게 말하지만, 어쨌든 자기가 하고 싶은 대로 할 수밖에 없지요."

마리는 남아서 마송 부인이 설거지하는 것을 거들겠다고 말했다. 그러자면 남자들은 밖으로 내보내야 한다고 키가 작은 파리 여자가 말했다. 우리는 셋이서 바닷가로 내려갔다.

햇빛이 거의 수직으로 모래 위에 쏟아져내리고 있었고, 바다 위에 반사하는 그 빛은 견디기 어려울 지경이었다. 이제 바닷가에는 아무도 없었다. 언덕 끝을 따라 바다를 굽어보며 늘어선 작은 별장들 안에서 접시며 포크, 수저 등 식기가 덜그럭거리는 소리가 들렸다. 땅에서 올라오는 돌의 열기 속에서는 숨조차 쉬기 어려웠다. 처음에 레몽과 마송은, 내가 알지 못하는 일과 사람들의 이야기를 했다. 그들이 오래전부터 아는 사이라는 것과, 한때 그들은 동거한 일도 있었다는 사실을 나는 알았다. 우리는 물가 쪽으로 가서 바다를 끼고 걸었다. 때때로 잔물결이 길게 밀려와서 우리의 헝겊신발을 적셨다. 나는 맨머리 위로 내리쬐는 태양 때문에 반쯤 몽롱해져 있었으므로 아무것도 생각할 수 없었다.

그때 레몽이 마송에게 뭐라고 말했으나, 나는 잘 듣지 못했다. 그러나 그와 동시에 나는 바닷가 저편 아주 멀리서, 푸른 작업복을 입은 아랍 사람 둘이 우리에게로 걸어오고 있는 것을 보았다. 내가 레몽을 바라보았더니 그는 "그놈이야" 하고 말했다. 우리는 계속 걸었다. 마송은 그들이 어떻게 여기까지 우리를 따라올 수 있었을까 하고 물었다. 우리가 해수욕 가방을 가지고 버스를 타는 것을 그들이 보았기 때문이라고 나는 생각했으나 아무 말도 하지 않았다.

아랍 사람들은 천천히 걸어오고 있었는데, 이미 꽤 가까워졌다. 우리도 걷는 속도를 바꾸지는 않았으나, 레몽이 말했다.

"마송, 싸움이 벌어지면 넌 둘째 녀석을 붙들어. 난 그 다음 녀석을 맡을 테니까. 뫼르소, 자네는 또 다른 놈이 오면 맡지."

"응."

내가 말했고, 마송은 두 손을 호주머니 속에 넣었다. 지나칠 정도로 뜨겁게 단 모래가 지금 나에게는 붉게 보였다. 우리는 일정한 걸음으로 아랍 사람들에게 걸어갔다. 그들과 우리 사이의 간격은 규칙적으로 줄어들었다. 몇 걸음 되지 않는 간격을 두고 서로 가까워졌을 때, 아랍 사람들이 멈춰 섰다. 마송과 나는 걸음을 늦추었으나, 레몽은 바로 그가 맡은 녀석에게로 갔다. 그가 뭐라고 했는지 잘 들리지 않았으나, 아랍 녀석이 머리로 받는 시늉을 했다. 그러자 레몽이 먼저 한대 때려 놓고 곧 마송을 불렀다. 마송은 미리 지목했던 녀석에게로 가서 힘껏 두 번 후려갈겼다. 아랍 녀석은 얼굴을 바닥에 틀어박았고 물속에 퍼져버렸다. 그러고는 잠시 그대로 있었는데, 머리께로부터 거품이 물 위로 부글거리고 있었다. 그러는 동안에 레몽 쪽에서도 후려쳐서 그 아랍 녀석은 얼굴이 온통 피투성이가 되었다. 레몽은 나에게 고개를 돌리며 말했다.

"자식 꼬락서니 좀 봐."

"조심해, 그놈 단도를 가졌어!"

내가 소리쳤으나, 레몽은 이미 팔을 찔렸고 입도 찢긴 뒤였다.

마송이 후닥닥 몸을 놀려 앞으로 뛰어들었으나, 또 다른 아랍 녀석도 일어나서 무기를 가진 녀석 뒤로 숨었다. 우리는 움직이지 못했다. 그들은 우리에게서 눈을 떼지 않은 채 단도로 위협하면서 천천히 뒷걸음을 쳤다. 충분한 거리가 생겼음을 알자 그들은 부리나케 달아나버렸다. 그동안 우리는 햇볕 아래 못박힌 듯 우두커니 서 있었고, 레몽은 피가 흐르는 팔을 움켜쥐고 있었다.

마송은 곧, 일요일마다 언덕 별장으로 와서 지내는 의사가 있다고 말했다. 레몽은 즉시 가자고 했다. 그러나 말을 할 때마다 상처에서 흐르는 피가 입 속에서 거품을 일으켰다. 우리는 그를 부축하여 허둥지둥 별장으로 돌아왔다. 레몽은 상처가 가벼우니까 의사에게 직접 갈 수 있다고 해서, 마송과 함께 나갔다. 나는 남아서 여자들에게 사건 이야기를 해주었다. 마송 부인은 울었고, 마리는 파랗게 질렸다. 나는 그들에게 설명을 하는 것이 귀찮아서 이야기를 그쳐버리고, 담배를 피우면서 바다를 바라보았다.

1시 반쯤 레몽이 마송과 함께 돌아왔다. 그는 팔에는 붕대를 감고 입가에는 반창고를 붙이고 있었다. 의사는 대수롭지 않은 상처라고 했으나, 레몽은 매우 침울한 낯을 하고 있었다. 마송이 웃기려고 애를 써봤지만, 레몽은 여전히 말이 없었다. 바닷가로 내려간다고 하기에 나는 그에게 어디로 가느냐고 물었다. 그는 바람을 쐬고 싶다고 대답했다. 마송과 나도 함께 가겠노라고 하자, 레몽이 화를 내며 우리에게 욕을 했다. 마송은 그의 비위를 거스르지 말아야 한다고 했으나, 나는 그래도 그의 뒤를 따랐다.

　우리는 오랫동안 바닷가를 걸었다. 지금 태양은 짓누르는 듯하였다. 햇빛은 모래와 바다 위에 부서지고 있었다. 레몽이 어디로 가는지 알 것 같았지만, 어쩌면 잘못 생각한 것인지도 모른다. 바닷가 끝까지 가서, 우리는 마침내 커다란 바위 뒤에서 바다를 향하여 모래밭 위를 흐르고 있는 조그만 샘가에 이르렀다. 거기서 우리는 그 아랍 사람 둘을 다시 만났다. 그들은 기름기가 밴 푸른 작업복을 입고 누워 있었다. 마음은 거의 진정된 듯 아주 느긋한 빛이었다. 우리가 나타났는데도 전혀 표정의 변화가 없었다. 레몽을 찌른 녀석도 아무 말 없이 레몽을 바라보았다. 또 한 녀석은 작은 갈대피리를 불고 있었는데, 곁눈으로 우리를 바라보며 그 악기로 낼 수 있는 세 가지 소리를 끊임없이 되풀이하는 것이었다.

　그동안 거기에는 햇볕과 침묵, 졸졸 흐르는 샘물소리와 피리의 세 가지 음정뿐이었다. 이윽고 레몽이 엉덩이 쪽 주머니에 손을 대었으나 상대편은 움직이지도 않았고, 둘은 여전히 서로 마주 바라보고 있었다. 나는 피리를 불고 있는 녀석의 발가락들 사이가 몹시 벌어진 것을 보았다. 그러나 레몽은 상대편으로부터 눈을 떼지 않고 물었다.

　"해치워버릴까?"

　내가 그만두라고 하면 그는 제 풀에 화를 내어 기어코 쏘고야 말 것이라고 생각해 이렇게 말했다.

　"저 녀석은 아직 아무 말도 안 했어. 이대로 쏘아버린다는 건 비겁해."

　침묵과 무더운 열기 속에서 여전히 물과 피리의 호젓한 소리가 들렸다. 이윽고 레몽이 말했다.

　"그럼 저 녀석에게 욕을 해줘야겠군. 대답하면 쏘아버려야지."

　"그래. 하지만 녀석이 단도를 뽑지 않으면 쏠 수 없어."

나는 이렇게 대답했다. 레몽은 좀 화를 내기 시작했다. 상대편은 여전히 피리를 불고 있었고, 둘 다 레몽의 일거일동을 살피고 있었다.

"쏴선 안 돼. 사나이답게 맞상대를 하게. 그리고 그 총은 이리 줘. 만약 다른 녀석이 뛰어들든지 저 녀석이 단도를 뽑든지 하면 내가 쏘아버릴 테니까."

레몽이 총을 나에게 주었을 때, 그 위로 햇빛이 번쩍 반사하며 미끄러졌다. 그러나 우리는 마치 모든 것이 우리 주위를 둘러막은 듯이, 그대로 움직이지 않고 있었다. 우리는 눈길을 내려뜨지도 않고 서로 마주 노려보고 있었다. 여기에서는 모든 것이 바다와 모래와 태양, 피리 소리와 물소리로 인해 더욱 두드러진 이중의 침묵 가운데 정지해 있었다. 그 순간 나는, 총을 쏠 수도 있고 쏘지 않을 수도 있다고 생각했다. 그러나 갑자기 아랍 사람들이 뒷걸음질하며 바위 뒤로 스며들듯이 달아나버렸다. 레몽과 나는 왔던 길을 되돌아갔다. 레몽은 기분이 좀 가라앉은 듯, 집으로 돌아갈 버스 이야기를 했다.

나는 그와 별장까지 함께 갔고 레몽이 나무 계단을 올라가는 동안 첫 계단 앞에 서 있었다. 햇볕으로 머릿속이 꽝꽝 울리는 데다가, 그 나무 계단을 올라가야 하며 다시 여자들과 대면해야 할 것을 생각하니 맥이 풀렸다. 그러나 하늘에서 쏟아지는 햇볕에 우두커니 서 있기도 괴로울 정도로 더웠다.

그러나 그곳에 그냥 머물러 있거나 어디로 가거나 결국 마찬가지였다. 잠시 뒤에 나는 다시 바닷가를 향해 걷기 시작했다.

조금 전과 다름없이 모든 것이 붉게 이글거리고 있었다. 모래 위에서 바다는 잔물결에 북받쳐 가쁜 숨결을 다하여 헐떡거리고 있었다. 나는 천천히 바위께로 걸어가고 있었는데, 햇볕에 이마가 부풀어오르는 것 같았다. 더위 전체가 내 위로 내리눌러 대면서 내 걸음을 막았다. 그리하여 얼굴 위에 엄청나게 무더운 바람이 와 닿을 때마다 나는 이를 악물고 바지 주머니 속의 주먹을 움켜쥐고, 태양과 태양이 쏟아붓는 짙은 취기(醉氣)를 견뎌 이기려고 온 힘을 다하여 몸을 버티는 것이었다. 모래나 흰 조개껍데기나 유리조각에서 빛이 칼날처럼 반짝거릴 때마다 턱이 움찔했다. 나는 오랫동안 걸었다.

햇빛과 바다의 먼지 같은 수분으로 눈부시도록 후광에 둘러싸인 거무스름한 바윗덩어리가 조그맣게 멀리 바라보였다. 나는 바위 뒤의 서늘한 샘을 생각했다. 그 샘물의 속삭임을 다시 듣고 싶었고, 태양과 더위와 싸우는 노력과 여자의 울음소리를 피하고 싶었으며 그늘과 휴식을 그곳에서 찾고 싶었다. 그러나 가까이 갔을 때, 레몽과 상대했던 녀석이 다시 돌아와 있는 것을 보았다.

그는 혼자였다. 두 손을 목 밑에 괴고, 얼굴만 바위 그늘 속에 넣고 온몸에 햇볕을 받고 반듯이 드러누워 있었다. 푸른 작업복이 더위 속에서 김을 내고 있었다. 나는 조금 당황했다. 나로서는 그 사건이 이제 끝났으므로, 그 일은 생각지도 않고 그리로 갔던 것이었다.

그는 나를 보자마자 조금 몸을 일으켜 주머니에 손을 넣었다. 물론 나도 윗옷 속에 들어 있던 레몽의 총을 움켜쥐었다. 그는 주머니에 손을 넣은 채 뒷걸음질치며 갔다. 나는 그에게서 퍽 멀리, 한 십여 미터쯤 떨어져 있었다. 절반쯤 감은 그의 눈꺼풀 사이로 이따금 그의 시선이 새어 나오는 것을 짐작할 수 있었다. 그러나 대개는 그의 모습이, 타는 듯한 대기 속에서 내 눈앞에 어른거리고 있었다. 파도 소리는 오전보다도 더욱 나른하고 더욱 가라앉았다. 그때나 지금이나 다름없는 모래 위에 다름없는 태양, 다름없는 빛이 그대로 여기에도 연장되고 있었다. 벌써 두 시간 전부터 낮은 걸음을 멈추고, 두 시간 전부터 끓는 금속 같은 바닷속에 닻을 던졌던 것이다. 수평선 위로 조그만 증기선이 지나갔다. 내가 그것을 한쪽 눈 끝으로 검은 얼룩처럼 느낀 것은 아랍 사람으로부터 눈을 떼지 않고 있었기 때문이었다.

내가 뒤로 돌아서기만 하면 일은 끝나는 것이라고 생각되었다. 그러나 햇볕에 흔들리는 바닷가가 내 뒤에서 죄어들고 있었다. 나는 샘 쪽으로 몇 걸음 걸었는데, 아랍 사람은 움직이지 않았다. 그래도 아직 꽤 떨어져 있었다. 아마도 얼굴 위에 덮인 그늘 탓이었던지 웃고 있는 것처럼 보였다. 나는 기다렸다.

뜨거운 햇볕에 볼이 타는 듯했고 땀방울이 눈썹에 맺히는 것을 느꼈다. 어머니의 장례식을 치르던 그날과 똑같은 태양이었다. 그날처럼, 특히 머리가 아팠고, 이마의 모든 핏대가 한꺼번에 다 피부 밑에서 지끈거렸다. 그 햇볕의 뜨거움을 견디지 못하여 나는 한 걸음 앞으로 나섰다. 그것이 어리석은 짓이며, 한 걸음 몸을 옮겨본댔자 태양으로부터 벗어날 수 없다는 것도 알고 있었다. 그래도 나는 한 걸음, 다만 한 걸음 앞으로 나섰다. 그러자 이번에는 아랍 사람이 몸을 일으키지는 않고 단도를 뽑아서 태양빛에 비추며 나에게로 겨누었다. 빛이 강철 위에서 반사하자, 번쩍거리는 길쭉한 칼날이 되어 나의 이마를 쑤시는 것 같았다. 그 순간 눈썹에 맺혔던 땀이 한꺼번에 눈꺼풀 위로 흘러내려 미지근하고 두꺼운 막이 되어 눈두덩을 덮었다. 이 눈물과 소금의 장막에 가려져 내 눈은 보이지 않았다. 다만 이마 위에 울리는 태양의 심벌즈 소리와, 단도로부터 여전히 내 눈앞에 뻗어 나오는 눈부신 빛의 칼날을 느낄 수 있을 뿐이었다. 그 뜨거운 칼날은 속눈썹을 쑤시고 아픈 두 눈을 후볐다. 그때 모든 것이 흔들렸다. 바다는 무겁고 뜨거운 바람을 실어 왔다. 하늘은 활짝 열리며 불을 비 오듯 쏟아놓는 것만 같았다. 온몸이 뻣뻣해지고, 총을 든 손에 경련이 났다. 방아쇠는 부드러웠다. 나는 권총 자루의 매끈한 배를 만졌다. 그리하여 짤막하고도 요란스러운 소리와 함께 모든 것이 시작된 것이 바로 이때였다. 나는 땀과 태양을 떨쳐 버렸다. 나는 한낮의 균형과, 내가 행복을 느끼고 있던 바닷가의 이상한 침묵을 깨뜨려버렸다는 것을 깨달았다. 그때 나는 그 굳어진 몸뚱이에 다시 네 방을 쏘았다. 총탄은 깊이 파고들었는데, 보이지도 않았다. 그것은 마치, 내가 불행의 문을 두드린 네 번의 짧은 노크 소리와도 같았다.

제2부

1

체포되자 곧 나는 몇 번이나 심문을 받았다. 그러나 그것은 신원 확인을 위한 심문이어서 오래 계속되지 않았다. 처음 경찰에서 내 사건은 누구의 흥미도 끌지 않는 듯했다. 일주일 뒤 예심판사는 그와 반대로 나를 호기심 가득한 눈길로 바라보았다. 처음에는 나의 이름과 주소, 직업, 생년월일과 출생지를 물었을 뿐이었다. 그러고는 내가 변호사를 내세웠는지 물었다. 나는 그러지 않았다고 말하고 변호사를 반드시 세워야만 하느냐고 물었더니, 그가 말했다.

"왜 그러시죠?"

내 사건은 매우 간단하다고 대답하자, 그는 웃으면서 이렇게 말했다.

"그것도 하나의 의견이긴 하죠. 그러나 법률이라는 게 있어서, 당신이 변호사를 세우지 않으면 우리가 관선 변호사를 지정하게 됩니다."

나는 사법부가 그렇게 세심한 점까지 맡아주니 매우 편리하다고 판사에게 말했다. 그도 나에게 동의를 표하고, 법률은 참으로 잘 되어 있는 것이라고 결론을 내렸다.

나는 처음엔 그를 진지하게 대하지 않았었다. 그는 커튼을 친 방에서 나를 맞아주었다. 그의 책상 위에는 등불이 하나만 놓여 있어, 내가 앉은 안락의자만을 비추고 있었을 뿐, 그는 어둠 속에 앉아 있었다. 이러한 장면 묘사를 나는 이전에 책에서 읽은 일이 있었는데 모두가 게임처럼 보였다. 이야기가 끝난 뒤에 그를 찬찬히 보니, 그 사나이는 얼굴이 말쑥한데 푸른 눈은 깊숙이 들어박히고, 키가 크고 회색 수염을 길게 길렀으며 수북한 머리털이 거의 백발에 가까운 것을 알 수 있었다. 그는 분별력이 있고, 입술을 쫑긋거리는 신경질적인 버릇이 있기는 해도 그럭저럭 호감을 가질 수 있을 듯이 보였다. 방을 나서면서 나는 그에게 손을 내밀려고까지 했던 것이다. 그러나 때마침

나는 내가 사람을 죽였다는 사실을 떠올렸다.

이튿날 변호사 한 사람이 교도소로 나를 만나러 왔다. 통통하고 키가 작은 사나이로, 꽤 젊어 보였고 머리칼을 정성스럽게 빗어 올려붙이고 있었다. 날씨가 더웠는데도(나는 셔츠 바람이었다) 검은 양복을 입고, 빳빳한 옷깃에 검고 흰 굵은 줄무늬가 있는 이상스러운 넥타이를 매고 있었다. 겨드랑이에 끼고 들어온 가방을 내 침대 위에 놓고 나서, 그는 자기소개를 하고 내 서류를 검토해보았다고 말했다. 이 사건은 어렵긴 하지만, 내가 그를 믿어준다면 재판에 이길 것을 의심치 않는다는 것이었다. 내가 사례를 하자, 그가 말했다.

"문제의 요점으로 들어갑시다."

그는 침대 위에 앉은 다음, 나의 사생활에 관하여 여러 가지로 정보를 수집했다고 말했다. 어머니가 최근에 양로원에서 사망한 사실을 알고, 마랑고로 조사를 갔었는데 장례식 날 '내가 냉정한 태도를 보였다'는 사실을 조사원들이 알아냈다는 것이었다. 변호사는 이렇게 말했다.

"사실 당신에게 이런 걸 묻는 것은 거북한 일이지만, 이건 매우 중요합니다. 그리고 만약 내가 거기에 답변할 거리를 찾아내지 못한다면 그건 기소(起訴)의 유력한 자료가 될 것입니다."

그는 내가 협력하기를 원했다. 그러더니 그날 슬펐었냐고 물었다. 이 질문은 나를 몹시 놀라게 했다. 만약 내가 그런 질문을 해야만 될 처지라면 나는 매우 난처했으리라. 그러나 나는 자문해보는 습관을 좀 잃어버려서 정확하게 설명하기가 어렵다고 대답했다. 물론 어머니를 사랑했지만 그러나 그런 것은 아무 의미도 없는 것이다. 평범한 사람은 누구나 사랑하는 사람들의 죽음을 바랐던 경험이 조금씩 있는 법이다. 그러자 변호사는 내 말을 가로막았는데, 매우 흥분한 듯이 보였다. 그는 그러한 말은 법정에서나 예심판사의 방에서는 하지 않겠다는 약속을 나에게 시켰다. 그러나 나는, 나에게는 육체적 욕구가 흔히 감정을 방해하는 경우가 있다고 그에게 설명해주었다. 어머니의 장례식이 있던 날, 나는 매우 피곤해서 졸음이 왔다. 그래서 그날 무슨 일이 있었는지 잘 몰랐다. 내가 확실히 말할 수 있는 것은 어머니가 죽지 않았으면 좋았을 것이라는 사실뿐이었다. 그러나 내 변호사는 만족하는 기미는 전혀 없고, 그것으로는 충분하지 못하다고 나에게 말했다.

그는 잠시 생각에 잠겼다. 그리고 그날 내가 자연스러운 감정을 억제했다고 말할 수 있느냐고 물었다. "아뇨, 그건 사실이 아니니까요." 나는 대답했다. 그는 내가 혐오스럽다는 듯이 이상스러운 눈길로 나를 바라보았다. 어쨌든 양로원의 원장과 직원들은 증인으로서 심문을 받을 터인데, '그러면 나에게 퍽 불리한 결과가 될지도 모른다'고 거의 쌀쌀맞다 싶은 어조로 내게 말했다. 그런 이야기는 내 사건과 아무 관계도 없다는 것을 내가 지적했으나 그는 다만, 내가 재판과 관련되어 본 적이 없다는 것을 뻔히 알 만하다고만 대답했다.

그는 화가 난 얼굴로 나가버렸다. 나는 그를 좀더 붙잡아두고서, 그의 호감을 사고 싶다고, 그런데 그것은 나를 잘 변호해주기를 바라서가 아니라 이를테면 저절로 그렇게 하고 싶은 생각이 들어서라고 설명하고 싶었다. 뿐만 아니라 내가 그를 불편하게 만들고 있다는 것을 알 수 있었다. 그는 나를 이해하지 못하고 오히려 원망하기까지 했다. 나는 내가 다른 사람들과 다를 것이 없다는 것, 조금도 다른 것이 없음을 그에게 강조해 말하고 싶었다. 그러나 그런 모든 것은 결국 별로 소용없는 일이고 또 귀찮기도 해서 단념하고 말았다.

얼마 뒤에 나는 다시 예심판사 앞으로 이끌려 갔다. 오후 2시였는데, 이번에 그의 사무실은 얇은 커튼을 뚫고 새어드는 빛으로 가득 차 있었다. 매우 더웠다. 그는 나를 앉힌 다음 퍽 정중하게, 나의 변호사는 '뜻밖의 일로' 오지 못했다고 말해주었다. 그러나 나는 그의 심문에 대답하지 않고 변호사의 도움을 받을 때까지 기다릴 권리가 있었다. 나는 혼자서라도 대답할 수 있다고 말했다. 그는 책상 위의 벨을 눌렀다. 젊은 서기가 들어오더니 바로 내 등 뒤에 자리잡고 앉았다.

우리는 안락의자에 깊숙이 앉았다. 심문이 시작되었다. 판사는 먼저, 사람들은 내가 말이 적고 내성적인 성격을 가졌다고 하는데 어떻게 생각하느냐고 물었다.

"할 말이 없어서 안 하는 것뿐입니다."

그는 첫 심문 때처럼 빙그레 웃으면서 참 그럴듯한 이유라고 말한 다음, 이렇게 덧붙였다.

"하기야 그런 건 대수롭지 않은 일입니다."

그는 이야기를 끊고 나를 보고 있더니 갑자기 몸을 일으키면서 빠른 어조로 말했다.

"당신이란 사람, 참 재미있습니다."

나는 그가 무슨 말을 하는 것인지 잘 알 수 없었으므로 아무 대답도 하지 않았다. 그는 이어서 이렇게 말했다.

"당신의 행동에는 나로선 이해하기 어려운 점들이 많이 있는데, 그것을 이해할 수 있도록 당신이 도와줄 거라고 나는 확신합니다."

나는 모두 지극히 간단한 일들뿐이라고 대답했다. 그날 있었던 사건을 이야기해보라고 판사는 재촉했다. 나는 그에게 이미 한 번 이야기한 것을 다시 요약하여 되풀이했다. 레몽, 바닷가, 해수욕, 싸움, 다시 바닷가, 조그만 샘, 태양 그리고 다섯 방의 총알. 한 마디 할 적마다 그는 "그렇군요, 그렇군요" 하고 말했다. 쓰러진 시체 이야기까지 가자 그는 "좋아요" 하면서 내 이야기를 확인했다. 나는 그처럼 같은 이야기를 되풀이하는 것에 지쳤고, 그렇게 이야기를 많이 해본 적이 여태껏 없었던 것처럼 여겨졌다.

잠시 침묵이 흐른 뒤 그는 일어서더니 나를 도와주고 싶다면서, 내가 퍽 재미있는 사람이고, 하느님의 도움을 얻어 나를 위해 무슨 일을 해줄 수 있을 것이라고 말했다. 그러나 그 전에 그는 나에게 몇 가지 더 질문을 하고 싶어했다. 그러더니 다짜고짜 어머니를 사랑했었느냐고 물었다.

"네, 세상 사람들과 마찬가지로 사랑했습니다."

그러자 그때까지 규칙적으로 타자를 치고 있던 서기가 키를 잘못 짚었던지, 당황해하면서 다시 뒤로 물려 고쳐야 한다고 했다. 여전히 확연한 논리도 없이, 판사는 이번엔 다섯 방 연달아서 총을 쏘았느냐고 물었다. 나는 잠시 생각을 하고 나서, 처음에 한 방 쏘고 몇 초 뒤에 다시 네 방을 쏘았다고 설명했다.

"첫 방과 둘째 방 사이에 왜 기다렸습니까?"

다시 한 번 붉은 바닷가가 눈에 선해지면서 나는 뜨거운 햇살을 이마 위에 느꼈다. 그러나 이번에는 아무 대답도 하지 않았다. 그 뒤로 침묵이 계속되는 동안 판사는 흥분한 눈치였다. 그는 의자에 걸터앉아 머리털을 헝클면서 책상 위에 팔꿈치를 괸 다음, 야릇한 표정으로 나에게 약간 몸을 굽혔다.

"왜, 왜 당신은 땅에 쓰러진 시체에다 계속 총을 쐈죠?"

그 물음에도 나는 대답할 수 없었다. 판사는 두 손으로 이마를 짚고 사납게 달라진 목소리로 되물었다.

"왜 그랬습니까? 그것을 말해줘야 합니다. 왜 그랬습니까?"

나는 여전히 가만히 있었다.

갑자기 그는 일어서서 사무실 한 끝으로 성큼성큼 걸어가더니 서류함의 서랍을 열었다. 거기서 은으로 만든 십자가 하나를 꺼내가지고, 그것을 휘두르며 나에게로 돌아왔다. 그러고는 여느 때와는 아주 다른, 거의 떨리는 목소리로 외쳤다.

"당신은 이것을, 이 사람을 압니까?"

"물론 압니다." 나는 대답했다. 그러자 그는 흥분하여 빠른 어조로, 자기는 하느님을 믿고, 하느님이 용서하지 않을 만큼 죄가 많은 사람은 하나도 없으므로, 용서를 받으려는 사람은 뉘우치는 마음으로 어린아이처럼 정신을 깨끗이 비우고 모든 것을 받아들일 준비를 해야 한다는 것이 그의 신념이라고 말했다. 그는 온몸을 책상 너머로 기울이고 십자가를 거의 내 머리 위에서 휘두르고 있었다. 사실 나는 그의 논리를 전혀 따라갈 수 없었다. 첫째로 몹시 더운 데다 그의 사무실에는 큼직한 파리들이 있어서 그것들이 얼굴에 달라붙었기 때문이고, 또 나는 그의 태도에 좀 겁이 나기도 했다. 그와 동시에 조금 우스워 보였다. 왜냐하면 결국 죄를 지은 사람은 나였기 때문이다. 그러나 그는 이야기를 계속했다. 그에 의하면, 내 고백에 오직 한 가지만이 모호하다는 것이었다. 즉, 총을 두 번째로 쏘기 전에 기다렸다는 사실이었다. 다른 부분은 확실한데, 오직 그 점이 그에게 이해되지 않는다는 것이다.

그가 고집을 부리는 것은 잘못이고, 그 마지막 문제는 그다지 중요하지 않다고 그에게 말할까 했다. 그러나 그는 내 말을 가로막고, 다시 한 번 일어나 나더러 하느님을 믿느냐고 물었다. 나는 믿지 않는다고 대답했다. 그는 화가 나 앉아버렸다. 그럴 수는 없다며 누구나 하느님을 믿고, 비록 하느님을 외면하는 사람일지라도 하느님을 믿는 법이라고 말했다. 그것이 그의 신념이고, 만약 그것을 조금이라도 의심해야 한다면 그의 삶은 무의미해지고 말리라는 것이었다.

"내 삶이 무의미해지기를 당신은 바랍니까?" 그는 외쳤다. 내 생각에 그것은 나와는 아무 관계도 없는 일이었다. 나는 그에게도 그렇게 말했다. 그러나 그는 벌써 책상 너머로 그리스도의 십자가상을 내 눈앞에다 내밀고 미친 듯이 소리를 질렀다.

"나는 기독교 신자야. 나는 이분에게 자네 죄의 용서를 구하고 있어. 어째서 자네는 그리스도가 자네를 위하여 괴로움을 당하셨다는 것을 믿지 않는단 말인가?"

나는 그가 나에게 자네라고 하는 것을 알아차렸으나, 이제는 진절머리가 났다. 더위는 점점 더 심해졌다. 별로 이야기를 듣고 싶지도 않은 사람으로부터 벗어나고 싶을 때 내가 늘 하는 것처럼, 나는 그의 말을 수긍하는 체했다. 그랬더니 놀랍게도 그는 의기양양해서 말했다.

"그것 봐, 자네도 믿잖아? 하느님께 마음을 바치겠지?"

물론 나는 다시 한 번 아니라고 했다. 그는 다시 안락의자에 주저앉았다.

그는 매우 피곤한 듯했다. 잠시 그는 아무 말도 없었으나, 그동안에도 대화를 좇아 멈추지 않고 있던 서기가 마지막 이야기를 계속하여 타자기로 치고 있었다. 이윽고 판사가 나를 약간 슬픈 표정으로 물끄러미 바라보고 나서 중얼거렸다.

"당신처럼 고집 센 사람은 없었습니다. 내 앞으로 온 죄인들은 이 고뇌의 형상을 보고는 모두 울었어요."

나는, 그것은 바로 그들이 죄인이었으니까 그런 거라고 대답하려 했다. 그러나 나도 그들과 다르지 않다는 생각이 들었다. 그것은 나로서는 도무지 실감이 나지 않는 생각이었다. 그때 판사가 일어섰다. 심문이 끝났다는 것을 의미하는 듯했다. 그는 여전히 좀 피곤한 표정으로 내가 한 행동을 후회하고 있느냐고만 물었다. 나는 잠깐 생각을 하고 나서, 사실 후회를 느끼기보다도 오히려 지루하다고 대답했다. 나는 그가 나를 이해하지 못하는 듯한 인상을 받았다. 그날, 이야기는 그것으로 그치고 더 나아가지 못했다.

그 뒤 몇 번이나 예심판사를 만났다. 다만 만날 때마다 나는 변호사를 동반했다. 이야기는 다만 나로 하여금 먼젓번에 한 진술의 어떤 점을 좀더 자세히 말하게 하는 정도에 그쳤다. 그렇지 않으면 판사는 나의 변호사와 소송 비용에 대해 이야기를 하는 것이었다. 그러나 실상 그때마다 그들은 나를 조금도 돌보지 않았다. 어쨌든 차츰차츰 심문의 방식이 달라졌다. 판사는 이미 나에게는 관심이 없는 것 같고, 이를테면 내 사건의 성격을 규정지어버린 모양이었다. 그는 다시는 나에게 하느님 이야기를 하지 않았으며, 나는 첫날처럼 흥분한 그를 다시 보지도 못했다. 그 결과 우리의 대화는 점점 화기애애해졌다. 몇몇 질문이 있고, 내 변호사와 이야기를 좀 하고 나면 심문은 끝나는 것이었다. 나의 사건은, 판사의 표현을 빌리자면 궤도에 올랐다. 이따금 대화가 일반적 성질을 띠게 되면 나도 거기에 한몫 끼곤 했다. 그제야 숨을 쉴 수 있었다. 그런 때는 아무도 나에게 악의를 보이지 않았다. 모든 것이 자연스럽고 순조로우며, 수수하게 치러져, 나는 '가족들 사이에 끼여 있는 것 같은' 어처구니없는 인상을 받는 것이었다. 이리하여 11개월 동안이나 계속된 예심을 치르고 나서 나는, 이따금 판사가 그의 방문까지 나를 배웅하고 어깨를 두드리며, "오늘은 끝났습니다, 반기독교인 양반" 하고 다정스럽게 이야기해주던 그 흔하지 않은 순간을 무엇보다도 즐겼었다는 사실에 스스로도 놀랐다고 말할 수 있다. 판사의 방문을 나서면 나는 다시 경관의 손에 맡겨지는 것이었다.

2

결코 이야기하고 싶지 않았던 일들도 있다. 교도소에 들어와서 며칠이 지나자, 나는 그 시기에 대해서는 이야기하고 싶지 않았다.

그 뒤 그러한 혐오감에, 나는 더 이상 큰 의미를 두지 않았다. 사실, 처음에는 교도소에 있다는 실감이 나지 않았던 것이다. 나는 막연히 뭔가 새로운 사건을 기대하고 있었다. 모든 것이 시작된 것은, 다만 마리의 최초이자 유일한 방문을 받은 다음부터였다. 그녀의 편지를 받은 날부터(마리는 내 아내가 아니라서 이제는 면회를 허가받을 수 없다고 말하고 있었다), 그날부터 나는 감방이 내 집이고 내 생활은 그 속에 한정되어 있음을 느끼게 되었다. 체포되던 날 우선 나는 이미 수감자들 여럿이 있는 감방에 갇히게 되었는데, 대부분이 아랍 사람들이었다. 그들은 나를 보더니 웃었다. 그리고 무엇을 했느냐고 물었다. 아랍 사람을 한 명 죽였다고 대답하니까, 그들은 쥐 죽은 듯이 조용해졌다. 잠시 뒤 저녁이 되었다. 그들은 누워 잘 때 돗자리를 어떻게 펴는지 가르쳐주었다. 한 끝을 말아서 베개로 사용할 수 있는 것이었다. 밤새도록 빈대가 얼굴 위를 기어다녔다. 며칠이 지나자 나는 독방으로 격리되어 판자 위에서 자게 되었다. 변기통과 쇠로 만든 대야가 있었다. 교도소는 시가지 꼭대기에 있었으므로, 조그만 창문으로 바다가 보였다. 어느 날 철창에 달라붙어 빛을 향해 얼굴을 내밀고 있으려니, 바로 그때 간수가 들어와서 면회하러 온 사람이 있다고 말했다. 마리라고 생각했다. 과연 마리였다.

면회실로 가기 위해 길다란 복도를 거쳐서 계단을 지나, 끝으로 또 다른 복도를 지나갔다. 그리하여 널따란 창으로 빛이 들어오는 커다란 방에 들어섰다. 방은, 세로로 자른 두 개의 커다란 철책으로 셋으로 나뉘어 있었다. 두 철책 사이에는 8미터 내지 10미터가량 되는 간격이 있어서, 면회인과 죄수를 갈라놓고 있었다. 내 앞에 줄무늬 옷을 입고 얼굴이 햇볕에 그은 마리가 보였다. 내가 서 있는 쪽에는 수감자들이 여남은 명 있었는데, 대부분이 아랍 사람들이었다. 무어인들에게 둘러싸인 마리는 면회 온 두 여자 사이에 끼여 있었다. 하나는 입을 꼭 다물고 검은 옷을 입은 키가 자그마한 노파였다. 또 하나는 모자도 안 쓴 뚱뚱한 여자였는데, 과장된 몸짓을 하며 큰 소리로 지껄이고 있었다. 철책 사이의 거리 때문에 면회인이나 죄수들은 아주 큰 목소리로 이야기해야 했다. 내가 방 안에 들어섰을 때, 그 방의 크고 텅 빈 벽면에 반사되어 울리는 왁자지껄한 목소리와 하늘로부터 유리창 위에 쏟아져서 방 안으로 비쳐 들어오는 강한 빛으로 나는 현기증이 났다. 내 감방은 보다 더 조용하고 어두웠다. 그곳에 익숙해지려면 잠시 시간이 필요했다. 그러나 마침내 나는 밝은 빛에 드러난 얼굴들을 똑똑히 볼 수 있게 되었다. 간수 한 사람이 철책 사이의 복도 끝에 앉아 있는 것을 보았다. 아랍 사람 죄수들 대부분과 그 가족들도 서로 마주 향한 채 웅크리고 앉아 있었다. 그들은 크게 소리지르지는 않았다. 그처럼 소란스러운 가운데서도 그들은 나직한 말로 의사가 통하는 것이었다. 아래로부터 올라오는 그들의 희미한 속삭임은 머리 위에서 교차하는 말소리에 대해 줄곧 일종의 저음부를 이루고 있었다. 그런 모든 것을 나는 마리에게로 다가가면서 한순간에 알아챘다. 벌써 철책에 달라붙어서, 마리는 나를 향해 있는 힘을 다하여 웃고 있었다. 나는 그녀가 매우 아름답다고 생각했으나, 그런 말을 그녀에게 하지는 못했다.

"어때요?" 아주 큰 소리로 마리가 말했다.

"괜찮아."

"불편하진 않아요? 뭐 필요한 건 없어요?"

"아무것도 없어."

우리는 입을 다물었다. 마리는 여전히 웃고 있었다. 뚱뚱한 여자는 내 옆의 남자에게 큰 소리로 외치고 있었다. 아마 그녀의 남편인 듯, 솔직한 눈매를 가진 덩치가 큰 금발의 사내였다. 그들은 무슨 말인지 이미 시작된 대화를 계속하고 있었다.

"잔은 그를 맡으려고 하질 않아요." 여자는 소리소리 질렀다.

"응, 그래?" 사내가 말했다.

"당신이 나오면 꼭 데려갈 거라고 말했는데 맡으려고 하지를 않아요."

그때 마리도 레몽이 내게 안부를 전하더라고 소리를 질러서 나는 "고맙다"고 대답했다. 그러나 내 목소리는, "그 녀석은 잘 있느냐"고 묻는 나의 옆 사나이의 목소리에 묻혀버리고 말았다. 그의 아내는, "더할 나위 없이 몸이 좋아졌다"고 말하면서 웃었다. 내 왼편에 있는, 손이 가냘프고 몸집이 작은 청년은 아무 말도 없었다. 그는 자그마한 노파와 마주 대하고 두 사람 다 뚫어지게 서로 마주보고 있었다. 그러나 나는 그들을 더 관찰할 여유가 없었다. 희망을 가져야 한다고 마리가 외쳤기 때문이다. 나는 "그렇지" 하고 대답했다. 그와 동시에 마리를 바라보고, 입은 옷 위로 그녀의 어깨를 껴안고 싶었다. 나는 그 얇은 천에 욕망을 느꼈다. 그리고 그 천 이외의 무엇을 기대해야 할지 알 수가 없었다. 마리가 하고자 한 말도 아마 그런 뜻이었으리라. 마리는 줄곧 미소를 짓고 있었으니까 말이다. 이제 나에게는 그녀의 반짝이는 치아와 눈가의 잔주름밖에 보이지 않았다. 마리는 다시 외쳤다.

"당신이 나오면, 우리 결혼해요."

나는 "정말 그렇게 생각해?" 하고 대답했다. 그러나 그것은 무엇보다도 무슨 말이건 하기 위해서였다. 그러자 마리는 아주 빨리, 그리고 여전히 높은 음성으로 정말이라면서 석방되면 또 해수욕을 하러 가자고 말했다. 그러나 곁에 있던 여자도 고함을 지르며, 서기과에 바구니를 맡겼다고 말하고, 그 속에 넣은 것을 하나하나 열거했다. 돈이 많이 든 것들이니, 없어진 것이 없나 확인해볼 필요가 있다는 것이었다. 내 왼쪽의 청년과 그의 어머니는 여전히 서로 마주보고 있었다. 아랍 사람들의 웅얼거리는 소리는 우리의 발밑에서 계속되었다. 밖에서는 빛이 창에 부딪쳐 부풀어오르는 것 같았다. 빛은 얼굴 위를 신선한 액체처럼 흘러내렸다.

나는 몸이 좀 불편해지는 것을 느껴서 밖으로 나오고 싶었다. 시끄러운 소리 때문에 기분이 언짢았다. 그러면서도 한편으로는 마리가 있는 시간을 좀 더 이롭게 쓰고 싶었다. 그 뒤로 얼마나 시간이 지났는지 모른다. 마리는 자기 일에 관한 이야기를 하며 끊임없이 웃고 있었다. 속삭임, 외치는 소리, 주고받는 이야기 소리가 서로 뒤섞였다. 내 옆에서 서로 마주 바라보고 있는 젊은이와 노파, 두 사람만이 침묵하고 있었다. 아랍 사람들이 한 명씩 차례로 끌려나갔다. 맨 처음 사람이 나가자, 거의 모든 사람들이 입을 다물었다. 키 작은 노파가 철책에 다가섰고 그와 동시에 간수가 그의 아들에게 눈짓을 했다. 아들이, "안녕히 가세요, 어머니" 하고 말하자, 노파는 창살 사이로 손을 들이밀어 한참 동안 아들에게 천천히 조그맣게 손짓을 했다.

노파가 나가자 그 사이에 남자 한 사람이 모자를 손에 들고 들어와서 그 자리를 차지했다. 그러자 죄수 한 사람이 끌려 들어왔고, 그들은 활기 있게 이야기를 시작했는데 목소리는 낮았다. 방 안이 다시금 조용해졌기 때문이었다. 내 오른편에 있는 사내가 불려 나갈 차례가 되자, 그의 아내는 마치 소리를 크게 지를 필요가 없어진 것을 알아차리지 못했다는 듯이 목소리를 낮추지 않고 말했다.

"몸조심하세요."

그리고 내 차례가 왔다. 마리는 키스를 보내는 시늉을 했다. 나는 방을 나서기 전에 돌아보았다. 그녀는 얼굴을 창살에 비벼대며 여전히 딱딱하게 굳어진 듯한 웃음을 지으며 우두커니 서 있었다.

마리가 편지를 보낸 것은 그 직후의 일이었다. 그리고 그때부터 내가 절대로 이야기하고 싶지 않았던 일도 시작되었다. 어쨌든 무엇이나 과장은 하지 말아야 하는 법인데, 내게는 다른 사람들보다도 쉬웠다. 처음 교도소에 수감되어서 가장 괴로웠던 일은, 내가 자유로운 사람으로서 생각을 하는 것이었다. 예를 들면 바닷가로 가서 물속으로 들어가고 싶은 욕망에 사로잡혔다. 발밑에 부딪치는 물결 소리, 물속에 몸을 담그는 촉감, 거기서 느끼는 해방감, 그런 것들을 상상할 때, 갑자기 나는 감옥의 벽이 얼마나 답답한 것인가를 느끼는 것이었다. 그러나 그것은 몇 달 동안만 계속되었을 뿐이었다. 그 다음에는 죄수로서의 생각밖에 없었다. 나는 매일 안뜰에서 하는 산책이나 변호사의 방문을 기다렸다. 나머지 시간은 이럭저럭 잘 보낼 수 있었다. 그 당시 나는, 만약 마른 나무둥치 속에 들어가 살게 되어 머리 위 하늘에 피는 꽃을 바라보는 것밖에 다른 일이라곤 아무것도 없게 된다고 하더라도, 차츰 그런 생활에 익숙해지리라고 생각했다. 그러면 나는 지나가는 새들이나 마주치는 구름들을 기다렸을 것이다. 마치 여기서 변호사의 야릇한 넥타이가 나타나기를 기다리듯이, 또 저 바깥세상에서 마리를 안을 것을 기다리며 토요일까지 참고 지냈듯이. 그런데 가만 생각해보면, 나는 마른 나무둥치 속에 들어 있는 것은 아니었다. 나보다 더 불행한 사람들도 있었다. 사실 이건 어머니의 생각이었는데 어머니는 늘 말하기를, 사람은 무엇에나 결국은 익숙해지는 것이라고 했다.

게다가 보통은 그런 지경에까지 이르는 경우는 없었다. 처음 몇 달 동안은 괴로웠지만, 바로 그 노력이 그 몇 달 동안을 지내는 데 도움이 된 것이다. 이를테면 여자에 대한 정욕이 고통거리였다. 나는 젊었으니까 그것은 당연한 일이었다. 특히 마리만을 생각하는 것은 아니었다. 기회가 있을 때마다 좋아하여 사귀었던 그저 어떤 여자, 여러 여자들, 모든 여자들 생각을 어찌나 했는지 내 감방은 그 여자들의 얼굴과 내 정욕으로 가득 찼다. 어느 면에서 그것들은 내 마음을 어지럽게 했으나, 또 다른 면에서는 시간을 보낼 수 있게 해주었다.

마침내 나는 식사시간에 주방 보이와 같이 오곤 하던 간수장의 동정을 얻게 되었다. 처음 나에게 여자 이야기를 끄집어낸 것은 그였다. 다른 사람들도 가장 먼저 호소하는 것이 그것이라고 그는 말했다. 나는 그에게, 나도 다른 사람들과 마찬가지이며 그런 대우는 부당하다고 생각한다고 말했다.

"하지만 당신네들을 감옥에 가두는 것이 바로 그 때문이라오." 그가 말했다.

"어째서, 그 때문이라니요?"

"아무렴, 자유라는 게 바로 그런 거라고요. 당신네들에게서 그 자유를 빼앗는 거란 말이오."

그런 것은 생각해본 일이 없었다. 나는 그에게 동의를 표시하며 말했다.

"정말 그렇군요. 그렇지 않다면 벌이 무슨 필요가 있겠어요?"

"그래요, 당신은 이해를 잘하는군. 다른 사람들은 몰라요. 그렇지만 결국 그네들도 스스로 욕구를 채우게 된답니다."

간수는 이렇게 말하며 가버렸다.

담배도 고통거리였다. 교도소에 들어오자 나는 허리띠, 구두끈, 넥타이, 그리고 주머니에 있던 모든 것, 특히 담배를 빼앗겼다. 일단 감방으로 옮겨진 뒤 담배를 돌려달라고 부탁했지만, 금지되어 있다는 것이었다. 처음 며칠 동안은 매우 괴로웠다.

내게 가장 고통을 준 것은 아마 이것이었을 것이다. 나는 침대 판자에서 뜯어낸 그 나뭇조각을 빨곤 했다. 온종일 끊임없이 구역질이 따라다녔다. 아무에게도 해가 되지 않는 것을 왜 빼앗아버리는지 알 수가 없었다. 나중에야 나는 그것도 벌의 일부임을 알았다. 그러나 그때는 이미 담배를 피우지 않는 일에 익숙해져서 나에게 아무런 벌도 되지 못했다.

그런 불편을 빼면 나는 그다지 불행하지 않았다. 다시 말해, 문제는 시간을 보내는 것뿐이었다. 추억을 되새기는 것을 배운 뒤부터는, 지루한 일도 없어졌다. 가끔 나는 내 방을 생각했다. 상상 속에서, 나는 방 한구석으로부터 출발해 한 바퀴 돌아서 다시 출발점으로 되돌아오곤 했는데, 그러면서 도중에 있는 것을 모두 마음속으로 열거해 보곤 했다. 처음에는 아주 빨리 끝났지만, 다시 되풀이할 때마다 조금씩 길어졌다. 왜냐하면 있는 가구를 하나씩 기억해내고, 그 가구마다 그 속에 들어있는 물건들을 하나씩 떠올렸고, 또 그 물건마다 그 세세한 부분까지 생각하고, 그런 세부에 있어서도 상감이라든지 갈라진 틈이라든지 이 빠진 가장자리라든지 그런 것들에 관해서, 그 빛깔 또는 결 같은 것을 생각했기 때문이다. 그와 동시에 나는 내 재산 목록을 잊지 않으려고 온전한 일람표를 만들기에 힘썼다. 그 결과, 몇 주가 지나자 내 방 안에 있는 것들을 따져보는 것만으로도 여러 시간을 보낼 수 있었다. 그처럼 생각하면 할수록 나는 무시했던 것, 잊어버렸던 것들을 기억으로부터 이끌어낼 수 있었다. 그때 나는 바깥세상에서 단 하루만이라도 산 사람이면 감옥에서 백 년쯤은 어렵지 않게 살 수 있을 것이라고 생각했다. 그런 사람이라도 얼마든지 추억할 거리가 있어 심심하지는 않을 것이다. 어떻게 생각하면 그건 유리한 일이었다.

또 잠도 마찬가지였다. 처음에는 밤에도 자기 어려웠고, 더군다나 낮에는 조금도 잘 수가 없었다. 차츰 밤에 자기가 수월해졌고, 낮에도 잘 수 있게 되었다. 마지막 수개월 동안은 하루에 열여섯 시간 내지 열여덟 시간씩 잤다

고 할 수 있다. 그러니까 남는 것은 여섯 시간인데, 그것은 식사며 대소변이
며 추억이며 체코슬로바키아의 이야기로 보냈다.

짚을 넣은 매트와 침대 판자 사이에서 사실 나는 옛 신문을 한 장 발견했
던 것이다. 천에 거의 들러붙어서 노랗게 빛이 바래고 앞뒤가 비쳐 보였다.
첫 대목은 떨어져 나가고 없었으나, 체코슬로바키아에서 일어난 듯한 사건
기사가 실려 있었다. 어떤 남자가 돈을 벌려고 체코를 떠났다가 25년 뒤에
부자가 되어 아내와 어린애 하나를 데리고 돌아왔다. 그의 어머니는 그의 누
이와 함께 고향마을에서 여관을 경영하고 있었다. 그들을 놀라게 해주려고
사내는 처자를 다른 여관에 남겨두고 혼자 어머니의 집으로 갔었는데, 그가
들어갔을 때 어머니는 그를 알아보지 못했다. 그는 장난삼아 방을 하나 잡자
는 생각을 했다. 그리고 자기가 지닌 돈을 보였다. 밤중에 그의 어머니와 누
이는 그를 망치로 때려죽이고 돈을 훔친 다음 시체를 강물 속에 던져버렸다.
아침이 되자, 사내의 아내가 찾아와서 자연히 여행자의 신분이 밝혀졌다. 어
머니는 목을 매고, 누이는 우물 속에 몸을 던졌다. 그 이야기를 아마 수천
번은 읽었을 것이다. 그것은 있을 법하지 않은 이야기였지만, 또 한편으로는
그럴 법도 한 이야기였다. 어쨌든 그 결과에 대해서는 이 여행자에게도 어느
정도 책임이 있으므로, 장난이란 함부로 할 것이 아니라는 생각이 들었다.

그처럼 잠을 자고 지나간 일을 생각하고 기사를 읽고, 빛과 어둠은 갈아들
고 시간은 흘렀다. 감옥에 있으면 시간 관념을 잃어버리고 만다는 것을 나도
분명히 읽은 일이 있었지만, 그때는 그런 것이 나에게는 별 의미를 갖지 못
했었다. 한나절이 얼마나 길고 동시에 짧을 수 있는 것인지 나는 알지 못했
던 것이다.

물론 지내기는 길지만 너무 길게 늘어져서 하루는 다른 하루로 넘쳐서 경
계가 없어지고 마는 것이었다. 하루하루 이름을 잊어버렸다. 나에게 의미를
가진 것은 어제 혹은 내일이라는 말뿐이었다.

어느 날 간수가 내가 들어온 지 다섯 달이 지났다고 했을 때도 그의 말은
믿었지만, 그 말을 이해할 수는 없었다. 나로서는 언제나 같은 날이 내 감방
으로 밀려오는 것이었고, 언제나 같은 일을 계속하고 있는 데 지나지 않았
다. 그날 간수가 가 버린 뒤 나는 쇠 밥그릇에 비친 내 모습을 바라보았다.
내 모습은 내가 그것을 보고 아무리 웃으려고 해도 여전히 정색을 하고 있었

다. 그 모습을 내 앞에서 흔들어보았다. 나는 빙그레 웃었으나, 비쳐진 얼굴은 여전히 위압적이고 슬픈 표정이었다. 날이 저물어가고 있었다. 나에게 있어서는 이야기하고 싶지 않은 시간이었다. 뭐라고 형언할 수 없는 이 시간에, 교도소 모든 층 여기저기로부터 저녁의 소리가 침묵의 행렬을 지어 올라왔다. 천장에 뚫린 창문으로 다가가서 마지막 빛 속에 다시 한 번 내 모습을 들여다보았다. 여전히 심각한 표정이었으나, 심각하다고 해서 놀라울 건 없었다. 나는 사실 그때 무뚝뚝한 얼굴을 하고 있었던 것이니까. 그러나 그와 동시에, 여러 달 이래 처음으로 나는 내 목소리를 똑똑히 들었다. 나는 그것이 오래전부터 내 귀에 울리고 있었던 소리임을 알아차리고, 그동안 줄곧 내가 혼자서 이야기하고 있었다는 것을 깨달았다. 그때 나는 어머니의 장례식 날, 간호사가 했던 말이 떠올랐다. 정말 빠져나갈 길은 없다. 그리고 교도소 안의 저녁이 어떤 것인지 아무도 상상할 수는 없는 것이다.

3

사실 여름은 빨리 지나가고 또다시 여름이 되었다고 말할 수 있다. 첫 더위가 심해짐에 따라 내게 무슨 새로운 일이 생기리라는 것을 나는 알고 있었다. 내 사건은 중죄 재판소의 맨 나중 회기에 심의할 예정으로 기록되어 있었는데, 그 회기는 6월로 끝나는 것이었다. 변론이 시작되었을 때, 밖에는 햇빛이 가득했다. 변론은 2, 3일 이상 계속되지 않을 것이라고 변호사가 나에게 보증했다.

"게다가 당신 사건은 이번 회기의 제일 중요한 사건이 아니니까, 재판정에서도 서두를 겁니다. 뒤이어 곧 존속살해 사건을 심의하게 될 것입니다." 그는 이렇게 덧붙였다.

나는 아침 일곱 시 반에 불려 나가서 호송차로 재판소까지 호송되었다. 그리하여 간수 두 사람의 지시에 따라 어둠침침한 조그만 방 안으로 들어갔다. 우리는 문 옆에 앉아서 기다렸는데, 그 문 뒤로 말 소리, 호명 소리, 의자 소리, 그리고 축제를 연상케 하는 소란스러운 소리가 들려왔다. 동네 축제에서 음악 연주가 끝나고 춤을 출 수 있도록 방 안을 정리할 때 들리는 소리처럼. 재판이 열리기까지 기다려야 한다고 간수들이 내게 말했고, 간수 하나가 담배 한 대를 내게 권했으나 나는 거절했다. 조금 뒤에 그가 나더러 '떨리느냐'고 묻기에, 나는 아니라고 대답했다. 어떤 의미로는, 재판 구경을 한다는 것은 흥미로운 일이기까지 했다. 나는 평생 그런 기회를 한 번도 가져보지 못했기 때문이다. 그러자 또 다른 간수가 말했다.

"그야 볼만하지. 그렇지만 나중엔 지칠 거요."

잠시 뒤에 작은 벨 소리가 방 안에 울렸다. 간수들은 내 수갑을 풀었다. 그들은 문을 열고 나를 피고석으로 들여보냈다. 법정에는 사람들이 꽉 들어차 있었다. 블라인드가 내려져 있는데도 햇빛이 여기저기 새어 들어왔고 벌써부터 공기는 숨막힐 지경이었다. 유리창을 닫아둔 채였던 것이다. 내가 의자에 걸터앉자, 간수들이 나의 좌우에 자리를 잡았다. 내 앞에 나란히 열을 지은 얼굴들이 눈에 띈 것은 바로 그때였다. 모두 나를 바라보고 있었다. 나는 그들이 배심원이라는 것을 깨달았다. 그러나 그 얼굴들을 구별짓고 있던 특징을 나는 말할 수가 없다. 난 단 한 가지 인상만 받았다. 말하자면 전차 좌석을 눈앞에 보고 있는 것 같았는데, 그 이름 모를 승객들이 뭔가 웃음거리를 찾아보려고 새로 오르는 승객을 훑어보는 것과 같았다. 그러나 그들 배심원이 찾고 있던 것은 웃음거리가 아니라 죄였으니까 그것이 어리석은 생각이라는 것은 나도 잘 알고 있었다. 그러나 그 차이는 그리 큰 것이 아니고, 어쨌든 머리를 스친 것은 그러한 생각이었던 것이다.

나는 또 그 닫힌 방 안에 들어찬 사람들 때문에 좀 어리둥절했었다. 재판정 안을 다시 한 번 둘러보았으나, 어느 얼굴 하나 분간할 수 없었다. 처음에 나는 그 모든 사람들이 나를 보려고 복닥거리며 모여들었다는 사실을 알아차리지 못했던 것 같다. 평소라면 사람들은 나에게 관심을 기울이지 않는다. 내가 그런 법석의 원인이라는 것을 이해하기 위해서는 노력이 필요했다.

"사람들도 어지간히 많군!"

내가 간수에게 말하자, 간수는 신문 때문이라고 대답하며 배심원석 밑의 책상 옆에 자리잡은 한 무리를 가리켰다.

"저기들 와 있소." 그가 말했다.

"누구 말이오?" 내가 물었다.

"신문기자들." 그는 다시 말했다.

간수는 기자 한 사람을 알고 있었는데, 그 기자가 그때 간수를 보고 우리 쪽으로 걸어왔다. 꽤 나이가 많고 약간 찌푸린 얼굴이었으나 느낌이 좋았다.

그는 매우 다정스럽게 간수의 손을 잡았다. 그때 나는 마치 같은 부류의 사람들끼리 서로 만나서 즐거워하는, 무슨 클럽에라도 와 있는 것처럼 모든 사람들이 서로 아는 얼굴을 찾아서 이야기를 걸고 말을 주고받는 것을 보았다.

또 나는 어쩐지 침입자 같고 쓸데없는 존재인 것 같은 기묘한 느낌이 들었다. 그러나 신문기자는 웃음을 띠면서 나에게 말을 걸었다. 그는 모든 것이 나에게 유리하게 되기를 바란다고 말했다. 내가 그에게 고맙다고 하자, 그가 이렇게 덧붙였다.

"우리는 말이죠, 당신의 사건을 좀 키워서 보도했답니다. 여름철은 신문으로서는 기삿거리가 없는 계절이거든요. 기삿거리가 될 만한 것이라곤 당신의 사건하고 직계존속살해 사건밖에 없었어요."

그리고 그는, 자신이 방금 빠져 나온 사람들 가운데 살찐 족제비처럼 생긴, 큼직한 검은 테 안경을 쓴 키가 자그마한 사나이를 가리켰다. 파리에 있는 모 신문의 특파원이라고 했다.

"하기야 저 사람이 당신 사건 때문에 온 것은 아니지요. 그렇지만 직계존속살해 사건에 관한 보고를 하기로 되어 있는 까닭에, 동시에 당신의 사건도 기사로 만들어 보내라는 지시를 받은 겁니다."

그 말에 대해서도 나는 하마터면 고맙다고 할 뻔했다. 그러나 그것은 우스운 일일 것이라는 생각이 들었다. 그 사람은 나에게 조그맣게 다정스러운 손짓을 해 보이고 가버렸다. 우리는 또 몇 분 동안 더 기다렸다.

변호사가 법복을 입고 여러 동료들에게 둘러싸여 들어왔다. 그는 신문기자들에게 가서 악수를 했다. 그들은 농지거리를 주고받고 웃기도 하며 아주 느긋한 태도였는데, 마침내 법정 안에 벨이 요란스럽게 울렸다. 모두들 자기 자리로 돌아갔다. 내 변호사는 내게로 와서 악수를 했고, 질문을 받으면 짤막하게 대답하고 이쪽에서 먼저 말을 꺼내지 않도록 하며 그 밖의 일은 자기에게 맡기라고 충고했다.

내 왼쪽에서 의자를 뒤로 당기는 소리가 들리더니, 붉은 법복을 입고 코안경을 쓴, 키가 크고 호리호리한 사나이가 조심스럽게 옷을 여미며 앉는 것이 보였다. 검사였다. 서기가 개정을 알렸다. 동시에 커다란 선풍기 두 개가 윙윙거리기 시작했다. 둘은 검정 옷을 입고, 하나는 붉은 옷을 입은 판사 세 사람이, 서류를 가지고 들어와서 실내를 한눈에 내려다볼 수 있는 단으로 빨리 걸어갔다. 붉은 옷을 입은 사나이는 중앙의 의자에 자리잡고 앉아서, 앞에 둥근 모자를 벗어놓고 조그만 대머리를 손수건으로 닦고 나서 재판 개정을 선언했다.

신문기자들은 벌써 만년필을 손에 들고 있었다. 그들은 모두 냉담하고 약간 비웃는 태도였다. 그러나 그들 가운데 푸른 넥타이를 매고 회색 플란넬 옷을 입은 아주 젊은 청년 하나만은 만년필을 앞에 놓은 채 나를 바라보고 있었다. 약간 균형이 잡히지 않은 듯한 얼굴에서 나에게는 매우 맑은 두 눈만 보였다. 그 눈은 나를 뚫어지게 보고 있었는데, 이렇다 할 아무것도 표현하고 있지 않았다. 나는 나 자신의 눈으로 나를 바라보고 있는 것 같은 야릇한 인상을 받았다. 아마도 그 때문에, 그리고 또 내가 그곳의 관습을 몰랐었기 때문에, 나는 뒤이어 일어난 모든 일을 잘 이해할 수가 없었다. 배심원들의 추첨과 변호사, 검사, 배심원에 대한 재판장의 질문(그때마다 배심원들의 얼굴은 모두 동시에 재판장석으로 향했다), 기소장의 빠른 낭독—그 속에서 나는 지명들과 인명들, 그리고 다시 내 변호사에 대한 질문을 알아들을 수 있었다.

그러나 재판장이 증인 호출을 하겠노라고 말했다. 서기는 몇몇 이름들을 불렀다. 그 이름들은 내 주의를 끌었다. 여태까지 혼잡하던 방청객들 속으로부터, 한 사람씩 일어서서 옆문으로 사라지는 것이 보였다. 양로원 원장, 문지기, 토마 페레 영감, 레몽, 마송, 살라마노, 마리. 마리는 나에게 조그맣게 근심스럽다는 신호를 보냈다. 나는 그들이 진작 눈에 띄지 않았던 것에 놀랐다. 바로 그때 끝으로 호명되어 셀레스트가 일어섰다. 그의 곁에는 언젠가 레스토랑에서 보았던, 몸집이 작은 여자가 기억 속의 그 재킷을 입고 정확하고 단호한 태도로 기다리고 있는 것이 보였다. 그녀는 나를 뚫어지게 바라보고 있었다. 그러나 재판장이 또 이야기를 시작했기 때문에 나는 생각할 여유가 없었다. 재판장은 정식 변론이 이제부터 시작될 것이라는 말을 하고 나서, 방청인들에게 새삼스럽게 정숙을 요청할 필요조차 없을 것으로 생각한다고 말했다. 그의 말에 의하면 사건의 변론을 공명정대하게 진행시키는 것이 자기의 직분이며, 자기는 객관적인 눈으로 사건을 보려고 한다는 것이었다. 배심원들이 내리는 결정은 정의의 정신에 입각하여 내려져야 한다, 조그만 사고라도 있으면 방청객들에게 퇴장을 명할 것이라고 말했다.

더위는 점점 심해져서, 방청객들이 신문을 가지고 부채질을 하는 것이 보였다. 그 때문에 구겨진 종이 소리가 계속해서 났다. 재판장이 손짓을 하자, 서기가 짚으로 엮은 부채 세 개를 가져왔고 세 사람의 판사는 그것을 바로 사용했다.

　심문은 바로 시작되었다. 재판장은 나에게 아주 부드럽게, 거의 다정스러운 어조로 (나는 그렇게 생각되었다) 질문을 했다. 또다시 내 신분을 대라고 했는데 짜증이 나기는 했으나, 사실 당연한 일이라고 생각했다. 왜냐하면 어떤 사람을 다른 사람으로 잘못 알고 재판을 한다면 너무나 중대한 일이 되기 때문이다. 그러더니 재판장이 내가 한 일을 얘기하기 시작했는데 두서너 마디 하고는 매번, "그렇지요?" 하고 나에게 물었다. 그럴 때마다 나는 변호사의 지시에 따라 "네 그렇습니다. 재판장님" 하고 대답했다. 재판장은 매우 세밀한 부분까지 얘기했으므로 좀처럼 끝나지 않았다. 그동안 신문기자들은 줄곧 받아쓰고 있었다. 나는 그중 젊은 기자의 시선과 그 자동인형 같은 키 작은 여자의 시선을 느끼고 있었다. 전차의 좌석에 앉아 있는 것 같은 사람들은 모두 재판장에게로 고개를 돌리고 있었다. 재판장은 기침을 하고, 서류를 뒤적이고 나서 부채질을 하며 내게로 눈을 돌렸다.

　재판장은 나에게, 이제부터 겉으로는 내 사건과 아무 관계도 없는 듯이 보이지만, 실은 아마 밀접한 관계가 있으리라고 여겨지는 문제를 다뤄야겠다고 말했다. 나는 또 어머니에 대해 이야기하려는 것임을 알았는데, 동시에 그것이 내게 얼마나 귀찮은 일인가를 깨달았다. 왜 어머니를 양로원에 보냈느냐고 재판장이 물었다. 어머니에게 간호사를 붙이거나 치료를 할 만한 돈이 없었기 때문이라고 나는 대답했다. 그것이 나 개인에게 부담이 되는 일이었느냐고 물었기에, 어머니도 나도 우리는 이미 서로에게 아무것도 기대할 것이 없었고 또 누구에게도 기대를 하고 있지 않았으며 그리고 우리는 각기 새로운 생활에 익숙해져버렸다고 대답했다. 그러자 재판장은 그 점에 관해서는 더 논의하지 않겠노라고 말한 다음, 검사에게 다른 질문이 없느냐고 물었다.

　검사는 절반쯤 나에게 등을 돌리고 있었다. 그는 나를 보지 않은 채, 재판장이 허락한다면 내가 아랍 사람을 죽일 생각으로 혼자서 샘으로 되돌아갔는지 어떤지 알고 싶다고 말했다.

"아닙니다." 나는 말했다.

"그렇다면 저 사람이 무기는 왜 가지고 있었으며, 바로 그곳으로 되돌아간 이유는 무엇이었을까요?"

"그건 우연이었습니다."

그러자 검사는 안 좋은 어조로 이렇게 말했다.

"지금은 그만하겠습니다."

그러고 나서는 모든 것이 좀 어수선해졌다. 적어도 나에게는 그랬다. 그러나 잠시 의논을 하고 나서 재판장은 폐정을 선언하고, 오후에는 증인 심문이 있을 것이라고 말했다.

나는 생각할 여유가 없었다. 끌려 나와서 호송차에 실려 교도소로 돌아와서 점심을 먹었다. 매우 짧은 시간, 피곤함을 겨우 느낄 만한 시간이 지나자, 나는 다시 불려 나갔다. 모든 것이 다시 시작되었다. 나는 같은 방 안에 같은 얼굴들 앞에 앉게 되었다. 다만 더위가 훨씬 더 심해졌고, 마치 기적이나 일어난 듯 모든 배심원들, 검사, 변호사 그리고 몇몇 신문기자들까지도 밀짚 부채를 손에 들고 있었다. 젊은 기자와 자그마한 그 여자도 여전히 거기에 있었다. 그러나 그들만은 부채질을 하지 않고 아무 말도 없이 여전히 나를 바라보고 있었다.

나는 얼굴에 흐르는 땀을 닦았다. 그리고 양로원 원장의 이름을 부르는 소리를 들었을 때에야 비로소 그 장소와 나 자신에 대한 의식을 얼마만큼 회복할 수 있었다. 어머니가 나에 대한 불평을 말하더냐는 질문에 원장은 그렇다고 대답하고, 그러나 가족들에 대한 불평을 말하는 것은 재원자들의 일종의 괴벽이라고 덧붙였다. 내가 양로원에 넣은 것을 어머니가 못마땅하게 여기고 있었더냐고 재판장이 따져 묻자, 원장은 또 그렇다고 대답했다. 그러나 이번에는 아무 설명도 덧붙이지 않았다. 또 다른 질문에 대하여 그는, 장례식날 내가 담담한 것은 놀랐다고 대답했다. 담담했다는 것이 어떤 의미냐고 물으니까 원장은 구두코를 내려다보고 나서, 내가 어머니를 보려하지 않았고, 한 번도 눈물을 흘리지 않았고, 장례식이 끝난 뒤에도 무덤 앞에서 묵도도 하지 않은 채 곧 떠났다고 말했다. 그를 놀라게 한 일이 또 하나 있다고 했다. 내가 어머니의 나이를 몰랐다고, 장의사 일꾼 하나가 말했다는 것이다. 잠시 침묵이 흘렀다. 재판장은 원장에게, 여태까지 한 말이 확실히 나에 관한 것임에 틀림없느냐고 물었다. 원장이 그 질문의 뜻을 알아차리지 못하자 재판장이 말했다.

"법률상 필요한 질문입니다."

그리고 재판장이 검사에게 증인에 대한 질문이 없느냐고 묻자 검사는 이렇게 외쳤다.

"아, 없습니다. 그것으로 충분합니다."

그 목소리가 무척 맹렬하고 나에게로 향한 그 눈초리가 꽤나 의기양양한 것이어서 나는 여러 해 만에 처음으로 울고 싶은 바보 같은 생각이 들었다. 그 모든 사람들이 나를 얼마나 미워하는가 느꼈기 때문이다.

배심원들과 내 변호사에게 질문이 없는가 묻고 나서 재판장은 문지기의 진술을 들었다. 그에게도 다른 모든 증인들이나 마찬가지로 같은 격식의 절차가 되풀이되었다. 자리에 나와 서며, 문지기는 나를 바라보고 눈길을 돌렸다. 그는 질문에 대답했다. 내가 어머니를 보고 싶어하지 않았다는 것, 담배를 피웠다는 것, 잠을 자고 밀크커피를 마셨다는 것을 말했다. 그때 나는 무엇인가가 방청석 전체를 격앙시키는 것을 느끼고, 처음으로 내가 죄인이라는 것을 깨달았다. 재판장은 문지기에게 밀크커피 이야기와 담배 이야기를 한 번 더 시켰다. 검사는 비웃는 듯한 눈으로 나를 바라보았다.

그때 변호사가 문지기에게, 당신도 이 사람과 함께 담배를 피우지 않았느냐고 물었다. 그러나 이 질문을 듣자 검사는 벌떡 일어서더니 외쳤다.

"도대체 누가 죄인입니까? 불리한 증언을 최소한으로 하기 위하여 증인을 욕되게 하는 방법은 말이 안 됩니다. 이 증언이 결정적인 것임에는 변함이 없습니다."

그렇지만 재판장은 질문에 대답하라고 문지기에게 말했다. 영감은 당황한 빛으로 말했다.

"제가 잘못했다는 것은 잘 압니다. 그러나 저분이 권하신 담배를 거절하기가 미안해서 그랬습죠."

끝으로 나에게 덧붙여 할 말이 없느냐고 재판장이 묻기에 나는 이렇게 대답했다.

"없습니다. 다만 증인의 말이 옳다는 것을 말씀드립니다. 내가 그에게 담배를 권한 것은 사실입니다."

문지기는 그때 약간의 놀라움과 일종의 감사어린 뜻을 보이는 눈초리로 나를 바라보았다. 잠시 망설이더니 그는 밀크커피를 권한 것은 자기라고 말했다. 나의 변호사는 호기가 등등하여, 배심원들이 그것을 충분히 고려할 것이라고 외쳤다.

그러나 검사가 우리의 머리 위로 벼락 같은 소리를 지르며 말했다.

"물론 배심원들께서는 그것을 고려하실 겁니다. 그리고 배심원들께서는, 아무 관계도 없는 남이야 커피를 권할 수도 있었겠지만, 자기를 낳아준 어머니의 시신 앞에서 아들로서는 모름지기 그것을 사양해야 했을 것이라고 결론 내릴 것임에 틀림없습니다."

문지기는 자기 자리로 돌아갔다.

토마 페레의 차례가 되었을 때는, 서기가 그를 증인대까지 부축해 가야 했다. 페레는 어머니를 특별히 잘 알고 있지만, 나는 장례식 날 한 번 만났을 뿐이었다고 말했다. 그는 그날 내가 무엇을 했는가 하는 질문에 대답했다.

"저는 말씀이죠, 그날 너무 슬펐습니다. 그래서 아무것도 보지 못했습니다. 가슴 속의 슬픔 때문에 아무것도 눈에 보이지 않았습니다. 나에겐 아주 엄청난 슬픔이었으니까요. 그래서 심지어 기절까지 했습니다. 그래서 나는 저분을 보질 못했습니다."

차석 검사는 내가 눈물을 흘리는 것을 보았느냐고 물었다. 페레는 보지 못했다고 대답했다. 그러니까 이번에는 검사가 말했다.

"배심원들께서는 이 점을 고려하실 겁니다."

그러나 내 변호사는 화를 내며 내가 보기에도 지나쳐 보이리만큼 목청을 돋우서 페레에게, 내가 눈물을 흘리지 않는 것을 보았느냐고 물었다. 페레는 보지 못했다고 대답했다. 방청객들이 소리내어 웃었다. 내 변호사는 한쪽 소매를 걷어붙이면서 단호한 어조로 말했다.

"이것이 바로 이 재판의 모습입니다. 모든 것이 사실이라지만, 사실인 것은 하나도 없습니다."

검사는 무표정한 얼굴로 기록문서의 제목을 연필로 찔러대고 있었다.

5분 동안 쉬는 사이에 변호사는 모든 것이 잘 되어간다고 말했다. 휴식이 끝나자, 피고측의 요구로 호출된 셀레스트의 진술이 있었다. 피고란 바로 나였다. 셀레스트는 때때로 나에게 시선을 던지며 두 손으로 모자를 돌리고 있었다. 그는 새옷을 입고 있었는데, 그것은 가끔 일요일 날 나와 함께 경마 구경을 갈 때 입던 것이었다. 그러나 옷깃은 달 수가 없었던지 셔츠를 놋단추 하나로 채웠을 따름이었다. 내가 그의 손님이었느냐고 하는 질문에 그가 말했다.

"그렇습니다. 하지만 또한 친구이기도 했습니다."

나를 어떻게 생각하느냐는 물음에 대해, 사나이라고 대답했다. 사나이란 무슨 뜻이냐고 물으니까 그는, 그것이 무슨 뜻인지는 누구나 다 안다고 말했다. 내가 내성적인 성격을 가진 것을 알았었느냐고 하는 질문에는 다만, 무의미한 말은 하지 않는다고 대답했다. 내가 식비는 어김없이 치렀느냐고 차석 검사가 묻자 셀레스트는 웃으며 말했다.

"그건 우리 두 사람 사이의 사사로운 일입니다."

다시, 나의 범죄를 어떻게 생각하느냐는 질문을 받자 그는 증언대 위에 손을 올려놓았다. 뭔가 할 말을 미리 준비했다는 것을 누구라도 알 수 있었다.

"내 생각으로는 그건 하나의 불운입니다. 불운이 어떤 건지는 누구나 압니다. 불운이라는 건 어찌할 도리가 없습니다. 에, 또! 내 생각으로는 그건 하나의 불운입니다."

그는 더 계속하려고 했으나, 재판장이 그만하면 됐다고 말하며 수고했다고 감사 인사를 했다. 그러자 셀레스트는 약간 당황하며 좀더 이야기를 하고 싶다고 했다. 재판장은 이야기를 간단히 하도록 요청했다. 셀레스트는 또다시 그것은 하나의 불운이라고 되풀이했다. 그러자 재판장이 말했다.

"네, 알았어요. 그러나 우리가 할 일은 그런 불운을 재판하는 것입니다. 수고하셨습니다."

지혜와 성의를 다했으나 그만 더 이상 어쩔 수가 없었다는 듯이 셀레스트는 나에게로 고개를 돌렸다. 눈은 번적이고 입술은 떨리고 있는 듯이 보였다. 나를 위해 자기가 더 할 수 있는 것이 무엇이 있겠느냐고 나에게 묻고 있는 듯했다. 나는 아무런 말도, 몸짓도 하지 않았으나, 한 인간을 껴안고 싶은 마음이 우러난 것은 그때가 생전 처음이었다. 재판장은 증인대로부터 물러가도록 그에게 명령했다. 셀레스트는 법정의 좌석으로 가서 앉았다. 나머지 심문이 끝나도록 그는 우두커니 몸을 약간 앞으로 기울여 무릎에 팔꿈치를 괴고, 모자를 두 손으로 잡은 채 오가는 모든 얘기에 귀를 기울이고 있었다.

마리가 들어왔다. 모자를 쓰고 있었는데 여전히 아름다웠다. 그러나 나는 머리를 풀어 헤쳐놓았을 때가 더 좋았다. 내가 앉아 있는 곳에서도 그녀의 볼록한 젖가슴의 무게를 엿볼 수 있었고 아랫입술이 여전히 조금 실룩거리는 듯한 것이 보였다. 매우 불안해하는 것 같았다. 곧 그녀는 언제부터 나를 알았느냐고 하는 질문을 받고, 자기가 우리 회사에서 같이 일하던 시기를 말했다. 재판장이 나와 어떤 사이인지 묻자, 여자친구라고 말했다. 또 다른 질문에 대하여, 그녀는 정말 나와 결혼할 것이라고 대답했다. 서류를 뒤적이고 있던 검사가 갑자기, 언제부터 우리의 관계가 시작되었느냐고 물었다. 마리는 그 날짜를 말했다. 검사는 태연하게 어머니의 장례식이 있은 다음 날인 것 같다고 지적했다. 그러고는 약간 비웃는 말투로, 그런 미묘한 사정을 더 캐묻고 싶지도 않고 또 마리의 마음은 이해하지만, 그러나 (여기에서 그의 말투는 모질어졌다) 그는 자기의 의무상 부득이 예의를 초월할 수밖에 없다고 말했다. 그래서 검사는 마리에게 나와 관계를 맺게 된 그날 하루 동안의 일을 요약해 말해달라고 요구했다. 마리는 이야기하고 싶어하지 않으나 검사의 강권에 못이겨, 해수욕을 갔던 일, 영화관에 갔던 일, 그리고 둘이서 우리집으로 돌아온 일을 말했다. 차석 검사는 예심에서 마리의 진술을 듣고 그날 영화 프로그램을 조사해보았다고 말한 다음, 그때 무슨 영화가 상영되고 있었는지를 마리 자신의 입으로 말해주기 바란다고 덧붙였다. 과연 마리는 거의 숨이 끊어질 듯한 목소리로, 페르낭델이 나오는 영화였다고 말했다. 그녀의 말이 끝나자 장내는 물을 끼얹은 듯이 잠잠해졌다. 그러자 검사는 일어서서 심각하게, 참으로 감동한 듯한 목소리로, 나를 손가락질하면서 천천히 또박또박 끊어 말했다.

"배심원 여러분, 어머니가 사망한 바로 그 다음 날에 이 사람은 해수욕을 하고, 여자와 관계를 맺기 시작했으며, 희극 영화를 보러 가서 시시덕거린 것입니다. 나는 더 이상 할 말이 없습니다."

여전한 침묵 가운데 검사는 말을 맺고 앉았다. 갑자기 마리가 흐느껴 울기 시작했다. 그러면서, 그것은 사실이 아니다, 다른 것도 있었다, 사람들이 억지로 자기가 생각하는 것과는 반대로 이야기를 시킨 것이다, 자기는 나를 잘 알고 있고, 나는 아무것도 나쁜 일을 하지 않았다고 말했다. 그러나 재판장이 손짓하자 서기가 그녀를 데리고 나갔고, 심문은 다시 계속되었다.

마송이 나서서, 나는 의리를 소중히 여기는 사람이며 뿐만 아니라, 성실한 사람이라고 말했으나, 거의 아무도 들어주지 않았다. 살라마노도 내가 그의 개에 대한 일로 퍽 친절했었음을 말하고, 어머니와 나에 관한 질문에 대해, 나는 엄마와 할 말이 아무것도 없었고 그 때문에 엄마를 양로원에 보낸 것이라고 대답했으나, 역시 들어주는 사람이 거의 없었다.

"이해해주셔야 합니다. 이해해주셔야 합니다." 살라마노가 말했으나 이해해주는 사람은 하나도 없는 것 같았다. 그도 끌려 나갔다.

뒤이어 레몽의 차례가 왔다. 그가 마지막 증인이었다. 레몽은 내게 슬쩍 손짓을 해 보이고 다짜고짜 나에게는 죄가 없다고 말했다. 그러나 재판장은, 그에게 요구하는 것은 판정이 아니라 사실만이라고 말했다. 재판장은 그에게 질문을 기다리고, 거기에 대답하라고 주의를 주었다. 그와 피해자와의 관계를 물었다. 레몽은 그것을 이용해, 자기가 피해자 누이의 뺨을 때린 다음부터 피해자가 미워하고 있던 것은 자기라고 말했다. 그러나 재판장은, 피해자가 나를 미워할 이유는 없었느냐고 물었다. 레몽은 내가 바닷가에 같이 있었던 것은 우연한 결과였다고 말했다. 검사는, 그러면 어째서 사건의 발단이 된 그 편지가 내 손으로 씌어졌느냐고 물었다. 레몽은 그것도 우연이라고 대답했다. 검사는, 이 사건에서 우연은 이미 많은 양심의 손상을 가져 왔다고 반박했다. 레몽이 그의 정부의 뺨을 때렸을 때 내가 말리지 않은 것도 우연인지, 내가 경찰서에 가서 증인이 되었던 것도 우연인지, 그때 내 증언 내용이 두둔하는 쪽 일색이었던 것도 우연인지 알고 싶다고 했다. 그는 끝으로 레몽에게 무슨 일을 하냐고 물었다. '창고업'이라고 레몽이 대답하자 검사는 배심원들에게, 증인이 포주 노릇을 하고 있다는 것은 누구나 다 아는 사실이라고 분명히 말했다. 나는 그 공범자이고 친구였던 것이다. 이것은 가장 비루한 종류의 음란범죄 사건이요, 더욱이 피고가 도덕적으로 파렴치한이라는 사실로 인하여 더욱 흉악하다는 것이었다. 레몽이 변명하려 했고 내 변호사가 항의를 했으나, 재판장은 검사에게 이야기를 끝마치라고 했다. 검사는 이렇게 말하며 레몽에게 물었다.

"내가 덧붙일 것은 그리 많지 않습니다. 피고는 당신의 친구였습니까?"

"그렇습니다, 나의 친구였습니다." 레몽이 말했다. 그러자 검사는 나에게 같은 질문을 했다. 나는 레몽을 바라보았다. 그는 나에게서 눈을 돌리지 않았다. 나는 그렇다고 대답했다. 그러자 검사는 배심원들에게로 돌아서며 말했다.

"어머니가 사망한 다음 날 가장 수치스러운 정사에 골몰했던 바로 그 사람이 부질없는 이유로, 뭐라고 말할 수 없는 풍기 사건의 결말을 지으려고 살인을 한 것입니다."

검사는 그제야 자리에 앉았다. 그러나 내 변호사는 참다못해, 두 팔을 높이 쳐들어 올리며 외쳤다. 그 때문에 소매가 다시 흘러내리면서 풀 먹인 셔츠의 주름이 드러나 보였다.

"도대체 피고는 어머니를 매장한 것으로 기소된 겁니까, 살인을 해서 기소된 겁니까?"

방청객들이 웃었다. 그러나 검사는 다시 일어서서 법복을 바로잡더니 존경할 만한 변호인의 순수함을 갖지 않고서는, 그 두 사실 사이의 근본적이며 충격적이고 본질적인 관계를 느끼지 않을 수 없다고 말했다.

"그렇습니다. 범죄자의 마음으로 자기 어머니를 매장하였으므로, 나는 이 사람을 탄핵하는 것입니다." 그는 힘차게 외쳤다.

이 말은 방청객들에게 커다란 효과를 거둔 듯했다. 변호사는 어깨를 으쓱하고, 이마에 흐르는 땀을 닦았다. 그러나 그 자신도 동요된 듯했다. 나는 사태가 불리하게 돌아가고 있다는 것을 깨달았다.

그 뒤는 모든 것이 빠르게 진행되었다. 법정은 폐정되었다. 재판소에서 나와 차를 타러 가면서, 나는 매우 짧은 한순간 여름 저녁의 냄새와 빛을 느꼈다. 어두컴컴한 호송차 속에서 나는 내가 좋아하던 한 도시, 그리고 이따금 만족감을 느끼던 어떤 시간의 귀에 익은 소리들을, 마치 자신의 피로한 마음속으로부터 찾아내듯이 하나씩 다시 음미할 수 있었다. 이미 고즈넉하게 가라앉은 대기 속에서 들려오는 신문장수들의 외치는 소리, 작은 공원 안의 마지막 새소리, 샌드위치 장수의 부르짖음, 시내 고지대의 급커브길에서 울리는 전차의 마찰음, 그리고 항구 위로 밤이 내리기 전의 하늘에 반향을 일으키는 어렴풋한 소리, 그런 모든 것이 내게 장님이 더듬는 행로와도 같은 것이었다. 교도소로 들어오기 전에 내가 잘 알고 있던 그 길 말이다. 그렇다, 그것은 이미 오랜 옛날 내가 스스로 만족감을 느끼던 그런 시간이었다. 그런 때면 나를 기다리고 있던 것은 언제나 꿈도 없는 가벼운 잠이었다. 그러나 이제는 뭔가가 달라졌다. 왜냐하면, 내일에 대한 기대와 더불어 이제 내가 다시 만나는 것은 나의 독방이니 말이다. 마치 여름 하늘 속에 그려진 낯익은 길들이 죄없는 잠으로 인도해 갈 수도 있고 감옥으로 인도해 갈 수도 있는 것처럼.

4

피고석에 앉아서일지라도 자기 자신에 대해 이야기하는 소리를 듣는 것은 언제나 흥미 있는 일이다. 검사와 변호사 사이의 변론이 있는 동안 사람들은 내 이야기를 많이 했다. 아마 내 범죄에 대해서보다도 나에 대해서 더 많은 이야기를 했다고 할 수 있을 것이다. 그리고 과연 양쪽의 변론이 큰 차이가 있었던가? 변호사는 팔을 처들어 올리고 유죄를 인정했지만, 변명을 덧붙였다. 검사는 손가락질하며 유죄를 고발하되 변명의 여지를 주지 않았다. 그러나 나로서는 어딘가 좀 걸리는 일이 하나 있었다. 조심하기는 했지만, 때로는 나도 끼고 싶었다. 그러자 변호사가 말했다.

"잠자코 있어요. 그래야 일이 잘 됩니다."

이를테면 사람들은 나를 빼놓은 채 사건을 다루고 있는 것 같았다. 나는 참여도 시키지 않고 모든 것이 진행되었다. 내 의견은 물어보지도 않은 채 나의 운명이 결정되었다. 때때로 나는 다른 모든 사람들의 이야기를 가로막고 이렇게 말하고 싶었다.

"도대체 누가 피고입니까? 피고는 중요한 겁니다. 내게도 할 말이 있습니다."

그러나 생각해 보면, 할 이야기는 아무것도 없었다. 그리고 나는, 사람들에게 관심을 갖는 데서 얻는 흥미는 오래 계속되지 않는다는 것을 인정해야 했다. 예를 들면 검사의 변론은 곧 나를 따분하게 만들었다. 내 관심을 끌거나 흥미를 일으킨 것은 다만 단편적인 말들, 몸짓들, 혹은 전체와는 동떨어진 쓸데없이 장황하게 늘어놓은 말, 그런 것들이었다.

내가 이해한 것이 맞는다면, 검사의 생각의 요점은 내가 범죄를 사전에 계획했었다는 것이었다. 적어도 그는 그것을 증명하려고 애썼다. 그는 이렇게 말했다.

"그것을 증명하겠습니다. 나는 그것을 두 가지 면에서 증명할 수 있습니다. 첫째로는 명백한 사실에 비추어서, 둘째로는 이 범죄적 영혼의 심리상태가 제공하는 어두컴컴한 빛에 비추어서 증명할 수 있는 것입니다."

검사는 어머니가 죽은 뒤의 여러 가지 사실들을 요약했다. 내가 냉담했었다는 것, 어머니의 나이를 몰랐었다는 것, 이튿날 여자와 해수욕을 하러 갔었다는 것, 페르낭델 영화, 그리고 끝으로 마리를 데리고 집으로 돌아왔다는 것을 지적했었다. 그때 나는 검사의 말을 이해하는 데 한참 시간이 걸렸다. 그가 '그의 정부'라고 말했기 때문이지만, 나에게는 그저 마리인 것이다. 이어서 레몽 이야기로 넘어갔다. 이 사건에 대한 그의 방식은 여간 명석한 것이 아니었다. 그의 이야기는 그럴듯했다. 나는 레몽과 합의하여, 그의 정부를 꾀어다가 '품행이 좋지 못한' 사나이의 악랄한 손아귀에 넘기려고 편지를 썼다. 바닷가에서는 내가 레몽의 적들에게 시비를 걸어 레몽이 다쳤다. 나는 레몽에게서 권총을 달래 가지고, 그것을 사용할 생각으로 혼자서 되돌아갔다. 그리하여 계획대로 아랍인을 쏘아 죽인 것이다. 조금 기다려서, '일이 잘 되었음을 확인하기 위하여' 다시 총알 네 방을 태연하게, 말하자면 깊이 생각한 끝에 쏘았다는 것이다.

"여러분! 이상과 같습니다. 나는 여기서, 이 사람이 고의적으로 살인하게 된 사건의 경위를 말씀드렸습니다. 나는 이 점을 강조합니다. 왜냐하면 이것은 보통 살인, 정상참작의 여지가 있는 충동적 행위가 아니기 때문입니다. 여러분, 이 사람은 지식도 있습니다. 피고의 진술을 여러분도 들으시지 않으셨습니까? 그는 대답할 줄도 알고 말뜻도 잘 알고 있습니다. 그러므로 자기가 무슨 짓을 하는지도 모르고 행동했다고 할 수 없습니다."

나는 귀 기울여 들었다. 내가 지식 있는 사람이라고 생각하는 것도 알았다. 그러나 평범한 사람이 지니고 있는 장점이 어떻게 한 사람의 죄인에게 부인할 수 없을 만큼 불리한 조건이 되는 것인지, 나는 잘 이해할 수가 없었다. 적어도 나를 놀라게 한 것은 바로 그 점이었다. 그래서 더 이상 검사의 말이 들리지 않았다. 이윽고 다시 그의 말이 들렸다.

"후회하는 빛이라도 보였던가요? 여러분, 전혀 그렇지 않았습니다. 예심이 진행되는 동안에도 피고는 자기의 가증스러운 범행을 뉘우치는 듯한 때가 한 번도 없었습니다."

그때 그는 나에게로 돌아서서 손가락으로 나를 가리키며 계속하여 통렬한 비난을 퍼부었는데, 사실 나는 그 이유를 잘 알 수가 없었다. 그의 말이 옳다는 것을 인정하지 않을 수 없기는 했다. 나는 내 행동을 그다지 뉘우치고 있지 않았던 것이다. 그렇지만 그렇게 노발대발한다는 것이 나에게는 의외였다. 내가 진심으로 뭔가 뉘우치는 일은 한 번도 없었다. —그것을 그에게 다정스럽게, 거의 애정을 기울여 설명해주고 싶었다. 나는 항상 앞으로 나에게 일어날 일, 예를 들면 오늘이나 내일의 일에 정신이 팔려 있었던 것이다. 그러나 물론 내가 처한 상황에서는 누구에게도 그런 투로 말할 수 없었다. 지금의 나에게는 다정스러운 태도를 취하거나 선의를 가질 권리가 없었던 것이다. 검사가 내 영혼에 관한 이야기를 시작했으므로 나는 다시 귀를 기울이려고 애를 썼다.

"배심원 여러분, 나는 그의 영혼을 들여다보았으나 아무것도 찾아볼 수 없었습니다." 검사가 말했다. 사실 나에게는 영혼 같은 것은 있지도 않고, 인간다운 점도 찾아볼 길 없으며, 인간의 마음을 보전하는 도덕적 원리란 모두 인연이 멀다는 것이었다.

"아마도," 그는 덧붙였다. "우리는 그렇다고 해서 이 사람을 비난할 수도 없겠죠. 그가 가질 수 없는 것이 그에게 없다고 해서 우리가 불평할 수는 없는 일입니다. 그러나 이 법정에서 관용이라는 소극적 덕목은, 그보다 더 어렵기는 하지만 보다 상위에 있는 정의라는 덕목으로 바뀌어야 합니다. 특히 이 사람에게서 볼 수 있는 것 같은 심리의 공허가 사회 전체를 삼켜버릴 수도 있는 심연이 되는 경우에는 더욱이 그러합니다."

그리고 어머니에 대한 나의 태도를 이야기했다. 검사는 변론 중에 이미 한 말을 다시 되풀이했다. 그러나 그것은 내가 저지른 범죄를 이야기할 때보다도 더 길었다. 너무나 길어서, 마침내 나는 그날 아침의 더위밖에는 아무것도 느끼지 못할 정도였다. 얼마쯤 지나서 검사는 잠시 말을 끊었다가 이어 다시 매우 낮고 자신 있는 목소리로 말했다.

"여러분, 바로 이 법정은 내일 가장 가증스러운 범죄, 아버지를 살해한 범행을 심판하게 될 것입니다."

그의 말에 의하면, 이 잔학한 범죄는 상상도 못할 만큼 두려운 것이었다. 검사는 인간의 죄를 가차없이 처벌하길 기대한다고 말했다. 그러나 그 범행이 불러일으키는 전율감도 내 무감각함 앞에서 느끼는 전율감보다는 차라리 덜할 정도라고 자신은 서슴지 않고 말할 수 있다고 했다. 또 그의 말에 의하면, 정신적으로 어머니를 살해한 사람은, 아버지를 자기 손으로 죽이는 사람과 마찬가지로 인간 사회를 저버린 것이었다. 어쨌든 전자는 후자의 행위를 준비하는 것이며, 말하자면 그것을 예고하고 정당화한 것이었다.

"여러분, 나는 확신합니다." 그는 목소리를 높여서 덧붙였다. "이 자리에 앉아 있는 이 사람은, 이 법정이 내일 판결해야 할 살인죄에 대해서도 유죄라고 말하게 될지라도, 여러분은 내 생각이 지나친 것이라고는 생각하지 않을 것입니다. 이러한 의미에서 이 사람은 형벌을 받아야 할 것입니다."

여기에서 검사는 땀으로 번들거리는 얼굴을 닦았다. 끝으로 그는, 자기의 의무는 괴로운 것이지만 단호히 그것을 수행할 것이라고 말했다. 나는 사회의 가장 본질적인 법도를 무시하고 있으므로 그 사회와는 아무 관계도 없으며, 인정의 가장 기본적인 반응도 모르는 사람이므로 인정에 호소할 수도 없는 것이라고 말했다.

"나는 이 사람에게 사형 평결을 요구합니다. 그리고 사형을 요구해도 가뿐한 기분입니다. 이미 짧지 않은 재직 기간 중 나는 여러 번 사형을 요구했지만, 이 괴로운 의무가 오늘만큼 하나의 신성한 지상의 계율이라는 의식과, 비인간적인 것 말고는 아무것도 읽을 수 없는 한 사람의 얼굴을 앞에 놓고 느끼는 공포심으로 보상 받아 균형을 회복하고 빛을 받는 것처럼 느껴본 적은 없었기 때문입니다."

검사가 자리에 앉자 상당히 오랫동안 침묵이 흘렀다. 나는 더위와 놀라움으로 어리둥절해졌다. 재판장이 잔기침을 하고 나서 아주 낮은 목소리로 나에게, 덧붙여 할 말은 없느냐고 물었다. 나는 일어섰다. 이야기를 하고 싶었으므로 그저 나오는 대로, 아랍인을 죽일 의도는 없었다고 말했다. 재판장은 그건 하나의 주장이라고 대답하고, 지금까지 자기는 피고측 변호방식을 잘 이해하지 못하고 있으니 변호사의 진술을 듣기 전에 내가 그런 행동을 하게 된 동기를 명확히 말해주면 좋겠다고 했다. 나는 빠르고 좀 뒤죽박죽이 된 말로, 그리고 우스꽝스러운 말인 줄 알면서도, 태양 때문이었다고 말했다. 장내에서 웃음이 터졌다. 변호사는 어깨를 으쓱했다. 바로 뒤이어 그는 발언권을 얻었다. 그러나 그는 시간도 늦었고, 자기의 진술은 여러 시간을 요할 테니 오후로 미루어주면 좋겠다고 말했다. 법정은 이에 동의했다.

오후에도 커다란 선풍기들이 여전히 실내의 무더운 공기를 휘젓고, 배심원들의 가지각색의 조그만 부채들은 모두 같은 방향으로 움직이고 있었다. 내 변호사의 변론은 언제 끝이 날지 모를 지경이었다. 그러나 갑자기 그의 말이 들렸다.

"내가 죽인 것은 사실입니다" 하고 그가 말했기 때문이다. 뒤이어 그는 그런 투로 계속하면서 나에 대해서 말할 적마다 '나는'이라고 하는 것이었다. 나는 매우 놀랐다. 간수에게로 몸을 굽혀 그 이유를 물었다. 간수는 잠자코 있으라고 말하고 조금 있더니, '어느 변호사나 다 그런다'고 덧붙였다. 나는, 그것 또한 나를 사건으로부터 제쳐놓고 나를 제로(零)로 만들어버리고, 어떤 의미에서 그가 나 대신의 역할을 하는 것이라고 생각했다. 그러나 그때 나는 벌써 그 법정에서 멀리 떨어져 있었던 것으로 여겨진다. 게다가 변호사도 내겐 우스꽝스러워 보였다. 그는 빠른 어조로 나의 도전적인 태도를 변호하고 나서, 그 역시 나의 영혼에 대해 이야기했다. 그러나 내가 보기에 그는 검사에 비해서 그 솜씨가 훨씬 떨어지는 것 같았다.

"나 역시 그 영혼을 들여다보았습니다만, 탁월하신 검사 측 의견과는 반대로 나는 거기에서 뭔가 발견할 수 있었습니다. 뿐만 아니라 펼친 책을 읽듯 환히 볼 수 있었다고 말할 수 있습니다."

나는 성실한 인물이고, 일하고 있던 회사에 충실했으며, 규칙적이고 근면한 사람이고, 누구에게나 사랑을 받고, 다른 사람의 불행을 동정하는 사람이라는 것을 그는 거기서 읽었다는 것이었다. 그가 본 바로는, 나는 힘이 있는 한 오랫동안 어머니를 부양한 모범적인 아들이었다. 그러나 결국 내 경제적인 능력으로는 베풀어드릴 수 없는 안락한 생활을 양로원이 대신해서 늙은 어머니에게 베풀어줄 수 있으리라고 나는 기대했다는 것이다.

"여러분, 나는 그 양로원에 관하여 이러니저러니 그렇게 많은 논의가 있었다는 것에 놀랐습니다. 왜냐하면 만일 그러한 시설의 유익함과 중요함의 증거를 제시해야 한다면, 국가 자체가 그런 시설을 보조하고 있다는 사실을 말하지 않을 수 없기 때문입니다." 그가 덧붙였다.

다만 장례식에 대해서는 말하지 않았다. 나는 그의 변론에 그것이 빠진 것을 느꼈다. 그러나 그런 쓸데없이 긴 말들, 여러 날 동안 나의 정신에 관해

이야기한 그 끝없이 긴 시간 때문에, 나는 모든 것이 빛깔 없는 물처럼 되어버린 나머지 그 속에서 어지러움을 느끼는 듯한 인상을 받았다.

난 단 한 가지만 기억한다. 끝에 가서, 변호사가 이야기를 계속하고 있는 동안 거리로부터, 다른 방들과 법정의 온갖 공간을 거쳐서, 아이스크림 장수의 나팔 소리가 내 귀에까지 울려온 것이다. 나는 이미 내 것이 아닌 삶, 그러나 그 속에 내가 지극히 빈약하나마 가장 끈질긴 기쁨을 얻었던 삶의 추억에 사로잡혔다. 여름철의 냄새, 내가 좋아하던 거리, 어떤 저녁 하늘, 마리의 웃음과 옷차림. 그곳에서 내가 하고 있던 그 쓸데 없는 그 모든 것에 대한 역정이 목구멍에까지 치밀어 올라, 나는 다만 재판이 빨리 끝나서 나의 감방으로 돌아가 잠잘 수 있기만을 바랄 뿐이었다. 내 변호사가 끝으로 배심원들은 순간의 착란으로 파멸해버린 한 성실한 일꾼을 사형에 처하지는 않을 것이라고 외치고, 내가 이미 가장 확실한 벌로서 영원한 뉘우침의 짐을 안고 있으므로 범죄에 대해 정상참작을 요구한다고 말하는 것도 나의 귀에는 거의 들리지 않았다. 법정은 심문을 중지하고, 변호사는 기진맥진한 얼굴로 자리에 앉았다. 그러자 그의 동료들이 달려와서 그의 손을 잡았다.

"자네, 참 훌륭했어" 하는 말이 들렸다. 그중 한 사람은 심지어 나에게 맞장구를 쳐달라는 듯 "그렇죠?" 하고 말하기까지 했다. 나는 동의를 했지만, 너무나 피곤했었기 때문에 진심에서 우러나온 것은 아니었다.

그러는 사이에 밖은 어느덧 해가 기울어 더위도 수그러졌다. 큰길에서 들려오는 소리들로, 저녁의 아늑함을 짐작할 수 있었다. 우리 모두 거기서 기다려야 했다. 그런데 모두가 다 함께 기다리고 있는 그것은 오직 나 한 사람에게만 관계되는 일이었다. 다시 한 번 장내를 둘러보았다. 모든 것이 첫날과 똑같은 상태에 있었다. 나는 회색 양복을 입은 신문기자와 자동인형 같은 여자의 눈길과 마주쳤다. 그제야 재판 중에 나는 한 번도 눈으로 마리를 찾아보지 않았다는 데 생각이 미치게 되었다. 나는 그녀를 잊어버리지는 않았으나 할 일이 너무나 많았던 것이다. 셀레스트와 레몽 사이에 마리가 보였다. 그녀는 "이제야 끝이 났군요" 하는 듯이 나에게 조그맣게 손짓을 했다. 그리고 약간 근심어린 얼굴로 미소를 짓고 있는 것이 보였다. 그러나 나는 마음이 닫혀 있는 느낌이어서 그녀의 미소에 답할 수조차 없었다.

공판이 재개되었다. 바로 배심원들에 대한 일련의 질문들이 낭독되었다. '살인죄'……'계획적'……'정상참작' 등의 말들이 들렸다. 배심원들이 나가고, 나는 앞서 기다렸던 방으로 끌려갔다. 변호사가 따라왔다. 그는 매우 수다스럽게, 여느 때보다도 더욱 자신 있고 다정스러운 태도로 말했다. 모든 것이 잘 될 것이며, 몇 년 동안의 징역이나 도형으로 끝날 것이라고 그는 생각하고 있었다. 만약 판결이 불리할 경우 파기할 기회가 있느냐고 나는 물었다. 변호사는 없다고 대답했다. 배심원측의 비위를 건드리지 않기 위해서, 결론을 제시하지 않는 것이 그의 전술이었다는 것이다. 그는 그렇게 아무 사유도 없이 그냥 판결을 파기하지는 못하는 법이라고 설명했다. 그것은 나에게도 명백한 것으로 생각되어 그의 이론에 승복했다. 냉정하게 따져보면 지극히 당연한 일이었다. 그렇지 않으면 그 쓸모없는 서류가 산더미처럼 쌓일 것이다.

"어쨌든 특사 청원이 있습니다. 그러나 결과는 나쁘지 않으리라 확신합니다." 변호사는 이렇게 말했다.

우리는 매우 오랫동안 기다렸다. 아마 거의 사오십 분이었을 것이다. 그러더니 종이 울렸다. 변호사는 이렇게 말하면서 나를 두고 가버렸다.

"배심원 대표가 답신을 읽습니다. 당신은 판결문 낭독 때에야 들어오게 될 겁니다."

문을 여닫는 소리가 들렸다. 사람들이 계단을 뛰어가고 있었으나, 먼지 가까운지 알 수 없었다. 이윽고 법정에서 나직한 목소리로 무엇인지 읽는 소리가 들렸다. 다시금 종이 울리고 피고석 박스의 문이 열렸을 때 나에게 밀려온 것은 장내의 침묵, 그리고 그 젊은 신문기자가 눈길을 돌리는 것을 확인했을 때의 그 야릇한 감각이었다. 나는 마리를 보지는 못했다. 시간의 여유가 없었던 것이다. 왜냐하면 재판장이 이상스러운 말로, 당신은 프랑스 국민의 이름으로 공공 광장에서 목이 잘리게 되리라고 말했기 때문이다. 그때 나는 모든 사람들의 얼굴에서 읽히는 감정을 이해할 것 같았다. 그것은 분명 어떤 존경이 담긴 것이었다고 생각된다. 간수들은 나에게 친절했다. 변호사는 내 손목 위에 그의 손을 올려놓았다. 나는 이제 아무것도 생각하지 않았다. 그러나 재판장이 나에게 무엇이든지 덧붙여 말할 것은 없느냐고 물었다. 나는 깊이 생각해 보았다.

"없습니다."

내가 끌려 나온 것은 그때였다.

5

세 번째로 나는 교도소 부속 사제의 면회를 거절했다. 그에게 말할 것도 없고 이야기하고 싶지도 않았다. 그를 곧 만나게 될 것이다. 지금 내 관심을 끄는 것은 메커니즘으로부터 벗어나는 것, 불가피한 것으로부터 빠져나갈 길이 있을 수 있는가를 알아보는 일이다. 내 감방이 바뀌었다. 이 감방에서 번듯이 누우면 하늘이 내다보인다. 하늘만 보인다. 하늘에서 낮으로부터 밤으로 옮겨가는 빛깔의 조락을 바라보는 것으로 하루하루가 지나간다. 누워서 팔베개를 하고 나는 기다린다. 사형선고를 받은 사람으로서 그 무자비한 메커니즘으로부터 벗어난 예가, 처형되기 전에 종적을 감추었다든지 경찰의 비상 경계선을 돌파한 예가 있었을까 하고 몇 번이나 자문해보았는지 모른다. 그럴 때마다 나는 사형집행에 관한 이야기에 그다지 주의를 기울이지 않았었던 것이 후회되었다. 사람은 언제나 그런 문제에 관심을 가져야 할 것이다. 무슨 일이 일어날지 모르기 때문이다. 다른 사람들과 마찬가지로 나도 신문기사로는 읽은 일이 있다. 그러나 특별한 저서들이 확실히 있었을 것인데, 나는 그것들을 들여다보고자 하는 호기심을 한 번도 가져본 적이 없었던 것이다. 그런 책들 속에서라면 탈출에 관한 이야기도 찾아볼 수 있었을 것이다.

적어도 한 번쯤은 바퀴가 멎어, 그 거스를 수 없는 사전계획 속에서도 우연과 요행이 단 한 번이라도 무슨 변동을 일으킨 일이 있음을 알 수 있었을 것이다. 단 한 번만! 어느 의미에서 내게는 그 한 번만으로 충분했으리라고 생각한다. 나머지는 내 마음으로 보충할 수 있었을 것이다. 신문들은 흔히 사회에 대해 지고 있는 부채를 운운한다. 신문에 의하면, 그것을 갚아야 한다는 것이다. 그러나 그런 말은 상상력에 호소하지 못한다. 중요한 것은 탈출의 가능성, 무자비한 의식 밖으로의 도약, 희망의 무한한 기회를 제공하는 미친 듯한 질주였다. 물론 희망이라고 해도 길모퉁이에서, 달리던 도중에 날아오는 총알에 맞아 쓰러지는 것뿐이다. 그러나 곰곰이 생각해보면, 그러한 호사를 나에게 허락해주는 것은 아무것도 없다. 모두가 나에게는 그것을 금지하고, 어떤 구조적인 것이 나를 다시 붙드는 것이었다.

내 선의에도 불구하고, 나는 그런 오만한 확실성을 받아들일 수 없었다. 어쨌든 그 확실성에 근거를 제공한 판결과 판결이 내려지고 나서의 그 냉혹한 시행과의 사이에 어처구니없는 불균형이 있었기 때문이다. 판결이 17시가 아니라 20시에 내려졌다는 사실, 그 판결이 전혀 달라졌을지도 모르는 사실, 그것이 속옷을 갈아입는 인간들에 의하여 결정되었다는 사실, 그것이 프랑스 국민(혹은 독일 국민, 중국 국민)의 이름이라는 지극히 모호한 관념에 의거하여 언도되었다는 사실, 그런 모든 것은 그 같은 결정에서 그 진지함을 많이 깎아내리는 것이라 생각되었다. 그러나 그 선고가 내려진 순간부터 그 결과는, 내가 몸뚱이를 비벼대고 있던 그 벽의 존재와 마찬가지로 확실하고 진지하게 된다는 사실을 인정하지 않을 수 없었다.

그때 나는 어머니가 아버지에 대하여 내게 들려준 어떤 이야기를 떠올렸다. 아버지는 내 기억에 없다. 아버지에 관하여 내가 정확히 알고 있는 것으로는 오직 어머니가 그때 이야기해준 것 밖에 없었다. 아버지가 어느 살인범의 사형집행을 보러 갔었다는 것이다. 그것을 보러 갈 생각만으로도 아버지는 병이 났다. 그래도 아버지는 갔고, 돌아오자 아침에 먹었던 음식의 일부를 토했다는 것이었다. 그 말을 들었을 때 나는 아버지가 좀 싫어졌었다. 그러나 지금은 그것이 아주 당연한 일이라는 것을 알았다. 사형집행보다 더 중대한 일은 없으며, 어떤 의미에서 그것이야말로 사람에게는 참으로 흥미 있는 유일한 일이라는 것을 어째서 몰랐을까! 만약 내가 이 감옥에서 나가는 일이 있다면 모든 사형집행을 빠짐없이 다 보러 가리라. 그러나 그런 가능성을 꿈꾸어보는 것은 잘못이었다고 생각한다. 어느 날 이른 아침, 비상 경계선 밖에서, 말하자면 저쪽 편에서, 내가 자유로운 모습을 드러내는 것은, 사형집행의 구경꾼으로 왔다가 나중에 토할 수 있게 된다는 것은, 생각만 해도 억눌렸던 기쁨의 물결이 가슴으로 북받쳐 올라왔기 때문이다. 그러나 그것은 이치에 맞지 않았다. 그런 가정에 휘말리는 것은 잘못이었다. 왜냐하면 그 뒤로 곧, 나는 너무나 추워 이불 밑에서 몸을 웅크리지 않을 수 없었기 때문이다. 걷잡을 수 없도록 턱이 덜덜 떨렸다.

그러나 물론, 사람이 언제나 이성적일 수는 없다. 예컨대 또 어떤 때는 법률 초안을 만들어보기도 했다. 형법 체제를 개혁하고 있었던 것이다. 사형선고를 받은 자에게 기회를 주는 것이 요점임을 나는 알아차렸다. 천 번에 단

한 번, 그것이면 수많은 일을 해결하기에 충분했다. 그리하여, 그것을 먹으면 수형자가(나는 형을 받은 자라고 생각했었다) 열 번에 아홉 번만 죽는 그런 화학약품의 배합을 고안해낼 수도 있을 것이라고 생각했다. 그에게 그런 사실을 알려주어야 한다. 그것이 조건이었다. 냉정하게 곰곰이 생각해보면 단두대의 칼날을 사용할 경우 결함은 그것이 아무런 기회도, 결코 아무런 기회도 허용하지 않는다는 사실을 알았다. 결국 어쩔 수 없이 수형자의 죽음은 결정되어 버리고 마는 것이다. 그것은 처리가 끝난 일이며 확정된 배합이요 성립된 합의여서 취소할 여지가 없다. 만에 하나 어쩌다가 실패하는 경우가 있어도 다시 할 뿐이다. 그러므로 난처한 일은, 수형자로서는 기계가 아무 고장 없이 작동해주기만 바랄 뿐이다. 내 말은, 바로 그것이 결함이라는 것이다. 어떤 의미에서 그것은 사실이다. 그러나 다른 의미로는 그 훌륭한 조직의 모든 비결이 거기에 있다는 것을 또한 인정하지 않을 수 없었다. 요컨대 수형자는 정신적으로 협력해야 한다. 모든 것이 탈없이 진행되는 것이 그의 이익이 된다.

나는 또한 처형이라는 것에 관해서, 여태까지 정확하지 못한 생각을 가지고 있었다는 것을 인정하지 않을 수 없었다. 오랫동안 나는—왜 그랬었는지는 몰라도—기요틴에 처형되자면 단두대로 올라가야만 하고, 계단을 밟고 올라가야 한다고 믿고 있었다. 그것은 1789년의 대혁명 때문이라고, 다시 말하면, 그런 문제에 관해서 사람들이 내게 가르쳐주고 또 보여주고 한 모든 것들 때문이라고 여겨진다. 그런데 어느 날 아침, 소문이 자자했던 어떤 사형 집행이 있었을 때 신문에 실렸던 사진 한 장이 생각났다. 사실인즉 기계는 땅바닥에 지극히 간단하게 놓여 있었고, 생각했던 것보다는 훨씬 폭이 좁았다. 좀더 일찍이 그런 것을 생각하지 않았었다는 것도 이상스러웠다. 그 사진에 나타난 기계는, 무엇보다도 정밀한 제품답게 말끔하고 번쩍이는 모양이 퍽 인상적이었다. 사람이란 알지 못하는 것에 관해서는 항상 과장된 생각을 품는 법이다. 그런데도 사실은 모든 것이 매우 간단하다는 사실을 나는 인정하지 않을 수 없었다. 기계는 그것을 향해 걸어가는 사람과 같은 지면 위에 놓여 있다. 그는 마치 누구를 만나러 가는 모양으로 가다가 기계와 부딪친다. 어떤 의미로는 그것 또한 참을 수 없는 것이었다. 단두대로 올라간다면 하늘로 승천하는 것—상상력이 그런 생각에 매달릴지도 모른다. 그러나 역시 구조적인 것이 모든 것을 짓눌러버리는 것이었다. 그저 좀 부끄러움을 느끼면서, 대단히 정확하게 목숨이 슬쩍 끊어지는 것이다.

그 밖에 또 줄곧 나의 머리를 떠나지 않는 것이 두 가지 있었다. 새벽녘과 특사 청원, 그것이다. 그러나 나는 스스로 타일러 그러한 생각을 하지 않으려고 애썼다. 누워서 하늘을 바라보며 거기에 정신이 쏠리도록 하려고 애썼다. 하늘은 초록빛으로 변했다. 저녁이었다. 나는 생각의 방향을 돌리려고 또 애를 썼다. 심장 소리에 귀를 기울였다. 오래전부터 나를 따라다니던 그 소리가 멎어버릴 수 있으리라고는 아무리 해도 상상이 되지 않았다. 나는 진정한 상상력을 가져본 적이 없다. 그래도 이 심장의 고동 소리가 나에게 들리지 않게 될 순간을 생각해보려고 애썼다. 그러나 헛수고였다. 새벽녘 또는 특사 청원이라는 것이 있었기 때문이다. 나는 마침내, 자신의 마음을 억제하려고 들지 않는 것이 가장 현명한 일이라고 생각하기에 이르렀다.

그들이 오는 것은 새벽녘이다. 나는 그것을 알고 있었다. 결국 밤마다 그 새벽을 기다리며 지낸 셈이다. 나는 놀라는 것이 싫었다. 내게 무슨 일이든 생길 때면 거기에 대한 마음의 준비를 하고 싶은 것이다. 그 때문에 나는 마침내 낮에만 조금 자두었다가 밤에는 새벽빛이 천장 유리창 위에 훤히 밝아올 때까지 꾹 참고 기다렸다. 가장 괴로운 때는, 그들이 보통 그 일을 하러 오는 때라고 내가 알고 있던, 그 의심스러운 시각이었다. 자정이 지나면 나는 기다리며 지켜보고 있었다. 내 귀가 그처럼 소음에 민감하고, 그렇게도 조그만 소리를 들어본 적은 일찍이 없었다.

그리고 그동안 발소리는 한 번도 들리지 않았으니, 어떻게 보면 그 시기 동안 줄곧 나는 어지간히 운수가 좋았다고 할 수 있다. 사람이란 아주 불행하게 되는 법은 없는 거라고 어머니는 가끔 말했었다. 하늘이 빛을 띠고 새로운 하루가 내 감방으로 새어들 때, 교도소 속에서 나는 어머니의 말이 옳다고 생각했다. 왜냐하면 발소리가 들려와 내 심장이 터지고 말았을 수도 있었을 것이기 때문이다. 바스락 소리만 나도 문으로 달려가 판자에 귀를 대고 제정신이 아닌 듯이 기다리노라면, 나중에는 나 자신의 숨소리가 들려왔는데, 그 소리가 나중에는 마치 헐떡이는 개의 숨결 같아서 깜짝 놀라는 일은 있었을지언정 결국 내 심장은 터지지 않았고, 나는 다시 한 번 24시간을 벌게 되는 것이었다.

낮 동안에는 특사 청원을 생각했다. 나는 이 생각을 가장 적절하게 이용했다고 본다. 내 재산을 계산하고, 효과를 면밀히 따져가지고 그 깊이 생각해 본 것으로부터 최대의 능률을 얻도록 한 것이다. 나는 늘 최악의 가정을 세웠다. 바로 특사 청원 기각이다.

"그때는 죽을 수밖에 없는 것이다."

다른 사람들보다 먼저 죽을 것은 분명하지만, 인생이 살 만한 가치가 없다는 것은 누구나 알고 있다.

결국, 서른 살에 죽든지 예순 살에 죽든지 별로 차이가 없다는 것을 나도 모르는 것은 아니다. 그 어떤 경우에든지 당연히 그 뒤엔 다른 남자들 다른 여자들이 살아갈 것이고 수천 년 동안 그럴 것이니까 말이다. 요컨대 그것보다 더 분명한 것은 없을 것이다. 지금이건 20년 후건 여전히, 죽게 될 사람은 바로 나다. 그때 그러한 나의 추론에 있어서 좀 거북스러웠던 것은, 앞으로 올 20년의 생활을 생각할 때 내 마음속에 솟구쳐오르는 무서운 용솟음이었다. 그러나 그것도, 20년 뒤에 어차피 그런 지경에 이르렀을 때 내가 어떻게 생각하게 될까를 상상함으로써 눌러버리면 그만이었다. 죽는 바에야 어떻게 죽든 언제 죽든 그런 건 의미가 없다. 그것은 명백한 일이었다. 그러므로 (그리고 어려운 일은 이 '그러므로'라는 말이 표시하는 모든 추론을 잊지 않도록 명심하는 것이었다), 나는 특사 청원의 기각을 인정할 수밖에 없었다.

그때, 바로 그때에야 비로소, 나는 이를테면 두 번째 가정을 생각해 볼 권리를 가질 수가, 말하자면 나 자신에게 그렇게 하도록 허용할 수가 있게 된 것이다. 바로 사면이다. 거북스러웠던 것은, 턱없는 기쁨으로 눈을 찌르는 그 피와 육신의 북받침을 진정시켜야 했던 일이다. 그 부르짖음을 억누르고 그것을 설득하는 데 애써야 했다. 첫 번째 가정에서 내 단념을 더욱 적절하게 만들기 위해서는 이 두 번째 가정에서도 나는 당연한 듯한 표정을 지어야 했다. 그럴 수 있을 때는 한 시간쯤 차분한 마음을 가질 수가 있었다. 그만하면 어쨌든지 다행한 일이었다.

내가 또다시 부속 사제의 면회를 거절한 것은 바로 그런 때였다. 나는 누워 있었다. 하늘이 황금빛으로 물드는 것을 보고 여름 저녁이 가까워옴을 알 수 있었다. 바로 특사 청원이 기각되고 난 터였는데도, 내 피가 규칙적으로 내 몸 속을 순환하고 있음을 느낄 수 있었다. 나로 말하자면 굳이 사제를 만날 필요가 없었다. 오랜만에 처음으로 나는 마리를 생각했다. 이제 편지도 오지 않았다. 그날 저녁 나는 곰곰이 생각한 끝에, 아마 사형선고를 받은 사람의 애인 놀음에 그만 지쳐버렸을지도 모른다고 생각했다. 어쩌면 병이 났거나 죽었을지도 모른다는 생각도 들었다. 그것은 당연한 일이었다. 서로 떨어져 있는 우리의 두 육체밖에는 이제 우리를 연결시키고 서로 생각나게 하는 것은 아무것도 없었으니, 어떻게 내가 그러한 소식을 알 수 있었겠는가? 게다가 그렇다면 그때부터 이미 마리의 추억은 아무래도 좋았다. 죽었다면 마리는 더 이상 내 흥미를 끌지 못한다. 그것은 당연한 일이라고 생각되었다. 그와 마찬가지로, 내가 죽으면 사람들이 나를 잊어버린다는 사실도 나는 잘 이해할 수 있었다. 그렇게 되면 사람들은 나와 아무 상관이 없어지는 것이다. 그런 일은 생각하기 괴로운 것이라고 말할 수도 없었다.

바로 그때 부속 사제가 들어왔다. 그를 보자, 나는 몸이 약간 떨렸다. 사제는 그것을 보고 겁내지 말라고 했다. 보통은 다른 시간에 왔었는데 하고 내가 말했다. 그는, 이번 면회는 나의 특사 청원과는 아무 관계도 없고 순전히 친구로서의 면회이며, 특사 청원에 관해서는 자기는 아무것도 모른다고 대답했다. 그는 내 침상 위에 앉은 다음, 나더러 가까이 와 앉으라고 권했다. 나는 거절했다. 그래도 그는 매우 다정스러워 보였다.

그는 잠깐 두 팔을 무릎 위에 올려놓고 머리를 숙인 채 앉아서 자기 손을 바라보았다. 그 손은 가냘프고 힘줄이 드러나 보였는데 두 마리의 날렵한 짐승을 연상케 했다. 사제는 천천히 그 두 손을 비볐다. 그러고는 여전히 머리를 숙인 채 가만히 앉아 있었다. 너무 오랫동안 그러고 있어서, 나는 잠시 그를 잊어버린 것 같은 느낌이 들 정도였다.

그러나 갑자기 그는 머리를 들어 나를 빤히 바라보며 말했다.

"왜 내 면회를 거절하십니까?"

나는 하느님을 믿지 않는다고 대답했다. 그 점에 대하여 확신을 가질 수 있느냐고 묻기에 나는, 그런 것을 고민한 일도 없고, 그런 것은 쓸데없는 문제라고 생각된다고 말했다. 그러자 그는 몸을 뒤로 젖히고 손을 펴 넓적다리 위에 얹은 채 등을 벽에 기댔다. 그는 나에게 말하는 것 같지도 않게, 사람이란 스스로는 확신을 가질 수 있다고 생각하지만, 사실은 그렇지 못할 때가 있는 것이라고 중얼거렸다. 나는 아무 말도 하지 않았다. 그는 나를 바라보며 물었다.

"어떻게 생각하십니까?"

나는 그럴지도 모르겠다고 대답했다. 어쨌든 나는 실제로 내가 무엇에 관심이 있는지에 대해서는 확신을 가질 수 없을는지도 모르겠으나, 무엇에 관심이 없는지에 대해서는 명백히 확신을 가질 수 있다고 말했다. 그런데 그가 이야기하는 것은 바로 내가 관심이 없는 것이었다.

그는 눈길을 돌렸으나 여전히 그 자세는 고치지 않은 채, 절망한 나머지 그런 말을 하는 것이 아니냐고 물었다. 나는 절망한 것이 아니라고 설명했다. 다만 나는 두려울 뿐이었는데, 그것은 당연한 일이었다.

"그렇다면 하느님이 도와주실 것입니다. 내가 아는 한, 당신과 같은 경우에 처했던 사람들은 모두 하느님께로 돌아갔습니다."

그건 그 사람들의 권리라고 나는 인정했다. 그것은 또한 그들에게 그럴 만한 시간이 있었다는 사실을 보여주고 있었다. 그런데 나는 도움을 받기가 싫었고, 관심도 없는 것에 관심을 가질 시간이 없었던 것이다.

그때 그는 손으로 역정이 난다는 듯한 시늉을 했으나, 곧 몸을 세우고 옷주름을 바로잡았다. 그리고 나서 나를 '친구'라고 부르며 말을 걸었다. 그가 나에게 그렇게 말하는 것은 내가 사형선고를 받았기 때문이 아니라는 것이었다. 우리는 모두 사형선고를 받고 있는 것이라고 그가 말했다. 그러나 나는 그의 이야기를 가로막고, 그건 경우가 다르며 어쨌든 그것으로 위안이 될 수는 없는 일이라고 말했다.

"확실히 그렇지요." 그는 동의했다. "그렇지만 만약 당신이 당장 죽지 않는다 하더라도 먼 미래에는 죽을 것입니다. 그때도 같은 문제가 생길 것이오. 그 무서운 시련을 당신은 어떻게 맞을 것입니까?"

나는, 내가 지금 맞고 있는 것과 꼭 마찬가지로 그 시련을 맞을 것이라고 대답했다.

그 말을 듣자, 그는 일어서서 내 눈을 똑바로 들여다보았다. 그것은 내가 잘 알고 있는 놀이였다. 흔히 에마뉘엘이나 셀레스트와 그 놀이를 했었는데, 대개는 그들이 눈을 돌려버렸다. 사제도 그 놀이를 할 줄 안다는 것을 나는 곧 알 수 있었다. 그 눈길이 조금도 떨리지 않았기 때문이다. 그리고 그가, "당신은 그럼 아무 희망도 없이 죽으면 완전히 없어져버린다는 생각을 가지고 살고 있습니까?" 하고 말했을 때, 그 목소리 또한 떨리지 않았다. "그렇습니다" 하고 나는 대답했다.

그러자 그는 머리를 숙이고 다시 걸터앉았다. 나를 불쌍히 여긴다고 그는 말했다. 그것은 인간으로서 도저히 견딜 수 없는 일이라고 생각한다는 것이었다. 내겐 다만 그가 귀찮아지기 시작한다고 느껴질 뿐이었다. 이번에는 내가 돌아서서 천창 밑으로 갔다. 나는 어깨를 벽에 기댔다. 귀담아 듣지는 않았으나, 그가 또다시 나에게 뭐라고 묻는 것이 들려왔다. 그는 불안하고 절박한 목소리로 이야기하고 있었다. 그가 흥분된 상태라는 것을 깨닫고, 나는 좀더 귀를 기울였다.

그는, 나의 특사 청원은 수리되겠지만, 나는 내려놓아야 하는 죄의 짐을 지고 있다고 말했다. 그의 신념에 의하면, 인간의 심판은 아무것도 아니고 하느님의 심판이 전부라는 것이었다. 나에게 사형을 선고한 것은 인간의 심판이라고 내가 지적했더니, 그렇지만 그것으로 내 죄가 씻긴 것은 아니라고 그는 대답했다. 나는 죄라는 것이 무엇인지 모른다고 말했다. 내가 죄인이라는 것을 남들이 나에게 가르쳐주었을 뿐이었다. 나는 죄인이고, 죗값을 치르는 것이니, 그 이상 더 나에게 요구할 수는 없을 것이었다. 그때 사제는 다시 일어섰다. 워낙 좁은 감방이라, 그가 움직이려고 해도 선택의 여지는 없을 것이라고 나는 생각했다. 앉아 있든지 일어서든지 해야 했다.

나는 땅바닥을 내려다보고 있었다. 그는 한걸음 나에게로 다가서더니, 더 앞으로 나설 엄두가 안 난다는 듯이 멈춰섰다. 그러고는 창살 너머로 하늘을 바라다보며 말했다.

"당신은 착각하고 있소, 몽 피스(mon fils : 사제가 남성인 신자를 부를 때 쓰는 말로 '내 아들' 이라는 뜻도 된다). 당신에게 그 이상 더 요구할 수 있어요. 또 실제로 요구하게 될 것입니다."

"대체 뭐를 말입니까?"

"보기를 요구할 것이오."

"무얼 봐요?"

사제는 주위를 둘러보고 갑자기 지친 듯한 목소리로 대답했다.

"이 모든 돌들은 고통의 땀을 흘리고 있습니다. 나는 그것을 압니다. 나는 고통 없이 이것들을 바라본 적은 없습니다. 그러나 나는 마음속 깊이, 당신들 중의 가장 비참한 사람일지라도 이 돌들의 어둠으로부터 하느님의 얼굴이 나타나는 것을 보았다는 사실을 알고 있습니다. 당신에게 보기를 요구하는 것은 바로 하느님의 얼굴입니다."

나는 좀 흥분했다. 그리고 여러 달 전부터 그 벽을 들여다보고 있다고 말했다. 이 세상에서 그 어느 것에 대해서도, 그 누구에 대해서도 나는 그보다 더 잘 알지는 못할 정도였다. 오래전에 나는 거기에서 하나의 얼굴을 찾아보려 했었던 것 같다. 그러나 그 얼굴은 태양의 빛과 욕정의 불꽃을 가지고 있었다. 그것은 마리의 얼굴이었다. 나는 헛되이 그것을 좇았다. 이제는 그것도 끝났다. 어쨌든 나는 그 땀 배인 돌로부터 솟아나는 것은 아무것도 보지 못했다고 말했다.

사제는 일종의 슬픈 표정으로 나를 바라보았다. 이제 나는 벽에 등을 완전히 기대고 있었으므로, 빛이 내 이마 위를 흐르고 있었다. 그는 뭐라고 몇 마디 말했으나 나는 듣지 못했다. 그러더니 그는 매우 빠른 어조로, 나를 껴안는 것을 허락해주겠느냐고 물었다.

"싫습니다." 나는 대답했다.

그는 돌아서서 벽으로 걸어가더니 천천히 그 위에 손을 갖다 대고 중얼거렸다.

"그렇게도 이 땅을 사랑합니까?"

나는 아무 대답도 하지 않았다.

그는 상당히 오랫동안 돌아서 있었다. 방 안에 그가 있는 것이 짐스럽고 성가셨다. 그에게 혼자 있고 싶으니 가달라고 말하려는 참인데, 그때 그가 다시 나에게로 돌아서면서 갑자기 요란스럽게 외쳤다.

"아니, 나는 당신을 믿을 수 없습니다. 당신도 다른 삶을 바란 적이 있었으리라고 나는 확신합니다."

물론이다, 그러나 그것은 부자가 된다든지 헤엄을 빨리 칠 수 있게 된다든지 더 잘생긴 입을 가지게 되는 것을 바라는 것과 마찬가지로 의미가 없다고 나는 대답했다. 그것은 같은 차원의 일이다. 그러나 그가 내 말을 가로막고 그 다른 삶이라는 것을 어떻게 생각하냐고 묻기에, '지금의 이 삶을 떠올릴 수 있는 그러한 생애'라고 외치고 곧이어서, 이제 그런 이야기는 질렸다고 말했다. 그는 또 하느님 이야기를 꺼내고 싶어 했으나 나는 그에게로 다가서며, 나에게는 남은 시간이 조금밖에 없다는 것을 마지막으로 한 번 더 설명하려 했다. 나는 하느님 이야기로 시간을 허비하고 싶지 않았던 것이다.

그는 화제를 바꾸려고, 왜 자기를 '몽 페르'(mon père : 프랑스에서 사제를 부를 때 쓰는 말로 '신부님'이라는 뜻도 되지만 '아버지'라는 뜻도 된다)라고 부르지 않고 '므시외'(monsieur : 남성인 상대방을 예절바르게 부를 때 쓰는 말)라고 부르냐고 물었다. 그 말에 나는 화가 나서, 당신은 다른 사람들에게는 그럴지도 모르지만, 나에게는 아버지가 아니라고 대답했다.

"아닙니다, 몽 피스!" 그는 내 어깨 위에 손을 올려놓고 말했다. "나는 당신 곁에 있습니다. 그러나 당신의 마음은 눈이 멀어서 그것을 모르는 것입니다. 당신을 위해서 기도를 드리겠습니다."

그때, 이유는 모르겠지만, 내 속에서 뭔가가 툭 터져버렸다. 나는 목이 터지도록 고함치기 시작했고 그에게 욕설을 퍼부으면서 기도하지 말라고 말했다. 나는 그의 신부복 깃을 움켜잡았다. 기쁨과 분노가 뒤섞인 채 솟구쳐 오르는 것을 느끼며 그에게 속마음을 송두리째 쏟아버렸다. 너는 어지간히도 자신만만한 태도로구나. 그렇지 않은가? 그러나 네 신념이란 건 모두 여자의 머리카락 한 올만한 가치도 없어. 너는 죽은 사람처럼 살고 있으니, 살아 있다는 것에 대한 확신조차 없다. 나는 보기에는 맨주먹 같을지 모르나, 나에게는 확신이 있어. 나 자신에 대한, 모든 것에 대한 확신. 너보다 더한 확신이 있어. 나의 인생과 닥쳐올 이 죽음에 대한 확신이 있어. 그렇다, 나한테는 이것밖에 없다. 그러나 적어도 나는 이 진리를, 그것이 나를 붙들고 놓지 않는 것과 마찬가지로 굳게 붙들고 있다.

나는 전에도 옳았고, 지금도 옳다. 언제나 나는 옳을 것이다. 나는 이렇게 살았으나, 또 다르게 살 수도 있었을 것이다. 나는 이런 것은 하고 저런 것은 하지 않았다. 어떤 일은 하지 않았는데 다른 일을 했다. 그러니 어떻단 말인가? 나는 마치 저 순간을, 내가 정당하다는 것이 증명될 저 새벽을 계속 기다리며 살아온 것만 같다. 아무것도 중요하지 않다. 나는 그 이유를 알고 있다. 너도 그 이유를 알고 있다. 내가 살아온 이 부조리한 삶 전체에 걸쳐, 내 미래의 저 밑바닥으로부터 항상 한 줄기 어두운 바람이, 아직도 오지 않은 세월을 거쳐서 내게로 불어 올라오고 있다. 내가 살고 있는, 더 실감난 달 것도 없는 세월 속에서 나에게 주어지는 것은 모두 다, 그 바람이 불고 지나가면서 서로 아무 차이가 없는 것으로 만들어버리는 거다.

타인의 죽음, 어머니의 사랑, 그런 것이 대체 뭐란 말인가? 흔히 말하는 그 하느님, 사람들이 선택하는 삶, 사람들이 선택하는 숙명, 그런 것에 무슨 의미가 있단 말인가? 오직 하나의 숙명만이 나를 택하도록 되어 있고, 더불어 너처럼 나의 형제라고 하는 수많은 특권을 가진 사람들도 택하도록 되어 있기 때문이다. 알아듣겠는가? 사람은 누구나 다 특권을 가지고 있다. 특권을 가진 사람들밖에는 없다.

다른 사람들도 언젠가 사형을 선고받을 것이다. 너 역시 사형을 선고받을 것이다. 네가 살인범으로 고발되었으면서 어머니의 장례식 때 눈물을 흘리지 않았다는 이유로 사형을 받게 된들 그것이 무슨 의미가 있을까? 살라마노의 개나 그의 마누라나 그 가치를 따지면 매한가지다. 자동인형 같은 그 작은 여자도, 마송과 결혼한 그 파리 여자와 마찬가지로, 또 나와 결혼을 하고 싶었던 마리와 마찬가지로 죄인인 것이다. 셀레스트는 레몽보다 낫지만, 그 셀레스트와 마찬가지로 레몽도 나의 친구라고 한들 그것이 대체 뭐란 말인가? 마리가 오늘 또 다른 뫼르소에게 입술을 내바치고 있은들 그것이 어떻다는 말인가? 이 사형수야, 도대체 알기나 하느냐? 미래의 저 밑바닥으로부터…… 이런 모든 것을 외쳐 대며, 나는 숨이 막혔다. 그러나 벌써 사람들이 사제를 내 손아귀에서 떼어내고 간수들이 나를 위협했다. 그러나 사제는 그들을 진정시키고, 잠시 묵묵히 나를 바라보았다. 그의 눈에 눈물이 가득 괴어 있었다. 그는 마침내 돌아서서 사라졌다.

그가 나가버리자, 나는 평정을 되찾았다. 기진맥진해서 침대에 몸을 던졌다. 그러고는 잠이 들었던 모양이다. 얼굴 위에 별빛을 느껴 눈을 떴기 때문이다. 들판의 소리들이 나에게까지 올라왔다. 밤 냄새, 흙 냄새, 소금 냄새가 관자놀이를 시원하게 해주었다. 잠든 그 여름의 그 희한한 평화가 밀물처럼 내 속으로 흘러들었다. 그때 밤의 저 끝에서 사이렌이 울렸다. 그것은 이제 나에게 영원히 관계 없게 된 한 세계로의 출발을 알리고 있었다. 참으로 오래간만에 처음으로 나는 어머니를 생각했다. 어머니가 왜 인생의 끝에 '약혼자'를 만들었는지, 왜 생애를 다시 시작해보려고 했는지 나는 이제야 이해할 수 있을 것 같았다.

거기, 뭇 생명들이 꺼져가는 그 양로원 근처에서도, 저녁은 우수로 가득찬 휴식시간 같았었다. 그처럼 죽음 가까이에서 어머니는 해방감을 느꼈고, 모든 것을 다시 살아볼 마음이 내켰을 것임에 틀림없다. 아무도 어머니의 죽음을 슬퍼할 권리는 없다. 그리고 나 또한 모든 것을 다시 살아볼 수 있을 것 같은 생각이 들었다. 그 커다란 분노가 내 죄를 씻어주고 희망을 모두 가시게 해 준 것처럼, 신호들과 별들이 가득한 밤을 앞에 두고, 나는 비로소 세계의 정다운 무관심에 마음을 열었다. 그처럼 세계가 나와 닮아 마침내는 형제 같음을 느끼자, 나는 전에도 행복했고, 지금도 행복하다고 느꼈다. 모든 것이 끝나, 내가 덜 외롭게 느껴지기 위해서, 나에게 남은 소원은 다만, 내가 사형 집행을 받는 날 많은 구경꾼들이 와서 증오의 함성으로 나를 맞아주었으면 하는 것뿐이다.

이방인에 대하여

장폴 사르트르

　카뮈의 《이방인》은 출간 즉시 최대의 호평을 받았다. 사람들은 입을 모아서 '종전 후 최대 걸작'이라고 말했다. 이 시대의 문예창작물 가운데서 이 소설은 그 자체가 이미 하나의 이방인이었다.

　이 소설은 경계선 저쪽, 바다 건너 저쪽으로부터 우리들에게로 온 것이다. 이 소설은 석탄이 떨어진 이 싸늘한 봄철의 태양에 대하여 이야기한다. 무슨 이국적인 신기함에 대해서 이야기하듯이 하는 것이 아니라, 그것을 너무 만끽한 나머지 이젠 지쳤다는 듯한 친밀감을 가지고 이야기한다. 이 소설은 다시 한 번 구체제를 자기 손으로 직접 매장하겠다거나, 혹은 우리로 하여금 2차대전 중에 부역을 했다는 수치심을 뼈저리게 느끼도록 하려고 기를 쓰는 것도 아니다. 이 책을 읽노라면 우리는, 스스로의 풍모에 의해 값지다는 것이 드러날 뿐 구태여 무엇을 증명하려고 애쓰지 않는 작품들이 예전에 있었다는 것을 떠올리게 되는 것이다. 이같은 무상성(無償性)의 다른 한편으로, 이 소설이 상당히 애매하다는 인상이 여전히 지워지지 않고 남는다. 자기 어머니가 죽고 난 바로 그 다음날 '해수욕을 하고, 부정한 관계를 맺기 시작했으며, 희극영화를 보러 가서 시시덕거린', 그리고 또 '태양 때문에' 아랍인을 살해해 놓고도, 자신은 '전에도 행복했고 지금도 행복하다'고 분명하게 말하며, 사형집행을 받는 날에는 단두대 주위로 많은 구경꾼들이 와서 '증오의 함성으로 맞아주기'를 원하는 이 인물을 어떻게 이해해야만 하는 것일까? 어떤 이들은 '바보다. 한심한 녀석이다'라고 말했다. 또 보다 더 눈이 밝은 어떤 이들은, '죄 없는 인간이다'라고 했다. 그렇다 하더라도 그 죄 없다는 것의 의미가 어떤 것인지 이해할 필요가 있다.

　카뮈는 그보다 몇 개월 후에 출간한 《시지프 신화》에서 자기 작품에 대해 정확한 주석을 제공하였다. 즉 그 책의 주인공은 선한 사람도 악한 사람도, 도덕적인 사람도 부도덕한 사람도 아니라는 것이다. 이러한 범주는 그 주인공에게 적당해 보이지는 않는다. 다만 작가가 부조리(不條理)라는 이름을 할애하는, 매우 특이한 종류에 속한다. 그러나 이 말은 카뮈의 펜 끝에서는 매우 다른 두 가지 의미를 가지게 된다. 부조리는 동시에 어떤 사실의 상태를 뜻하면서, 또한 그 사실의 상태에 대하여 어떤 사람들이 취하게 되는 명철한 의식을 뜻하기도 한다. 근원적인 부조리로부터 그것에 당연히 따르게 마련인 결론을 여지없이 이끌어내는 사람이 바로 '부조리한' 사람인 것이다. 이것은 마치 '스윙'이라는 춤을 추는 젊은 사람을 '스윙'이라고 칭할 때 생기는 의미의 이동과도 같은 것이다. 그러면 사실의 상태, 그리고 원초적인 조건으로서의 부조리란 무엇인가? 그것은 바로 인간과 세계와의 관계를 말한다. 원초적인 부조리는 무엇보다도 어떤 불일치를 뜻한다. 통일을 추구하는 인간의 열망, 그리고 인간 정신과 주어진 자연이라는 극복할 길 없는 이원성 사이의 분리, 영원을 갈구하는 인간의 충동과 존재가 가진 한정된 특성 사이의 분리, 인간의 본질인 '관심'과 그것에 대한 노력이 보여주는 허영 사이의 불일치가 그것이다. 죽음, 진실들이나 존재들을 하나의 원칙으로 단일화할 수 없다는 복수성(複數性), 현실이 담고 있는 지각할 수 없는 어둠, 우연, 바로 이런 것들이 부조리가 가지고 있는 여러 성질들이다. 솔직히 이런 문제는 새로운 주제도 아니며 카뮈가 새롭게 소개하는 것도 아니다. 이 문제들은 17세기 이래 까칠하고 근시안적이며 냉소적인—이것은 매우 프랑스적인 면이지만—이성을 가진 사람들이 지적해온 것으로, 고전적 회의주의에서 흔해빠진 단골 주제로 쓰이던 것이다. '연약하며 반드시 죽게 마련인 우리들 조건의 이 타고난 불행, 너무나 비참해서 그 문제를 조금만 자세하게 생각해보아도 위로가 될 것이라고는 전혀 찾지 못할 것이 분명한 불행'에 대하여 강조한 것은 파스칼이 아니었던가? '세계는 완전히 합리적이지도 않으며 그토록 불합리하지도 않다'는 카뮈의 말을 절대적으로 수긍할 사람은 파스칼이 아닐까? '습관'과 '오락'이 인간에게 '인간의 덧없음, 인간의 포기, 인간의 부족, 인간의 무력, 인간의 공허'를 은폐하고 있다는 것을 그는 우리들에게 보여주지 않는가? 《시지프 신화》의 차디찬 문체나 그 에세이가 다루는 주제로 볼 때, 카뮈는 앙들러(Andler)의 적절한 표현을 빌려 말해보자면, 니체

사상의 선구자들인 프랑스 계몽주의자들의 위대한 전통 속에 자리매김할 수 있겠다. 한편, 우리 인간의 이성이 지닌 능력에 대하여 회의를 제기하는 것은 더 근대적인 프랑스 인식론의 전통 속에 자리한다. 과학적 유명론(唯名論), 푸앵카레, 뒤엠, 메이어슨 등을 생각해보면 우리의 이 저자가 현대과학에 대하여 퍼붓는 비난을 보다 더 잘 이해할 수 있을 것이다. "……그런데 당신은 눈에 보이지도 않는 천체계 이야기를 하면서 그 속에서 전자들이 어떤 핵 주위를 회전한다고 설명한다. 결국 당신은 이 세계를 어떤 이미지로 설명하고 있는 것이다. 이렇게 되면 나는 당신이 시(詩)에 이르게 되었다는 것을 알아차리게 된다……." 어떤 다른 저자가 그와 거의 같은 무렵에, 또 그와 같은 근거에 바탕을 두고서 제시한 견해도 바로 그런 것이었다. 그는 다음과 같이 썼다. "(물리학은) 기계론적인, 역학적인, 심지어는 심리학적인 모델들을 서로 구별하지 않은 채 닥치는 대로 사용한다. 마치 물리학은 본체론적인 주장 같은 것에서 해방되어, 그 자체로서 어떤 본질을 전제로 하는 기계론이나 역학의 고전적인 모순에는 무관심할 수 있게 되기라도 했다는 듯이 말이다." 카뮈는 멋을 부리느라고 야스퍼스, 하이데거, 키르케고르의 텍스트들을 인용하기도 하는데 그 의미를 잘 알고 인용하는 것 같지 않다. 그러나 그의 진정한 스승들은 딴 데 있다. 그가 추론하는 방식, 그의 명쾌한 생각, 수필가다운 문체, 일종의, 그 음산하면서도 햇빛처럼 밝고, 정돈되어 있으며, 엄숙한 동시에 황량한 정서 등 모든 것은 고전적인 한 인간, 지중해적 인간을 드러내 보여주고 있다. 심지어 "우리들에게 감동을 주는 동시에 분명한 이해에 도달할 수 있게 해주는 것은 오직 자명함과 서정 사이의 균형뿐이다"라고 한 방법론에 이르기까지 그 어느 것 하나 파스칼이나 루소의 저 해묵은 '정념에 넘치는 기하학'을 생각게 하지 않는 것이 없다. 예컨대 독일의 현상학자나 덴마크의 실존주의자보다는 훨씬 더 지중해적인 사람인 또 한 사람의 모라스(Maurras)—여러 가지 점에서 그와 다르기는 하지만—와 비교되지 않을 수가 없는 것이다.

　카뮈는 아마도 우리가 말한 이런 모든 사실을 인정할 것이다. 그의 독창성은 바로 자기 생각의 극한점에까지 밀고 나가는 데 있다. 그의 입장에서는 회의주의적인 숱한 격언들을 수집하자는 게 목적이 아니다. 물론 두 가지를 따로따로 놓고 보면 부조리란 인간 속에도 세계 속에도 있지 않다. 그러나 '세계의 존재'가 인간의 근본적인 성격이고 보면 부조리는 결국 인간의 조건이나 다름없다. 그러므로 그것은 단순한 어떤 개념의 대상이 아니다. 우리에게 부조리를 계시하여 주는 것은 한순간 번개가 스치는 듯한 저 참담한 정경인 것이다. "아침의 기상, 전차, 사무실이나 공장에서의 4시간, 식사, 다시 전차, 4시간의 일, 식사, 잠, 그리고 똑같은 리듬 속의 월요일 화요일 수요일 목요일 금요일 토요일……" 그러고는 갑자기 '무대장치가 무너지고' 우리는 아무런 희망도 기대할 수 없는 명철한 의식에 이르게 된다. 그때 우리가 종교나 존재론적 철학의 기만적인 구원을 거부할 줄만 안다면, 우리는 근원적인 몇 가지 자명한 사실을 파악할 수 있다. 즉 이 세계는 혼돈이며 '혼돈으로부터 생겨나는 신성한 대응체(對應體)'라는 사실이다. 사람은 반드시 죽는 것이므로 내일이란 없다. "갑자기 빛과 환상이 사라진 세계 속의 인간은 이방인이 되었다고 느낀다. 이런 추방이 절망적인 것은, 이젠 고향을 잃어버렸기 때문에 더 이상 고향을 추억할 수도 없고 약속된 땅에 대해 희망을 품을 수도 없기 때문이다." 실제로 인간은 그 자체가 세계는 아니기 때문이다. "만약 내가 많은 수목들 중의 한 나무에 지나지 않았다면…… 이 삶은 의미가 있었을 것이다. 아니 차라리 이런 문제는 아무 뜻도 없었을 것이다. 왜냐하면 나는 이 세계의 일부분이었을 것이기 때문이다. 즉 나는 지금 내가 내 모든 명철한 의식을 투입하여 나 스스로와 대립시키고 있는 바로 이 세계 자체였을 것이니까. ……이 보잘것없는 나의 이성, 그러나 나 자신을 이 세계 전체와 대립시키는 것은 바로 이성인 것이다." 이렇게 벌써 소설의 제목은 부분적으로 해명이 된다. 곧 이방인이란 세계와 대면하고 있는 인간이다. 카뮈는 자기 작품에 조지 기싱의 한 작품처럼 '귀양살이로 태어나다(Né en exil)'라는 제목을 붙일 수도 있었을 것이다. 이방인은 인간들 속에 태어난 인간이기도 하다. "낯선 얼굴이 떠오르는데 그 얼굴이 다름 아닌 사랑했던 여인일 때가 있다."—그리고 끝으로, 이방인이란 나 자신에 대하여 느끼는 나 자신, 즉 정신에 대하여 느끼는 자연 그대로의 인간이다. 즉 "어떤 때 거울 속에서 우리를 만나러 오는 그 이방인"이다.

　그러나 이방인은 그것으로 전부는 아니다. 그는 부조리의 정열이기도 하다. 부조리의 인간은 자살하지 않을 것이다. 그는 자신의 그 어떤 확신도 포기하지 않으며, 내일도 희망도 없이, 환상도 없이, 그렇다고 체념하지도 않으면서 살고자 하는 것이다. 부조리의 인간은 반항 속에서 자기 자신을 긍정한다. 그는 정열로 가득 찬 주의를 기울여서 죽음을 응시하는데, 바로 그 집요한 응시가 그를 해방한다. 그는 사형수의 저 '비길 데 없는 무책임'을 알고 있다. 신은 존재하지 않으며 인간은 반드시 죽는 것이므로 모든 것이 허락되어 있다. 모든 경험은 무엇이든 다 같은 값이다. 그러므로 가능한 한 많은 경험을 얻는 것이 좋다. "끊임없이 의식의 날을 세우고 있는 한 영혼이 앞에 두고 있는 현재, 그리고 계속 잇달아 이어지는 그 현재들, 그것이 바로 부조리의 인간이 바라는 이상이다." 이러한 '양(量)의 윤리' 앞에서 모든 가치들은 무너진다. 이 세상에 던져진, 반항적이며 책임 없는 부조리 인간은 '정당화할 아무것도' 가지고 있지 않다. 그는 무죄(無罪)이다. 선과 악, 허락과 금지를 가르쳐주는 목사가 도착하기 전의 상태로 살고 있던 서머싯 몸의 원주민들처럼 그는 순진하다. 그에게는 모든 것이 허락되어 있는 것이다. '미소와 무관심이 깃든 영원한 현재 속에 살고 있는' 뮈슈킨 공작처럼 순진하다. 어느 면으로 보나 철저하게 순진한 그는 굳이 말하자면 일종의 '백치'다. 이제 우리는 카뮈 소설의 제목을 충분히 이해할 수 있게 되었다. 그가 그리려는 이방인은 바로 사회의, 이른바 놀이 규칙을 받아들이지 않기 때문에 사회에 이변을 일으키는 저 기가 막힌 순진한 자들 중의 하나이다. 그는 이방인들 가운데 살지만 그들에 대해서도 그는 이방인이다. 바로 그렇기 때문에 어떤 이들은 그를 사랑할 것이다. 그가 '이상한 사람이어서' 애착을 느끼는 정부 마리처럼. 하지만 바로 그렇기 때문에 어떤 이들은 그를 미워할 것이다. 문득 자신이 그에게 증오의 시선을 던지고 있다는 것을 느끼는 법정 속의 군중처럼. 책을 열면서 아직도 부조리의 감정과 친숙해지지 않은 우리는 우리에게 익숙한 규범에 따라서 그를 판단해보려고 애쓰지만 잘 되지 않는다. 그는 우리에게도 역시 하나의 이방인이다.

따라서 책을 열면서 "일요일이 또 하루 지나갔고, 어머니의 장례식도 이제는 끝났고, 내일은 다시 일을 시작해야 하겠고, 그러니 결국 달라진 것은 아무것도 없다는 생각을 했다."라고 쓴 것을 읽을 때 우리가 느낀 충격은 작가가 의도한 것이었다. 그 충격은 우리가 부조리와 처음 대면할 때 생기는 효과이다. 그러나 아마도 우리들은 책을 계속 읽어나감으로써, 그 어색한 기분이 가시고, 모든 것이 조금씩 해명되고, 이성적으로 걸맞게 되고, 설명이 될 것이라고 기대하리라. 그런데 그 기대는 무너졌다. 《이방인》은 설명하는 책이 아니다. 그것은 증명하는 책도 아니다. 부조리의 인간은 설명하는 것이 아니라 묘사한다. 카뮈는 다만 제시할 뿐, 원래가 정당화할 수 없는 성질의 것인 그것을 정당화하려고 애쓰지 않는다. 《시지프 신화》는 이 작가의 소설을 어떤 방법으로 받아들여야 할 것인지를 가르쳐준다. 과연 우리는 그 속에서 부조리 소설론을 발견한다. 인간조건의 부조리가 그 책의 유일한 주제이기도 하지만, 그렇다고 주제소설은 아니다. 그 소설은 '자족하는' 사고, 증빙서류를 제공하는 데 급급한 사고의 산물이 아니다. 반대로 '한계를 지닌, 죽어 없어지게 마련인 인간의, 반항적인' 사고의 산물이다. 그 소설은 그 자체로 합리적 이성의 무용성을 증명한다. "(위대한 소설가들이) 추론보다는 오히려 이미지를 통해서 글을 쓰는 쪽을 택함으로써 그들은 그들에게 공통된 어떤 생각을 드러내 보인다. 즉 그들은 일체의 설명적인 원리란 무용하다는 것과 감각적 외관이 교훈적 메시지를 표현할 수 있음을 굳게 믿는 것이다." 그러므로 자기의 메시지를 소설의 형태로 제공한다는 사실만으로도 카뮈에게는 자랑스러운 겸손인 것이다. 즉 그것은 체념이 아니라 인간사고의 한계에 대한 반항적인 인정이다. 그가 이 소설적 메시지에 대하여 《시지프 신화》라는 철학적 해석을 제공할 필요가 있다고 생각한 것은 사실이며, 우리는 곧 이러한 이중적 표현에 대하여 어떻게 생각하여야 할지를 알게 될 것이다. 그러나 이와 같은 철학적 해석이 존재한다고 해서 결코 소설이 가진 무상성(無償性)이 변질되지는 않는다. 사실 부조리의 예술가는 자기의 작품이 필요하다는 환상마저도 잃어버렸다. 오히려 그는 우리가 그의 작품의 덧없음을 끊임없이 인식하기를 바란다. 마치 지드가 그의 소설 《사전꾼들》 맨 끝에, 사람들이 '더 계속하려면 계속할 수도 있었을'이라고 써넣기를 바랐듯이, 예술가는 그의 책에 '존재하지 않을 수도 있었을 작품'이라고 첨가하기를 바란다. 작품은 저 돌, 저 물의 흐름, 저 얼굴처럼 존재하지 않을 수도 있었을 것이다. 그것은 세상의 모든 현재처럼 그렇게 단순하게 주어지는 하나의 현재이다. '나는 그것을 쓰지 않을 수가 없었다. 그것으로부터 나는 해방되지 않으면 안 되었다'라고 말하며 예술가들이 자기 작품에 대하여 기꺼이 구하는 주관적인 필연성마저 부조리의 작품은 가지고 있지 않다. 우리는 여기서, 예술 작품이란 삶에서부터 떨어져 나온 한 페이지에 지나지 않는다고 부르짖는 초현실주의적 테러리즘의 주제를 다시 만난다. 물론 작품은 삶을 표현한다. 그러나 삶을 표현하지 않을 수도 있었을 것이다. 《악령》을 쓰든 크림을 탄 커피를 마시든 모든 것은 마찬가지 값이다. 따라서 '예술을 위하여 그들의 삶을 희생한 작가들이 요구하는 저 주의깊은 관심을 카뮈는 독자에게 요구하지 않는다. 이방인은 그의 삶의 한 페이지일 뿐이다.

가장 부조리한 삶은 가장 불모(不毛)의 삶이듯이 그의 소설은 찬란한 불모이기를 원한다. 예술은 무용한 너그러움이다. 그렇다고 너무 놀랄 것은 없다. 카뮈의 패러독스 속에서는 '미(美)의 무목적적 목적'과 관련된 칸트의 매우 현명한 몇몇 지침들을 되찾아볼 수 있다. 하여간 《이방인》은 삶에서 떨어져 나온 한 페이지로서 정당화되지도, 정당화될 수도 없는 채로, 불모의 것으로 어느새 저자로부터 또 다른 현재를 위하여 버림받은 채로 여기에 생뚱맞게 던져져 있다. 우리는 소설을 그 상태 그대로 받아들여야 한다. 이성을 넘어서서, 부조리 속에서 저자와 독자가 갖게 되는, 저 갑작스러운 교감의 통일로서 받아들여야 한다.

이상이 대체로 《이방인》의 주인공을 우리가 어떻게 보아야 하는가를 지적해주는 점들이다. 만약 카뮈가 주제소설을 쓰고자 했다면, 자기 가족을 거느린 한 관리가 갑자기 부조리를 직감하고 한동안 몸부림치다가 마침내 자기의 조건이 내포하고 있는 근본적인 부조리로 살아가기를 결심하는 모습으로 그려 보여주는 것이 오히려 쉬웠을 것이다. 그러면 독자나 주인공이나 다 같이, 똑같은 이유로 설복되었을 것이다. 그렇지 않으면 카뮈는 자신이 《시지프 신화》 속에서 열거하는 부조리의 대표적 인간들, 즉 돈 후안이나 배우, 정복자, 혹은 예술가들 중의 하나의 삶을 그려 보일 수도 있었을 것이다. 그러나 그는 그렇게 하지 않았다. 부조리의 이론과 친근한 독자에게까지도 《이방인》의 주인공 뫼르소는 애매한 채로 남는다. 물론 우리는, 그가 부조리하며, 용서 없이 명철한 의식이 그의 주된 성격이라는 것을 잘 알고 있다. 더구나 여러 가지 점에서 그는 《시지프 신화》에서 주장하고 있는 이론의 조심스러운 해설이 되도록 만들어져 있다. 예를 들어 카뮈는 《시지프 신화》에서 이렇게 쓴다. "한 인간은 그가 말하는 것들에 의해서라기보다 침묵하는 것들에 의해서 한결 더 인간답다." 그런데 뫼르소가 바로 그 사내다운 침묵과, 말만으로 갚기를 사양하는 태도의 모범이 되고 있다. "(사람들이 묻기를) 내가 내성적인 성격을 가진 것을 알고 있었느냐고 하는 질문에는 다만, 나는 무의미한 말을 하지 않는 성격이었다고 대답했다." 그리고 2행 더 앞에서, 같은 피고측 증인은 뫼르소가 '사내다운 친구'였다고 밝혔다. "그 말이 무슨 뜻이냐고 물으니까 그는, 그것이 무슨 뜻인지는 누구나 다 안다고 말했다."

마찬가지로 카뮈는 《시지프 신화》에서 사랑에 관하여 길게 자기의 생각을 설명한다. "우리는 우리 자신을 어떤 존재와 맺어주는 힘을 사랑이라고 부르지만 그것도 오직 책이나 전설이 만들어낸 어떤 집단적 관점으로 그렇게 부르는 것이다." 이와 병행하여 우리는 《이방인》에서 다음과 같은 대목을 읽을 수 있다. "그녀는 내가 자기를 사랑하는지 알고 싶다고 했다. …… 그건 아무 의미도 없는 말이지만 아마 사랑하지는 않는 것 같다고 대답했다." 그런 관점에서 볼 때 '뫼르소는 자기의 어머니를 사랑했는가?'라는 질문을 둘러싸고 재판정에서, 그리고 독자의 머릿속에서 제기되는 토론은 이중으로 부조리하다. 우선 변호사의 말처럼 '그는 자기의 어머니를 매장했기 때문에 기소된 것인가 살인을 했기 때문에 기소된 것인가'? 그러나 무엇보다도 '사랑한다는' 말 자체가 무의미하다. 아마 뫼르소는 돈이 넉넉하지 못했기 때문에, 또 '그와 어머니는 서로 할 말이 없었기 때문에' 어머니를 양로원에 보냈을 것이다. '일요일을 빼앗겨야 하기 때문에—버스 정류장까지 가서 표를 사가지고 2시간 동안이나 차를 타야 하는 수고는 그만두고라도' 어머니를 자주 찾아가보지 못했을 것이다. 그러나 그것이 무슨 뜻이 있는 말일까? 그는 바로 현재에, 현재의 감정에 온통 쏠려 있는 사람이 아닌가? 흔히들 감정이라고 부르는 것은 추상적인 단위이며 불연속적인 인상들을 의미하는 것에 지나지 않는다. 내가 사랑하는 사람이라고 해서 내가 항상 그를 생각하는 것은 아니다. 그러나 내가 그의 생각을 하고 있지 않을 때도 나는 그를 사랑하고 있다고 스스로 생각하는 것이다. 따라서 나는 실제 순간적인 감동을 전혀 느끼지 않는 상태에서도 추상적인 감정의 이름으로 나의 편안한 마음을 동요하게 만들 가능성이 있는 것이다. 그러나 뫼르소는 그와는 다르게 생각하며, 다르게 행동한다. 그는 연속적인, 그리고 모두가 똑같은 그런 엄청난 감정 따위는 알고 싶어하지 않는다. 그에게 사랑이란 것은, 아니 심지어는 여러 가지 사랑들이란 것도 존재하지 않는다. 오직 현재, 그리고 구체적인 것만이 중요하다. 그가 그렇게 하고 싶을 때는 어머니를 만나러 가는 것이다. 그뿐이다. 그럴 욕망만 생기면 그것은 그가 버스를 타고 가도록 할 만큼 대단한 욕망일 것이다. 이 무심한 인물이 문득 맹렬하게 트럭의 뒤꽁무니를 쫓아가서 달리는 차 위에 뛰어오를 수 있을 만큼 대단한 그의 욕망을 보더라도 그렇다. 그리고 그는 언제나 '엄마'라는 다정하고 어린애 같은 호칭으로 자기 어머니를 부르면서 어머니를 이해하고 어머니와 자신을 동일시하기를 잊지 않는다. "사랑에 대해서 아는 바가 있다면 그것은 오직 나를 어떤 존재와 맺어주는 욕망과 애정과 지성의 혼합물뿐이다." 그러므로 우리는 뫼르소의 성격이 지닌 '이론적'인 면을 간과할 수 없다. 마찬가지로 그가 행하는 많은 대담한 행위들은 근원적인 부조리의 이러저러한 면을 부각시키는 데 그 주된 목적이 있는 것이다. 예컨대 우리는 《시지프 신화》에서 "어느 이른 새벽 감옥의 문이 열릴 때 그 문 앞으로 끌려나온 사형수가 맛보는 기막힌 자유로움"에 대한 찬미를 읽었다. 카뮈가 자기의 주인공을 사형대로 보낸 것은 바로 그 새벽과 그 자유로움을 우리로 하여금 맛보게 하기 위한 것이었다. "사형집행보다 더 중대한 일은 없으며, 요컨대 그것이야말로 사람에게는 참으로 유일한 관심사라는 것을 어째서 나는 알아차리지 못했을까!" 라고 주인공은 말한다. 이런 예와 인용은 얼마든지 찾을 수 있을 만큼 많다. 그러나 저 명철한 의식을 가진 무심하고 말수가 적은 인물은 필요에 의해서 통째로 조립된 인간이 아니다. 물론 성격이 일단 그 형태를 대충 갖추게 되면 저절로 완성될 것이고, 또 인물은 그 자신에 특유한 무게를 지니게 마련이다. 그의 부조리는 억지로 획득된 것이 아니라 주어진 조건처럼 보인다. 그는 그런 사람이다. 그뿐이다. 그 인물은 소설의 마지막 페이지에 가서 스스로에 대한 깨달음을 얻게 되지만 오래전부터 그는 카뮈의 규범에 따라서 살아왔다. 만약 부조리의 은총이라는 것이 있다면 그는 바로 은총을 입은 것이라고 말할 수 있다. 그는 《시지프 신화》에서 거론되는 질문들 따위는 전혀 제기하지 않는 것 같다. 그가 사형 집행을 당하기 전에 반항하는 것 같지도 않다. 그는 행복했다. 그는 되는 대로 내버려두며, 카뮈가 그의 에세이 속에서 여러 차례에 걸쳐 지적한, 저 은밀한 아픔, 눈앞이 캄캄해지는 죽음의 현존이 가져오는 아픔조차도 그의 행복은 경험해본 것 같지 않다. 그는 무관심까지도, 마치 단순히 게으름 때문에 그가 집에 죽치고 들어앉아 있는 일요일, '좀 심심했다'고 털어놓는 일요일의 경우와 같이 단순하고 무료한 성격을 띤 것 같다. 이처럼 심지어 부조리의 시선으로 볼 때조차 인물은 그 특유의 난해성을 지니고 있다. 그것은 부조리의 돈 후안도 돈키호테도 아니요, 심지어는 그가 산초 판차라는 생각마저 들 정도이다. 그는 여기 있고, 그는 존재할 뿐 우리는 그를 완전히 이해할 수도 판단할 수도 없다. 요컨대 그는 그저 살고 있다. 우리가 보기에 그를 정당화시켜주는 유일한 소설적 견고함은 바로 그 점인 것이다.

그렇지만 《이방인》을 완전히 무상적 작품으로 간주해서는 안 된다. 우리가 앞서 지적했듯이 카뮈는 부조리의 감정과 개념을 구별한다. 그 점에 대하여 그는 이렇게 쓴다. "위대한 작품들이 그렇듯이, 심오한 감정들은 항상 의식적으로 나타내려는 것 이상을 의미하고 있다…… 위대한 감정들은 찬란하거나 비참한 그들 특유의 우주를 거느리고 돌아다닌다." 그리고 약간 나중에 이렇게 덧붙인다. "그렇다고 해서 부조리의 감정이 곧 부조리의 개념은 아니다. 전자가 후자의 근거가 되는 것뿐이다. 부조리의 감정은 부조리의 개념 속에 요약되지 않는다……" 《시지프 신화》는 그 '개념'을 겨누고 있으며, 《이방인》은 그 '감정'을 느끼게 해준다고 할 수 있다. 이 두 권의 책들이 출간된 순서는 그와 같은 가설을 증명해주는 것 같다. 《이방인》은 먼저 출간되어 우선 부조리의 '분위기' 속으로 아무런 설명 없이 우리들을 몰아넣는다. 나중에 나온 에세이는 그것의 풍경을 비춰준다. 그런데 부조리란 격리됨이며 벌어진 간격이다. 《이방인》은 그러므로 격리·간격·이방에서의 낯설음을 그린 소설이다. 바로 그 점에서 소설의 재치 있는 구성이 생겨난다. 한편으로는 체험적 현실의 일상적이고 무정형한 물결, 다른 한편 인간의 이성과 언어논리에 의한 그 현실의 의도적 재구성이 그것이다. 그것은 우선 순수한 현실성과 대면한 독자가 자신도 모르는 사이에 그 현실성을 합리적으로 재구성한 상태 속에서 다시 만나도록 만드는 기술이다. 바로 여기에서 부조리의 감정, 즉 우리의 관련과 말을 통해서 이 세상에 일어나는 사건들을 사고할 수 없다는 무력감에서 오는 그 감정이 생겨나는 것이다. 뫼르소는 어머니를 매장하고 정부를 얻고 범죄를 저지른다. 이 서로 다른 사실들은 한데 모인 증인들에 의하여 증언되고 검사에 의하여 설명될 것이다. 그렇게 되면 뫼르소는 사람들이 자기와는 관계가 없는 어떤 다른 사람의 이야기를 하고 있는 듯한 인상을 받을 것이다. 모든 게 이렇게 구성되어 마침내는 사람들이 정해놓은 여러 가지 규칙에 따라서 만들어진 이야기를 증인석에서 하고 난 후에 울음을 터뜨리면서 "그게 아니다, 다른 것도 있었다, 사람들이 억지로 자기가 생각하는 것과는 반대로 이야기를 시킨 것이다"라고 말하는 마리의 감정 폭발로 인도되는 것이다. 이와 같이 거울의 조작 방식은 《사전꾼들》 이후 흔히 사용되었다. 그것이 카뮈의 독창성은 아니다. 그러나 그가 해결해야 할 문제는 독특한 형식을 고안해내야 한다는 것이었다. 검사의 마지막 결론과 살인을 하게 된 진정한 상황 사이의 격차를 우리가 느끼기 위해서, 또 벌을 내리겠다고 자처하면서도 문제된 사실을 결코 이해하거나 심지어 밝혀낼 수조차 없는 법의 부조리에 대한 인상을 우리가 책을 덮으면서 간직하기 위해서, 우리는 먼저 현실과, 또는 그 상황들 중의 어떤 것과 이미 대면할 필요가 있었던 것이다. 그러나 이런 접촉을 성립시키기 위해서 카뮈가 동원할 수 있는 것은 검사나 마찬가지로 말과 관념밖에 없다. 그는 말을 가지고 생각들을 한데 모아 말 이전의 세계를 묘사해야 한다. 《이방인》의 제1부는 최근에 나온 어떤 책처럼 '침묵의 번역(Traduit du Silence)'이라고 제목을 붙여도 좋을 것이다. 여기서 우리는 많은 현대작가들에게 공통된 하나의 악(惡)과 접하게 되는데, 나는 그것을 처음 표현한 이는 쥘 르나르라고 생각한다. 나는 그것을 '침묵의 고정관념'이라고 부를까 한다. 장 폴랑은 아마도 여기서 문학적 테러리즘의 한 결과를 발견할지도 모른다. 그것은 초현실주의자들의 자동기술에서부터 J.J. 베르나르의 '침묵의 연극'에 이르기까지 수많은 형태를 취해왔다. 하이데거가 지적했듯이 침묵은 말의 가장 진정한 양식이기 때문이다. 말할 수 있는 자만이 침묵한다. 《시지프 신화》 속에서 카뮈는 말을 많이 한다.

그는 수다스럽기까지 하다. 그렇지만 그는 우리들에게 자신의 침묵에 대한 사랑을 고백한다. 그는 키르케고르의 말을 인용한다. "침묵 중에서 가장 확실한 침묵은 말하지 않는 것이 아니라 말을 하는 것이다." 그리고 그는 덧붙여 "인간은 그가 말하는 것에 의해서보다도 그가 침묵하는 것에 의해서 더욱 인간적이다"라고 말한다. 그리하여 그는 《이방인》에서 말하지 않으려 애를 쓴다. 그러나 말을 가지고 어떻게 침묵할 수 있을까? 어떻게 생각할 수도 없고 질서도 없는 현재들의 연속을 관념으로 보여줄 수 있을까? 이와 같은 도박은 하나의 새로운 기법을 요구한다.

그 기법은 어떤 것인가? '헤밍웨이가 쓴 카프카다'라고 말한 사람이 있었다. 솔직히 말해서 나는 거기서 카프카를 찾아볼 수는 없었다. 카뮈의 관점은 완전히 지상적(地上的)인 것이다. 카프카는 불가능한 초월의 소설가다. 그에게 있어서 우주는 우리가 이해하지 못하는 의미로 가득 차 있다. 무대장치 저 너머에 무엇인가 있는 것이다. 카뮈에게 있어서는 그와 반대로 인간의 드라마는 바로 초월의 부재에 있다. "나는 이 세계가 그 자체를 초월하는 어떤 의미를 지니고 있는지 어떤지 알지 못한다. 그러나 나는 그 의미를 이해하지 못하며 지금 나로서는 그것을 인식할 길이 없다는 것을 알고 있다. 나의 조건을 벗어나는 의미가 존재한들 그것이 나에게 무슨 의미가 있겠는가? 나는 오직 인간적인 언어로 된 것만을 이해할 수 있을 따름이다." 따라서 그에게 있어서는 비인간적이며 판독할 길 없는 어떤 질서를 감지하게 해줄 말의 조립방식을 찾아내자는 데 목적이 있는 것이 아니다. 비인간적인 것이란 무질서와 기계적인 세계일 뿐이다. 그의 세계에는 심상치 않은 것, 의심이 가는 것, 은밀한 암시 따위는 없다. 《이방인》은 우리에게, 끊임없이 연속되는 빛나는 광경들을 보여준다. 그것들이 우리들을 어리둥절하게 만드는 것은, 그들 사이를 서로 이어줄 만한 연결점도 없이 그 연속되는 장면들의 수가 너무 많기 때문이다. 아침들, 밝은 저녁들, 요지부동의 정오들, 이것이 그가 좋아하는 시간들이다. 알제의 영원한 여름, 이것이 그의 계절이다. 그의 세계 속에는 밤이 들어앉을 자리가 없다. 그가 밤 이야기를 하게 된다 하더라도 이런 식이다. "눈을 뜨자 얼굴 위에 별이 보였기 때문이다. 들판의 소리들이 나에게까지 울려올라왔다. 밤 냄새, 흙 냄새, 소금 냄새가 관자놀이를 시원하게 해주었다. 잠든 그 여름의 그 희한한 평화가 밀물처럼 내 속으로 흘러들었다." 이런 구절을 쓴 사람은 카프카의 고뇌와는 최대한의 거리를 보여준다. 무질서의 와중에서 그는 태평이다. 물론 자연의 완강한 어둠은 그를 자극하면서도 그를 안심시켜준다. 그 비합리성은 다만 하나의 네거티브 사진에 지나지 않는다. 부조리의 인간은 인간주의자이며 그가 아는 것이란 이 세계의 재화밖에 없다.

헤밍웨이와의 비교는 보다 더 의미가 있는 것 같다. 두 사람의 스타일이 가진 유사성은 분명하다. 두 가지 텍스트 속에서 문장들은 다 같이 단문들이다. 각개의 문장은 그 전의 문장들로부터 이미 얻은 힘을 이용하기를 거부하며 저마다의 문장은 항상 새로운 시작이다. 개개의 문장은 마치 하나의 동작, 하나의 사물을 기록한 스냅사진과도 같다. 새로운 하나하나의 동작과 사물에는 그에 해당하는 새로운 문장이 대응된다.

그렇지만 그것으로 나는 썩 만족이 되지 않는다. '미국식'의 이야기 서술 기법이 존재한다는 것은 물론 카뮈에게 도움이 되었을 것이다. 꼬집어 말해서 카뮈가 그 기법의 영향을 받은 것이 아닐까 싶기도 하다. 《하오의 죽음》은 소설이 아니지만 그 속에서까지도 헤밍웨이는 이 딱딱 끊어지는 서술 기법을, 일종의 호흡 경련에 의하여 하나하나의 문장을 무(無)로부터 튀어나오게 하는 기법을 여전히 사용하고 있다. 과연 그의 스타일은 그의 인간 자체이다. 그런데 우리는 벌써 카뮈가 그와 다른 스타일을, 즉 의식적(儀式的) 스타일을 소유하고 있다는 것을 알고 있다.

게다가 《이방인》 속에서까지도 그는 때때로 어조를 높인다. 그럴 때면 문장은 보다 폭이 넓고 지속적인 양상을 띤다. "이미 고즈넉하게 가라앉은 대기 속에서 들려오는 신문장수들의 외치는 소리, 작은 공원 안의 마지막 새소리, 샌드위치 장수의 부르짖음, 시내 고지대의 급커브길에서 울리는 전차의 마찰음, 그리고 항구 위로 밤이 내리기 전의 하늘에 반향하는 어렴풋한 소리, 그러한 모든 것이 나에게 장님이 더듬는 행로와도 같은 것을 이루는 것이었다." 뫼르소의 숨찬 서술 저 너머 그 서술을 밑받침하고 있는, 그리고 아마도 카뮈의 개성적인 표현 양식인 듯한 하나의 시적 산문이 환하게 비쳐 보인다. 《이방인》이 뚜렷한 미국식 기법의 흔적을 담고 있는 것은 의식적으로 빌려온 경우이기 때문이다.

선택할 수 있는 여러 가지 수단 중에서 카뮈는 자기가 하고 싶은 이야기에 가장 잘 맞아 보이는 수단을 택했다. 그가 이 다음 작품에서도 여전히 그 수단을 사용할지는 의심스럽다.

이야기의 짜임새를 좀더 자세히 살펴보자. 그러면 우리는 그의 기법에 대해 더 잘 알 수 있을 것이다. "인간들에게서도 역시 비인간적인 것이 배어나온다. 의식이 명료한 어느 정도의 시간 동안에는, 사람들의 행동에서 보이는 기계적인 면과 의미를 잃은 무언극이 사람들 주변의 모든 것을 바보같이 만들어버린다."라고 카뮈는 쓴다. 무엇보다 먼저 알아차려야 할 것은 바로 이 점이다. 즉《이방인》은 별안간 우리를 '인간의 비인간적인 면 앞에서 느끼는 당혹'과 대면시킨다. 우리에게 그와 같은 당혹을 불러일으키는 그 특이한 경우는 어떤 것일까?《시지프 신화》는 그 한 예를 제공한다. "한 사내가 유리 칸막이 저쪽에서 전화를 하고 있다. 목소리는 들리지 않는다. 몸짓은 보이지만 이해될 만한 것은 아니다. 그 모습을 보고 있다 보면 저 사람은 왜 살까 하는 의문이 들게 된다." 이만하면 알 만하다. 아니 좀 지나칠 정도로 알 만하다. 왜냐하면 이 예는 저자의 어떤 고의적 선입견을 드러내고 있기 때문이다. 실제로 목소리가 들리지 않는 전화 거는 사람의 몸짓은 오로지 '부분적으로만' 부조리하다. 왜냐하면 이것은 고의로 차단된 통로의 경우이기 때문이다. 문을 열고 수화기에 귀를 기울여보라. 그러면 말의 통로가 다시 연결되고 인간적인 행위가 제 의미를 되찾는다. 따라서 온당하게 생각하는 사람이라면 오직 상대적인 의미의 부조리가 있을 뿐이며 '절대적인 합리성'에 비추어 볼 때의 부조리가 있을 뿐이라고 말해야 옳을 것이다. 그러나 여기서의 문제는 온당한 생각이 아니라 예술이다. 카뮈의 기법은 분명해졌다. 말하는 인물들과 독자 사이에 그는 유리 칸막이를 만들어 놓으려는 것이다. 유리창 너머에 있는 사람들보다 더 어색한 것이 또 있겠는가? 유리창은 모든 것을 다 통과시키는 것 같으면서도 단 한 가지만을, 즉 그들 동작의 의미만을 차단시키고 있다. 남는 것은 어떤 유리창을 선택하느냐이다. 여기서 선택된 유리창은 '이방인'의 의식이다. 실제로 그것은 하나의 투명체이다. 그 의식이 보는 것이면 우리에게도 다 보인다. 다만 그 의식은 사물에 대하여는 투명하지만 의미에 대해서는 캄캄하게 되도록 조직되어 있는 것이다.

"그러고 나서부터는 모든 것이 신속히 진행되었다. 인부들은 큰 보자기를 들고 관 앞으로 나섰다. 사제와 그를 뒤따르는 복사들과 원장과 나는 밖으로 나왔다. 문 앞에 내가 모르는 어떤 부인이 서 있었다. '뫼르소 씨입니다.' 원장이 말했다. 나는 그 부인이 이름을 듣지 못했고 다만 그녀가 담당 간호사라는 것만 알았다. 그녀는 웃는 기색도 없이, 뼈가 앙상하게 드러난 길쭉한 얼굴을 숙였다. 그리고 우리들은 관이 지나갈 수 있도록 나란히 비켜섰다."

유리창 저 뒤편에서 사람들이 활발히 움직이고 있다. 그들과 독자 사이에는 거의 아무것도 아닌 듯한 순수한 투명체, 모든 사실들을 기록하는 순전히 수동적인 하나의 의식이 가로 놓여 있다. 단지 여기에 속임수가 있는 것이다. 즉 이 의식은 수동적인 것이기 때문에 오로지 사실들만을 기록한다. 독자는 이렇게 사이에 놓여 있는 투명체의 존재를 알아차리지 못했다. 그런데 이런 종류의 이야기가 전제로 하는 가정은 어떤 것일까? 요컨대 실제로는 가변적 선율과 같은 조직을 불변요소들의 합산(合算)으로 만들어버린 것이다. '움직임'들의 연속은 그 자체가 독자적 통일성을 가진 하나의 '행위'와 엄밀한 의미에서 동일하다고 생각한 것이다. 따라서 이것은 바로 '분석적 가설'의 경우가 아닌가? 즉 어떤 현실이든 어떤 양(量)의 요소로 환원할 수 있다고 전제하는 분석적 가설 말이다. 그런데 분석은 과학의 도구이지만 동시에 유머의 도구이기도 하다. 내가 럭비 시합을 묘사하고자 하면서 '짧은 바지를 입은 어른들이 두 개의 나무 막대기 사이로 가죽 공 하나를 집어넣기 위하여 서로 싸우고 땅바닥에 몸을 던지고 있는 것을 보았다'라고 쓴다면 나는 내가 '본 것'의 합(合)을 말한 것이 된다. 그러나 이때 내가 고의로 그것의 의미를 제외시켜버렸다면 결국 나는 유머를 구사한 것이 된다. 적나라한 경험을 재현시킨다고 해놓고는 그 역시 경험의 범주에 속하는 의미 연결을 모두 다 슬쩍 여과시켜버렸으므로 모든 예술가가 다 그렇듯이 카뮈는 거짓말을 하고 있는 것이다. 예전에 흄이 자기가 경험 속에서 찾아볼 수 있는 것이라고는 오직 독립된 인상들뿐이라고 선언했을 때 역시 이와 같이 한 것이다. 또 제반 현상들 사이에는 오로지 외적 관계 이외의 다른 것은 없다고 주장하는 미국의 신사실주의자들은 아직도 그렇게 하고 있다. 이들에 반대하여 현대철학은 의미라는 것도 역시 주어진 원초적 현실이라고 역설했다. 그렇지만 이 이야기는 주제와 조금 거리가 멀어지게 한다. 부조리 인간의 세계는 신사실주의자들의 분석적 세계라고 말하면 사실 충분하다. 문학에 있어서 이 기법은 이미 사용된 바 있다. 《어수룩한 사람(L'Ingénu)》이나 《미크로메가(Microméga)》의 기법이 그렇고 《걸리버 여행기》가 그렇다. 18세기 역시 그 나름의 이방인을 지니고 있었다. 그들은 대체로 '선의의 무식쟁이'들로서 미지의 문명 속으로 들어가서 여러 사실들을 그 의미도 알지 못한 채 목격하게 된 사람들이었다. 이와 같은 간격이 불러일으키는 효과가 바로 독자들에게 부조리의 감정을 유발시키는 것이 아니겠는가? 카뮈는 이 점을 여러 번에 걸쳐서 상기시키려는 듯, 특히 그의 주인공이 자기가 왜 감옥에 갇히게 되었는지 그 까닭을 깊이 생각하는 장면을 그런 방식으로 그려 보인다.

그런데 《이방인》 속에서 미국식 수법의 차용을 설명해주는 것은 바로 이 분석적 기법이다. 우리가 이끌어가는 삶의 도정 저 끝에 죽음이 기다리고 있다는 사실이 우리의 미래를 연기처럼 덧없게 만들어 버리고, 우리의 삶은 '내일이 없는' 것이 되어버린다. 삶은 현재의 순간들의 연속이다. 이 말은 부조리의 인간이 그의 분석적인 정신을 시간에 적용한다는 뜻이 아니고 무엇이겠는가? 베르그송이 분리할 수 없는 하나의 조직체로 보는 것을 그의 눈은 일련의 순간들로만 보고 있다. 존재의 복수성(複數性)을 설명해주는 것은 결국 서로서로 무관한 순간들의 복수성이다. 카뮈가 헤밍웨이에게서 차용해온 것은 따라서 시간의 불연속성에 덧붙인 토막 난 문장들의 불연속성이라고 할 수 있다. 이제 우리는 이 소설의 절단방식을 더 잘 이해하게 됐다. 즉 개개의 문장은 하나의 현재적 순간이다. 그러나 그 현재는 점처럼 찍혀 그에 뒤따르는 다른 현재 위로 번지는 그런 현재가 아니다. 문장은 흐릿한 곳 하나 없이 분명하게 절단되어 스스로 가두어져 있다. 데카르트의 순간이 그 뒤를 따르는 다른 순간과 단절되어 있듯이, 여기에서의 문장은 그 다음 문장과 무(無)에 의하여 분리되어 있다. 개개의 문장과 그 다음 문장 사이에서 세계는 무로 돌아갔다가 소생한다. 말은 그것이 솟아오르는 즉시 무로부터의 창조가 된다. 《이방인》의 한 문장은 하나의 성이다. 우리는 문장에서 문장으로, 무에서 무로 폭포처럼 급격하게 떨어져 내린다. 카뮈가 자기의 이야기를 완벽한 구성이 되게 마음 먹은 것은 다름이 아니라 바로 각 문장 단위의 고독을 강조하기 위해서이다. 한정된 과거(즉 단순과거)는 계속성의 시간이다. 가령 그는 오랫동안 산책했다(Il se promena longtemps)'(단순과거)라는 말은 그 행위 이전의 대과거나 또는 그 이후의 미래와 연관된다. 문장의 현실성은 동사이며 동사의 타동사적 성격과 초월성을 포함한 행동이다. '그는 오랫동안 산책했다(Il s'est promené longtemps)'(복합과거)는 동사의 동사성을 감춰버린다. 동사는 허리가 잘려서 두 동강이 나 있다. 한편에는 모든 초월성을 상실한 과거분사가 마치 어떤 사물과 같은 상태로 되어 있고, 다른 한편에는 '있다être'라는 동사가 기껏해야 계사(繫辭 : 주어와 속사 혹은 보어 사이에 등식 관계를 성립시키는 역할을 하는 말)의 의미밖에는 없어서 속사를 주어에 연결시키듯 분사를 실사에 연결해줄 뿐이다. 동사의 타동적 성격은 사라지고 문장은 응결되어 버린다. 그렇게 되면 그 문장의 실체는 사실상 명사의 성격을 띤다. 과거와 미래 사이에 다리를 놓아주는 것이 아니라 그 자체로 충분한 하나의 조그맣고 독립된 실체 말고는 아무것도 아닌 것이 이 문장들이다. 거기다 만약 그 문장을 최대한 주절(主節)로 압축시켜놓으면 그것의 내적 구조는 완벽할 정도의 단순성을 가지게 된다. 그렇게 되면 그만큼 더 문장은 응결된 것이 된다. 그것은 그야말로 분해할 수 없는 시간의 원자(原子)이다. 물론 문장과 문장 사이의 연결 조직이 없도록 한다. 단순히 문장들은 서로서로 나란히 놓여 있을 뿐이다. 특히 인과관계는 소설의 이야기 서술 속에 설명적인 고리를 제공하고, 개개의 순간들 사이에 순전히 연속적인 관계 이외의 어떤 서열 관계를 도입시킬 가능성이 있기 때문에 철저히 배제된다. 작가는 이렇게 기술하고 있다. "조금 뒤에 마리는 나에게 자기를 사랑하느냐고 물었다. **그런 것은 아무 의미도 없는 말이지만, 사랑하고 있는 것 같지는 않다고 나는 대답했다. 마리는 슬픈 표정을 지었다.** 그러나 점심을 준비하면서 아무것도 아닌 일에 또 웃어대었으므로, 나는 키스를 해주었다. 바로 그때 레몽의 방에서 말다툼 소리가 터져나왔다." 순전히 표면적인 모습이 연속되는 것같이 꾸며놓음으로써 인과관계를 최대한 철저하게 은폐하고 있는 두 개의 문장을 우리는 다른 글자체로 표시했다. 반드시 앞에 나온 문장과 연관을 지어야 할 필요가 있을 때는 '또', '그러나', '그 다음에', '바로 그때' 따위의 말이 사용되곤 한다. 그런 말들에는 기껏해야 분리·대립, 혹은 단순한 첨가의 의미밖에 없다. 이 시간적 단위들 사이의 관계는 신사실주의자들이 사물들 간에 설정하는 관계와 마찬가지로 외적인 것이다. 현실은 그 앞의 현실과 아무런 연관도 없이 나타났다가 까닭없이 사라진다. 세계는 시간의 맥박이 한 번 뛸 때마다 무너지고 소생한다. 그러나 현실이 스스로를 창조한다고 생각할 것은 아니다.

현실은 생명이 없는 존재이다. 그것이 하는 작위란 기껏해야 우연이라는 저 태평스런 무질서에 가공할 위력을 제공하는 일일 것이다. 19세기의 자연주의자라면 '하나의 다리가 강을 가로지르고 있었다'라고 썼을 것이다. 그러나 카뮈는 그 같은 의인법적인 표현을 거부한다. 그는 '강 위에는 다리가 있었다'라고 쓸 것이다. 그 결과 사물은 곧 우리에게 그것의 본질적인 수동성을 드러낸다. 그것은 거기에 있다, 단순하게, 또 유별난 것이라곤 전혀 없는 모습으로. "방 안에는 검은 옷을 입은 네 명의 남자들이 있었다. ……문 앞에 내가 모르는 어떤 부인이 서 있었다. ……문 앞에 영구차가 기다리고 있었다. 영구차 앞에는 진행을 맡은 사람이 서 있었는데, ……" 사람들은 전에, 쥘 르나르더러 그렇게 나가다가는 마침내 '암탉은 알을 낳는다(La poule pond)'라고 쓰게 될 것이라고 말했었다. 카뮈와 그 밖의 많은 현대 작가들은 '암탉이 있다. 그리고 그 암탉은 알을 낳는다(Il y a la poule et elle pond)'라고 쓸 것이다. 그들은 사물을 그것 자체로서 좋아할 뿐 그것을 지속적인 시간의 물결 속에 용해시키기를 거부하기 때문이다. '여기에 물이 있다.' 이것은 바로 수동적이며, 그 내부로 침투할 수도, 의사를 소통할 수도 없으며, 단지 반짝거리는 작은 조각의 영원이 아닌가! 그것을 만져볼 수만 있다면 얼마나 커다란 관능적 기쁨이겠는가! 부조리의 인간에게 그것은 이 세계의 재화이다. 바로 이러한 까닭으로 소설가는 잘 짜인 이야기보다는 그 하나하나가 관능적 기쁨인, 저 내일 없는 작은 조각들의 광채를 더 좋아하는 것이다. 바로 이런 까닭에 카뮈는 《이방인》을 쓰면서 자기가 침묵하고 있다고 생각하는 것이다. 그의 문장은 언어논리의 세계에 속하는 것이 아니며, 그 문장은 곁가지를 치지도 않고, 더 어디로 연장되지도 않으며, 내적인 구조를 지닌 것도 아니다. 그것은 발레리의 '공기의 요정'처럼 정의될 수 있을지도 모른다.

눈에 띤 적도 알려진 적도 없는,
셔츠를 바꿔 입는 사이
드러난 한쪽 젖가슴의 순간!

문장은 말없는 직관의 시간에 의하여 정확하게 측정된다.
사정이 이런데, 우리는 과연 하나의 총체로서 카뮈의 소설을 이야기할 수 있을까? 부조리의 인간이 겪는 모든 경험들이 다 똑같은 값을 가진 것과 마찬가지로 《이방인》의 모든 문장들은 다 같은 비중의 값을 지닌다. 문장은 저마다 독립적으로 위치하고 다른 문장들을 무로 돌려버린다. 카뮈가 자신의 원칙을 망각하고 시적이 되어버리는 몇 번 안 되는 곳을 뺀다면, 그 어느 문장도 다른 문장들의 전체 속에서 유난히 두드러져 보이는 일이 없다. 대화조차도 이야기 속에 흡수되어 있다. 대화라는 것은 원래 설명과 의미를 즉시 제공하는 부분이니, 대화에 특별한 위치를 부여한다는 것은 의미가 존재한다고 인정하는 것이 되어버릴 테니까 말이다. 카뮈는 대화를 깎아내고 간단하게 요약하고 또 최대한 자주 간접화법으로 표현하며, 활자 배치면에서 특수한 인상을 남기도록 만드는 것을 거부한다. 그래서 마침내는 실제로 인물이 발음한 말이 다른 사건들과 마찬가지로, 마치 나타나자마자 혹 끼치고 지나가버리는 열기나 음향이나 냄새처럼, 잠깐 비쳤다가 사라져버리도록 만든다. 그런데 이 책을 처음 읽기 시작한 사람은 어떤 소설을 대하고 있다고 여겨지기는커녕 그냥 단조로운 낭음(朗吟)이나 혹은 나른한 아랍의 노래를 듣고 있는 것 같이 느껴진다. 그래서 이 책은 쿠르틀린이 말한 바 있는 '가서는 다시 돌아오지 않는' 저 노래들, 또는 문득 까닭없이 멈추어버리는 가락과도 흡사하다고 말할 수 있다. 그러나 점차로 작품은 독자의 눈앞에서 저절로 조직된 모습을 드러내고 그것을 떠받치고 있는 단단한 구조를 보여준다. 그 어떤 디테일도 불필요한 것이 없으며 나중에 토론에서 다시 재고되도록 배려되지 않은 것이 없다. 결국 책을 덮을 때는 이 소설이 이렇게 시작되지 않고는 달리 어쩔 수가 없으며 다른 결말을 가질 수도 없다는 것을 깨닫게 되는 것이다. 부조리한 것으로 우리에게 소개하고자 했던 그 세계, 세심한 배려를 다하여 인과율을 제거한 그 세계 속에서는 가장 조그만 사건조차도 그 나름의 가치를 지니고 있다.

모든 요소들 중에서 주인공을 범죄와 사형 집행으로 몰고 가는 데 기여하지 않는 것이라고는 한 가지도 없다. 《이방인》은 부조리에 대하여, 또 부조리에 반대하여 창작된 고전적 작품, 질서 있는 작품이다. 이것이 바로 저자의 의도일까? 나는 모른다. 나는 다만 독자로서의 견해를 밝힌 것뿐이다.

건조하고 분명한 이 작품, 얼른 보기에는 무질서한 듯하면서도 그토록 치밀하게 구성되어 있으며, 그토록 '인간적'이고, 일단 그 열쇠를 찾기만 하면 비밀이란 것이 거의 없는 듯한 이 소설을 어떤 부류의 작품으로 간주하면 좋을까? 우리는 이것을 이야기(récit)라고 부를 수는 없을 것 같다. 이야기란 설명하고, 재현하는 것과 동시에 정돈하며, 시간적으로 진행된 앞뒤 관계에 인과율의 질서를 대치시키는 것이기 때문이다. 카뮈 스스로는 이것을 '소설(roman)'이라고 명명했다. 그러나 소설이란 시간적인 지속성과 생성변화, 뒤바꿀 수 없는 시간의 분명한 존재를 요구한다. 그러므로 인공적으로 조립된 어떤 기계 같은 매우 경제적인 구조를 그 속에 담고 있는 것이 엿보이는, 생명 없는 현재들의 연속일 뿐인 이 책을 소설이라고 부르기는 좀 주저된다. 아니 굳이 소설이라 한다면 볼테르의 《자디그》나 《캉디드》풍의 은근한 풍자와 아이러니한 초상(가령 뚜쟁이·예심판사·검사 등)을 담고 있는 짧은 계몽주의적 소설이라 할 수 있을 것 같다. 이 소설은 독일 실존주의자들과 미국 소설가들의 영향에도 불구하고, 결국 따지고 보면 여전히 볼테르의 콩트에 매우 가까운 것이다.

1943년 2월

La Peste

페스트

제1부

이 연대기의 주제를 이루는 기이한 사건들은 194×년 오랑($^{알제리}_{항구도시}$)에서 일어났다. 흔히 볼 수 있는 경우에서 좀 벗어나는 사건치고는 그것이 일어난 장소가 어울리지 않는다는 것이 일반적인 의견이다. 처음 봤을 때, 오랑은 사실 '평범한 도시'의 하나로서 알제리 해안에 면한 프랑스의 한 현청 소재지에 불과하다.

솔직히 말해서 도시 자체는 볼품이 없다. 평온해 보이는 이 도시가 지구상 어디에나 있는 수많은 상업도시들과 어디가 다른지 알아차리자면 시간이 필요하다. 어떻게 상상할 수 있을까? 예를 들면 비둘기도 없고 나무도 없고 공원도 없어서 새들의 날개치는 소리도 나뭇잎 흔들리는 소리도 들을 수 없는 도시, 요컨대 중성적인 장소일 뿐인 이 도시를 말이다. 여기서는 계절의 변화도 하늘을 보고 읽을 수 있을 뿐이다. 봄은 오직 바람결이나 어린 장사꾼들이 가까운 마을에서 가지고 오는 꽃광주리를 보고서야 겨우 알 수 있다. 말하자면 시장에서 파는 봄인 것이다. 여름에는 아주 바싹 마른 집에 불을 지를 듯이 해가 내리쬐어 부연 재로 벽을 뒤덮는다. 그래서 덧문을 닫고 그 그늘 속에서 지내는 수밖에 없다. 가을에는 그와 반대로 진흙의 홍수다. 밝은 날씨는 겨울이 되어야 비로소 찾아온다.

어떤 도시를 아는 데 적합한 방법 가운데 하나는 거기서 사람들이 어떻게 일하고 어떻게 사랑하며 어떻게 죽는가를 알아보는 것이다. 우리의 이 자그마한 도시에서는 기후의 영향 때문인지는 모르겠으나 그 모든 것이 다 함께, 열광적이면서도 무심하게 이루어진다. 다시 말해 여기서는 사람들이 권태에 절어 있으며 여러 가지 습관을 붙여 보려고 애쓰는 것이다. 우리 시민들은 일을 많이 하지만, 그건 한결같이 부자가 되기 위해서다. 그들은 특히 장사에 관심이 많다. 그들 자신의 표현대로 우선 사업을 하는 데 골몰해 있는 것이다. 물론 단순한 즐거움에 대한 취미도 없지 않아서, 여자나 영화, 해수욕을 좋아한다. 그러나 대단한 분별력이 있어서 그런 재미는 토요일과 일요일을 위해 아껴두고 주중의 다른 날들에는 돈을 벌려고 한다. 저녁때 퇴근하면 그들은 정해진 시간에 카페에 모이거나 늘 같은 큰길을 산책하거나 그렇지 않으면 자기 집 발코니에 나와 앉는다. 아주 젊은 패들의 욕망이 격렬하면서도 한순간의 짧은 것인 데 비해, 나이가 많은 축들이 빠지는 취미란 기껏해야 볼링 모임이나 친목회의 회식이나 카드놀이에 큰돈을 거는 동아리 등의 영역을 넘지 않는다.

아마 사람들은 그 정도라면 우리 도시에서만 유별나게 볼 수 있는 모습이 아니라 우리 시대 사람들이라면 누구나 다 그럴 것이라고 할지도 모른다. 아마도 오늘날 사람들이 아침부터 저녁까지 일을 하고 그 다음에는 남은 시간을 카드놀이나 카페에서의 잡담으로 허비하고 있는 모습만큼 자연스러운 것은 없을 것이다. 그러나 사람들이 이따금 다른 것의 낌새를 느끼기도 하는 도시나 나라도 있다. 일반적으로 말해서 그것 때문에 그들의 삶이 바뀌지는 않는다. 다만 낌새를 느꼈을 뿐이다. 그것만으로도 이득이라면 이득이다. 그와 반대로 오랑은 아무리 보아도 낌새가 없는 도시, 바꿔 말해 완전히 현대적인 도시다. 따라서 우리 고장에서는 사람들이 어떤 방식으로 사랑을 하는지 구태여 설명할 필요가 없다. 남자들과 여자들은 이른바 성행위라고 하는 것 속에 파묻혀서 짧은 시간 동안 서로를 탕진해버리거나 아니면 둘의 기나긴 습관 속에 얽매이는 것이다. 그 두 가지 극단 사이에서 중간이라곤 찾아보기 어렵다. 그것 역시 특이한 것은 아니다. 오랑에서도 다른 곳에서도 긴 시간이나 반성 없이 사람들은 사랑이 무엇인지 알지도 못한 채 사랑할 수밖에 없는 것이다.

우리 도시에서 보다 더 특이한 점이 있다면 그것은 죽음에 이르러 겪는 어려움이다. 하기야 어려움이라는 말은 적절한 표현이 못 되고, 불편함이라고 하는 편이 더 맞을 것이다. 아픈데 기분이 좋을 때는 결코 없지만 병을 앓는 동안 의지가 되어서, 이를테면 마음을 푹 놓을 수 있는 도시나 나라도 있다. 환자란 부드러움을 필요로 하며 무엇엔가 기대기를 좋아한다. 그것은 아주 자연스러운 일이다. 그러나 오랑에서는 지나치게 강렬한 기후, 거기서 거래하는 사업의 중요성, 순식간에 지나가버리는 황혼, 쾌락의 특질 등 모든 것이 한결같이 건강한 몸을 요구한다. 이곳에서 아픈 사람은 아주 외롭다. 같은 도시에 살고 있는 모든 사람들이 바로 그 시간에 전화를 붙잡고서, 혹은 카페에 앉아서 어음이니 선하증권이니 할인이니 하는 이야기를 주고받고 있는데, 더 위로 불꽃이 튀기는 듯한 수많은 벽들 뒤에서 덫에 걸린 채 다 죽어가는 사람을 상상해보라. 비록 현대적인 것이라 할지라도 어떤 메마른 고장에 그처럼 죽음이 들이닥칠 때 그 불편함이 어떨 것일지는 이해가 갈 것이다.

이상의 몇 가지 힌트들만으로 아마 우리의 도시 모습을 상상하기에 충분하리라. 그렇지만 과장해서는 안 된다. 마땅히 강조해두었어야 할 것은 도시와 일상생활의 평범한 모습이다. 그러나 사람이란 일단 습관을 붙이고 나면 그날그날을 힘들이지 않고 지낼 수 있는 법이다. 우리 도시가 바로 그런 습관을 붙이기에 안성맞춤이라는 것을 보면 다 잘되어가고 있다고 할 수 있다. 이런 각도에서 본다면 삶이란 아주 흥미진진한 것은 못 된다. 적어도 우리 고장에서 혼란이라는 것은 찾아볼 수 없다. 솔직하고 호감이 가고 활동적인 우리 주민들은 여행자들의 마음속에 늘 지각 있는 사람들이라는 느낌을 불러일으킨다. 눈을 끌 만큼 특이한 것도 없고, '초목도 없고 넋도 없는' 이 도시는 마침내 푸근한 인상을 주기에 이르러, 결국 사람들은 거기서 잠이 들어버린다. 그러나 이 도시는 완벽하게 선을 그어놓은 듯한 만(灣)에 면하여 있고 밝게 빛나는 언덕들에 둘러싸인 채 헐벗은 고원 한가운데, 비길 바 없는 경치와 접하고 있다는 사실도 덧붙여 지적해두는 것이 공평하리라. 다만 유감스럽게도 이 도시가 그 만을 등지고 있으며, 그래서 바다를 바라볼 수가 없기 때문에 일부러 찾아가야만 바다를 볼 수가 있다.

이쯤 이야기했으니, 이곳 시민들이 그해 봄에 일어난 사건들, 나중에서야 깨닫게 된 일이지만, 실은 이 연대기로 상세히 기록하고자 하는 일련의 중대한 사건들의 첫 신호였던 말썽거리들을 꿈에도 예상하지 못했을 것임을 어렵지 않게 납득할 것이다. 이런 사실들이 어떤 사람들에게는 아주 당연하다고 여겨질 것이고 또 어떤 사람들에게는 터무니없다고 여겨질 것이다. 그러나 어쨌든 연대기의 서술자란 그런 모순들을 참작할 수가 없다. 그의 임무는 다만 그런 일이 실제로 일어났으며 그것이 한 민중 전체의 삶에 관계되는 일이고, 또 그리하여 그가 하는 말이 진실임을 마음속으로 인정해줄 수 있는 수천 명의 증인들이 있다는 사실을 알고 있을 때 '이런 일이 일어났다'고 말하는 것뿐이다.

게다가 때가 되면 언제든지 그가 누구인지 알겠지만, 이 연대기의 서술자가 어떤 우연 때문에 약간의 진술 내용들을 수집할 수 있는 상황에 놓이지 않았다면, 또 어떻게 하다 보니 그가 이제 이야기하려고 하는 그 모든 일에 휩쓸려들긴 했지만 만약 그렇지 않았다면 이런 종류의 일에 착수해보겠다고 할 명분은 찾을 수 없었을 것이다. 그것이 바로 역사가처럼 행세할 권리를 그에게 준 것이다. 역사가는 비록 아마추어라 할지라도 항상 자료를 가지고 있다. 그러므로 이 이야기의 서술자도 자료를 가지고 있다. 우선 자기 자신의 증언과 다음으로는 다른 사람들의 증언—왜냐하면 그는 자신이 맡고 있는 직분 때문에 이 연대기에 나오는 모든 인물들이 털어놓은 이야기를 모두 다 듣게 되었으니까—그리고 마지막으로 마침내는 그의 손안에 들어오게 된 서류들이 그것이다. 그는 적절하다고 판단될 때는 그것들을 기록의 토대로 삼아 마음내키는 대로 이용할 생각이다. 그리고 또 그의 계획으로는……. 그러나 아마도 이제는 주석이나 머리말은 이 정도로 그치고 이야기의 본론으로 들어갈 때인 듯싶다. 처음 며칠 동안의 경위는 좀 상세하게 설명할 필요가 있다.

4월 16일 아침, 의사 베르나르 리외는 진찰실을 나서다가 계단참 한복판에 죽어 있는 쥐 한 마리에 걸려 넘어질 뻔했다. 당장에는 특별한 주의를 기울이지 않은 채 그 동물을 발로 밀어 치우고 계단을 내려왔다. 그러나 거리에 나서자 문득 쥐가 나올 곳이 아니라는 생각이 들어 발길을 돌려 수위에게 가서 그 사실을 알렸다. 미셸 영감의 반발에 부딪치자 자기가 쥐의 시체를 발견한 것이 예삿일이 아니라는 것을 더한층 실감했다. 죽은 쥐의 존재는 그에게는 그저 괴이하게 보였을 뿐이지만 수위에게는 빈축을 살 만한 난리였던 것이다. 아닌 게 아니라 수위의 입장은 단호했다. 이 건물 안에는 절대로 쥐가 없다는 것이었다. 2층 계단참에 한 마리가 있는데 틀림없이 죽은 것 같다고 의사가 분명히 말했지만 아무 소용없이 미셸 영감은 꿈쩍도 하지 않았다. 건물 안에는 쥐가 없으니, 그렇다면 누가 밖에서 그 쥐를 가져왔을 것이다. 요컨대 이건 누군가의 장난이라는 것이었다.

바로 같은 날 저녁, 베르나르 리외는 아파트 현관에 서서 자기 집으로 올라가려고 열쇠를 찾고 있었는데, 복도의 어둠침침한 저 안쪽에서 털이 젖은 큰 쥐 한 마리가 불안정한 걸음으로 불쑥 나타나는 것을 보았다. 그 짐승은 멈춰 서서 몸의 균형을 잡는 듯하더니 갑자기 의사를 향해 달려오다가 또다시 멈추어 섰고 작은 소리를 내지르며 제자리에서 한 바퀴 돌고는 마침내 빠끔히 벌린 주둥이에서 피를 토하면서 쓰러졌다. 의사는 한동안 그 광경을 바라보다가 자기 집으로 올라갔다.

그가 생각하는 것은 쥐가 아니었다. 쥐가 피를 토하고 죽었다는 것이 아무래도 마음에 걸렸던 것이다. 1년째 병석에 누워 있는 그의 아내는 이튿날 어느 산중에 있는 요양소로 떠나기로 되어 있었다. 아내는 그가 시킨 대로 침실에 누워 있었다. 장소를 옮기는 데 따르게 될 피로에 그런 식으로 대비하고 있었던 것이다. 아내는 미소를 지어 보였다.

"기분이 아주 좋아요." 그녀가 말했다.

의사는 침대 머리맡의 불빛을 받으며 그에게 향해 있는 아내의 얼굴을 바라보았다. 나이 삼십에다가 병색이 뚜렷했지만 그래도 리외에게는 그 얼굴이 항상 청춘 시절의 얼굴처럼 보였다. 아마 다른 모든 생각들을 말끔히 씻어주는 듯한 그 미소 때문인 것 같았다.

"되도록 자려고 해봐요." 그가 말했다. "간호사가 11시에 올 테니 그때 12시 기차를 타도록 데려다 주리다."

그는 약간 땀이 난 이마에 입을 맞추었다. 아내의 미소가 방문까지 그를 따라왔다.

그 이튿날인 4월 17일 8시에 수위는 지나가는 의사를 붙들고 어떤 짓궂은 장난을 하는 놈들이 죽은 쥐 세 마리를 복도 한복판에 갖다 놓았다고 하소연했다. 쥐들이 피투성이인 것을 보면 분명히 커다란 쥐덫으로 잡은 것 같다는 것이었다. 수위는 쥐들의 다리를 든 채 한동안 문턱에 서서, 범인들이 혹시나 비웃듯이 낄낄대면서 나타나지나 않을까 하고 기다리고 있었다. 그러나 아무런 낌새도 보이지 않았다.

"아! 나쁜 놈들, 놈들을 기어코 잡고 말겠어." 미셸 씨가 말했다.

불안한 기분으로 리외는 그의 환자들 중에 제일 가난한 사람들이 사는 변두리 지역부터 회진을 시작하기로 했다. 그 지역에서는 훨씬 늦게야 쓰레기를 거둬 가는 까닭에, 먼지가 잔뜩 뒤덮인 그 동네의 길을 따라 자동차를 달리다 보면 길가에 내놓은 쓰레기통들을 스치며 지나가게 된다. 그렇게 지나가던 어떤 골목에서 의사는 야채 쓰레기와 더러운 걸레 조각들 위에 팽개쳐진 쥐를 10여 마리나 보았다.

가장 먼저 찾아간 환자는 거리에 면한 침실과 식당을 겸한 방에서 침대에 누워 있었다. 얼굴이 깡마르고 움푹 팬 엄격해 보이는 늙은 에스파냐 사람이었다. 그는 자기 앞 이불 위에 완두콩이 가득 담긴 냄비 두 개를 놓아두고 있었다. 의사가 들어가자 침대에 일어나 앉아 있던 환자는 몸을 뒤로 눕히면서 천식을 앓는 노인 특유의 고르지 못한 숨을 몰아쉬어댔다. 그의 아내가 세숫대야를 가지고 왔다.

"그런데, 선생님." 주사를 놓는 동안 그가 말했다. "그놈들이 나오는데, 보셨지요?"

"정말이에요." 그의 아내가 말했다. "옆집에서는 세 마리나 봤대요."

노인이 손을 비비며 말했다.

"막 나온다고요. 쓰레기통마다 안 보이는 데가 없는걸요. 배가 고픈 거예요."

리외는 온 동네가 쥐 이야기를 하고 있다는 것을 확인하는데 별로 시간이 걸리지 않았다. 회진을 마치고 그는 집으로 돌아왔다.

"선생님께 전보가 와서 위에 갖다 놓았습니다." 미셸 씨가 말했다.

의사는 그에게 혹시 또 쥐를 보았느냐고 물었다.

"아! 천만에요." 수위가 말했다. "제가 지키고 있단 말씀이에요. 그래서 그 나쁜 놈들이 감히 가져오질 못하는 겁니다."

전보는 이튿날 그의 어머니가 오신다는 내용이었다. 며느리가 병으로 집을 비운 동안에 집안일을 돌보러 오시는 것이었다. 의사가 집 안으로 들어갔을 때 간호사는 이미 와 있었다. 리외는 자기 아내가 자리에 일어나서 정장을 차려입고 화장까지 한 채 있는 것을 보았다. 그는 아내에게 미소를 지었다.

"좋군." 그가 말했다. "아주 좋아."

곧 역에 도착한 그는 아내를 침대차에 데려다 앉혀주었다. 그녀는 찻간을 둘러보았다.

"우리 형편으로 너무 비싼 좌석이잖아요?"

"필요한 건 해야지." 리외가 말했다.

"그 쥐 이야기는 대체 뭐예요?"

"나도 모르겠어. 해괴한 일이지만 지나가겠지, 뭐."

그러고 나서 그는 빠른 어조로 좀더 잘 돌봐주었어야 하는 건데 너무 소홀히 했다고 용서해 달라고 말했다. 아내는 그만 입을 다물라는 듯이 고개를 저었다. 그러나 리외는 이렇게 덧붙였다.

"당신이 돌아올 때는 모든 일이 다 잘될 거요. 그때 새 출발 합시다."

"그래요." 눈을 반짝이며 그녀가 말했다. "새 출발 하기로 해요."

곧 그녀는 남편에게 등을 돌리고 유리창 밖을 내다보았다. 플랫폼에는 사람들이 서둘러 오가며 서로 부딪치고 야단들이었다. 기관차가 증기를 내뿜는 소리가 그들에게까지 들려왔다. 리외는 아내의 이름을 불렀는데, 돌아보는 아내의 얼굴이 눈물에 젖어 있었다.

"울지 말아요." 그가 부드럽게 말했다.

눈물 젖은 두 눈에 살짝 경련하는 듯한 미소가 되살아났다. 아내는 심호흡을 했다.

"이제 가보세요. 다 잘될 거예요."

그는 아내를 꼭 껴안아주었다. 이제 플랫폼으로 내려온 그에게는 유리창 너머 그녀의 미소밖에는 보이는 것이 없었다.

"제발 몸조심하도록 해요." 그가 말했다.

그러나 그녀에게는 그의 말이 들리지 않았다.

리외는 출구 근처 플랫폼에서 어린 아들의 손을 잡고 있는 예심판사 오통 씨와 마주쳤다. 의사는 그에게 여행을 가느냐고 물었다. 키가 크고 검은 머리의 오통 씨는, 반은 옛날에 흔히 사교계 인사라고 부르곤 했던 인물의 인상이었고 반은 장의사 일꾼 같은 인상이었는데, 친근하지만 무뚝뚝한 목소리로 대답했다.

"시집에 인사차 갔다 오는 아내를 기다리고 있습니다."

기관차가 삑 하고 기적을 울렸다.

"쥐들이……" 판사가 말했다.

리외는 기차 쪽으로 발을 옮겼다가 다시 출구 쪽으로 돌아섰다.

"네." 그가 말했다. "아무것도 아니에요."

그 순간 기억에 남는 것이라면 죽은 쥐들로 가득 찬 궤짝 하나를 겨드랑이에 낀 역무원이 지나간다는 사실뿐이었다.

바로 그날 오후에 진찰이 시작될 무렵 어떤 젊은 남자가 하나 찾아왔는데 그는 신문기자로서 이미 아침에도 다녀갔다고 했다. 그의 이름은 레몽 랑베르였다. 키가 작달막하고 어깨가 딱 벌어지고 거리낌 없고 솔직해 보이는 표정에 눈이 맑고 총명해 보이는 랑베르는 경쾌한 옷차림이었는데 자유분방하게 살아가는 인물 같았다. 그는 대뜸 본론으로 들어갔다. 자신은 파리에 있는 어떤 큰 신문사에 근무하는 기자로서 아랍인들의 생활 조건에 대하여 취재하는 중인데, 그들의 위생 상태에 관해 기삿거리를 얻고자 한다는 것이었다. 리외는 위생 상태가 좋지 못하다고 대답했다. 그러나 더 깊이 들어가기 전에 그는 그 신문기자가 과연 진실을 말할 수 있는 입장인지 알고 싶다고 말했다.

"물론입니다." 신문기자가 말했다.

"내가 말한 의미는 철저하게 고발할 수 있느냐는 말입니다."

"철저하게는 못한다고 해야 옳겠지요. 그렇지만 그런 식의 고발은 근거가 없을 것 같은데요."

부드러운 말투로 리외는 사실 그런 고발은 근거가 없는 것이겠지만, 그런 질문을 한 것은 랑베르의 증언이 과연 에누리 없는 것이 될 수 있느냐 아니냐를 알고자 했을 뿐이라고 말했다.

"나는 에누리 없는 증언만 인정합니다. 따라서 그렇지 않다면 내가 당신의 증언을 위해서 기삿거리를 제공할 수 없다는 말입니다."

"그야말로 생쥐스트(1767~1794 프랑스 정치가. 프랑스 혁명 당시 열광적인 정의론자)식 발언이군요." 신문기자는 미소를 지으며 말했다.

리외는 언성을 높이지 않은 채, 자기는 그런 것에 대해서는 전혀 알지 못하나, 그것은 자신이 살고 있는 세상에 대하여 진절머리가 났으면서도 사람들에게 애착을 갖고 있으며, 또 자기 딴에는 불의와 타협을 거부하기로 결심한 한 인간의 발언이라고 말했다. 랑베르는 목을 움츠리며 의사를 물끄러미 바라보았다.

"무슨 말씀인지 알아들을 것 같습니다." 마침내 자리에서 일어서며 그가 말했다.

의사는 그를 문까지 바래다주었다.

"그렇게 생각해주시니 저도 기쁩니다."

랑베르는 조바심이 난 것 같았다.

"네." 그가 말했다. "알겠습니다. 폐를 끼쳐서 죄송합니다."

의사는 그와 악수하고 나서 지금 이 도시에서 발견되고 있는 수많은 죽은 쥐들에 대해서 취재해보면 흥미 있는 보도 기사를 만들 수 있을 것이라고 말했다.

"아, 그래요!" 랑베르가 소리치듯 말했다. "그거 재미있겠군요."

오후 5시에 다시 왕진을 가려고 밖으로 나서다가 의사는 계단에서 다부진 체격에 얼굴이 큼직하면서도 홀쭉하고 눈썹이 짙은, 아직 젊은 편인 한 젊은 이와 마주쳤다. 그는 그 남자를 가끔 건물의 맨 꼭대기층에 살고 있는 에스파냐 무용가들의 집에서 만난 적이 있었다. 장 타루는 열심히 담배를 빨아대면서 계단 위의 자기 발 앞에서 뻗어가고 있는 쥐 한 마리의 마지막 경련을 들여다보고 있었다. 그는 회색 눈을 들어, 침착하지만 다소 의미 있는 시선으로 의사를 바라보더니 인사를 건네면서 쥐들이 이런 식으로 출현하는 것은 기묘한 일이라고 덧붙였다.

"그렇죠." 리외가 말했다. "하지만 끝내 성가신 일이 되고 말 겁니다."

"어느 의미에서는요, 선생님. 오직 어느 의미에서만 그렇다 이겁니다. 우리가 전에는 이런 일을 한 번도 본 적이 없다는 것뿐이죠. 그렇지만 나는 흥미로운 일이라고 봅니다. 그럼요, 확실히 흥미로운 일이지요."

타루는 손으로 머리를 쓰다듬어 뒤로 넘기면서 이제는 꼼짝하지 않는 쥐를 다시 한 번 바라보다가 이윽고 리외에게 미소를 지었다.

"하지만 선생님, 이런 건 수위가 걱정할 문제지요."

바로 그때 의사는 집 앞 대문 옆 벽에 등을 기댄 채, 평소에는 늘 벌겋게 상기되어 있던 그 얼굴에 피로의 기색을 감추지 못하고 있는 수위를 발견했다.

"네, 압니다."

쥐가 또 나타났다고 알려주자 그는 리외에게 말했다.

"이젠 아주 두 마리 세 마리씩 나타나는군요. 하지만 다른 집들도 마찬가지예요."

그는 아무래도 낙담한 듯이 근심이 가득해 보였다. 그는 기계적인 동작으로 목덜미를 쓰다듬었다. 리외는 그에게 몸은 괜찮으냐고 물었다. 수위는 몸이 좋지 않다고 말할 수는 없지만 어딘지 개운치가 못하다고 했다. 자기 생각으로는 정신적으로 괴로운 것 같다는 것이었다. 그 쥐라는 놈들이 그에게 충격을 주었는데 그놈들만 사라지면 모든 것이 다 잘될 것이었다.

그러나 이튿날인 4월 18일 아침에 역에 가서 어머니를 모시고 온 의사는 미셸 씨의 얼굴이 좀더 초췌해진 것을 보았다. 지하실에서 다락방에 이르는 계단에 여남은 마리의 쥐들이 어지럽게 흩어져 있었던 것이다. 이웃집들의 쓰레기통도 온통 쥐들로 가득 차 있었다. 의사의 어머니는 그 소식을 듣고도 별로 놀라지 않았다.

"그럴 수도 있는 일이지."

까만 눈과 부드러운 은발을 한 몸집이 작은 부인이었다.

"너를 보니 반갑구나, 베르나르." 그녀가 말했다. "쥐 따위가 뭐 대수로운 일이겠니."

그도 그 말에 수긍했다. 사실 어머니만 있으면 무슨 일이건 다 수월한 것처럼 여겨졌다.

그래도 리외는 알고 있던 시청의 쥐 피해 담당 과장에게 전화를 걸었다. 수많은 쥐들이 떼지어 밖으로 나와서 죽는다는 이야기를 들었는지 물었다. 메르시에 과장은 그런 이야기를 듣기도 했지만, 부둣가에서 그리 멀지 않은 곳에 있는 자기네 사무실에서도 50여 마리나 발견했다고 답했다. 그러면서도 그는 그 일이 과연 고려해야 하는 일인지 아닌지 결단을 내리지 못하고 있었다. 리외도 그 점은 뭐라고 할 수 없지만 쥐 피해 담당과에서 나서야 할 문제라고 생각했다.

"그럼," 메르시에가 말했다. "지시가 있어야겠지. 만약 자네 생각에 정말 그럴 필요가 있다면 지시가 내려지도록 노력할 수도 있지……."

"그럴 필요야 언제나 있지." 리외가 말했다.

그의 가정부가 조금 전에 와서 말하기를, 자기 남편이 일하는 큰 공장에서는 죽은 쥐를 수백 마리나 쓸어냈다는 것이었다.

어쨌든 거의 이 무렵에는 우리 시의 시민들이 불안감을 느끼기 시작했다. 과연 18일부터 공장들과 창고들이 수백 마리는 족히 되는 쥐의 시체들을 게워 냈으니 말이다. 어떤 경우에는, 죽음의 고통이 너무 오래 계속되었기 때문에 아예 짐승의 명을 끊어줘야 할 때도 있었다. 그러나 도시의 외곽지대에서부터 시내 중심지에 이르기까지 리외가 지나가는 곳이면 어디나, 특히 우리 시민들이 모여 있는 곳이면 어디나, 쥐들이 쓰레기통 속에 더미로 쌓인 채, 아니면 도랑 속에 길게 열을 지은 채 기다리고 있는 판이었다. 석간신문은 그날부터 이 사건을 채택해, 과연 시 당국이 움직일지 어떨지, 또 구역질나는 쥐 떼들의 침해로부터 시민들의 안전을 지키기 위하여 어떤 긴급 대책을 검토하고 있는지를 추궁했다. 시 당국은 제안을 마련한 것이 아무것도 없었고 대책도 세운 것이 전혀 없었지만, 우선은 문제를 토의하기 위한 회의를 열기로 했다. 매일 아침 새벽에 죽은 쥐들을 수거하라는 지시가 쥐 피해 담당과에 내려졌다. 쥐들을 한데 다 수거해놓으면 담당과의 차 두 대가 와서 그것들을 화장장으로 운반해 태워버리기로 되어 있었다.

그러나 그 뒤 며칠이 지나자 사태는 점점 더 악화되었다. 죽은 쥐들의 수는 날로 늘어만 갔고 수집되는 양도 매일 아침마다 더욱 많아졌다. 나흘째되는 날부터 쥐들은 떼를 지어서 거리에 나와 죽었다. 집 안의 구석진 곳으로부터, 지하실로부터, 지하창고로부터, 수챗구멍으로부터 쥐들은 떼지어 비틀거리면서 기어나와 햇빛을 보면 어지러운지 휘청거리고, 제자리에서 돌다가 사람들 곁에 와서 죽어버렸다. 밤이면 복도나 골목길에서 그놈들이 찍찍거리는 최후의 작은 소리가 똑똑히 들려왔다. 아침에 변두리 지역에서는 뾰족한 주둥이에 작은 꽃 같은 선혈을 묻힌 채, 어떤 놈은 퉁퉁 부어서 썩어가고 또 어떤 놈은 빳빳이 굳어진 몸에 아직도 수염만은 꼿꼿이 세워가지고 그냥 개천 바닥에 즐비하게 나자빠져 있었다. 시내에서조차도 계단참이나 안마당에 무더기로 눈에 띄었다. 그것들은 또 관공청 홀에서, 학교의 체육관에서, 때로는 카페의 테라스에서 한 마리씩 따로따로 죽어 있기도 했다. 시민들은 시내 번화가에서도 그것들이 나타나는 것을 보고는 질색하곤 했다. 연병장, 가로수길, 바닷가의 산책로 같은 곳도 점점 그것들로 더럽혀졌다. 새벽에 죽은 쥐들을 말끔히 치워 두어도 낮 동안에 다시 그 수가 차츰차츰 늘어났다. 밤에 보도를 산책하던 사람이, 죽은 지 얼마 되지도 않은 시체의 그 물컹한 덩어리를 밟게 되는 일도 심심치 않게 일어났다. 그 광경은 마치 우리의 집들이 자리잡고 서 있는 대지가 그 속에 있던 고름을 짜내고 지금까지 안으로 곪고 있던 종기나 피고름을 표면으로 내뿜고 있는 것만 같았다. 건강한 사람의 짙은 피가 갑자기 역류하기 시작하는 것처럼, 여태껏 그렇게도 고요했다가 불과 며칠 사이에 발칵 뒤집혀버린 이 자그마한 도시의 놀라움이 어느 정도일 것인가 상상만이라도 해보길 바란다.

사태가 어느 정도였는가 하면, 랑스도크 통신(정보, 자료 수집, 모든 문제에 대한 정보 수집을 담당)이 무료 제공되는 라디오 방송을 통해 25일 단하루 만에 6,231마리의 쥐가 수거, 소각되었다고 알릴 정도였다. 그 숫자는, 이 도시에서 매일같이 눈으로 보고 있는 광경에 어떤 분명한 의미를 부여하고, 마음속의 혼란을 더욱 가중시켰다. 지금까지만 해도 사람들은 그저 좀 불쾌한 사건이라고 투덜거릴 뿐이었다. 그런데 이제는 아직 그 전모를 분명히 헤아릴 수 없고 그 원인도 규명할 수 없는 그 현상이 예삿일이 아닌 것을 알아차렸다. 오직 천식 환자인 에스파냐 영감만은 여전히 양손을 비비면서 "나온다, 나와" 하고 늙은이 특유의 유쾌한 어조로 되풀이해 말하고 있었다.

이럭저럭하는 사이 4월 28일에는 랑스도크 통신이 약 8천 마리의 쥐를 수거했다는 뉴스를 발표하자 시중의 불안은 그 절정에 달했다. 사람들은 근본적인 대책을 세우라고 요구하며 당국을 비난하고, 바닷가에 집을 가지고 있는 일부 사람들은 벌써부터 그리로 피난을 간다는 이야기까지 나왔다. 그러나 그 이튿날 통신사는, 그 현상이 돌연 멎었고 쥐 피해 담당과에서 수거한 죽은 쥐의 수가 무시해도 좋을 정도로 감소했다고 보도했다. 시민들은 안도의 한숨을 내쉬었다.

그런데 바로 그날 정오에 의사 리외가 자기 집 건물 앞에서 차를 세우는데, 길의 저쪽 끝에서 수위가 고개를 푹 숙인 채 팔다리를 뻗쳐 벌리고 허수아비처럼 어색한 자세로 힘겨워하며 걸어오는 것이 보였다. 노인은 어떤 신부의 팔을 붙들고 있었는데, 그 신부는 의사도 알고 있는 사람이었다. 파늘루 신부라는 박식하고 열렬한 제수이트 파(派) 신부로, 리외도 가끔 만난 적이 있고, 종교 문제에 대하여 무관심한 사람들 사이에서까지 대단한 존경을 받고 있었다. 그는 두 사람을 기다렸다. 미셸 영감의 눈이 번뜩거렸고 숨소리가 거칠었다. 몸이 좋지 않아서 바람을 쐬러 나왔었다고 했다. 그러나 목과 겨드랑이와 사타구니에 통증이 어찌나 심한지 별 수 없이 돌아오다가 파늘루 신부에게 도움을 청해야 했다는 것이었다.

"종기가 났나 봐요." 그가 말했다. "과로했던 모양이에요."

자동차의 창문 밖으로 팔을 내밀어 리외는 이쪽으로 뻗친 미셸 영감의 목

밑을 손가락으로 만져 보았다. 나무옹이 같은 것이 거기에 맺혀 있었다.

"가서 누우십시오. 그리고 체온을 재보세요. 오후에 가서 봐드릴 테니."

수위가 가고 나자 리외는 파늘루 신부에게 쥐 사건을 어떻게 생각하느냐고 물었다.

"오!" 신부가 말했다. "아마 유행병일 겁니다."

그렇게 말하며 그의 눈은 둥근 안경 너머로 웃고 있었다.

리외가 점심을 먹고 나서, 아내가 잘 도착했다는 소식을 알리는 요양소의 전보를 다시 읽고 있으려니까 전화벨이 울렸다. 그의 옛 환자들 중 한 사람인 시청 서기에게서 온 전화였다. 오랫동안 대동맥 협착증으로 고생한 사람인데 가난해서 리외가 무료로 그를 치료해준 적이 있었다.

"네. 저를 기억하시는군요." 그가 말했다. "그런데 이번엔 딴 사람 때문에 전화드렸어요. 빨리 좀 와주십시오. 이웃집 사람에게 일이 생겼습니다."

숨 가쁜 목소리였다. 리외는 수위 생각이 났으나 나중에 들르기로 했다. 몇 분 뒤, 그는 변두리 지역에 있는 페데르브 거리의 나지막한 집의 문으로 들어섰다. 썰렁하고 악취가 풍기는 계단 중턱에서 그는 마중하러 내려온 서기 조제프 그랑을 만났다. 노란 콧수염을 길고 둥글게 길렀고 어깨가 좁으며 손발이 가느다란 50대 가량의 남자였다.

"이제 좀 나아졌어요." 그는 리외에게 다가오며 말했다. "그렇지만 아까는 그 사람이 꼭 죽는 줄만 알았습니다."

그는 계속해서 코를 풀었다. 마지막 층인 3층 왼편 문 앞에 이르자 리외는 거기에 붉은색 분필로 쓴 글씨를 볼 수 있었다.

'들어오시오. 나는 목 매달았소.'

그들은 안으로 들어갔다. 테이블을 한구석에 치워놓고, 방 한가운데 뒤집혀진 의자 위로 천장에서부터 밧줄이 늘어져 있었다. 그러나 밧줄만 허공에 매달려 있었다.

"때마침 제가 와서 끌러주었지요." 그랑은 가장 간단한 표현들만을 쓰면서도 언제나 적당한 말을 찾고 있는 것처럼 보였다. "마침 저도 외출하려는 참이었어요. 그때 소리가 들렸어요. 문에 써놓은 글씨를 보았을 때는 어떻게 설명하면 좋을까요. 저는 장난이라고 생각했어요. 그런데 저 사람이 이상한 신음 소리를 내지 않겠어요. 심지어 음산하다고도 할 수 있는……."

그는 머리를 긁적거리고 있었다.

"제 생각에는 그 과정이 고통스러웠을 것 같아요. 물론 저는 안으로 들어왔죠."

그들이 어떤 문을 하나 떠밀어 열자 밝기는 하지만 살림살이가 초라한 방의 문턱으로 들어서게 되었다. 얼굴이 둥글고 몸집이 작은 남자가 구리 침대에 누워 있었다. 그는 숨을 가쁘게 쉬면서 충혈된 눈으로 그들을 바라보았다. 의사는 멈춰 섰다. 숨쉬는 사이사이 희미하게 쥐가 우는 소리들이 들리는 것 같았기 때문이다. 그러나 방구석에는 아무것도 움직이는 것이 없었다. 리외는 침대 쪽으로 갔다. 그 사내는 아주 높은 곳에서 떨어진 것도, 너무 갑자기 떨어진 것도 아니었기 때문에 척추는 무사했다. 물론 약간의 질식 증상은 있었다. 엑스레이 사진을 찍을 필요가 있을 것 같았다. 의사는 강심제 주사를 한 대 놓아주고 나서 2, 3일이면 회복될 것이라고 말했다.

"고맙습니다, 선생님." 사내는 목소리를 죽이며 말했다.

리외는 그랑에게 경찰서에 신고했느냐고 물었다. 그러자 서기는 당황한 기색을 보이며 말했다.

"아뇨, 그것은 아직……. 제 생각에 보다 급한 것은……."

"물론이죠." 리외가 말을 막았다. "그럼 내가 신고하죠."

거기까지 말하자 환자가 안절부절못하더니 침대 위에서 벌떡 일어나, 자기는 아무렇지도 않으니 그럴 필요가 없다고 반대했다.

"진정하세요." 리외가 말했다. "뭐 대수로운 일도 아녜요. 안심해요. 나로서는 신고를 해야 해요."

"오!" 사내가 소리쳤다.

그러더니 그는 뒤로 벌떡 자빠지면서 흐느껴 울었다. 아까부터 콧수염을 만지작거리고 있던 그랑이 그의 곁으로 다가갔다.

"이봐요, 코타르 씨." 그가 말했다. "이해해 주세요. 의사에게는 책임이 있다고 할 수 있어요. 가령 말이에요, 당신이 혹시나 또 그런 짓을 할 마음을 먹는 경우……."

그러나 코타르는 눈물어린 목소리로 다시는 그런 짓을 안 할 것이고 그건 다만 순간적으로 정신이 나가서 그랬던 것이니, 자기는 그저 가만 놔두어주기만 바랄 뿐이라고 말했다. 리외는 처방전을 썼다.

"알았습니다." 그가 말했다. "그 일은 그냥 그대로 두기로 합시다. 2, 3일 뒤에 다시 오지요. 그러나 실없는 짓은 하지 마시오."

계단참에서 그는 그랑에게 아무래도 신고는 해야 하지만 형사에게 조사는 이틀 뒤에나 해달라고 부탁할 생각이라고 말했다.

"오늘 밤에는 저 사람을 좀 지켜야겠는데, 가족은 있나요?"

그는 머리를 저으며 말했다.

"모르겠는데요. 하지만 제가 지킬 수 있습니다. 저는 사실 저 사람과 잘 아는 사이라고는 할 수 없습니다. 하지만 서로 돕고 살아야지요."

복도를 지나면서 리외는 기계적으로 구석진 곳들에 시선을 던지면서 그랑에게 그 동네에서는 쥐들이 완전히 없어졌느냐고 물었다. 그랑은 그것에 대해서는 아무것도 몰랐다. 그런 이야기를 듣기는 했지만 그는 동네 소문에는 별로 관심이 없다는 것이었다.

"저는 마음 쏟는 데가 따로 있어서요." 그가 말했다.

리외는 벌써 그랑과 악수를 하고 있었다. 아내에게 편지를 쓰기 전에 수위를 보아줄 일이 급했던 것이다.

석간신문을 파는 길거리 판매원들이 쥐들의 습격이 완전히 멈췄다고 외치고 있었다. 리외는 환자가 윗몸을 침대 밖으로 내민 채, 한 손은 배에 또 한 손은 목덜미에 대고 대단히 힘을 쓰면서 불그스름한 담즙을 오물통에다 게우고 있는 것을 보았다. 오랫동안 애쓴 끝에 거의 숨이 막힐 지경이 되어서 수위는 다시 자리에 누웠다. 체온이 39도 5부였고 목에는 멍울이 잡혔으며 팔다리가 붓고 옆구리에 거무스름한 반점 두 개가 퍼져가고 있었다. 이제 그는 배가 아프다고 하소연했다.

"막 쑤셔요." 그가 말했다. "이 망할 놈의 것이 마구 쑤셔댄다구요."

악취가 풍겨대는 입에서는 말이 잘 나오지 않았다. 그는 툭 불거져 나온 두 눈을 의사에게로 돌렸는데, 그 눈에는 두통 때문에 눈물이 맺혀 있었다. 수위의 아내가 아무 말도 하지 않고 있는 리외를 불안한 듯 보고 있었다.

"선생님, 대체 뭐죠?" 그 여자가 말했다.

"여러 가지로 볼 수 있지요. 그러나 아직 확실히 알 수 있는 것은 아무것도 없습니다. 오늘 저녁까지는 굶기고 정혈제를 쓰도록 하지요. 물을 많이 마셔야 합니다."

마침 수위는 갈증이 나서 견딜 수 없는 지경이었다.

집으로 돌아오자 리외는 시내에서 가장 유력한 의사들 중의 한 사람인 리샤르에게 전화를 걸었다.

"아뇨." 리샤르가 말했다. "특별한 경우는 전혀 보지 못했는데요."

"국부적인 염증을 동반한 열 같은 것은 없었나요?"

"아! 그러고 보니 멍울에 심한 염증이 생긴 환자가 둘 있더군요."

"비정상이다 싶을 만큼요?"

"뭐, 정상이다 아니다 하는 문제란……." 리샤르가 말했다.

어쨌든 그날 밤 수위는 헛소리를 해댔고 40도나 열이 오르면서 쥐를 원망하고 있었다. 리외는 고정농양 치료를 시도해보았다. 테레빈유가 들어가자 수위는 살이 타는 듯한 통증으로 끙끙거렸다.

"아! 이 망할 것들 때문에!"

멍울은 더 커졌는데 손으로 만져보니 딱딱하게 목질이 박혀 있었다. 수위의 아내는 울고 있었다.

"밤새 잘 지켜보세요." 의사가 말했다. "그리고 무슨 일이 있으면 나를 부르세요."

그 이튿날인 4월 30일에는 푸르고 눅눅한 하늘에 벌써 훈훈한 미풍이 불고 있었다. 바람은 먼 교외 쪽 꽃향기를 실어왔다. 거리에서 들려오는 아침의 소음은 여느 때보다도 더 활기차고 유쾌하게 느껴졌다. 일주일 동안 겪었던 그 암묵적인 걱정에서 벗어나 홀가분해진 이 조그만 도시에서 그날이야말로 새로운 날이었다. 리외 자신도 아내의 편지를 받고 안심이 되어 아주 경쾌한 마음으로 수위의 방으로 내려갔다. 과연 아침이 되자 열은 38도로 떨어져 있었다. 쇠약해진 환자가 침대에 누운 채 미소를 지었다.

"좀 나은 것 같아요. 그렇죠, 선생님?" 수위의 아내가 말했다.

"더 두고 봅시다."

그러나 정오가 되자 열은 단번에 40도로 올라갔다. 환자는 끊임없이 헛소리를 해댔고 다시 구토가 시작되었다. 목의 멍울은 건드리기만 해도 아파서 수위는 될 수 있는 대로 목을 몸에서 멀리 두고 싶어하는 듯했다. 그의 아내는 침대 발치에 앉아서, 두 손을 이불 위에 놓고 환자의 두 발을 지그시 누르고 있었다. 그녀는 리외를 바라보았다.

"아무래도" 리외가 말했다. "환자를 격리시켜 특수 치료를 해야겠습니다. 병원에 전화를 걸 테니 구급차로 옮기도록 합시다."

　두 시간 뒤, 구급차에서 의사와 그의 아내는 환자를 굽어보고 있었다. 목을 축인 환자의 입에서 말이 마디마디 튀어나오곤 했다. "쥐들!" 그는 내뱉었다. 푸르죽죽해진 입술은 촛농 같았고 눈꺼풀은 무겁게 아래로 처지고 숨은 단속적으로 짧아졌다. 림프샘의 통증 때문에 온몸이 찢기는 듯하고, 자기 몸 위로 이불을 끌어 덮고 싶어하는 듯, 아니면 땅속 저 깊은 곳에서 무엇인가가 그를 끊임없이 불러대기라도 하는 듯, 수위는 자리 속 깊이 몸을 쪼그리고 그 어떤 보이지 않는 무게에 짓눌려 숨막혀하는 것 같았다. 그의 아내는 울고 있었다.

　"이제 가망이 없는 건가요, 선생님?"

　"죽었습니다." 리외가 말했다.

　수위의 죽음은 사람을 당황하게 하는 징조들만 난무하던 한 시기에 종지부를 찍고, 처음의 뜻하지 않은 놀라움이 차츰 뚜렷한 낭패감으로 변해가는, 상대적으로 더 어려운 다른 시기의 시작을 점찍어놓은 것이라고 말할 수 있으리라. 시민들은, 이제부터 차차 깨닫게 되겠지만, 하필이면 우리의 이 작은 도시가 쥐들이 밖으로 기어나와 죽고 수위가 괴상한 병으로 목숨을 잃는 도시로 특별히 지정될 수 있으리라고는 꿈에도 생각하지 못했다. 그런 점에서도 시민들은 착오를 일으킨 셈이어서 그들의 생각은 수정되어야 한다. 모든 일이 거기에서 그쳤더라면 아마도 그 일은 습관 속에 묻히고 말았으리라. 그러나 시민들 중에서 그 밖에도 몇몇 사람들이 그것도 반드시 수위나 가난뱅이가 아닌 사람들이 미셸 씨가 먼저 밟은 길을 따라가게 되었다. 즉 그때부터 공포가, 그리고 공포와 함께 반성이 시작된 것이다.

　그렇기는 하지만 이 새로운 사건들의 자세한 내용을 이야기하기 전에 서술자가 지금까지 설명한 시기에 대해 또 다른 사람의 목격자가 생각하는 견해를 소개하는 것이 이로우리라 믿는다. 장 타루는 이 이야기의 첫머리에서 이미 만난 적이 있는 사람인데, 몇 주일 전부터 오랑에 머물고 그때부터 시내 중심가에 있는 한 호텔에서 살고 있었다. 보아하니 그는 자기 수입으로 살기에 꽤 넉넉한 형편인 것 같았다. 그의 얼굴은 오랑 시에서 점차 익숙해지고 있었지만 그가 어디서 왔는지, 왜 이곳으로 온 것인지 아는 사람은 아무도 없었다. 그는 모든 공공장소에 얼굴을 드러냈다. 봄이 되면서부터 바닷가에서, 자주, 그것도 상당히 즐기는 빛이 역력하게 수영하는 그의 모습을 볼 수 있었다. 사람 좋고 항상 웃는 낯인 그는 모든 정상적인 쾌락이면 무엇이고 다 좋아하는 듯했지만 거기에 빠지지는 않았다. 사실 사람들이 알고 있는 그의 유일한 습관이라면, 우리 도시에 있는 수많은 에스파냐 무용수와 악사들 집에 열심히 드나들고 있다는 것뿐이었다.

어쨌든 그가 적고 있는 수첩들 역시 그 견디기 어려운 시기에 대한 일종의 연대기를 구성하고 있었다. 그러나 그것은 사소한 일들에만 관심을 갖기로 작정한 듯한 아주 유별난 연대기라고 할 수 있겠다. 언뜻 보기에는 타루가 사람이나 사물을 어느 정도 초연한 시선으로 바라보려고 애쓴다는 느낌을 가질 수도 있을 것이다. 그 전반적인 혼란 속에서 그는 아무 이야깃거리도 되지 못하는 것에 대하여 기록하는 역사가가 되려고 애쓰고 있었던 것이다. 아마 우리는 그와 같은 고의적 태도를 개탄스럽게 여기고 그것이 혹시나 메말라버린 그의 마음의 발로가 아닐까 하는 의혹을 품을 수도 있으리라. 그러나 뭐니뭐니해도 그 수첩들이 그 시기에 대한 연대기를 구성하는 데 있어서 그 나름의 중요성을 지닌 수없이 많고 부차적인 세밀함을 제공할 수 있다는 것은 말할 나위도 없다. 그리고 그 세밀함들은 그것이 지닌 기묘한 면으로 인하여 이 흥미로운 인물에 대해 성급한 판단을 내리지 못하도록 방해할 것이다.

장 타루가 적은 최초의 기록들은 그가 오랑에 도착한 날부터 시작되었다. 그 기록들은 첫머리부터 그렇게도 추레한 도시에 와서 지내게 되었다는 것을 이상하게도 매우 만족스럽게 여기고 있음을 보여주고 있다. 시청에 장식으로 만들어놓은 두 마리의 청동 사자상에 대한 자세한 묘사, 시내에 나무 한 그루 없다는 점이라든가 볼품없는 집들이라든가 이치에 맞지 않는 도시 계획 따위에 대한 호의적인 평가를 거기에서 볼 수 있다. 타루는 또한 전찻간이나 거리에서 얻어들은 사람들의 대화 내용도 거기에 섞어서 적어 놓고 있지만 그것에 대해서 자신의 주석은 붙여놓지 않았다. 다만 나중에 캉이라는 이름을 가진 사람과 관련된 대화 내용에 대해서만은 예외적으로 나중에 주석을 달아놓았다. 타루는 전차 차장 둘이 서로 주고받는 이야기를 듣게 되었다.

"자네도 잘 알지. 그 캉이라는 남자 말이야." 그중 하나가 말했다.

"캉? 키 크고 검은 수염이 난 사람 말인가?"

"맞아. 전철(轉轍) 담당이었지."

"그래, 생각나."

"그런데 그 사람이 죽었어."

"뭐! 대체 언제?"

"쥐 소동이 난 다음이지."

"맙소사! 아니 어쩌다가?"

"몰라, 열병이래. 그런데 그 사람 건강하지도 않았으니까. 겨드랑이에 종기가 났었는데, 그만 이기지 못했던 모양이야."

"그래도 보기엔 다른 사람들과 다르지 않았는데."

"그렇지도 않아. 폐가 약했거든. 그런데도 남자 합창부에서 나팔을 불었지. 줄곧 나팔을 불어대면 안 좋은 법이니까."

"거 참!" 나중 사람이 말끝을 맺었다. "아플 때는 나팔을 불면 안 되지."

이런 내용을 기록하고 난 다음 타루는 캉이 왜 명백히 자신에게 이득이 되지도 않는 남자 합창부에 들어갔으며, 일요일의 의식을 위하여 자신의 생명을 걸도록까지 그를 이끌어간 진정한 이유가 대체 무엇인지 문제로 삼았다.

다음으로, 타루는 자기 집 창문과 마주보고 있는 발코니에서 가끔 벌어지는 어떤 장면에 호의적인 감명을 받은 듯했다. 사실 그의 방은 어떤 작은 뒷골목에 면해 있었는데 거기서는 집집마다 벽의 그늘에서 고양이들이 낮잠을 자고 있었다. 그러나 매일같이 점심식사가 끝난 뒤 도시 전체가 더위 속에서 꾸벅거리며 졸고 있는 시간이면 길 건너편 집 발코니 위에 몸집이 작은 노인이 한 사람 나타났다. 흰 머리에 빗질을 단정히 한 데다가 군대식으로 재단한 복장을 갖춘, 자세가 꼿꼿하고 엄격한 그는 냉담하면서도 부드러운 목소리로 고양이를 불렀다. "나비야, 나비야." 고양이들은 졸린 눈을 쳐들지만 몸을 움직이려고는 하지 않았다. 노인이 거리 위 고양이들의 머리 위로 잘게 찢은 종잇조각들을 뿌리면 고양이들은 비처럼 떨어지는 그 흰 종잇조각 나비들에 이끌려 길 한복판으로 걸어나와 마지막으로 떨어지는 종잇조각들을 향하여 주춤거리는 한쪽 발을 내밀었다. 그때 몸집이 작은 노인은 고양이들을 겨냥해 세차고 정확하게 가래침을 탁 뱉었다. 그 가래침들 중 하나가 목 표물에 맞으면 그는 신이 나서 웃어댔다.

결국 타루는 그 외관과 활기와 심지어는 쾌락들까지도 모두 상거래의 필요에 의하여 좌우되는 것 같아 보이는 이 도시의 상업적 성격에 결정적으로 매혹된 모양이었다. 그 특이성(이 말은 그의 수첩에 쓰인 표현이다)은 타루의 찬양의 대상이었고 그의 찬사로 가득 찬 지적들 중 하나는 심지어 '드디어!'라는 감탄사로 끝맺을 정도였다. 그것은 그 무렵 그 여행자의 기록이 개인적인 성격을 띠는 듯이 보이는 유일한 대목이다. 다만 그 말이 뜻하는 의미가 무엇인지, 그 말이 얼마만큼 진지한 것인지 판단하기는 어렵다. 죽은 쥐를 한 마리 발견하게 되자 호텔 회계원이 계산서를 잘못 적는 오류를 범하게 되었다는 사실을 기록하고 나서 타루는 평소보다 좀 무딘 글씨로 다음과 같이 덧붙여놓았다.

'물음 : 시간을 허비하지 않으려면 어떻게 해야 하나?

답 : 시간을 남김없이 체험할 것.

방법 : 매일매일 치과병원 대기실에서 불편한 의자에 앉아 보낼 것. 일요일 오후를 자기 방 앞의 발코니에서 보낼 것. 자신이 모르는 외국어로 하는 강연을 경청할 것. 가장 길고 가장 불편한 철도의 코스를 고르고 입석으로 여행할 것. 극장 매표소 앞에 줄을 서서 기다렸다가 차례가 오면 표를 사지 말 것 등등.'

그러나 이같은 언어나 사색의 일탈에 바로 이어서 수첩은 우리 도시의 전차, 그것의 조각배 같은 형상, 그 어정쩡한 색깔, 일관된 불결함에 대한 상세한 묘사들로 시작하여 아무런 설명도 되지 못하는 '그것은 주목할 만한 일이다'라는 말로 관찰을 끝맺고 있다.

어쨌든 쥐 사건에 대하여 타루가 적어놓은 것은 다음과 같다.

'오늘은 맞은편 집의 노인이 난처해진 모양이다. 이제는 고양이가 없어진 것이다. 거리에서 수없이 발견되는 쥐들 때문에 자극을 받았는지 과연 고양이들이 모습을 감추었다. 내가 보기에 고양이들이 죽은 쥐들을 먹는다는 것은 생각도 할 수 없는 일이다. 내 기억으로는 집에서 키우던 고양이는 그걸 아주 싫어했다. 그러건 말건 고양이들은 틀림없이 지하실에서 달음질치고 있을 테니 노인은 난처할 수밖에 없다. 노인은 머리에 빗질도 전처럼 하지 못한 채 좀 풀이 죽은 것 같았다. 매우 불안해 보였다. 얼마 지나지 않아 안으로 들어가버렸다. 그러나 딱 한 번 허공에다 대고 가래침을 탁 뱉고는 들어갔다.

오늘 시가지에서 전차 한 대가 멈췄는데, 왜 그런 곳에 나왔는지 모르지만, 죽은 쥐가 전차 안에서 발견되었기 때문이다. 2, 3명의 부인이 내렸고 쥐는 버려졌다. 전차는 다시 출발했다.

호텔의 야근 담당자는 믿을 만한 사람인데, 자기는 그 많은 쥐들로 해서 결국 무슨 불행한 일이 생길 것 같은 예감이 든다고 내게 말했다.

"쥐들이 배를 떠나면……."

나는 그에게, 배에서라면 그런 걱정을 하게 되겠지만 도시에서는 아직 검증되지 않았다고 대답했다. 그러나 그의 믿음은 확고했다. 나는 그에게, 당신 의견으로는 어떤 흉한 일이 생길 것 같으냐고 물었다. 흉한 일이란 미리 알 수 없는 것이므로 자기는 모른다는 것이었다. 그러나 그것이 지진이라 할지라도 뜻밖이라는 생각은 들지 않을 것 같다고 했다. 내가, 하기야 그럴 수도 있는 일이라고 인정했더니 그는 내게 그것 때문에 불안해지지 않느냐고 물었다.

"내가 관심 있는 것은 꼭 한 가지뿐인데." 내가 그에게 말했다. "그건 바로 마음의 평화를 얻는 일이랍니다."

그는 내가 말한 의미를 이해해 주었다.

호텔 식당에는 아주 재미있는 가족이 하나 있다. 아버지는 검은색 양복에 빳빳한 옷깃을 단 키가 크고 깡마른 사람이다. 머리통 한가운데가 벗겨지고 좌우에 흰머리가 한 움큼씩 덮여 있다. 작은 두 눈은 동글동글하며 코는 홀쭉하고 입은 한일자로 다물고 있어서 가정교육이 잘된 올빼미 같은 인상이다. 그는 언제나 앞장서서 식당 문 앞에 나타나서는 옆으로 비켜서면서 까만 생쥐처럼 호리호리한 자기 아내를 들여보내고, 그 다음 학자같이 옷을 입힌 어린 아들과 딸을 뒤에 데리고 들어간다. 자기네 식탁에 이르면 그는 아내가 자리를 정하여 앉기를 기다렸다가 자기도 앉는다. 그제야 그 두 꼬마들도 마침내 자기들의 의자에 올라가 앉을 수가 있다. 그는 아내와 아이들에게 존댓말을 쓰는데, 아내에게는 예의바른 핀잔을 던지고 자식들에게는 나무라는 말들을 쏘아붙인다.

"니콜, 나빠요!"

그러면 딸아이는 눈물이 글썽글썽해진다. 마땅히 그래야만 한다.

오늘 아침에 어린 아들이 쥐 이야기에 완전히 흥분해 있었다. 그래서 식탁에 앉자 그 이야기를 꺼내고 싶어했다.

"식사 중에 쥐 이야기를 하는 거 아니에요, 필리프. 앞으로는 절대로 그런 건 입 밖에 내지 않도록 해요."

"아버지 말씀이 옳아요." 까만 생쥐 부인이 말했다.

두 꼬마들은 밥그릇에 코를 박았고 그는 별 뜻도 없는 고갯짓으로 감사하다는 시늉을 했다.

이런 모범적인 몸가짐도 없지는 않았지만, 시내에서는 쥐 이야기가 많은 사람들의 입에 오르내렸다. 신문도 거기에 한몫 거들었다. 지방 기사는 평소에는 매우 다양한 내용으로 꾸며지는데, 이제는 시 당국에 대한 공격으로 꽉 차버렸다.

"우리 시 당국자들은, 이 쥐 떼의 썩은 시체들이 가져올 수도 있는 위험을 깨닫고나 있는 것인가?"

호텔 지배인은 이제 딴 이야기는 할 줄 모르게 되었다. 그러나 그것은 화가 나 그러는 것이기도 했다. 도대체 점장으로서는 호텔 엘리베이터 속에서 쥐가 발견된다는 것은 그에게는 상상도 할 수 없는 일이었던 것이다. 그를 위로하려고, 나는 그에게 이렇게 말했다.

"누구나 다 당하는 일인데요."

"바로 그겁니다." 그가 대답했다. "우리는 이제 누구나와 마찬가지 꼴이 되었다. 이겁니다."

사람들이 불안을 느끼기 시작한 그 문제의 돌발적인 첫 사례들을 내게 말해준 사람이 바로 그 지배인이었다. 자기네 호텔의 하녀 한 사람이 그 열병에 걸렸다는 것이었다.

"그러나 물론 전염성은 없습니다." 그는 서둘러 덧붙여 말했다.

나는 그에게 전염성이 있건 없건 내겐 마찬가지라고 했다.

"아! 알겠습니다. 선생님도 저와 같으시군요. 선생님은 운명론자세요."

나는 그렇게 말한 적이 없었다. 게다가 나는 운명론자가 아니다. 나는 그

에게 그렇게 말해주었다.'

　사람들 사이에서 이미 불안의 대상이 되고 있는 그 원인불명의 열병에 대해서 타루의 수첩이 좀더 자세히 이야기하기 시작하는 것은 여기서부터다. 그 몸집이 작은 노인은 쥐들이 자취를 감추면서부터 고양이들을 다시 보게 되었으며 참을성 있게 조준하며 그 가래침 사격을 해대고 있다는 사실을 기록하면서 타루는 열병에 걸린 환자의 수가 이미 10여 명을 헤아리게 되었고, 그 대부분이 치명적이었다고 덧붙이고 있다.
　참고자료가 될 수도 있으니, 끝으로 여기에 타루가 묘사한 의사 리외의 모습을 옮겨 적어두어도 무방할 것이다. 서술자의 판단으로는 상당히 충실한 묘사라고 볼 수 있다.

　'서른다섯 살 정도, 중간 키, 딱 벌어진 어깨, 거의 직사각형에 가까운 얼굴. 짙은 색 눈은 곧고 턱은 튀어나왔다. 굳센 콧날은 반듯하다. 검은 머리는 아주 짧게 깎았으며, 입은 활처럼 둥글고, 두꺼운 입술은 거의 언제나 굳게 다물고 있다. 햇볕에 그을은 피부, 검은 털, 한결같이 짙은 색이지만 그에게 잘 어울리는 양복색 같은 것이 어딘가 시칠리아 농부 같은 인상이다.
　그는 걸음걸이가 빠르다. 걸음걸이를 바꾸는 법도 없이 보도를 걸어 내려가지만 세 번이면 두 번은 가볍게 반대편 보도로 올라간다. 자동차 핸들을 잡을 때에도 방심하기 일쑤여서, 길모퉁이를 회전하고 난 뒤에도 깜빡이를 끄지 않은 채 간다. 항상 모자는 쓰지 않는다. 세상사를 훤히 다 꿰뚫어 보고 있는 듯한 표정을 짓고 있다.'

　타루의 숫자는 정확했다. 의사 리외는 그 점에 대해 어느 정도 알고 있었다. 수위의 시체를 격리시키고 난 다음, 그는 리샤르에게 전화를 걸어 겨드랑이에 멍울이 생기는 열병에 관해서 물었다.
　"저도 전혀 모르겠는데요." 리샤르가 말했다. "사망자가 둘인데 하나는 48시간 만에, 다른 하나는 사흘 만에 죽었어요. 나중 사람은 어느 날 아침에 보니 꼭 다 나아가는 것만 같아서 가만 놔두었었지만."
　"만약에 또 이런 경우가 생기거든 알려주세요." 리외가 말했다.

그는 또 다른 몇몇 의사들에게 전화를 걸었다. 이런 식으로 조사해본 결과 2, 3일 동안 20명 정도가 비슷한 증세를 보였다. 거의 전부가 죽었다. 그래서 그는 오랑시 의사회 회장인 리샤르에게 새로운 환자들의 격리를 요구했다.

"하지만 나로서는 어쩔 수가 없어요." 리샤르가 말했다. "현청의 조치가 있어야 할 겁니다. 더군다나 전염의 위험이 있다는 확증도 없지 않습니까?"

"확증이야 없지만 나타나는 증세가 불안합니다."

그래도 리샤르는 '자기에겐 그럴 자격이 없다'고 판단하는 것이었다. 자기가 할 수 있는 일이란 그저 현청의 지사에게 말을 하는 정도라고 했다.

그러나 사람들이 말을 하고 있는 동안 날씨는 악화되어갔다. 수위가 죽은 다음 날 짙은 안개가 하늘을 뒤덮었다. 억수 같은 소나기가 도시에 퍼부었다. 그러고는 그 갑작스러운 폭우에 이어 푹푹 찌는 더위가 계속되었다. 바다까지도 그 짙은 푸른빛을 잃은 채 안개 낀 하늘 아래서 은빛으로, 혹은 무쇠빛으로 눈이 아플 정도로 번뜩거렸다. 봄의 이런 눅눅한 더위보다는 차라리 한여름의 뜨거운 열기가 그리울 지경이었다. 높은 언덕바지에 달팽이 모양으로 건설되어서 바다와는 거의 등을 지고 있는 이 도시에서는 음울한 허탈감이 짓누르고 있었다. 개흙을 바른 기나긴 벽으로 둘러싸인 가운데 먼지가 자욱이 내려앉은 진열장들이 늘어선 거리들에서, 칙칙한 황색 전차 속에서, 사람들은 저마다 하늘 아래 감금당한 죄수가 된 느낌이었다. 오직 리외의 그 늙은 환자만이 천식을 이겨내고 그러한 날씨를 즐기고 있었다.

"푹푹 찌는군." 그가 말했다. "이런 날씨는 기관지에 좋아."

아닌 게 아니라 타는 듯한 더위였지만, 열병보다 더하지도 덜하지도 않았다. 도시 전체가 열병에 걸렸다. 적어도 코타르의 자살미수 사건에 대한 조사에 입회하려고 페데르브 거리로 가던 날 아침 의사 리외의 머리를 떠나지 않고 따라다니던 느낌은 그랬다. 그러나 생각해보면 그런 인상은 이치에 맞지 않았다. 자신의 마음을 사로잡고 있는 신경과민 상태와 걱정 때문에 그러려니 싶었다. 그러므로 무엇보다 먼저 머릿속의 생각을 가다듬는 것이 급선무라는 생각이 들었다.

그가 도착했을 때 형사는 아직 와 있지 않았다. 그랑이 계단참에서 기다리고 있어서, 그들은 우선 그랑의 집으로 들어가서 문을 열어놓은 채 기다리기로 했다. 시청 서기는 방 두 개짜리 집에 살고 있었는데 가구가 지극히 단출했다. 사전 두어 권이 꽂혀 있는 흰색 나무선반과 '꽃이 핀 오솔길들'이란 글씨가 반쯤 지워졌으나 그래도 알아볼 수는 있는 칠판만 눈에 띨 뿐이었다. 그랑의 말에 의하면, 코타르는 지난밤에 잠을 잘 잤다는 것이었다. 그러나 아침에 깨면서부터 머리가 아프고 아무런 반응도 느낄 수 없는 상태가 되었다고 했다. 그랑은 피곤해서 신경이 예민해진 것 같았다. 그는 방 안을 이리저리 거닐면서 탁자 위에 놓여 있는, 손으로 쓴 원고가 가득 든 두툼한 서류철을 열었다 닫았다 했다.

그러면서 의사에게 자기는 코타르를 잘 모르지만 재산을 좀 가지고 있는 것 같다고 말했다. 코타르는 좀 괴상한 사람이어서 그들 두 사람 사이의 관계는 오랫동안 기껏해야 계단에서 마주치면 인사나 하는 정도가 고작이었다고 했다.

"그 사람하고 얘기를 나눈 건 딱 두 번이었어요. 4, 5일 전에 제가 분필상자 한 통을 집으로 가지고 오다가 계단참에서 그만 뒤집어엎었어요. 붉은색과 푸른색 분필이 들어 있었지요. 마침 코타르가 계단참으로 나오더니 줍는 것을 도와주더군요. 그는 이렇게 여러 색깔의 분필을 무엇에 쓰느냐고 물었어요."

그래서 그랑은 사실 라틴어를 다시 좀 공부해볼까 한다고 그에게 설명해주었다. 고등학교 이후로 실력이 점점 줄어들고 있었기 때문이다.

"그럼요." 그는 의사에게 말했다. "프랑스어 단어의 뜻을 좀더 똑똑히 알려면 라틴어를 하는 게 확실히 도움이 된다는 말을 들었었거든요."

그래서 그는 칠판에다 라틴어 단어들을 써놓은 것이었다. 성, 숫자, 격변화와 활용 법칙에 따라서 단어의 변화하는 부분은 푸른색 분필로 쓰고, 전혀 바뀌지 않는 부분은 붉은색 분필로 썼다.

"코타르가 제 말을 제대로 알아들었는지는 모르겠지만 흥미가 있는지 붉은색 분필을 하나 달라고 하더군요. 저는 좀 의외였지만 어쨌든……. 그런데 물론 그것이 그런 일에 사용되리라고는 저로서는 예측하지 못했어요."

리외는 두 번째로 나눈 대화의 내용이 어떤 것이었는지 물었다. 그러나 형사가 서기를 대동하고 와서 우선 그랑의 진술을 듣겠노라고 말했다. 의사는 그랑이 코타르의 이야기를 하면서 항상 그를 '그 절망한 사람'이라고 지칭한다는 점을 주목했다. 심지어 한번은 '숙명적인 결단'이라는 표현까지 쓸 정도였다. 그들은 자살의 동기에 대하여 의견을 주고받고 있었는데 그랑은 어휘 선택에 세심하게 신경을 썼다. 마침내 '말 못할 고민'이라는 표현으로 결말났다. 형사는 혹시 코타르의 태도에서 '나의 결심'이라고 스스로 이름 붙이고 있는 그 일을 하게 만드는 그 무엇을 발견하지 못했느냐고 물었다.

"그 사람이 어제 내 방문을 두드리더니 성냥을 좀 빌려달라고 하더군요." 그랑이 말했다. 그래서 갑째로 줬지요. 서로 이웃 사이니까 운운하면서 실례한다더군요. 그러고는 곧 돌려준다고 하기에 나는 아주 가지라고 했어요."

형사는 그랑에게 코타르가 좀 이상해 보이지 않느냐고 물었다.

"이상하게 보이는 점은 자꾸 말을 걸고 싶어하는 눈치였다는 거였어요. 그렇지만 나는 일하고 있는 중이었어요."

그랑은 리외 쪽으로 고개를 돌리면서 쑥스러운 듯이 이렇게 덧붙였다.

"개인적인 일이었지요."

형사는 어쨌든 환자를 만나보길 원했다. 그러나 리외는 우선 만나보기 전에 코타르로 하여금 마음의 준비를 하도록 하는 것이 낫겠다고 판단했다. 리외가 방 안에 들어갔을 때, 코타르는 흐릿한 회색 플란넬 잠옷만 입은 채 침대에서 일어나 앉아서 불안한 표정으로 문 쪽을 보고 있었다.

"경찰이군요, 네?"

"그렇소." 리외가 말했다. "당황해할 것 없어요. 두세 가지 형식적인 조사만 하면 끝날 테니까요."

그러나 코타르는 그런 건 다 소용없는 짓이고, 자기는 경찰이라면 질색이라고 대답했다. 리외가 쏘아붙였다.

"나도 경찰이 좋은 건 아니오. 단지 그들이 묻는 말에 재빠르게 사실대로 대답을 할 뿐이오. 한 번에 끝낼 수 있게 말이오."

코타르는 입을 다물었고, 의사는 문 쪽으로 돌아섰다. 그러나 그 키 작은 사내는 리외를 불렀다. 리외가 침대 옆으로 오자 그는 손을 잡으면서 말했다.

"아픈 사람을, 목을 매달았던 사람을 어떻게 할 수는 없겠죠. 그렇죠, 선생님?"

리외는 한동안 그를 물끄러미 바라보다가 마침내 그런 것은 전혀 문제가 되지 않고, 또 환자를 보호하려고 내가 옆에 있는 것이니 안심하라고 말했다. 코타르는 그제야 긴장을 풀었고, 리외는 형사를 들어오게 했다.

코타르에게 그랑의 증언 내용을 읽어주고 나서 그에게 그가 한 행동의 동기를 밝힐 수 있느냐고 물었다. 그는 형사를 보지도 않고 "말 못할 고민, 그거 딱 맞는 말이에요"라고 대답할 뿐이었다. 형사는 또다시 그런 짓을 하고 싶은 심정인지 어떤지 분명히 말하라고 다그쳤다. 코타르는 흥분한 표정으로 그럴 생각은 없고, 그저 건드리지 말고 가만 두어주기만 했으면 좋겠다고 대답했다.

"분명히 말해두지만," 형사가 좀 짜증이 난 어조로 말했다. "지금 당신이야말로 사람들을 귀찮게 하고 있소."

그러나 리외가 눈짓을 했기 때문에 그쯤에서 그쳤다.

"아시다시피," 밖으로 나오면서 형사가 한숨을 내쉬며 말했다. "그 열병 때문에 말썽이 생긴 뒤론 그러잖아도 할 일이 태산 같은데……."

그는 의사에게 사태가 심각한 것이냐고 물었고 리외는 자기도 모르겠다고 대답했다.

"날씨 때문이에요, 그뿐입니다." 형사가 결론을 내렸다.

어쩌면 날씨 탓인지도 몰랐다. 하루의 해가 높이 떠오름에 따라 모든 것이 손에 쩍쩍 달라붙었고, 리외는 한 집 한 집 회진을 해나갈수록 불안이 더욱 짙어지는 것을 느꼈다. 바로 그날 저녁, 교외에 있는 늙은이 환자의 이웃사람 하나가 사타구니를 움켜쥐고 헛소리를 해대더니 구토를 했다. 멍울들은 수위의 것보다 훨씬 컸다. 그중 하나는 곪기 시작하고 있었고 이내 썩은 과일처럼 쩍 갈라졌다. 집으로 돌아온 리외는 현청의 약품 제작소에다가 전화를 걸었다. 그의 직업상의 노트에는 이 날짜에 이렇게만 적혀 있다. 부정적 회답. 게다가 다른 곳에서도 이미 비슷한 증세의 환자들이 왕진을 청해왔다. 곪은 데를 째야만 했다. 필연적이었다. 메스로 열십자를 그어서 째니까 멍울에서는 피 섞인 고름이 쏟아져 나왔다. 환자들은 피를 흘리면서 온몸을 비틀었다. 그러나 반점이 배와 다리에 돋아나면서 어떤 멍울들은 더 이상 곪지 않게 되었다가 또다시 부어 올랐다. 대개 환자는 엄청난 악취를 풍기며 죽었다.

쥐들의 사건을 가지고 그렇게 떠들어대던 신문도 이제는 아무 말도 하지 않았다. 쥐들은 눈에 띄는 거리에 나와 죽었지만 사람들은 방 안에서 죽기 때문이다. 그리고 신문은 오직 거리에서 일어나는 일만 문제 삼는다. 그러나 현청과 시청에서는 의문을 느끼기 시작했다. 의사들이 제각기 기껏 두세 가지 경우 정도만 알고 있을 때는 누구 하나 움직이려 들지 않았었다. 그러나 결국 그 모두를 더해본다는 데 생각이 미치기만 하면 충분히 깨달을 수가 있는 것이다. 합계는 경악할 만한 것이었다. 불과 며칠 동안에 사망 건수가 몇 배로 불어났으니 그 해괴한 병에 깊이 마음을 쓰고 있는 사람들에게는 그것이 진짜 전염병이라는 사실이 명백해졌다. 리외와 같은 의사이지만 그보다 훨씬 나이가 많은 카스텔이 리외를 만나러 온 것은 바로 그 무렵이었다.

"물론," 카스텔이 말했다. "당신은 이게 뭔지 알고 있겠죠?"

"분석 결과를 기다리고 있습니다."

"나는 그 결과를 알아요. 분석해볼 필요도 없어요. 나는 한때 중국에서 의사 생활을 한 경험이 있고 파리에서도 몇몇 사례를 겪었어요. 20여 년 전의 일이죠. 다만 당장에는 거기에 감히 병명을 붙일 엄두가 나지 않았을 뿐이었지요. 여론이란 무서운 것이니까 무엇보다도 냉정함을 잃지 말아야죠. 그리고 어떤 동료 의사 말마따나 '있을 수 없는 일이다. 서양에서는 그것이 아주 자취를 감추었다는 것쯤은 누구나 다 알고 있다' 이거예요. 그래요. 누구나 다 그건 알고 있었어요. 죽은 사람만 빼고는. 자, 리외. 당신도 나와 마찬가지로 이게 무슨 병인지 잘 알고 있어요."

리외는 깊은 생각에 잠겼다. 그는 자기 사무실의 창문 저 너머 멀리 물굽이 쪽으로 등을 돌리고 있는 낭떠러지 바위의 등성이를 바라보고 있었다. 하늘은 푸르기는 했지만 해가 기울어감에 따라 그 흐릿한 광채는 점점 부드러워졌다.

"그래요, 카스텔." 그가 말했다. "거의 믿어지지 않는 일이오. 그렇지만 이건 페스트인 건 확실한 것 같습니다."

카스텔은 자리에서 일어나 문 쪽으로 갔다.

"사람들이 뭐라고 말할지는 알고 있겠죠." 늙은 의사가 말했다. "기후가 따뜻한 나라에서는 벌써 여러 해 전부터 없어졌다고 말할 겁니다."

"없어졌다는 게 무슨 의미가 있겠습니까?" 리외가 어깨를 으쓱하며 대답했다.

"파리에서도 20여 년 전에 그 병이 돌았다는 걸 잊지 마시오."

"좋습니다. 지금이 그때보다는 덜 심한 것이기를 바랍시다. 그렇지만 정말 믿을 수가 없는 일이군요."

처음으로 '페스트'라는 말이 이제 막 사람들의 입 밖에 나왔다. 베르나르 리외를 그의 집 창 너머에 앉혀놓고 있는 이야기의 이 대목에서, 서술자가 그 의사의 의아해하고 놀라워하는 심정에 충분한 근거가 있다고 지적하는 것을 허락해주기 바란다. 왜냐하면 몇몇 뉘앙스에 있어서는 다소 차이가 있겠지만 그가 보는 반응은 우리 시민 대부분의 반응 바로 그것이었기 때문이다. 사실 재앙이란 모두가 다 같이 겪는 것이지만 그것이 막상 우리의 머리 위에 떨어지면 여간해서 믿기 어려운 것이 된다. 이 세상에는 전쟁만큼이나 많은 페스트가 있어왔다. 게다가 페스트나 전쟁이 일어났을 때 사람들은 언제나 속수무책이었다. 따라서 그의 망설임도 그렇게 이해해야 한다. 또한 그가 불안과 믿음 사이에서 엉거주춤하고 있었던 것도 그렇게 이해해야 한다. 전쟁이 일어나면 사람들은 말한다.

"오래 가지는 않겠지. 너무나 어리석은 짓이야."

전쟁이라는 것이 너무나 어리석은 짓임에는 틀림이 없을 것이다. 그러나 그렇다고 해서 전쟁이 오래 가지 않는다는 법도 없는 것이다. 어리석음은 언제나 집요하게 이어진다. 만약 사람들이 늘 자기 생각만 하고 있지 않는다면 그 사실을 깨달을 수 있을 것이다. 그런 점에서 우리 시민들은 세상의 모든 사람들과 마찬가지로 자기네들 생각만 하고 있는 셈이다. 달리 말하면 그들은 휴머니스트들이었다. 즉 그들은 재앙의 존재를 믿지 않았다. 재앙이란 인간의 척도로 이해할 수 있는 것이 아니다. 그래서 사람들은 재앙이 비현실적인 것이고 지나가는 악몽에 불과하다고 여긴다. 그러나 재앙이 항상 지나가버리는 것은 아니다. 악몽에 악몽을 거듭하는 가운데 지나가버리는 쪽은 사람들, 그것도 휴머니스트들이 제일 첫 번째인 것이다. 왜냐하면 그들은 대비책을 세우지 않았기 때문이다. 우리 시민들도 다른 사람들보다 잘못이 더 많았던 것은 아니고 겸손할 줄 몰랐다는 것뿐이다. 그래서 자기에게는 아직 모든 것이 다 가능하다고 믿고 있었으며 그랬기 때문에 재앙이란 있을 수 없는 일이라고 추측하게 된 것이었다. 그들은 사업을 계속했고 여행 준비를 했고 제각기 의견을 지니고 있었다. 미래라든가 장소 이동이라든가 토론 같은 것을 금지시켜버리는 페스트를 어떻게 그들이 생각할 수 있었겠는가? 그들은 스스로 자유롭다고 믿었지만 재앙이 존재하는 한 누구도 결코 자유로울 수는 없다.

심지어 의사 리외는 자기 친구 앞에서, 여기저기에서 발생한 여러 명의 환자들이 아무 예고도 없이 이제 방금 페스트로 사망했다는 사실을 인정했으면서도 그에게 있어서 위험은 여전히 현실적으로 믿어지지 않는 상태였다. 다만 직업이 의사인지라 고통에 대한 나름대로의 개념을 가지고 있고 남보다 약간 더 풍부한 상상력을 지니고 있을 뿐이다. 아무것도 변한 것이 없는 시가지 풍경을 창문 밖으로 내다보면서 의사는 흔히들 불안이라고 이름 붙이는 미래에 당면하여 가슴속에 가벼운 구토증이 일어나는 것을 느낄 듯 말 듯했다. 그는 그 병에 관해 자신이 알고 있는 바를 머릿속에 정리해보려고 했다. 숫자들이 그의 기억 속에서 떠돌았다. 그는 역사에 기록된 약 30차에 걸친 대대적인 페스트가 1억에 가까운 사람들의 생명을 빼앗아갔다고 생각하고 있었다. 그러나 1억 명의 사망자란 과연 무슨 뜻인가. 죽은 사람이란 그 죽은 모습을 눈으로 보았을 때에만 실감이 나는 것이어서, 오랜 역사에 걸쳐 여기저기 산재한 1억 구의 시신들은 상상 속의 한 줄기 연기에 불과한 것이다. 의사는 콘스탄티노플에 있었던 페스트를 떠올렸다. 프로코프(기원 6세기, 역사상 최대 의 페스트를 겪은 유스티니아누스 시절의 그리스 역사가)에 의하면 단 하루 동안 1만 명의 희생자가 났다. 1만 명의 사망자라면 커다란 영화관을 가득 채운 관중의 다섯 배에 해당한다. 바로 이런 식으로 생각해보아야 한다. 똑똑히 이해를 해보자면 극장 다섯 곳에서 관람을 마치고 나오는 사람들을 한데 모아서, 그들을 시내의 큰 광장으로 데리고 간 다음 모두 죽여서 무더기로 쌓아놓는다는 식으로 상상해볼 필요가 있는 것이다. 이렇게 이름 모를 시체들의 더미 위에 낯익은 사람들의 얼굴을 올려놓을 수 있게 될 것이다. 그러나 이것은 물론 실현 불가능한 일이고 또 누가 남의 얼굴을 만 명씩이나 알고 있단 말인가? 더군다나 프로코프 같은 사람들이 수를 헤아릴 줄 모른다는 건 널리 알려진 일이다. 70년 전 중국 관동에서는 재앙이 주민들에게까지 미치기도 전에 쥐 4만 마리가 페스트에 걸려 죽었다. 그러나 1871년에는 쥐를 헤아리는 방법이 없었다. 모두들 주먹구구로 대강 계산했고 오차가 생길 수 있는 가능성이 매우 컸다. 그렇지만 쥐 한 마리의 길이를 30센티미터로 칠 때 4만 마리를 잇대어 줄을 지어놓는다면…….

리외는 조바심이 났다. 질질 끌어서는 안 될 일이었다. 몇 가지 사례만 보고 전염병이라 할 수는 없으니 대책만 세운다면 충분할 것이다. 마비나 몸의 힘이 쑥 빠짐, 눈의 충혈, 입의 오염, 두통, 멍울이 붓고 격심한 갈증, 정신 착란, 온몸에 돋는 반점, 내부에서의 상처 파열 그리고 마침내는……. 스스로 보아서 알고 있는 이런 것들의 확인에 그쳐야만 했다. 그러고는 그 끝에 가서 어떤 한 마디 말이 리외의 머릿속에 되살아났다. 바로 그가 읽은 의학 서적 속에서 그런 증세들을 열거하고 난 다음 결론을 내리듯 맺은 말이었다.

'맥박이 실낱같이 미약해지면서 몸을 약간 움찔하다가는 숨이 끊어져버린다.'

그렇다. 그런 증세들이 나타나고 난 끝에 환자는 실오라기에 매달린 꼴이 되고 그들 중 4분의 3(이것이 정확한 숫자였다)은 자신들의 죽음을 재촉하는 그 어렴풋한 몸짓을 어서 빨리 하고 싶다는 듯 애쓰는 것이었다.

의사 리외는 여전히 창 밖을 내다보고 있었다. 유리창의 저편에는 봄의 산뜻한 하늘이 떠 있었고, 이쪽에는 아직도 방 안에서 메아리치고 있는 '페스트'란 한 마디 말이 있었다. 그 말에는 단순히 과학적 지식이 담아놓은 내용이 포함되어 있을 뿐만 아니라, 이 시간이면 적당하게 활기를 띠면서 요란스럽다기보다도 오히려 낮게 웅웅거리는, 결국 행복하다고도(만약 인간이 행복한 동시에 우울할 수 있다면) 볼 수 있는 그 누렇고 뿌연 도시와는 어울리지 않는 일련의 예외적인 이미지들의 행렬도 내포하고 있었다. 그런데 도시의 그토록 평화스럽고 무심한 고즈넉함을 보고 있노라면 그 무서운 전염병의 해묵은 이미지들은 손쉽게 지워져버렸다. 페스트에 휩쓸려 새 한 마리 볼 수 없게 된 아테네, 말없이 죽음의 고통에 몸부림치는 사람들만 가득한 중국의 도시들, 썩은 물이 뚝뚝 떨어지는 시체들을 구덩이에 처넣고 있는 마르세유의 도형수들. 페스트의 광란하는 바람을 막기 위해 프로방스(프랑스 남부, 지중해에 접해 있는 지방)에 건설한 거대한 성벽. 야파(시리아의 항구. 나폴레옹은 이집트 원정 때 이 도시를 점령하고, 그 페스트 환자 수용소를 시찰했다) 도시의 끔찍스러운 거지들, 콘스탄티노플 병원의 진흙 바닥에 납작하게 깔아놓은 축축하고 썩어가는 침상들. 흑사병이 걷잡을 수 없이 퍼지는 동안 갈고리로 끌어내지는 환자들, 마스크 쓴 의사들의 축제, 밀라노의 공동묘지에서 벌어진 산 사람들의 성교, 공포에 질린 런던 시의 시체 운반 수레들, 그리고 곳곳에서 늘 끊이지 않는 인간들의 비명으로 넘쳐나는 밤과 낮. 아니, 그런 모든 것도 그 한나절의 평화로움을 없애버릴 만큼 강렬하지 않았다. 유리창 저편으로부터 보이지 않는 전차의 경적소리가 갑자기 울리면서 순식간에 그 잔혹함과 고통을 뒤엎었다. 흐릿한 바둑판처럼 펼쳐진 집들의 저 끝에서 오직 바다만이 이 세상속에 있는 불안하고 결코 휴식하지 못하는 그 무엇을 증언해주고 있었다. 그때 리외는 물굽이를 바라보면서 루크레티우스($\binom{기원전 1세기}{로마의 시인}$)가 말한 바 있는, 페스트에 휩쓸린 아테네 사람들이 바다 앞에 드높이 세워놓았다는 화장터의 장작더미들을 생각했다. 사람들은 밤에 그곳으로 시체들을 가지고 갔는데 자리가 모자라서 산 사람들은 서로 자기들이 아끼는 이들의 시신을 그곳에 갖다 놓으려고 횃불을 휘두르며 다투었고, 자기들의 시체를 버리고 가느니 차라리 피투성이가 되어서라도 싸워 이기려고 했다. 고요하고 어둠침침한 바다 앞에서, 벌겋게 타오르는 모닥불 화장대, 가만히 굽어보고 있는 하늘로 솟아오르는 독기 서린 연기와 불꽃으로 번쩍이는 어둠 속에서의 횃불 싸움, 이런 것을 누구나 상상할 수 있었다. 그리고 더욱 두려운 것은……

그러나 이런 한순간의 환상은 이성 앞에서는 계속되지 못했다. '페스트'라는 말이 입 밖에 나온 것도 사실이고, 바로 이 순간에도 재앙이 2, 3명의 희생자를 들볶고 때려눕히고 있는 것도 사실이다. 그러나 그거야 뭐 중지될 수도 있지 않은가? 마땅히 해야 할 일은, 인정해야 할 것이면 명백하게 인정하여, 쓸데없는 두려움의 그림자를 쫓아버린 다음 적절한 대책을 세우는 것이다. 그런 다음에야 비로소 페스트가 멎을 것이다. 왜냐하면 페스트가 머릿속에서의 상상, 머릿속에서의 그릇된 상상이 아니게 될 것이기 때문이다. 만약 페스트가 멎는다면—그것이 가장 가능성 있는 일이었다—모든 일은 잘 될 것이다. 그 반대의 경우라면, 우리는 페스트가 어떤 것인지 알게 될 것이고, 우선 그에 대비하는 조처를 취하고 다음으로는 그것과 싸워서 이기는 방법이 있는지 어떤지를 알게 될 것이다.

의사가 창문을 열자 거리의 소음이 대뜸 커졌다. 이웃에 있는 어떤 공장에서 기계들의 짧고 반복되는 소리가 싸각싸각 들려왔다. 리외는 몸을 움츠리며 놀랐다. 저 매일매일의 노동, 바로 거기에 확신이 담겨 있는 것이었다. 그 나머지는 무의미한 실오라기와 동작에 얽매여 있을 뿐이었다. 거기서 멈출 수는 없는 일이었다. 중요한 것은 저마다 자기가 맡은 직책을 충실히 수행해나가는 일이었다.

의사 리외의 생각이 거기에 이르렀을 무렵 조제프 그랑이 찾아왔다. 시청의 직원으로서 거기서 맡은 직책이 아주 여러 가지이긴 했지만 그는 정기적으로 통계과라든가 호적과에도 불려 가서 일을 했다. 그리하여 그는 사망자의 집계를 맡게 되었다. 또 그는 천성이 싹싹한 사람인지라 집계 결과의 사본 한 벌을 리외에게 갖다 주기로 약속했었다.

의사는 그랑이 자기 이웃인 코타르를 데리고 들어오는 것을 보았다. 그랑은 종이 한 장을 흔들며 내밀었다.

"숫자가 불어가고 있어요, 선생님." 그가 보고했다. "48시간 동안 사망이 11명꼴이니까요."

리외는 코타르에게 인사를 하고 좀 어떠냐고 물었다. 그랑은 코타르가 한사코 의사 선생님께 감사를 드리고, 자기 때문에 폐를 끼쳐드린 것을 사과드리고 싶어했다고 설명했다. 그러나 리외는 가만히 통계표를 들여다보고 있었다.

"자, 이제는 이 질병도 확실한 제 이름대로 부를 결심을 해야 될 것 같군요. 이제까지 우리는 제자리걸음만 했어요. 어쨌든 나하고 같이 가지 않겠어요? 검사소에 가는 길이니까요." 리외가 말했다.

"맞습니다. 정말 그렇습니다." 그랑이 의사의 뒤를 따라 계단을 내려가면서 말했다. "무엇이고 간에 제 이름대로 불러야죠. 대체 그 이름이 뭡니까?"

"그것은 말해드릴 수 없습니다. 그리고 설사 안다 하더라도 도움이 되지는 못할 겁니다."

"거 보세요." 그랑이 웃었다. "그게 그렇게 쉬운 일이 아니거든요."

그들은 연병장 쪽으로 향했다. 코타르는 계속 말이 없었다. 거리는 사람들로 복잡해지기 시작했다. 이 고장의 짧은 황혼은 벌써 어둠에 밀려서 물러나고 아직 선명한 지평선에 첫 저녁별들이 돋아나고 있었다. 몇 시간 뒤, 거리마다 가로등이 켜지면서 온 하늘이 어두워졌고 사람들의 주고받는 말소리가 한 음정 높아지는 것 같았다.

"죄송하지만," 아름 광장의 한 모퉁이에서 그랑이 말했다. "저는 전차를 타야겠습니다. 제 저녁시간은 신성불가침이거든요. 저희 고향사람들 말마따나 '결코 다음날로 미루지 마라'랍니다."

리외는 이미 그랑의 묘한 버릇을 알고 있었다. 몽텔리마르(프랑스 남부의 작은 도시) 출생인 그는 자기 고향 문자를 들먹거리고 거기에다가 '꿈 같은 날씨'라든가 '선경(仙境) 같은 불빛' 따위의 출처를 알 수 없는 진부한 문구들을 덧붙이는 버릇이 있었다.

"아!" 코타르가 말했다. "정말 그래요. 일단 저녁만 먹었다 하면 아무도 저 사람을 집 밖으로 불러낼 수가 없어요."

리외는 그랑에게 시청에서 하는 일 때문에 그러느냐고 물었다. 그랑은 그게 아니라 자기 개인 일을 하느라 그런다고 대답했다.

"아!" 리외는 무슨 말이건 해야겠기에 말했다. "그래, 잘 되어가나요?"

"일한 지 여러 해째니까 당연히 그렇죠. 또 다른 의미에서 보면 별로 진전이 없다고 할 수도 있지만요."

"그런데 어떤 일인데요?" 리외가 걸음을 멈추고 말했다.

그랑은 그의 커다란 두 귀 있는 데까지 둥근 모자를 꽉 눌러 고쳐 쓰면서 알아듣기 어려울 만큼 빨리 중얼거렸다. 리외는 그것이 인격 개발에 관한 그 무엇이라는 것을 아주 막연하게나마 알아차릴 수 있었다. 그러나 서기는 벌써 그들과 멀어지면서 마른 거리의 무화과나무 밑을 총총걸음으로 거슬러 올라가고 있었다. 검사소 문턱에서 코타르는 리외에게 한번 찾아가서 충고 말씀을 들어보았으면 한다고 말했다. 호주머니 속에 손을 넣은 채 통계표를 만지작거리고 있던 리외는 그에게 진찰 시간에 찾아오라고 권했다가 곧 생각을 바꾸어서, 자기가 이튿날 그 동네에 갈 일이 있으니 오후 늦게 들르겠다고 말했다.

코타르와 헤어지면서 의사는 자기가 그랑 생각을 하고 있다는 것을 깨달았다. 페스트의 한복판에 놓인 그랑의 모습—그것도 별로 대단한 것은 아닐 듯한 지금의 페스트가 아니라 역사상의 어떤 대대적인 페스트 한복판에 있는 모습을 상상해 보았다. '그런 경우에도 살아 남을 수 있는 인간이야.' 그는 페스트가 허약한 체질을 가진 사람들은 가만히 놓아두고 특히 건장한 체질의 사람들을 쓰러뜨린다는 기록을 읽은 생각이 났다. 그리하여 그 생각을 계속하다 보니 리외는 그랑에게서 어떤 작은 신비의 한구석을 발견한 듯한 느낌이 되었다.

얼핏 보기에 사실 조제프 그랑은 그 행동거지가 그저 시청의 하급서기에 지나지 않는 인물이었다. 후리후리하고 마른 몸매에, 옷은 커야 오래 입을 수 있다는 자기 나름의 생각에서 언제나 지나치게 큰 옷만 골라 사가지고는 너펄너펄 걸쳐 입고 있었다. 아래 잇몸에는 이가 대부분 그대로 있었지만 그 대신 위에는 이가 하나도 없었다. 그의 웃는 얼굴은 특히 윗입술이 당겨지듯 올라가서 무슨 유령의 입 같았다. 이런 인상에다 신학교 학생 같은 몸가짐이며 벽을 쓸 듯이 딱 붙어 걸어가서는 문 안으로 살짝 들어가버리는 솜씨, 퀴퀴하게 풍겨나는 지하실과 연기 냄새, 평범하기 짝이 없는 모습 등 이런 것들을 덧붙여보면 시중의 공중목욕탕 요금을 검토한다든가 하는 일에 골몰한 채 사무실 책상 앞에 쭈그리고 있는 모습으로밖에는 그 인물을 상상할 수가 없음을 시인하게 되리라. 선입견 없이 보더라도 그는 일당 62프랑 30상팀을 받는, 시청의 임시직 보조서기라는 화려하지는 않지만 그래도 없어서는 안 될 직책을 수행하기 위하여 이 세상에 태어난 사람이라는 인상을 주었다.

사실 그 일당 62프랑 30상팀의 시청 임시직 보조서기는, 사령장의 '직무자격'란에 기재되어 있다고 그랑 자신이 말한 것이었다. 22년 전에 대학을 졸업했을 때 돈이 없어 더 이상 공부는 할 수 없고 해서 그 직책을 맡기로 했는데 빠른 시일 안에 '정식 발령'을 받을 수 있으리라는 암시를 받았다는 이야기였다. 우리 시의 행정상에 생기는 미묘한 문제들을 처리하는 데 있어서 그의 능력이 어떨지를 시험해보자는 것이었다. 그런 다음에는 넉넉한 생활을 할 수 있는 문서 기안직으로 틀림없이 올라갈 수 있다고 확언하더라는 것이었다. 그러나 야심 때문에 움직이는 조제프 그랑은 아니라고 그는 우울한 미소를 띠면서 장담했다. 그래도 정직한 방법으로 생활의 경제적인 문제를 보장할 수 있다는 전망, 그럼으로 해서 자기가 즐기는 일에 양심의 가책 없이 몰두할 수 있으리라는 가능성이 그의 마음을 자극했다. 그가 자기에게 마련된 자리를 받아들인 것은 바로 그런 명예로운 이유에서였다. 이를테면 어떤 이상에 대한 충실성 때문이었던 것이다.

어느덧 오랜 세월에 걸쳐 그 임시적인 상태가 여전히 계속되어 물가는 어처구니없는 비율로 올랐는데 그랑의 봉급은 약간의 전반적인 인상이 있긴 했었지만 여전히 미미한 수준이었다. 그는 리외에게 그 사정을 하소연했었다. 그러나 아무도 그 문제를 생각해주는 것 같지는 않았다. 여기에 그랑의 특이한 점, 혹은 적어도 그런 특이점의 낌새가 있었다. 사실 그는 권리라고까지는 말하지 못하더라도 적어도 애초에 자기가 받은 약속에 대해서는 자기의 뜻을 주장할 수 있었을 것이다. 그러나 그를 채용해준 국장이 오래전에 죽은 데다가 채용당한 장본인부터가 처음 채용되었을 때 약속받은 말이 정확히 무엇이었는지를 기억할 수가 없었다. 마지막으로, 그리고 무엇보다, 조제프 그랑은 적당한 할 말을 도무지 찾아낼 수가 없었다.

그런 특징이야말로 리외도 주목했듯이 우리의 시민 그랑의 면모를 가장 잘 나타내주는 점이었다. 또 바로 그 특징 때문에, 그가 계획하고 있는 청원서를 써 보낸다든가 사정이 허락하는 대로 필요한 활동을 한다든가 하는 일을 언제나 망설이게 되는 것이었다. 그의 말에 의하면, 언제나 확고한 자신을 갖기 어려운 '권리'라는 말이라든가, 자신이 마땅히 받아야 할 것을 청구한다는 뜻을 지닌 '약속'이라는 말 따위는 자기가 맡고 있는 보잘것없는 직책과는 도무지 어울리지 않는 당돌한 성격을 갖게 되므로 아무래도 사용할 수 없을 것 같다는 것이었다. 한편 '호의', '청원', '감사' 같은 용어들은 자기의 인격적인 자존심을 손상하는 것이라 여겨져 쓸 수 없었다. 그처럼 적절한 용어가 생각나지 않아서 그랑은 나이가 지긋이 들어서까지도 그의 보잘것없는 직책을 계속 수행했다. 게다가, 이것도 마찬가지로 그가 리외에게 한 말이지만, 그는 결국 자기의 재력에 맞추어서 분수껏 지출을 하면 되므로 자신의 물질생활은 충분하게 보장되어 있다는 것을 습관에 의해서 깨달았다. 이리하여 그는 우리 시의 시장이 즐겨 쓰는 말들 중 하나가 얼마나 적절한 것인가를 인정하게 되었다. 우리 시의 대사업가인 시장은 결국(그는 자기 이론의 모든 무게가 실려 있는 이 '결국'이라는 말에 특히 힘을 주었다), 그러니까 결국, 여태껏 한 번도 배가 고파서 죽은 사람은 본 적이 없다고 강력히 단언하는 것이었다. 어쨌든 조제프 그랑이 영위하고 있는 거의 금욕주의라 할 만한 생활은 실제로 그런 종류의 근심에서 그를 해방시켜주었다. 그는 여전히 자기가 할 말을 찾고 있었다.

어느 의미에서 그의 생활은 모범적이었다고 할 수 있다. 그는 다른 곳에서건 우리 도시에서건 마찬가지로 드문 경우이지만, 자기의 착한 마음씨에서 오는 용기를 항상 간직하고 있는 사람들 중 하나였다. 그가 자기 자신에 관해서 털어놓은 그리 많지 않은 내용들은 사실 오늘날 사람들이 감히 고백하지 못하는 선의와 애착의 증언이었다. 자신은 그에게 남아 있는 유일한 친척이며 2년에 한 번씩 프랑스로 찾아가서 만나는 조카들과 누이를 사랑한다고 얼굴 하나 붉히지 않은 채 시인하는 것이었다. 그가 아직 젊었을 때 죽은 부모님 생각을 하면 슬퍼진다는 것이었다. 그는 또 오후 5시쯤이면 부드럽게 울리는 자기 동네의 종소리를 듣는 것이 무엇보다도 좋다고 시인했다. 그러나 그렇게 단순한 감정을 표현하기 위한 아주 짧은 한 마디 말을 골라내는 것도 그에게는 엄청나게 힘이 드는 것이다. 결국은 그런 어려움이 그의 가장 큰 근심거리가 되고 말았다.

"아! 선생님," 그가 말했다. "마음 먹은 것을 시원하게 표현할 수 있는 법을 배웠으면 좋겠어요." 그는 리외를 만날 때마다 그런 말을 꺼내곤 했다.

그날 저녁 의사는 그 시청 서기가 가는 모습을 보면서 문득 그랑이 말하려 했던 것을 깨달을 수 있었다. 그는 아마도 책을 한 권, 아니면 적어도 그와 비슷한 것을 쓰고 있는 것이었다. 마침내 검사소에 다 와서까지도 그 사실이 리외의 불안감을 잠재웠다. 그 느낌이 어리석다는 것은 그도 알고 있었지만, 이처럼 명예로운 취미에 열중해 있는 겸손한 관리들을 찾아볼 수 있는 도시에 정말로 페스트가 퍼진다는 것을 그는 아무래도 믿을 수가 없었다. 더 정확하게 말해서 페스트의 구렁에서 그런 취미를 가질 여지 따위는 상상할 수가 없었다. 그래서 페스트가 우리 시민들 가운데서는 실질적으로 오래 가지 않으리라고 단정하고 있었던 것이다.

그 이튿날, 적절하지 않다는 말을 들어가면서도 고집을 세운 덕분으로 리외는 현청에 보건위원회를 소집할 수 있었다.

"시민들이 불안해하고 있는 건 사실입니다." 리샤르도 그것은 인정했다.

"게다가 입방아를 찧어대는 바람에 모든 게 과장되었어요. 지사가 날더러 '원하신다면 빨리 서두릅시다. 그러나 말이 안 나게 조용히 해야 돼요'라고 그러더군요. 어쨌든 지사도 공연히 놀라서 법석을 떠는 거라고 굳게 믿고 있어요."

베르나르 리외는 현청으로 가려고 카스텔을 자기 차에 태웠다.

"알고 있나요?" 카스텔이 말했다. "현청에는 혈청이 없어요."

"압니다. 의약품 저장소에 전화를 했었죠. 소장은 깜짝 놀라더군요. 어떤 일이 있어도 파리에서 가져오도록 조처해야 돼요."

"오래 걸리지 않았으면 좋겠는데."

"제가 이미 전보는 쳤습니다." 리외가 대답했다.

지사는 친절했으나 신경질적이었다.

"여러분, 시작하죠." 지사가 말했다. "사태를 요약해 말씀드릴 필요가 있을까요?"

리샤르는 그럴 필요가 없다는 의견이었다. 의사들은 사정을 다 알고 있었다. 다만 문제는 어떤 조치를 취하는 것이 적절할지 알아내는 데 있었다.

"문제는," 카스텔 노인이 대놓고 말했다. "문제는 그것이 페스트냐 아니냐를 알아내는 데 있어요."

두세 명의 의사들이 탄성을 질렀다. 다른 사람들은 망설이고 있는 것 같았다. 한편 지사로 말하면, 그는 펄쩍 뛰더니 기계적으로 문 쪽을 향해 몸을 돌렸다. 마치 어처구니없는 말이 복도로 새어 나가지 않도록 문은 잘 닫혀 있는지 확인이라도 하려는 것 같았다. 리샤르가, 자기 생각으로는 냉정함을 잃어서는 안 된다고 말했다. 문제는 사타구니의 병발증을 동반한 열병으로서 우리가 알고 있는 것은 이것만이 전부이고, 과학에서나 실생활에 있어서 가상이라는 것은 언제나 위험한 것이라는 요지였다. 태연하게 누런 코밑수염을 씹고 있던 카스텔 노인이 그 맑은 눈을 리외에게로 던졌다. 그러고는 정다운 눈길로 참석자들을 한 바퀴 둘러보면서 자기는 그것이 페스트라는 사실을 잘 알고 있지만, 그 사실을 공식적으로 시인하고 나면 무자비한 조치를 취해야 할 것이라고 말했다. 그는 자기 동료들이 꽁무니를 빼는 것도 사실은 그런 점에 있다는 것을 잘 알고 있으므로, 따라서 그들이 안심할 수 있도록 페스트가 아니라고 인정하고 싶은 심정이라는 것이었다. 지사는 흥분해서, 어쨌든 간에 그것은 온당한 논리가 못 된다고 말했다.

"중요한 것은 그게 온당한 논리냐 아니냐에 있는 것이 아닙니다. 그 논리가 우리로 하여금 깊이 생각해보지 않을 수 없게 만든다는 데 있어요." 카스텔이 말했다.

리외가 아무 말도 하지 않고 가만히 있었기 때문에 사람들은 그의 의견을 물었다.

"이건 티푸스성 열병이지만 멍울과 구토증을 동반하고 있습니다. 저는 멍울을 절개해 보았습니다. 그래서 그것의 분석 실험을 요청할 수 있었는데, 그 결과 연구소에서는 굵직한 페스트균 같은 것을 발견할 수 있었다고 합니다. 그러나 엄밀하게 말씀드리자면 균의 어떤 특수한 변화 형상들이 과거의 정통적인 설명과는 일치하지 않는다는 것을 지적해야겠습니다."

리샤르는 바로 그 점 때문에 주저하게 되는 것임을 강조하고, 적어도 수일 전부터 시작한 일련의 분석 실험의 통계 결과를 기다려야 한다고 말했다.

"어떤 세균이 사흘 동안에 비장의 부피를 네 곱절로 불어나게 하고 장간막의 임파선이 오렌지 크기만큼 커져서 죽처럼 물컹물컹해지게 만들어놓는다면 이건 그야말로 일말의 주저도 허락하지 않는 사태라고 보아야 합니다. 전염된 가정의 수는 날로 증가하고 있습니다. 병이 퍼지고 있는 추세로 보아서는, 이 상태가 멈추지 않는 한 2개월 내에 이 도시의 반수가 생명을 잃게 될 위험이 있습니다. 그러므로 그것을 페스트라 부르건 지혜열이라고 부르건 그건 별로 중요한 게 아닙니다. 다만 중요한 것은 시민들의 반수가 목숨을 잃는 것을 막는 일입니다." 잠시 침묵이 흐른 뒤에 리외가 말했다.

리샤르는 무엇이건 어두운 쪽으로만 생각할 필요는 없고, 게다가 자기 환자들의 가족이 아직 무사한 것을 보면 사실 전염성도 증명된 것은 아니라고 말했다.

"그렇지만 딴 사람들은 죽었는걸요." 리외가 지적했다. "그리고 물론 전염성이란 결코 절대적인 것은 아니에요. 그렇지 않았다면 무한한 산술적 증가와 무시무시한 인구의 감소가 생겼을 테지요. 절대로 어두운 쪽으로만 보자는 게 아닙니다. 예방 조치를 취하자는 것이지요."

그렇지만 리샤르는 병을 방지하기 위해서는 병 자체가 저절로 멈추지 않는 한 법률에 규정된 중대한 예방 조치를 취해야 한다, 그렇게 하자면 그 병이 페스트라는 사실을 공식적으로 인정할 필요가 있다, 그러나 그에 대한 확실성이 절대적이지 않은 이상 심사숙고가 필요하다는 것 등을 지적함으로써 사태를 요약하려는 생각이었다.

"문제는 법률에 규정된 조치가 중대하냐 아니냐가 아닙니다. 이 도시 인구의 반수가 목숨을 잃는 것을 막기 위해서 그 조치를 내려야 하느냐 아니냐를 알자는 것입니다. 그 밖의 것은 행정적인 문제인데, 바로 그런 문제를 해결하라고 현행 제도가 현청 지사직을 만들어놓은 것입니다." 리외가 주장했다.

"그럴지도 모릅니다." 지사가 말했다. "그러나 우선 여러분이 공식적으로 그것을 페스트라는 전염병으로 인정해주실 필요가 있습니다."

"우리가 그것을 인정하지 않는다고 해도," 리외가 말했다. "그것은 여전히 시민의 반수를 죽일 위험성이 있습니다."

리샤르는 약간 신경이 곤두섰는지 말을 가로막았다.

"사실 리외 씨는 페스트라고 믿고 있군요. 아까 들은 병발증상의 설명이 그걸 증명하는 거예요."

리외는 병발증상을 설명한 것이 아니라 자기가 본 것을 설명했다고 대답했다. 그리고 그가 눈으로 본 것이란 멍울과 반점 그리고 헛소리가 나올 정도의 고열과 48시간 이내의 임종이라 말했다. 그러고 나서 리샤르 씨는 이 전염병이 엄중한 조치 없이도 종식될 것이라고 단언한 책임을 질 수 있느냐고 물었다.

리샤르는 주저하다가 리외를 보았다.

"당신 생각을 솔직하게 말해주시오. 당신은 이것이 페스트라고 확신합니까?"

"당신은 질문을 잘못하셨습니다. 이건 어휘 문제가 아니고 시간 문제입니다."

"선생의 생각은 결국 이것이 설령 페스트가 아니라 해도, 페스트가 발생했을 때 취하는 예방 조치가 적용되어야 한다는 것이겠군요." 지사가 말했다.

"기어코 제 의견을 필요로 하신다면 사실 제 의견은 그겁니다."

의사들은 서로 의견을 주고받았다. 마침내 리샤르가 말했다.

"그럼 우리는 그 병이 마치 페스트인 것처럼 대응하는 책임을 져야 합니다."

그 표현은 열렬한 동의를 얻었다.

"당신도 같은 의견이시죠, 리외 씨?" 리샤르가 물었다.

"표현은 아무래도 상관없습니다." 리외가 말했다. "다만 시민의 반수가 죽음의 위협을 받고 있지 않는 것처럼 행동해선 안 된다는 것을 말해둘 필요가 있습니다. 머지않아 실제로 그렇게 될 테니까요."

모두가 상을 찌푸리고 있는 가운데 리외는 물러나왔다. 그리고 얼마 지나지 않아 튀김기름 냄새와 지린내가 풍기는 변두리 동네에서 사타구니가 피투성이인 채로 어떤 여인이 나 죽는다고 소리치면서 그를 쳐다보았다.

회의가 있은 다음 날 열병은 좀더 확산되었다. 그것은 신문에까지 났지만 가벼운 논조로 열병에 대해 두세 마디 언급하는 데 만족했다. 어쨌든 리외는 그 다음다음날 현청에서 시내의 가장 으슥한 골목마다 재빨리 갖다 붙여놓은 흰색의 작은 벽보들을 볼 수 있었다. 그 벽보에서 당국이 사태를 정확히 보고 있다는 증거를 찾아내기는 어려웠다. 취해진 조치도 준엄한 것이 아니었고 여론을 불안하게 하지 않으려는 생각이 앞서고 있다는 것이 역력했다. 포고문의 머리말은 과연 다음과 같이 알리고 있었다. 즉 전염성인지 아닌지 아직 뭐라고 말할 수 없지만, 악성 열병이 오랑 시에 몇 건 발생하였다. 그 증상들은 사실 불안을 느끼게 할 만큼 뚜렷한 특징을 보이지 않으며, 또한 시민들이 냉정을 잃지 않으리라는 것은 믿어 의심치 않는 바이다. 그러나 시민 각자가 다 이해할 수 있는 일이지만, 신중을 기한다는 뜻에서 지사는 몇 가지 예방적인 조치를 취하기로 하였다. 의당 그래야 할 만큼 깊이 이해하고 협조해준다면 그 조치들로 전염병의 위협을 철저히 저지시킬 수 있는 것이다. 따라서 지사 개인의 노력에 대해 시민 여러분이 헌신적인 협조를 해줄 것으로 굳게 믿는다는 요지였다.

이어서 벽보에는 전반적인 대책들이 적혀 있었다. 그중에는 하수구에 독가스를 주입하는 과학적 쥐잡기라든가 물 공급에 대한 철저한 경계라든가 하는 조항이 들어 있었다. 시민들에게는 극도의 청결을 요구했고, 몸에 벼룩이 있는 사람들은 시의 무료진찰소에 출두하라고 권하고 있었다. 한편 의사의 진단이 내려진 경우 가족들은 의무적으로 신고를 해야 하며 그 환자들을 시립병원 특별 병실에다가 격리하는 데 동의해야 한다는 것이었다. 그 병실들은 가장 짧은 기간 동안에 최대의 완치 가능성이 있도록 설비를 갖추고 있다는 것이었다. 몇 가지 부가조항에는 환자의 방과 운반 차량에 강제적인 소독 의무가 있었다. 나머지는 환자 주위의 사람들에게 위생상의 주의를 하도록 권고하는 데 그치고 있었다.

의사 리외는 벽보를 보다가 몸을 홱 돌리고 자기 진료실을 향하여 걸어갔다. 조제프 그랑이 그를 기다리고 있다가 그를 보자 두 팔을 쳐들었다.

"알아요." 리외가 말했다. "숫자가 증가하고 있지요, 압니다."

전날 밤에 시내에서 10여 명의 환자가 쓰러져 죽었던 것이다. 의사는 그랑에게 자기는 코타르를 찾아가볼 생각이니 저녁때나 만나자고 했다.

"잘 생각하셨어요." 그랑이 말했다. "너무 기뻐요. 어쨌든 그 사람도 변했으니까요."

"어디가요?"

"예의 발라졌거든요."

"전에는 그렇지 않았나요?"

그랑은 머뭇거렸다. 코타르가 예의 바르지 않았다고는 할 수 없었다. 그런 표현은 적절하지 않았으니까 말이다. 그는 늘 틀어박혀서 지내고 말이 없는, 어딘가 멧돼지 같은 모습의 사내였다. 자기 방, 실내 식당, 상당히 수상쩍은 외출, 그것이 코타르의 생활의 전부였다. 표면적으로는 포도주와 리큐어 대리판매업자였다. 이따금씩 그의 고객인 듯한 사람이 두서너 명 찾아오는 일이 있었고, 저녁때 가끔 자기 집 맞은편에 있는 영화관에 가곤 했다. 시청 서기는 코타르가 갱 영화를 좋아한다는 것까지도 눈여겨보았다. 언제나 그 대리판매원은 혼자 있는 것을 좋아하고, 사람을 경계했다. 그런 모든 것이, 그랑의 말에 의하면, 많이 변했다는 것이었다.

"뭐라고 하면 좋을까, 어쨌든 그런 느낌이에요. 사람들과 타협하려고 애쓴달까, 모든 사람을 자기편으로 끌어들이려는 것 같은 인상을 주거든요. 나한테 말도 자주 걸고 같이 나가자고 부르기도 하죠. 번번이 거절할 수도 없더군요. 게다가 저에게는 흥미로운 사람입니다. 제가 그의 목숨을 구해준 것이니 말이에요."

그때의 자살미수 사건 이후로는 코타르를 찾아오는 사람이 아무도 없었다. 거리에서나 거래처에서나 그는 호감을 얻으려고 줄곧 애를 썼다. 식료품 가게 주인들과 이야기를 할 때 그렇게 사근사근한 사람도 없었고 담배가게 여주인의 이야기를 그렇게 흥미진진하게 들어주는 사람도 없었다.

"그 담배가게 여자는," 그랑이 설명했다. "정말 심술궂어요. 코타르에게 그 말을 해주었지만 그는 내가 잘못 봤다면서 그 여자에게도 좋은 면이 있고 그 점을 알아줘야 한다고 대답하더군요."

그리고 코타르는 그랑을 두세 번 시내의 호화로운 식당과 카페에 데리고 갔다. 그는 그런 곳을 자주 드나들기 시작했던 것이다.

"여기 오면 기분이 좋거든요." 그는 말하곤 했다. "그리고 또 이런 데 오면 출입하는 손님들의 수준이 높구요."

그랑은 그 집 종업원들의 코타르에 대한 특별한 대접을 주목했는데 그가 많은 팁을 놓고 가는 것을 보고 그 이유를 알았다. 코타르는 팁을 받은 대가로 베풀어주는 친절에 상당히 민감한 것 같았다. 어느 날 급사장이 그를 배웅 나와서 외투 입는 것을 거들어주자 코타르는 그랑에게 이렇게 말한 적이 있다.

"괜찮은 친구예요. 그만하면 증인이 되어줄 수 있는데."

"증인이라고요, 무슨 증인이요?"

코타르는 말을 머뭇거렸다.

"아니, 그저 내가 나쁜 사람이 아니라고……."

게다가 그는 기분이 돌변하는 일도 있었다. 어느 날 식료품가게 주인이 좀 덜 친절했었다고 그는 엄청나게 화가 난 채 집에 돌아왔다.

"딴 놈들하고 한패가 되었단 말야, 그 망할 자식이." 그는 몇 번씩이나 이렇게 말했다.

"딴 사람들이라뇨?"

"딴 놈들 모두 말이에요."

그랑은 그 담배가게 여주인 있는 데서 기이한 장면을 목격한 적도 있었다. 한참 신바람이 나서 이야기를 주고받고 있는데, 그 여자가 알제에서 한창 떠들썩하던 그 당시의 어떤 체포사건 이야기^(이방인)를 했다. 그것은 어떤 무역회사의 젊은 사무원이 바닷가에서 아랍인 한 사람을 죽인 사건이었다.

"그런 나쁜 놈들을 모조리 감옥에 처넣는다면," 여주인이 말했다. "정직한 사람들도 안심하고 살 수 있을 거예요."

그러나 여주인은 상대가 갑작스럽게 흥분한 모습에 하던 말을 뚝 그쳤다. 코타르는 이렇다는 말 한 마디 없이 가게 밖으로 뛰어나가 버렸던 것이다. 그랑과 여주인은 그저 그가 사라지는 모습을 멍하니 보고만 있었다.

그 뒤에, 그랑은 그 밖에도 코타르의 성격 변화를 리외에게 알려주게 되었다. 코타르는 언제나 아주 자유로운 의견을 가지고 있었다. 그가 즐겨 쓰는

'작은 놈은 항상 큰 놈에게 먹히게 마련이다'라는 말이 그것을 잘 증명하고 있었다. 그러나 얼마 전부터 그는 오랑의 온건파 신문밖에는 안 사보게 되었고, 게다가 공공장소에서 읽고 있는 것을 어딘지 우쭐해한다고 생각하지 않을 수 없게까지 되었다. 또한 병석에서 일어난 지 며칠 뒤, 그는 우체국에 가려던 그랑에게, 멀리 떨어져 사는 자기 누이동생에게 매달 보내는 100프랑짜리 우편환을 좀 부쳐달라고 부탁한 일이 있었다. 그러나 그랑이 막 나가려는 순간, 코타르가 부탁했다.

"200프랑을 보내주세요. 그렇게 하면 그 애가 좋아서 깜짝 놀랄 거예요. 내가 제 생각을 통 안 해주고 있다고 생각하는 애니까요. 그러나 사실은 나도 그 애를 사랑하고 있답니다."

마지막으로 그는 그랑과 묘한 대화를 나눈 일이 있었다. 그랑은, 자기가 저녁마다 붙들려 있는 별것 아닌 일에 호기심이 생긴 코타르의 질문들에 대답을 하지 않을 수 없었다.

"알았어요." 코타르가 말했다. "책을 쓰시는군요."

"그렇게 생각해도 괜찮겠지만, 그보다 좀더 복잡한 거예요."

"아," 코타르가 외쳤다. "나도 그런 일을 해봤으면 좋겠어요."

그랑이 놀란 표정을 짓자 코타르는 머뭇거리며 예술가가 된다면 아주 여러 가지 문제들이 해결될 거라고 말했다.

"왜요?" 그랑이 물었다.

"그거야, 예술가는 딴 사람들보다 권리가 더 있으니까 그렇죠. 누구나 다 알고 있는 일인걸요. 예술가한테는 여러 가지가 허용되거든요."

"하기야," 벽보가 나붙은 날 아침에 리외는 그랑에게 말했다. "쥐 사건 때문에 머리가 어떻게 된 모양이군요. 대부분 그러니까요. 그저 그뿐이겠죠. 그렇지 않으면 그 사람도 열병에 걸릴까봐 겁을 내고 있나 보지요."

그랑이 대답했다.

"그런 것 같진 않아요, 선생님. 제 생각을 말씀드리자면……."

쥐 청소차가 엔진 소리를 요란하게 내면서 창문 앞을 지나갔다. 리외는 자기의 말소리가 그랑에게 들릴 수 있을 때까지 입을 다물고 있다가, 그냥 무심히 그랑의 생각이 어떤 것인지 물어보았다. 그는 심각한 표정으로 리외를 바라보며 말했다.

"그 사람은 뭔가 마음속에 가책을 느끼고 있어요."

리외는 어깨를 으쓱했다. 형사가 한 말마따나 그런 것까지 신경쓸 여유가 없었던 것이다.

리외는 오후에 카스텔과 의논을 했다. 혈청은 아직 도착하지 않았다.

"그런데," 리외가 물었다. "그게 과연 도움이 될까요? 이 세균은 괴상한 것인데요."

"오!" 카스텔이 말했다. "나는 선생과는 생각이 달라요. 그놈의 세균이란 것은 언제나 유별난 것이다 싶은 법이거든요. 그러나 결국은 같은 것이죠."

"결국 선생이 짐작하는 바겠죠. 그런데 사실 우리는 그것에 대해서 아무것도 아는 게 없어요."

"물론 그건 내 짐작일 뿐이지요. 하지만 누구나 그 정도밖에 몰라요."

하루 종일, 리외는 페스트 생각을 할 때마다 머리가 어질어질해지는 듯한 기분이 점점 더 심해지는 것을 느꼈다. 결국 그는 자신이 겁을 먹고 있다는 것을 인정했다. 그는 사람들이 가득 들어찬 카페에 두 번이나 들어갔다. 그도 코타르처럼 인간의 훈훈한 체온이 느끼고 싶었던 것이다. 리외는 그게 어리석은 생각이라는 것을 잘 알고 있었다. 그러나 그 바람에 자기가 코타르를 찾아가주겠다고 약속했었다는 것이 떠올랐다.

저녁에 리외가 찾아가 보니 코타르는 그의 집 식당의 식탁에 앉아 있었다. 그가 들어서자 식탁 위에는 탐정소설 한 권이 펼쳐져 있었다. 그러나 저녁도 이미 늦어졌고 어둠이 깔리는 중이라 책을 읽는 것도 힘들었다. 차라리 코타르는 조금 전까지도 어둠침침한 저녁빛 속에 앉아서 생각에 잠겨 있었을 것이다. 리외는 그에게 좀 어떠냐고 물었다. 코타르는 자리에 앉으면서 몸은 괜찮고, 제발 남들이 그에게 신경을 쓰지 않아준다면 더욱 좋아질 것 같다고 중얼거렸다. 리외는 인간이란 언제나 저 혼자서만 살 수는 없는 법이라고 깨우쳐주었다.

"아니, 그런 게 아닙니다. 제 말은, 남에게 참견을 해대면서 귀찮게 구는 사람들 이야기입니다."

리외는 가만히 있었다.

"제 얘기는 아닙니다. 그것은 분명히 말씀드립니다. 하여튼 저는 이 소설을 읽고 있었는데, 어떤 불쌍한 사내가 글쎄 어느 날 아침에 갑자기 체포를

당한 겁니다. 사람들이 그의 일에 참견하고 있었는데 그는 전혀 모르고 있었지요. 사무실에서는 그에 대한 이야기를 해댔고 카드에 그의 이름을 써넣었어요. 그런 짓을 하는 게 옳다고 생각하세요? 한 인간에 대하여 남들이 그런 짓을 할 권리가 있다고 생각하세요?"

"경우에 따라서는요." 리외가 말했다. "어떤 의미에서는 사실 그럴 권리가 전혀 없지요. 그러나 그런 것은 이차적인 문제예요. 너무 오랫동안 틀어박혀 있어서는 안 됩니다. 외출을 좀 해야 돼요."

코타르는 갑자기 흥분한 듯이 자기는 외출밖에 하는 게 없으며 만약 필요하다면 온 동네 사람들에게 그런가 그렇지 않은가를 물어봐도 된다고 말했다. 심지어 동네 밖에도 아는 사람은 얼마든지 있다는 것이었다.

"리고 씨를 아십니까? 건축가 말씀이에요. 그 사람도 제 친구입니다."

방 안에 어둠이 짙어져 왔다. 이 변두리 거리가 활기를 띠고, 밖에서는 둔탁하면서도 안도감이 섞인 탄성이 들리면서 가로등에 불이 켜졌다. 리외는 발코니로 나갔다. 코타르도 그의 뒤를 따랐다. 그 주변의 모든 동네들로부터, 우리 시에 저녁이 올 때마다 볼 수 있듯이, 가벼운 미풍이 사람들의 웅성대는 소리와 불고기 냄새와 떠들썩한 젊은이들에게 점령된 거리에 점점 더 부풀어가는 자유의 유쾌하고도 향기로운 소음을 실어 오고 있었다. 어둠, 보이지 않는 선박들의 요란한 아우성, 바다와 흐르는 군중들로부터 올라오고 있는 웅성거리는 소리. 리외가 익히 잘 알고 있으며 전에는 퍽 좋아했던 이 무렵의 시간이 오늘은 그가 알고 있는 그 모든 일들 때문에 마음을 무겁게 짓누르는 것 같았다.

"불을 켤까요?" 하고 코타르가 말했다.

방 안이 다시 밝아지자 그 작은 사내는 눈을 깜박거리며 그를 바라보았다.

"그런데 말이죠, 선생님. 만약 제가 아프면 선생님 병원에 입원시켜주시겠어요?"

"그거야 상관없습니다."

그러자 코타르는 진료소나 병원에 입원한 사람을 체포해 간 전례가 있느냐고 물었다. 리외는 그런 일이 있기는 있었지만 그건 환자의 병세에 달린 것이라고 대답했다.

"저는 선생님을 믿습니다." 코타르가 말했다.

그러고 나서 그는 리외의 차로 시내까지 데려다 주지 않겠냐고 물었다.

도심에 나오자 벌써 지나다니는 사람도 드물어졌고 불도 많이 꺼져 있었다. 아이들은 아직도 문 앞에서 놀고 있었다. 코타르의 부탁으로 리외는 그 아이들이 무리지어 놀고 있는 앞에 차를 멈추었다. 아이들은 소리를 지르면서 사방치기를 하며 놀고 있었다. 그중에서 검은 머리를 착 붙이고 가르마를 반듯이 탔지만 얼굴이 더러운 한 아이가 맑고 겁먹은 듯한 눈길로 리외를 빤히 쳐다보았다. 리외는 눈길을 돌렸다. 코타르는 인도 위로 내려서서 리외의 손을 잡았다. 그는 목이 쉬어 가까스로 나오는 소리로 말을 했다. 두 번 세 번 그는 뒤를 돌아보았다.

"사람들이 전염병 얘길 하고 있어요. 그게 정말인가요, 선생님?"

"사람들이야 늘 떠들어대지요. 자연스러운 일입니다." 리외가 말했다.

"맞아요. 한 열 명만 죽으면 이 세상 끝장이라도 난 듯이 떠들어댑니다. 꼭 필요한 건 그런 게 아니지요."

벌써 자동차 모터 돌아가는 소리가 부르릉거렸다. 리외는 기어의 손잡이를 붙잡고 있었다. 그러나 그는 다시, 심각하면서도 침착한 표정으로 그에게 눈길을 떼지 않고 있는 어린아이를 바라보았다. 그러자 갑자기 밑도 끝도 없이 그 어린아이가 그에게 활짝 미소를 지었다.

"그럼 꼭 필요한 것이 어떤 것일까요?" 그 어린아이에게 미소를 던지며 리외가 물었다.

코타르는 갑자기 자동차 문의 손잡이를 꽉 잡더니 눈물과 분노로 가득 찬 목소리로 외치고는 달아났다.

"지진입니다. 진짜 지진 말입니다."

그러나 지진은 일어나지 않았고, 리외의 그 다음날은 환자 가족들을 붙들고 담판을 하고 또 환자들과 옥신각신하면서 시내를 이리저리 쫓아다니느라고 다 지나가버렸다. 그전까지는 환자들이 그가 하는 일의 힘을 덜어주었고 자신들의 몸을 그에게 완전히 맡겼었다. 그런데 처음으로 의사는, 환자들이 어딘가 좀 꺼리는 눈치를 보이면서 일종의 불신에서 오는 놀라움 때문에 병 속에 깊이 파묻힌 채 숨어 있는 듯한 느낌을 받았다. 그것은 하나의 싸움이고, 그로서는 아직 습관을 들이지 못한 싸움이었다. 그래서 그날 밤 10시쯤 회진의 마지막 차례로 들른 그 늙은 천식환자의 집 앞에 차를 세웠을 때 리외는 좌석에서 몸을 일으키기가 무척 힘이 들었다. 그는 어두운 거리와 캄캄한 밤하늘에 나타났다 사라졌다 하는 별들만 쳐다보면서 가만히 앉아 멈칫거렸다.

그 천식환자는 자기 침대 위에 일어나 앉아 있었다. 호흡도 평소보다 나아져 콩을 골라내 이 냄비에서 저 냄비로 옮겨 담고 있었다. 그는 반가운 얼굴로 의사를 맞이했다.

"선생님, 콜레라인가요?"

"어디서 그런 말을 들었어요?"

"신문에서요. 또 라디오에서도 그러던데요."

"아녜요, 콜레라가 아닙니다."

"하여튼," 노인은 몹시 흥분해서 말했다. "그렇게 말하던데요, 높은 양반들이 말이에요!"

"그런 말은 믿지 마세요." 리외가 말했다.

그는 노인의 진찰을 마치고 이제는 그 가난한 집 부엌 한가운데에 앉아 있었다. 그는 두려웠다. 바로 이 교외지역에서도 이튿날 아침에는 10여 명의 환자들이 몸에 난 멍울 때문에 허리를 구부정하게 굽힌 채 자기를 기다리고 있으리라는 것을 그는 알고 있었다. 지금까지 불과 두서너 건만이 멍울의 절개 수술로 약간의 효과를 보는 데 지나지 않았다. 그러나 대부분의 사람들에겐 입원 지시가 내려질 것인데 가난한 이들에게 입원이 무엇을 의미하는지 그는 잘 알고 있었다.

"실험 재료가 되기는 싫어요." 어떤 환자의 아내가 그에게 말한 적이 있었다. 그 환자는 실험 재료가 되지는 않으리라. 죽어가고 있었을 뿐이다. 사태에 대비하여 세운 대책들이 불충분하다는 것은 보나마나 아주 뻔한 일이었다. '특수 시설을 갖춘' 병실들이란 것이 어떤 것인지 리외는 잘 알고 있었다. 부랴부랴 다른 입원 환자들을 옮긴 다음 창문들을 밀폐시키고 주위에 위생 차단선을 쳐놓은 병동 두 개가 고작이었다. 전염병이 제풀에 그치지 않는 한 당국이 생각해낸 조치들로 다스려질 일이 아니었다.

그런데도 저녁때 나온 공식 발표는 여전히 낙관적이었다. 이튿날 랑스도크 통신은 현청 당국의 조치들이 지극히 평안하게 전달되었으며, 이미 30여 명의 환자들이 발병 신고를 해왔다고 보도했다. 카스텔이 리외에게 전화를 걸어왔다.

"병상이 몇 개나 되나요? 본관의 수용능력은?"

"80개입니다."

"시내에는 환자가 물론 30명 이상이겠죠?"

"겁이 나서 신고하지 않는 사람들이 있겠고, 나머지 대부분이 그렇듯이 그럴 겨를이 없는 사람들이 있겠지요."

"사망자를 매장하는 문제에는 신경을 쓰고 있나요?"

"아뇨. 내가 리샤르에게 전화를 했어요. 철저한 조치가 필요하며, 말만 하고 있어서는 안 된다고. 전염병을 차단할 수 있는 진짜 방벽을 치든가 아주 그만두든가 해야 한다고 말입니다."

"그랬더니 뭐랍디까?"

"자기는 그럴 권한이 없다고 하더군요. 내 생각에는 점점 심해질 것 같아요."

과연 사흘 만에 병동이 둘 다 가득 차버렸다. 리샤르는 당국이 어느 학교를 접수해서 보조병원으로 개조하게 될 것 같다고 했다. 리외는 백신이 도착하기를 기다리면서 멍울 절개수술을 하고 있었다. 카스텔은 옛날에 보던 책들을 다시 꺼내 펼쳐보기도 했고 도서관에 가서 오랫동안 처박혀 있기도 했다.

"쥐들은 페스트나 그와 비슷한 병으로 죽었습니다." 그는 결론을 내렸다. "그 쥐들이 수만 마리의 벼룩을 퍼뜨려놓았을 테니 빨리 그걸 막지 않는다면, 그 벼룩들이 기하급수적으로 병을 전염시킬 겁니다."

리외는 아무 말도 하지 않았다.

그 무렵에는 날씨도 정해진 듯했다. 태양은 지난번에 내린 소나기로 생긴 물웅덩이들을 펌프질하듯 빨아올리고 있었다. 노란 빛살이 넘쳐흐르는 아름다운 푸른 하늘, 이제 막 시작되는 더위 속에서 붕붕대며 날아가는 비행기들, 계절의 온갖 모습이 한결같이 고즈넉한 분위기를 자아내고 있었다. 그러나 불과 나흘 동안 열병은 네 단계에 걸친 비약을 보였다. 사망자가 16명에서 24명, 28명, 32명으로 불어났다. 넷째 날에는 어떤 유치원 내 보조분원 개설이 보도되었다. 그때까지 농담 속에 자신들의 불안감을 숨겨왔던 시민들은 거리에서 한층 더 낙담한 표정이 되었고 한층 더 말이 없어졌다. 리외는 과감히 지사에게 전화를 걸었다.

"이번 조치들로는 불충분합니다."

"숫자를 보고받았는데 과연 우려할 만한 상황이군요." 지사가 말했다.

"우려할 정도가 아니라 명백한 숫자들입니다."

"총독부에 명령을 요청하겠습니다."

리외는 카스텔이 보는 앞에서 전화를 끊었다.

"명령을 기다리다니! 머리를 움직여야 할 텐데."

"그래, 혈청은 어떻게 되었나요?"

"이번 주 중으로 도착할 겁니다."

현청에서는 리샤르를 통해서, 명령을 내려주도록 식민지 수도에 보낼 보고서 작성을 리외에게 의뢰해 왔다. 리외는 거기에다가 임상적인 진술과 숫자들을 기재했다. 같은 날 약 40명의 사망자가 생겼다. 지사는 자기 말대로, 자신의 책임 아래 당장 그 이튿날부터 이미 공표한 조치들을 한층 더 강화하기로 했다. 신고 의무제와 격리는 여전히 계속되었다. 환자가 생긴 집들은 폐쇄되어 소독되었고, 가족들은 일정 기간 격리 조치에 따라야 했으며, 매장은 장차 결정될 조건에 따라 시 당국이 맡아 하기로 되었다. 하루가 지나자 혈청이 비행기편으로 도착했다. 현재 치료중인 환자들에게는 충분했다. 만약에 전염병이 더 퍼진다면 그걸로는 부족했다. 리외가 친 전보에 대하여, 구급용의 재고는 바닥이 났고 새것은 제조에 착수했다는 답이 왔다.

그동안 인접한 교외지역들로부터 봄은 여러 시장들에 속속 도착하고 있었다. 장미꽃 수천 송이가 인도를 따라 나앉은 꽃장수들의 바구니 속에서 시들어가면서 그 달콤한 향내가 온 시가지에 감돌고 있었다. 겉으로는 아무것도 변한 것이 없었다. 러시아워가 되면 전차는 여전히 만원이었다가 낮에는 텅비고 더러웠다. 타루는 그 작달막한 노인을 관찰하고 있었고 그 노인은 고양이들에게 가래침을 뱉어댔다. 그랑은 매일 밤 집에 들어가 그의 수수께끼 같은 일을 계속했다. 코타르는 쳇바퀴 돌듯 맴돌고 있었고 예심판사인 오통 씨는 여전히 그의 동물 떼거리를 이끌고 다녔다. 늙은 천식환자는 콩을 옮겨 담고 있었고, 태연하면서도 호기심 많은 신문기자 랑베르의 모습도 가끔 볼 수 있었다. 저녁때면 변함없는 인파가 거리를 가득 메우고 있었고 영화관 앞에는 사람들이 줄을 지어 모여들었다. 아닌 게 아니라 유행병이 수그러져가는 듯싶었다. 며칠 동안 사망자의 수는 불과 10여 명밖에 되지 않았다. 그러더니 갑자기 사망자 수가 늘기 시작했다. 사망자의 수가 다시 30명으로 늘어난 날, 베르나르 리외는 "저들이 겁을 먹었소" 하며 지사가 내미는 전보 공문을 받아 읽었다. 전보에는 '페스트 사태를 선언하고 도시를 폐쇄하라'라고 적혀 있었다.

제2부

그 순간부터 페스트는 우리 모두의 문제가 되었다고 할 수 있다. 그때까지는 그 이상한 사건들로 생긴 놀라움과 불안에도, 시민들은 저마다 평소와 마찬가지로 맡은 자리에서 그럭저럭 일을 계속하고 있었다. 그리고 아마도 그 상태는 그대로 이어질 것이었다. 그러나 시의 문들이 폐쇄되자 그들은 모두 (서술자 자신까지도) 같은 독 안에 든 쥐가 되었으며 거기에 그냥 적응할 수밖에 없게 되었다. 그래서 가령 사랑하는 사람과의 이별 같은 개인적인 감정도, 처음 몇 주일부터 당장 모든 사람들의 감정이 되었고, 공포심이 더해지면서 저 오랜 귀양살이 시절의 주된 고통거리가 되었다.

시의 문을 폐쇄함으로써 생긴 가장 뚜렷한 결과들 중의 하나는, 아무런 마음의 준비도 없었던 사람들이 갑작스레 이별을 맞게 된 것이었다. 어머니와 자식, 부부, 애인, 며칠 전에 그저 짧은 이별이거니 하고 생각하면서 우리 도시의 역 플랫폼에서 부탁을 몇 마디 일러주고는 서로 껴안고, 며칠 혹은 몇 주일 뒤에는 다시 보게 되리라고 확신한 채 저 어리석은 인간적 믿음에 사로잡힌 나머지 그 작별로 인하여 평소 마음을 사로잡던 근심들도 잠시 잊고 있었던 그들이 단번에 호소할 길도 없이, 멀리 떨어진 채 만나거나 소식을 주고받을 수도 없이 헤어지고 말았던 것이다. 왜냐하면 폐쇄는 현청의 명령이 공표되기 몇 시간 전에 실시되었고, 당연한 일이지만 몇몇 특별한 경우를 생각하는 것은 불가능했기 때문이었다. 말하자면 이 질병의 무지막지한 침범은, 그 첫 결과로서 우리 시민들로 하여금 사적인 감정 같은 것은 느끼지 않는 사람처럼 행동할 수밖에 없도록 만들어놓은 것이다. 명령이 실시된 날 처음 몇 시간 동안, 현청은 수많은 진정서로 골치를 앓았다. 그들은 전화로 혹은 계원들을 찾아와서 한결같이 절실하고 또 동시에 한결같이 거절하기 어려운 사정들을 호소하는 것이었다. 사실, 우리가 타협의 여지가 없는 형편에 놓여 있으며, '타협'이라든가 '특전'이라든가 '예외'라든가 하는 말이 더 이상 의미를 갖지 못하게 되어버렸다는 사실을 납득하기까지는 여러 날이 걸렸다.

우리에게는 편지를 쓴다는 사소한 기쁨조차 주어지지 않았다. 사실, 한편으로, 이 도시는 평상시의 통신 방법으로는 나머지 다른 지역과 연락을 취할 수 없게 되었으며 다른 한편으로는, 편지가 전염의 매개물이 되는 것을 막기 위하여 모든 서신 교환이 금지되었다. 초기에 몇몇 특권층들은 시문에서 보초병들을 포섭해 그들이 외부로 가는 편지를 통과시켜주기도 했다. 아직은 이 전염병의 초기였고 보초병들이 동정심의 충동에 꺾이는 것도 자연스러운 일이라고 생각될 시기였기에 가능한 일이었다. 그러나 얼마 지나서, 그 보초병들마저 사태의 중대성을 충분히 납득하게 되자, 그 결과가 어디까지 파급될지 예측할 수도 없는 그런 일에 대하여 책임지기를 거부했다. 시외전화가 초기에는 허가되었지만 공중전화 박스나 회선이 너무나 혼잡해졌기 때문에 며칠 동안은 전적으로 중지되었고, 나중에는 사망이라든가 출산이라든가 결혼 같은 긴급한 일에만 쓸 수 있도록 엄격히 제한받게 되었다. 그러니 전보가 우리에게 남은 유일한 수단이었다. 이해와 정과 살로써 맺어졌던 사람들이, 결국은 고작 열 마디 정도가 전부인 대문자 속에서 그 옛정의 표시를 더듬어 보게끔 되었다. 그리고 사실, 전보에서 쓸 수 있는 문구들은 곧 바닥이 드러나고 말기 때문에, 오랫동안의 공동생활이라든가, 공통으로 가지고 있는 애욕 같은 것들이 '잘 있소, 당신을 생각하며, 사랑하오.' 같은 상투적인 문구의 정기적 교환으로 급속히 축소되고 말았다.

우리 중에서도 몇몇은 그래도 편지를 쓰는 데 집착하고, 외부와 통신을 하려고 끊임없이 여러 수단을 궁리해보았으나 결국 실없는 짓이었음을 깨닫고 마는 것이었다. 비록 우리가 생각해낸 방법 가운데 몇 가지가 성공했다 하더라도, 답장을 받을 길이 없으니 우리는 아무것도 모를 수밖에 없었다. 우리는 몇 주일이나 같은 편지를 끊임없이 다시 쓰고, 똑같은 호소의 말을 다시 베껴 쓸 수밖에 없게끔 되어버린 나머지, 어느 시기가 지나자 우리의 마음에서 솟아나와 피가 뜨겁게 흐르던 말들도 완전히 그 의미를 잃어버렸다. 그러니 우리는 기계적으로 그것들을 베끼고, 그 뜻이 죽어버린 말들을 가지고 우리의 고달픈 삶의 신호를 나타내보려고 애쓰고 있었다. 그리고 마침내는 아무 반향도 없는데 기를 쓰고 내뱉는 독백이나, 벽에다 대고 주고받는 그 무미건조한 대화보다는, 전보문의 판에 박은 듯한 호소가 차라리 낫게 여겨지는 것이었다.

그런데 며칠이 지나서 아무도 이 도시에서 벗어날 수 없다는 것이 확실해지자, 사람들은 전염병이 발생하기 전에 시외로 나갔던 사람들의 귀가는 허락되는지 알아보고자 했다. 며칠 동안 고려한 뒤에, 현청은 그럴 수 있다는 답변을 했다. 다만 일단 돌아온 자는 어떤 경우에도 다시 시에서 나갈 수 없다고, 들어오는 것은 자유지만 다시 나갈 수는 없다는 것을 명백히 했다. 그런데도 역시, 적은 수의 몇몇 가정에서는 사태를 대수롭지 않게 생각한 나머지 가족을 만나고 싶다는 욕심이 모든 조심성보다 앞서게 되어, 가족들에게 이 기회를 이용하라고 권했다. 그러나 페스트의 포로가 되어버렸던 사람들은 자칫하면 자기네 가족을 위험에 빠트릴 수 있음을 곧 깨닫고, 이별을 참아내기로 결심했다. 질병이 가장 심각한 지경에 달했을 때 고문하는 듯한 죽음의 공포보다 인간적인 감정이 더 강했던 예는 단 한 건밖에 볼 수 없었다. 그것도 흔히 우리가 기대하듯 고통을 초월해서 서로가 서로에게 사랑만을 쏟아붓는 애인들의 경우가 아니었다. 그것은 오히려 아주 오랜 세월 동안 결혼생활을 해온 늙은 의사 카스텔과 그 부인의 경우였다. 카스텔 부인은 그 전염병이 돌기 며칠 전에 이웃 도시에 갔었다. 그들의 가정이 세상 사람들에게 모범적인 예로 보일 만큼 행복한 것도 아니었다. 그러므로 모든 가능성으로 보아서, 그 부부는 여태껏 자기들의 결혼이 만족스러운 것이라는 확신조차 없이 살아왔다고 서술자는 자신 있게 말할 수 있다. 그러나 갑작스럽게 시작된 별거생활이 끝 모르게 연장되면서부터 그들은 서로 떨어져선 살 수 없으며, 백일하에 문득 드러난 그 진실에 비긴다면 페스트 같은 것은 하찮은 것임을 확신하게 된 것이었다.

그것은 하나의 예외였다. 대부분의 경우, 별거 상태는 분명히 그 전염병이 사라져야 비로소 끝날 모양이었다. 그래서 우리 전체에게 있어서, 우리의 생활을 이루고 있던 감정, 더구나 우리가 잘 알고 있다고 생각했던 감정(오랑 시민들은, 전에도 말했지만 단순한 정열의 소유자들이다)이 전에는 몰랐던 새로운 면모를 드러내기 시작했다. 배우자를 퍽 끔찍이 믿어오던 남편들이나 애인들은 자신들의 질투심을 발견했다. 사랑을 가볍게 여긴다고 스스로도 인정하던 남자들이 다시 성실해졌다. 어머니 곁에 살면서 제대로 어머니를 마주보지도 않았던 아들들이, 그들의 기억 속에 되살아나는 어머니 얼굴의 주름살 하나에도 자기들의 모든 불안과 후회를 떠올리게 되었다. 어처구니없고 앞으로 예측도 할 수 없는 그 급작스러운 이별에 우리는 망연자실한 채 아직 그토록 가까우면서도 어느새 그토록 멀어져버린, 그리고 지금은 우리 하루하루의 삶을 가득히 차지하고 있는 그 존재의 추억을 뿌리칠 능력도 없어진 형편이었다. 사실 우리는 이중의 고통을 겪고 있었다—우선 우리 자신의 고통과, 다음으로는 자식이며, 아내며, 애인이며 여기에 없는 사람들이 겪으리라고 상상되는 고통이었다.

다른 경우였다면 우리 시민들도 좀더 외부적이고 좀더 적극적인 생활 속에서 탈출구를 발견할 수도 있었으리라. 그러나 페스트는 그들을 아무 할 일이 없게 만들었고, 그 침울한 도시 안에서 맴돌면서 하루하루 추억의 부질없는 유희에 빠지게 했다. 왜냐하면 목적도 없는 산책에서, 그들은 항상 같은 길을 또 지나가게 마련이었으며, 또 그렇게 작은 도시였으니만큼 대개 그 길은 지난날, 이제는 곁에 없는 사람과 같이 돌아다니던 바로 그 길이 되기 때문이었다.

이처럼, 페스트가 우리 시민들에게 가져다준 첫 번째 것은 귀양살이였다. 서술자가 느꼈던 것이 수많은 우리 시민들 또한 느꼈던 것인 만큼, 서술자는 자신이 그때에 느낀 바를 모든 사람의 이름으로 여기에 써도 무방하다고 굳게 믿는다. 사실, 그 귀양살이의 감정이야말로 그때 우리가 끊임없이 마음속에 지니고 있었던 공허함, 과거로 되돌아가거나, 혹은 그 반대로 시간의 흐름을 재촉하고만 싶은 구체적 감정, 어이없는 요구, 저 불타는 화살과도 같은 기억이었다. 이따금 우리는 상상이 뻗어가는 대로 마음을 맡긴 채, 집에 돌아오는 사람의 초인종 소리라든가 계단을 올라오는 귀에 익은 발소리를 심심풀이로 기다려보기도 하고, 그러는 동안에는 기차 운행이 정지되었다는 것을 잊어버리기로 마음먹기도 하고, 그리하여 저녁 급행으로 온 여객이 우리 동네에 도착함직한 시간에는 밖에 나가지 않고 집에서 기다리고 있도록 일정을 맞추어놓아 보기도 했지만, 물론 그런 장난이 오래갈 리 없었다. 기차가 오지 않는다는 사실을 확실히 깨닫게 되는 순간이 반드시 오고 마는 것이었다. 그때 우리는 우리의 이별이 앞으로도 계속될 운명에 있으며, 시간과 더불어 해결을 보도록 노력해야 된다는 것을 알고 있었다. 결국 우리의 감금 상태를 다시 깨닫고, 지나온 과거만 바라보고 지내는 수밖에 없게 되었다. 그러니 우리 가운데 몇몇이 미래를 내다보며 살고 싶은 유혹을 느끼는 일이 있다 해도, 그들은 공연한 상상을 믿었다가 마지막에 가서는 입고야 말 상처의 쓰라림을 느끼고서 되도록 빨리 그런 유혹을 뿌리쳐버렸다.

특히 시민들은 모두 이별의 기간이 얼마나 될지 헤아려보던 습관을 공공장소에서조차 아주 빨리 떨쳐버렸다. 왜냐하면 가장 비관적인 사람들이, 예를 들어서 그 기간을 6개월로 정하고 앞으로 그 6개월 간 닥쳐올 모든 고초를 미리 다 맛보고 나서, 가까스로 그러한 시련의 경지에 걸맞도록 용기를 불러 일으키고 그토록 오랜 세월에 걸친 고통 속에서도 꺾이지 않고 버티기 위해 마지막 힘을 내고 있었다고 해도, 때로는 우연히 만난 친구라든가, 신문에 실린 의견이라든가, 근거 없는 의혹이라든가, 혹은 불현듯 생기는 통찰이라든가 하는 것이 결국 그 전염병이 6개월 이상 가지 말라는 법도 없으며, 어쩌면 1년 또는 그 이상 갈지도 모른다는 생각을 하게 되고야 말 테니 말이다.

그럴 때 그들의 용기, 의지, 그리고 인내의 붕괴는 실로 급작스러워서 영원히 그 수렁에서 다시 기어나올 수 없으리라 여겨질 정도였다. 그래서 그들은 자기들이 해방될 날의 기한을 전혀 생각지 않고 이제는 더 이상 미래를 바라보지도 않은 채 항상 두 눈을 내리깔고 지내려 무척 애쓰고 있었다. 그러나 당연한 일이지만, 고통을 숨기려는, 그리고 투쟁을 거부하기 위해 경계를 포기하는 그러한 조심성과 방법은 과히 신통한 결과를 얻지 못했다. 그들은 어떤 대가를 치르고라도 피하고자 했던 그런 붕괴는 모면할 수 있었지만 그와 동시에, 앞으로 있을 재회를 마음에 그려봄으로써 페스트를 잊을 수 있는, 결국 자주 가질 수 있는 그 순간들을 갖지 못하게 되고 말았다. 그럼으로 해서 그들은 그 수렁과 절정의 중간에 좌초되어, 산다기보다는 차라리 정처 없이 떠돌면서 기약 없는 그날그날과 메마른 추억 속에 몸을 맡긴 채 고통의 대지 속에 뿌리를 박으려 승낙하지 않고서는 힘을 얻을 수 없는 방황하는 망령이었다. 그들은 이렇게 아무 도움도 안 되는 기억을 간직하고 살아가는 모든 유형수들의 깊은 고통을 맛보았다. 그들이 끊임없이 돌이켜 생각하던 그 과거조차도 후회의 쓴맛만 있을 뿐이었다.

사실 그들은 지금 자기들이 기다리고 있는 그 남자, 또는 그 여자와 아직 할 수 있었을 때 하지 못했던 것이 애석하게만 여겨지는 모든 것을, 가능하다면 그 과거에 덧붙여보고만 싶었을 것이다―마찬가지로 감옥이나 다름없는 자신들의 모든 생활 환경, 비교적 행복한 상황에서조차도 그들은 현재 자기 곁에 없는 사람들을 끼워 넣어 생각하고 있었다. 따라서 그때 그대로의 상태로는 그들을 만족시킬 수 없었다. 자기 자신들의 상황에 진저리가 나고 과거와도 원수가 되었으며, 미래마저 박탈당한 우리는 마치 인간적인 정의나 증오 때문에 철창 속에 갇힌 신세가 되어버린 사람들과 똑같았다. 결국 그 견딜 수 없는 휴가에서 벗어나는 유일한 방법은 상상을 통해서 다시 기차를 달리게 하고, 악착같이 침묵만 지키고 있는 초인종을 연거푸 울리게 함으로써 기간을 가득 채우는 것뿐이었다.

그러나 귀양살이라 해도 대부분 자기 집에서 귀양살이를 하는 것이었다. 서술자는 모든 사람들에게 공통된 귀양살이밖에는 겪어보지 못했지만, 이와 반대로 신문기자 랑베르나 그 밖의 사람들 같은 경우를 잊어서는 안 된다. 페스트의 내습을 받고 이 도시에 억류된 여행자인 그들은 만날 수 없는 사람뿐만 아니라 자기들의 고장과도 멀리 떨어져 있게 됨으로써 이별의 고통이 더욱 커졌던 것이다. 전반적인 귀양살이 속에서 그들은 특히 중형의 유형수였다. 왜냐하면 그들은 모든 사람들과 마찬가지로 시간이 야기시키는 특유의 고통에 시달리고 있는 동시에 공간에도 묶여, 페스트에 감염된 그 객지와 잃어버린 그들의 고향땅을 갈라놓는 그 벽에 쉴 새 없이 부닥치고 있었던 것이다. 먼지투성이 시가지를 종일토록 헤매고 다니면서 자기들만이 아는 저녁과 자기들 고장의 아침을 소리없이 외쳐 부르고 있는 사람들은 틀림없이 그런 사람들일 것이다. 제비 떼가 나는 모습이며, 해질녘에 엉그는 이슬방울이며, 또는 간혹 인적 없는 거리에 태양이 뿌려놓는 그 야릇한 광선들처럼, 뜻을 헤아릴 수 없는 여러 가지의 징조들과 이해할 수 없는 메시지들로 그들의 고뇌는 날로 커가고 있었다. 항상 모든 것으로부터 구원해줄 수 있는 것이 바깥 세계인데 그들은 오히려 바깥 세계에는 눈을 감은 채 너무나도 생생하게만 느껴지는 꿈만을 어루만지고, 그 어떤 광선과 언덕 두셋과 마음에 드는 나무와 여자들의 얼굴이 그들에게 그 무엇으로도 바꿀 수 없는 풍토를 이루는 고향땅의 영상에 한사코 매달리는 것이었다.

가장 흥미롭고, 또 아마도 서술자가 이야기하기에 가장 적절한 입장에 있는 애인들에 관해 좀더 구체적으로 이야기하고자 한다. 그들은 다른 여러 가지 고민들로 인해 괴로워하고 있었는데, 그중 하나로 후회를 들지 않을 수 없다. 이번 사태로 사실 그들은 스스로의 감정을 일종의 열에 들뜬 객관성을 가지고 고찰할 수 있게 되었던 것이다. 그리고 그런 기회를 통해 자신의 실수들이 그들 자신의 눈에 뚜렷이 드러나 보이지 않는 경우란 거의 드물었다. 그것은 우선 지금 자기 곁에 없는 사람의 행동거지를 정확히 상상하기가 곤란하다는 점에서 자신의 실수를 깨닫는 첫 기회가 되었다. 그래서 그들은 사랑하는 사람이 시간을 어떻게 보내는지 자신이 전혀 모른다는 점이 후회스러웠다. 그들은 그런 것을 물어보는 일을 게을리 했고, 사랑하는 사람에게 있어서 자기 애인의 소일 방법이 모든 기쁨의 원천은 아니라고 믿었던 척했던 경솔함을 자책하는 것이었다. 거기서부터 자신들의 사랑의 역사를 거슬러 올라가서 그것이 불완전했던 점을 검토하기는 쉬웠다.

평상시에 우리는 누구나 의식적이건 무의식적이건 간에 사랑이란 예상 밖의 위력을 발휘할 수 있다는 것을 알고 있었지만 또한 우리의 사랑이 보잘것 없다는 것도 조금은 담담한 태도로 인정하고 있었다. 그러나 추억이란 더 제멋대로이다. 그리고 극히 당연한 결과지만, 외부로부터 우리에게 달려들어서 도시를 덮친 그 불행은 우리로서는 분노를 금치 못할 그 부당한 고통을 우리에게 끼치는 데만 그치지 않았다. 그것은 또한 우리로 하여금 괴로워하도록, 그리하여 우리 스스로 그 고통에 동의하도록 만들어버렸던 것이다. 그것이 바로 우리의 관심을 딴 곳으로 돌리면서 그 저의를 은폐하는 이 질병의 상투적인 수단들 중 하나였다.

이처럼 우리 각자는 그날그날 하늘만 마주 보며 고독하게 살아가기를 감수해야만 했다. 그 전반적인 포기 상태는 결국에 가서는 사람들의 성격을 단련시킬 수도 있었지만 오히려 사람들을 줏대 없게 만들어놓기도 했다. 예를 들어서 몇몇 시민들은 또 다른 노예 상태에 빠져 해가 나거나 비가 오면 그에 따라 마음이 변하게 되었다. 그들의 표정을 보면 태어나 처음으로, 그것도 바로 날씨에 대해 반응을 보이는 것 같았다. 그들은 그저 황금빛 햇빛이 비치기만 해도 즐거워했다가, 반대로 비오는 날이면 그들의 표정과 생각은 두꺼운 베일에 싸이는 것이었다. 몇 주일 전만 해도 그들은 그런 허약함이나 어처구니없는 노예 상태에 빠지지 않았는데, 그것은 자기들 혼자만이 고독하게 세계와 대면하고 있는 것이 아니라 어떤 의미에서는 그들과 함께 살고 있는 사람이 그들의 세계 앞에 놓여 있었기 때문이었다. 그런데 이제부터 그들은 아무리 보아도 하늘의 변덕에 좌우되는 형편이 되고 만 것 같았다. 즉, 이유 없이 괴로워하거나 희망을 품는 것이었다.

그러한 극도의 고독 속에서 결국 아무도 이웃의 도움을 바랄 수는 없었기에 제각기 혼자서 저마다의 근심에 잠겨 있었다. 만약 우리 가운데 누가 우연히 자기 내심을 털어놓거나 어떤 감정을 표현해도, 그 사람이 받을 수 있는 대답은 무엇이건 간에 대개는 마음을 아프게 하는 대답이었다. 그래서 그 사람은 상대방과 자기가 같은 이야기를 하지 않았음을 알게 되는 것이었다. 사실 그는 오래도록 되새기고 괴로워하던 끝에 그 심정을 표현한 것이었으며, 그가 상대방에게 전달하고자 한 이미지는 기대와 정열의 불 속에서 오래 익힌 것이었다. 그와 반대로 상대방은 습관적인 감동이나 시장에 가면 살 수 있을 상투적인 괴로움이나 판에 박은 감상을 마음에 그리는 것이었다. 호의에서건 악의에서건 그 응답은 언제나 빗나가는 것이었기 때문에 단념하는 수밖에 없었다. 그렇지 않으면 적어도 침묵이 더 이상 견딜 수 없게 느껴지는 사람들의 경우, 남들이 정말 마음에서 우러나오는 말을 쓸 줄 모르게 된 이상 자기들도 차라리 시장에 굴러다니는 말로 쓰고, 그들 역시 상투적인 방식으로 단순한 이야기나 잡보, 이를테면 일간신문의 기사 비슷한 말투로 이야기하고 마는 것이었다. 그 경우에도 가장 절실한 슬픔이 흔해빠진 대화의 상투적 표현으로 변해버리기 일쑤였다. 페스트의 포로가 된 사람들은 바로 그런 대가를 치르고서야 겨우 아파트 수위의 동정이나 옆사람들의 관심을 끌 수가 있었다.

그러나(이 점이 가장 중요한 것이지만) 그 고뇌가 아무리 쓰라린 것이라도, 텅 비어 있으면서도 무거운 그 마음이 아무리 견디기 어려운 것이라도, 그 유형수들은 페스트의 제1기에는 그래도 특권층에 속한 셈이었다. 사실 시민들이 냉정을 잃기 시작한 바로 그 순간에 그들의 생각은 완전히 자기들이 기다리는 사람에게로만 쏠려 있었다. 전반적인 낙담 속에서 사랑의 이기주의가 그들을 지켜주고 있었다. 또 페스트 생각을 하기는 했지만 그것은 단지 페스트로 인해서 자기들의 이별이 끝도 없이 계속될까 봐 염려된다는 점에 한한 것이었다. 이처럼 그들은 전염병이 한창 기승을 부리는 가운데서도, 자칫 냉정함이라고 착각될 정도로 건전한 여유 같은 것을 누리고 있었던 것이다. 그들의 절망감은 그들을 공포로부터 건져주었고, 그들의 불행에는 좋은 점도 제공했다. 예를 들면, 그들 가운데 누가 병으로 목숨을 잃는다고 해도, 대개의 경우 본인은 그것을 경계할 시간적 여유도 없이 그렇게 되었다. 눈앞에 있지도 않는 그림자 같은 존재를 상대로 계속해온 기나긴 마음속의 대화로부터 끌려 나오는 즉시 그는 다짜고짜 가장 무거운 침묵만이 전부인 흙 속으로 내던져지는 것이었다. 그는 앞뒤 돌아볼 시간의 여유도 전혀 없었다.

우리 시민들이 그 갑작스러운 귀양살이와 타협해보려고 노력하는 동안 페스트는 문마다 보초병을 서게 만들었고, 오랑을 향해 항해중이던 선박들의 뱃머리를 돌리게 했다. 시의 폐쇄 이후 한 대의 차량도 시내에 들어오지 않았다. 그날부터 자동차들은 시내를 돌고 있는 듯한 느낌이었다. 신작로의 높은 곳에서 바라다보는 사람들의 눈에는 항구도 이상한 모습으로 보였다. 그곳을 연안에서 가장 번화한 항구의 하나로 만들어주던 종래의 활기는 갑자기 사라져 있었다. 검역중인 선박들이 아직도 거기에 있는 것이 보였다. 그러나 부두에는 일손을 놓은 커다란 기중기들, 뒤집어놓은 소화물 운반차, 열을 지어 한적하게 쌓여 있는 술통이며 부대 같은 것들이, 무역 역시 페스트로 죽어버리고 말았다는 사실을 뚜렷이 말해주고 있었다.

그런 익숙지 않은 광경인데도, 우리 시민들은 자기들에게 닥쳐오고 있는 것이 무엇인지 잘 이해하지 못하고 있었다. 이별이라든가 공포라든가 하는 공통된 감정은 있었지만, 사람들은 여전히 개인적인 관심사를 무엇보다도 더 중요하게 여기고 있었다. 아직 아무도 그 질병을 현실적으로 인정하지 않았던 것이다. 대부분은 자기들의 습관을 방해하거나 자기들의 이해관계에 해를 끼치는 것에 대해서 특히 민감했다. 그래서 그들은 애도 태우고 화도 내고 했지만, 그런 것이 결코 페스트와 맞설 수 있는 감정은 아니었다. 예를 들어서, 그들의 최초의 반응은 행정당국에 죄를 뒤집어씌우는 것이었다. 신문이 여론을 반영한 여러 가지의 비판(강구된 조치의 완화를 고려할 수는 없는가?)에 대한 지사의 답변은 자못 예상 밖의 것이었다. 지금까지 신문들이나 랑스도크 통신사는 병세에 관한 통계의 공식적인 통보를 받지 못했었다. 이제 지사는 통계를 매일매일 통신사에 통지해주면서, 매주 그것을 보도해달라고 의뢰해 왔다.

그러나 거기에 대해서도, 역시 일반 사람들의 반응이 바로 나타나지는 않았다. 사실 페스트가 발생한 지 3주일 만에 302명의 사망자가 났다는 보도는 사람들의 상상력에 큰 호소력을 발휘하지 못했다. 한편으로 생각하면, 아마 그 모두가 페스트로 죽은 것은 아닐지도 모른다. 또 한편, 여느 때 그 도시에서 한 주에 몇 사람이 사망하는지를 아는 사람이라곤 아무도 없었다. 그 도시의 인구가 20만이나 되니 말이다. 사람들은 그 정도의 사망률이 정상적인 것인지 아닌지도 몰랐다. 그것은 뚜렷한 이해관계가 걸려 있는데도 결코 사람들이 정확하게 알려고 관심을 기울이는 법이 없는, 바로 그런 성질의 것이다. 대중들은 말하자면 비교의 기준치를 갖고 있지 않았던 것이다. 한참 지난 뒤 그 동안의 사망자 수의 증가가 확실해졌을 때에는 비로소 여론도 진실을 확실히 이해한 것이다. 제5주에는 321명, 제6주에는 345명의 사망자가 나왔다. 적어도 그 증가율은 사태를 명백히 말해주고 있었다. 그러나 그같은 사망자의 증가도 충분하지 못했는지 시민들은 그 불안의 한복판에서도, 그것은 분명히 가슴 아픈 사건임에는 틀림없지만, 그래도 결국은 일시적인 것이라는 인상을 여전히 가지고 있었다.

그리하여 이들은 여전히 거리로 나와 돌아다녔고, 카페의 테라스에 앉아 있었다. 전체적으로 말해서, 그들은 무기력하지 않았고 한탄보다 농담을 더 많이 주고받았으며, 일시적인 것이 분명한 그 불편을 자연스럽게 받아들이자는 눈치였다. 어쨌든 겉보기에는 그대로 유지되고 있었다. 그러나 월말이 가까워지자, 그리고 좀더 나중에 얘기하게 될 기도 주간 동안에, 더 심각한 여러 가지 변화들이 우리 시의 모습을 바꾸어놓았다. 무엇보다도 먼저 지사는 차량의 운행과 식량 보급에 관한 조치들을 취했다. 식량의 보급이 제한되고, 휘발유는 배급제로 되었다. 심지어 전력의 절전까지도 실시되었다. 생활필수품만은 육로 또는 공로로 오랑에 들어왔다. 이렇게 하여 차량의 운행은 점차로 줄어들다가 마침내는 거의 사라지고, 사치품 가게들은 나날이 문을 닫게 되었으며, 다른 가게들도 진열창에 품절되었다는 쪽지를 붙이게 되었지만, 각 가게의 문 앞에는 손님들이 줄을 지어 늘어서 있었다.

오랑 시는 이렇게 이상한 모습으로 변했다. 보행자들의 수는 눈에 띄게 늘었으며, 심지어 대낮의 한산한 시간에도 가게의 휴업이나 몇몇 사무실들의 휴무로 할 일이 없어진 많은 사람들이 거리와 카페에 넘쳐나고 있었다. 아직까지는 그들은 실업자가 아니라 휴가를 얻은 것뿐이었다. 그래서 예를 들어 오후 3시쯤, 그리고 밝은 하늘 밑에서 오랑 시는, 공개적인 행사를 벌이느라고 교통을 차단하고 가게의 문을 닫은 채 시민들이 거리를 메우며 쏟아져 나와 즐거운 잔치에 참가하고 있는 축제의 도시와도 같은 착각을 불러일으키고 있었다.

물론 영화관들은 그 휴가를 이용해서 큰돈을 벌었다. 그러나 현 내에 들어오고 있었던 필름 배급이 중단되었다. 2주일 뒤에는 영화관들이 필름을 서로 교환할 수밖에 없게 되었고, 또 얼마 뒤에는 마침내 영화관마다 항상 똑같은 영화를 상영하게 되고 말았다. 그래도 영화관의 수입은 줄어들지 않았다.

끝으로, 포도주와 알코올 음료의 매매가 제일인 도시이고 보니, 전부터 비축되었던 상당수의 재고품 덕분으로 카페들 역시 손님들의 수요를 충족시킬 수 있었다. 사실, 사람들은 엄청나게 마셔댔다.

어느 카페에서, '양질의 술은 세균을 죽인다'라는 광고문을 써 붙이자, 알코올이 전염병을 예방해준다는 것이 세간에 이미 상식처럼 여겨져오던 터라, 그런 생각은 더욱 확고하게 사람들의 뇌리에 박히게 되었다. 매일 밤 2시쯤 되면 카페에서 쏟아져 나오는 상당히 많은 주정꾼들이 거리를 가득 메우면서 서로 낙관적인 애기들을 주고받는 것이었다.

그러나 이 모든 변화들은 어떤 의미에서는 너무 유별났고, 또 너무나 재빨리 이루어진 까닭에, 그것이 정상적이고 지속성 있는 것이라고 생각하기가 쉽지 않았다. 그 결과 우리는 여전히 우리의 개인적인 감정들을 제1의 관심사로 여기고 있었다.

시의 문들이 폐쇄된 지 이틀 뒤, 의사 리외는 병원에서 나오는 길에 코타르를 만났는데, 그는 매우 만족스러워 보였다. 리외는 그에게 얼굴이 좋아졌다고 축하했다.

"그래요, 요새는 건강이 아주 좋습니다." 그 몸집이 작은 사내가 말했다. "그런데 선생님, 그놈의 페스트가 거 참! 점점 심각하게 되어 가는데요."

의사는 그것을 인정했다. 그러나 코타르는 거의 유쾌해하는 듯한 어조로 단정을 내렸다.

"이제 와서 가라앉을 리가 없습니다. 모든 것이 뒤죽박죽이 될 걸요."

그들은 잠시 함께 걸었다. 코타르는 자기 동네의 어떤 큰 식료품상이 비싸게 팔아먹을 생각으로 식료품을 비축해 두고 있었는데, 발병한 그 사람을 병원으로 데려가려고 사람들이 왔다가 침대 밑에 쌓여 있는 그 통조림 깡통들을 발견했다는 얘기를 했다.

"그대로 병원에서 죽었지요. 페스트에 걸려들면 밑천도 못 건지죠."

이처럼 코타르는 사실인지 거짓말인지는 모르나 전염병에 관한 이야기를 많이 했다. 예를 들면, 시내 중심가에서 어느 날 아침에 페스트 증세를 보이는 어떤 남자가 병 때문에 머리가 이상해졌는지 밖으로 뛰쳐나가 무턱대고 처음 만나는 여자에게 달려들더니 그 여자를 꼭 껴안으면서, 자기는 페스트에 걸렸다고 외치더라는 것이었다.

"그럼요!" 그러한 단정과는 어울리지 않는 상냥한 어조로 코타르는 덧붙였다. "우리는 모두 미치고 말 거예요. 틀림없어요."

마찬가지로 그날 오후에 조제프 그랑이 드디어 자기의 개인적인 속내 이야기를 의사 리외에게 털어놓았다. 그는 책상 위에 있던 리외 부인의 사진을 보더니 의사를 바라보았다. 리외는 자기 아내가 시외의 딴 곳에서 요양중이라고 말해주었다.

"어떤 의미에서," 그랑은 이렇게 말했다. "운이 좋았군요."

의사는 어쩌면 그게 다행일지도 모르며, 그저 아내의 쾌유를 비는 도리밖에 없다고 대답했다.

"이해가 갑니다." 그랑이 중얼거렸다.

그러고는 리외가 그를 알게 된 뒤 처음으로, 그는 마음을 터놓고 이야기하기 시작했다. 아직 말을 찾느라고 애쓰는 눈치였지만, 거의 그때그때 적합한 말들을 찾아내는 데 성공했다. 마치 오래전부터 생각해 둔 것 같은 투였다.

그는 이웃에 사는 처녀와 아주 젊을 때 결혼을 했다. 공부를 집어치우고 취직하게 된 것도 바로 결혼을 하기 위해서였다. 잔도 그도 동네 밖으로 나가본 일이 없었다. 그는 잔을 보러 그녀의 집을 찾아가곤 했었고, 잔의 부모님은 이 말없고 서투른 구혼자를 약간 비웃곤 했다. 그녀의 아버지는 선로인부였다. 일이 없을 때는 항상 창가 구석에 앉아, 큼직한 두 손을 허벅다리에 척 얹고 생각에 잠긴 채 거리를 바라보고 있었다. 어머니는 언제나 살림에 매달려 있었고, 잔이 어머니를 거들었다. 잔은 어찌나 몸이 가냘프던지, 그랑은 그녀가 길을 건너갈 때면 아슬아슬해서 볼 수가 없었다. 그럴 때면 차량들이 비정상적일 만큼 커 보였다. 어느 날, 크리스마스 선물을 파는 가게 앞에서 진열창을 바라보면서 잔은 감탄한 나머지 "아름다워!" 하면서 그랑에게 몸을 기대었다. 그는 그녀의 손목을 꽉 쥐었다. 이렇게 해서 그들의 결혼이 결정되었다.

그랑의 말에 의하면, 나머지 이야기는 아주 단순한 것이었다. 모든 사람의 경우가 다 그렇다. 즉 결혼하고, 계속해서 또 좀 사랑하고 일을 한다. 사랑한다는 사실을 깜박 잊어버릴 정도로 일을 한다. 잔도 다시 일을 했는데, 국장이 그랑에게 한 약속이 이행되지 않았기 때문이었다. 그 대목에서 그랑이 말하고자 하는 바를 이해하려면 어느 정도 상상력이 필요했다. 피로해진 탓도 있고 해서 그는 무심한 사람이 되었고, 점점 더 말이 적어졌으며, 젊은 아내로 하여금 사랑 받고 있다는 생각을 하도록 계속 이끌어나가지 못했다. 일하는 남자, 가난, 서서히 막혀가는 장래, 식탁에 앉아도 할 말이 없는 저녁때의 침묵, 그런 세계에 정열적 사랑이 파고들 여지란 없다. 아마 잔은 고민했을 것이다. 그래도 그녀는 그곳에 남았다. 사람은 고통을 고통인 줄도 모른 채 오랫동안 괴로워하는 일이 흔히 있는 법이니 말이다. 몇 해가 지난 뒤 그녀는 떠나고 말았다. 물론 떠나갔을 때 혼자는 아니었다. '나는 당신을 무척 사랑했어요. 그렇지만 이제는 나도 피곤해요……. 떠나는 것이 행복하지는 않아요. 하지만 꼭 행복할 필요는 없으니까요.' 이것이 대략, 그녀가 남긴 편지의 내용이었다.

이번에는 조제프 그랑이 고민했다. 리외가 지적했듯이 그 역시 새출발을 할 수 있었을 것이다. 그러나 문제는 자신이 없다는 점이었다. 그는 여전히 아내 생각만 하고 있었다. 그가 바라는 것이 있다면 아내에게 편지나 한 장 써 보내서 변명을 하는 것이었다.

"그러나 그게 어렵더군요." 그가 말했다. "꽤 오랫동안 생각했습니다. 서로 사랑하고 있을 때는 말을 안 해도 서로를 이해할 수 있었어요. 그러나 사람이란 항상 사랑하지는 못하죠. 적당한 시기에 아내를 붙들어둘 수 있는 좋은 말들을 생각해냈어야 했는데 그러질 못했습니다." 그랑은 체크 무늬가 새겨진 손수건 비슷한 헝겊에 코를 풀었다. 그러고는 이번에는 콧수염을 닦았다. 리외는 가만히 그 모습을 바라보았다.

"실례했습니다, 선생님." 그렇게 그 늙은이는 말했다. "하지만 뭐랄까요?

……나는 선생님을 믿습니다. 선생님이라면 이야기를 할 수 있습니다. 그냥 그렇게 되는군요……."

분명히 그랑은 페스트와는 천 리나 멀리 떨어져 있었다.

그날 저녁 리외는 아내에게 전보를 쳐서 시가 폐쇄되었으며 자기는 잘 있고, 계속 몸조리를 잘 하길 바라며, 그리고 그녀를 생각하고 있다고 말했다.

시의 문들이 폐쇄된 지 3주일 뒤에, 리외는 병원에서 나오다가 자기를 기다리고 있는 어떤 젊은 남자를 만났다.

"아마 저를 기억하시리라 생각하는데요." 그 젊은이가 말했다.

리외는 알 것 같기도 했지만 머뭇거렸다.

"이런 일이 있기 전에 찾아왔었지요." 그가 말했다. "아랍인들의 생활상에 관한 말씀을 들어보려고 말입니다. 제 이름은 레몽 랑베르입니다."

"아! 그랬었죠." 리외가 말했다. "그러면 이제는 훌륭한 특종 기삿거리를 얻은 셈이겠군요."

그 사나이는 신경질적인 모습이었다. 사실은 기삿거리 때문이 아니라 의사 리외에게 한 가지 부탁을 하러 왔다는 것이었다.

"죄송합니다." 그는 말을 덧붙였다. "하지만 저는 이 도시에 아는 사람이라고는 아무도 없고, 우리 신문사의 주재원은 불행하게도 멍텅구리예요."

리외는 시내 중심가에 있는 어떤 진료소까지 같이 걸어가자고 했다. 몇 가지 지시를 전할 일이 있었기 때문이다. 그들은 흑인 거리의 골목길을 걸어 내려갔다. 저녁때가 가까워오고 있었으나, 전 같으면 이맘때에는 그렇게도 떠들썩하던 시내가 기이하게도 적적해 보였다. 아직도 황금빛으로 물들어 있는 하늘에 울려 퍼지는 나팔 소리만이 군인들이 직무를 수행하고 있다는 기색을 말해주고 있었다. 그러는 동안 가파른 길을 따라 무어식 가옥들의 푸른 벽, 붉은 벽, 자주색 벽들 사이를 걸어가면서, 랑베르는 몹시 흥분해서 말했다. 그는 아내를 파리에 두고 왔다. 사실 정식 아내는 아니었지만, 아내나 마찬가지였다. 시가 폐쇄되자 그는 곧 아내에게 전보를 쳤다. 처음에는 그저 일시적인 것이려니 하고 편지 왕래나 할 방도를 궁리하고 있었던 것이다. 오랑의 동료 기자들은 자기들로서는 아무 방도가 없다고 말했고, 우체국에서는 상대도 하지 않고, 현청의 한 서기는 그에게 콧방귀를 뀌었다. 마침내 그는, 두 시간이나 줄을 서서 기다린 끝에 '만사 순조로움. 곧 다시 봄시다'라고 쓴 전보를 한 장 접수시킬 수가 있었다.

그러나 아침에 잠자리에서 일어났을 때, 얼마 동안이나 이 사태가 계속될 는지 알 수가 없다는 생각이 문득 머리에 떠올랐다. 그는 떠나기로 결심했다. 그는 소개장을 갖고 있었으므로(직업이 기자이고 보니 여러 가지 편의가 있다) 현청의 비서실장과 접촉할 수가 있어서, 그에게 자기는 오랑과는 아무런 관계도 없으며, 여기에 머물러 있을 수도 없고, 우연히 여기에 있었을 뿐, 일단 나가서 격리 수용되는 한이 있더라도 어쨌든 퇴거를 허가해주는 일이 마땅하리라고 말했던 것이다. 비서실장은 이에 대해서, 잘 알아듣겠으나 예외를 만들 수는 없다, 검토는 해보겠지만 사태가 중대하니만큼 선뜻 어떤 결정도 내릴 수 없다고 대답했다는 것이다.

"그러나 어쨌든," 랑베르는 말했다. "나는 이 도시와 아무 상관이 없습니다."

"아마 그렇겠죠. 그러나 어쨌든 전염병이 오래 계속되지 않기를 피차에 바랄 뿐입니다."

결국 그는 랑베르를 위로하면서, 오랑에서 흥미 있는 기삿거리를 얻게 될지도 모르는 일이고, 무슨 일이든 간에 잘 살펴보면 반드시 좋은 면이 있는 법이라고 말해주었다. 랑베르는 어깨를 으쓱했다. 그들은 시가의 중심지에 도착했다.

"어리석은 일입니다, 선생님. 저는 기사를 쓰려고 세상에 태어난 것은 아닙니다. 그보다는 오히려 어떤 여자하고 살기 위해서 세상에 태어났을지도 모릅니다. 그쪽이 더 어울리는 얘기가 아닙니까?"

어쨌든 그쪽이 더 이치에 맞을 것 같아 보인다고 리외는 말했다.

중심가의 큰길에도 여느 때와 같은 군중은 볼 수 없었다. 몇몇 통행인들이 먼 집을 향해서 서둘러 가고 있을 뿐이었다. 누구 하나 웃는 사람도 볼 수 없었다. 그것은 그날 발표된 랑스도크 통신사의 보도가 가져온 결과라고 리외는 생각했다. 24시간이 지나면 우리 시민들은 다시 희망을 갖기 시작할 것이다. 그러나 그 당일에는, 그들의 기억 속에 너무나 생생한 통계 숫자들이 지워지지 않고 남아 있었던 것이다.

"그런데," 랑베르가 느닷없이 말했다. "그녀와 나는 만난 지 얼마 안 됐지만 서로 마음이 잘 맞았거든요."

리외는 아무 말도 하지 않았다.

"선생님께 관심도 없는 얘기를 늘어놓았군요." 랑베르가 말을 이었다. "저는 단지 선생님께, 제가 그 고약한 병에 걸리지 않았다는 것을 확인하는 증명서를 한 장 써주실 수 없는지 여쭈어보고 싶었던 것뿐입니다. 그렇게 해주신다면 도움이 될 것 같습니다."

리외는 고개만 끄덕였다. 그는 자기 다리 사이로 뛰어든 어느 사내아이를 안아서 사뿐 일으켜 세워주었다. 두 사람은 다시 발걸음을 옮겨서 연병장까지 왔다. 무화과나무와 종려나무 가지들이 먼지에 싸여 더러워진 공화국의 여신상 주변에 먼지를 푹 뒤집어쓴 채 조용히 늘어서 있었다. 그들은 그 기념상 아래에 멈추어 섰다. 리외는 뿌연 먼지로 뒤덮인 신발을 한 짝씩 차례로 땅에 탁탁 치며 털었다. 그는 랑베르를 바라보았다. 펠트 모자를 좀 뒤로 젖혀 쓰고, 넥타이 아래 와이셔츠 깃의 단추를 풀어 헤친 채 수염도 제대로 깎지 않은 그 신문기자의 표정은 무뚝뚝하고 뿌루퉁해 보였다.

"잘 알겠습니다." 마침내 리외가 말했다. "그러나 선생의 말을 옳다고 할 수는 없습니다. 나는 그 증명서를 써드릴 수가 없습니다. 왜냐하면 사실 나는 선생이 병에 걸려 있는지 어떤지도 모를 뿐더러, 비록 걸리지 않았다 하더라도 내 진찰실을 나가는 순간부터 현청에 들어가는 순간까지 전염이 안 된다고 증명할 수는 없으니까요. 비록……."

"비록?" 랑베르가 말했다.

"비록 내가 그 증명서를 써드린다 해도 아무런 도움도 안 될 것입니다."

"어째서요?"

"왜냐하면 이 도시에는 선생과 같은 사람들이 수천 명이나 있고, 그런데도 당국은 그 사람들을 내보내주지 않으니까요."

"페스트에 안 걸린 사람들도요?"

"그것은 충분한 이유가 못 됩니다. 참 어리석은 이야기지요. 나도 잘 압니다. 하지만 그건 우리 모두에게 관계되는 문제입니다. 현실을 있는 그대로 받아들여야 합니다."

"하지만 나는 이 고장 사람이 아닌데요!"

"지금부터는 유감입니다만, 선생도 이 고장 사람입니다. 다른 모든 사람들처럼 말입니다."

랑베르는 흥분했다.

"이건 그야말로 인도적인 문제입니다. 서로 마음이 잘 맞아서 살고 있는 두 사람에게 이런 이별이 어떤 것인지 아마 선생님께서는 이해하지 못하실 겁니다."

리외는 곧바로 대답할 수 없었다. 그러다가 그는 자기도 그걸 잘 이해하고 있다고 말했다. 그는 랑베르가 아내와 다시 만나게 되고, 서로 사랑하는 사람들 모두가 다시 결합하게 되기를 진심으로 원하는 바이지만, 포고와 법률이 있고 페스트가 있으니, 자기의 역할은 마땅히 해야 할 일을 완수하는 것이라고 말했다.

"아니지요." 랑베르가 씁쓸한 듯이 말했다. "선생님은 이해하지 못하세요. 선생님 말씀은 이성에서 나오는 말씀이지요. 선생님은 추상적인 세계에 계십니다."

의사는 공화국의 여신상 위로 눈을 치켜떴다. 그러고는 자기의 말이 이성에서 나오는 것인지 어떤지는 모르지만, 어쨌든 자기는 자명한 이치에서 나오는 말을 하고 있는 것이며, 그것이 반드시 같은 것은 아니라고 말했다. 랑베르는 넥타이를 바로 했다.

"그러면 달리 어떻게 해보란 말씀이신가요?" 그는 도전적인 어조로 말을 이었다. "어쨌든 나는 이 도시에서 나가고 말 것입니다."

의사는 이번에도 이해할 수는 있지만 그런 일은 자기와는 무관하다고 말했다.

"아니, 선생님과 관계가 있는 일이지요." 갑자기 발끈 화를 내며 랑베르가 말했다. "내가 선생님을 찾아뵌 것도 이번 결정에 선생님의 역할이 컸다는 말을 들었기 때문입니다. 그러니 적어도 한 건쯤이야, 스스로 만든 조항인 만큼 좀 손을 써주실 수 있으리라고 생각했어요. 그러나 선생님은 아무래도 상관이 없으시군요. 선생님은 남의 일은 생각해보지도 않으셨군요. 생이별을 한 사람들에 대해서는 생각해보지도 않으셨어요."

리외는, 어떤 의미에서는 그 말이 사실이고, 그런 것들을 고려해 보려고 하지 않았다는 것을 인정했다.

"아! 알겠어요." 랑베르가 말했다. "그러니까 사회 전체를 위한 일이라는 말씀이시죠. 그러나 공공복지도 개개인의 행복으로 만들어지는 것입니다."

"어쩔 수 없어요." 의사는 딴 생각을 하다가 깨어난 듯이 말했다. "이 세상에는 그런 점도 있고 또 다른 점도 있지요. 속단해선 안 됩니다. 그러나 그렇게 화내시는 것은 잘못됐습니다. 만약 선생이 이 난관에서 벗어날 수 있다면 나는 정말로 기쁘겠습니다. 단지 나로서는 직무상 해서는 안 될 일이 있으니까요."

랑베르는 초조한 듯이 머리를 흔들었다.

"그렇죠, 화를 낸 것은 잘못입니다. 그리고 이렇게 시간을 너무 끌어서 죄송합니다."

리외는, 앞으로 랑베르가 하는 일이 어떻게 되어가는지 알려줄 것과 자기를 원망하지 말아줄 것을 당부했다. 그들이 서로 일치할 수 있는 면이 확실히 있다는 것이었다. 랑베르는 갑자기 난처해진 모양이었다.

"저도 그렇게 생각합니다." 잠깐 사이를 두고 그가 말했다. "저 자신이나 선생님이 제게 말씀하신 모든 것에도 불구하고 그러리라는 생각이 듭니다."

그는 말을 머뭇거렸다.

"그러나 저는 선생님이 옳다고는 생각할 수 없습니다."

그는 모자를 깊숙이 눌러 쓰고 빠른 걸음으로 가버렸다. 리외는 장 타루가 묵고 있는 호텔로 그가 들어가는 것을 보았다.

잠시 후, 의사는 고개를 흔들었다. 그 신문기자의 행복에 대한 조바심에도 일리가 있었다. 그러나 그가 자신을 비난한 것은 정당했던가? '선생님은 추상적인 세계에 살고 있습니다.' 페스트가 더욱 퍼져서 일주일에 사망 환자 수가 평균 500명에 달하고 있는 병원에서 보낸 그날들이 과연 추상적이었을까? 그렇다, 불행 속에는 추상적이고 비현실적인 일면이 있다. 그러나 추상이 우리를 죽이기 시작할 때에는 정신을 바짝 차리고 그 추상과 대결해야 한다. 다만 리외는 그것이 그리 쉬운 일이 아니라는 것을 알고 있을 뿐이다. 예를 들어서, 그가 책임을 맡고 있는 그 임시병원(이제는 셋이 됐다)을 관리하기란 결코 쉽지 않았다. 그는 진찰실이 마주 보이는 방에 접수실을 꾸미게 했다. 땅을 파서 크레졸액을 탄 물을 채워 못을 만들고, 그 가운데에는 벽돌로 작은 섬을 만들어놓았다. 환자가 그 섬으로 운반되면 재빨리 옷을 벗기고 옷은 물 속에 떨어지는 것이었다. 몸을 씻고 잘 말리고, 꺼슬꺼슬한 병원용 내의로 갈아입혀진 환자는 리외의 손으로 넘어왔다가 다음에는 병실로

운반되는 것이었다. 부득이 어떤 학교의 실내체육관까지 이용하게 되었는데, 지금 그 속에 갖추어 놓은 모두 500개나 되는 침대는 거의 전부가 환자로 차 있었다. 리외 자신의 지휘 아래 진행되는 오전의 환자 접수가 끝나면, 환자에게 백신 주사나 종기 수술을 마치고 다시 통계를 검토하고 나서 오후의 진찰을 위해서 자기 병원으로 돌아오는 것이었다. 저녁 나절에야 마침내 왕진을 갔다가 밤 늦게 집에 돌아왔다. 그 전날 밤에도 리외의 어머니는 며느리에게서 온 전보를 그에게 건네주다가 아들의 손이 떨리는 것을 보았다.

"네, 떨리는군요." 그가 말했다. "그러나 참고 견디다 보면 마음이 진정되겠죠."

그는 튼튼하고 강단이 있었다. 그리고 사실 아직 피곤하지는 않았다. 그러나 왕진 같은 것은 지긋지긋했다. 유행성 열병이라고 진단을 내리는 것은 결과적으로 그 환자를 당장 끌려가도록 만드는 일이 되었다. 그럴 때면 정말 추상과 난관이 시작되는 것이었다. 왜냐하면 환자의 가족들은 환자가 완치되거나 죽기 전에는 다시 만날 수 없다는 것을 알고 있었으니 말이다.

"제발 불쌍히 여겨 주세요, 선생님!" 타루가 묵고 있는 호텔에서 일하고 있는 청소부 여자의 어머니인 로레 부인이 그렇게 말했다. 그것이 대체 무슨 뜻인가? 물론 의사는 가엾게 여겼다. 그러나 그것은 아무에게도 도움이 되질 못했다. 전화를 걸어야만 했다. 그러면 이내 구급차의 사이렌이 울렸다. 처음에는 이웃사람들이 창문을 열고 내다보았다. 그러나 얼마 지나자 부리나케 문을 닫아버리는 것이었다. 그러면 결국 싸움과 눈물과 설득, 요컨대 추상이 시작되는 것이었다. 신열과 불안으로 과열된 이 방 저 방에서 여러 가지 난장판이 벌어지는 것이었다. 그러나 병자는 끌려간다. 그제서야 리외는 그 자리를 뜰 수 있었다.

처음 몇 번은 전화를 거는 것으로 그치고, 구급차가 오기를 기다리지 않은 채 다른 환자들에게로 달려가곤 했다. 그러나 가족들이 이제는 그 결과가 뻔한 이별보다 차라리 페스트와 마주 앉아 있는 것이 낫다고 생각하는지 문을 닫아 걸고 열어주지 않는 것이었다. 아우성을 치고 강제명령이 내려지고 경찰이 개입하고, 그런 뒤에는 무장된 병력으로 환자를 빼앗았다. 처음 몇 주일 동안 리외는 구급차가 오기를 기다리는 수밖에 없었다. 그 후 의사가 왕진을 할 때에는 자원봉사 감독관이 한 사람씩 따르기로 되자 리외도 한 환자로부터 다른 환자에게로 달려갈 수 있었다. 그러나 처음에는 매일 저녁이 그가 로레 부인 집에 들어갔던 날 저녁과 비슷했다. 부채와 조화로 장식해놓은 조그만 아파트 방에 들어갔을 때, 환자의 어머니가 어정쩡한 미소를 지으면서 그를 맞아들이며 이렇게 말했다.

"설마 요새 한창 떠들썩한 열병은 아니길 바라요."

그래서 그는 홑이불과 속옷을 걷어올리고, 배와 넓적다리에 생긴 붉은 반점과 부어 오른 임파선들을 말없이 들여다보았다. 그 어머니는 자기 딸의 넓적다리를 들여다보고 있다가 참지 못하고 소리를 지르는 것이었다. 매일 저녁 어머니들은 죽음의 모든 징후를 띤 노출된 배를 앞에다 놓고 추상적으로 되어버린 표정으로 그렇게 소리를 질렀다. 매일 저녁 사람들의 팔이 리외의 팔을 붙들고 늘어졌고, 쓸모없는 말들, 약속들, 그리고 눈물이 쏟아져 나왔고, 또 매일 저녁 구급차의 사이렌은 모든 고통과 마찬가지로 헛된 감정의 발작을 불러일으키는 것이었다. 그리고 언제나 비슷한 모습으로 이어지기만 하는 저녁들을 오래 겪고 나자, 리외는 끝없이 되풀이되는 비슷한 광경의 기나긴 연속 말고는 아무것도 기대할 수가 없었다. 그렇다, 페스트는 마치 추상처럼 단조로운 것이었다. 단 한 가지, 어쩌면 달라졌을지도 모른다고 하면 그것은 바로 리외 자신이었다. 그는 그날 저녁, 공화국의 여신상 밑에서 오직 마음속에 차오르기 시작한 벅찬 무관심만을 의식하면서 랑베르가 들어간 호텔 입구를 바라보다가 그것을 느끼게 되었다.

모든 시민들이 거리로 쏟아져 나와 제자리에서 맴돌기만 하는 저 모든 황혼빛들에 이어 기진맥진한 몇 주일이 지나자, 리외는 이제 더 이상 동정심과 싸울 필요가 없다는 것을 깨달았다. 동정이 아무 소용없게 되면 동정하는 것도 피곤해지는 법이다. 그리고 의사는 서서히 닫혀가는 그 마음의 감각 속말고는 온몸이 으스러지는 듯한 그날들의 위안을 찾을 길이 없었다. 그는 자기의 임무가 그것으로 말미암아 수월해지리라는 것을 알고 있었다. 그가 기뻐한 것은 그 이유에서였다. 새벽 2시에 아들을 맞아들이면서 그의 어머니는 자기를 바라보는 아들의 눈길이 공허한 것을 안타까워했지만 그때 그녀는 바로 리외가 받을 수 있는 유일한 위안을 한탄하고 있는 것이었다. 추상과 싸우기 위해서는 추상을 약간은 닮을 필요가 있다. 그러나 어찌 랑베르가 그것을 느낄 수 있겠는가? 랑베르가 볼 때 추상이란 자기의 행복을 가로막는 모든 것이었다. 그리고 사실, 리외도 어떤 의미에서는 그 신문기자가 옳다는 것도 알고 있었다. 그러나 그는 추상이라는 것이 행복보다 나은 것으로 나타날 수도 있으므로 그런 경우, 반드시 그런 경우에만, 추상을 고려해야한다는 것을 또한 알고 있었던 것이다. 그런 경우는 랑베르에게 장차 닥쳐오게 되어 있었고 리외는 나중에 랑베르가 들려준 속사정 이야기들을 통해서 그 사실을 자세하게 알 수 있었다. 그리하여 리외는 꾸준히, 그리고 새로운 각도에서, 개개인의 행복과 페스트라는 추상과의 사이에서 벌어진 그런 종류의 우울한 투쟁을, 그 기나긴 기간에 걸쳐 우리 도시의 삶 전체를 지배했던 그 투쟁을 계속 추적할 수가 있었다.

그러나 어떤 사람들의 눈에 추상으로 보이는 것이 또 다른 사람들의 눈에는 진리로 보였다. 페스트가 발생한 첫 달이 다 갈 무렵엔, 사실 전염병의 창궐과 미셸 영감이 처음 발병했을 때 도와주었던 제수이트파 파늘루 신부의 열렬한 설교로 분위기가 암담해졌다. 파늘루 신부는 오랑 지리학회 회보에 자주 기고하여 이미 그 이름이 알려져 있었는데, 그의 금석문(金石文)에 대한 고증은 권위가 있었다. 그러나 그는 근대 개인주의에 관한 일련의 강연회를 열어 연구의 전문가로서보다도 더 많은 청중을 모았다. 그는 강연을 통해서 근대의 방종이나 지난 여러 세기 동안의 몽매주의와는 다 같이 거리가 먼, 일종의 까다로운 기독교의 열렬한 옹호자가 되었다. 그때 그는 청중들에게 혹독한 진실들을 가차없이 털어놓았다. 그래서 그의 명성은 자꾸 높아만 갔다.

그런데 그달 말쯤에, 우리 시의 고위 성직자 측에서는 집단 기도 주간을 설정함으로써 그들 특유의 방법으로 페스트와 싸우기로 결정했다. 대중 신앙심의 표시가 담긴 이 행사는 일요일에 페스트에 걸렸던 성(聖) 로크(14세기 프랑스의 성자. 중부 이탈리아에서 페스트 환자의 구조에 헌신했다. 페스트에 대한 수호성자로서 존경받고 있다)에게 드리는 장엄한 미사로 끝맺음하기로 되어 있었다. 그 기회에 파늘루 신부는 설교를 부탁받았던 것이다. 이미 2주일 전부터 파늘루 신부는 그의 교단에서 각별한 지위를 얻게 해준 성 아우구스티누스와 아프리카 교회에 대한 연구에서도 간신히 손을 뗄 수 있었다. 성미가 급하고 열정적인 그는 부탁받은 그 사명을 굳은 결의로 받아들였다. 그 설교 이야기는 예정되기 훨씬 전부터 사람들의 입에 오르내렸고, 이 시기와 역사에 그것 나름대로의 중요한 날짜를 기록해놓았던 것이다.

기도 주간에는 수많은 군중들이 모여들었다. 그것은 평소에 오랑 시민들의 신앙심이 특별히 두터워서가 아니었다. 예를 들면, 일요일 아침엔 해수욕이 미사에 대한 벅찬 경쟁의 대상이었다. 그렇다고 갑작스레 신앙에 눈을 떠 그들을 각성시킨 것도 아니었다. 그것은 한편으로는 시가 폐쇄되고 항구는 차단되어 해수욕도 불가능해진 탓과, 다른 한편으로는 시민들이 갑자기 닥쳐오는 여러 우발적인 사건들을 아직 마음속 깊이 인정하지는 못하면서도 분명히 어떤 변화가 생긴 것만은 절실히 느끼고 있는 아주 특이한 정신 상태에 빠져 있었기 때문이었다. 그래도 많은 사람들은 여전히 질병이 곧 멈출 것이고, 가족들과 함께 무사히 모면하리라는 희망을 갖고 있었다. 그래서 그들은 무엇을 해야겠다는 필요성도 느끼지 않았다. 그들에게는 페스트가 어느 날엔가 사라져버릴 불쾌한 방문자로밖에는 보이지 않았다. 왜냐하면 그것은 일단 찾아왔으니 말이다. 겁은 났지만 절망하지는 않았으며, 페스트가 그들의 생활의 형태처럼 보이기까지 하고 또 그때까지 영위할 수 있었던 생활방식 자체를 잊어버리게까지 되는 시기는 아직 오지 않았다. 요컨대 그들은 기대를 품고 있었다. 여러 가지 다른 문제들과 마찬가지로 종교에 대해서도 페스트는 그들에게 야릇한 정신 상태를 가져다 주었다. 그것은 열성과도 거리가 멀고 무관심과도 거리가 먼 '객관성'이라는 말로 충분히 정의할 수 있는 그런 정신 상태였다. 기도 주간에 참가한 대부분의 사람들은, 예를 들어서 의사인 리외 앞에서 어떤 신자 한 사람이 "어쨌든 해가 되지는 않을 테니까요"라고 한 말을 자신의 심정 표현으로 삼을 수도 있었을 것이다. 타루조차도 자기 수첩에 적어놓기를, 이런 경우 중국인들은 페스트 귀신 앞에 가서 북을 두드릴 것이라고 한 다음, 실제로 북이 각종 예방 조치보다 효력을 발휘할는지는 결코 알 수 없는 일이라고 지적했다. 그는 다만 그 문제를 해결하자면 우선 페스트 귀신이라는 존재에 대해 알아야 할 것이며, 그 점에 관한 우리의 무지는 우리가 생각할 수 있는 모든 의견을 무의미하게 만들어버린다고만 덧붙였다.

어쨌든 우리 시의 대성당은 기도 주간 동안 줄곧 신자들로 뒤덮였다. 처음 2, 3일은 아직 많은 시민들이 성당 문 앞에 늘어서 있는 종려나무와 석류나무 숲에 앉아서 거리까지 흘러나오는 온갖 축원과 기도 소리에 귀를 기울이고 있었다. 차츰차츰 그 청중들은 앞사람들을 따라 성당으로 들어가서, 덩달아 회중들의 답창에 어색한 목소리로 끼어들었다. 그래서 일요일에는 상당수의 군중이 성당의 중앙 홀을 가득 메우고 앞뜰과 마지막 계단에까지 넘쳐났다. 그 전날부터 하늘이 컴컴해지더니 비가 억수로 쏟아졌다. 밖에 있는 사람들은 우산을 펼쳤다. 향로와 축축한 옷에서 나는 냄새가 성당 안에 감도는 가운데 파늘루 신부가 설교단에 올라갔다.

그는 보통의 키에 몸이 딱 바라졌다. 그가 그 큰 두 손으로 나무틀을 붙들고 설교단의 가장자리를 꽉 짚고 섰을 때, 사람들의 눈에는 강철테 안경 밑의 불그레한 양쪽 볼이 두 개의 얼룩처럼 튀어나온 두텁고 시커먼 하나의 형체로밖에는 안 보였다. 그는 멀리까지 울리는 힘차고 정열적인 목소리를 갖고 있었다. 그래서 그가 "여러분은 불행을 겪고 계십니다. 여러분은 그 불행을 겪어 마땅합니다"라고 격렬하고 단호한 한 마디로 청중을 후려쳤을 때, 소용돌이 같은 것이 군중을 헤치고 성당 앞뜰까지 파문을 일으켰다.

논리적으로 그 다음에 이어질 말은 그 비장한 전제와 일치하지 않는 것 같았다. 그것은 다만 시민들로 하여금 신부가 교묘한 웅변술을 가지고 그 설교 전체의 주제를 한 대 후려치듯이, 단숨에 제시한 그 말 바로 다음에, 애굽에서 있었던 페스트와 관련하여 〈출애굽기〉의 한 구절을 인용하여 이렇게 말했다.

"이 재앙이 처음으로 역사상에 나타난 것은 신에게 대적한 자들을 쳐부수기 위해서였습니다. 애굽 왕(모세가 이끄는 이스라엘 사람들을 박해한 이집트왕 바로)은 하느님의 영원한 뜻을 거역한 탓에 페스트가 그를 굴복시켰습니다. 태초부터 신의 재앙은 오만한 자들과 눈먼 자들을 그 발 아래 무릎 꿇게 했습니다. 이 점을 잘 생각하시고 무릎을 꿇으시오."

밖에서는 비가 더 심하게 퍼부어댔고, 쥐죽은 듯 조용한 가운데 던져진 그 마지막 한 마디는 유리창을 두드리는 빗소리 때문에 더 한층 심해지면서 강하게 메아리치는지라 몇몇 청중들은 잠시 머뭇거리다가 의자에서 미끄러져 내려와서 기도대 위에 무릎을 꿇었다. 다른 사람들도 그것을 따라야만 한다고 생각한 나머지 차례차례, 간혹 의자가 삐걱거리는 소리가 날 뿐, 딴 소리라고는 없이 이내 청중들이 모두 다 무릎을 꿇고 말았다. 그때에 파늘루 신부가 다시 몸을 일으키고 깊이 숨을 들이쉬더니 점점 더 강한 어조로 말을 이었다.

"오늘 페스트가 여러분에게 영향을 미치게 되었다면, 그것은 반성해야만 할 때가 왔기 때문입니다. 올바른 사람들은 조금도 그것을 두려워할 필요가 없습니다. 그러나 사악한 사람들은 두려워 할 이유가 있습니다. 우주라는 거대한 곳간 속에서 가차없는 재앙은 쭉정이와 낟알을 가리기 위해서 인류라는 밀을 타작할 것입니다. 낟알보다는 쭉정이가 더 많을 것이며, 선택을 받은 사람들보다는 부름을 받은 사람들이 더 많을 것입니다. 그런데 이 불행은 신이 원하신 것은 아닙니다. 너무나 오랫동안 이 세상은 악과 타협해 왔었습니다. 너무나 오랫동안 이 세상은 신의 자비 위에서 안주하고 있었습니다. 회개하는 것으로 충분했고, 모든 것이 허용되었습니다. 그리고 회개라면 누구나 자신있어 했습니다. 때가 오면, 사람들은 틀림없이 회개를 하고 싶은 심정이 될 것이기 때문입니다. 그때가 오기 전에 가장 쉬운 길은 그냥 제멋대로 살아가는 것이요, 그 밖의 것은 신의 자비로 해결될 것이었습니다. 그런데 그런 식으로 오래 계속될 수는 없었습니다. 참으로 오랫동안 이 도시의 사람들 위로 그 연민의 얼굴을 보여주시던 신께서도, 기다림에 지치고 그 영원의 기대에 어긋나자 마침내 외면을 하신 겁니다. 신의 광명을 잃고 우리는 바야흐로 오랫동안 페스트의 암흑 속에 빠지고 말았습니다!"

장내에서 누군가가 마치 성난 말처럼 콧바람 소리를 냈다. 잠깐 동안 멈추었다가, 신부는 전보다 더 낮은 목소리로 말을 이었다.

"〈황금 전설〉(1260년경 제노바에서 편찬된 성인전)에 이런 이야기가 있습니다. 롬바르디아의 홈베르트 왕(7세기 롬바르디아 왕) 시대에 이탈리아는 페스트에 침노되었는데, 어찌나 맹렬했던지 산 사람이 다 해도 죽은 사람들을 매장하기 어려웠습니다. 그리고 그 페스트는 특히 로마와 파비아(이탈리아 북부, 구 롬바르디아의 수도)에서 맹위를 떨쳤습니다. 선의 천사 하나가 나타나서 악의 천사에게 명령을 내리면 산돼지 사냥에 쓰는 창을 가진 악의 천사는 집집의 문을 두드리는 것이었습니다. 그리고 그 두드린 수효대로 그 집에서는 사망자가 났다고 합니다."

파늘루는 여기서 그 짤막한 두 팔을 마치 비를 맞아 펄럭이는 휘장 뒤의 그 무엇인가를 가리키듯이 성당 앞뜰 쪽으로 뻗었다.

"여러분!" 그는 힘차게 말했다. "바로 그와 똑같은 죽음의 사냥이 오늘날 우리 시의 거리거리에서 이루어지고 있습니다. 보십시오. 루시퍼(로마의 신, 마왕의 이름)처럼 당당하고 악의 화신처럼 찬란한 저 페스트의 천사를 보십시오. 여러분의 집 지붕 위에 서서 오른손에는 붉은 창을 머리 높이까지 쳐들고 왼손으로는 여러 집들 중 하나를 가리키고 있습니다. 지금 이 순간에 아마도 그의 손가락이 당신의 문을 향해 뻗치고 창은 나무 대문을 두드리고 있을지도 모릅니다. 또 이 순간에, 여러분의 집에 들어간 페스트가 당신들의 방에 앉아서 당신들이 돌아오기를 기다리고 있을지도 모릅니다. 페스트는 참을성 있게, 그리고 조심스럽게, 마치 이 세상의 질서 그 자체처럼 천연덕스럽게 거기에 있습니다. 여러분에게 뻗칠 그 손은 지상의 그 어떤 힘도, 똑똑히 알아두십시오, 저 덧없는 인간의 지식조차도 여러분으로 하여금 그것을 피하게 할 수는 없습니다. 피비린내 나는 고통의 타작마당에서 두들겨 맞아 여러분은 쭉정이와 함께 버림받을 것입니다."

여기서 신부는 더 풍부한 표현을 빌려서 재앙의 비장한 이미지를 계속 말했다. 그는 거대한 몽둥이가 이 도시의 하늘을 빙빙 돌다가 닥치는 대로 후려갈기고 피투성이가 되어 다시 솟아올라, 마침내 '진리의 수확을 준비하는 파종을 위하여' 인류의 피와 고통을 뿌리는 광경을 상기시켰다.

파늘루 신부는 그 기나긴 이야기를 끝마치자, 머리카락을 이마 위에 내려뜨리고 그의 양손을 통해 설교대 위까지 전달될 정도로 온몸을 부르르 떨었다. 그러더니 말을 멈추었다가 더 낮은 음성으로, 그러나 힐책하는 어조로 다시 말을 이었다.

"그렇습니다. 반성할 때가 온 것입니다. 여러분은 주일에 하느님을 찾아뵙기만 하면 나머지 시간은 자유라고 생각했던 것입니다. 두세 번 무릎을 꿇는 것으로 여러분의 그 죄스러운 무관심에 대한 대가를 하느님께 갚은 것이라 생각했던 것입니다. 그러나 하느님은 미지근하신 분이 아닙니다. 그처럼 드문드문 찾아뵙는 관계 정도로는 하느님의 넘쳐흐르는 애정을 만족시킬 수 없었던 것입니다. 하느님은 여러분을 더 오랫동안 보기를 바라셨던 것입니다. 그것이 여러분을 사랑하시는 하느님의 방식이며, 그리고 사실을 말하자면, 그것만이 사랑하는 유일한 방식입니다. 이리하여 여러분이 오기를 기다리다가 지치신 하느님은 인류가 역사를 가진 이래 재앙이 죄 많은 모든 도시를 찾아들었듯이 여러분에게도 찾아들게 하신 것입니다. 여러분은 이제 죄가 어떤 것인가를 알 것입니다. 카인과 그 자손들이, 노아의 대홍수 이전의 사람들이, 소돔과 고모라 (구약성서 《창세기》에 나오는 도시, 성적 문란 및 도덕적 퇴폐 때문에 유황불 심판에 의해 멸망했다)의 사람들이, 애굽의 왕과 욥, 그리고 또한 모든 저주받은 사람들이 그것을 알았듯이 말입니다. 그리고 이 도시가 여러분과 재앙을 벽으로 둘러싸고 가두어버린 그날부터, 여러분은 그네들이 모두 그러했듯이 새로운 눈으로 모든 존재와 사물들을 바라보고 있는 것입니다. 여러분은 이제야 마침내 근본적인 것으로 돌아와야 한다는 사실을 알게 된 것입니다."

이제는 축축한 바람이 대성당의 중앙부까지 불어 들어오고 있었으며, 큰 촛대의 불꽃이 쪼그라들면서 한쪽으로 쏠리며 찌지직거렸다. 촛농의 짙은 냄새와 기침 소리, 어떤 사람의 재채기 소리가 파늘루 신부에게까지 들려왔다. 신부는 높이 평가를 받은 바 있는 그 교묘한 말솜씨를 발휘하면서 다시 자기의 논조로 돌아와 조용한 음성으로 말을 이었다.

"여러분 중의 대부분은 도대체 내가 어떠한 결론에 도달할 것인지 궁금해하실 줄로 압니다. 나는 여러분을 진리로 이끌어가고자 하며, 여러 가지 말한 그 모든 것에도 불구하고 여러분이 기쁨을 누릴 수 있는 길을 가르쳐드리고자 합니다. 충고나 우애의 손길이 여러분을 선으로 밀어주는 수단이었던 시대는 이미 지났습니다. 오늘날, 진리란 하나의 명령입니다. 그리고 구원으로 가는 길은 붉은 창이 그 길을 여러분에게 제시하고 여러분을 그곳으로 밀어주는 것입니다. 형제 여러분, 바로 여기의 만물에다가 선과 악, 분노와 연민, 페스트와 구원을 마련하신 하느님의 자비가 마침내 드러나고 있는 것입니다. 여러분을 괴롭히고 있는 그 재앙이 도리어 여러분을 향상시키고, 여러분에게 길을 제시하고 있는 것입니다.

아주 오래전에, 아비시니아의 기독교도들은 페스트 속에서 영생에 다다를 수 있도록 신이 주신 유효한 방법을 보았습니다. 페스트에 걸리지 않은 사람들은 스스로 페스트 환자들의 홑이불을 몸에 감아 확실한 죽음을 얻으려고 했습니다. 아마도 구원에 대한 그토록 미친 듯한 열망은 그다지 바람직한 것이 아닐지도 모릅니다. 거기에는 그야말로 오만에 가까운, 유감스러운 조급함이 나타나 보입니다. 하느님보다도 더 서둘러서는 안 되며, 어쨌든 하느님이 이룩해 놓으신 영구한 질서를 앞당기려 한다는 건 이단으로 가는 것이 됩니다. 그러나 적어도 이 예는 나름대로 교훈을 지니고 있습니다. 우리가 보다 더한 통찰력을 가지고 본다면 그것이 모든 고민 속에 가로놓인 저 영생의 황홀한 빛을 보여주고 있다는 것을 알 수 있습니다. 그것은 확고하게 악을 선으로 변화시키시는 신의 뜻을 말해주는 것입니다. 오늘 또다시, 죽음과 고뇌와 아우성의 길을 통해서 그 빛은 우리들을 본질적인 침묵으로 이끌어가며, 모든 생명의 원칙으로 이끌어가고 있습니다. 여러분, 이것이야말로 끝없는 위안입니다. 나는 이 위안을 여러분에게 가져다 주고자 했습니다. 부디 여러분은 이 자리에서 단순히 응징의 언사만이 아니라 여러분을 진정시키는 '말씀'도 잘 듣고 가주시기 바랍니다."

파늘루 신부의 말은 끝난 것 같았다. 밖에는 비가 멎어 있었다. 물과 햇빛이 뒤섞인 하늘은 한결 더 젊은 광선을 광장에다 쏟고 있었다. 거리로부터 사람들의 말소리와 차 지나가는 소리와 깨어난 도시의 온갖 기척이 들려오고 있었다. 청중들은 소리를 죽이고 자리를 뜨면서 조심스럽게 소지품을 챙겼다. 그러나 신부는 말을 다시 이어, 본디 페스트가 신이 내리신 것이라는 점과 그 재앙의 징벌적인 성격을 밝힌 이상 자기로서 할 말은 끝났으며, 그처럼 비극적인 주제를 다루면서 장소에 어울리지도 않는 웅변으로 끝을 맺고 싶지는 않다고 말했다. 그가 보기에 모든 일이 누구에게나 명백해진 것 같았다. 그는 다만, 마르세유에 대대적으로 페스트가 창궐했을 때, 그 기록자인 마티외 마레(루이 15세 시절의 파리 재판소 변호사)가 지옥에 빠진 것처럼 구원도 희망도 없이 사는 것을 한탄했던 사실만을 언급했다. 다시 말해 마티외 마레는 장님이었다! 그러기는커녕 파늘루 신부로서는 만인에게 베풀어진 신의 구원과 기독교적 희망을 오늘만큼 느껴본 적이 한 번도 없었던 것이다. 그는 우리 시민들이 매일같이 겪고 있는 참상과 죽어가는 사람들의 아우성 속에서도 그리스도의 말이요 또한 사랑의 말인 유일한 말을 하늘을 향해 외치기를 그 어떤 희망보다도 더 원하고 있었다. 그 나머지 일은 신이 하시리라는 것이었다.

그 설교가 우리 시민들에게 어떤 영향을 끼쳤는지는 단언하기 어렵다. 예심판사인 오통 씨는 리외에게 자기는 파늘루 신부의 말을 '전혀 반박할 여지가 없는' 것으로 생각한다고 단언했다. 그러나 모든 사람들이 그렇게 명백한 의견을 가지고 있는 것은 아니었다. 다만 그 설교는 그때까지 막연했던 어떤 생각, 즉 자기들이 뭔지 모를 죄를 저지른 벌로 상상도 할 수 없는 감금 상태의 선고를 받았다는 생각을 절실히 느끼게 했다. 그리고 자기네들의 보잘것없는 생활을 계속해가며 그 유폐 생활에 적응하고 있는 사람들도 있었던 반면에, 반대로 어떤 사람들은 그때부터 오로지 그 감옥에서 탈출하겠다는 생각뿐이었다.

사람들은 처음에는 외부와 차단당하는 것을 그들의 몇몇 습관을 깨뜨리는 임시적인 불편 정도로 알고 감수했던 것이다. 그러나 뜨겁게 달아오르기 시작하는 여름 하늘이 마치 솥뚜껑처럼 덮고 있는 듯 일종의 감금 상태에 놓여 있음을 돌연 의식하게 되자, 그들은 막연하게나마 그 징역살이가 자기네들의 삶 전체를 위협하고 있다는 것을 느끼게 되었으며, 저녁 때가 되어 서늘한 공기와 더불어 기력을 되찾기라도 하면 간혹 절망적인 행동으로 몸을 던지기도 하는 것이었다.

무엇보다도 먼저, 그리고 그것이 우연의 일치였든 아니었든 간에, 바로 그 일요일부터 우리 시에는 상당히 전반적이고 상당히 심각한 공포 같은 것이 생겨났는데, 혹시나 시민들이 그들이 놓인 상황에 대해 정말로 의식하기 시작한 것이 아닌가 하는 생각이 들 정도였다. 그런 점에서 보면, 우리 시의 분위기가 약간 변화하기는 했다. 그러나 사실, 분위기가 변한 것인지 아니면 사람들의 마음속에서 변화가 있었는지 바로 그것이 문제였다.

설교가 있은 지 불과 며칠 뒤에, 변두리 동네 쪽으로 가면서 그랑과 함께 그 일에 대해서 논평을 주고받던 리외는 그네들 앞 어둠 속에서 제자리 걸음만 하며 비척거리고 있는 어떤 남자와 마주쳤다. 바로 그 순간, 점점 켜지는 시각이 늦어지고 있는 우리 시의 가로등들이 갑자기 환해졌다. 거리를 거닐고 있는 사람들 등 뒤에 높이 달린 전등이 눈을 감고 소리없이 웃고 있는 한 남자를 갑작스레 비추어주었다. 말도 없이 크게 웃어서 일그러진 그 창백한 얼굴에 굵은 땀방울이 흐르고 있었다. 그들은 지나쳤다.

"미쳤군요." 그랑이 말했다.

리외는 얼른 그랑을 끌고 가려고 그의 팔을 잡았다가 그가 잔뜩 긴장하여 떨고 있다는 것을 느꼈다.

"이제 머지않아 이 도시 안에는 미치광이만 있게 될 거예요." 리외가 중얼거렸다.

피곤하기까지 해서 그는 목이 말랐다.

"뭘 좀 마십시다."

그들이 들어간 조그만 카페에는 카운터 위에 켜놓은 전등 하나만이 실내를 밝히고 있었는데, 사람들은 불그스름하고 답답한 분위기에 잠긴 채 이렇다 할 이유도 없이 나지막한 목소리로 이야기를 하고 있었다. 카운터에 자리를 잡자 그랑은 놀랍게도 술을 한 잔 청해서 단숨에 마시고 나서 자기는 술이 꽤 세다고 말하는 것이었다. 그러고는 밖으로 나가자고 했다. 밖으로 나오자, 리외는 밤이 신음소리로 가득 차 있다는 느낌을 받았다. 가로등 위, 어두컴컴한 하늘 어딘가에서 들리는 둔탁한 휘파람소리는 보이지 않는 재앙이 더운 공기를 지칠 줄 모른 채 휘젓고 있다는 생각을 상기시켰다.

"다행이지, 다행이야." 그랑이 말했다.

리외는 그가 무엇을 말하려고 하는지 의심이 들었다.

"다행히도 나는 할 일이 있거든요." 그랑이 말했다.

"그래요?" 리외가 말했다. "그 점은 다행입니다."

그러고는 그 휘파람 소리를 듣지 않기로 결심하고, 그는 그랑에게 그 일에 만족을 느끼느냐고 물어보았다.

"글쎄요, 제 길로 들어선 것 같습니다."

"앞으로 한참 걸리나요?"

그랑은 활기 찬 모습으로, 알코올의 뜨거운 열기가 목소리에도 섞여 나왔다.

"모르겠습니다. 그러나 문제는 그것이 아니죠, 선생님. 그게 문제가 아닙니다."

어둠 속에서 리외는 그가 두 팔을 휘두르고 있다는 것을 알아차렸다. 그랑은 무슨 할 말을 준비하는 듯이 보이더니 별안간 술술 풀어놓았다.

"선생님, 내가 바라는 것은 말이죠. 원고가 출판사로 넘어가는 날, 그 출판업자가 그것을 읽고 나서 자리에서 일어서며 자기네 사원들에게 이렇게 말하는 거예요. '여러분, 모자를 벗으시오!'"

그런 난데없는 선언에 리외는 깜짝 놀랐다. 그랑은 모자를 벗는 시늉을 하는 듯한 손을 머리로 가져갔다가 팔을 수평으로 뻗었다. 저 높은 곳에서 그 야릇한 휘파람 소리가 더 크게 들리는 것 같았다.

"그럼요," 그랑이 말했다. "그것은 완벽해야 합니다."

문단의 관례에 대해서는 거의 아는 바가 없었지만, 그래도 리외는 일이 뭐 그렇게 간단하게 되어나갈 것 같지는 않았다. 예를 들어서 출판사 사람들도 사무실 안에서는 모자를 안 쓰고 있을 것 같은 느낌이 들었다. 그러나 혹시 또 모를 일이어서 리외는 가만히 있는 게 낫겠다고 생각했다. 그는 자신도 모르게 페스트가 내는 신비한 소리들에 귀를 기울이고 있었다. 그랑이 사는 동네가 가까워지고 있었는데, 그 지대는 좀 높았기 때문에 가벼운 산들바람이 시원하게 해주면서 동시에 시내의 온갖 소음을 말끔히 씻어주고 있었다. 그 동안에도 그랑은 말을 계속했지만, 리외는 그 사람이 하는 말을 다 알아들을 수가 없었다. 그는 단지 문제의 작품이 벌써 많은 분량에 이르고 있으며, 그것을 완전한 것으로 만들기 위해서 저자가 한 고생은 몹시 괴로운 것이었다는 사실만을 알 수 있었다.

"며칠 밤, 몇 주일이나 꼬박 말 한 마디를 붙잡고……. 그리고 때로는 단순한 접속사 하나 때문에."

그랑은 거기서 말을 멈추고 의사의 외투 단추를 잡았다. 말이 그 고르지 못한 잇새로 떠듬떠듬 새어 나왔다.

"글쎄, 생각 좀 해보세요, 선생님. 엄밀하게 말해서 '그러나'와 '그리고' 중 어느 것을 택하느냐는 퍽 쉬운 편입니다. 그런데 '그리고'와 '그 다음에' 중 어느 것을 택하느냐가 되면 벌써 문제는 더욱 어려워지지요. '그 다음에'와 '이어서'가 되면 어려움은 더해집니다. 그러나 뭐니뭐니해도 가장 곤란한 것은 '그리고'를 쓸 필요가 있느냐 없느냐를 결정하는 일이죠."

"그렇군요. 알겠어요." 리외가 말했다.

그리고 그는 다시 걷기 시작했다. 그랑은 난처한 듯이 보였지만, 다시 본디의 자기로 돌아갔다.

"실례했습니다." 그는 빠른 어조로 말했다. "오늘 저녁엔 내가 왜 이러는지."

리외는 가볍게 그의 어깨를 두드리면서, 자기는 그를 도와주고 싶으며, 그의 이야기가 매우 흥미롭다고 말했다. 그랑은 마음이 좀 개운해진 듯이 집 앞에 왔을 때 약간 망설이다가 좀 들어갔다 가면 어떻겠느냐고 의사에게 말했다. 리외는 그러기로 했다.

식당에서 그랑은, 현미경으로나 보일 듯한 자잘한 글씨로 온통 삭제한 부분투성이인 종이들이 잔뜩 놓여 있는 탁자에 리외를 앉게 했다.

"네, 그거예요." 그랑은 눈으로 묻는 듯이 자기를 바라보는 리외에게 말했다. "그런데 뭘 좀 마실까요? 포도주가 좀 있는데요."

리외는 거절했다. 그는 종잇장들을 바라보고 있었다.

"보지 마세요." 그랑이 말했다. "이건 첫 구절이에요. 어지간히 애먹었습니다. 이만저만 애먹은 게 아니에요."

그랑 역시 그 모든 종잇장들을 바라보고 있었는데, 그의 손은 거역할 수 없는 힘에 끌리는 듯이, 그 가운데 한 장을 집어들고 갓도 안 씌운 전등 앞에 대고 비춰 보았다. 종이가 그의 손에서 떨리고 있었다. 리외는 그랑의 이마가 땀으로 촉촉한 것을 보았다.

"자, 앉아서 한 장 읽어줘봐요." 그가 말했다.

그랑은 리외를 보더니 감사하다는 듯 미소를 지었다.

"네." 그가 말했다. "나도 그러고 싶군요."

그는 여전히 그 종잇장을 바라보면서 잠시 망설이다가 앉았다. 그와 동시에 리외는 뭔가 윙윙거리는 소리를 들었는데, 이 도시가 그 재앙의 휘파람소리에 대답하는 것 같았다. 그는 바로 그 순간에 발 밑에 펼쳐져 있는 그 도시와, 그 도시가 형성하고 있는 폐쇄된 세계와, 그리고 그 도시가 어둠 속에서 억지로 참고 있는 무시무시한 아우성소리를 이상할 정도로 뚜렷하게 지각할 수 있었다. 그랑의 목소리가 무디게 높아졌다.

"5월 어느 화창한 아침 나절, 우아한 여인 하나가 기막힌 밤색 암말을 타고 불로뉴 숲의 꽃이 만발한 오솔길을 누비고 있었다."

다시 침묵이 흘렀다. 그러자 그와 함께 고통하는 도시의 분명치 않은 소음이 들려왔다. 그랑은 종잇장을 내려놓고도 여전히 들여다보고 있었다. 잠시 후 그는 눈을 들었다.

"어떻게 생각하세요?"

리외는 처음 부분을 들으니 그 다음이 어떻게 되는지 알고 싶다고 대답했다. 그러나 그랑은 의욕에 차 그런 식으로 보는 것은 적절하지 못하다고 말했다. 그는 손바닥으로 원고를 철썩 쳤다.

"이건 아직 대충 해둔 것입니다. 내가 머릿속에 그리고 있는 장면을 완전한 것으로 만드는 데 성공하여 나의 문장이 빠른 발걸음으로 '하나 둘 셋, 하나 둘 셋'이라는 그 자체와 딱 들어맞는 보조를 갖추게 되는 때에야 비로소 나머지가 더욱 즐거워질 것이고 무엇보다 눈에 보이는 모습이 너무나 멋져 아마도 '모자를 벗으시오!' 하는 소리가 나올 수 있을 겁니다."

그러나 그렇게 되기까지는 아직도 할 일이 많다. 그 문장을 지금 그대로 인쇄에 넘길 생각은 전혀 없으리라. 왜냐하면 때로는 그 문장에 만족을 느껴도 그것이 아직도 현실과 완전히 일치되지 않는다는 것을 알고 있으며, 또 어떤 의미에서는 필치의 안이함이 남아 있어, 그것이 아주 두드러지게 나타나지는 않지만 역시 상투적인 문장에 가까운 것도 사실이기 때문이다. 어쨌든 이것이 그랑이 말한 의미였는데, 그때 창 밑에서 사람들이 뛰어가는 소리가 들려왔다. 리외는 일어섰다.

"이걸 어떻게 만드는지 보세요." 그랑이 말했다. 그리고 창문 쪽으로 몸을 돌리고서 덧붙였다. "이런 일들이 다 끝나고 난 뒤의 얘기지만요."

그러나 부산한 발소리가 다시 들려왔다. 리외는 벌써 계단을 내려가고 있었는데, 그가 거리에 나섰을 때 두 사나이가 그의 앞을 지나갔다. 분명히 그들은 시의 출입문을 향해서 가고 있었다. 시민들 가운데 어떤 사람들은 사실 더위와 페스트의 협공에 이성을 잃은 나머지 벌써부터 폭력으로 흘러서 관문 감시의 눈을 피해 시외로 도망쳐보려고 했던 것이다.

랑베르와 마찬가지로 다른 사람들 역시 징조가 보이기 시작한 공포의 분위기에서 벗어나려고, 반드시 더 좋은 성과를 거둔 것은 아니라 해도 훨씬 더 집요하고 교묘하게 노력하고 있었다. 랑베르는 우선 합법적인 절차를 계속 밟아갔다. 그의 말에 의하면, 끈기가 결국 모든 것을 이겨내고 만다는 것이 그의 한결같은 생각이었으며, 또 어느 면에서 보면 요령껏 일을 성사시켜야 하는 것이 그의 본업이라는 것이었다. 그래서 그는 엄청나게 많은 관리들과 인사들을 만났는데, 그들은 모두 평소라면 그 직무능력에 대해 논의할 여지도 없는 사람들이었다. 그러나 그 문제에 관한 한 그런 능력도 그들에게 아무런 도움이 되지 않았다. 대개 그들은 은행이라든가, 수출이라든가, 또는 청과물이라든가, 또는 포도주의 거래라든가 하는 데에 관해서는 아주 정확하고도 분명하게 정리된 생각을 가지고 있는 사람들이었다. 소송이나 보험에 관한 문제에서는 믿을 만한 졸업장이나 의심할 나위 없는 선의를 가졌음은 물론, 해박한 지식까지 가지고 있었다. 더군다나 모든 사람들에게 있어서 가장 뚜렷하게 드러난 점은 바로 선의였다. 그러나 페스트에 관한 한 그들의 지식은 거의 무지에 가까웠다.

그런데도 랑베르는 기회가 있을 때마다 그들 한 사람 한 사람 앞에서 자기 사정을 하소연해보았다. 그의 주장의 핵심은 여전히 자기는 우리 도시와 무관한 사람이므로 자신에 대해선 특별한 검토가 있어야 한다는 것이었다. 대체로 랑베르와 이야기를 한 사람들은 이의 없이 그 점을 인정해주었다. 그러나 그들은 몇몇 다른 사람들의 경우 역시 같은 성질의 것이어서, 그의 경우가 그의 상상만큼 특수한 사정은 못 된다는 견해를 털어놓기 일쑤였다. 거기에 대하여 랑베르는 그렇다고 해서 자기 주장의 본질이 조금이라도 변하는 것은 아니라고 반박할 수 있었다. 그러면 사람들은 그에게, 그렇게 되면 일체의 특별한 배려를 거부함으로써, 흔히 몹시 꺼리는 이른바 전례라는 것을 만들 위험성을 피하려는 행정상의 어려움에 어떤 변화가 생길 수 있다고 대답하는 것이었다. 랑베르가 의사 리외에게 제안한 분류에 따르면, 그러한 종류의 이론을 가진 사람들이 형식주의자의 범주를 구성한다. 그런 사람들이 있는가 하면 한편으로는 말 잘하는 사람들도 있어서, 의뢰자에게 도시의 이런 상태는 오래 갈 수 없노라고 안심을 시키고, 어떤 것이든 결정을 지어달라고 하면 친절한 충고들을 아끼지 않으면서, 문제가 다만 일시적인 괴로움에 불과한 것이라고 단정짓고 랑베르를 위로하려 드는 것이었다. 또 거드름 피우는 사람들도 있어서, 방문자에게 사정의 요점을 적어놓고 가라고 말하면서, 그런 사정에 대해 결정을 내릴 거라고 통고하곤 했다. 시시한 친구들은 숙박권이나 값이 싼 하숙집 주소를 대주겠다고 했다. 차근차근한 성격의 사람들은 카드에 해당사항을 기입하라고 한 다음 잘 분류해두었다. 일이 많아 정신없는 사람들은 두 손을 들었고, 귀찮아하는 사람들은 외면했다. 끝으로 가장 많은 수의 전통주의자들은 랑베르에게 다른 기관을 일러주기도 하고, 혹은 다른 길을 뚫어보라고 권유하기도 했다.

랑베르는 이렇게 사람들 찾아다니기에 지쳐 기진맥진했다. 그는 세금이 면제되니 국채를 신청하라고, 혹은 식민지 군대에 지원하라고 권하는 광고판 앞의 인조 가죽 의자에 앉아 기다리기도 하고, 혹은 사무원들이 기껏 문서 정리함이나 서류함만큼이나 건성으로 대해주는 사무실들을 드나들다 보니, 시청이니 현청이니 하는 데가 어떤 곳이라는 하나의 정확한 관념을 얻게 되었다. 그런 식으로 얻은 것이라 한다면 그것은 랑베르가 씁쓸하게 리외에게 말했듯이, 그리고 다니는 통에 진정한 사태를 잊은 채 모르고 지낼 수 있었다는 것이었다. 페스트의 진전 따윈 사실상 그의 생각 밖이었다. 이렇게 해서 세월이 빨리 지나가는 것은 고사하고라도, 시 전체가 처한 그 상황에서는 하루하루 날이 지나갈 때마다, 만약 우리가 죽지만 않는다면 각자는 시련의 종말에 그만큼 가까워지는 것이라고 할 수 있다. 리외도 그 점이 사실임을 인정하지 않을 수 없었지만, 역시 그것은 약간 지나친 일반론이라고 생각했다.

한때, 랑베르는 희망을 품었었다. 현청에서 기입되지 않은 신원조회 서류를 보내오더니, 그것을 정확하게 기입하라고 한 것이었다. 서류는 신분, 가족 상황, 과거와 현재의 수입, 그리고 이력에 관한 항목으로 분류되어 있었다. 그는 그것이 원 주소지로 송환될 가능성이 있는 사람들을 대상으로 한 조사라는 인상을 받았다. 어떤 기관에서 얻어들은 두세 가지 막연한 정보에 의해 그 느낌은 더 확실해졌다. 그러나 몇 가지 구체적인 탐문 끝에 서류를 보내 온 기관을 찾아내는 데 성공했는데, 거기서는 만일의 경우를 위해서 정보를 수집하는 것이라는 이야기를 했다.

"그러니까 어떤 경우입니까?" 랑베르가 물었다.

그러자 상대는 만약 그가 페스트에 걸려 사망하는 경우, 가족에게 통지할 수 있기 위해서이고, 한편으로는 병원비를 시의 예산에서 부담하도록 할 것인가, 또는 그의 친척들이 빚을 갚기를 기대해도 좋은가를 알자는 데 있다는 것이었다. 분명히 그것은 자기를 기다리고 있는 그 여인과 자기가 완전히 절연된 상태는 아니고, 사회가 그들 일을 걱정해주고 있다는 사실을 증명하는 것이었다. 그러나 그것이 위안이 되지는 못했다. 보다 주목할 만한 것은, 그리고 결국 랑베르도 주목하게 된 것은, 바로 재난이 극에 달한 가운데서도 어떤 기관은 여전히 계속하여 사무를 보고 있으며, 또 그것이 바로 그 사무를 위해 설치된 기관이라는 그 이유만으로, 종종 최고 당국에서도 모르는 동안 까마득한 지난 시절에나 하던 일을 그렇게 자발적으로 해나갈 수 있다는 점이었다.

그 이후의 시기는 랑베르에게 가장 안이하기도 하고 가장 곤란하기도 한 기간이었다. 그것은 마비된 시기였다. 즉 지쳐서 녹초가 된 시기였다. 그는 모든 기관을 다 찾아다녀보았고 모든 교섭을 다 해보았으므로 그 방면의 해결 가능성은 당분간 막힌 상태였다. 그래서 할 수 없이 이 카페에서 저 카페로 헤매고 다녔다. 아침에는 어느 테라스에 앉아서 미지근한 맥주 한 잔을 앞에 놓고, 페스트가 가까운 시일 내에 끝나리라는 무슨 징조라도 찾아볼까 하는 희망을 품고 신문을 읽었고, 길 가는 사람들의 얼굴을 들여다보고 있다가 그 서글픈 표정에 그만 신물이 나 눈을 돌려버리고 말았으며, 이미 백 번도 더 본 맞은편 가게들의 간판이나 이제는 어딜 가도 마실 수 없게 되어버린 이름난 아페리티프 광고 따위를 읽은 다음, 몸을 일으켜서 시내의 누런 거리를 발끝 가는 대로 걸어다녔다. 고독한 산책을 하며 카페로, 거기에서 다시 식당으로 옮겨 다니다 보면 저녁 때가 되곤 하였다. 어느 날 저녁, 리외는 어느 카페의 문 앞에서 랑베르가 들어갈까 말까 망설이고 있는 것을 보았다. 그는 마침내 결심을 한 듯이 홀의 맨 안쪽에 가서 앉았다. 마침 카페들은 전등을 가능한 늦게 켜라는 상부의 명령에 따라 불을 켜지 않고 견디고 있었다. 황혼이 마치 회색 물결처럼 홀 안을 가득 채우고 있었고, 저물어가는 하늘의 장밋빛이 유리창에 어려 있었으며, 식탁의 대리석은 스며드는 어둠 속에서 흐릿하게 빛나고 있었다. 랑베르는 아무도 없는 가게 한가운데 남겨진 유령처럼 보였다. 그래서 리외는 지금이 바로 그가 자포자기하는 시간이라고 생각했다. 그러나 그것은 이 도시에 감금된 모든 포로들이 저마다 자포자기를 경험하는 순간이기도 했으니, 그 해방을 재촉하기 위해서는 무슨 일인가 해야 했다. 리외는 돌아섰다.

랑베르는 또한 정거장에서 오랜 시간을 보내기도 하였다. 플랫폼에 다가가는 것은 금지되었다. 그러나 밖으로 나 있는 대합실 문은 열린 채였고, 또 그늘이 져 선선한 곳이었으므로 몹시 더운 날이면 가끔 거지들이 들어와 자리를 잡았다. 랑베르는 거기에 가서, 옛날 열차 시간표라든가, 가래침을 뱉지 말라는 푯말이라든가, 열차 내의 경찰 규칙 따위를 읽어보곤 했다. 그러다가 그는 한 모퉁이에 자리잡고 앉는 것이다. 실내는 어둠침침했다. 낡은 무쇠 난로 하나가 구식 살수기 모양의 팔각 그물 울타리 안에 벌써 몇 달째 싸늘하게 놓여 있었다. 벽에는 서너 장의 광고가 방돌(남프랑스 피서지로 알려진 작은 마을)이나 칸에서의 자유롭고 즐거운 생활을 선전하고 있었다. 여기서 랑베르는 헐벗음의 밑바닥에서 볼 수 있는 종류의 참혹한 자유의 감촉을 느끼곤 하는 것이었다.

그 당시 그로서 가장 견디기 힘들었던 이미지는, 적어도 그가 리외에게 말한 바에 의하면, 파리의 이미지였다. 해묵은 돌들과 물의 풍경, 팔레 루아얄의 비둘기들, 북정거장, 인적 없는 팡테옹 일대, 그리고 자기가 그만큼 사랑했었는지도 몰랐던 그 도시의 몇몇 장소들이 어찌나 마음을 사로잡는지 랑베르는 도무지 아무 일도 할 수가 없었다. 다만 리외가 볼 때 랑베르는 그런 이미지를 그의 사랑의 이미지와 동일시하고 있다는 느낌이 들었다. 그리고 랑베르가 그에게, 자기는 새벽 4시에 잠이 깨어서 자신의 도시를 생각하기를 좋아한다고 말하던 날에도 리외는 이내 그가 두고 온 여자 생각에 잠기기를 좋아하는 것이라고 자기 경험에 비추어서 어렵지 않게 해석할 수 있었다. 그것은 사실, 그가 그 여자를 자기 것으로 만드는 시간이었다. 보통 새벽 4시까지 사람들은 아무 일도 하지 않으며, 비록 배반의 밤이라 하더라도 그때는 모두들 잠을 잔다. 사실, 그 시간에는 모두들 잠을 자고, 그것이 마음을 안정시켜 준다. 왜냐하면 자기가 사랑하는 사람을 끝없이 소유하고 싶다거나, 또는 한동안 헤어져 있어야 될 경우 다시 만나는 날까지 사랑하는 사람을 결코 깨어나지 않을 꿈도 없는 깊은 잠 속에 빠뜨려놓을 수 있으면 좋으련만 하는 것이 불안한 마음의 당찮은 욕망이기 때문이다.

설교가 있은 지 얼마 지나지 않아 더위가 시작되었다. 이제 6월 말이었다. 그 설교가 있던 일요일을 인상 깊게 만들어주었던 철 늦은 비가 내린 다음 날, 여름이 단숨에 하늘과 집 위에서 폭발했다. 거센 열풍이 점점 일더니 하루 종일 불어대며 벽돌을 모조리 말려놓았다. 해가 제자리에 박힌 듯 움직이지 않았다. 더위와 햇빛의 끊임없는 물결이 하루 종일 시가에 넘쳐흘렀다. 아케이드로 된 거리와 아파트를 제외하고, 이 도시 안에서 눈부신 햇빛의 반사 속에 놓여 있지 않은 곳이란 하나도 없었다. 태양은 우리 시민들을 거리의 구석구석까지 뒤쫓아 가서 어디든 멈추어 서기만 하면 바로 덮쳤다. 그 첫 더위가 매주 700에 가까운 숫자를 기록하는 희생자 수의 급상승과 일치했기 때문에 우리 시는 일종의 절망에 사로잡히게 되었다. 변두리 지역의 보도가 없는 거리와 테라스가 있는 집들 사이에서도 활기가 눈에 띄게 줄었고, 주민들이 항상 문 앞에 나와서 살던 동네도 문이란 문은 모두 닫히고 덧창들마저 첩첩이 잠겨 있어서 햇빛을 막으려고 그러는 것인지 아니면 페스트를 막으려는 것인지 알 수가 없었다. 그래도 몇몇 집에서는 신음소리가 새어 나왔다. 그전에는 그런 일이 생기면 호기심 많은 사람들이 거리에 나와 서서 귀를 기울이는 모습이 흔히 눈에 띄었었다. 그러나 그렇게 오랜 시일을 두고 시달리다 보니 사람마다 심장이 무뎌져버렸는지, 마치 신음소리가 인간의 타고난 언어라는 듯이 아랑곳하지 않은 채 스쳐 지나가거나 그 곁에서 살고 있었다.

시의 출입문에서 소동이 벌어지면 헌병들이 무기를 사용하지 않을 수 없게 되었고, 그로 인해서 어딘지 어수선한 동요가 생겼다. 확실히 부상자는 있었지만, 시내에서는 사망자가 났다는 소문까지 나고, 더위와 공포로 모든 것이 과장되었다. 어쨌든 시민의 불만이 커져가고 있었기에 당국에서도 최악의 경우를 우려했으며, 그 재앙에 억눌려 있던 시민들이 반항에 휩쓸리게 될 경우에 취할 조치를 신중하게 고려했었던 것은 사실이다. 신문에는 도시에서 나가는 것을 엄중히 금지하고, 위반자는 엄벌에 처한다는 포고문이 발표되었다. 순찰대가 시내를 돌았다. 사람 그림자도 볼 수 없는 가운데 확확 달아오르고 있는 거리에서 기마순찰대가 포장도로 위에 울리는 말발굽 소리를 먼저 앞세우고 닫힌 창문들이 늘어선 사이로 오는 것을 볼 수 있었다. 순찰대가 지나가고 나면 경계를 늦추지 못하는 침묵이 위협에 처한 시가지를 다시 내리눌렀다. 최근에 내려진 명령으로 벼룩을 전파시킬 위험이 있는 개와 고양이들을 죽이는 임무를 맡은 특별 부대의 발포 소리가 가끔씩 들렸다. 그 요란한 총성은 시내의 긴장된 분위기를 조성하는 데 한몫을 했다.

더위와 침묵 속에서, 그러잖아도 시민들의 겁먹은 마음에는 모든 것이 더욱 심각하게 생각되었다. 계절의 변화를 알리는 하늘의 빛깔이나 흙의 냄새가, 처음으로 모든 사람들에게 민감하게 느껴졌다. 날이 더워지면 전염병이 더 기승을 부리게 된다는 것을 모두들 아는지라 두려워하고 있는데, 어느새 여름이 정말 자리잡는 것을 누가 봐도 다 알 수 있었다. 저녁 하늘을 나는 귀제비 울음소리도 도시의 머리 위에서 더욱 가냘프게만 들렸다. 그것은 우리 고장에서 지평선이 멀어지는 6월의 황혼과는 이미 어울리지 않는 울음소리였다. 시장의 꽃들도 이제는 봉오리가 맺힌 상태로는 나타나지 않게 되었다. 그것들은 벌써 다 활짝 피어버려서 아침에 팔리고 나면 먼지가 켜켜이 앉은 도로 위에 그 꽃잎들이 수북이 떨어지는 것이었다. 봄은 이미 쇠약해졌고, 가는 곳마다 지천으로 피어난 수천 가지 꽃들 속에서 마음껏 무르익었다가, 이제는 페스트와 더위라는 이중의 압력에 차차 짓눌려 오그라들고 있다는 것을 분명히 알 수 있었다. 모든 시민들에게 있어서 그 여름 하늘은, 그리고 먼지와 권태에 물들어 뿌옇게 변해가고 있는 그 거리거리는, 시의 분위기를 매일 무겁게 만들고 있는 100여 구의 시체들 못지않게 무시무시한 의미를 내포하고 있었다. 줄기차게 내리쬐는 태양, 졸음과 휴가의 맛이 깃드는 그 시간도 이젠 더 이상 전처럼 물과 육체의 향연을 즐기도록 권유하지 않았다. 반대로 그것들은 밀폐된 침묵의 도시에서 공허하게 울리고 있었다. 그것들은 행복한 계절들의 그 구릿빛 같은 광채를 잃어버리고 말았다. 페스트가 스며든 태양이 모든 빛깔의 광채를 꺼버렸으며, 모든 기쁨을 쫓아버렸던 것이다.

그것은 전염병에 의한 커다란 혁명 중의 하나였다. 평소엔 모든 시민들은 즐거운 기분으로 여름을 맞이하곤 했었다. 그때가 되면 도시가 바다를 향해 활짝 열리면서 젊은이들을 해변으로 쏟아 놓는 것이었다. 그런데 그와 반대로 이번 여름에는 가까운 바다로의 접근이 금지되고 육체는 이미 기쁨을 누릴 권리가 없었다. 그런 조건 아래 대체 어쩌면 좋단 말인가? 역시 타루가 그 당시 우리의 생활에 대한 이미지를 충실하게 전달해주고 있다. 그는 페스트의 전반적인 진행 과정을 더듬어보면서, 그 병의 첫 고비는, 라디오에서 사망자 수가 매주 몇 백이라는 식으로 보도하지 않고 하루에 92명, 107명, 120명이라는 식으로 보도하기 시작한 시점이었다고 지적하고 있다. '신문과 당국은 페스트에 관해서 더할 수 없이 교묘한 속임수를 쓰고 있다. 그들은 130이 910에 비해서 훨씬 적은 수라는 점에서 페스트로부터 점수를 따온 것으로 알고 있다.' 그는 또한 그 전염병이 보여주는 비장하거나 연극 비슷한 면면도 소개하고 있다. 일례를 들면, 덧창들이 다 닫힌 채 인기척이 없는 어떤 거리에서 갑자기 머리 위로 창문을 열어젖히고 큰 소리로 고함을 두 번 지르고 나서는 짙은 그늘에 잠긴 방의 덧창을 다시 닫아 걸고 말았다는 어떤 여자의 이야기 같은 것이다. 그리고 또 딴 데서는 박하 알약이 약국에서 동이 났는데, 그것은 많은 사람들이 혹시 걸릴지도 모르는 전염병의 예방에 좋다고 해서 그것을 사가지고 빨아먹기 때문이라는 것이었다.

그는 또한 자기가 즐겨 관찰하는 인물들의 묘사도 계속하고 있었다. 우리는 고양이와 장난을 하는 그 작달막한 늙은이도 역시 비극 속에 살고 있다는 것을 거기서 알았다. 어느 날 아침에 총소리가 몇 방 나더니, 타루도 묘사했듯이, 납덩어리 총알들 몇 개가 가래침같이 날아가서 대부분의 고양이들을 죽였고, 나머지 고양이들도 놀라서 그 거리를 떠나고 말았다. 바로 그날, 그 늙은이는 습관대로 제 시간이 되자 발코니에 나타났는데, 꽤나 놀라는 눈치를 보이더니 몸을 굽히고 길 저 끝까지 골고루 살펴보고 나서 하는 수 없다는 듯 기다렸다. 그는 손으로 발코니의 철망을 툭툭 두드려보았다. 또 좀 기다리다가 종잇조각을 조금 찢어서 뿌렸고, 다시 방으로 들어갔다가 나왔다가, 얼마 뒤에는 갑자기 화가 치민 손놀림으로 창문을 쾅 닫으면서 집 안으로 사라져버렸다. 그 뒤 며칠 동안 같은 장면이 되풀이되었는데, 그 작달막한 늙은이의 얼굴에 슬픔과 혼란의 기색이 점점 더 뚜렷이 엿보이는 것이었다. 한 주일이 지난 뒤, 타루는 매일처럼 나타나던 그 늙은이를 기다렸으나 허사였다. 창문들은 충분히 짐작이 가는 슬픔 속에 굳게 닫혀져 있었다. '페스트 기간 중에는 고양이에게 침을 뱉지 말 것.' 이것이 수첩의 결론이었다.

한편, 저녁에 돌아올 때면 언제나 로비의 홀에서 이리저리 거닐고 있는 야경꾼의 침울한 얼굴과 틀림없이 마주치는 것이었다. 그는 누구건 만나기만 하면 자기는 이번 일을 미리 예측하고 있었다고 뇌까리는 것이었다. 타루는 그 친구가 어떤 불행한 일이 일어난다는 예언을 한 적이 있음을 인정했지만, 그때는 지진이 일어난다고 했음을 그에게 상기시켰다. 그러자 그 늙은 야경꾼은 타루에게 대답했다.

"아! 차라리 지진이었다면! 한번 와르르 흔들리고 나면 끝날 텐데…… 죽은 사람 수와 산 사람 수를 헤아리고 나면 그걸로 끝난 거니까요. 그런데 이 망할 놈의 병은 글쎄! 병에 걸리지 않은 사람까지도 생병을 앓게 된다니까."

호텔 지배인의 걱정도 이에 못지않았다. 처음엔 당국에서 시의 폐쇄령을 내리자 도시를 떠날 수 없는 형편이 된 여행객들이 호텔에 발이 묶이게 되었었다. 그러나 전염병이 오래 지속되면서 많은 사람들이 친구 집에 머무는 편이 낫다고 생각하게 되었다. 그래서 호텔을 가득 차게 했던 바로 그 이유가 그때부터는 호텔 방이 텅텅 비게 한 것이다. 우리의 도시에는 이제 더 이상 새 여행자라고는 없기 때문이었다. 타루는 호텔에 계속 남아 있는 몇 안 되는 숙박자 가운데 한 사람이었는데, 지배인은 기회만 있으면 타루를 붙들고 자기에게 마지막 손님까지도 기분 좋은 대접을 하고자 하는 소망이 없었던들 벌써 오래전에 호텔 문을 닫아버렸을 것이라는 말을 잊지 않았다. 그는 자주 타루에게 그 전염병이 계속될 기간을 어림잡아 말해보라고 청하곤 했다.

"들리는 말로는," 타루는 한 가지 의견을 들었다. "이런 종류의 병은 추위와는 상극이랍니다."

지배인은 터무니없다는 듯 펄쩍 뛰었다.

"그러니까, 여기는 진짜 추위 따위는 없어요. 어쨌든 그렇다면 아직 몇 달을 더 있어야겠네요."

사실, 그는 이 시에 한참 동안 여행자들이 발을 들여놓지 않으리라는 것을 믿어 의심치 않고 있었다. 그놈의 페스트가 관광부문을 쑥대밭으로 만들어 놓은 것이다.

한동안 보이지 않던 올빼미 신사 오통 씨가 식당에 다시 나타나는 것을 볼 수 있었다. 그러나 이번에는 유식한 강아지 같은 두 아이들만 데리고 왔다. 들은 정보에 의하면, 아내는 친정어머니를 간호했고 결국 장례식을 치르고 나서 지금은 자신이 격리되고 있는 기간이라는 것이었다.

"아무래도 이번에는 좋지 않아요." 지배인이 타루에게 말했다. "격리 기간 중이건 아니건, 그 여자는 의심스러워요. 따라서 저 사람들도 다 마찬가지예요."

타루는 그에게, 그런 의미에서라면 모든 사람들이 다 못 미덥다는 것을 지적했다. 그러나 지배인은 아주 단호했고 그 점에 대해서는 지극히 확고한 견해를 가지고 있었다.

"아닙니다. 선생이나 나는 못 미더울 데가 없지만, 저들은 그렇거든요."

그러나 오통 씨는 그 정도 가지고는 별로 달라지지 않았다. 이번 페스트도 그에게는 헛수고였다. 그는 변함없는 태도로 식당 안에 들어와서 자기가 먼저 앉은 다음 애들을 앞에 앉히고 여전히 점잖고 꾸짖는 언사로 애들을 다스리고 있었다. 다만 어린 아들만은 외모가 달라져 있었다. 제 누이처럼 검은 옷을 입고, 전보다 약간 더 땅땅해진 모습이 마치 자기 아버지의 작은 그림자처럼 보였다. 야경꾼은 오통 씨가 싫어서 타루에게 이렇게 말한 일이 있었다.

"허! 저 사람은 죽을 때도 옷을 차려 입었을 거예요. 그러면 옷을 갈아입힐 필요도 없죠. 곧장 가면 되니까요."

파늘루 신부의 설교도 역시 적혀 있었는데, 다만 이러한 주가 달려 있었다. '나는 그 호의적인 열정을 이해한다. 재앙이 처음 일어났을 때와 그것이 끝났을 때, 사람들은 으레 약간은 말을 다듬고 꾸미는 법이다. 전자의 경우에는 아직 습관을 털어버리지 못해서 그렇고 후자의 경우에는 습관이 이미 회복되어서 그렇다. 불행의 순간에서야 비로소 사람들은 진실에, 즉 침묵에 익숙해진다. 앞으로를 기다려보자.'

끝으로 타루는 의사 리외와 긴 대화를 했다고 적어놓고, 거기에 대해서 그는 다만 그 대화가 좋은 결과를 가져왔다고 적었을 뿐이며, 덧붙여서 리외의 어머니의 맑은 밤색 눈에 대해 언급하고, 그처럼 착한 마음이 비치는 눈이라면 언제나 페스트를 이기는 힘을 가지고 있는 법이라면서 부인에 대해 묘하게 딱 잘라 말한 다음에, 끝으로 리외가 돌보고 있는 천식환자 노인에 대해서 상당히 긴 대목을 할애하고 있었다.

그는 의사와 환담을 나눈 뒤, 함께 그 노인을 보러 갔었다. 노인은 낄낄대기도 하고 두 손을 비비기도 하면서 타루를 맞았다. 그는 완두콩을 담은 냄비 둘을 밑에 놓고, 베개에 등을 기댄 채 침대 위에 앉아 있었다.

"아! 또 한 분이 오셨군요." 타루를 보더니 노인은 그렇게 말했다. "세상이 완전히 거꾸로 됐소. 환자보다도 의사가 더 많다니. 빨리들 죽어가니까 그런 거죠, 맞지요? 신부 말이 옳아요. 그래도 싸지요."

그 다음날 타루는 아무런 예고도 없이 다시 찾아갔다.

그의 수첩에 적힌 것을 믿는다면, 그 천식환자 노인은 본래 잡화상이었는데, 쉰 살이 되었을 때 그 장사도 이제 할 만큼 했다고 판단했었다. 그때 자리에 눕게 된 후로 다시는 일어나지 못했다는 것이었다. 그의 천식은 그래도 일어나서 움직여도 되는 병이었다. 적은 액수지만 연금 덕분에 일흔다섯이 되는 오늘날까지 거뜬하게 살아올 수 있었다. 그는 시계만 보면 못 참는 성격이었다. 그래서 사실 집안을 뒤져보아도 시계라고는 하나도 없었다.

"시계는 비싸기만 하고 어리석은 물건이오." 그가 말했다.

그는 시간을, 특히 그에게 유일한 중요한 식사 시간을, 눈만 뜨면 하나는 비어 있고 다른 하나는 완두콩이 가득 차 있는 두 개의 냄비를 가지고 짐작했다. 그는 한결같이 부지런하고 규칙적인 동작으로, 콩을 하나씩 하나씩 딴 냄비에 옮겨 담았다. 이렇게 해서 그는 냄비로 측정되는 하루 속에서 자기의 지표를 찾아내는 것이었다.

"냄비를 열다섯 번 채울 때마다 한 끼를 먹어야 하죠. 아주 간단합니다." 그가 말했다.

사실 그의 아내가 말한 것을 믿는다면, 그에겐 아주 젊어서부터 그렇게 될 천부적 소질이 엿보였다는 것이었다. 사실 어느 것 하나 일도, 친구도, 카페도, 음악도, 여자도, 산책도 그의 흥미를 끄는 것이 없었다. 결코 자기가 사는 도시에서 밖으로 나가본 일이 없었다. 다만 어느 날 집안일로 알제에 가지 않을 수 없었는데 오랑 바로 옆 정거장까지 가서는 그만 내려 멈춰버렸다. 더 이상 모험을 할 수가 없었던 것이다. 그러고는 첫차를 타고 집으로 돌아왔다.

담을 쌓은 그의 칩거생활에 놀라는 타루에게 그는, 종교에 의하면 한 인간에게 있어 앞의 반생은 상승이고 뒤의 반생은 하강인데, 하강기에 있어서 인간의 하루하루는 이미 그의 것이 아닌지라 언제 빼앗기고 말지도 모르는 일이며, 따라서 그 자신은 어떻게도 할 수 없고 그러니까 아무것도 취하지 않는 것이 바로 최선의 길이라고 대강 설명했던 것이다. 또한 그는 모순도 두려워하지 않았다. 조금 뒤에 그는 타루에게 신은 확실히 존재하지 않는다면서, 그 이유는 신이 존재할 경우엔 신부가 필요 없으니까 그렇다고 말했다. 그러나 그 다음에 꺼낸 몇몇 가지 그의 생각을 듣고, 타루는 그의 철학이 그가 속해 있는 교구의 빈번한 헌금 모금에서 생긴 그의 기분과 밀접하게 연관되어 있다는 사실을 깨달았다. 그러나 결정적으로 그 노인이 어떤 사람이라는 것을 짐작하게 해준 것은 그 노인이 자신의 말상대 앞에서 여러 번 되풀이한 심각한 소원이었는데, 그 소원이란 아주 오래 살다가 죽는 것이었다.

'그는 성자일까?' 타루는 스스로 물었다. 그러고 나서 이렇게 대답했다. '그렇다, 성스러움이라는 것이 온갖 습관의 총체를 의미하는 것이라면 말이다.'

동시에 타루는, 페스트에 휩쓸린 우리 도시의 하루 생활을 꽤 세세하게 묘사해보려고 노력함으로써 이번 여름 동안 우리 시민들의 관심사와 생활에 대한 하나의 정확한 생각을 전달하고자 했다. '주정꾼들 말고는 아무도 웃는 사람이라고는 없다'고 타루는 말했다. '그런데 주정꾼들은 지나치게 웃는다.' 그러고는 그날의 묘사가 시작되었다.

'새벽이면 산들바람이 아직 인기척 없는 거리를 훑고 지나간다. 밤의 죽음과 낮의 고뇌 사이에 있는 그 시간에는 페스트도 잠시 그 일손을 멈추고 숨을 돌리는 듯싶었다. 모든 가게가 문을 닫았다. 그러나 그중 몇 집에는 '페스트로 인해 폐점'이라는 패가 나붙어, 다른 가게들처럼 잠시 후면 문을 열지는 않을 것이라는 사실을 말해주고 있다. 아직 졸고 있는 신문팔이들이 뉴스를 외쳐대지는 않지만, 그 대신 길모퉁이에 등을 기대고 몽유병자 같은 몸짓으로 자기네 신문들을 가로등 앞에 벌여놓고 있었다. 이제 곧 첫 전차 소리에 잠이 깨어, 그들은 도시의 거리마다 흩어져서 '페스트'라는 글자가 커다랗게 눈에 띄는 신문들을 팔 끝에 내밀고 다닐 것이다.

'페스트는 가을까지 이어질 것인가? B교수는 아니라고 말한다.' '하루 동안 사망자 124명. 페스트 발생 94일째인 현재의 집계.'

점점 심각해진 용지난 때문에 어떤 간행물들은 부득이 지면을 줄이지 않을 수 없었는데도 불구하고 《역병시보(疫病時報)》라는 또 하나의 신문이 창간되었다. 그 신문은 병세의 진행 또는 그 후퇴에 관해 엄밀한 객관성을 유지하면서 시민들에게 보고를 하고, 병의 진행 전망에 대한 가장 권위 있는 증언을 제공하며, 명성이 있건 없건 상관없이 재앙과 싸울 의욕을 가진 모든 사람들을 지상을 통해서 격려하고, 주민의 사기를 북돋우며, 당국의 지시를 전달하는, 즉 한마디로 말해서 우리에게 닥친 불행과 효과적으로 싸워나가기 위해 모든 사람의 선의를 결집시키는 것"을 그 사명으로 내세웠다. 실제로는 그 신문은 얼마 안 가 페스트 예방에 확실한 효력을 발휘한다는 신약품들을 광고하는 데에 그치고 말았다.

아침 6시경, 그 모든 신문들은 개점하기 한 시간 전부터 가게 앞에 늘어서 있는 행렬 속에서, 그 다음으로는 교외 방면으로부터 만원이 되어 들어오는 전차들 속에서 팔리기 시작한다. 전차가 유일한 교통수단이 된 탓으로, 승강구의 계단과 바깥 난간에 이르기까지 터질 정도로 사람을 싣고 가까스로 달리고 있다. 신기한 일은, 그런 와중에도 승객들은 가능한 한 서로 전염을 피하려고 등을 돌리고 있는 것이다. 정류장에서 전차가 남녀 승객을 무더기로 쏟아놓으면, 그들은 급히 흩어져서 혼자가 된다. 번번이 불쾌감으로 싸움이 벌어지곤 하는데, 그런 언짢은 기분은 만성적인 것이 되고 말았다.

첫 전차가 지나가고 나서 도시는 차츰차츰 잠에서 깨어나고, 첫 맥주홀들이 문을 여는데 카운터에는 '커피 매진', '설탕 지참' 등의 패가 붙어 있다. 이윽고 상점들이 열리면 거리가 활기를 띤다. 이와 동시에 태양이 중천으로 솟아오르고, 더위가 차츰차츰 7월의 하늘을 납빛으로 만든다. 이때가 바로 아무 할 일 없는 사람들이 한길에 나가보는 시간인 것이다. 그 대부분의 사람들은 그들의 사치를 과시해 보임으로써 페스트를 쫓아 보내고자 애쓰고 있는 것이었다. 매일 11시경만 되면 중심가에는 청춘 남녀들의 행렬이 밀려드는데, 이 행렬에서 사람들은 커다란 불행의 도가니 속에서 자라나는 삶에 대한 열정을 느낄 수 있다. 전염병이 더 퍼지면 도덕 역시 헐렁해질 것이다. 우리는 무덤 근처에서 벌어지던 밀라노의 사투르누스 축제를 여기서도 다시 보게 될 판이다.

정오가 되면 식당들은 순식간에 만원이 된다. 이내 자리를 못 얻은 사람들이 문 앞에 무리를 이룬다. 하늘은 극도에 다다른 더위로 그 빛을 잃는다. 식사를 하려는 사람들은 햇볕으로 바짝바짝 타는 길가의 커다란 회전 차양의 그늘 속에서 차례를 기다리고 있다. 식당이 만원이 되는 이유는 양식 문제를 간단히 해결해 주기 때문이다. 그러나 식당에서도 전염에 대한 불안은 그대로 남아 있다. 함께 식사하는 사람들은 자기네 수저를 꼼꼼하게 닦느라고 시간을 많이 소비한다. 얼마 전만 해도 몇몇 식당에서는 "우리 식당에서는 식기를 끓는 물에 소독합니다"라는 광고를 붙였었다. 그러나 차츰 그들은 모든 광고를 중단했다. 그렇게 하니까 손님이 너무 많이 몰려오기 때문이었다. 게다가 손님들은 돈을 쓰고 싶어 했다. 고급 또는 고급시되는 술, 가장 비싼 안주, 그렇게 시작해서 걷잡을 수 없는 경주가 벌어진다. 또 어떤 식당에서는 한 손님이 속이 불편해진 나머지 얼굴이 새파랗게 되어 일어서서 비틀거리며 급히 문 쪽으로 나간 탓에 그곳이 발칵 뒤집힌 일도 있는 모양이다.

2시쯤 되면 이 도시는 차츰 한산해진다. 그 시각이야말로 침묵과 먼지와 햇볕과 페스트가 거리에서 서로 만나는 순간이다. 잿빛의 커다란 집들을 따라 끊임없이 더위는 흐른다. 오랜 감금의 시간은 인구가 많아 시끄러운 이 도시에 벌겋게 불붙는 저녁때가 되어야 끝난다. 더위가 시작된 처음 며칠 동안은 가끔, 까닭은 알 수 없으나 저녁때는 인기척이 드물었다. 그러나 이제는 시원한 기운이 찾아오기 시작하면 희망은 아니더라도 일종의 안도감을 준다. 그러면 모든 사람들이 거리로 나와서 지껄이기에 열중하거나 싸우거나 혹은 정염에 불타는 눈으로 서로 바라보기도 한다. 그리고 7월의 붉은 하늘 아래 쌍쌍의 남녀들과 소음을 가득 실은 도시는 숨 가쁜 밤을 향해서 표류한다. 매일 저녁, 계시를 받은 한 노인이 모자에 나비넥타이를 매고 큰 거리로 나와 사람들 사이를 가로지르며 "하느님은 위대하시다. 그에게로 오라" 하고 되풀이해 외쳤으나 헛수고일 뿐이었다. 모든 사람들은 그와 반대로 그들이 잘 알지도 못하는 그 무엇, 아마도 신보다 더 긴요하고 급하게 여겨지는 그 무엇을 향해 발길을 재촉한다. 그들이 초기에 이번 질병도 딴 질병이나 다름없는 흔한 것이리라고 생각했을 때에는 종교도 제자리를 차지하고 있었다. 그러나 그것이 드디어 진짜라고 알았을 때, 그들은 향락이라는 것을 떠올렸던 것이다. 낮에 사람들 얼굴에 그려져 있었던 그 모든 고뇌가 뜨겁고 먼지투성이인 황혼이 되면 일종의 흉포한 흥분이나 모든 시민을 열에 들뜨게 하는 서투른 방종으로 변해버리고 만다.

그리고 나도 그들과 마찬가지다. 그래, 어쨌단 말이냐! 나 같은 인간에게는 죽음쯤은 아무것도 아니다. 그것은 그들이 옳다는 것을 말해주는 하나의 사건에 불과하다.'

타루가 수첩에서 말하고 있는 면담은 타루 쪽에서 리외에게 요청한 것이었다. 타루를 기다리던 날 저녁, 마침 의사는 식당 한구석에서 의자에 얌전히 앉아 있는 자기 어머니를 바라보고 있었다. 어머니는 집안일을 다 끝내면 바로 거기서 하루 해를 보내는 것이었다. 그녀는 두 손을 포개어 무릎에 얹고 기다리고 있었다. 리외는 과연 어머니가 자신을 기다리는 것인지 아닌지 확실하게 알 수는 없었다. 그러나 어쨌든 자기가 나타나면 어머니의 얼굴에 뭔가가 바뀌었다. 고달픈 일생이, 그녀의 얼굴에 침묵으로 새겨놓은 그 모든 것이, 그때면 생기를 띠는 듯싶었다. 그러고는 또다시 침묵에 잠기는 것이었다. 그날 저녁 그녀는 창 너머로, 이제는 인기척도 없는 거리를 내다보고 있었다. 밤의 불빛은 3분의 2가량 줄어들어 있었다. 그래서 이따금 아주 희미한 불빛이 도시의 어둠 속에서 몇 가닥 빛을 발하고 있었다.

"페스트가 기승을 부릴 동안에는 전기를 내내 제한할 모양이지?" 리외의 어머니가 말했다.

"아마 그럴 거예요."

"겨울까지 계속 그러지 않았으면 좋겠는데. 그렇게 되면 너무 쓸쓸할 거야."

"그렇죠." 리외가 말했다.

그러고 보니 어머니의 눈길이 그의 이마에 가 있었다. 그는 지난 며칠 동안의 불안과 과로로 자기 얼굴이 초췌한 것을 알고 있었다.

"오늘은 일이 잘 안 됐니?" 리외의 어머니가 말했다.

"아니요, 늘 그대로죠."

늘 그대로다! 다시 말해, 파리에서 보내온 새 혈청이 처음 것보다도 효력이 없었으며, 통계 숫자가 상승하고 있었다. 예방 혈청을 이미 감염된 가족들 이외의 사람들에게 접종할 가능성은 여전히 없었다. 접종을 일반화하자면 대량생산이 필요했다. 대부분의 멍울들은 딱딱하게 굳어지는 시기라도 왔는지 칼을 대도 잘 찢어지지 않아 환자들을 괴롭혔다. 그 전날 밤부터, 그 병의 새로운 형태를 보여주는 사례가 둘이나 생겼다. 이제 폐페스트로까지 확대된 것이었다. 바로 그날, 어느 회합에서 기진맥진한 의사들은 갈피를 잡지 못하고 있는 지사 앞에서, 입에서 입으로 옮겨지는 폐페스트의 전염을 막기 위해 새로운 조치를 요구해서 그 승낙을 받았다. 늘 그렇듯이 여전히 아무것도 알 수가 없었다.

그는 어머니를 보았다. 아름다운 밤색 눈동자를 바라보니 애정으로 가득 찼던 옛 시절이 리외의 마음속에 되살아났다.

"무서우세요, 어머니?"

"내 나이가 되면 이제 무서운 건 없단다."

"매일매일이 꽤 긴 시간이고, 게다가 제가 옆에 없으니 말이에요."

"괜찮다, 기다리는 것쯤은. 네가 꼭 돌아올 줄 알고 있으니까. 그리고 네가 옆에 없을 때, 나는 네가 무엇을 하고 있을지 생각해본단다. 네 처한테서 무슨 소식이라도 있었니?"

"네, 다 잘 되고 있대요, 마지막으로 온 전보를 보면요. 그러나 저를 안심시키려고 하는 말인 것쯤은 알고 있어요."

초인종이 울렸다. 의사는 어머니에게 미소를 짓고 문을 열러 갔다. 침침한 계단참에 서 있는 타루의 모습은 회색 옷을 입은 커다란 곰 같았다. 리외는 방문객을 그의 사무용 책상 앞에 앉히고, 자신은 안락의자 뒤에 그냥 서 있었다. 그들은 방 안에서 하나밖에 안 켜진 사무용 책상 위의 전등을 사이에 두고 마주 보았다.

"선생님하고는 단도직입적으로 이야기할 수 있을 것 같아서요." 타루는 대뜸 이렇게 말했다.

리외는 말없이 고개를 끄덕였다.

"보름이나 한 달이 지나면 선생님은 이곳에서 아무 쓸모가 없게 되실 겁니다. 사태가 사태인 만큼 역부족인 거죠."

"사실입니다." 리외가 말했다.

"보건위생과의 조직이 잘못되어 있습니다. 선생님에게는 인원도 시간도 다 부족합니다."

리외는 또 한 번 그것도 사실임을 인정했다.

"나는 일반 구조작업에 건강한 남자들을 의무적으로 참가시키기 위해서 현에서 민간 봉사대 같은 것을 조직할 계획이라는 말을 들었습니다."

"그 정보는 정확하네요. 그러나 이미 불만이 대단해서 지사가 주저하고 있습니다."

"왜 자원봉사자들을 모집하지 않나요?"

"해봤습니다만, 결과가 신통치 않았어요."

"이렇다 할 확신도 없이 그냥 관리들이 하는 방식대로 모집했으니까요. 그들에게 부족한 건 바로 상상력이에요. 그들은 결코 재앙의 규모에 맞설 수 없어요. 그래서 그들이 상상해 낸 대책이란 게 겨우 두통 감기약 수준에 불과한 겁니다. 만약 그들이 하는 대로 맡겨두었다가는 그들은 결국 손을 들고 말 거예요. 게다가 그들과 함께 우리까지 죽게 되겠죠."

"그럴 수도 있죠." 리외가 말했다. "다만 말씀드려야 할 것은, 그래도 그들은 죄수들을 쓸까 하는 생각도 했습니다. 말하자면 저 험한 일 같은 데에 말입니다."

"그건 일반인이 했으면 더 좋겠는데요."

"나도 그래요. 그러나 왜 이런 것이 문제가 되지요?"

"나는 사형선고라면 딱 질색입니다."

리외는 타루를 바라보았다.

"그래서요?" 그가 말했다.

"그래서 나는 자원보건대를 조직하기 위한 한 가지 구상을 해보았습니다. 제게 그 일을 맡겨주시고, 당국은 빼버리지 않겠습니까? 게다가 당국은 할 일이 태산 같습니다. 여기저기 친구들이 있으니, 우선 그들이 중심이 되어주겠죠. 그리고 물론 나도 거기에 참가하겠습니다."

"잘 알았습니다." 리외가 말했다. "물론 기꺼이 받아들이겠습니다. 특히 의사가 하는 일에는 여러 사람의 협조가 필요합니다. 그 구상을 현청에서 수락하도록 만드는 것은 제가 책임을 지겠습니다. 사실 현청으로서는 찬밥 더운밥 가릴 때가 아닙니다. 그러나……."

리외는 잠시 생각을 해보았다.

"그러나 이런 일은 목숨을 걸어야 할지도 모릅니다. 잘 알고 계시겠지만요. 그러니 좌우간 일단 알려는 드려야지요. 잘 생각해보셨나요?"

타루는 회색빛이 도는 침착한 눈으로 그를 바라보았다.

"파늘루 신부의 설교에 대해 어떻게 생각하세요?"

질문은 자연스럽게 나왔고, 리외도 자연스럽게 거기에 대답했다.

"나는 너무나 병원 안에서만 살아서인지 집단적 처벌 같은 것은 좋아하지 않습니다. 그러나 당신도 알다시피, 기독교 신자들은 현실적으로는 절대 그렇게 생각하지 않으면서 가끔 그런 식으로 말하더군요. 결국 보기보다는 좋은 사람들이죠."

"선생님도 역시 파늘루 신부처럼 페스트에도 그것 나름의 유익한 점이 있어서 사람의 눈을 뜨게 하고, 사람으로 하여금 생각을 하게 한다고 여기고 계시겠죠!"

리외는 조바심이 난 듯이 머리를 흔들었다.

"이 세상의 모든 병이 그런 의미죠. 그러나 이 세상의 모든 불행이란 것에 있어서 진실인 것은 페스트에 있어서도 역시 진실입니다. 하기야 몇몇 사람을 위대하게 만드는 구실도 하겠죠. 그러나 그 병이 가져오는 비참함과 고통을 보면, 체념하고 페스트를 용인한다는 것은 미치광이나 장님이나 비겁한 사람의 태도일 수밖에 없습니다."

리외는 어조를 높이지도 않았다. 그러나 타루는 그를 진정시키려는 듯이 손을 저었다. 그는 미소를 짓고 있었다.

"좋습니다." 리외는 어깨를 으쓱하면서 말했다. "한데, 내가 아까 한 말에 대해 아직 대답을 안 하셨습니다. 잘 생각해보셨나요?"

타루는 안락의자에서 좀 편안하게 고쳐 앉으면서 머리를 불빛 속으로 내밀었다.

"선생님은 신을 믿으시나요?"

질문은 역시 자연스럽게 나왔다. 그러나 이번에는 리외가 망설였다.

"믿지 않습니다. 하지만 그게 대체 뭡니까? 나는 어둠 속에 있고, 거기서 뚜렷이 보려고 애쓰고 있습니다. 그러는 것이 유별나다고 생각하지 않게 된 지가 벌써 오래됩니다."

"그 점이 파늘루 신부와 다른 점 아닌가요?"

"그렇지 않습니다. 파늘루는 학자입니다. 그는 사람이 죽는 것을 많이 보진 못했습니다. 그래서 진리 운운하고 있는 것이죠. 그러나 아무리 보잘것없는 시골 신부라도 자기 교구 사람들과 접촉이 잦고 임종하는 사람의 숨소리를 들어본 사람이면 나처럼 생각합니다. 그는 그 병고의 유익한 점을 증명하려 하기보다는 우선 치료부터 해야 할 겁니다."

리외가 일어섰다. 그의 얼굴은 이제 그늘 속에 들어가버렸다.

"그 이야기는 그만둡시다." 그가 말했다. "대답도 하려고 안 하시니."

타루는 자기 의자에서 움직이지도 않은 채 미소를 지었다.

"대답 대신 질문을 하나 해도 될까요?"

이번에는 의사가 미소를 지었다.

"수수께끼를 좋아하시는군요." 그가 말했다. "자, 해보시죠."

"그러니까 이거예요." 타루가 말했다. "선생님 자신은 신도 믿지 않으시면서 왜 그렇게까지 헌신적이십니까? 선생님의 답변이 제가 대답하는 데 도움이 될지도 모릅니다."

그늘에서 얼굴도 내밀지 않은 채 의사는, 그 대답은 이미 했으며, 만약 어떤 전능한 신을 믿는다면 자기는 사람들의 병을 고치는 것을 그만두고 그런 수고는 신에게 맡겨버리겠다고 말했다. 그러나 이 세상 어느 누구도, 심지어 신을 믿는다고 생각하는 파늘루라 해도 그런 식으로 신을 믿지는 않을 것이고, 그 증거로는 누구 하나 완전히 자기를 포기하는 사람은 없기 때문이며, 적어도 그 점에 있어서는 리외 자신도 이미 창조되어 있는 그대로의 세계를 거부하며 투쟁함으로써 진리의 길을 걸어가고 있다고 믿었다.

"아! 그러면 선생님은 자신의 직업을 그렇게 생각하시는군요?" 타루가 말했다.

"네, 대체로 그렇습니다." 의사는 다시 밝은 쪽으로 몸을 내밀면서 말했다.

타루는 나직이 휘파람을 불었고 의사는 그를 보았다.

"그래요." 그가 말했다. "아마 자존심이 대단하다고 생각하시겠죠. 그러나 나는 필요한 만큼의 자존심밖에는 없습니다. 정말이에요. 앞으로 무엇이 나를 기다리고 있는지, 이 모든 일이 끝난 다음에 무엇이 올지 나는 모릅니다. 당장에는 환자들이 있으니 그들을 고쳐주어야 합니다. 그런 다음에 그들은 반성할 것이고, 나도 반성할 겁니다. 그러나 가장 급한 일은 그들을 고쳐주는 겁니다. 나는 힘이 닿는 데까지 그들을 지켜줄 것입니다. 단지 그뿐입니다."

"무엇에 대해 지켜준다는 말입니까?"

리외는 창문 쪽으로 돌아섰다. 그는 저 멀리 지평선의 보다 짙어진 어둠 속에 바다가 있다는 것을 짐작하고 있었다. 그는 다만 피로하다는 느낌뿐이었지만 묘하다 싶으면서도 우정이 느껴지는 이 사나이에게 좀더 마음을 털어놓고만 싶은 돌발적이고도 당치않은 욕구를 억제하느라고 애썼다.

"그건 전혀 모르겠군요. 타루. 정말 아는 바가 없어요. 내가 이 직업에 발을 들여놓았을 때는 그냥 추상적으로 택했을 뿐이었어요. 어떤 의미에서는 말이죠. 직업이 필요했었고, 딴 직업이나 마찬가지로 괜찮은 직업이었고, 젊은 사람이 한번 해볼 만한 직업의 하나였기 때문이죠. 또 어쩌면 나 같은 노동자의 자식으로서는 특히 어려운 일이었을지도 모릅니다. 택하고 났더니 죽는 장면을 보아야만 했지요. 죽기를 거부하는 사람이 있는 것을 아시나요? 어떤 여자가 죽는 순간에 '안 돼, 안 돼, 죽는 것은 안 돼!' 하고 외치는 것을 들은 일이 있나요? 나는 들었어요. 그때 나는 절대로 그런 것에 익숙해질 수 없음을 깨달았지요. 그때 나는 젊었고, 내 혐오감은 세계의 질서 그 자체에 대하여 일어나는 것이라고 생각했었죠. 그 뒤 나는 한층 더 겸허해졌어요. 다만, 죽는 것을 보는 일에는 여전히 길들여지지 않았어요. 그 이상은 아무것도 모릅니다. 그러나 결국……."

리외는 입을 다물고 다시 자리에 앉았다. 입 안이 마른 듯싶었다.

"결국은요?" 타루가 나직하게 물었다.

"결국……." 의사는 말을 계속하려다가 망설이면서 타루를 물끄러미 보았다. "당신 같은 사람이면 이해할 수 있는 일이 아닙니까? 어쨌든 세계의 질서는 죽음에 의해 지배되는 것이니만큼 아마 신으로서는 사람들이 자기를 믿어주지 않는 편이 더 나을지도 모릅니다. 그리고 신이 그렇게 침묵하고만 있는 하늘을 쳐다볼 것이 아니라 있는 힘을 다해 죽음과 싸워주기를 더 바랄지도 모릅니다."

"네." 타루가 끄덕였다. "의미는 알겠습니다. 그러나 선생님이 말하는 승리는 언제나 일시적인 것입니다. 그뿐이죠."

리외의 얼굴이 어두워졌다.

"언제나 그렇죠. 나도 알고 있어요. 그러나 그것이 싸움을 멈추어야 할 이유는 못 됩니다."

"물론 이유는 못 되겠지요. 그러나 그렇다면 이 페스트가 선생님에게 어떠한 존재일지 상상이 갑니다."

"네, 그래요." 리외가 말했다. "끝없이 이어지는 패배지요."

타루는 잠시 의사를 보고 있다가 일어서서 무거운 걸음으로 문 쪽으로 걸어갔다. 리외도 그의 뒤를 따랐다. 의사가 이미 그의 곁까지 갔을 때 자기 발등을 보고 있는 것 같던 타루가 리외에게 말했다.

"그 모든 것을 누가 가르쳐드렸나요?"

대답은 바로 나왔다.

"가난입니다."

리외는 자기 사무실 문을 열고 복도로 나와서, 자기도 변두리 쪽에 환자 한 사람을 보러 가려고 내려가는 길이라고 타루에게 말했다. 타루가 같이 가자고 청하자 의사도 그러자고 했다. 복도 끝에서 그들은 리외의 어머니를 만났다. 의사는 타루를 소개했다.

"친구입니다." 그가 말했다.

"오!" 리외의 어머니가 말했다. "이렇게 알게 돼서 참 반갑구려."

그녀와 헤어지자, 타루는 다시 한 번 그쪽을 돌아다보았다. 의사는 계단참에서 자동 스위치를 켜보았으나 헛수고였다. 계단은 어둠 속에 잠겨 있었다. 의사는 혹시 새로운 절전 조치의 결과인가 하고 생각했다. 그러나 왜 그런지 아는 것이 없었다. 벌써 얼마 전부터 집에서나 거리에서나 모든 것이 뒤틀려 가고 있었다. 그것은 수위들도, 그리고 우리 일반 시민들도 이제는 아무것에도 주의를 하지 않게 된 데서 오는 것인지도 모른다. 그러나 의사는 더 이상 생각해볼 여유가 없었다. 뒤에서 타루의 목소리가 울려왔기 때문이다.

"한 마디만 더 하겠어요. 우스꽝스럽다고 생각하실지는 모르겠습니다만, 선생님이 전적으로 옳으십니다."

리외는 어둠 속에서 자조적으로 어깨를 으쓱했다.

"나는 정말 아무것도 모릅니다. 그런데 당신은 대체 무엇을 알고 계신지요?"

"오!" 타루는 태연하게 말했다. "이제는 모르는 것이 별로 없습니다."

의사는 발을 멈추었고, 그 뒤에서 타루의 발이 계단에서 미끄러졌다. 타루는 리외의 어깨를 붙들면서 몸을 바로잡았다.

"인생을 다 안다고 생각하십니까?" 리외가 물었다.

여전히 침착한 목소리로 어둠 속에서 대답이 들려왔다.

"네."

그들은 길에 나서자 꽤 늦은 시간이라는 것을 알 수 있었다. 아마 11시쯤은 되었을 것이었다. 거리는 조용했고, 바스락거리는 소리만이 가득 차 있었다. 멀리서 구급차 소리가 들려왔다. 그들은 차에 올라탔다. 리외는 시동을 걸었다.

"내일 병원에 오셔서 예방주사를 맞으셔야 되겠습니다." 리외가 말했다. "그러나 마지막으로, 그리고 그 이야기에 들어가기 전에 잘 생각해 보세요. 당신이 살아 남을 수 있는 확률은 3분의 1밖에 안 됩니다."

"그런 계산은 의미가 없어요. 다 아시는 일 아닙니까. 100년 전에 페르시아의 어느 도시에서 페스트가 유행해 시민들을 죽였을 때, 시체를 목욕시키는 사람만은 살아 남았답니다. 매일같이 자기 일을 멈추지 않고 해왔는데도요."

"그는 3분의 1의 기회를 가졌던 것뿐입니다." 리외는 갑자기 무딘 목소리로 말했다. "하지만 사실 그 문제에 대해서는 배울 것이 아직도 많군요."

이제 길은 변두리 지역에 들어섰다. 인적이 없는 거리에서 전조등이 환하게 빛을 발했다. 차는 멈췄다. 리외는 자동차 앞에서 타루에게 들어가겠느냐고 물었고 타루는 그러겠다고 했다. 하늘의 반사광이 그들의 얼굴을 비추고 있었다. 리외는 갑자기 정다운 웃음을 터뜨렸다.

"그런데, 타루." 그가 말했다. "대체 뭐가 당신을 이렇게 만든 겁니까? 이런 일까지 하다니."

"모르겠어요. 아마도 나의 윤리관 때문이겠죠."

"어떤 윤리관이지요?"

"이해하자는 윤리관입니다."

타루는 집 쪽으로 몸을 돌렸다. 그래서 그들이 천식환자 노인 집에 들어설 때까지 리외는 그의 얼굴을 볼 수가 없었다.

타루는 그 이튿날부터 일에 착수해서 우선 제1진을 모았는데, 계속 여러 팀이 뒤따라 편성될 모양이었다.

서술자는 그래도 이 보건대를 실제 이상으로 중요시할 생각은 없다. 반면에 우리 시민의 대부분은 오늘날 서술자의 입장이 된다면 그 역할을 과장하고 싶은 유혹에 넘어가리라. 그러나 서술자는 차라리 훌륭한 행동에 너무나 지나친 중요성을 부여하다 보면 결국에는 악의 힘에 대하여 간접적이며 강렬한 찬사를 바치게 되는 것이라고 믿고 싶다. 왜냐하면 그런 훌륭한 행동이 그렇게 대단한 가치를 갖는 것은 그 행위들이 아주 드문 것이고, 악의와 냉정함이야말로 인간 행위에 있어서 훨씬 더 빈번한 원동력이기 때문이라는 말밖에 되지 않을 테니까 말이다. 그런 것은 서술자가 공감할 수 없는 생각이다. 세계에 존재하는 악은 거의가 무지에서 오는 것이며, 또 선의도 풍부한 지식 없이는 악의와 마찬가지로 많은 피해를 입히는 일이 있는 법이다. 인간은 악하기보다는 차라리 선량한 존재이지만 사실 그것은 문제가 되지 않는다. 그러나 그들은 조금 무지한데 그것은 곧 미덕 또는 악덕이라고 불리는 것으로서, 가장 절망적인 악덕은 자기가 모든 것을 다 알고 있다고 믿고서, 그러니까 자기는 사람들을 죽일 권리가 있다고 인정하는 따위의 무지의 악덕인 것이다. 살인자의 혼은 맹목적인 것이며, 최대한의 성찰이 없고서는 참된 선도 아름다운 사랑도 없다.

그 때문에, 타루 덕택에 이루어진 우리의 보건대도 객관적인 만족감을 가지고 판단되어야 한다. 바로 그런 이유로 서술자는 그 의도와 영웅심에 대해 필요 이상으로 웅변적인 칭송자가 되려고는 하지 않고, 거기에 알맞은 중요성만을 인정하는 데 지나지 않는다. 그러나 서술자는 페스트가 유린한, 그 당시 우리 시민 모두의 비통하고 절박한 마음에 대해서 역사가 노릇을 계속할 것이다.

사실 보건대에 헌신한 사람들도 그렇게 대단한 칭찬을 받을 만한 일을 한 것은 아니다. 그들은 해야 할 일이 그것뿐임을 알고 있었으며, 그런 결단을 내리지 않는 것이야말로 그때 처지로는 오히려 믿을 수 없는 일이었기 때문이다. 보건대는 우리 시민들이 페스트 속에 더 깊게 파고들도록 도와주었으며, 시민들에게 부분적이나마 질병이 눈앞에 있으니 그것과 싸우기 위해서 마땅히 해야 할 일을 해야 함을 납득시켰다. 이처럼 페스트가 몇몇 사람들의 의무로 변했기 때문에 이제는 그 본연의 실체, 즉 모든 사람의 문제로 보이기에 이르렀다.

그것은 좋은 일이다. 그러나 사람들은, 어떤 교사가 둘에 둘을 보태면 넷이 됨을 가르친다고 그에게 찬사를 보내지는 않는다. 아마도 그가 그 훌륭한 직업을 선택했다는 점에서 찬사를 보내는 것이리라. 그러므로 타루와 그 밖의 사람들이 구태여 둘에 둘을 보태면 넷이 된다는 것(그 반대가 아니라)을 증명한 것은 칭찬받을 만한 일이라고 해두자. 그러나 또한 그러한 선의가 그들에게 있어서, 그 교사나 그 교사와 똑같은 마음을 가진 모든 사람과 공통적이라는 것도 말해두고 싶다. 그런데 인류의 명예를 위해서는 다행히도 세상에는 그런 사람들이 생각보다 많으며, 적어도 그것이 서술자의 확신이다. 하기야 그 사람들은 생명을 잃어버릴 위험을 감수하고 있다고 서술자에게 반박할 수도 있음을 잘 알고 있다. 그러나 역사상 둘에 둘을 보태면 넷이 된다고 감히 주장할 수 있는 사람에게도 죽음의 벌을 받는 시간이 반드시 오는 법이다. 교사도 그것은 잘 알고 있다. 그리고 문제는 그런 논리의 끝에 어떤 보상 또는 어떤 벌이 기다리고 있는가 하는 것이 아니다. 문제는 둘에 둘을 보태면 과연 넷이 되느냐 안 되느냐를 아는 것이다. 그 당시 자기네 생명을 걸고 있었던 사람들 또한 결정해야 한 것은, 그들이 과연 페스트 속에 있느냐 아니냐, 페스트와 싸워야 하느냐 아니냐 하는 것이었다.

그 무렵 우리 시의 수많은 새 모럴리스트들은 아무런 도움도 되지 못하고, 무릎을 꿇는 수밖에 없다고 말하면서 돌아다녔다. 타루도 리외도 그들의 친구들도 이런저런 대답을 할 수 있었지만 결론은 항상 그들이 잘 알고 있는 것이었다. 즉 이런 방법으로든 저런 방법으로든 싸워야 한다는 것이지 무릎을 꿇어서는 안 된다는 결론이었다. 모든 문제는 오로지 될 수 있는 대로 많은 사람들로 하여금 죽는다든가 결정적인 이별을 겪게 되는 것을 막아주자는 데에 있었다. 그러려면 유일한 방법은 페스트와 싸우는 것이었다. 그 진리는 찬탄 받을 만한 것은 못 되고 다만 당연한 결과였다.

따라서 늙은 카스텔이 임시변통으로 구한 재료를 가지고 현장에서 혈청을 제조하는 데 자기의 온 신념과 정력을 기울이고 있는 것도 자연스런 일이라 할 수 있다. 리외와 그는 그 도시를 휩쓸고 있는 바로 그 세균을 배양해서 만든 혈청이, 외부에서 가져온 것보다 더 직접적인 효과가 있기를 기대하고 있었다. 왜냐하면 그 세균들은 종래의 분류에 따른 페스트균과는 약간 달랐기 때문이다. 카스텔은 자기가 만든 첫 혈청이 빨리 완성되기를 바라고 있었다.

또한 바로 그런 이유로, 영웅적인 점이라고는 전혀 없는 그랑이 보건대의 서기 비슷한 역할을 하는 것도 당연한 일이었다. 타루가 조직한 보건대 가운데 일부는 사실 인구 밀집 지역의 예방 보조작업에 헌신하고 있었다. 사람들은 그런 지구에 필요한 위생 조건을 갖추어놓으려고 애썼으며, 소독반이 채 다녀가지 않은 헛간이라든가 지하실의 수를 조사했다. 다른 보건대는 의사의 호별 왕진을 도왔고, 페스트 환자의 운반을 책임졌으며, 나중에는 심지어 전문 요원이 없는 경우 환자나 사망자를 실어 나르는 차를 운전하기까지 했다. 이 모든 일은 등록이나 통계 작업을 필요로 했는데, 그랑이 그것을 맡아서 했다.

그런 점에서 보면, 리외나 타루 이상으로 그랑이야말로 보건대를 살아 움직이게 하는 그 조용한 미덕의 실질적 대표자였다고 서술자는 평가한다. 그는 자기가 지니고 있던 선의로서 주저함 없이 자기가 맡겠다고 말했던 것이다. 단지 그가 바라는 것은 자질구레한 일에 도움이 되고 싶다는 것뿐이었다. 그 밖의 일을 하기에는 그는 너무나 늙었었다. 오후 6시부터 8시까지 그는 자기 시간을 낼 수 있었다. 뜨거운 마음으로 리외가 그에게 감사의 뜻을 표시하자, 그는 놀라서 말했다.

"가장 어려운 일도 아닌걸요. 페스트가 생겼으니 막아야 한다는 건 뻔한 이치입니다. 아! 만사가 이렇게 단순했으면 좋으련만!"

그러고는 자기의 문장 이야기를 다시 꺼내는 것이었다. 가끔 저녁 때 그 통계 카드를 기록하는 일이 끝나면 리외는 그랑과 이야기를 하곤 했다. 결국에는 타루도 그 대화에 끼게 되었는데, 그랑은 점차 눈에 띄게 기쁜 얼굴로 그의 동지들에게 마음속을 털어놓았다. 리외와 타루는 그 페스트의 와중에 그랑이 꾸준히 계속하고 있는 그 작업을 흥미 있게 지켜보고 있었다. 그들 역시 마침내는 거기에서 일종의 휴식을 얻었던 것이다.

"그 말 타는 여인은 어떻게 되었나요?" 타루가 가끔 물어보면 그랑은 한결같이, "달리고 있어요. 달리고 있어요"라고 어색한 미소를 지으면서 대답하는 것이었다. 어느 날 저녁, 그랑은 그 말 타는 여인에 대해 '우아한'이라는 형용사를 아주 포기하고, 앞으로는 '가냘픈'으로 표현하기로 했다. "그게 더 구체적이거든요"라고 그는 덧붙여 말했다. 언젠가 한번은 그 청중에게 다음과 같이 수정한 그 첫 구절을 읽어주었다. "5월 어느 화창한 날 아침 나절, 가냘픈 여인 하나가 기막힌 밤색 암말을 타고 불로뉴 숲의 꽃이 만발한 오솔길을 누비고 있었다."

"그렇죠?" 그랑은 말했다. "그 여인은 확실히 눈에 띄죠. 그리고 나는 '5월 어느 화창한 아침 나절'이 더 나은 것 같아요. 왜냐하면 '5월달'이라고 하면 박자가 좀 느려지거든요."

그후 그는 '기막힌'이라는 형용사에 대해 대단히 고심하고 있는 듯이 보였다. 그의 말로는, 그것으로는 딱히 맛깔스럽지가 않아서, 자기가 상상하고 있는 멋진 암말을 대번에 사진으로 찍은 듯이 느껴질 용어를 찾고 있는 중이라는 것이었다. '살이 오른'도 어울리지 않았다. 구체적이기는 하나 품위가 없어 보였다. '윤기가 도는'에 한때 마음이 끌렸으나 말의 울림이 아무래도 어울리지 않았다. 어느 날 저녁, 그는 의기양양하게 '검은 밤색 털의 암말'이라는 표현을 발견했다고 말했다. 검은 빛깔은 역시 그의 설명에 의하면 은근히 우아한 것을 가리킨다는 것이었다.

"그건 있을 수 없어요." 리외가 말했다.

"그건 왜요?"

"밤색 털이라는 표현은 말의 품종이 아니라 빛깔을 말하는 것이니까요."

"무슨 빛깔요?"

"어쨌든 검은빛이 아닌 어떤 빛깔이죠!" 그랑은 마음이 상한 것 같았다.

"감사합니다." 그가 말했다. "선생님이 계셔서 다행입니다. 그러나 어쨌든 대단히 어려운 일이군요."

"'훌륭한'이라고 하면 어떨까요?" 타루가 물었다.

그랑은 그를 쳐다보았다. 그는 생각에 잠겨 있었다.

"그렇군요." 그가 말했다. "그게 좋네요!"

그리고 그의 얼굴에 차츰 미소가 되살아났다.

그후 얼마 만에, 그는 '꽃이 만발한'이라는 말에 골치를 앓는다고 고백했다. 그는 오랑과 몽텔리마르밖에 아는 고장이 없었기 때문에 가끔 두 친구에게, 불로뉴 숲 속의 오솔길에 어떤 모양으로 꽃이 만발해 있는지 물어보았다. 정확하게 말해서 불로뉴 숲의 오솔길들이 리외나 타루에게 그처럼 꽃이 만발해 있다는 인상을 준 적은 없었지만, 그랑의 확신이 그들의 마음을 흔들어놓았다. 그랑은 자기 친구들이 거기에 대해서 확실한 것을 모르는 것이 오히려 이상했다. "오로지 예술가만이 볼 줄 알지요." 그러나 한번은 그가 몹시 흥분해 있는 것을 볼 수 있었다. 그는 '꽃이 만발한'을 '꽃으로 가득한'으로 바꿔놓았다. 그는 두 손을 마주 비볐다.

"마침내 훤히 보입니다. 느낄 수 있어요. 모자를 벗으십시오, 여러분!" 그는 의기양양하게 자기 글을 읽었다. "5월 어느 아름다운 아침 나절, 가냘픈 여인 하나가 훌륭한 밤색 암말을 타고 불로뉴 숲의 꽃으로 가득한 오솔길을 누비고 있었다."

그러나 큰 소리로 읽다 보니 '꽃, 불로뉴, 숲', 이 세 단어의 관형격이 귀에 거슬려 그랑은 약간 말을 더듬거렸다. 그는 맥이 풀려서 주저앉았다. 그러더니 그만 가보겠다고 의사에게 양해를 구했다. 생각을 좀 해볼 필요가 있었던 것이다.

나중에 안 일이지만, 바로 그 무렵 그는 직장에서 멍하니 딴 데 정신이 팔려 있는 사람 같은 증상을 가끔 보여서, 시에서는 줄어든 인원으로 태산 같은 일거리를 처리해야 할 때였으니만큼, 모두들 마땅찮게 여겼다. 그가 속해 있는 과에서는 그것 때문에 골머리를 앓았다. 그래서 국장이 그를 호되게 야단치면서 일을 하라고 봉급을 주는데도, 맡은 일을 완수하지 못하고 있다고 지적했다. '듣자니' 국장이 그에게 말했다.

"당신은 담당 사무 말고도 보건대에 지원해서 일하고 있다는데, 그건 나와는 상관없는 일이오. 나와 상관이 있는 건 당신이 맡은 일이오. 그리고 이 가혹한 상황에서 당신이 이바지할 수 있는 첫째가는 방법은 맡은 일을 잘 해내는 거요. 그렇게 하지 않으면 다른 건 다 소용없는 거요."

"국장이 말한 대로입니다." 그랑은 리외에게 말했다.

"그래요, 그가 옳아요." 의사도 동의했다.

"하지만 정신이 딴 데 가 있어서요. 내 글의 끝을 어떻게 처리해야 할지 모르겠어요."

그는 '불로뉴'를 없애버릴 생각을 했었다. 그래도 누구나 알아들을 수 있을 것 같아서 말이다. 그러나 그렇게 하면 '숲의'라는 구절이 '꽃'에 걸리는 것처럼 되는데, 그것은 사실 '오솔길'에 걸리는 것이었다. 그는 또한 다음과 같이 쓸 수 있는 가능성도 검토해 보았다. '꽃으로 가득한 숲 속 오솔길.' 그러나 '숲'이란 말의 위치가 수식어와 명사 사이에 제멋대로 끼어 있는 듯해서 살 속에 가시가 박힌 듯 느껴졌다. 어느 날 저녁에는 실제로 그가 리외보다 더 피곤해 보일 정도였다.

그는 그 연구에 정신이 송두리째 팔려 있었으므로 피곤했지만, 여전히 보건대가 필요로 하는 집계와 통계 일을 계속했다. 매일 저녁 꾸준히 카드를 정리하고, 거기에 곡선 도표를 첨부해서 될 수 있는 대로 정확한 상황도를 제시하려고 애쓰고 있었다. 리외가 병원에서 일을 하고 있노라면 그랑은 그리로 꽤 자주 찾아와서, 그냥 사무실이건 혹은 진료실이건 간에 거기 있는 책상 하나를 내달라고 부탁하는 것이었다. 마치 시청의 자기 책상에 앉듯이 자리를 잡고 앉아 소독약과 질병 그 자체로 인한 침체된 공기 속에서 잉크를 말리려고 서류의 종잇장을 흔들곤 하였다. 그럴 때면 그는 말을 타는 여인 생각도 잊어버리고, 오직 필요한 일만 해내려고 고지식하게 애썼다.

만일 인간이 이른바 영웅이라는 것의 전례와 본보기를 눈앞에 두고 싶어 하는 것이 사실이라면, 그리고 이 이야기 속에 영웅 한 사람이 반드시 필요하다면, 서술자는 바로 이 미미한 존재감도 없는 영웅, 가진 것이라고는 약간의 선량한 마음과 언뜻 봐도 우스꽝스럽기만한 이상밖에 없는 이 영웅을 여기에 제시하고자 한다. 그렇게 하면, 진리에는 그 진리 본연의 것을, 둘 더하기 둘은 넷이라는 답을, 그리고 영웅주의에는 본디 지위, 즉 행복에 대한 강한 요구 바로 다음에 놓이되 결코 그 앞에는 있을 수 없는 그의 지위를 부여할 수 있게 될 것이다. 또, 그렇게 하면 이 연대기에도 그 나름의 성격을 부여할 수 있게 될 것이다. 그 성격이라는 것은 좋은 감정을 가지고, 즉 두드러지게 악하지 않고 또 흥행물처럼 야비하게 선동적이지도 않은 감정을 가지고 이루어진 연대기로서의 성격이다.

이것은 적어도 페스트에 감염된 이 도시로 외부세계가 보내오는 후원과 격려를, 혹은 신문에서 읽고 혹은 라디오로 들을 때의 의사 리외의 의견이었다. 공로 또는 육로로 보내오는 구호물자와 함께, 매일 저녁 전파를 타고 혹은 신문지 상에 동정 또는 찬양으로 가득 찬 논평들이 고립되어버린 이 도시로 쏟아져 들어오고 있었다. 그리고 그때마다 그것들의 그 서사시투나 수상식에서의 연설투가 의사를 초조하게 만들었다. 물론 그런 따뜻한 마음씨가 겉치레가 아님은 알고 있었다. 그러나 그것은 인간이 스스로를 인류 전체와 연결시키는 그 무엇을 표현하고자 할 때 쓰는 상투적 언어로 표현될 수밖에 없었다. 그런데 그런 언어는, 예를 들어 페스트의 소용돌이 속에서 그랑 같은 사람이 무엇을 의미하는지 도저히 설명해줄 수 없는 까닭에, 그랑이 기울이는 매일매일의 사소한 노력을 표현하는 데는 적합지 않은 것이었다.

때로 자정이 돼서, 그 무렵이면 인적 없는 거리의 깊은 정적 속에서 잠깐 잠이나마 자보려고 잠자리에 들 때 리외는 라디오의 스위치를 돌려보곤 했다. 그러면 세계의 저 끝에서 수천 킬로미터를 거슬러서 얼굴은 모르지만 우애에 찬 목소리들이, 자기들에게도 연대책임이 있다고 서투르게나마 말하려고 애썼으며 또 실제로 그 말을 했지만, 동시에 스스로 볼 수 없는 고통은 어떤 사람도 나누어 가질 수 없다는 저 가공할 만한 무력감을 증명해 보이는 것이었다. '오랑! 오랑!' 호소하는 목소리가 바다를 건너와도 헛수고였고, 리외가 정신을 차리고 귀를 기울여보아도 헛수고였다. 머지않아 웅변조의 목소리가 높아지면서, 그랑과 그 연설자를 남남으로 만들어 놓는 그 근본적인 거리만을 더욱 뚜렷하게 드러내는 것이었다. '오랑! 그렇지! 오랑!' 리외는 생각했다. '아니, 안 된다. 함께 사랑하든가 함께 죽든가 해야지, 그밖의 다른 방법은 없어. 그들은 너무 멀리 떨어져 있으니.'

그런데 페스트가 절정에 이르고 그 재앙이 이 도시를 공격하여 완전히 삼켜버리려고 있는 힘을 다 모으고 있는 동안의 이야기로 들어가기 전에 꼭 적어두어야 하는 것은, 바로 랑베르처럼 마지막에 남겨진 사람들이 저마다 다시 그들의 행복을 되찾기 위해서, 또 그들이 모든 훼손의 손길과 맞서서라도 지키고자 하는 그들 자신의 몫을 페스트로부터 구해내기 위해서 기울인 절망적이고도 단조로우며 꾸준한 노력들이다. 그것은 바로 그들을 위협하고 있는 굴욕을 거부하려는 그들 스스로의 방식이었으며, 또 비록 그 거부가 표면적으로 다른 거부만큼 효과적인 것은 아니었지만 서술자의 의견으로는 그것도 그것대로의 의미를 가지고, 또 그 나름의 허영과 심지어 모순을 내포하고 있는 대로나마 그 당시 우리 각자의 마음속에 자랑스럽게 깃들고 있던 그 무엇을 증명해 주기도 했다고 믿어진다.

랑베르는 페스트에 사로잡히지 않으려고 싸우고 있었다. 합법적인 수단으로는 그 도시를 빠져나갈 수 없다는 확증을 얻었기 때문에 다른 수를 써보기로 결심했다고 그는 리외에게 말한 바가 있다. 그 신문기자는 카페 웨이터부터 시작했다. 카페의 웨이터란 언제나 모든 일에 환한 법이다. 그러나 처음에 그가 물어본 몇몇 웨이터들은 특히 그런 종류의 일을 획책하는 자들을 제재하기 위하여 마련된 극히 엄중한 처벌에 대해 잘 알았다. 한번은 그가 선동자로 오해를 받은 일까지 있었다. 결국 리외의 집에서 코타르를 만나서 일을 좀 진전시켰다. 그날 리외와 코타르는, 그 신문기자가 관청이란 관청을 다 돌아다녔으나 허탕친 이야기를 또 했었다. 며칠 뒤, 코타르는 거리에서 랑베르를 만나자, 그즈음에는 누구하고 만나든 늘 그렇듯이 자연스러운 태도로 그를 대했다.

"여전히 아무 진척이 없나요?" 코타르가 물었다.

"네, 아무것도."

"관청 따위는 기대할 게 못 돼요. 사람들의 이야기를 이해할 수 있는 자들이 아니니까요."

"정말 그래요. 하지만 달리 궁리를 하고 있는데 어렵군요."

"아! 알겠습니다." 코타르가 말했다.

그는 어떤 길을 하나 알고 있었다. 그래서 의아해하는 랑베르에게, 자기가 오래전부터 오랑의 모든 카페를 드나드는데 거기에는 친구들도 많이 있어서 그런 일을 하는 어떤 조직이 있음을 들었다고 설명했다. 사실, 코타르는 그때부터 씀씀이가 수입보다 커져서, 배급 물자의 암거래에 손을 대고 있었던 것이다. 그래서 그는 끊임없이 값이 올라가는 담배와 값싼 술을 되넘기는 과정에서 자그마한 밑천이 생기고 있는 중이었다.

"확실한가요?" 랑베르가 물었다.

"그럼요, 나에게 권하는 사람이 있었는걸요."

"그런데 당신은 이용을 안 하셨단 말이죠?"

"의심하지 마세요." 코타르는 호인 같은 태도로 말했다. "내가 이용하지 않은 것은 떠날 의향이 없었기 때문이에요. 내겐 그럴 만한 이유가 있어요." 그는 말없이 있다가 이렇게 덧붙였다. "들으려고 하지 않는군요. 이유가 뭐죠?"

"나하고는 상관없는 일일 것 같은데요." 랑베르가 말했다.

"사실 어떤 의미에서는 당신하고 관계가 없지요. 그러나, 다른 의미에서는…… 어쨌든 단 한 가지 명백한 것은, 우리가 페스트를 옆에 두고 살게 된 날부터 나는 훨씬 지내기 좋아졌다는 겁니다."

랑베르는 그의 말을 앞지르며 말했다.

"그 조직과는 어떻게 하면 연락할 수 있을까요?"

"아! 그게 쉬운 일은 아니죠. 나만 따라오세요." 코타르가 말했다.

오후 4시였다. 무더운 하늘 아래서 우리 도시는 서서히 열기로 익어가고 있었다. 가게라는 가게는 모두 발을 내리고 있었다. 도로는 인적이 끊겼다. 코타르와 랑베르는 아케이드가 늘어선 길로 들어서서 오랫동안 말없이 걸어갔다. 페스트가 눈에 안 띄는 그런 시간들 가운데 한순간이었다. 이 침묵, 이 색채와 움직임의 죽음은, 재앙의 침묵과 죽음인 동시에 여름의 침묵과 죽음일 수도 있었다. 주위 공기가 답답했는데, 전염병의 위협 때문인지 아니면 먼지와 타는 듯한 더위 때문인지 알 수가 없었다. 페스트를 찾아내려면 관찰하고 깊이 생각해봐야 했다. 왜냐하면 페스트는 음성적인 징후들을 통해서만 비로소 모습을 드러내는 것이기 때문이다. 페스트에 친밀감을 느끼고 있는 코타르는 랑베르에게, 예컨대 여느 때 같으면 복도의 문턱 앞에서 배를 깔고 엎드린 채, 전혀 일 것 같지 않은 바람기를 찾으며 헐떡거리고 있어야 할 개들이 안 보인다든가 하는 사실을 주목하라고 했다.

그들은 가로수길에 들어서서 연병장을 가로지른 다음 마린 구역 쪽으로 내려갔다. 왼쪽에 초록색 칠을 한 카페가 하나 있는데, 노란색의 두꺼운 천으로 된 차양을 비스듬히 쳐놓고 있었다. 이곳에 들어가면서 코타르와 랑베르는 이마의 땀을 닦았다. 그들은 초록색 철판으로 만든 테이블 앞의 접이식 정원용 의자에 앉았다. 홀은 사람 그림자 하나 없었다. 파리들이 공중에서 윙윙거렸다. 흔들거리는 카운터 위에 놓인 노란 새장 안에는 털이 몽땅 빠진 앵무새 한 마리가 횃대 위에 축 늘어져 있었다. 전투 장면을 그린 낡은 그림들이 벽에 걸려 있었는데, 땟국과 얼기설기한 거미줄에 덮여 있었다. 모든 철판 테이블 위에, 랑베르 자신이 앉은 테이블 위에까지도 닭똥이 들러붙어 있었다. 어디서 난 닭똥일까 하고 의아해하고 있는데, 침침한 구석에서 부스럭거리는 소리가 나더니 아주 잘생긴 수탉 한 마리가 강중강중 뛰어나왔다.

그때, 더위가 더욱 심해지는 것 같았다. 코타르는 웃옷을 벗고, 철판 테이블을 두드렸다. 덩치가 작은 사내가 안에서 나오더니 푸른색의 기다란 앞치마를 두르고 멀리서 코타르를 보자마자 인사를 했다. 발길로 수탉을 한 번 세차게 걷어차서 쫓아버리고 가까이 와서는 수탉이 소란스럽게 꼬꼬댁거리건 말건 신사분들께 무엇을 드릴까요, 하고 물어보았다. 코타르는 백포도주를 청하고 나서 가르시아라는 사람에 대해 물어보았다. 그 땅딸보 사내의 말로는, 벌써 4, 5일이나 그 사람을 카페에서 보지 못했다는 것이었다.

"오늘 저녁에는 올 것 같소?"

"글쎄요!" 사내가 말했다. "그 사람 속셈까지는 모르겠는뎁쇼. 그런데, 선생님께서는 그분이 오는 시간을 잘 알고 계시지 않나요?"

"알지. 그런데 그다지 중요한 일은 아니어서 말이야. 그저 소개해줄 분이 한 분 계셔서 그렇다네."

보이는 앞치마 자락에다 축축한 손을 문질렀다.

"아하! 선생님께서도 그 일을 하시는군요?"

"그럼." 코타르가 말했다.

그 땅딸보는 코를 훌쩍거렸다.

"그러면 오늘 저녁에 다시 와보세요. 제가 그 사람에게 애를 보내겠습니다."

밖으로 나오면서, 랑베르는 그 일이라는 게 무엇이냐고 물어보았다.

"그야 물론 암거래지요. 그들이 물건을 시의 문으로 통과시킵니다. 그러고 나서는 아주 비싼 값으로 팔죠."

"과연," 랑베르가 말했다. "서로 짜고 하는 거군요?"

"바로 그겁니다."

그날 저녁 무렵, 차양은 걷히고, 앵무새는 자기 새장 속에서 재잘거리고, 철판 테이블마다 셔츠 바람의 남자들이 둘러앉아 있었다. 그중 한 사람은 밀 짚모자를 뒤로 젖혀 쓰고 새까맣게 그을은 가슴팍이 드러날 정도로 흰 와이 셔츠를 활짝 풀어 헤치고 있었는데, 코타르가 들어오자 벌떡 일어섰다. 반듯 하고 햇볕에 그을은 얼굴, 검고 작은 눈, 흰 치아, 반지를 두세 개 끼고 있 었으며 나이는 서른 살쯤 되어 보였다.

"안녕하슈?" 그가 말했다. "카운터에서 한 잔 하시죠."

그들은 말없이 한 잔씩 마셨다.

"나갈까요?" 가르시아가 말했다.

그들은 항구를 향해 내려갔고 가르시아가 무슨 이야기냐고 물었다. 코타 르는 랑베르를 소개하려고 했던 것은 딱히 사업상 거래 때문이 아니고 '외 출'이 목적이라고 말했다. 가르시아는 담배를 피우면서 곧장 앞으로 걸어가 고 있었다. 그는 랑베르를 '그'라고 부르면서 몇 가지 질문을 했다. 마치 옆 에 있는 랑베르는 눈에 띄지도 않는 듯싶었다.

"뭐 때문에, 왜 그러는 건데?" 가르시아가 물었다.

"프랑스에 아내가 있어."

"아하!"

그리고 조금 지나자 물었다.

"그 사람 직업이 뭐요?"

"신문기자."

"말이 많은 직업인데."

랑베르는 말이 없었다.

"내 친구야." 코타르가 말했다.

그들은 아무 말 없이 걸어가고 있었다. 부둣가까지 왔는데, 거창한 철조망 을 쳐놓아서 출입 금지였다. 그러나 그들은, 벌써부터 냄새가 풍겨오고 있는 정어리 튀김 파는 자그마한 간이식당 쪽으로 향했다.

"아무튼," 가르시아가 결론을 내렸다. "그 문제라면 내가 아니라 라울이 야. 내가 그를 찾아보지. 쉽지는 않을 텐데."

"그럼, 그는 숨어 다니나?" 코타르가 활기를 띠며 물었다.

가르시아는 대답이 없었다. 그는 간이식당 근처에서 발길을 멈추더니, 처음으로 랑베르에게로 고개를 돌렸다.

"모레 11시에, 시내 꼭대기에 있는 세관 건물 모퉁이에서 만나시죠. 그는 그대로 가버릴 듯하더니 두 사람에게로 다시 돌아섰다.

"비용이 들 텐데." 그가 말했다. 다짐을 한 것이었다.

"물론이죠." 랑베르는 고개를 끄덕거렸다.

잠시 뒤에 신문기자는 코타르에게 감사하다는 말을 했다.

"아, 천만에요!" 그는 소탈하게 대답했다. "도와드리는 것이 즐겁습니다. 게다가 선생은 신문기자니까 언젠가는 제게 갚을 날이 있겠죠."

그로부터 이틀 뒤, 랑베르와 코타르는 그 도시의 꼭대기로 뻗어 있는 그늘도 없는 한길을 올라갔다. 세관 건물의 일부분은 의무실로 변해 있었다. 그런데 그 커다란 문 앞에는 사람들이 서성거리고 있었다. 그 사람들은 허락되지 않는 면회를 혹시나 하는 심정에서, 또는 한두 시간 뒤에는 무효가 되어버릴 정보라도 얻어볼까 해서 모인 사람들이었다. 어쨌든 이처럼 사람들이 모여들다 보니 왕래하는 사람들이 많았고, 이런 점에 대한 고려가 가르시아와 랑베르가 만나기로 한 장소 선택과 무관하진 않다는 추측도 할 만했다.

"이상하군요. 그렇게도 떠나시려고 고집하시다니." 코타르가 말했다. "어쨌든 지금 일어난 일은 참 재밌지 않습니까?"

"나는 안 그런데요." 랑베르가 대답했다.

"오! 물론, 다소 위험부담이 있기는 하죠. 그러나 따지고 보면 페스트 이전에도, 차가 끊임없이 오가는 복잡한 네거리를 건너갈 때 그 정도의 위험부담은 있었죠."

마침 그때, 리외의 자동차가 그들이 서 있는 근처까지 와서 멎었다. 타루가 운전을 하고 있었고, 리외는 반쯤 졸고 있는 것 같았다.

그는 깨어나서 소개를 하려고 했다.

"이미 알아요." 타루가 말했다. "같은 호텔에 묵고 있는 걸요."

그는 랑베르에게 시내까지 태워다 주겠다고 했다.

"아닙니다. 우리는 여기서 누굴 만날 약속이 있어요."

리외가 랑베르를 쳐다보았다.

"그렇습니다." 랑베르가 말했다.

"아! 의사 선생님도 알고 계셨나요?" 코타르는 놀란 듯했다.

"저기 예심판사가 오는군요." 타루는 코타르를 보면서 알려 주었다.

코타르의 안색이 변했다. 오통 씨가 정말 길을 걸어 내려오고 있었다. 힘찬 그러나 정확한 걸음걸이로 그들을 향해서 다가오고 있었다. 그는 그 작은 모임 앞을 지나가면서 모자를 벗었다.

"안녕하십니까, 판사님!" 타루가 말했다.

판사는 차 안의 사람들에게 답례를 했고, 뒤에 물러나 있는 코타르와 랑베르를 보고 정중하게 고개를 숙였다. 타루가 그 연금생활자와 신문기자를 소개했다. 판사는 잠깐 하늘을 바라보다가 한숨을 쉬면서, 참 한심한 시기라고 말하는 것이었다.

"제가 알기에는, 타루 씨께서는 예방 조치 실시에 전력하고 계시다던데요. 저로서는 뭐라고 치하드려야 할지 모르겠습니다. 의사 선생께서는 병이 더 퍼질 것으로 생각하십니까?"

리외는 그렇게 되지 않기를 바라야 한다고 말했다. 그랬더니 판사는, 하느님의 뜻은 헤아릴 수 없는 것이므로 언제나 희망을 가져야 한다고 되받았다. 타루는 그에게 이번 사건 때문에 일이 늘었냐고 물었다.

"반댑니다. 오히려 우리가 보통 법이라고 부르는 사건은 줄어들었습니다. 제가 심리하게 된 것이라고는 이번 새 조치를 위반한 중대 범법자들뿐입니다. 기존의 법이 이렇게 잘 지켜진 경우는 거의 없었습니다."

"상대적으로 볼 때 기존의 법이 분명 훌륭하기 때문에 그런 것이겠지요." 타루가 말했다.

판사는 여태까지 꿈꾸는 듯한 태도와 허공에 매달린 듯한 시선을 바꾸었다. 그리고 싸늘한 표정으로 타루를 빤히 바라보았다.

"그래서 어쨌다는 겁니까?" 그가 말했다. "문제는 법에 있는 것이 아니라 처벌에 있습니다. 우리로서는 어쩔 수가 없습니다."

"저자가 원수 제1호야." 판사가 떠나자 곧 코타르가 말했다.

차가 움직이기 시작했다.

잠시 뒤 랑베르와 코타르는 가르시아가 오는 것을 보았다. 그는 아무 신호도 없이 그들에게로 가까이 오더니 갑자기 인사하듯이 이렇게 말했다.

"기다려야겠군!"

그들 주위에 무리를 이룬 사람들이—여자들이 압도적으로 많았다—모두 입을 굳게 다문 채 기다리고 있었다. 여자들은 거의 전부가 바구니를 들고 있었는데, 혹시 아픈 친척에게 식량을 전할 길이 있지나 않을까 하는 헛된 희망을 걸고 있었으며, 더욱 어처구니없는 일이지만, 아픈 사람들에게 그 식량이 도움이 될지도 모른다는 생각을 하고 있는 것이었다. 정문은 무장한 파수병이 지키고 있었고, 때때로 기괴한 비명이 정문과 병동 사이에 있는 마당 너머로 들려왔다. 그러면 기다리는 사람들 몇몇이 불안스런 얼굴로 의무실 쪽을 돌아보았다.

세 사나이도 이 광경을 보고 있었는데, 등 뒤에서 "안녕하십니까?"라는 분명하고 위엄 있는 목소리가 들려오자 그들은 고개를 돌렸다. 이 더위에도 라울은 아주 단정한 정장 차림이었다. 키가 크고 건장해 보이는 그는 짙은 빛깔의 정장 차림에 챙이 위로 둥글게 말려 올라간 모자를 쓰고 있었고, 상당히 창백한 얼굴이었다. 밤색 눈에 야무진 입을 가진 라울은 빠르고 정확하게 말을 했다.

"시내로 내려갑시다." 그가 말했다. "가르시아, 자네는 이만 가보게나."

가르시아는 담배에 불을 붙이더니 아무 말 없이 자리를 떴다. 그들은 중간에서 걸어가는 라울의 걸음걸이에 맞춰 빠른 속도로 걸었다.

"가르시아한테서 이야기는 들었습니다." 라울이 말했다. "불가능한 이야기는 아닙니다. 그러나 어쨌든 1만 프랑은 들여야 할 겁니다."

랑베르는 좋다고 대답했다.

"내일 나하고 점심이나 같이 하시죠. 마린 거리의 에스파냐 식당에서요."

랑베르가 알았다고 말하자, 라울은 처음으로 미소를 지으며 그와 악수를 했다. 그가 사라진 뒤 코타르는 못 가겠다고 말했다. 내일 시간이 없는 데다가 이제는 자기 없이 랑베르 혼자로도 충분하다는 것이었다.

그 이튿날 신문기자가 에스파냐 식당으로 들어가자, 모두의 시선이 그의 얼굴에 쏠렸다. 햇볕에 바싹 마른 좁은 골목 아래에 위치한 그 어둠침침한 지하 식당에는 남자 손님들만 드나들었으며, 그것도 대부분 에스파냐계 친구들이었다. 안쪽의 식탁에 자리잡고 앉은 라울이 신문기자에게 손짓을 하고, 랑베르가 그쪽으로 방향을 돌리자 사람들의 호기심이 수그러들어 다들

먹고 있던 접시로 얼굴을 돌렸다. 라울 곁에는 수염이 덥수룩하고 어깨가 엄청나게 넓고 말상인 데다가 머리숱이 적으며, 여위고 키가 큰 사내가 앉아 있었다. 시커먼 털로 덮인 길고 가느다란 그의 두 팔이 걷어 올린 와이셔츠 소매 밑으로 나와 있었다. 랑베르를 소개받았을 때, 그 친구는 고개를 세 번 끄덕였다. 그의 이름은 한 번도 입에 오르지 않았고 라울은 그를 가리킬 때 그저 '우리 친구'라고만 했다.

"우리 친구가 당신을 도울 수 있을 것 같다는군요. 그는 당신을……."

라울은 웨이트리스가 랑베르의 주문을 받으러 오자 잠시 말을 멈췄다.

"이 친구가 선생을 우리 동료 가운데 두 사람과 손이 닿게 해줄 텐데, 그 친구들이 우리가 매수해놓은 보초병들에게 선생을 소개해 드릴 겁니다. 그러나 그것으로 다 끝나는 것이 아니죠. 보초들이 스스로 절호의 시기를 판단합니다. 가장 간단한 방법은, 보초병들 가운데 시의 문 가까이 사는 사람 집에 가서 몇 밤을 묵는 것이죠. 그러나 그 전에, 이 친구가 필요한 접촉을 시켜드릴 겁니다. 모든 일이 잘 되면, 이 친구에게 비용을 계산해주면 됩니다."

그의 친구는, 또 한 번 그 말상의 머리를 끄덕이면서 손으로는 여전히 토마토와 피망 샐러드를 쉬지 않고 섞어가면서 게걸스럽게 먹어댔다. 그러더니 에스파냐 억양을 약간 섞어가며 말했다. 그는 랑베르에게, 이틀 뒤 아침 8시에 대성당 정문 앞에서 만나자고 제의했다.

"또 이틀 뒤로군요." 랑베르가 말했다.

"쉬운 일은 아니니까요." 라울이 말했다. "그 친구들을 찾아야 되거든요."

그 말상의 사내가 또 한 번 고개를 끄덕였다. 랑베르는 맥이 풀린 어조로 동의했다. 나머지 식사 시간은 뭔가 할 말을 찾는 데 써버렸다. 그러나 그 말상의 사내가 축구 선수라는 것을 랑베르가 알고 나서부터 모든 일이 쉬워졌다. 그 자신도 축구를 많이 했었던 것이다. 그리하여 프랑스 선수권, 영국 프로 선수단의 가치, W형 전술에 대한 이야기가 나왔다. 식사가 끝날 무렵, 그 말상의 사내는 아주 신이 나서 랑베르에게 말까지 놓아가며, 팀에서 센터하프만큼 화려한 위치는 없다고 납득시키려 했다.

"센터하프는 알다시피 선수들에게 게임 역할을 배당하는 사람이란 말이야. 역할을 배당하는 것, 그게 바로 축구라는 거지."

사실 랑베르 자신도 항상 포워드를 보아왔지만, 그와 같은 의견이었다. 그

토론은 라디오 소리 때문에 비로소 중단되었는데, 라디오에서는 우선 감상적인 멜로디를 은은하게 되풀이하더니 그 전날의 페스트가 137명의 희생자를 냈다고 보도했다. 듣고 있던 사람들 누구 하나 반응을 보이지 않았다. 그 말상의 사나이는 어깨를 으쓱하면서 자리에서 일어났다. 라울과 랑베르도 그를 따랐다.

헤어지면서 그 센터하프는 랑베르의 손을 힘껏 쥐었다.

"내 이름은 곤잘레스야." 그가 말했다.

그 뒤 이틀 동안이 랑베르에게는 끝없이 느껴졌다. 그는 리외의 집을 찾아가서 자기 일의 진행을 자세하게 이야기했다. 그러고는 어떤 집으로 왕진을 가는 리외를 따라갔다. 그는 의심스러운 환자가 기다리는 집의 문 앞에서 의사에게 작별인사를 했다. 복도에서 사람들이 뛰어가거나 뭔가 말하는 소리가 들려왔다. 가족에게 의사가 온 것을 알리는 것이었다.

"타루가 이제 왔으면 좋으련만." 리외가 중얼거렸다.

그는 지쳐 보였다.

"전염병이 예상 외로 너무 빨리 퍼지지요?" 랑베르가 물었다.

리외는 그렇지 않고 통계 곡선의 상승 정도가 도리어 좀 완만해졌다고 말했다. 다만 페스트에 대항해 싸우기 위한 수단이 제한되어 있다는 것이었다.

"자재가 부족합니다." 그가 말했다. "세계 어느 나라 군대건 자재의 부족은 대개 인력으로 보충하지요. 그러나 우리는 그 인력마저도 부족합니다."

"외부에서 의사들과 보건대원들이 왔는데도요?"

"그렇습니다." 리외가 말했다. "의사 열 명을 포함해서 백여 명의 인원이 왔어요. 보기에는 많습니다. 그런데 그 인원으로는 현재의 병세를 감당하기에도 빠듯합니다. 병이 더 퍼지면 그 인원으로는 불충분합니다."

리외는 안에서 나는 소리에 귀를 기울였다. 그러고는 랑베르에게 미소를 지었다.

"그렇습니다. 선생도 서둘러 일을 성사시켜야 되겠어요."

한 줄기 어두운 그늘이 랑베르의 얼굴을 스쳐갔다.

"아시겠지만," 그가 낮은 목소리로 말했다. "그 때문에 떠나려는 것은 아닙니다."

리외가 자기도 그건 알고 있다고 대답했지만, 랑베르는 말을 계속했다.

"나는 내가 비겁자는 아니라고 믿습니다. 적어도 대부분의 경우에는 말입니다. 그걸 시험해볼 기회도 있었어요. 단지 도저히 참을 수 없는 생각이 몇 가지 있어서요."

의사는 그를 정면으로 보았다.

"꼭 부인을 만나실 거예요." 그가 말했다.

"어쩌면요. 그러나 이 상태가 계속될 것이고, 그 동안 그 여자가 늙을 거라고 생각하면 참을 수가 없어요. 나이가 서른이면 사람은 늙기 시작하니까 무슨 수라도 써야지요. 제 말씀을 이해하실지 모르겠군요."

리외는 자기도 이해할 것 같다고 중얼거리고 있었는데, 그때 타루가 신바람이 나서 왔다.

"지금 막 파늘루 신부에게 우리와 같이 일을 하자고 부탁했어요."

"그래서요?" 의사가 물었다.

"잠시 생각하더니, 그러자고 하더군요."

"그것 참 기쁜 일이군요." 의사는 말했다. "그가 자기의 설교보다 더 나은 사람이라는 걸 알게 되니 기쁘군요."

"사람이라는 게 다 그렇습니다." 타루가 말했다. "다만 기회를 줄 필요가 있지요."

그는 미소를 짓고 리외를 보면서 눈을 깜박거렸다.

"그것이 인생에서 내가 할 일입니다. 기회를 제공한다는 것 말입니다."

"실례하겠습니다." 랑베르가 말했다. "저는 가봐야겠습니다."

약속한 목요일, 랑베르는 8시 5분 전에 대성당의 정문 밑으로 갔다. 하늘에는 희고 둥근 작은 구름들이 떠다니고 있었는데, 이제 곧 더위가 치솟으면 대번에 삼켜질 것이었다. 아련한 습기의 냄새가 아직도 잔디밭에서 올라오고 있었지만, 잔디밭은 말라 있었다. 동쪽에 있는 집들 뒤에서 태양은 광장을 장식하고 있는, 온통 금도금을 한 잔 다르크의 투구만을 비추고 있었다. 어디선지 8시를 쳤다. 랑베르는 인적이 없는 정문 아래로 두세 걸음 내딛었다. 어렴풋이 성가의 멜로디가 지하실의 눅눅한 냄새와 향 피우는 냄새를 싣고 성당 안으로부터 들려오고 있었다. 갑자기 노랫소리가 멎었다. 10여 명의 조그만 검은 형체들이 성당에서 나오더니 시가쪽으로 종종걸음으로 뛰기 시작했다. 랑베르는 초조해지기 시작했다. 몇 개의 다른 형체들이 큰 계단을 거슬러 올라 정문 쪽으로 다가오고 있었다. 그는 담배에 불을 붙였는데, 어쩐지 장소가 장소니만큼 담배를 피워서는 안 될 것 같다는 느낌이 들었다.

8시 15분에 대성당의 오르간이 은은한 소리로 연주를 시작했다. 랑베르는 어둠침침한 궁륭 밑으로 들어섰다. 잠시 뒤, 그는 자기보다 먼저 본당에 들어와 있는 조그만 검은 그림자들을 알아볼 수가 있었다. 그 그림자들은 한 모퉁이, 시내 어느 아틀리에에서 급하게 제작한 성 로크 상을 모셔놓은 일종의 임시 제단 앞에 모여 있었다. 무릎을 꿇고 있어서인지 그들은 더한층 오그라들어 보였으며, 회색 배경 속에 번져들어 마치 응고된 그림자의 덩어리처럼, 주위의 안개보다 약간 더 짙을까 말까 싶게 여기저기에 드문드문 떠 있었다. 그 형체들 위로 오르간은 끝없이 변주곡을 울리고 있었다.

랑베르가 밖으로 나왔을 때, 곤잘레스는 이미 계단을 내려가서 시내로 향하고 있었다.

"이미 가버린 줄 알았지." 그는 랑베르에게 말했다. "보통 있는 일이니까."

그는 거기서 멀지 않은 곳에서 8시 10분 전에 그의 친구들과 만나기로 되어 있었는데, 20분을 기다려도 나타나지 않더라고 변명했다.

"무슨 일이 있는 게 분명해. 우리가 하는 이런 일이 늘 뜻대로 되는 것은 아니지."

그는 이튿날 같은 시간에 전사자 기념비 앞에서 다시 만나자고 했다. 랑베르는 한숨을 내쉬며 모자를 뒤로 젖혀 넘겼다.

"이 정도는 아무것도 아니라네." 곤잘레스는 웃으면서 말했다. "생각 좀 해보게. 한 골을 넣자면 그 전에 기습공격도 하고 패스도 하면서 온갖 작전을 짜지 않느냐 말일세."

"그야 물론이지." 랑베르는 계속해서 말했다. "그러나 축구시합은 한 시간 반밖에 안 걸리지."

오랑의 전사자 기념비는 이 도시에서 바다를 내려다볼 수 있는 유일한 장소에 있었는데, 그곳은 항구를 내려다보는 낭떠러지를 아주 짧은 거리에 걸쳐서 끼고 도는 일종의 산책도로였다. 그 이튿날 랑베르는 약속 시간보다 일찍 와서, 명예의 전사자 명단을 차근차근 읽고 있었다. 몇 분 뒤에 두 사나이가 다가와서 무심하게 그를 보고 있더니, 산책도로의 난간에 가서 팔꿈치를 괴고 텅 빈 쓸쓸한 항구를 정신없이 내려다보는 듯했다. 둘 다 비슷한 키로, 푸른 바지에 소매가 짧은 재킷을 입고 있었다. 랑베르는 약간 멀리 떨어진 벤치에 걸터앉아서 한가하게 그들을 바라볼 수 있었다. 그리하여 그는 그 사내들이 스무 살 이상은 되어 보이지 않는다는 것을 알아차렸다. 그때 곤잘레스가 변명을 하면서 자기에게 걸어오는 것이 보였다.

"저기 친구들이 오는군." 그는 그 두 젊은이에게로 랑베르를 데리고 가더니, 마르셀하고 루이라고 소개를 했다. 마주 바라보니, 그들은 닮은 데가 많았다. 그래서 랑베르는 그들이 아마 형제인 모양이라고 생각했다.

"자아," 곤잘레스가 말했다. "이걸로 인사는 끝난 셈이군. 이제 일을 상의해야지."

그래서 마르셀인지 루이인지가, 자기네들의 경비 차례는 이틀 뒤에 시작돼서 일주일 계속되니, 가장 편리한 날을 택해야 한다고 말했다. 그들은 넷이서 서쪽 문을 지키는데, 다른 두 사람은 직업군인이었다. 그들을 한패로 끌어들일 생각은 없다면서, 그들은 믿을 수도 없거니와 그랬다가는 비용이 더 든다는 것이었다. 그러나 어떤 날 저녁에는 그들 둘이 잘 아는 바의 뒷방에 가서 밤을 지새우는 일도 있다는 것이었다. 마르셀인가 루이인가는 이런 이야기를 하면서, 랑베르에게 문 가까이 있는 자기들 집에 와서 묵다가 자기들이 부를 때까지 기다리라는 제안을 했다. 그러면 통과는 아주 쉽다는 것이었다. 그러나 서두를 필요가 있다면서, 얼마 전부터 시 밖에 이중 감시초소를 설치한다는 말이 돌고 있다는 것이었다.

랑베르는 찬성을 하고, 마지막으로 남은 담배 몇 대를 권했다. 둘 중에 그때까지 아무 말도 하지 않았던 청년이 곤잘레스에게 비용 문제가 해결되었는지, 선금을 받을 수 있는지 물었다.

"아니야, 그럴 필요는 없어." 곤잘레스가 말했다. "이 사람은 친구니까. 비용은 출발할 때 다 치르기로 하세."

그들은 다시 만나기로 했다. 곤잘레스는 그 다음다음날 에스파냐 식당에서 저녁을 먹자고 제의했다. 거기서 곧장 보초병들의 집으로 갈 수 있다는 것이었다.

"첫날 밤은" 그가 랑베르에게 말했다. "내가 같이 있어주지."

그 이튿날 랑베르는 자기 방으로 올라가는 길에, 호텔의 계단에서 타루를 만났다.

"리외를 만나러 가는 길입니다." 타루가 말했다. "같이 가지 않겠습니까?"

"방해가 되지 않을지 모르겠네요." 좀 멈칫거리다가 랑베르가 말했다.

"그렇지 않을 거예요. 선생 이야기를 꽤 들었거든요."

신문기자는 생각을 했다.

"그러면 이렇게 하죠." 그가 말했다. "저녁식사가 끝난 다음에 시간이 있으시면, 밤이 늦더라도 호텔의 바로 두 분이 같이 오십시오."

"그분이나 페스트의 상황에 따라 달라지겠죠." 타루가 말했다.

그러나 밤 11시쯤 되어서 리외와 타루는 작고 좁은 바로 들어갔다. 30명 가량의 손님들이 팔꿈치를 맞대고 큰 소리로 이야기하고 있었다. 페스트에 전염된 도시의 정적 속에서 갓 나온 두 사람은 귀가 좀 먹먹해서 멈춰 섰다. 그들은 아직도 알코올 음료를 팔고 있는 것을 보고서야 그 법석을 이해할 수 있었다. 랑베르는 카운터 끝의 등받이 없는 의자에 올라앉은 채 그들에게 손짓을 했다. 두 사람이 그를 에워쌌다. 타루는 시치미를 떼고 떠들썩한 옆자리 사람을 밀어젖혔다.

"알코올은 괜찮습니까?"

"괜찮다마다요." 타루가 말했다.

리외는 자기 잔의 씁쌀한 풀 냄새를 코로 맡아보았다. 그러한 소란 속에서는 이야기하기도 어려웠지만, 랑베르는 무엇보다도 술 마시는 데에 정신이 팔린 듯싶었다. 의사는 아직 그가 취했는지를 판단하기가 어려웠다. 그들이 앉은 좁은 구석 한쪽에 있는 두 테이블 중 하나에는 어떤 해군장교가 양팔에 여자를 하나씩 끼고, 얼굴이 새빨개진 뚱뚱보 남자를 상대로 장티푸스 유행 당시의 카이로 이야기를 하고 있었다.

"수용소가 있었지." 그가 말했다. "원주민들을 위해서 수용소를 만들었어. 환자를 수용할 천막을 치고, 둘레에 온통 보초선을 치고 말일세. 가족들이 몰래 민간요법 약품을 가지고 들어오면 쏘는 거야. 참 가혹한 일이었지만, 그게 옳은 일이었어."

또 한 테이블에는 멋쟁이 청년들이 앉아 있었는데 그들이 주고받는 이야기는 알아들을 수 없었지만, 말소리는 높은 곳에 올려놓은 축음기에서 쏟아져 나오는 〈성 제임스 병원〉의 박자 속으로 휩쓸려들고 있었다.

"잘 되어갑니까?" 리외가 언성을 높이면서 물었다.

"되어가는 중입니다." 랑베르가 말했다. "아마 일주일 안으로 될 겁니다."

"유감이군요." 타루가 외쳤다.

"왜요?"

타루는 리외를 쳐다보았다.

"오!" 리외가 말했다. "타루의 말은 여기 계시면 우리에게 도움이 될 텐데 아쉽다는 얘기입니다. 그러나 난 떠나고 싶어하는 심정을 너무나 잘 이해해요."

타루가 한 잔씩 더 마시자고 했다. 랑베르는 의자에서 내려와 처음으로 타루를 정면으로 보았다.

"제가 무엇에 도움이 될까요?"

"글쎄……." 타루는 자기 술잔으로 손을 천천히 내밀면서 말했다. "그러니까 우리 보건대 일이지요."

랑베르는 다시 여느 때처럼 생각에 잠긴 얼굴로, 다시 자기 의자에 올라앉았다.

"그런 단체가 유익한 것이라고 생각지 않으시나요?" 막 잔을 비운 타루는 이렇게 말하고, 가만히 랑베르를 바라보았다.

"아주 쓸모가 있지요." 신문기자는 이렇게 말하며 술을 마셨다.

리외는 그의 손이 떨리고 있는 것을 보았다. 이제는 정말 취했다고 그는 생각했다.

그 이튿날, 랑베르가 두 번째로 그 에스파냐 식당에 들어갈 때는 몇몇 사람들이 그가 지나가는 입구 문 앞에 의자를 끌어내 놓고 앉아서 겨우 더위가 고개를 숙이기 시작하는 초록빛과 황금빛의 저녁때를 즐기고 있었다. 그들은 코를 찌르는 듯한 향의 담배를 피우고 있었다. 식당 내부는 거의 비어 있었다. 랑베르는 처음으로 곤잘레스를 만났던 안쪽의 그 식탁에 가서 앉았다. 웨이트리스에게는 기다리는 사람이 있다고 말했다. 7시 30분이었다. 차츰 남자들이 식당 안으로 들어와서 자리를 잡고 앉았다. 음식이 나오기 시작하고, 둥그런 천장 밑은 식기 부딪치는 소리와 귀가 먹먹할 정도의 소란스런 얘기 소리로 가득 찼다. 8시가 되어도 랑베르는 여전히 기다리고 있었다. 불이 켜졌다. 새로운 손님들이 그의 테이블에 와서 앉았다. 그는 혼자서 식사를 주문했다. 8시 30분에는 식사도 다 끝났지만, 곤잘레스도 그 두 젊은이도 오지 않았다. 그는 담배를 여러 대 피웠다. 홀은 서서히 비기 시작했다. 밖은 빠르게 어두워지고 있었다. 미지근한 바람이 바다에서 불어와 창문의 커튼을 슬며시 쳐들곤 했다. 9시가 되었을 때, 랑베르는 홀이 텅 비었고 웨이트리스가 의아하게 그를 보고 있는 것을 알아차렸다. 그는 계산을 끝내고 밖으로 나왔다. 식당 맞은편 카페가 열려 있었다. 랑베르는 카운터에 걸터앉아서 식당 입구를 감시하고 있었다. 9시 30분에, 그는 주소도 모르는 곤잘레스를 어떻게 만날까 하는 부질없는 궁리를 하면서 호텔로 향했다. 여태껏 밟아온 절차를 다시 밟아야 할 것을 생각하니 가슴이 답답했다.

그가 나중에 리외에게 말한 바에 따르면 바로 그때, 구급차가 질주하는 어둠 속에서 그는 자기와 아내를 갈라놓은 장벽으로부터 어떤 탈출구를 찾기에 열중한 나머지 그동안 줄곧 어떤 의미에서는 아내를 잊고 있었다는 사실을 깨닫게 되었다. 그러나 또한 바로 그때, 모든 길이 또다시 꽉 막히고 나자, 욕망의 한복판에서 새삼스레 아내의 모습을 되찾게 되었는데, 너무나 갑작스러운 고통의 폭발이었기 때문에, 그는 호텔 쪽으로 달음질치기 시작했다. 그 불지짐같이 혹독한 아픔에서 벗어나려는 것이었지만, 그래도 그 뜨거운 아픔은 그의 가슴속에 남아 관자놀이를 파먹듯이 쑤셔대는 것이었다.

그 이튿날 아주 일찌감치, 그는 리외를 만나러 와서 어떻게 하면 코타르를 만날 수 있느냐고 물었다.

"남은 방법이라고는," 그가 말했다. "처음부터 다시 그 순서를 밟아가는 것뿐입니다."

"내일 저녁 때 오십시오." 리외가 말했다. "타루가 코타르를 불러달라더군요. 왜 그러는지 모르겠어요. 그는 10시에 오기로 되어 있어요. 그러니 10시 반쯤 이곳에 오시죠."

코타르가 그 이튿날 의사 집에 왔을 때, 타루와 리외는 리외의 담당구역 내에서 일어난 예기치 않은 완치 사례에 대해서 이야기하고 있었다.

"열에 하나입니다. 운이 좋았죠." 타루가 말했다.

"아, 그건 페스트가 아니었어요." 코타르가 말했다.

두 사람은 확실히 그 병은 페스트였다고 단언했다.

"그럴 리가 없어요, 나은 것을 보면 말이에요. 나보다 더 잘 아시겠지만, 페스트라면 용서가 없죠."

"대개는 그렇죠." 리외가 말했다. "그러나 좀더 꾸준히 대항하다 보면 뜻밖의 결과를 얻는 일도 있습니다."

코타르는 웃었다.

"그렇게 보이지 않는데요. 오늘 저녁 숫자를 들으셨어요?"

타루는 호의에 찬 시선으로 코타르를 보았는데, 숫자는 알고 있다, 사태가 심각하다, 그러나 그것이 증명하는 바는 무엇인가? 그것은 바로 강력한 대책이 필요하다는 사실을 증명하는 것이라고 말했다.

"아니! 이미 그런 대책을 세우고 계시면서……."

"그래요, 그렇지만 저마다 자기 나름대로 자신의 대책을 세워야 해요."

코타르는 무슨 말인지 몰라서 타루를 바라보고 있었다. 타루는 너무나 많은 사람이 아무 일도 안 하고 있다, 페스트는 각자의 문제다, 그러니 각자가 자기의 의무를 이행해야 한다고 말했다. 보건대의 문은 모든 사람에게 열려 있다는 것이었다.

"그것도 좋은 생각입니다." 코타르가 말했다. "그러나 그건 아무 소용도 없을 겁니다. 페스트가 너무나 억세니 말씀이에요."

"그거야 모르죠. 뭐든 해보고 나서……." 타루는 끈기 있는 어조로 말했다.

그동안 리외는 자기 책상에서 진료 카드를 다시 베끼고 있었다. 타루는 의자에 앉아서 동요하고 있는 코타르를 계속 바라보고 있었다.

"왜 우리와 같이 일하지 않으세요, 코타르 씨?"

코타르는 기분이 상한 듯이 의자에서 일어나 자기의 둥근 모자를 집어들었다.

"그건 내 일이 아닙니다."

그러고는 일부러 싸움이라도 걸려는 듯이 말했다.

"뿐만 아니라, 난 페스트 안에 있는 게 더 편안해요. 따라서 그것을 저지하는 일에 손을 댈 이유가 없지요."

타루는 갑자기 진실을 알아냈다는 듯이 이마를 탁 쳤다.

"아! 그랬군요. 내가 깜빡 잊고 있었네요. 그게 아니었더라면 당신은 체포되셨을 테니까요."

코타르는 움찔 놀라서 넘어지려는 듯이 의자를 꽉 잡았다. 리외는 글씨 쓰던 손을 멈추고, 심각하고도 흥미 있는 태도로 그를 바라보았다.

"누가 그딴 소리를 합니까?" 코타르가 소리쳤다.

타루는 뜻밖의 일이라도 들은 듯이 말했다.

"당신이 말하지 않았습니까? 아니 적어도 의사 선생하고 나는 그렇게 이해했는데요."

그러자 코타르는 걷잡을 수 없는 분노에 사로잡혀서 알아들을 수 없는 말들을 지껄여대기 시작했다.

"그렇게 흥분하지 마세요." 타루가 덧붙여 말했다. "의사 선생이나 나나 당신을 밀고할 사람은 아니니까. 당신의 사건은 우리하고는 관계가 없습니다. 게다가 우리는 결코 경찰을 좋아해본 적이 없으니까요. 자, 좀 앉으시죠."

코타르는 자기 의자를 내려다보며 한동안 망설이더니 앉았다. 한참 만에 그는 한숨을 내쉬었다.

"그건 다 지난 옛날 이야기입니다." 그는 인정했다. "그걸 다시 끄집어낸 거예요. 나는 다 잊었거니 했었는데 어떤 놈이 찔렀죠. 그들은 나를 호출하더니 조사가 끝날 때까지 늘 대기하고 있으라더군요. 그래서 결국 체포되고 말 것이라는 것을 알았죠."

"중죄인가요?" 타루가 물었다.

"그건 말하기에 달려 있어요. 하여간 살인은 아닙니다."

"금고형, 아니면 징역인가요?"

코타르는 몹시 풀이 죽어 보였다.

"금고형이겠죠, 운이 좋으면……."

그러나 얼마 지나지 않아, 그는 다시 핏대를 올리며 말했다.

"실수였어요. 누구나 실수는 하는 법이죠. 생각만으로도 참을 수 없어요. 그것 때문에 잡혀가서 집이며 익숙한 생활이며 모든 친지들과 헤어져야 하다니."

"아하!" 타루가 물었다. "목을 맬 생각을 한 것도 바로 그 때문이었군요?"

"네, 어리석은 짓이었지요, 확실히."

리외가 처음으로 입을 열어 코타르에게, 자기는 그의 불안을 이해하며 모든 것이 잘될 것 같다고 말했다.

"오! 당장에는 두려울 게 하나도 없다는 것은 알아요."

"아무래도," 타루가 말했다. "우리 보건대에 들어오는 일은 없겠군요."

두 손으로 자기 모자를 뺑뺑 돌리고 있던 코타르는 자신 없는 시선을 타루에게로 돌렸다.

"나를 원망하진 마십시오."

"물론이죠. 그렇지만 적어도," 타루는 미소를 지으면서 말했다. "일부러 병균을 퍼뜨리려고 애쓰지는 말아주세요."

코타르는, 자기가 페스트를 원한 것이 아니고 그냥 페스트가 그렇게 생겨난 거다, 당장에는 그 덕분에 자기 일이 잘 되고 있지만 그것이 제 탓은 아니라고 항의했다. 그리고 랑베르가 문 앞에까지 왔을 때, 그 연금생활자는 목소리에 있는 힘을 다 넣어서 이렇게 덧붙였다.

"게다가 내 생각으로는 당신들은 결국 아무런 성과도 얻지 못하실 겁니다."

랑베르가 물어 보니 코타르도 곤잘레스의 주소는 몰랐지만, 그래도 다시 그 작은 카페에 가볼 수는 있다고 했다. 그래서 이튿날 거기서 만나기로 약속했다. 그리고 리외가 소식을 알고 싶다는 뜻을 표시하기에, 랑베르는 주말 밤에 아무 때나 자기 방으로 타루와 함께 와달라고 초대했다.

아침이 되자 코타르와 랑베르는 그 작은 카페에 가서, 가르시아에게 저녁 때 또는 곤란하면 그 이튿날 만나자는 전갈을 남겨두었다. 그날 저녁, 그들은 가르시아를 기다렸으나 허사였다. 그 이튿날, 가르시아가 와 있었다. 그는 말없이 랑베르의 이야기를 들었다. 그는, 사정은 잘 모르겠지만, 자기가 아는 바로는, 호별 검사를 실시하기 위해서 여러 구역 전체에서 24시간 통행이 차단되고 있다고 했다. 곤잘레스와 그 두 젊은이가 차단선을 넘지 못했을지도 모른다는 것이었다. 그러나 자기로서 할 수 있는 일은, 고작해야 다시 한 번 그들을 라울과 연결시켜주는 것뿐이라고 말했다. 그것도 물론 그 다음다음날 안으로는 어렵다는 것이었다.

"아무래도," 랑베르가 말했다. "아주 처음부터 다시 시작해야겠군요."

그 다음다음날, 어느 길모퉁이에서 라울이 가르시아의 추측을 확인시켜주었다. 아랫동네의 통행이 차단되었었다는 것이었다. 다시 곤잘레스와 연락할 필요가 있었다. 이틀 뒤, 랑베르는 그 축구선수와 점심을 먹고 있었다.

"바보 같은 이야기지." 곤잘레스가 말했다. "뭔가 연락할 방법을 정해 놓았어야 하는 건데."

랑베르도 동의했다.

"내일 아침, 우리 애들한테나 가보세. 가서 일을 조정해보지."

그 이튿날, 애들은 집에 없었다. 그래서 그들에게 이튿날 정오에 리세 광장에서 만나자고 전갈을 남겨놓았다. 랑베르가 돌아왔을 때 표정은, 그날 오후 그를 만난 타루가 섬뜩할 정도였다.

"잘 안 되나요?" 타루가 그에게 물었다.

"자꾸만 처음부터 다시 시작하니 말입니다." 랑베르가 말했다.

그리고 그는 그의 초대를 변경했다.

"오늘 저녁에 와주세요."

그날 저녁 두 사나이가 랑베르의 방에 들어갔을 때, 랑베르는 누워 있었다. 그는 일어나서 준비해 두었던 술잔을 채웠다. 리외는 자기 잔을 받으면서 그에게 일은 제대로 되어가느냐고 물었다. 랑베르는 완전히 한 바퀴 돌아서 원점으로 왔는데, 머지않아 마지막 단계의 약속을 하게 될 것이라고 말했다. 그는 술을 마시고 덧붙였다.

"물론 그들은 오지 않을 테지요."

"그렇게 단정을 내릴 필요는 없죠." 타루가 말했다.

"아직 몰라서 그래요." 랑베르는 어깨를 으쓱하면서 대답했다.

"대체 뭘요?"

"페스트 말입니다."

"허참!" 리외가 중얼거렸다.

"그렇습니다. 아직도 모르는군요. 페스트란 바로 처음부터 다시 시작하는 게 특징이란 걸 말입니다."

랑베르는 방 한구석으로 가서 조그만 축음기의 뚜껑을 열었다.

"그 곡이 뭐죠?" 타루가 물었다. "나도 아는 곡인데요."

랑베르는 이 판이 〈성 제임스 병원〉이라고 대답했다.

판이 반쯤 돌아갔을 때, 멀리서 두 발의 총소리가 들려왔다.

"개 아니면 탈주자로군." 타루가 말했다.

얼마 지나지 않아 판이 다 돌아가자, 구급차 소리가 뚜렷하게 들리고 점점 커지다가 호텔 방 창 밑을 지나 점점 작아지더니 마침내 아주 그쳤다.

"이 판은 재미가 없어요." 랑베르가 말했다. "게다가 오늘은 벌써 열 번이나 들었으니 말이에요."

"그렇게 그 곡이 좋으세요?"

"아닙니다. 이것밖에 가진 게 없어서요." 그리고 잠시 뒤에 말했다. "자꾸 다시 시작하는 것이 특징이라니까요."

그는 리외에게 보건대 일은 어떻게 되어가느냐고 물었다. 현재 다섯 개 반이 활동하고 있는데 아직 몇 개 반이 더 생길 것 같았다. 랑베르는 자기 침대 위에 앉아서 손톱 손질에 여념이 없었다. 리외는 침대가에 웅크리고 있는 그 자그마하고 힘 있게 생긴 그의 실루엣을 살피고 있었다. 문득 그는 랑베르가 자기를 보고 있는 것을 알아차렸다.

"그런데 선생님," 그가 말했다. "저도 그 조직에 대해 많이 생각해봤습니다. 제가 같이 일을 안 하고 있는 것은 저에게도 그만한 이유가 있기 때문입니다. 다른 일 같으면 아직도 제 몸을 바칠 수 있을 것 같아요. 저는 에스파냐 전쟁에 종군한 일도 있으니까요."

"어느 편이었죠?" 타루가 물었다.

"패배한 쪽이었죠. 그러나 그 뒤 나는 좀 생각한 것이 있었어요."

"무슨 생각이죠?" 타루가 말했다.

"용기라는 것에 대해서 말입니다. 이제 나는 인간이 위대한 행동을 할 수 있다는 것을 압니다. 그렇지만 만약 그 인간이 위대한 감정을 가질 수 없다면 나는 그 인간에 대해서 흥미가 없습니다."

"인간이 마치 온갖 능력을 다 가진 듯한 느낌이 드네요." 타루가 말했다.

"그건 아닙니다. 인간은 오랫동안 고통을 참을 수도 오랫동안 행복해질 수도 없습니다. 다시 말해 인간이란 가치 있는 일은 아무것도 할 수 없습니다."

그는 두 사람을 바라보고 있다가 계속 말했다.

"이것 보십시오, 타루. 당신은 사랑을 위해서 죽을 수 있나요?"

“모르겠어요. 그러나 아마 죽을 수는 없을 것 같군요. 지금은…….”

“그렇죠. 그런데 당신은 하나의 관념을 위해서는 죽을 수 있습니다. 똑똑히 눈에 보입니다. 그런데 나는 어떤 관념 때문에 죽는 사람들은 진절머리가 납니다. 나는 영웅주의를 믿지 않습니다. 그것이 쉬운 일이라는 것을 알고 있고, 그것은 살인적인 것임을 알았습니다. 내가 흥미를 느끼는 것은, 사랑하는 것을 위해서 살고 사랑하는 것을 위해서 죽는 일입니다.”

리외는 신문기자의 말을 주의 깊게 들었다. 줄곧 그를 바라보면서 그는 부드럽게 말했다.

“인간은 하나의 관념이 아닙니다, 랑베르.”

랑베르는 흥분해서 침대에서 펄쩍 뛰어 일어났다.

“관념이죠, 게다가 어설픈 관념이죠. 인간이 사랑이란 것에 등을 돌리는 그 순간부터 그렇죠. 그런데 바로 우리는 더 이상 사랑할 줄 모르게 되고 만 겁니다. 단념합시다. 사랑할 수 있게 되기를 기다립시다. 그리고 정말 그것이 불가능하다면, 영웅 놀음은 집어치우고 전반적인 해방을 기다리십시다. 나는 그 이상은 더 나가지 않겠어요.”

갑자기 피로를 느낀 듯이 일어섰다.

“랑베르, 당신은 옳아요. 그러니 무슨 일이 있더라도 지금 하시려는 일에서 마음을 돌려놓고 싶지는 않습니다. 그 일이 내 생각에도 정당하고 좋은 일이라 여겨지니까요. 그러나 역시 이것만은 말해두어야겠습니다. 즉, 이 모든 일은 영웅주의와는 관계가 없습니다. 그것은 단지 성실함의 문제입니다. 어쩌면 비웃을지도 모르나, 페스트와 싸우는 유일한 방법은 성실한 것뿐입니다.”

“성실하다는 게 대체 뭐죠?” 랑베르는 돌연 심각한 표정으로 물었다.

“일반적인 면에서는 모르겠지만, 내 경우 그것은 자기가 맡은 직분을 완수하는 것이라고 알고 있습니다.”

“아!” 랑베르는 화를 내며 말했다. “나는 어떤 것이 내 직분인지를 모르겠어요. 어쩌면 사랑을 택한 것이 잘못일지도 모르겠군요.”

리외는 그를 마주 보았다.

“아닙니다.” 그는 이렇게 힘주어 말했다. “잘못하지 않았습니다.”

랑베르는 생각에 잠긴 눈으로 그들을 바라보고 있었다.

"두 분께서는 아마 그런 모든 일에서 조금도 손해 보실 것이 없으실 겁니다. 유리한 편에 선다는 것은 쉬운 일이니까요."

리외는 자기 잔을 비웠다.

"자," 그가 말했다. "아직 할 일이 남아서요."

그는 나갔다.

타루도 그의 뒤를 따랐지만, 나가려는 순간에 막 생각이 난 듯이 신문기자에게로 몸을 돌리며 말했다.

"리외의 부인이 여기서 수백 킬로미터 떨어진 요양소에 있다는 것을 아시는지요?"

랑베르는 놀란 시늉을 했지만, 타루는 이미 나가버린 뒤였다.

이튿날 꼭두새벽에 랑베르는 의사에게 전화를 걸었다.

"나도 이 도시를 떠날 방도를 찾을 때까지 함께 일하도록 허락해 주시겠어요?"

저쪽 수화기에서 잠시 침묵이 흐르더니 이윽고, "좋아요, 랑베르. 감사합니다"라는 말이 들려왔다.

제3부

이와 같이 매주일 계속해서 페스트의 그 포로들은 저마다 재주껏 발버둥을 쳤다. 그리고 그들 가운데 랑베르를 포함한 몇몇은 보다시피 아직도 자유인으로서 행동하고 있었으며, 아직도 선택할 수 있다고 상상하기까지 했다. 그러나 실상 8월 중순쯤에는 페스트가 모든 것을 뒤덮어버렸다. 그때는 이미 개인적인 운명 같은 것은 존재하지 않았고, 다만 페스트라는 집단 역사적 사건과 모든 사람이 공통으로 느끼는 여러 가지 감정이 있을 뿐이었다. 가장 컸던 것은 생이별과 귀양살이의 감정이었다. 거기에는 공포와 반항이 내포되어 있었다. 그러므로 서술자는 더위와 질병이 절정에 달한 이때쯤 전반적인 시각에서 그 예를 들어가며, 죽지 않고 살아 있는 우리 시민들의 난폭함, 사망자의 매장, 헤어져 있는 애인들의 고통 같은 것을 묘사하는 것이 적절하다고 믿는 바이다. 그해가 반쯤 지나갔을 때, 페스트에 휩싸인 그 도시에 여러 날 동안 바람이 불었다. 바람은 오랑 시민들이 특히 두려워하는 것인데, 이 도시가 세워진 곳이 고원 위인지라 바람이 아무런 자연적 장애도 만나지 않게 되어 더할 수 없이 거칠게 거리마다 불어치기 때문이다. 몇 달 동안 비한 방울 내리지 않았던 터라 도시는 뿌연 먼지를 뒤집어쓰고 있었는데, 그것이 바람으로 술술 벗겨졌다. 이처럼 바람은 먼지와 종잇조각들을 날아오르게 해 전보다 더 드물어진 산책객들의 다리를 때렸다. 그들이 몸을 앞으로 굽히고 손수건이나 손으로 입을 가린 채 급히 길을 지나가는 것이 보였다. 여태까지는 저녁때면 매일, 어쩌면 마지막이 될지도 모르는 그날 하루를 되도록 길게 끌어 보려고 사람들이 많이 무리를 지어 모여 있었는데, 이제는 자기들 집으로 또는 카페로 걸음을 재촉하며 돌아가는 몇몇 작은 무리들을 만날 수 있을 뿐이었다. 심지어 며칠 동안, 이 계절에는 훨씬 더 일찍 찾아드는 황혼 무렵이 되면 거리에 인적이 끊어지고, 바람만이 계속 울음 같은 소리를 곳곳에 토해놓는 것이었다. 여전히 눈에는 보이지 않은 채 물결이 높아진 바다로부터 해초와 소금 냄새가 올라왔다. 먼지가 덮여 뿌옇게 되고 바다 냄새로 절은 그 인적 없는 도시는, 바람만 윙윙 불어치는 가운데 불행하게 신음하는 하나의 섬과도 같았다.

여태껏 페스트는 도심지보다도 인구밀도가 높고 살기가 불편한 외곽지대에서 더 많은 희생자를 냈었다. 그러나 갑자기 번화가에 더 근접해와서 자리를 잡는 듯싶었다. 주민들은 바람이 전염병의 씨를 날라온 것이라고 못마땅해 했다. '바람이 카드를 마구 섞어서 파투를 시켰다'고 호텔의 지배인은 말하고 있었다. 그러나 어쨌든 중심가의 사람들은 밤중에, 그것도 점점 더 자주, 페스트의 음울하고도 맥빠진 호출 소리에 반항하듯 창문 앞으로 달려 지나가는 구급차의 사이렌 소리를 바로 코앞에서 들으면서 드디어 자신들의 차례가 왔음을 알게 되었다.

시내 그 자체에서도 특히 피해가 심한 구역을 격리시키고 직무상 불가피하다고 생각되는 사람 말고는 외출을 금하는 조치가 내려졌다. 그때까지 그 지역에 살던 사람들로서는 그러한 조치가 유난스럽게 자기네들에게만 불리하게 취해진 일종의 약자 학대라고 생각하지 않을 수 없었다. 그래서 모든 경우에 있어서 그들은 자신들과 비교해보면서 다른 지역의 주민들을 무슨 자유민처럼 생각하고 있었다. 반면에 다른 지역 사람들은 곤란한 순간에도, 다른 사람들은 그래도 자기네들보다 더 자유를 빼앗겼다고 상상하고는 어떤 위안을 얻는 것이었다. '항상 나보다 더 구속된 사람이 있다'는 것은 그 무렵 가질 수 있는 유일한 희망을 단적으로 보여주는 표현이었다.

거의 같은 시기에, 특히 시의 서쪽 문 근처 별장 지역에 다시 화재가 빈번하게 일어나는 일이 벌어졌다. 조사 결과, 예방 격리에서 돌아온 사람들이 상을 치른 것과 불행에 눈이 뒤집혀서, 페스트를 태워 죽여 버린다는 환상에 빠져 자기네 집에다 불을 지르곤 했던 것이다. 맹렬한 바람으로 인해 여러 지역 전체를 끊임없는 위험 속에 몰아넣게 되는 불상사가 빈번했으므로 그런 짓을 막는 것이 여간 힘든 것이 아니었다. 당국에서 실시하는 가옥 소독만으로 모든 전염의 위험을 제거하기에 충분하다고 아무리 설명해주어도 소용이 없어서, 마침내는 그런 순진한 방화자들에 대해서 극히 엄한 형벌을 내리겠다는 법령을 공포해야 했다. 그런데 아마도 그 불행한 사람들을 겁나게 만드는 것은 징역이라는 관념이 아니라 모든 시민들에게 공통된 확신, 즉 시의 감옥에서 확인된 극히 높은 사망률로 보건대 징역형은 사형이나 마찬가지라는 확신이었다. 물론 그 같은 신념이 근거가 없는 것은 아니었다. 명백한 이유에서이긴 하지만, 페스트는 특히 군인이라든가 수도승이라든가 죄수들처럼 단체생활을 하는 사람들을 악착같이 공격하는 것 같았다. 왜냐하면 피검자들은 격리 상태에 있긴 하지만, 감옥이란 하나의 공동체이니까 말이다. 또 그것을 똑똑히 증명이라도 하듯, 우리 시의 감옥에서는 간수들도 죄수 못지않게 그 병으로 희생을 당했다. 페스트라는 저 꼭대기 지점에서 내려다보면 교도소장에서부터 말단 죄수에 이르기까지 모든 사람들이 빠져나갈 수 없는 운명을 선고받은 사람들이고, 아마 사상 처음으로 감옥 안에 절대적인 정의가 이루어진 셈이다.

당국은 그런 평등한 세계 속에 위계질서를 도입하려고 직무 수행 중에 순직한 간수들에게 훈장을 수여하는 구상을 해보았지만 결국 헛일이었다. 계엄령이 발령되어 있었고, 또 어떤 각도에서 보면 그 간수들은 동원된 자들로 볼 수 있었기 때문에, 당국은 그들에게 훈장을 추서(追敍)하였다. 그러나 죄수들이야 아무런 항의를 하지 않았지만 군 관계자들은 그 일을 그리 좋게 생각하지 않았으며, 일반 대중의 머릿속에 유감스러운 혼동을 일으킬 우려가 있다는 당연한 지적으로 의사 표시를 했다. 당국은 그들의 요구가 당연하다고 인정하고, 가장 간단한 방법은 간수들에게 방역 공로장을 주는 것이라고 생각했다. 그러나 먼저 받은 사람들의 경우에는 이미 엎질러진 물이었으므로 그들에게서 훈장을 회수한다는 것은 생각할 수 없었고, 군 관계자들은 여전히 자기네들의 견해를 고집했다. 또 한편 방역 공로장으로 말하면, 질병의 창궐 시기에 그런 훈장 하나 받아 보았댔자 대단한 것이 아니었기 때문에, 전공 훈장의 수여로 얻을 수 있었던 사기 진작의 효과를 얻지 못한다는 것이 문제였다. 요컨대 모든 사람들이 다 불만이었다.

게다가 교도소 당국은, 교회측이나 그보다는 차이가 훨씬 덜 나지만, 군 당국과 똑같은 조처는 취할 수가 없었다. 사실 시내의 단 두 개 수도원의 수도승들은 신앙심이 두터운 가정으로 흩어져 임시로 숙박하도록 조치되었다. 이와 마찬가지로, 사정이 허락할 때마다 소규모의 부대들이 병영에서 분리되어 학교나 공공건물에 주둔하도록 조처가 이루어졌다. 이처럼 외관적으로는 포위된 상태 속에서의 연대 책임을 시민들에게 강요하고 있던 질병은 동시에 전통적인 결합 형태를 파괴하고 개개인을 저마다의 고독 속으로 돌려보내고 있었다. 그것은 혼란을 낳았다.

이러한 모든 상황에 설상가상으로 바람까지 겹쳐 어떤 사람들의 정신에도 불을 댕겨놓았다고 볼 수 있다. 시의 문들은 밤에 몇 번씩이나, 그것도 이번에는 무장한 소규모 그룹에 의해서 습격을 받았다. 총격전이 벌어졌으며 부상자가 생겼고 약간의 도망자도 있었다. 감시 초소들이 강화되자 그러한 시도는 곧 완전히 없어졌다. 그래도 이것은 시내에 일종의 혁명과 비슷한 분위기를 만드는 데 충분했고, 그것으로 인하여 폭력 사건 몇 건을 야기하기에 충분했다. 보건상의 이유로 폐쇄되었거나 화재가 난 집들이 약탈을 당했다. 사실 그런 행위가 계획적인 것이었다고 추측하기는 어려웠다. 대개 여태껏 점잖았던 사람들이 돌발적인 기회에 비난을 받을 만한 일을 저지르게 되었으며, 그런 행위에 이어서 이내 딴 사람들이 흉내를 내게 되었던 것이다. 이리하여 슬픔이 극에 달해 얼이 빠진 집주인 눈앞에서, 아직도 불타고 있는 집으로 정신없이 뛰어드는 미치광이들도 있었다. 집주인이 무관심한 것을 보자 구경꾼들도 그들이 하는 짓을 따라 했고, 그래서 그 어두운 거리에는 꺼져가는 불길과 어깨에 걸머진 물건, 또는 가구들 때문에 생긴 일그러진 그림자들이 화재의 불빛을 받으며 사방으로 도망치는 모습을 볼 수 있었다. 그러한 불미스러운 사건들로 말미암아 당국은 부득이 페스트령을 계엄령과 동등하게 다루어, 거기에 입각한 법률을 적용하기에 이르렀다. 절도범 두 명이 총살되었는데, 이것이 다른 사람들에게 충격을 주었는지 어떤지는 의심스럽다. 왜냐하면 그렇게 사망자가 많은 판국에 두 명의 사형 집행쯤은 거의 눈에 띄지도 않았으니 말이다. 그것은 마치 바다에 떨어뜨린 물 한 방울과 같았다. 그리고 사실 당국은 개입할 엄두도 못 내는 가운데 그와 비슷한 광경이 상당히 자주 되풀이되었던 것이다. 모든 사람들에게 충격을 준 듯싶은 유일한 조치는 등화관제 제도였다. 밤 11시부터 완전한 암흑 속에 잠겨버린 시가는 마치 돌덩이처럼 되어버렸다.

달이 떠 있는 하늘 아래, 시가는 집들의 희끄무레한 벽과 곧게 뻗은 거리만이 늘어서 있을 뿐, 나무 한 그루의 검은 그림자가 반점을 찍어놓는 법도 없었고 산책하는 사람의 발자국 소리나 개 짖는 소리에도 동요되지 않았다. 그 적막한 대도시는 이미 활기를 잃어버린 거대한 정육면체들의 집합체에 지나지 않았고, 단지 그 사이에서 잊힌 자선가들이나 영원히 청동 속에 갇혀 질식해버린 그 옛 위인들의 흉상만이 돌이나 쇠로 만든 그 인공의 얼굴을 가지고, 한때는 인간이었던 것들의 몰락한 영상을 상기시키려고 애쓰고 있을 뿐이었다. 그 볼품없는 우상들은 답답한 하늘 밑, 생명이 사라진 네거리에서 자신을 과시하고 있었는데, 그 투박하고 무감각한 모습들은 우리가 발을 들여놓은 요지부동의 시대, 또는 적어도 그 최후의 질서, 즉 페스트와 돌과 어둠에 압도되어 모든 음성이 침묵으로 돌아가고 만 어느 지하 묘지의 질서를 꽤 상징적으로 보여주고 있었다.

그러나 밤은 모든 사람들의 가슴속에도 있었으며, 매장에 관해 떠도는 전설이나 참된 모습도 우리 시민들을 안심시킬 만한 것은 아니었다. 매장 이야기를 하지 않고 지나갈 수 없는 것이 서술자의 입장이기에 민망스럽기 짝이 없다. 이 점에 관해서 비난을 받을지도 모른다는 것은 서술자도 충분히 알고 있지만, 그러나 서술자의 유일한 변명은 그 기간 내내 매장이 끊이지 않았다는 것과, 또 매장에 대한 걱정이 모든 시민에게 불가피한 일이었던 것과 마찬가지로, 어떤 의미에서 서술자에게 있어서도 역시 불가피했다는 점이다. 어쨌든 이것은 서술자가 그런 의식에 취미를 가졌기 때문이 아니다. 도리어 반대로 서술자는 살아 있는 사람들의 사회, 그중의 한 예를 들면 해수욕 같은 것을 더 좋아한다. 그러나 결국 해수욕은 금지되었고, 살아 있는 사람들이 함께 사는 사회는 날마다 죽은 사람들의 사회에 의해 설 자리를 빼앗길까 봐 이제나저제나 벌벌 떨며 두려워하고 있었다. 그것은 자명한 사실인 것이다. 물론 그것을 보지 않으려고 애쓰고 눈을 가림으로써 거부할 수도 있지만, 자명한 일이란 무서운 힘을 가지고 있어서 모든 것을 앗아가고야 마는 법이다. 예를 들어서 여러분이 사랑하는 사람들을 매장해야만 할 경우, 여러분은 무슨 방법으로 그 매장을 거부할 수 있겠는가?

그런데 초기에 우리의 장례식의 특색을 이루고 있었던 것은 바로 그 신속함이었다. 모든 형식은 간소화되었으며, 일반적인 경향으로 볼 때 장례식은 폐지되었다. 환자들은 가족과 멀리 떨어진 곳에서 죽었으며 의식적인 밤샘이 금지되어 있었으므로, 결국 저녁 나절에 죽은 사람은 그대로 송장이 되어 혼자 밤을 넘기고, 낮에 죽은 사람은 지체 없이 매장되었다. 물론 가족에게는 알리지만, 대개 그 가족도 만약 환자 곁에서 살았다면 예방 격리를 당하고 있었던 터라 움직일 수 없었다. 가족이 그 고인과 함께 살지 않았을 경우 그들은 지정된 시각, 즉 시체의 염이 끝나고 입관되어 묘지로 떠나려는 시각에나 와볼 수 있도록 되어 있었다.

가령 그러한 절차가, 리외가 담당하고 있는 그 임시병원에서 이루어졌다고 하자. 그 학교에는 본관 뒤에 출구가 하나 있었다. 복도로 면해 있는 커다란 창고에는 관들이 들어 있었다. 가족들은 바로 그 복도에서 이미 뚜껑이 닫힌 관이 하나만 놓인 것을 보게 된다. 이내 사람들은 가장 중요한 일로 들어가게 되는데, 그것은 즉 여러 가지 서류에 가족 대표의 서명을 받는 것을 말한다. 이어서 시신을 자동차에 싣는데, 트럭일 때도 있고, 대형 구급차를 개조한 것도 있다. 가족들이 아직까지도 운행이 허가되고 있는 택시를 하나 얻어 타고 나면 차들은 전속력으로 변두리 길을 달려서 묘지에 도착한다. 입구에서 헌병이 차를 세우고, 헌병이 없으면 우리 시민들은 소위 말하는 '마지막 거처'조차 얻을 수 없게 되는 공식 통과증에 고무도장을 한 번 누르고 옆으로 비켜선다. 그러면 차들은 수많은 구덩이가 메워지기를 기다리고 있는 한 네모진 터 앞에 도착한다. 신부 한 명이 시체를 맞이한다. 성당 안에서 장례식을 치르는 것은 금지되어 있기 때문이다. 기도를 올리는 동안 관이 내려지고, 밧줄에 감긴 채 끌려 내려가 구덩이 밑바닥에 털썩 놓이면 신부가 성수채를 흔들어대는데, 벌써 첫 흙이 관 뚜껑 위에 튄다. 구급차는 소독약을 살포 받기 위해서 조금 먼저 떠나버리고, 삽날이 흙을 찍어 던지는 소리가 차차 무디어져 가는 가운데 가족들은 택시 안으로 들어가버린다. 그리고 15분 뒤에는 집에 돌아가 있는 것이다.

이와 같이 모든 일은 정말 최대한의 신속함과 최소한의 위험을 가지고 진행되었다. 적어도 처음에는, 분명히 이런 식의 처리가 가족으로서 느끼는 자연적 감정을 해친다고들 보았던 것 같다. 그러나 페스트의 유행 기간 중, 그런 감정의 고려는 염두에 둘 수가 없었다. 즉, 모든 것을 효율성을 위해 희생시켰던 것이다. 게다가 처음에는 시민들도 이러한 처리방식 때문에 괴로워했다(격식을 갖추어 땅에 묻히고 싶다는 욕구는 사람들이 생각하고 있는 이상으로 널리 퍼져 있었기 때문이다). 그 뒤에는 다행히도 식량 보급 문제가 미묘해지고, 주민들의 관심은 보다 더 직접적인 관심사 쪽으로 쏠리게 되었다. 먹기 위해서는 줄을 서야 하고 수속을 밟아야 하고 서식을 갖춰야 하는지라 그런 일에 골몰하다 보니 사람들은 자기네 주위에서 어떻게들 죽어가고 있는지, 또는 앞으로 자기네들이 어떻게 죽어갈는지를 생각해볼 겨를이 없었다. 그리하여 고통스럽게 느껴져야 마땅할 물질적인 곤란이 나중에는 오히려 고마운 일로 여겨지게 된 것이다. 그리고 만약 질병이 이미 우리가 본 것처럼 그렇게 퍼지지만 않았더라면, 그런대로나마 모든 것이 잘 되었을 것이다.

왜냐하면 관이 더욱 귀해지고, 수의를 만들 옷감과 묏자리도 모자라게 되었으니 말이다. 무슨 수가 있어야만 했다. 가장 간단한 것은, 역시 효율성의 이유에서였지만, 장례식을 합동으로 하고 혹 필요에 따라서는 묘지와 병원 사이의 왕래를 여러 번으로 늘리는 방법이었다. 그래서 리외 담당에 관해서라면, 당시 그 병원은 관을 다섯 개 가지고 있었다. 그것이 다 차면 구급차가 싣고 간다. 묘지에서는 관이 비워지고, 무쇠빛 시체들은 들것에 실려서 이런 용도를 위해 개조된 헛간 속에서 차례를 기다리는 것이다. 관들은 소독액이 뿌려져서 다시 병원으로 운반된다. 이런 작업이 필요한 횟수만큼 되풀이된다. 그러니까 조직은 무척 잘 되어 있는 셈이어서 지사도 만족했다. 심지어 그는 리외에게, 따지고 보면 옛 페스트 기록에서 볼 수 있는 것과 같이 검둥이들이 끌고 가는 시체 운반 수레보다는 이것이 더 낫다고 말할 정도였다.

"네, 그렇습니다." 리외가 말했다. "매장 방식은 전과 마찬가지입니다만, 우리는 그래도 카드를 작성하고 있지요. 발전된 것은 의심할 여지가 없습니다."

그러한 처리 면에서의 성공이 있었는데도, 현재의 절차에 따른 그 불쾌한 성격 때문에 현청은 부득이 친척들로 하여금 장례식을 멀리하게 해야만 했다. 단지 묘지 입구까지 오는 것만은 허용하고 있었지만, 그것조차 공식적인 것은 아니었다. 왜냐하면 최종 단계의 의식에 관련된 사정이 좀 달라졌기 때문이었다. 당국은 묘지 맨 끝에, 유향나무들로 뒤덮인 빈터에다가 엄청나게 큰 구덩이 두 개를 마련했다. 남자용 구덩이와 여자용 구덩이였다. 이런 점에서 보면 행정 당국은 예전부터 예의를 존중했고, 훨씬 뒤에서야 여러 가지 사태의 압력으로 급기야는 그 마지막 수치심까지 팽개치고서 체면 따위는 아랑곳하지 않은 채, 여자 남자 가리지 않고 뒤범벅으로 포개어 묻어버리게 된 것이었다. 다행히도 그런 극도의 혼란은 그 재앙이 최종 단계에 이르렀을 때만 나타난 것이었다. 지금 우리가 언급하고 있는 이 시기에는 구덩이가 구별되어 있었고, 현청에서는 그 점을 고집하고 있었다. 그 구덩이 밑바닥마다 아주 두껍게 입혀 놓은 산화칼슘이 김을 뿜으며 부글부글 끓고 있었다. 또 구덩이 가장자리에는 같은 산화칼슘이 산더미처럼 쌓인 채 그 거품이 대기 속에서 터지고 있었다. 구급차의 왕복이 끝나면, 들것들이 줄을 지어 운반되고 거기에 담긴 벌거벗겨지고 약간 뒤틀린 시체들을 거의 나란히 붙여 구덩이 밑바닥으로 쏟아 붓고, 그 위에 산화칼슘을, 다음에는 흙을 덮는다. 그러나 그것도 다음에 들어올 사람을 위해서 일정한 높이까지만 덮고 만다. 다음 날 가족들은 일종의 장부에 서명을 하도록 호출되는데, 이 점은 가령 사람과 개 사이에 있을 수 있는 차이를 나타내는 것이다. 즉, 등록이라는 게 어떤 경우에도 가능하니까 말이다.

그런 모든 작업을 하려면 사람이 필요했는데, 언제나 모자랐다. 처음에는 정식으로 채용되었고, 나중에는 임시로 채용되었던 간호사나 묘 파는 인부들도 페스트로 많이 죽었다. 아무리 조심해도, 언젠가는 감염되고 말았다. 그러나 잘 생각해보면, 가장 놀라운 것은 질병의 모든 기간을 통해서 그런 일을 하는 데 필요한 인력은 결코 모자라지 않았다는 사실이다. 위기는 페스트가 그 절정에 도달하기 바로 직전이었다. 그때 의사 리외가 불안해한 것은 그럴 만한 근거가 있었다. 간부건, 또 그가 말하는 막노동꾼이건 인력이 충분하지 않았다. 그러나 정작 페스트가 도시 전체를 사실상 장악해버리고 나자 그때부터는 그 과격함 자체가 아주 편리한 결과를 가져왔다. 페스트가 모든 경제 생활을 파괴했고, 그 결과 엄청난 숫자의 실업자를 냈기 때문이다. 그 대부분의 실업자들은 간부급 충원 대상은 못 되었지만, 막일에 관한 한 그들 때문에 일이 쉽게 되었다. 그 시기부터는 사실 곤궁이 공포보다 더 절박하다는 사실을 늘 눈으로 볼 수 있었고, 일은 위험성의 정도에 따라서 보수를 지불하게 마련이고 보니 그 점은 더욱 명백해졌다. 보건과에서는 취업 희망자의 리스트를 준비해 둘 수 있었고, 그래서 어디서 결원이 생기기만 하면 그 리스트의 첫 머리에 올라 있는 사람에게 통지를 하곤 했는데, 그 사람들은 그 사이에 자기 자신들이 결원되었을 경우를 제외하고는 언제나 출두하게 마련이었다. 유기 또는 무기 죄수들을 활용하기를 오랫동안 주저해왔던 지사도, 이 극단적 조치까지 가는 것을 피할 수 있게 되었다. 실업자들이 있는 한은 견딜 수 있다는 생각이었다.

이럭저럭 8월 말까지는, 우리 시민들은 예의바르게는 아니더라도 적어도 행정 당국이 자기들의 의무를 다하고 있다는 의식을 가질 수 있기에 충분할 만큼 질서를 갖춰 그들의 마지막 거처로 갈 수 있었다. 그러나 그 뒤에 일어난 사건까지 미리 말하자면, 결국 선택해야만 했던 마지막 수단에 대해 이야기하지 않을 수 없었다. 8월에 접어들자, 사실상 페스트가 통계 그래프의 꼭대기 평행선 위에서 요지부동으로 기승을 부리면서 누적된 희생자들의 수는 이 시의 조그만 묘지가 제공할 수 있는 한계를 훨씬 넘었다. 담 한쪽을 헐어서 시체들을 위해 그 옆 터를 넓혀놓았다 해도 소용이 없어서 이내 다른 방도를 강구해야 했다. 우선 밤에 매장을 하기로 결정했는데, 그것은 확실히 여러 가지 번거로운 고려를 생략할 수 있도록 해주었다. 이로써 점점 더 많은 시체를 구급차에 포개어 쌓을 수 있게 되었다. 그리고 변두리 지대에서는 등화관제 시간 이후에도 볼 수 있는, 규칙을 위반하며 밤 늦게 다니는 산책객들(또는 직업상 나다닐 수밖에 없는 사람들)은, 때때로 광채 없는 사이렌 소리를 울려대며 밤의 후미진 거리를 전속력으로 달리는 길쭉한 백색 구급차들을 만나곤 했다. 시체들은 서둘러서 구덩이 속에 내던져졌다. 아직 완전히 구덩이 속으로 쏟아져 들어가기도 전에 벌써 삽에 담긴 석회가 시체의 얼굴을 짓이겼고, 이어서 이제는 더욱더 깊게 파진 구덩이 속에, 이름 없는 흙이 그 위를 덮어버리는 것이었다.

그러나 얼마 지난 뒤엔, 또 다른 곳을 물색해서 더욱 넓게 잡아야 했다. 지사령으로 영대 묘지의 소유권을 수용하고 거기서 발굴된 유골은 전부 화장터로 보냈다. 머지않아 페스트에 의한 사망자들까지도 화장터로 보내야만 했다. 그러니 시문 밖 동부지역에 있는 옛 화장터를 이용해야 했다. 경비 초소도 더 멀리 이동시켰다. 한 시청 직원이, 전에는 해안선을 따라 운행되었었으나 이제는 쓸모가 없어져버린 전동차를 이용하도록 건의함으로써 당국의 일은 훨씬 수월해졌다. 그렇게 하기 위하여 유람차나 전기 기관차에서 좌석을 들어내어 내부를 개조하고, 또 선로를 화장터에까지 우회시켜 화장터가 하나의 시발점이 되었다.

그래서 늦여름 내내, 그리고 가을비 속에서도, 매일같이 한밤중이면 승객

없는 전동차의 괴상한 행렬이 바다 위 저 중턱으로 덜거덕거리면서 지나다니는 광경을 볼 수 있었다. 시민들도 마침내는 그 내막을 알게 되었다. 그리고 순찰대가 해안도로에 접근을 금지하고 있는데도, 흔히 몇몇 무리의 사람들이 파도치는 바다를 굽어보며 솟아나온 바위틈에 숨어 있다가 전동차가 지나갈 때면 그 안에 꽃을 던지곤 했다. 그럴 때면, 사람들은 전동차가 꽃과 시체를 싣고 여름밤 속을 한층 더 심하게 흔들리며 달리는 소리를 듣곤 했다.

아무튼 처음 얼마 동안은, 구역질나는 짙은 연기가 아침녘에 시의 동쪽 구역 머리 위에 떠돌았다. 의사들은 누구나 그 연기가 불쾌하기는 하지만 인체에는 조금도 해롭지 않을 것이라는 의견이었다. 그러나 그 동네 주민들은 그렇게 페스트가 하늘에서 자기네들을 덮칠 것이라고 생각한 나머지, 그 동네에서 떠나버리겠다고 위협했고, 부득이 복잡한 도관 수송장치를 통해 그 연기를 다른 곳으로 뽑게 하고 나서야 주민들은 진정되었다. 바람이 몹시 부는 날에만 동쪽 지역에서 풍겨오는 어렴풋한 냄새가, 그들로 하여금 자신들이 새로운 질서 속에 놓여 있으며, 또 페스트의 불길이 매일 저녁 자기들이 바치는 공물을 집어삼키고 있다는 것을 떠올리게 한 것이었다.

이러한 것들이 그 질병이 가져온 극단적인 결과였다. 그러나 질병이 그후 더 기승을 부리지 않는 것은 다행한 일이다. 왜냐하면 각 기관의 기발한 대응책이나 현청의 처리 능력이나 나아가서는 화장장의 소화 능력이 감당할 수 없는 상황이 될 수도 있다고 가정할 수 있기 때문이다. 그렇게 되면 당국은 시체를 바다로 내던져버리는 것 같은 절망적인 해결 방법도 고려하고 있음을 리외는 알고 있었다. 그래서 그는 푸른 바닷물 위에 일어나는 그 시체들의 징그러운 거품을 쉽사리 상상했다. 또 만약 통계 숫자가 계속해서 상승한다면 어떠한 조직도, 그것이 제아무리 우수한 것이라 해도, 거기에 견딜 수는 없을 것이고, 현청이라는 것이 있는데도 불구하고 사람들은 첩첩이 죽어서 쌓일 것이고, 거리에서 썩을 것이고, 또 공공장소에서는 죽어가는 사람들이 당연한 증오심과 어리석은 희망이 뒤섞인 심정에서 살아남은 사람들을 붙잡고 매달리는 꼴을 보게 되리라는 것을 그는 알고 있었다.

어쨌든 그러한 종류의 명백한 사실이나 걱정으로 인하여 우리 시민들은 마음속에서 귀양살이의 그리고 생이별 상태의 감정을 지워 버릴 수가 없었다. 그 점과 관련하여, 서술자는 여기서 예컨대 옛날이야기에서 나오는 그것처럼 용기를 북돋아주는 영웅이든가 빛나는 행동과 같은, 아주 굉장한 구경거리라고는 아무것도 소개할 것이 없으니 얼마나 유감스러운 일인지 모르겠다. 그 까닭은, 재앙만큼이나 보잘것없는 구경거리는 없기 때문이다. 무시무시한 불행은 오래 끌기 때문에 오히려 단조로운 것이다. 그런 나날을 겪은 사람들의 기억 속에서는, 페스트를 겪는 그 무시무시한 나날들이 끝없이 타오르는 잔혹하고 커다란 불길처럼 보이는 것이 아니라, 차라리 발바닥 밑에 놓이는 모든 것을 짓이겨버리는 끝날 줄 모르는 답보 상태 같아 보이는 것이었다.

아니다. 페스트는 그 병이 유행하던 초기에 의사 리외를 성가시게 따라다녔던, 그처럼 사람을 흥분시키는 굉장한 이미지와 아무 관계가 없었다. 페스트는 무엇보다도 용의주도하고 빈틈없으며 그 기능이 순조로운 하나의 행정 사무였다. 그렇기 때문에, 한 마디 삽입해서 말하자면, 아무것도 배반하지 않기 위해서, 서술자는 객관성이라는 것을 고집해왔던 것이다. 서술자는 이야기가 어느 정도 일관성을 갖추고 있어야 한다는 기본적인 필요에 관한 것을 빼면, 거의 아무것도 예술적인 효과를 위해서 바꾸려고 하지 않았다. 그리고 지금은 그 객관성 자체가 서술자로 하여금 다음과 같이 말하도록 요구한다. 즉, 그 시기의 커다란 고통, 가장 일반적이면서 동시에 가장 심각한 고통은 이별이라 하더라도, 또 그 단계의 페스트에 있어서 생이별의 감정에 대하여 새로운 기록을 남겨놓는 것이 양심적으로 반드시 필요하다 하더라도, 그 당시 그 고통 자체는 그것의 비장감을 잃어버리고 있었다는 사실도 또한 부정할 수 없는 것이다.

우리 시민들, 적어도 그 생이별로 말미암아서 가장 심한 고통을 받았던 사람들은 그러한 상황에 익숙해진 것일까? 꼭 그렇다고 말하기는 어렵다. 육체적으로나 정신적으로나, 그들은 감정의 메마름 때문에 괴로워했다고 말하는 편이 더 정확한 것이다. 페스트의 초기 단계 때는 잃어버린 사람을 뚜렷이 기억할 수 있어서 그리워했다. 그러나 사랑하는 그 얼굴, 그 웃음, 나중에 생각해보니 비로소 행복했던 날들이었다는 것을 알 수 있는 그런 어느 날의 일, 이런 모든 것들은 뚜렷하게 생각이 나지만, 그런 것을 다시 그려보고 있는 바로 그 시간에, 또한 그때 이후 그렇게도 먼 곳이 되어버린 그 장소에서, 상대방은 무엇을 하고 있는지 상상하기란 너무 힘들었다. 요컨대 그 시기에 그에게는 기억력은 있었지만 상상력은 부족했다. 페스트의 제2단계에 접어들자 그들은 기억도 잃었다. 그 얼굴을 잊어버린 것이 아니라, 결국은 같은 이야기지만, 그 얼굴에서 살이 없어져 그 얼굴을 자기들의 마음속에서 알아볼 수가 없게 된 것이다. 그래서 페스트가 발생한 처음 몇 주 동안은 사랑을 느끼고 싶어도 이제는 허깨비밖에 상대할 대상이 없게 된 것을 괴로워했지만, 그후 그들은 추억 속에 간직하고 있었던 미세한 얼굴들마저 잊어버림으로써, 그 허깨비는 전보다 더 살이 빠져버린 모습이 될 수도 있다는 사실을 알게 된 것이었다. 그 길고 긴 생이별의 세월을 겪고 나자 그들이 가졌던 정도 이제는 더 이상 상상할 수가 없게 되었으며, 또 언제든지 손을 얹어놓을 수 있었던 상대가 어떻게 자기 곁에 살고 있었던가도 더 이상 상상할 수 없게 되었다.

이러한 점에서 볼 때, 그들은 빈약한 것이기 때문에 그만큼 더 큰 위력을 발휘하는 페스트의 지배 속에 들어갔다고 말할 수 있다. 우리의 도시에서는 이제는 아무도 거창한 감정을 품지 못하게 되었다. 모든 사람들은 단조로운 감정만 느끼고 있었다.

"이젠 끝나도 좋은데." 시민들은 이렇게 말했는데, 재앙이 계속되는 기간 중에 집단적인 고통이 끝나기를 바라는 것은 당연한 일이었고, 또 실제로 그들은 그것이 끝나기를 바라고 있었기 때문이다. 그러나 이 모든 말들은 초기에 있었던 열정이나 안타까운 감정은 찾아볼 수 없고, 다만 우리에게 아직도 뚜렷이 남아 있는, 저 빈약하기 짝이 없는 이성이 비쳐 보이는 것이었다. 처음 몇 주일 간의 그 사나운 충동이 사그라지자 낙담이 뒤따르게 되었는데, 그 낙담을 체념으로 해석하는 것은 잘못일지 모르지만, 그러나 그것도 일종의 일시적인 동의가 아니라고는 할 수 없었다.

우리 시민들은 보조를 맞추었고, 흔히 사람들의 말을 빌리자면 스스로 적응하고 있었는데, 그것도 달리 어쩔 도리가 없었기 때문이었다. 물론 그들에게는 아직 불행과 고통의 태도가 남아 있었지만, 그 고통은 더 이상 느껴지지 않게 되었다. 예를 들어서 의사 리외가 지적했듯이, 사실 불행은 바로 그 점에 있는 것이며, 또 절망에 익숙해진 것은 절망 그 자체보다 더 나쁜 것이라고 할 수 있었다. 전에는 생이별 상태에 있는 사람들이 실제로 불행하지는 않았었다. 그들의 고통 속에는 이제 막 꺼져버린 어떤 섬광 같은 것이 담겨 있었다. 그런데 이제는 길모퉁이에서, 카페나 친구네 집에서, 평온하고도 무심한 표정을 하고 있는 사람들을 볼 수 있었는데, 게다가 또 어찌나 따분해하는 눈길인지 시 전체가 마치 하나의 대합실만 같았다. 직업을 가진 사람들도 그들의 일을 페스트와 같은 보조로, 즉 소심하고 눈에 띄지 않게 해나가는 것이었다. 모두들 겸손해졌다. 처음으로 헤어진 사람들도 거리낌없이 헤어져 있는 사람 얘기를 하거나 제삼자 같은 말투를 쓰거나, 자기들의 이별을 전염병의 통계 숫자와 똑같은 시각에서 검토해보기도 했다. 그때까지는 자기들의 고통을 한사코 집단적인 불행과 떼어서 생각하고 있었지만 이제는 두 문제를 섞어서 생각해도 좋다고 여기게 되었다. 기억도 희망도 없이 그들은 현재 속에 자리를 잡고 있었다. 사실 모든 것이 그들에게는 현재가 되었다. 이것도 말해야겠는데, 페스트는 모든 사람들에게서 사랑의 능력을, 심지어 우정을 나눌 힘조차도 빼앗아가 버렸다. 왜냐하면 연애를 하려면 어느 정도의 미래를 요구하는 법인데, 우리에게는 이미 현재의 순간 말고는 남은 것이 없었기 때문이다.

물론 이 모든 것이 그렇게 절대적인 것은 아니었다. 왜냐하면 생이별당한 사람들 모두가 그런 상태에 이르렀던 것은 사실이었다 하더라도, 모두 같은 시각에 거기에 도달했던 것은 아니고, 또한 일단 그 새로운 심리 상태 속에 자리를 잡았다가도 섬광과 같은 떠오름이나 미련이나 급격한 각성 등으로 인하여 사람들이 더 싱싱하고 더 고통스러운 감수성을 되찾게 되기도 한다는 것을 덧붙여 두는 것이 옳기 때문이다. 그렇게 되자면, 잠시 현실을 잊고서 마치 페스트가 물러가버리기나 한 것처럼 미래의 계획을 세워보는 방심의 순간들이 필요했다. 이리하여 그들은 그 무슨 은총의 도움을 입었는지 대상도 없는 질투심이 예기치 않게 솟아올라 가슴을 쥐어뜯는 것을 느끼게도 되는 것이다. 또 다른 사람들은 주중의 어떤 날, 물론 일요일 그리고 토요일 오후 같은 때면(왜냐하면 이런 날들은 지금은 여기 없는 사람과 함께 지내던 시절에 어떤 의례적인 즐거움에 바치던 날들이니까) 갑자기 생생한 감정이 되살아나는 것을 느끼게 되면서 무감각했던 마비 상태에서 깨어나곤 했다. 또는, 하루 해가 저물어갈 무렵 어떤 형언하기 어려운 우수가 밀려와 그들의 마음을 사로잡으면서 어쩌면 무뎌진 기억이 되살아날 것만 같다는 기대를 갖게 하지만 그 기대가 항상 만족되는 것은 아니었다. 저녁 나절의 그 시간은 신자들에게는 자기 반성의 기회였는데, 반성할 것이라고는 공허밖에 없어 감금생활이나 귀양살이를 하는 사람들에게는 가혹한 것이었다. 그 시간이 오면 그들은 잠시 엉거주춤하게 있다가, 결국 무기력 상태로 돌아가서 페스트 속에 틀어박혀버리고 마는 것이었다.

이미 짐작했겠지만, 그것은 결국 그들이 가진 가장 개인적인 것을 단념하는 것이었다. 페스트의 초기에는, 그들은 남이 보면 하등의 존재 가치가 없지만 자신들에게는 너무나도 중요한 자질구레한 일들이 무척 많은 데 놀랐고, 거기서 개인생활이라는 것을 체험했었다. 그런데 이제는 그와 반대로 남들이 흥미를 갖는 것밖에는 흥미를 갖지 않고 일반적인 관념만을 갖게 되었으며, 사랑조차도 그들에게는 가장 추상적인 모습을 띠기에 이르렀다. 그들은 이제 잠잘 때 꿈속에서밖에는 희망을 갖지 못하게 되었고, 자신도 모르게 '그놈의 멍울, 이젠 좀 끝났으면!' 하고 생각할 정도로 페스트에 온통 자신을 맡겨버린 상태가 되었다. 그러나 사실 그들은 이미 잠들어 있었으며, 이 기간 전부가 하나의 긴 잠에 지나지 않았다.

도시는 눈을 크게 뜬 채 잠자고 있는 사람들로 가득 차 있었는데, 그들이 실제로 자신의 운명에서 벗어나는 것은, 오로지 겉보기에는 다 아문 것으로 보이던 상처가 한밤중에 돌연 다시 쓰라려오는 그 드문 순간들뿐이었다. 그래서 벌떡 일어나, 일종의 방심한 상태로, 그 도진 상처의 언저리를 어루만지면서, 갑자기 다시 생생해진 그들의 고통을, 또 그것과 더불어 그들의 사랑의 간절한 표정을 한 줄기 섬광 속에서 다시 찾는 것이었다. 아침이 되면 그들은 다시 재앙 속으로, 즉 습관적 삶 속으로 돌아가는 것이었다.

그러나 그 생이별당한 사람들은 어떤 모습을 하고 있었느냐고 묻는 사람이 있을지도 모른다. 사실 그 답은 간단하다. 그들은 그냥 보잘것없는 모습이었으니 말이다. 구태여 달리 말해본다면 그들은 모든 사람들과 같은 모습, 즉 극히 보편적인 모습을 하고 있었다. 그들은 이 도시의 평온한 면과 유치한 소란을 동시에 가지고 있었다. 냉정하게 보이면서도 비판적 감각의 외모는 잃어버리고 없었다. 예를 들어, 그들 중의 가장 총명한 사람들까지도 모든 사람들과 마찬가지로, 신문이나 라디오 방송에서 혹시 페스트가 급속히 끝난다고 믿을 만한 얘깃거리가 나지는 않았나 하고 찾는 척하거나, 허황한 희망을 노골적으로 품거나, 또 어떤 신문기자가 따분한 나머지 하품을 하면서 되는 대로 써놓은 논설을 읽고 근거 없는 공포를 느끼는 것을 볼 수 있었다. 그 외에는 맥주를 마시거나 환자를 돌보거나 게으름을 피우거나 뼈가 으스러지게 일하거나 카드를 정리하거나 레코드를 돌리거나 하는 것만으로, 그 외에 달리 구별되는 것은 없었다. 달리 말하면, 그들은 더 이상 아무것도 선택하는 법이 없었다. 페스트가 가치 판단을 말소시켜버린 것이었다. 그것은 자기가 사는 옷이나 식료품의 질에 개의치 않는 그 태도에서도 확실히 보였다. 사람들은 모든 것을 하나로 뭉뚱그려 받아들이는 것이었다.

요컨대 생이별당한 사람들도 초기에 그들만을 보호해주고 있었던 그 야릇한 특권을 잃어버렸다고 할 수 있다. 그들은 사랑의 에고이즘과 거기서 얻는 혜택을 잃었다. 적어도 이제는 사태가 명백해졌고, 재앙은 모든 사람에게 다 연관된 것이 되었다. 우리들은 모두가 시의 문에서 울리는 총소리며, 우리의 삶 또는 죽음에 박자를 맞춰 주는 고무도장 소리의 한가운데서, 화재와 카드, 공포와 수속 절차 속에서, 굴욕적이면서도 대장에 등록된 죽음과의 약속을 기다리면서, 무시무시한 화장터의 연기와 구급차의 한가한 사이렌 소리 속에서, 자신도 모르는 사이에 저 어처구니없는 재회와 평화의 시간을 똑같이 기다리면서 똑같은 유배의 빵으로 요기를 하고 있는 것이었다. 틀림없이 우리의 사랑은 여전히 거기에 있었건만, 단지 그것은 무용지물이어서, 지니고 다니기에만 무겁고 우리의 마음속에서는 생기를 잃어, 마치 범죄나 유죄 판결과도 같은 불모의 존재였다. 그 사랑은 이미 미래가 없는 인내에 불과했고 좌절된 기대에 지나지 않았다. 그래서 이런 점에서 보면, 시민들 중 어떤 사람들의 태도는 시내 곳곳의 식료품가게 앞에서 줄을 선 그 긴 행렬을 연상케 하는 것이었다. 그것은 끝이 없는 동시에 환상도 없는 똑같은 체념이었고 똑같은 참을성이었다. 다만 생이별에 관해서는 그 감정을 천 배나 확대해서 생각할 필요가 있을 것이다. 그러나 이별이란 면에서는 또 하나의 굶주림이긴 하지만 그것은 모든 것을 다 집어삼킬 수 있는 굶주림이란 문제였기 때문이다.

어쨌든, 이 시의 생이별당한 사람들이 처해 있던 정신 상태에 대해서 정확한 개념을 얻고자 하는 사람이 혹시 있다면, 저 영원히 되풀이되는 황금색의 먼지 자욱한 저녁이 나무 한 그루 없는 시가지에 내리덮이고 다른 한편에서는 남녀가 거리거리로 쏟아져 나오는 석양 무렵을 다시 한 번 떠올릴 필요가 있을 것이다. 왜냐하면 이상하게도, 그때 아직 햇빛을 받고 있는 테라스 쪽으로 올라오고 있는 것은, 으레 도시의 언어를 이루게 마련인 차량과 기계소리들 대신 둔탁한 발소리와 목소리가 빚어내는 거대한 웅성거림뿐이었다. 요컨대 무겁게 덮인 하늘로부터 나오는 윙윙거리는 재앙의 휘파람소리에 리듬이 맞추어진 수천의 구두창들이 고통스럽게 미끄러져 가는 소리였으며, 차츰차츰 온 시가를 가득 채우고 있는, 끝없고 숨막히는 제자리걸음 소리였다. 그리고 그 당시 우리의 마음속에 사랑 대신 들어앉은 맹목적인 고집에, 저녁마다 가장 충실하고 가장 음울한 자신의 목소리를 들려주던 저 끝없고 숨막히는 제자리걸음 소리뿐이었다.

제4부

9월과 10월 두 달 동안, 페스트는 도시 전체를 자기 발 밑에 넙죽 엎드리게 만들었다. 본래 제자리걸음밖에 할 수 없었기에, 수십만의 사람들이 끝도 보이지 않는 그 여러 주일의 세월 동안에도 여전히 제자리걸음만 하고 있었다. 안개와 더위와 비가 차례로 하늘을 가득 채웠다. 남쪽에서 온 찌르레기와 지빠귀 무리는 하늘 높이 조용하게 지나갔다. 그러나 마치 파늘루 신부가 도시의 지붕 위에서 휘파람소리를 내고 있는 이상한 나무막대기라던 그 재앙이 새들을 얼씬 못하게 했다는 듯, 도시의 둘레만 빙빙 돌고 있었다. 10월 초에는, 억수 같은 소나기가 거리를 깨끗이 쓸었다. 그리고 그 동안 줄곧 그 기막힌 제자리걸음 외에 더 중요한 일은 아무것도 일어나지 않았다.

그때 리외와 그의 친구들은 자기네들이 어느 정도로까지 지쳐 있는지 알았다. 사실 보건대 사람들은 더 이상 그 피로를 감당할 수 없게 되었다. 의사 리외는 자기 친구들이나 자기 자신의 태도에서 이상야릇한 무관심이 커가는 것을 알아차리면서 그것을 깨달았다. 예를 들면, 그때까지 페스트에 관한 모든 뉴스에 대해서 그렇게도 깊은 관심을 보여주었던 그 사람들이, 이제는 아무것에도 관심을 두지 않게 되었다. 랑베르는 얼마 전부터 자기가 있는 호텔에 설치된 예방격리소의 관리를 임시로 맡고 있었는데, 자기가 담당하고 있는 사람들의 수효에 대해 아주 잘 알고 있었다. 그는 갑자기 병세가 나타나는 사람들을 위해 그가 만들어놓은 즉각적인 퇴거 절차에 대해서도 가장 세세한 사항에 이르기까지 다 알고 있었다. 예방격리자들에 대한 혈청의 효과에 관한 통계는 그의 기억에 강한 인상을 남기고 있었다. 그러나 그는 페스트로 인한 희생자의 주간 통계 수치는 알지 못하고 있었고 실제로 페스트가 더 심해지고 있는지 물러나고 있는지는 모르고 있었다. 그리고 그는 머지않아 기어코 탈출할 수 있다는 희망을 갖고 있었다.

밤낮으로 자기네들의 일에 몰두해 있는 다른 사람들은 신문도 보지 않고 라디오도 듣지 않았다. 그리고 혹 누가 어떤 결과를 알려줄라치면 거기에 흥미 있는 척하지만, 실지로는 딴 데 정신이 팔린 채 무관심한 태도로 듣고 있었다. 그것은 고역에 지칠 대로 지쳐서 그저 일상적인 자기 일에 과오나 없으면 그만으로 여기다 보니 결정적인 작전도 휴전의 날도 더 이상 기대하지 않게 된 대규모 전쟁의 전투원에게서나 상상할 수 있는 무관심이었다.

그랑은 페스트로 인해 필요해진 숫자 계산 업무를 계속하고 있었는데, 아마 그로서도 그 전반적인 결과를 지적할 수 없었을 것이다. 피로를 잘 견디는 타루나 랑베르나 리외와는 반대로 그는 여태까지 한 번도 건강이 좋았던 적이 없었다. 그런데도 그는 시청 보조직원의 직책과 리외의 사무실 서기로서의 일과 자기 자신의 밤일을 겸하고 있었다. 그래서 그가 두어 가지의 고정 관념, 즉 페스트가 멎고 나면 적어도 일주일 정도 완전한 휴가를 얻어 한 번 본격적으로 자기가 현재 하고 있는 일을 '모자를 벗으시오' 하는 각오로 해보겠다는 생각으로 간신히 지탱하고 있지만, 사실은 계속된 탈진 상태에 있는 것을 볼 수 있었다. 그는 또한 갑자기 차분해지기도 했다. 그럴 때면 그는 즐겨 리외에게 잔 이야기를 하는 것이었고 지금 바로 이 순간 그녀는 어디에 있을까, 신문을 읽으며 자기 생각을 하고 있을까를 자문하는 것이었다. 그러한 그랑을 상대로 리외도 어느 날 아주 평범한 말투로, 여태껏 하지 않았던 자기 아내의 이야기를 하고 있는 자신에게 놀랐다. 늘 안심시키려는 내용인 아내의 전보에 어느 정도 신빙성을 부여해야 할지 자신이 없어서, 그는 아내가 요양하고 있는 요양소의 담당의사에게 전보를 쳐보기로 결심했던 것이다. 이에 대한 답신으로 그는 병세가 악화되었다는 통지와 병세의 악화를 막기 위해서 최선을 다하겠다는 약속을 받았었다. 그는 그런 소식을 혼자서만 알고 있었는데, 어떻게 돼서 자기가 그 이야기를 그랑에게 털어놓게 되었는지, 피곤 때문이라고밖에는 달리 설명할 수가 없었다. 그랑이 잔 이야기를 한 뒤에 아내에 대해서 물어보기에 리외는 대답을 했던 것이다.

"뭐, 그래도" 그랑이 말했다. "요새는 그런 병도 잘 낫는다더군요."

그래서 리외도 거기에 동의하면서, 다만 별거가 너무 오래 지속되어, 자기라도 곁에 있으면 아내의 병을 극복하는 데 도움이 될 수도 있었을 텐데 지금 아내는 정말 외로워하고 있을 것이라고 말했다. 그러고는 그는 입을 다물었고, 그랑의 물음에 대해서도 피하려는 듯 마지못해 대답했을 따름이었다.

다른 사람들도 같은 상황이었다. 타루가 제일 잘 참고 있었지만, 그의 수첩을 보면 그의 호기심도 그 깊이는 줄어들지 않았다 하더라도, 그 폭을 잃었다. 사실 그 기간 내내, 그는 겉으로 보기에는 코타르의 일밖에는 흥미가 없는 것처럼 보였다. 호텔이 예방격리소로 개조된 뒤 어쩔 수 없이 리외의 집에서 살게 되었는데, 저녁 때 그랑이나 의사가 결과들을 발표해도 그는 거의 듣지 않았다. 그는 곧 화제를 일반적으로 그의 관심을 끌고 있는 시민생활의 사소한 일로 돌리곤 했다.

카스텔로 말하자면, 그가 리외에게 혈청이 다 준비되었다고 알리러 왔던 날, 때마침 새로 병원에 데려온, 리외가 보기에도 증상이 절망적이었던 오통씨의 어린 아들에게 그 첫 시험을 해보기로 결정한 다음 리외가 그 늙은 친구에게 최근의 통계를 전하고 있었다. 그때 갑자기 리외는 상대방이 안락의자에 푹 파묻혀서 깊이 잠들어 있다는 것을 알아차렸다. 그리고 평소에는 어딘지 부드러운 맛과 아이러니로 해서 영원한 청춘을 간직하고 있던 그 얼굴이 갑자기 맥이 풀려버린 채 반쯤 열린 입술 사이로 침이 한 줄기 흘러내리면서 피로와 노쇠를 드러내고 있는 얼굴을 보자 리외는 목이 조여드는 것 같았다.

그렇게 약해진 면을 보고, 리외는 자기가 얼마나 피곤한가를 판단할 수 있었다. 그의 감수성은 더 이상 그를 자유롭게 만들지 못했다. 대개 맺히고 딱딱해지고 메말라 있던 감수성이 때때로 풀어져서 걷잡을 수 없는 감정 속에 리외를 몰아넣곤 하는 것이었다. 그의 유일한 방비는, 그 딱딱해진 상태 속에 숨어 자신의 내부에 형성되어 있는 그 매듭을 다시 한 번 단단히 졸라매는 것이었다. 그는 그렇게 하는 것만이 계속 견디내기에 가장 좋은 방법임을 잘 알고 있었다. 게다가 그는 환상도 가지고 있지 않았고, 또 피로 때문에 가지고 있던 환상마저 빼앗겼다. 왜냐하면 언제 끝날지도 모르는 그 기간 중에 자기가 맡은 역할이 이미 병을 고치는 것이 아니라는 것을 알고 있었으니 말이다. 그의 역할은 진단하는 일이었다. 발견하고 보고 기록하고 등록하고, 다음에 선고를 내리고 하는 것이 그의 일이었다. 남편이나 아내들은 그의 손목을 쥐고 울고불고하는 것이었다.

"선생님, 저 사람 좀 살려주세요!"

그러나 그는 살려주기 위해서 거기에 있는 것이 아니라, 격리를 명령하기 위해서 거기에 있었던 것이다. 그때 사람들의 얼굴에서 읽을 수 있는 그 증오심 따위가 대체 뭐란 말이냐?

"참 인정 없군요." 어느 날 그는 이런 말을 들었다. 천만에, 그는 인정이 있는 사람이었다. 그 인정으로 그는 매일 스무 시간을, 살기 위해서 태어난 사람들이 죽어가는 광경을 참고 볼 수 있었던 것이다. 그 인정으로, 그는 매일 같은 일을 다시 시작할 수가 있는 것이었다. 이제 그에게는 꼭 그만큼의 인정밖에는 남은 것이 없었던 것이다. 그러니 그 인정만으로 어떻게 사람을 살릴 수 있겠는가?

그렇다, 날마다 자기가 나누어 주고 있는 것은 구원이 아니라 지식이었다. 물론 그런 것을 사람의 맡은 직분이라고 할 수는 없었다. 그러나 도대체 그 공포에 휩싸이고 많은 사람이 죽어가는 가운데, 누가 인간의 직분을 수행할 만큼 여유가 있단 말인가? 피곤하기라도 한 것이 차라리 행복이었다. 만약 리외에게 더 힘이 있었다면, 곳곳에 퍼져 있는 그 죽음의 냄새는 그를 감상적으로 만들었을지도 몰랐다. 그러나 잠을 네 시간밖에 못 잤을 때, 사람이 감상적이 될 수는 없다. 모든 것을 있는 그대로 보게 된다. 즉 정의의 눈으로, 끔찍하고 바보 같은 정의의 눈으로 보는 것이다. 그리고 다른 사람들, 즉 선고를 받은 사람들도 역시 그것을 충분히 느끼고 있었다. 페스트가 발생하기 이전에는 그는 구세주 같은 대접을 받았었다. 세 개의 알약과 주사 한 대면 모든 것을 다 바로잡을 수 있었으며, 사람들은 그의 팔을 붙들고 복도까지 따라 나왔었다. 그것은 흐뭇한 일이었지만 위험한 일이기도 했다. 이제는 그와 반대로, 그가 병정을 데리고 가서 개머리판으로 문을 두드려야 가족들은 문을 열 결심을 하는 것이었다. 그들은 리외를, 그리고 인류 전체를 자기네들과 함께 죽음으로 끌고 들어가고 싶었던 것이다. 아! 정말이지 인간은 다른 인간들 없이 지낼 수 없고, 정말이지 그도 이제는 저 불행한 사람들과 마찬가지로 속수무책의 신세이고, 정말이지 그들 곁을 떠나고 나면 그 역시 가슴속에 걷잡을 수 없이 솟구쳐오르는 동정심의 전율과 똑같은 것을 받을 가치가 있는 그런 인간인 것이었다.

적어도 그런 것이, 그 끝이 없을 것만 같던 여러 주일 동안 의사 리외가 자기의 생이별 상태에 관한 그것과 더불어 마음속에 되뇌고 있던 생각들이었다. 그리고 그것은 또한 그의 친구들의 얼굴에도 그 그림자로 나타나는 그런 생각들이었다. 그러나 재앙에 맞서서 그 투쟁을 계속하고 있는 사람들에게 차츰차츰 밀려 들고 있는 탈진 상태의 가장 위험한 결과는, 외부의 사건이나 타인의 감동에 대한 무관심 속에 있는 것이 아니라, 차라리 그들이 자신도 모르게 빠져들고 있는 무성의에 있는 것이었다. 그들에게는 당시 꼭 필요한 것이 아닌 동작, 또 그들에게는 항상 힘에 겨운 듯이 보이는 모든 동작을 애써 회피하려는 경향이 있었기 때문이다. 따라서 그 사람들은 점점 더 자주 자기들 자신이 규정해놓은 위생 규칙을 소홀히 하고, 자기 자신들 몸에 실시하기로 되어 있었던 수많은 소독 규칙을 잊어버렸으며, 때로는 전염에 대한 예방 조치도 없이 폐페스트에 걸린 환자들 곁으로 달려가게 되었다. 왜냐하면 들어가기 직전에 자기가 이제 곧 감염된 집에 들어간다는 것을 알게 되었다 하더라도, 어떤 정해진 장소까지 되돌아가서 필요한 소독약을 몸에 뿌린다든가 하는 일은 피곤하기 짝이 없는 일로 여겨졌기 때문이다. 그것이야말로 정말 위험한 일이었다. 왜냐하면 그렇게 되면 페스트와의 투쟁 자체가 도리어 사람들을 페스트에 걸리기 가장 쉽게 해주는 셈이었기 때문이다. 그들은 결국 요행에 운명을 걸고 있었던 셈인데, 요행이란 누구의 편도 아니었다.

그러나 이 도시에서 초췌하거나 낙심한 것 같지도 않고 만족감의 살아 있는 이미지나 다름없는 사람이 한 명 있었다. 바로 코타르였다. 그는 다른 사람들과 접촉은 하면서도 여전히 따로 떨어진 채 홀로 있었다. 그는 타루의 일에 지장을 주지 않는 한 자주 타루를 만나보기로 했었는데, 그것은 타루가 자기의 사건을 잘 알고 있었던 탓도 있었고, 또 한편으로는 타루가 그 자그마한 연금생활자를 언제나 변함없는 상냥한 태도로 대해주고 있었음을 알았기 때문이었다. 그것은 끊임없는 기적이었지만, 타루 자신은 그토록 힘든 일을 하고 있는데도 항상 친절하고 자상하게 대해 주었던 것이다. 어떤 날 저녁에는 뼈가 으스러질 정도로 피곤했어도 그 이튿날이 되면 새 기운을 차리는 것이었다.

"그 사람하고는 말이 통해요." 코타르가 랑베르에게 한 말이었다. "왜냐하면 그는 정말 사나이니까요. 언제나 이해심이 깊어요."

바로 그런 이유로 그 시기의 타루의 수기는 차츰 코타르라는 인물에 집중되고 있었다. 타루는 코타르가 자기에게 고백한 그대로의 이야기, 또는 자기의 해석을 덧붙인 이야기를 가지고 코타르의 여러 가지 반응과 고찰의 일람표를 만들려고 했다. '코타르와 페스트의 관계'라는 표제 아래 그 일람표는 수첩의 몇 페이지나 차지하고 있었는데, 서술자는 그것을 여기에 요약해서 소개하는 것이 유익한 일이라고 믿는다. 그 키 작은 연금생활자에 대한 타루의 총체적인 의견은 다음과 같은 판단으로 요약되고 있었다. '그는 성장하고 있는 인물이다.' 어쨌든 외관상으로, 그는 점점 기분이 좋아지고 있었다. 그는 사건이 진행되는 형편에 대한 불만은 없었다. 그는 가끔 타루 앞에서 다음과 같은 몇 마디로 자기 생각 밑바닥에 있는 것을 표현하곤 했다.

'물론' 타루는 이렇게 덧붙였다. '물론 그도 다른 사람들처럼 위협 받고 있지만, 다른 사람들과 함께 위협을 받고 있는 것이다. 그리고 또 내가 단언하는 바이지만, 그는 자기도 페스트에 걸릴 수 있다는 것은 진심으로 생각하고 있지 않다. 그는 이런 생각(아주 어리석은 생각도 아니지만), 어떤 큰 병 또는 심각한 번민에 사로잡혀 있는 사람은, 그와 동시에 다른 모든 병이나 번민을 면제받는다는 생각으로 살고 있는 듯싶었다.

"가만히 살펴보면 사람은 여러 가지 병을 한꺼번에 앓을 수 없다는 것을 알 수 있잖아요?" 그가 나에게 말했다. "가령, 선생이 중증의 암이라든가 심한 폐병이라든가 하는 위중하고도 불치의 병을 앓는다고 가정해보십시다. 선생은 절대로 페스트나 티푸스에 걸리지는 않을 것입니다. 그것은 있을 수 없는 일입니다. 사실은 그 정도가 아네요. 왜냐하면 암 환자가 자동차 사고로 죽는 것은 보신 적이 없으실 테니까 말이에요."

사실이건 아니건, 그런 생각이 코타르를 아주 기분 좋게 만들어주고 있다. 그가 원하지 않는 단 한 가지 일은 딴 사람들과 헤어져 있는 일이다. 그는 혼자서 죄수가 되어 있느니보다는 모든 사람과 함께 포위당해 있는 편을 더 좋아한다. 페스트란 것이 있는 한은 비밀 조사고, 서류고, 카드고, 수수께끼 같은 심리고, 목전에 닥친 체포 같은 것도 이제는 문제가 될 수 없다. 확실하게 말하면, 이제는 경찰도 없고 오래되거나 새로운 범죄도 없고 죄인이라는 것도 없다. 다만 있는 것은 특사 중에서도 가장 자유재량적인 특별 사면을 기다리고 있는 죄수들뿐이며, 그들 중에는 경찰관 자신들도 포함되어 있다.'

그처럼, 역시 타루의 주석에 의하면, 코타르는 시민들이 나타내고 있는 고통과 혼란의 징조를, '계속 떠들어보십시오. 나는 먼저 다 겪고 났으니까요' 라는 말로 표현될 수 있는 너그럽고 이해성 있는 만족감을 가지고 생각할 만한 충분한 근거를 가지고 있었다.

'다른 사람들과 떨어져 있지 않기 위한 유일한 방법은 결국 올바른 양심을 갖는 것이라고 아무리 내가 말하더라도, 그는 비웃는 듯이 나를 보면서 이렇게 말하는 것이었다.

"그러면, 그 점에서는 누구 하나 다른 사람과 함께 어울려 지낼 수 없습니다." 그러고는 "괜찮아요, 내가 장담하죠. 모든 사람을 함께 묶어두는 유일한 방법은 그들에게 페스트를 보내는 것입니다. 선생 주위를 좀 보세요."

그런데 사실 나는 그가 무슨 말을 하려는지도, 현재의 생활이 그에게는 얼마나 편안하게 여겨지는지도 잘 알고 있는 것이다. 한때 바로 자기 자신에게 절실했던 여러 가지 반응들인데 어찌 그가 그것들을 재빨리 알아보지 못하겠는가? 세상 사람들을 전부 자기 편으로 만들어보려고 애쓰는 그 노력, 길 잃은 행인에게 간혹 길을 가르쳐줄 때 사람들이 베푸는 친절과 때로는 그들에게 나타내는 불쾌한 기분. 고급 식당으로 몰려드는 사람들. 거기에 들어가서 늦도록 노닥거리는 그들의 만족감. 매일같이 영화관 앞에 모여들어 줄을 서고, 모든 연예장에서 댄스 홀에 이르기까지 만원을 이루었다가 모든 공공 장소마다 성난 죄수처럼 풀려 나오는 인파. 모든 접촉에 대한 머뭇거림, 그러면서도 한편 사람들을 다른 사람들에게로, 팔꿈치를 팔꿈치에게로, 이성을 이성에게로 밀어가는 인간적인 체온에 대한 열망……. 코타르는 이 모든 것을 그들보다 먼저 경험했던 것이다. 그것은 분명하다. 단 여자만은 예외였는데, 그 까닭인즉 코타르같이 생겨가지고서야……. 그리고 내가 추측하기에는, 그가 계집들 있는 곳에 갈 마음의 준비가 다 된 것같이 막 느꼈다가도 나쁜 취미를 붙이지 않으려고 단념하고 말았으리라.

요컨대 페스트는 그에게 꼭 맞는 것이다. 페스트는 고독하면서도 고독하기를 원치 않는 사람들을 공범자로 만든다. 왜냐하면 그는 분명히 하나의 공범자이며, 게다가 그러기를 원하는 공범자이기 때문이다. 그는 눈에 띄는 모든 것, 즉 여러 가지 미신, 이치에 맞지 않는 두려움, 그 절박한 사람들의 신경과민, 되도록 페스트 이야기는 안 하길 원하면서 결국에는 그 이야기밖

에 안 하게 되는 버릇, 그 병이 두통에서 시작된다는 것을 안 다음부터 머리
가 조금 아프기만 해도 미친 사람처럼 되고 새파랗게 질리는 버릇, 그리고
초조하고 예민해진, 요컨대 불안정한 감수성, 망각을 죄로 변형시키고 바
지 단추 하나만 잃어버려도 안절부절못하는 그들의 감수성, 이 모든 것의 공
범자인 것이다.'

　타루는 저녁 때 코타르와 함께 외출하는 일이 자주 있었다. 그러고 나서
그는 자기 수첩 속에, 그들이 저녁 무렵이나 컴컴한 밤중에 우울한 사람들
속에 섞여서 어깨를 나란히 하고, 이따금 전등이 하나씩 희미하게 비춰주는
희고 검은 무리 속에 휩쓸려 페스트의 냉기를 막아주는 뜨거운 환락을 찾아
가는 인간의 행렬 속에 섞여드는 모습을 적어 넣었다. 코타르가 수개월 전에
공공장소에서 찾고 있던 것, 다시 말하면 그의 꿈이면서도 만족스럽게 맛보
지는 못했던 사치와 여유 있는 생활, 즉 거침없는 향락을 이제는 주민들 전
체가 추구하고 있었다. 걷잡을 수 없이 물가가 상승하고 있었지만, 그때만큼
사람들이 돈을 낭비한 적은 없었으며, 또 대부분의 경우 생활 필수품이 부족
했던 반면에, 그때처럼 사치품을 많이 소비한 적은 없었다. 사람들은 실업
상태를 의미할 뿐인 그 시간적 여유가 가져다 준 모든 유희들이 배로 늘어나
는 것을 볼 수 있었다. 타루와 코타르는 가끔 꽤 오랫동안 한 쌍의 남녀 뒤
를 따라가보는 일이 있었는데, 전에는 자기들의 관계를 감추려고 애쓰던 사
람들이 이제는 서로 꼭 껴안고 악착같이 거리거리를 쏘다니며 대단한 열정
에서 오는 외곬인 방심 상태에 빠진 채 자기네들 주위의 군중은 거들떠보지
도 않는 것이었다. 코타르는 완전히 감동받은 듯했다.

　"아! 화끈하구먼!" 그가 말했다. 그러고는 그는 집단적인 흥분과 거침없
이 뿌려지는 팁과, 눈앞에서 펼쳐지는 정사(情事) 속에서 얼굴이 환해져 큰
소리로 얘길 하곤 했다.

　그러나 타루가 보기에, 코타르의 태도에는 악의 같은 것은 거의 섞여 있지
않았다.

　"난 그런 것을 그들보다 먼저 다 겪었으니까"라고 말하는 그의 말투도 으
스댄다기보다는 오히려 그의 불행을 말해주고 있었다.

　'내가 생각하건데' 이렇게 타루는 적어놓고 있었다. '그는 하늘과 도시의

벽 사이에 갇혀 있는 그 사람들을 사랑하기 시작한 것이다. 예를 들어 그는 할 수만 있다면, 그 사람들에게 그건 그리 무서운 것이 못 된다고 설명해주고 싶었으리라.'

"당신도 들리시죠." 그는 나에게 이렇게 확실하게 말한 일이 있었다. "페스트가 가고 나면 이렇게 해야지, 페스트가 가고 나면 저렇게 해야지 하는 소리 말입니다…… 저들은 가만히 있지 못하고 스스로 자신들의 생활을 망치고 있는 것이죠. 그리고 저들은 자기들이 얼마나 유리한 입장에 있는지조차 모르고 있거든요. 아, 그래 내가 이런 말을 할 수 있겠어요, 내가 체포되고 나면 이런 것을 하겠다고요? 체포는 하나의 시작이지 끝이 아닙니다. 그런데 페스트는…… 내 생각을 말할까요? 저들은 그냥 일이 되어가는 대로 가만 놓아두지 않기 때문에 불행한 거예요. 그리고 내가 말하는 것엔 다 근거가 있어요."

'그는 과연 자신이 말한 것의 의미를 잘 알고 있다'라고 타루는 덧붙이고 있었다. '그는 오랑 시민들의 모순을 있는 그대로 비판하고 있다. 주민들은 자기들을 서로 가깝게 만들어주는 따뜻한 것을 절실히 요구하고 있으면서도, 동시에 자기들을 서로 멀어지게 만드는 경계심 때문에 그런 요구에 감히 자신을 내맡기지 못하고 있었다. 사람들은 이웃 사람을 믿을 수 없다는 것, 나 자신도 모르게 그의 페스트에 감염될 수 있고, 방심한 틈을 타서 병균을 옮겨올 수 있다는 것을 너무나 잘 알고 있었던 것이다. 코타르처럼, 사실은 자기가 같이 사귀고 싶은 상대인데도 그 모든 사람이 혹시 밀고자일지도 모른다고 생각하며 지낸 사람들은 그 감정을 잘 이해할 수 있었다. 페스트가 오늘이나 내일 그들 어깨에 손을 얹어놓을 수도 있고, 혹시 건강하고 안전하다고 기뻐하고 있을 때, 은근히 페스트가 덤벼들 채비를 하고 있을 가능성이 있다고 생각하는 사람들의 심정은 충분히 이해할 수 있었다. 될 수 있는 한, 그는 공포 속에서도 편안한 상태로 있으려 한다. 그러나 그는 그 모든 것을 누구보다 먼저 맛보았으니만큼, 이 불안의 잔혹함을 완전히 그들과 똑같이 느끼지는 못할 것 같다. 요컨대, 아직은 페스트로 죽지 않은 우리들과 똑같이, 그는 자기의 자유와 생명이 매일매일 파괴 직전에 있음을 절실히 느끼고 있다. 그러나 그 자신은 이미 공포 속에서 산 일이 있으니만큼, 이번에는 다른 사람들이 그것을 겪는 것이 당연하다고 생각한다. 더 정확하게 말하면, 그 공포도 그렇게 되면 오로지 자기 혼자서만 당하는 경우보다는 감당하기에 덜 힘들 것 같았다. 이 점에서 그는 잘못 생각하고 있는 것이고 또 이 점에서 그가 다른 사람들보다 더 이해하기 어려운 것이다. 그러나 결국 그런 의미에서 그는 다른 사람들보다 더 우리가 이해하고자 애써볼 가치가 있는 대상이다.'

　마지막에 타루의 수기는, 코타르와 페스트에 걸린 사람들에게 동시에 일어난 아주 이상한 의식을 뚜렷이 가시화시켜주는 한 애기로 끝나고 있다. 그 애기는 그 시기의 어려웠던 분위기를 거의 그대로 재현한 것으로, 서술자는 그것을 중요시하고 있는 것이다.

　그들은 〈오르페우스와 에우리디케〉를 상연하고 있는 시립 오페라극장에 갔었다. 코타르가 타루를 초대했던 것이다. 페스트가 시작되던 봄에 이 도시로 공연을 하러 왔던 극단이 병으로 발이 묶이자, 부득이 오페라 극장측과 협정을 맺고 매주 한 번씩 그 공연을 되풀이하기로 한 것이다. 그래서 몇 달 전부터 금요일마다, 이 시립극장에서는 오르페우스의 음률적인 탄식과 에우리디케의 힘없는 호소 소리가 울려나오고 있었다. 그래서 그 공연은 여전히 최상의 인기를 차지하고 있었으며, 매번 막대한 수입을 올리고 있었다. 제일 비싼 좌석에 앉은 코타르와 타루는, 시민 중에서도 가장 멋쟁이들로 초만원을 이룬 일반석을 내려다볼 수 있었다. 이제 막 도착하고 있는 사람들은, 입장 시간을 놓치지 않으려고 애쓰고 있었다. 무대 전면의 눈부신 조명 아래 악사들이 조용히 악기를 조율하고 있는 동안, 사람의 그림자들이 자세하게 드러나, 이 줄에서 저 줄로 옮겨 가거나 상냥하게 허리를 굽히곤 하는 모습이 보였다. 점잖은 대화의 나지막한 웅성거림 속에서, 사람들은 몇 시간 전 시의 캄캄한 거리에서는 갖지 못했던 마음의 안정을 찾는 것이었다. 정장 차림이 페스트를 쫓아버렸던 것이다.

　제1막이 상연되는 내내 오르페우스는 거침없이 탄식했고, 튜닉을 입은 몇몇 여자들이 오르페우스의 불행에 우아하게 설명을 덧붙이고, 소가극 형식으로 사랑을 노래했다. 장내는 정중한 열기로 이에 반응을 보였다. 오르페우스가 제2막의 노래에, 악보에는 실리지 않은 떨리는 소리를 섞어서, 약간 지나친 비장미로 지옥의 주인을 향해서 자기의 눈물에 감동해달라고 호소한 것도 거의 눈치채는 사람이 없을 정도였다. 그로부터 나오는 발작적인 몸짓은 가장 주의력이 깊다는 사람들에게도 그 가수의 연기를 더욱 빛나게 하는 어떤 세련미의 효과로 보였다.

제3막에서 오르페우스와 에우리디케의 이중창 부분(즉 에우리디케가 사랑하는 남편에게서 떠나가는 순간이다)까지 오자, 어떤 놀라움이 장내를 술렁거리게 했다. 그런데 그 가수는 마치 이 같은 관중의 동요만을 기다리고 있었다는 듯이, 더 정확히 말해서 아래층 일반석에서 올라오는 웅성대는 소리가 자기가 느끼고 있던 것을 확인시켜주기라도 했다는 듯이 그 순간에 고대의 의상을 입은 채 그로테스크한 몸짓으로 무대 앞 쪽으로 걸어 나오더니, 목가적인 무대장치 한복판에 그대로 쓰러졌다. 그 무대장치는 늘 시대착오적인 것이었지만, 관객들이 보기에는 그때 처음으로, 그리고 몸서리쳐지는 방식으로 시대착오적인 것으로 변해버렸다. 왜냐하면 동시에 오케스트라가 딱 멎고, 일반석의 관객들이 일어서서 천천히 장내에서 나가기 시작했으니 말이다. 처음에는 조용히, 예배장에서 예배가 끝나고 나오듯, 혹은 빈소에서 문상을 하고 나오듯, 여자들은 치마를 여미고 고개를 숙인 채로, 남자들은 동반한 여인들의 팔꿈치를 잡고 보조의자에 걸리지 않도록 주의하면서 퇴장했다. 그러나 점차로 동작이 급해지고 수군거리는 소리가 외침으로 변하는가 싶더니, 관객들이 출구로 몰려 서둘러대다가 마침내는 고함을 치면서 몸싸움을 벌이기 시작했다. 코타르와 타루는 자리에서 일어섰을 뿐이었지만, 당시 자기들의 삶 그 자체의 이미지인 그 광경들을 눈앞에 보면서 그저 외로이 서 있었다. 무대 위에는 전신의 관절들이 풀려버린 광대의 모습으로 분장한 페스트, 그리고 관람석에는 붉은 의자 덮개 위에 잊어버린 채 놓고 간 부채며 질질 늘어진 레이스 세공품들의 모습으로 지금은 아무 쓸모가 없게 된 사치, 그것이 바로 그들의 삶의 이미지였다.

랑베르는 9월 초순 동안, 리외의 옆에서 열심히 일을 했었다. 단지 고등학교 앞에서 곤잘레스와 두 청년을 만나기로 되어 있던 날엔 하루 휴가를 받았을 뿐이었다.

그날 정오에 곤잘레스와 그 신문기자는 웃으면서 오는 그 키 작은 두 녀석을 보았다. 그들은 전에는 운이 나빴지만 그런 것이야 각오했어야 마땅하다고 말했다. 어쨌든 그 주일에, 그들은 경비 근무당번이 아니었다. 다음 주일까지 참을 필요가 있었다. 그때 다시 시작해보자는 것이었다. 랑베르는 자기 생각도 바로 그것이라고 말했다. 곤잘레스는 그러면 다음 월요일에 만날 약속을 하자고 제안했다. 그 대신 이번에는 랑베르가 아예 마르셀과 루이의 집으로 가 있기로 했다.

"자네하고 나하고 기다리지. 혹 내가 안 오거든, 자네가 곧장 저애들 집으로 찾아가게나. 어디 사는지 가르쳐줄 테니 말이야."

그러나 그때 마르셀인지 루이인지가, 가장 간단한 것은 즉시 그 친구를 데리고 가는 것이라고 말했다. 까다로운 사람만 아니라면 네 사람이 먹을 정도는 있다는 것이었다. 그렇게 하면 그도 다 이해할 것이라고 했다. 곤잘레스는 그것 참 좋은 생각이라고 말했다. 그래서 그들은 항구 쪽으로 내려갔다.

마르셀과 루이는 마린 거리의 맨 끝에, 해안도로 쪽으로 난 시문 바로 옆에 살고 있었다. 벽이 두껍고 창에는 페인트칠을 한 나무 덧문이 달려 있으며, 아무 장식도 없는 어둠침침한 방들이 있는 조그만 에스파냐 식 집이었다. 그 청년들의 어머니가 쌀밥을 대접했다. 그 어머니라는 사람은 웃는 낯에 주름살이 많은 에스파냐 여자였다. 곤잘레스는 깜짝 놀랐다. 시내에는 벌써 쌀이 동이 난 상태였기 때문이다.

"시문에서 적당히 마련하지." 마르셀이 말했다. 랑베르는 먹고 마셨다. 그리고 곤잘레스는 이제 그가 진짜 친구라고 말했는데, 그 사이 신문기자의 머릿속에는 앞으로 보내야 할 한 주일 생각밖에 없었다.

사실 그는 두 주일을 기다려야만 했다. 경비 근무의 차례는 사람의 수를 줄이기 위해서 보름씩 교대로 하게 되었기 때문이다. 그리고 랑베르는 보름 동안 몸을 아끼지 않고 쉴 사이도 없이, 어떤 의미에서는 눈을 딱 감고 새벽부터 밤까지 일을 했다. 밤 늦게야 그는 잠자리에 들었고 깊이 잠들었다. 한가로이 지내다가 갑자기 그 고달픈 노역을 치르는 처지로 바뀌는 바람에, 그는 거의 꿈도 기력도 없는 상태가 되었다. 머지않아 있을 자기의 탈출에 대해서도 거의 입 밖에 내지 않았다. 단 한 가지 특별히 기록할 만한 일이 있다면 한 주일이 지났을 때 그는 태어나서 처음으로 그 전날 밤에 취했다는 이야기를 리외에게 털어놓은 것이다. 바에서 나왔을 때, 그는 문득 자기 사타구니 근처가 부어오르는 것같이 느껴졌으며 겨드랑이가 아프고 두 팔을 놀리기가 어려웠다. 그는 페스트라고 생각했다. 그때 그가 할 수 있었던 유일한 반사적인 동작은, 그도 리외와 함께 이치에 맞지 않는 짓이라는 것을 인정했지만, 시에서 가장 높은 곳으로 뛰어올라 간 것이었다. 그러고는 여전히 바다는 보이지 않지만 하늘이 좀더 잘 보이는 그 조그만 광장에서 그는 시의 벽돌담 저 너머로 큰 소리로 자기 아내의 이름을 부른 것이었다. 집으로 돌아오니 자기 몸에 아무런 감염의 증세가 없음을 발견하자, 그는 그러한 갑작스런 발작을 일으킨 것이 별로 자랑스럽지 못하더라는 것이었다. 리외는 그렇게 행동할 수도 있다는 것을 이해할 수 있겠다고 했다.

"어쨌든" 그가 말했다. "그렇게 하고 싶을 때가 있는 법이죠."

"오늘 아침에 오통 씨가 나보고 당신에 관해서 이야기하더군요." 랑베르가 막 가려고 할 때, 갑자기 리외가 덧붙였다. "그는 나 보고 혹시 당신을 아느냐고 물었어요. 그러더니 그럼 암거래꾼들하고 자주 접촉하지 말라고 그 사람에게 충고 좀 하세요, 주목받고 있으니까요, 하더군요."

"그게 무슨 뜻일까요?"

"빨리 서둘러야 한다는 말입니다."

"고맙습니다." 리외의 손을 잡으면서 랑베르가 말했다.

문까지 가서 그는 갑자기 몸을 돌렸다. 리외는 페스트가 발생한 뒤 처음으로 그가 웃는 것을 보았다.

"그런데 왜 선생께서는 내가 떠나는 것을 말리지 않으시나요? 말릴 방법이 얼마든지 있는데요."

리외는 버릇처럼 된 몸짓으로 고개를 끄덕이고 말했다. 그것은 랑베르의 문제이고 랑베르는 행복을 택한 것이며, 리외 자신은 그에 반대할 뚜렷한 이유가 없다고 했다. 그 문제에 관해서 자기는 무엇이 옳고 그른지 판단하기 어려운 느낌이라는 것이다.

"그런데 왜 저에게 빨리 서두르라고 하시나요?"

"아마 나도 행복을 위해서 뭔가 해주고 싶었겠죠."

그 이튿날, 그들은 더 이상 그 일에 대해서 아무 말도 하지 않았는데, 그 대신 함께 일을 했다. 다음주에, 랑베르는 마침내 그 조그만 에스파냐 식 집에 묵게 되었다. 거실에다가 그의 침대를 하나 들여놓았다. 젊은이들은 식사를 하러 돌아오는 일도 없었고, 또 되도록 밖에 나가지 말아달라고 했기 때문에, 그는 대부분의 시간을 거실에서 혼자 보내거나 그들의 어머니인 늙은 에스파냐 여자와 이야기를 하면서 보냈다. 그 노파는 탄탄한 몸에 바지런하고, 검은 옷을 입고 주름살이 많은 갈색의 얼굴에다가 아주 깨끗한 흰 머리칼을 갖고 있었다. 말이 없어서, 단지 랑베르를 바라볼 때 두 눈에 미소를 가득 담을 뿐이었다.

언젠가 그 노파는 랑베르에게, 부인한테 페스트를 옮길까봐 두렵지 않느냐고 물어보았다. 그의 생각은, 그럴 가능성도 있기는 하겠지만, 따지고 보면 그런 경우란 극히 드문 것이고, 반면에 그대로 도시에 남아 있으면 그들은 영원히 헤어지게 될 위험이 있을 것 같다고 말했다.

"그분은 상냥하신 모양이죠?" 그 노파는 미소를 지으며 말했다.

"퍽 상냥하죠."

"예뻐요?"

"그런 것 같아요."

"아!" 노파가 말했다. "그래서 그러시는군요."

랑베르는 생각했다. 아마도 그래서 그럴지도 몰랐다. 그러나 오로지 그것 때문만이라고는 할 수 없었다.

"하느님을 믿지 않으시나요?" 매일 아침 미사에 나가는 그 노파가 말했다.

랑베르가 믿지 않는다고 시인을 했더니, 또다시 그 노파는 바로 그 때문이군요, 하고 말했다.

"가서 만나셔야 돼요. 잘 생각하셨어요. 그렇지 않으면 당신에게 뭐가 남겠어요?"

랑베르는 그 나머지 시간에는 아무 장식도 없이 대충 바른 벽 둘레를 빙빙 돌면서 벽의 못에 걸린 부채들을 어루만지거나 테이블 보 끝에 달린 술을 헤아려보곤 했다. 저녁때가 되면 젊은이들이 돌아왔다. 그들은 말이 없어서, 말을 하면 아직 때가 안 되었다고 말하는 정도였다. 저녁식사가 끝나면 마르셀은 기타를 쳤고, 아니스가 들어간 술을 둘이서 마셨다. 랑베르는 생각에 잠겨 있는 것처럼 보였다.

수요일에 마르셀이 들어오면서 이렇게 말했다. "내일 저녁 12시야. 준비하고 있으라고." 그들과 보초를 섰던 두 사람 중 하나가 페스트에 걸렸고, 다른 한 사람은 그와 한 방을 써서 격리중이라는 것이었다. 그래서 2, 3일간은 마르셀과 루이는 둘뿐이었다. 밤 사이에 그들은 마지막 세세한 일들을 준비해놓을 작정이었다. 이튿날이면 일이 가능할지도 모른다. 랑베르가 고맙다고 말했다.

"기쁘세요?" 그 어머니가 물었다. 그는 기쁘다고 대답했으나 생각은 딴 데 가 있었다.

이튿날은 하늘도 흐린 데다가 축축하고 숨막힐 듯한 더운 날씨였다. 페스트에 대한 소식은 좋지 않았다. 그 에스파냐 노파는 여전히 침착했다.

"이 세상엔 죄악이 있으니까요." 그 노파가 말했다. "그러니 당연하지!"

마르셀이나 루이처럼, 랑베르도 웃통은 벗은 채였다. 그러나 어떻게 해보아도 어깻죽지와 가슴팍에 땀이 줄줄 흘렀다. 덧문을 닫아버린 어둠침침한 가운데 그렇게 하고 있으니, 상반신이 거무스름하게 보였고 번들번들했다. 랑베르는 말도 없이 방 안을 빙빙 돌았다. 오후 4시가 되자 그는 갑자기 옷을 입더니 나갔다 오겠다고 했다.

"잊으면 안 돼요." 마르셀이 말했다. "오늘 자정이니까. 준비는 다 잘 되어 있어."

랑베르는 리외의 집으로 갔다. 리외의 모친은 랑베르에게 높은 지대의 병원에 가면 리외를 만날 수 있을 것이라고 일러주었다. 초소 앞에는 여전히 사람들이 서성대고 있었다.

"저리들 가요!" 눈을 부릅뜬 한 경관이 소리질렀다. 사람들은 움직였으나 제자리에서 빙빙 돌고 있었다.

"기다려야 소용없다니까요." 윗옷까지 땀이 밴 경관이 말했다. 다른 사람들도 같은 생각이었지만, 살인적인 더위에도 그들은 기다리고 있었다. 랑베르가 경관에게 통행증을 내보이자, 경관은 그에게 타루의 사무실을 가리켜 보였다. 사무실의 문은 마당 쪽으로 나 있었다. 그는 마침 사무실에서 나오는 파늘루 신부와 마주쳤다.

약품과 축축한 시트 냄새가 나는 하얗게 칠한 더럽고 작은 방에서, 타루는 검은색 나무 테이블 너머에 앉아서 셔츠 소매를 걷어 올린 채 팔쪽에서 흘러내리는 땀을 손수건으로 닦아내고 있었다.

"아직 있었군요?" 그가 말했다.

"네, 리외한테 이야기할 것이 있어서요."

"그는 병실에 있어요. 그러나 리외가 없어도 해결될 일이면 좋겠는데요."

"왜요?"

"과로예요. 가능하면 내버려 뒀으면 해서요."

랑베르는 타루를 바라보았다. 타루는 야윈 모습이었다. 피로 때문에 두 눈과 얼굴이 흐릿하게 풀려 있었다. 그의 튼튼한 두 어깨도 둥그렇게 오그라들어 있었다. 노크 소리가 나더니, 간호사 한 명이 흰 마스크를 쓰고 들어왔다. 그는 타루의 책상 위에 한 묶음의 카드를 놓았다. 그러고는 마스크 때문에 코가 막힌 소리로 "여섯입니다"라고만 말하고 나가버렸다. 타루는 신문 기자를 보았다. 그리고 카드를 부채 모양으로 펴 들면서 그에게 보여주었다.

"어때요, 근사한 카드죠? 그런데 아니랍니다. 사망자들이랍니다. 밤 사이에 생긴 사망자들이죠."

그의 이마에 주름살이 잡혔다. 그는 카드들을 다시 간추렸다.

"우리에게 남은 일은 숫자 계산뿐입니다."

타루가 테이블에 한 손을 짚고 일어섰다.

"곧 떠나시나요?"

"오늘밤 자정에 떠납니다."

타루는 랑베르에게 자기도 기쁘다고, 몸조심하라고 말했다.

"진심으로 그런 말씀을 하시나요?"

타루는 어깨를 으쓱해 보였다.

"내 나이가 되면 싫어도 진심을 말하죠. 거짓말을 한다는 것은 너무나 피곤합니다."

"죄송하지만," 랑베르가 말했다. "의사 선생을 만나고 싶습니다."

"압니다. 그는 나보다 더 인간적이지요. 그럼 갑시다."

"그게 아닙니다." 랑베르가 뭔가 말하기 힘든 듯이 말했다. 그러더니 도중에 입을 다물고 말을 하지 않았다.

타루가 그를 보더니 갑자기 미소를 지었다.

그들은 벽에 밝은 초록색으로 페인트칠을 해서 마치 수족관 속 같은 빛이 떠돌고 있는 복도를 따라서 걸어갔다. 뒤에 이상한 망령 같은 것들이 움직이는 것이 보이는 이중 유리문에 다다르기 직전, 타루는 벽장들이 잔뜩 달린 좁은 방으로 랑베르를 들여보냈다. 그는 그 벽장들 중의 하나를 열고, 소독 기에서 흡수성 거즈로 만든 마스크 두 개를 꺼내서, 랑베르에게 그중 하나를 내밀며 쓰라고 말했다. 신문기자는 그것도 뭔가 도움이 되느냐고 물었다. 타루는, 그렇지는 않지만 다른 사람들에게 믿음직한 느낌을 주는 것이라고 대답했다.

그들은 유리로 된 문을 밀어 열었다. 크고 넓은 방이었는데, 계절에 아랑곳없이 창문이란 창문은 모두 꼭꼭 닫혀 있었다. 벽 위쪽에 환풍기가 윙윙거리고 있었는데, 그 날개가 두 줄로 놓인 회색 침대 위에서 찌는 듯하고 빽빽한 공기를 휘젓고 있었다. 여기저기서 둔하거나 날카로운 신음소리가 들려와서 하나의 단조로운 비명을 만들어내고 있을 따름이었다. 흰 옷을 입은 남자들이 철책을 붙인 높은 유리벽으로 쏟아져 들어오고 있는 따가운 햇살 속에서 느릿느릿 오가고 있었다. 랑베르는 그 방의 숨막히는 더위가 너무나 견디기 힘들어진 나머지 신음소리를 내고 있는 어떤 형체 위로 허리를 굽히고 있는 리외를 좀처럼 알아보지 못했다. 의사는 두 간호사가 침대 양쪽에서 활짝 벌리게 한 채 꼭 누르고 있는 환자의 사타구니를 째고 있었다. 그는 몸을 다시 일으키고서 조수가 내밀어준 수술 도구를 쟁반에다 떨어뜨리고는 잠시 우두커니 선 채 붕대가 감겨지기 시작한 그 남자를 바라보고 있었다.

"별다른 일이라도?" 그는 가까이 간 타루에게 물었다.

"파늘루 씨가 예방격리소의 랑베르 씨의 자리를 대신 맡겠다고 승낙했어요. 지금까지도 많은 일을 해주었지만요. 남은 일은 랑베르 씨를 빼고 제3검역반을 다시 편성하는 것이지요."

리외는 고개를 끄덕였다.

"카스텔이 첫 제품을 완성했어요. 시험해보자더군요."

"아!" 리외가 말했다. "그거 잘 되었군요."

"그리고 참, 여기 랑베르 씨가 와 있어요."

리외가 돌아다보았다. 마스크 너머로 랑베르를 확인하자 그는 눈을 찌푸렸다.

"이런 데서 뭘 하는 거요?" 그가 말했다. "지금쯤 다른 곳에 가 있어야 하지 않나요?"

타루가 드디어 오늘밤 자정으로 결정되었다고 말하자, 랑베르는 이렇게 덧붙였다. "원칙적으로는요."

그들 각자가 이야기를 할 때마다 가제 마스크는 불룩해지는 것이었고, 입이 닿은 부분이 축축해졌다. 그래서 마치 조각품들끼리의 대화처럼 어딘지 비현실적인 인상을 주었다.

"잠깐 얘기를 하고 싶습니다만." 랑베르가 말했다.

"괜찮으시다면 같이 나가시죠. 타루 씨의 사무실에서 기다려주세요."

얼마 지나지 않아, 랑베르와 리외는 의사의 자동차 뒷좌석에 자리를 잡았다. 타루가 운전을 했다.

"휘발유가 동이 났어요." 시동을 걸면서 타루가 말했다. "내일부터는 걸어 다녀야만 해요."

"역시," 랑베르는 말을 꺼냈다. "나는 가지 않겠어요. 그리고 여러분과 함께 남겠어요."

타루는 아무 반응도 보이지 않았다. 그대로 운전을 하고 있었다. 리외는 피로에서 벗어날 수가 없는 것 같았다.

"그럼 부인은요?" 그는 중얼거리듯이 말했다.

랑베르는 다시 한 번 생각해보았고, 여전히 자기 생각에 변함은 없지만 그래도 자기가 떠난다면 부끄러운 마음을 지울 수 없게 될 것이라고 말했다. 그렇게 되면 남겨두고 온 그 여자를 사랑하는 것도 거북해지리라는 것이었다. 그러나 리외는 몸을 일으켜 세워 앉으며 무뚝뚝한 목소리로, 그것은 어리석은 일이다, 행복을 택하는 데 부끄러울 것은 없다고 말했다.

"그렇습니다." 랑베르가 말했다. "그러나 혼자만 행복한 것은 부끄러울지도 모르지요."

타루는 그때까지 한 마디도 없었는데, 고개도 돌리지 않은 채 이렇게 지적했다. ―만약 랑베르가 남들과 불행을 같이 나눌 생각이라면 행복을 위한 시간은 얻지 못할지도 모른다. 어느 한쪽을 택해야 한다고.

"그게 아닙니다." 랑베르가 말했다. "나는 여태껏 이 도시와는 남이고 여러분과는 아무 상관도 없다고 생각해왔어요. 그러나 이제는 볼대로 다 보고 나니, 나는 내가 원하건 원하지 않건 간에 이곳 사람이라는 것을 알았어요. 이 사건은 우리 모두에게 관련된 것입니다."

아무도 대꾸하려고 하지 않자 랑베르는 초조한 모양이었다.

"아니, 잘 알고 계시잖아요! 그렇지 않고서야 그 병원에서 무엇을 하시자는 거예요? 그래서 당신들은 선택한 거고, 그리고 행복도 단념한 것이 아닙니까!"

타루도 리외도 여전히 대답이 없었다. 오랜 침묵이 계속된 채로 그들은 리외의 집 앞까지 왔다. 그런데 랑베르는 더욱 힘 있게 아까의 그 질문을 되풀이했다. 그러자 오직 리외만이 그에게로 얼굴을 돌렸다. 그는 가까스로 일어섰다.

"나쁘게 생각하지 말았으면 합니다, 랑베르." 그가 말했다. "그러나 나도 잘 모르겠어요. 그렇게 하고 싶다면 우리와 함께 남았으면 좋겠습니다."

자동차가 기울어지는 바람에 그는 입을 다물었다. 그러고는 앞을 보면서 말을 이었다.

"자기가 사랑하는 것으로부터 몸을 돌릴 만한 가치가 있는 건 이 세상에 아무것도 없지요. 그렇지만 나 역시 왜 그러는지 모르는 채 거기서 돌아서 있죠."

그는 쿠션에 다시 몸을 푹 기대었다.

"그것은 하나의 사실입니다. 그뿐이죠." 그는 지쳐서 말했다. "그것을 그대로 기록해두고, 거기서 결론을 끌어내봅시다."

"무슨 결론을요?" 랑베르가 물었다.

"아!" 리외가 말했다. "우리는 병도 고치면서 동시에 그것도 알아낼 수는 없어요. 그러니 되도록 빨리 치료부터 합시다. 그것이 가장 급합니다."

자정이 되자 타루와 리외는 랑베르에게 그가 검역을 맡게 된 지역의 약도를 그려주고 있었다. 그때 타루가 자기의 손목시계를 보았다. 고개를 들다가 그는 랑베르의 시선과 마주쳤다.

"알려주었나요?"

랑베르는 고개를 돌렸다.

"한 마디 전했어요." 그는 힘들어 말했다. "두 분을 뵈러 오기 전에요."

카스텔의 혈청이 시험된 것은 10월 하순이었다. 사실상 그것은 리외의 마지막 희망이었다. 또다시 실패로 끝나면 페스트가 다시 몇 달을 더 두고 기승을 부리거나 혹은 아무 이유도 없이 그치거나 좌우간에, 도시 전체가 페스트의 변덕에 그냥 놀아나게 되리라는 것을 의사는 확신하고 있었다.

카스텔이 리외를 찾아온 바로 그 전날에는 오통 씨의 아들이 아파서 온 가족이 예방격리소에 들어가게 되었다. 그 어머니는 조금 전 격리소에서 나왔던 터라, 두 번째로 다시 격리되게 되었다. 소정의 규정을 준수하는 판사는 자기 아들의 몸에서 병의 증세를 발견하자마자 리외를 불렀던 것이다. 리외가 왔을 때, 그 아버지와 어머니는 침대의 발치에 서 있었다. 어린 딸은 멀리 떼어놓고 있었다. 어린애는 힘이 빠져 있었기 때문에 진찰을 받는데도 가만히 있었다. 의사가 고개를 들었을 때 그는 판사의 시선과, 그의 뒤에서 손수건을 입에 대고 휘둥그레진 눈으로 가만히 지켜보고 있는 어머니의 창백한 얼굴과 마주쳤다.

"역시 그거죠?" 판사가 냉담한 목소리로 물었다.

"그렇군요." 리외는 어린애를 보면서 대답했다.

어머니의 두 눈이 더욱 커졌다. 그래도 그녀는 여전히 말하려고 하지 않았다. 판사도 입을 다물고 있다가 이윽고 더 나지막한 소리로 말했다.

"그러면 선생님, 규정대로 해야겠군요."

리외는 여전히 입에 손수건을 대고 있는 그녀를 보지 않으려고 애썼다.

"곧 됩니다." 주저하면서 리외는 말했다. "전화를 걸었으면 하는데요."

오통 씨가 그를 안내하겠다고 말했다. 그러나 리외는 그의 아내에게로 몸을 돌렸다.

"뭐라 할 말이 없습니다. 부인께서는 짐을 꾸려주셔야 할 겁니다. 무슨 일인지는 아실 테니까요."

오통 부인은 당황하는 듯했다. 그녀는 가만히 발 밑을 보았다.

"네." 그녀는 고개를 끄덕이면서 말했다. "그렇잖아도 하려던 참이에요."

그들과 헤어지기 전에 리외는 혹시 무엇이고 필요한 것이 없느냐고 물어보지 않을 수 없었다. 오통 부인은 여전히 묵묵히 그를 보고 있었다. 그러나 이번에는 판사가 눈길을 돌렸다.

"아니, 별로." 말하고 나서 침을 삼켰다. "하지만 우리 애를 좀 살려주십시오."

예방격리는 애당초에는 단순한 형식에 지나지 않았는데, 리외와 랑베르에

의하여 조직화되어 아주 엄격해졌다. 특히 그들은 한 가족의 구성원들은 반드시 따로따로 격리시켜야 한다는 것을 강조했다. 만약 그 가족 중 하나가 모르는 사이에 전염이 된다 하더라도 병이 번질 기회를 주어서는 안 되었던 것이다. 리외는 그러한 취지를 판사에게 설명했고, 판사는 당연하다고 말했다. 그러나 판사와 그 아내가 서로 마주 보는 눈치로 미루어, 리외는 그 이별이 그들에게 얼마나 큰 타격을 주고 있는지 느낄 수 있었다. 오통 부인과 어린 딸은 랑베르가 관리하는 격리 호텔에 수용될 수 있었다. 그러나 그 예심판사에게는 현청 당국이 도로관리과에서 빌려온 천막들을 이용해서 시립 운동장에 건설 중인 격리수용소 말고는 이제 자리가 없었다. 리외는 그 사실을 말하고 양해를 구했는데, 오통 씨가 규칙은 만인에게 똑같이 적용되는 것이므로 그것에 따르는 것이 옳다고 말했다.

아이는 임시병원인 침대 여섯 개가 갖추어진 옛날 교실로 옮겨졌다. 약 20시간이 지나자, 리외는 아주 절망적인 경우라고 판단을 내렸다. 그 작은 몸은 아무런 저항도 못하고 병균에 침식되어가고 있었다. 고통스러운, 그러나 거의 드러나 보이지 않는 작은 멍울들이 가냘픈 팔다리의 마디를 움직일 수 없게 만들어놓고 있었다. 이미 진 싸움이었다. 그런 이유로 리외는 카스텔의 혈청을 그 아이에게 시험해볼 생각을 한 것이다. 바로 그날 저녁, 그들은 저녁식사가 끝나자 장시간에 걸쳐서 접종을 실시했지만, 그 아이에게서는 단 한 번의 반응도 얻을 수 없었다. 이튿날 새벽에 그 중요한 실험의 결과를 판단하기 위해서 모두들 그 아이 곁으로 몰려들었다.

아이는 마비 상태에서 벗어나, 이불 밑에서 경련으로 몸을 뒤틀고 있었다. 의사 카스텔과 타루는 새벽 4시부터 그 곁에 서서 시시각각 병세를 살피고 있었다. 침대의 발치에 서 있는 리외의 곁에 앉은 카스텔은 표면적으로는 아주 침착한 태도로 오래된 옛날 책을 읽고 있었다. 차츰 햇살이 그 옛 교실 안으로 퍼져감에 따라서 다른 사람들도 왔다. 먼저 파늘루가 와서 침대 저편에 자리를 잡고 타루와 마주 보며 벽에 기대어 섰다. 고통스러운 표정이 그의 얼굴에 엿보였고, 몸을 바쳐 일해 온 지난 며칠 동안의 피로가 그 충혈된 이마에 주름살을 그어놓고 있었다. 이번에는 조제프 그랑이 왔다. 마침 7시였는데, 그랑은 헐떡거리며 미안하다고 말했다. 자기는 잠시밖에는 머물러 있을 수가 없는데, 혹 무슨 확실한 것을 알게 되었느냐는 것이었다. 리외는 아무 말 없이 그에게, 일그러진 얼굴에 눈을 딱 감고 힘껏 이를 악문 채 몸은 꼼짝도 하지 않고, 베갯잇도 없는 베개 위에서 좌우로 머리를 움직이고 있는 아이를 가리켰다. 마침내 날이 밝아서, 방 안쪽 깊숙이 제자리에 그대로 걸려 있는 흑판 위에서 옛날에 썼던 방정식 자국을 읽을 수 있게 되었을 무렵 랑베르가 왔다. 그는 옆침대의 발치에 등을 기대고 담배를 꺼냈다. 그러나 아이를 한번 슬쩍 보고 나서 그는 담뱃갑을 도로 호주머니 속에 넣었다.

카스텔은 여전히 앉은 채 안경 너머로 리외를 건너다보고 있었다.

"애 아버지의 소식은 들으셨나요?

"아니오." 리외가 말했다. "그는 격리수용소에 있어요."

의사는 아이가 신음하고 있는 침대의 받침대를 힘껏 움켜쥐고 있었다. 그는 어린 환자에게서 눈을 돌리지 않고 있었는데, 아이는 갑자기 몸이 뻣뻣해지면서 다시 이를 악물고 허리께가 약간 패이면서 천천히 팔다리를 벌리는 것이었다. 군용 모포 아래 벌거벗은 작은 몸에서 털실 냄새와 시큼한 땀냄새가 올라왔다. 아이는 점점 축 늘어져서 팔다리를 침대 한가운데로 모으더니, 여전히 눈을 감고 입을 다물고 숨소리를 죽인 채로 숨만 더 가빠진 듯싶었다. 리외는 타루의 시선과 마주쳤는데, 타루는 시선을 돌렸다. 몇 달 전부터 그 무서운 병은 사람을 가리지 않았기 때문에, 그들은 이미 아이들이 죽는 것을 수없이 보아왔다. 그러나 그들이 이날 아침처럼 그렇게 시시각각으로 고통스러워하는 광경을 지켜본 적은 아직 한 번도 없었다. 게다가 물론 그 죄 없는 아이들에게 가해지는 고통이 그들에겐 언제나 변함없이 그 실체로서만, 즉 대중의 분노를 살 만한 사실로만 보이는 것이었다. 그러나 적어도 그전까지는, 이를테면 추상적인 격분을 느끼고 있었을 뿐이다. 왜냐하면 죄 없는 아이가 그렇게도 오랫동안 임종의 고통을 느끼는 모습을 똑바로 바라본 일이 한 번도 없었기 때문이었다.

아이는 마치 위장을 누가 잡아뜯기라도 하는 듯, 가냘픈 신음 소리를 내면서 다시 몸을 구부렸다. 아이는 한참 동안 그처럼 몸을 접은 채 마치 그의 연약한 뼈대가 휘몰아치는 페스트의 광풍에 꺾이고 신열이 끊임없이 반복되는 바람에 삐걱거리듯, 오들오들 떨면서 경련과 전율로 흔들거리고 있었다. 그 돌풍이 지나가자 몸이 약간 풀리고 열이 물러가면서 축축하고 독기 있는 모래밭 위에다가 헐떡거리는 그 아이를 내던져 놓은 것 같았는데, 편안히 쉬고 있는 그 모습이 벌써 죽은 것 같았다. 타오르는 듯한 열의 물결이 세 번째로 또다시 밀려와서 그의 몸이 약간 솟아오르는가 싶더니, 아이는 몸을 바싹 움츠렸고 온몸을 태워버릴 듯한 불꽃의 공포에 질려 침대 밑바닥으로 파고들었다가 담요를 걷어차면서 미친 듯이 머리를 저었다. 굵은 눈물이 뜨거워진 눈꺼풀 밑에서 솟아나와 납빛깔이 된 얼굴 위로 흘러내리기 시작했고, 그 발작이 끝나자 기진맥진한 아이는 뼈가 드러나 보이는 두 다리와 48시간 동안 살이 완전히 다 녹아버린 듯한 두 팔에 경련을 일으키면서, 황폐해진 침대 위에서 십자가에 못박힌 듯한 괴상한 자세를 취했다.

타루는 몸을 굽히고, 그의 두툼한 손으로 눈물과 땀으로 흠뻑 젖은 그 조그만 얼굴을 닦아주었다. 카스텔은 얼마 전부터 책을 덮고 환자를 바라보고 있었다. 그는 무슨 말을 하려고 시작했으나, 그 말을 끝낼 때까지 이따금 기침을 해야 했다. 목소리가 갑자기 이상하게 나왔기 때문이다.

"아침에 있는 일시적 해열 현상도 없었잖소, 리외?"

리외는 그건 그렇지만, 아이가 보통의 경우보다 더 오랜 저항을 하고 있다고 말했다. 파늘루는 벽에 기댄 채 어딘지 약간 맥이 풀린 듯이 보였는데, 그때 둔탁한 소리로 중얼거렸다.

"이렇게 죽는 거라면, 남보다 더 고통을 겪는 셈이지."

리외가 갑자기 그에게로 몸을 돌리고 말을 하려고 입을 벌리다가 그대로 입을 다물었는데, 자신을 억제하려고 애쓰는 빛이 역력히 보였다. 그러고는 다시 시선을 어린애에게로 돌렸다.

햇빛이 방 안으로 가득 흘러들어왔다. 다른 다섯 개의 침대에는 여러 형체들이 꿈틀거리며 신음하고 있었다. 그러나 마치 약속이라도 한 듯이 나직한 신음 소리들이었다. 방의 저 끝에서 고함 치고 있는 한 사람만이 규칙적인 간격을 두고, 고통이라기보다는 차라리 놀라움을 나타내는 듯한 짧은 탄성을 내지르고 있었다. 마치 환자들 자신에게까지도, 그것은 초기의 공포와는 다른 듯이 느껴졌다. 심지어 이제 병에 대한 그들의 태도에서는 일종의 동의 같은 것이 엿보였다. 단지 아이만이 온 힘을 다해서 발버둥치고 있었다. 리외는 가끔가다가, 딱히 그럴 필요성이 있어서라기보다는 오히려 현재 자신이 놓인 아무것도 하는 일 없는 무력한 상태에서 벗어나려고 아이의 맥을 짚어보곤 했는데, 눈을 감으면 그 요란한 맥박이 자신의 맥박과 뒤섞이는 것을 느꼈다. 그때 그는 사형을 선고받은 아이와 자신이 한 몸이 된 것을 느꼈으며, 아직 몸이 성한 자신의 모든 힘을 다해서 그 애를 지탱해주려고 애썼다. 그러나 순간적으로 하나가 되었다가도 두 사람의 심장의 고동은 다시 엇갈리게 되어 아이는 그만 그에게서 빠져나갔고, 그러면 그는 그 가느다란 손목을 놓고 자기 자리로 돌아오곤 하는 것이었다.

회칠을 한 벽을 따라서 햇빛은 장밋빛에서 노란빛으로 변해갔다. 유리창 뒤에서는 뜨겁게 달아오른 아침이 타닥거리기 시작하고 있었다. 그랑이 다시 돌아오겠다고 말하고 가도 다른 사람들은 그 말을 제대로 듣는 것 같지도 않았다. 모두들 기다리고 있었다. 아이는 여전히 눈을 감은 채 약간 진정된 것 같았다. 마치 짐승의 발톱처럼 되어버린 두 손이 침대 가장자리를 살며시 긁적거리고 있었다. 그 손이 다시 올라가서 무릎 근처의 담요를 긁었고, 갑자기 아이는 두 다리를 꺾더니 넓적다리를 배 근처에 갖다 대고는 움직이지 않았다. 아이는 이때 처음으로 눈을 뜨고, 눈앞에 있는 리외를 보았다. 이제는 잿빛 찰흙처럼 굳어버린 그 얼굴의 움푹한 곳에서 입이 벌어졌다. 그러더니 곧 한 마디의 비명, 호흡에 따른 억양조차 거의 없이 갑자기 단조로운 불협화음의 항의로 방 안을 가득 채우는, 인간의 것이라기에는 너무나도 이상한, 마치 모든 인간들에게서 한꺼번에 솟구쳐 나오는 것만 같은 비명이 터져 나왔다. 리외는 이를 악물었고, 타루는 고개를 돌렸다. 랑베르는 카스텔 곁의 침대에 가까이 다가갔고, 카스텔은 무릎 위에 펼쳐져 있던 책을 덮었다. 파늘루는 병 때문에 까맣게 타버린 채 모든 시대의 비명으로 가득 차 있는 그 어린애의 입을 바라보고 있었다. 그러고는 그가 슬며시 무릎을 꿇더니 약간 목소리를 죽이고, 그러나 끊이지 않고 들리는 그 이름 모를 비명 소리들 틈에서도 똑똑히 알아들을 수 있는 목소리로 다음과 같이 말하는 것을 아무도 부자연스럽게 생각하지 않았다.

"신이시여, 제발 이 어린아이를 구해주소서!"

그러나 아이는 계속해서 소리를 질러 그 주변의 환자들이 흥분하기 시작했다. 아까부터 줄곧 방의 저 끝에서 소리를 지르고 있던 환자는 앓는 소리의 리듬을 더 빨리해서 결국에는 그 역시 정말 비명을 지르게 되었고, 그 사이 다른 환자들도 점점 큰 소리로 신음하는 것이었다. 흐느낌의 밀물이 방 안으로 흘러들어 파늘루의 기도 소리를 뒤덮어버리고, 리외는 침대의 받침

막대에 매달린 채 피로와 혐오감에 취한 듯이 두 눈을 감았다.

다시 눈을 뜨자 타루가 옆에 있었다.

"더 이상은 못 있겠어요." 리외가 말했다. "더 들을 수가 없어요."

그러나 갑자기 다른 환자들이 입을 다물었다. 그때 의사는 아이의 비명이 약해진 것을 알아차렸다. 그 비명은 점점 더 약해지더니 급기야는 멎어버렸다. 그러더니 그의 주위에서 앓는 소리들이 다시 들려오기 시작했다. 그러나 나지막하게, 이제 막 끝난 그 싸움의 머나먼 메아리처럼 들려왔다. 싸움은 끝났으니 말이다. 카스텔은 침대 저쪽으로 가더니, 이제 모든 것이 끝났다고 말했다. 어린애는 입을 벌린 채로, 그러나 말없이, 흐트러진 담요의 움푹 들어간 곳에서 갑자기 더 작아진 듯한 몸을 웅크리고 얼굴에는 눈물 자국을 남긴 채 누워 있었다.

파늘루 신부는 침대에 다가가서 강복식의 몸짓을 했다. 그러고는 자신의 옷을 여미고, 중앙 통로를 지나서 나갔다.

"다시 시작해야 하나요?" 타루가 카스텔에게 물어보았다.

늙은 의사는 고개를 끄덕였다.

"아마도 그럴 겁니다." 그는 일그러진 미소를 띠면서 말했다. "어쨌든 오래 견디기는 했어요."

그러나 리외는 이미 방에서 나가고 있었는데, 그 걸음걸이가 이상하게 빠르고, 파늘루 곁을 스쳐 지나갈 때 파늘루가 그를 붙잡으려고 팔을 내밀었을 정도로 심상치 않은 태도였다.

"잠깐만요, 선생님." 그가 말했다.

리외는 여전히 성이 난 태도로 몸을 돌리더니 격렬한 어조로 내뱉었다.

"이 애만큼은 적어도 아무 죄가 없었습니다. 당신도 그것은 알고 계실 거예요!"

그러더니 그는 몸을 돌려 파늘루보다 먼저 방문들을 지나 교정의 안쪽으로 갔다. 그는 먼지가 켜켜이 내려앉은 두 그루의 나무 사이에 있는 벤치에 앉아서 벌써 눈 속에까지 흘러내려온 땀을 닦았다. 가슴을 짓이겨놓는 듯한 매듭을 풀기 위해서 아직도 소리를 내지르고만 싶었다. 더위가 무화과나무 가지들 사이로 서서히 쏟아져내리고 있었다. 아침나절의 푸른 하늘에는 이내 허여멀건 구름이 덮여 대기를 더 숨막히게 만들어놓고 있었다. 리외는 벤

제4부 291

치 등받이에 몸을 깊숙이 기댔다. 그는 나뭇가지들과 하늘을 바라보며 천천히 호흡을 가다듬고, 조금씩 피로를 풀어갔다.

"왜 나한테 그렇게 화를 내고 말씀하셨죠?" 하는 소리가 그의 뒤에서 들렸다. "내게도 역시 그 광경은 참을 수 없는 것이었어요."

리외가 파늘루를 돌아보았다.

"정말 그렇습니다." 그가 말했다. "용서하십시오. 피곤해서 그만 어리석은 짓을 했군요. 이따금 나는 이 도시에서 반항심밖에는 아무것도 느끼지 못할 때가 있습니다."

"압니다." 파늘루가 중얼거렸다. "화가 날 만합니다. 정말 우리 힘에는 도가 넘치는 일이니까요. 그렇지만 아마도 우리는 우리가 이해할 수 없는 것을 사랑해야 합니다."

리외가 벌떡 몸을 일으켰다. 그는 그로서 할 수 있는 모든 힘과 정열을 기울여서 파늘루의 얼굴을 바라보고는 고개를 흔들었다.

"아닙니다." 그가 말했다. "나는 사랑이라는 것에 대해서 달리 생각하고 있어요. 어린애들마저 주리를 틀도록 창조해 놓은 이 세상이라면 나는 죽어도 거부하겠습니다."

파늘루의 얼굴에는 약간 당황한 듯한 그림자가 스쳤다.

"아! 선생님." 그는 서글프게 중얼거렸다. "이제야 나는 은총이라고 부르는 것이 과연 무엇인가를 알게 되었어요."

그러나 리외는 다시 벤치에 몸을 깊숙이 기대었다. 그는 다시 엄습해오는 피로의 저 깊숙한 곳으로부터 좀더 부드럽게 말했다.

"나에게 그런 것은 없어요. 그러나 그런 문제에 대해 당신하고 토론하고 싶지는 않아요. 우리는 신성 모독이나 기도를 초월해서, 우리를 한데 묶어주고 있는 그 무엇을 위해서 함께 일하고 있어요. 그것만이 중요합니다."

파늘루가 리외의 곁에 와서 앉았다. 그는 감동한 듯했다.

"그렇습니다." 그가 말했다. "당신도 역시 인간의 구원을 위해서 일하고 계시거든요."

리외는 억지로 웃으려고 했다.

"인간의 구원이란 나에게는 너무나 거창한 말입니다. 나는 그렇게까지 원대한 포부는 갖지 않았습니다. 내가 관심이 있는 것은 인간의 건강입니다.

다른 무엇보다도 건강이지요."

파늘루는 잠시 머뭇거렸다.

"선생님." 그가 말했다.

그러나 그는 그대로 입을 다물었다. 그의 이마에도 땀이 흘러내리기 시작하고 있었다. 그가 "안녕히 계세요" 하고 중얼거리며 일어났을 때, 그의 눈은 빛나고 있었다. 그가 가려고 했을 때 생각에 잠겨 있던 리외도 일어서서 그에게로 한 걸음 다가섰다.

"다시 사과합니다." 그는 말했다. "그렇게 화내는 일은 두 번 다시 없을 겁니다."

파늘루는 손을 내밀고 서글프게 말했다.

"그 때문에 나는 당신을 납득시킬 수 없었지요."

"그야 뭐 어떻습니까?" 리외가 말했다. "내가 증오하는 것이 죽음과 불행이라는 것을 당신도 잘 알고 계십니다. 그리고 당신이 원하시든 원하시지 않든 간에 우리는 함께 그것 때문에 고생하고 있고, 그것들과 싸우고 있습니다."

리외는 파늘루의 손을 붙들었다.

"그렇잖아요?" 그는 파늘루를 보지 않으려고 애쓰면서 말했다. "하느님조차 이제는 우리를 갈라놓을 수 없습니다."

보건대에 들어온 이후로, 파늘루는 병원과 페스트가 들끓는 장소를 떠나본 일이 없었다. 그는 보건대원들 틈에서 마땅히 자신이 있어야 한다고 생각되는 자리, 즉 최전선에 나섰던 것이다. 죽는 광경도 안 볼 수가 없었다. 그런데 비록 원칙적으로는 혈청에 의해서 안전이 보장되어 있기는 했었지만, 자기 자신이 목숨을 잃을 우려가 아주 없는 것은 아니었다. 언뜻 보기에 그는 언제나 냉정을 잃지 않았다. 그러나 한 어린애가 죽어가는 것을 오랫동안 지켜보고 있었던 그날부터 그는 변한 것 같았다. 그의 얼굴에 점점 더 긴장감이 드러나 보였다. 그리고 그가 리외에게 미소를 지으면서, 자기는 지금 '사제가 의사의 진찰을 받을 수 있는가?'라는 주제로 짧은 논문을 준비 중이라고 말하던 날, 의사는 그것이 파늘루가 하는 말보다 훨씬 더 심각한 그 무엇을 의미하는 것 같다는 인상을 받았다. 의사가 그 논문의 내용을 알고 싶다는 희망을 드러내자 파늘루는, 자기가 남자들만이 모이는 미사에서 설교를 하게 되었는데, 그 기회에 자기 견해 중 적어도 몇 가지를 제시할 작정이라고 말했다.

"선생님도 오셨으면 좋겠습니다. 그 주제는 분명히 선생님도 흥미가 있으실 테니까요."

신부는 바람이 심하게 부는 어느 날 그의 두 번째 설교를 했다. 사실, 청중석에 와 앉은 사람들은 첫 번 설교 때보다 더 드문드문했다. 그것은 그런 종류의 광경이 우리 시민들에게 더 이상 신기한 것으로서의 매력이 없기 때문이었다. 도시 전체가 겪고 있는 그 여러 가지 어려운 환경 속에서는 새로움이라는 단어 자체가 이미 그 뜻을 잃었다. 게다가 대부분의 사람들은 종교상의 의무를 완전히 저버리거나, 또는 그 의무를 어떤 철저하게 부도덕한 생활에다 억지로 들이맞춰 놓거나 하지는 않는다 하더라도, 꾸준히 교회에 다니는 대신 도저히 말도 안 될 미신에 마음을 맡겨버리는 것이었다. 그들은 미사에 나가기보다도 차라리 불운을 막는 메달이라든가, 성 로크의 부적 같은 것을 몸에 지니고 다녔다.

그러한 예로써, 시민들이 예언을 무턱대고 즐겨왔다는 것을 들 수 있다. 봄에는, 사실 사람들은 이제나저제나 하고 병의 종말을 기다리면서도, 질병이 얼마나 더 계속될지 물어보려는 자는 없었다. 왜냐하면 모든 사람들은 병이 얼마나 더 오래갈지에 대해 전혀 알 길이 없다고 확신하고 있었기 때문이었다. 그러나 날이 지남에 따라 사람들은 그 불행이 끝이 없지 않을까 걱정하기 시작해 동시에 페스트의 종말이라는 것이 모든 희망의 대상이 되었던 것이다. 그래서 옛날의 마술사들이나 가톨릭교회의 성자들에 의한 여러 가지 예언이 이 손에서 저 손으로 떠돌아다니게 되었다. 시중의 인쇄업자들은 그 관심을 미끼로 한밑천 잡을 수 있다는 것을 재빠르게 눈치채고, 세상에 퍼졌던 원문을 대량으로 찍어내어 뿌렸다. 그들은 대중의 흥미가 식을 줄 모르는 것을 보고 시립도서관 등을 이용해 야사(野史) 중에서 딸 수 있는 그런 종류의 모든 증언을 찾아내서 그것들을 시중에 퍼뜨려놓았다. 역사 자체 속에도 예언들이 충분히 담겨 있지 않을 때에는 기자들에게 그런 것을 쓰도록 주문했는데, 그들 역시 그 점에 관한 한 과거 몇 세기 동안에 있었던 그들의 모범 못지않게 능란한 재주를 보여주었다.

그러한 예언들 가운데 어떤 것들은 신문에 연재되기까지 했는데, 그것들은 전염병이 안 돌 때 거기 실렸던 염문들만큼 열심히 읽혔다. 그러한 예언들 중 어떤 것은 그해의 연도나 사망자의 수, 페스트가 계속된 달 수 같은 것들을 더한 괴상한 계산에 근거를 두고 있었다. 또 어떤 것은 역사상 대규모로 발생한 페스트와 비교하고, 거기에서 비슷한 점(예언에서는 그것을 불변의 사실이라고 불렀다)을 골라 내서, 그것들 역시 전자에 못지않은 괴상한 계산을 해가지고, 거기서 현재의 시련에 관한 교훈을 끌어내려고 했다. 그러나 시민들의 입맛을 가장 많이 돋운 것은 두말할 나위도 없이 묵시록의 어법으로 알려주는 일련의 사건들이었는데, 그 하나하나는 이 도시에서 지금 겪고 있는 사건으로 볼 수도 있었고, 또 그 복잡성 때문에 온갖 다른 해석도 가능한 것들이었다. 매일같이 노스트라다무스와 성 오딜을 들먹였고, 또 매일같이 성과를 거두었다. 그런데 모든 예언에서 공통되는 것은, 결국에 가서는 사람들을 안심시켜준다는 점이었다. 다만 페스트만은 그렇지가 않았다.

　그러므로 그러한 미신이 우리 시민들에게는 종교의 위치를 대신하고 있었으며, 그래서 파늘루의 설교도 4분의 3밖에 차지 않은 성당에서 이루어졌다. 설교가 있던 날 저녁 리외가 찾아갔을 때는 성당 입구의 문틈으로 들어오는 바람이 청중들 사이를 제멋대로 흘러다니고 있었다. 그는 싸늘하고 고요한 성당의 남자들만으로 한정된 청중들 한가운데에 자리를 잡고 앉아서, 신부가 설교대 위로 올라가 선 것을 보았던 것이다. 신부는 첫 번째보다 부드럽고 신중한 말투로 이야기했고, 또 몇 번씩이나 청중들은 그의 말투에서 어떤 주저하는 빛을 발견했다. 게다가 흥미로운 것은 그가, 이제는 '여러분'이라고 하지 않고 '우리'라는 말을 쓰는 점이었다.

　그러나 그의 말투는 차츰 확고해져갔다. 그는 먼저, 여러 달 전부터 페스트가 우리 가운데 존재해왔던 점을 지적하고, 지금 그것이 우리의 식탁 또는 사랑하는 사람들의 머리맡에 와 앉고, 우리 바로 곁을 따라다니며 일터에서 우리가 오기를 기다리고 있는 것을 그렇게도 여러 번 보게 되었는데, 지금이야말로 그것이 끊임없이 우리를 말해주고 있는, 처음에는 놀라서 우리가 잘 알아듣지 못했을지도 모르는 것을 아마도 한층 더 잘 받아들일 수 있게 되었을 것이라는 말로 설교를 시작했다. 저번에 파늘루 신부가 바로 같은 자리에서 이미 설교한 것은 여전히 변함없는 진실이다—아니면 적어도 그는 그렇게 확신했다. 그러나 아마도 우리 누구나 다 그런 경험이 있겠지만, 또 자신은 가슴을 치며 자책까지 했지만, 그때는 아무 자비심도 없이 생각했으며 설교를 했던 것이다. 그래도 모든 일에는 언제나 취할 점이 있다는 사실은 변함없는 진실이다. 가장 잔인한 시련조차도 기독교인에게는 역시 이득이 되는 법이다. 그러니 기독교가 당면한 문제에서 정말로 추구해야 할 것은 바로 그 이득이며, 그 이득이 어떤 점에 있는지 어떻게 해서 발견할 것인지를 아는 데 있다는 것이었다.

　그때 리외의 주위에서는, 사람들이 자기가 앉은 벤치의 팔걸이 사이에 깊숙이 들어앉아 될 수 있는 대로 편한 자세를 취하려는 것 같았다. 입구의 가죽을 입힌 문 한 짝이 가볍게 덜거덕거렸다. 누군가가 일어나서 그것을 붙잡았다. 리외는 그러한 동요에 마음이 흩어져서 다시 설교를 계속한 파늘루의 말을 거의 듣지 않고 있었다. 그는, 페스트로 인해서 생기는 상황은 논리적으로 납득하려 해서는 안 되고, 거기에서 배울 수 있는 것을 배우려고 노력해야 한다는 것이었다. 리외가 막연하게나마 이해한 것은, 신부로서는 페스트에 대해 아무것도 설명할 것이 없다는 것이다. 그의 흥미를 끈 것은, 파늘루가 세상에는 하느님과 비교해서 설명할 수 있는 것과 그렇지 않은 것이 있다고 강조해서 말했을 때였다. 물론 세상에는 선과 악이 있고, 또 대체로는 그 둘 사이의 구별은 쉽사리 설명된다. 그러나 악 그 자체 안에서 문제가 생긴다. 예를 들어서, 언뜻 보기에 필요한 악이 있고 또 언뜻 보기에 불필요한 악이 있다. 지옥에 빠진 돈 후안과 어린애의 죽음이 있다. 왜냐하면 탕아가 벼락을 맞아서 죽는 것은 당연한 일이라 하더라도, 어린애가 고통을 받는 것은 이해할 수 없는 일이기 때문이다. 그리고 사실, 어린애의 고통과 그 고통에 따르는 공포, 그리고 거기서 찾아내야 할 여러 가지 이유만큼 이 땅 위에서 더 중요한 것은 없다. 그 밖의 인간 생활에서 신은 우리에게 모든 것을 쉽게 해주시며, 따라서 거기까지는 종교도 별로 공덕은 없다. 그런데 여기서는 반대로 우리를 고통의 담 밑으로까지 몰아넣었다. 그리하여 우리는 페스트의 담 밑에 와 있으며 그 치명적인 그늘 속에서 우리의 이익을 찾아내어야 한다. 심지어 파늘루 신부는 그 담을 기어오를 수 있게 해주는 안이한 우선권조차 갖기를 거부하고 있다는 것이었다. 그 어린애를 기다리고 있는 영생의 환희가 능히 그 고통을 보상해줄 수 있다고 말하는 것이 그로서는 쉬운 일이겠으나, 사실 그 점에 대해서는 아무것도 몰랐다. 애당초 영생의 기쁨이 순간적인 인간의 고통을 보상해줄 수 있다고 누가 감히 단언할 수 있단 말인가? 그런 소리를 하는 자는 몸소 육체와 영혼의 고통을 맛본 주님을 섬기고 있는 기독교인이라고 결코 말할 수 없으리라. 아니, 신부는 고통의 담 밑에 몰린 채, 십자가가 상징하고 있는 대로 그 팔다리가 찢어지는 고통을 충실하게 본받아서 어린애의 죽음을 마주 보고 있을 작정이라는 것이었다. 그리고 그는 오늘 자기의 설교를 듣고 있는 사람들에게 서슴지 않고 이렇게 말하고 싶다는 것이었다.

"여러분, 드디어 때는 왔습니다. 모든 것을 믿거나, 아니면 모든 것을 부정할 때입니다. 그런데 대체 우리 가운데 누가 감히 모든 것을 부정할 수 있겠습니까?"

신부는 이제 이단자가 되어가고 있다고 리외가 생각할 겨를도 없이 바로, 여전히 힘차게 말을 이어서 그 명령, 그 무조건적인 요구야말로 기독교인이 받는 이득이라고 단언했다. 그것은 또 기독교인의 덕성이기도 하다. 신부는, 자기가 이제 말하려는 덕성의 어떤 점은 과격한 것이어서, 그것이 좀더 관대하고 좀더 전통적인 도덕에 젖어 있는 많은 사람들에게 충격을 줄 것임을 알고 있다고 말했다. 그러나 페스트 시대의 종교는 여느 때의 종교와 같은 것일 수 없으며, 하느님도 행복의 시대에는 사람들의 영혼이 안식하고 향락하기를 허용하고 심지어 바라기까지 하시겠지만, 극도의 불행 속에서는 그 영혼이 과격한 것이 되기를 원하고 계시다는 것이었다. 하느님은 오늘날 스스로 창조하신 인간에게 은총을 베푸시와, 우리가 부득불 '전체 아니면 무'라는 가장 위대한 덕을 다시 찾아서 실천해야 할 만큼 큰 불행 속에 우리를 빠뜨려놓았다는 것이다.

어떤 불경한 저술가가 이미 수세기 전에, 비밀을 폭로한다고 하여 연옥이라는 것은 존재하지 않는다고 단언한 일이 있었다. 그는 그렇게 말함으로써, 어중간한 상황은 없고 '천국'과 '지옥'밖에는 없으며, 사람은 자기가 선택한 것에 의해서 구원을 받거나 저주 받는 길밖에는 없다는 것을 암시한 것이다. 파늘루의 말을 믿는다면 그것은 방종한 영혼만이 생각해낼 수 있는 엄청난 이단이다. 연옥은 엄연히 존재하기 때문이다. 그러나 아마도 연옥이라는 것을 별로 기대해서는 안 되는 시대, 곧 하찮은 죄를 운운할 수 없는 시대가 있으며, 모든 죄가 죽음을 의미하며 모든 무관심이 죄가 되는 시대가 있다는 것이었다. 그리하여 전체가 아니면 무라는 것이었다.

파늘루는 잠시 말을 멈췄다. 리외는 그때 밖에서 더욱 심해진 것 같은 바람이 문 밑으로 잉잉대며 새어드는 소리를 더 잘 들을 수 있었다. 그런데 그때, 신부는 말을 계속하는 것이었다. 즉, 자기가 말하는 무조건 복종이라는 덕성은, 보통 해석하듯 좁은 의미로 보아서는 안 되며, 그것은 속된 체념도 아니고 까다로운 자기비하도 아니라는 것이었다. 그것은 굴종이지만, 굴종하는 사람 스스로가 동의하는 굴종이다. 과연 어린애의 고통은 정신적으로나 감정적으로나 굴욕적인 일이다. 그러나 바로 그런 이유로 고통을 감수하고 그 속에 몰입되어야 한다. 바로 그런 이유로 파늘루는 자기가 말하려는 것을 표현하기가 어렵다고 청중들에게 양해를 구하면서, 어쨌든 하느님이 원하기 때문에 우리는 받아들여야 한다고 말하는 것이었다. 그렇게 함으로써만 기독교인은 아무런 에누리도 하지 않을 것이며, 출구가 완전히 닫혀버린 가운데 근원적 선택의 자리로 돌아갈 수 있을 것이다. 그는 모든 것을 부정하는 지경에 빠지지 않기 위해서 모든 것을 믿는 쪽을 택할 것이다. 그리고 이 순간에도 여러 교회에서 씩씩한 부인네들이, 환부에 생기는 멍울은 바로 인간의 몸이 감염을 물리치는 자연스러운 방법이라고 생각하고, '주여, 우리 자식에게도 그 멍울을 베풀어주시옵소서!'라고 기도하고 있듯이, 비록 그것이 이해할 수 없는 것일지라도, 기독교인은 신의 성스러운 의지에 자신을 내맡길 줄 알아야 할 것이다. '나는 이해할 수 있다. 그러나 그것을 받아들일 수는 없다'는 말을 할 수는 없다. 우리에게 닥쳐온 받아들일 수 없는 것의 핵심을 향해서, 바로 우리의 선택을 하기 위하여 뛰어들어야만 한다. 어린애들이 겪는 고통은 우리에게 쓴 빵과 같다. 그러나 그 빵 없이는 우리의 영혼은 정신적인 굶주림으로 사라지고 말 것이다.

여기서 파늘루 신부가 말을 쉴 때마다 솟아나왔던 그 나지막한 소음이 다시 일기 시작했는데, 그때 불현듯 그 설교자는 청중들을 대신해서 묻는 투로, 그러면 우리가 어떻게 해야 하는지 물었다. 그도 충분히 예상했던 일이지만, 사람들은 운명론이라는 무서운 말을 꺼내려고 할 것이다. 좋다, 다만 거기다가 '능동적'이라는 형용사를 붙이는 것을 허용만 해준다면 그 말도 마다하지는 않겠다. 다시 말하지만, 지난번에 이야기했던 아비시니아의 기독교인들의 흉내를 내서는 안 될 것이다. 뿐만 아니라, 기독교인들이 보건대를 향해 입었던 옷을 벗어 던지며, 신이 내리신 그 재앙에 대항하려는 불신자들에게 페스트를 옮겨달라고 기도하면서 하늘을 우러러보며 고함치던 페르시아의 페스트 환자들을 흉내내도 안 된다. 그러나 반대로, 지난 세기에 전염병이 유행하고 있을 때, 혹시 병균이 잠복하고 있을지도 모르는 축축하고 따뜻한 입술이 다른 입술에 닿지 않도록 핀셋으로 성체빵을 집어서 영성체를 시켜주던 카이로의 수도승들도 역시 흉내내서는 안 된다. 페르시아의 페스트 환자들이나 그 수도승들은 똑같은 죄를 지었다. 왜냐하면 전자로 말하면 어린애들의 고통 같은 것은 전혀 문제되지 않았고, 후자로 말하면 그와 반대로 고통에 대한 극히 인간적인 공포가 너무 지나쳤기 때문이다. 두 경우 다 문제의 핵심을 벗어난 것이다. 모두들 하느님의 목소리를 알아듣지 못했던 것이다. 이 밖에도 파늘루가 들려고 한 또 다른 예들이 있었다. 마르세유에 발생했었다는 대대적인 페스트의 기록을 믿는다면, 메르시 수도원의 81명의 수도승들 중에서 겨우 네 명만이 살아남았는데, 그 네 명 중에서 세 명은 도망을 쳤다고 한다. 기록자는 여기까지만 적어놓았다. 그 이상을 적는 것은 그들의 직분에 어긋나는 일이었다. 그러나 그것을 읽었을 때, 파늘루 신부는 77구의 시체를 목격했는데도 특히 세 명의 동료들이 도망친 뒤에도 홀로 남아 있던 한 명의 수도승에게 매료되었다는 것이다. 그리고 신부는 설교대의 가장자리를 주먹으로 두드리면서 이렇게 외쳤다. "여러분, 우리는 남아 있는 한 사람이 되어야 합니다."

그렇다고 결코 재앙의 무질서 속에서 사회가 이끌어들인 예방책과 현명한 질서를 거부하라는 것은 아니었다. 무릎을 꿇고 모든 것을 포기해야 한다고 하는 저 도덕자들의 말에 현혹되어서는 안 된다. 어둠 속에서 더듬거리면서라도 앞으로 나아가야만 하고 선을 행하도록 노력해야 한다. 그러나 그 밖의 것들에 대해서는 어린애의 죽음까지도 신의 뜻에 맡기고 행여 개인의 힘에 의존해볼 생각을 해서는 안 된다.

여기서 파늘루 신부는, 마르세유에 페스트가 유행했을 때 볼 수 있었던 벨칭스 주교의 고귀한 모습을 떠올렸다. 주교는 페스트가 끝날 무렵에, 이제까지 자기가 할 수 있는 일은 다 했으므로 이제 더 이상 어떻게 해볼 도리가 없다고 생각하고, 먹을 것을 준비해 가지고 벽을 높이 쌓고 집에 틀어박혔다. 그런데 그를 우상화하고 있었던 주민들은, 고통이 극에 달할 때 볼 수 있는 감정적인 반발로, 주교에 대해 분개한 나머지 주교에게도 전염시키기 위해서 그의 집 둘레에 시체를 쌓아올렸고, 그가 더 확실하게 파멸당하기를 바라면서 담 안으로 시체들을 던져넣기까지 했다. 이처럼 주교는 최후의 약한 마음에서, 자기는 죽음의 세계 한가운데서도 동떨어져 있다고 생각했었는데, 실상 죽음은 하늘로부터 그의 머리 위로 떨어져 내리고 있었던 것이다. 우리도 그와 마찬가지로 페스트와 완전히 격리된 섬이란 없다는 것을 명심해야 한다. 정말로 중간이라는 것은 없다. 용납할 수 없는 사실도 받아들여야 한다. 왜냐하면 우리는 신을 혐오하든가, 그렇지 않으면 사랑하든가 둘 중에 하나를 선택해야 하기 때문이다. 그런데 대체 누가 감히 신에 대한 증오를 택할 수 있단 말인가?

"여러분" 마침내 파늘루는 결론을 짓겠다는 어조로 말했다. "신의 사랑은 몹시 힘든 사랑입니다. 그것은 자신을 전적으로 포기하여 자기 자신을 돌보지 않는 것을 전제로 합니다. 그러나 그 사랑만이 어린애의 고통과 죽음을 지워줄 수 있습니다. 어쨌든 그 사랑만이 그것을 필요한 것으로 만들어줄 수 있습니다. 왜냐하면 그것은 이해할 수 없기 때문이며, 그저 바라는 길밖에는 없기 때문입니다. 바로 이것이 여러분과 나누어 갖고자 하는 교훈인 것입니다. 이것이야말로 인간이 보기에는 잔인하지만 신이 보기에는 결정적인 믿음인데, 우리는 거기에 다가가야만 합니다. 우리는 그 무서운 이미지에 필적할 수 있게 되어야 합니다. 그 높은 꼭대기에서 모든 것이 서로 융합하고 모든 것이 동등하게 될 것이고 겉보기에는 정의가 아닌 듯한 것에서 진리가 용솟음치며 솟아나올 것입니다. 바로 이렇게 하여 프랑스 남부지방의 수많은 성당에서는 페스트로 쓰러진 사람들이 벌써 수세기 전부터 성당의 본당에 깔아놓은 돌 밑에 잠들어 있으며, 사제들은 그들의 무덤 위에서 설교를 하고 그들이 널리 알리는 정신은 어린애들의 재도 한몫 낀 그 죽음의 재로부터 솟아나오는 것입니다."

리외가 밖으로 나오자, 반쯤 열린 문 사이로 거센 바람이 쏟아져 들어오면서 신자들의 얼굴을 정면으로 후려쳤다. 그 바람은 비 냄새와 축축한 포장도로 냄새를 실어다가 성당 안에 불어넣었다. 그래서 신자들은 밖으로 나가기도 전에 거리의 모습을 짐작할 수 있었다. 리외의 앞에서는 마침 그때 나온 어떤 늙은 신부와 젊은 부제(副題)가 바람에 날리는 모자를 붙잡아두느라고 애를 먹고 있었다. 늙은 신부는 쉬지 않고 그 설교에 대한 주석을 붙이고 있었다. 그는 파늘루의 웅변에 경의를 표했지만, 신부의 몇몇 가지 대담한 생각에 대해서는 걱정을 하고 있었다. 그 설교에는 힘보다도 오히려 불안이 더 많이 엿보이고 있는데, 파늘루 같은 나이가 되어서 사제가 불안해할 권리는 없다는 것이었다. 그 젊은 부제는 바람을 피해 고개를 숙이면서, 자기는 늘 파늘루 신부 집을 드나들고 있는 터라 신부의 사상적인 발전을 잘 알고 있는데 그의 논문은 앞으로 한층 더 대담한 것이 될 것이며, 아마도 출판 허가를 얻지 못하게 되리라고 단언했다.

"대체 어떤 사상인가?" 늙은 신부가 물었다.

그들은 성당 앞뜰까지 왔는데, 바람이 계속 불어서 젊은 부제는 말을 할 수가 없었다. 겨우 말을 할 수 있게 되었을 때, 그는 다만 이렇게 말했다.

"신부가 의사의 진찰을 받는다면 그것은 모순이라는 거죠."

타루는 리외로부터 파늘루의 연설 내용을 듣자, 자기는 전쟁통에 눈을 잃은 어떤 청년의 얼굴을 보고 신앙을 잃은 한 신부를 알고 있다고 말했다.

"파늘루의 말이 옳죠." 타루가 말했다. "죄 없는 사람이 눈을 잃게 될 때, 한 기독교인으로서는 신앙을 잃거나 눈을 잃거나 해야 마땅하죠. 파늘루는 신앙을 잃기를 원치 않습니다. 그러니 그는 끝까지 갈 거예요. 그가 하고 싶었던 것이 바로 그겁니다."

이러한 타루의 관찰이 그 뒤에 일어난, 그리고 그 당시 파늘루의 행동이 주위 사람들에게 이해하기 어렵다는 인상을 주게 된 불행한 사건들을 해명해주는 데 얼마나 도움이 될 수 있는지는 앞으로 각자가 판단해보기 바란다.

그 설교가 있은 지 며칠 뒤, 파늘루는 이사하기에 정신이 없었다. 그 당시 시내에는 병세의 기승으로 이사가 끊이지 않았다. 그리고 타루가 호텔을 떠나서 리외의 집에 와야만 했듯이, 신부 역시 교구에서 배당해주었던 아파트를 놓아두고, 성당의 신자로서 아직 페스트에 걸리지 않은 늙은 부인 집에 가서 살아야 했다. 신부는 이사를 하는 동안 자기의 피로와 불안이 커가는 것을 느꼈다. 그래서 마침내 그는 자기가 묵는 집 여주인의 존경을 잃게 되었다. 왜냐하면 그 부인이 그에게 성 오딜의 예언이 잘 들어맞는다고 열심히 이야기를 했는데, 신부는 아마도 피곤한 탓이었겠지만 아주 약간이나마 초조한 빛을 보였던 것이다. 그 뒤에 온갖 애를 써가면서, 그 부인으로부터 하다못해 호의적인 중립이라도 얻어볼까 애썼으나 성공하지 못했다. 그는 나쁜 인상을 주고 말았던 것이다. 그래서 저녁마다, 뜨개질한 레이스 커튼이 치렁치렁 늘어진 자기 방으로 돌아가기 전에, 그는 거실에 앉아 있는 여주인의 등을 우두커니 바라보고 있다가 그 부인이 돌아보지도 않은 채 쌀쌀한 어조로 그에게 "안녕히 주무세요, 신부님"이라고 하는 밤인사를 들으며 자기 방으로 돌아가야만 했다. 바로 그런 어느 날 저녁, 신부는 잠자리에 누우려고 하는 순간 머리가 욱신거리고 벌써 며칠 전부터 있었던 미열이 손목과 관자놀이로 터져 나오려는 것을 느꼈다.

그 뒤의 일은, 그 집 여주인의 이야기를 통해서 겨우 알 수 있었다. 아침에 그 여자는 여느 때처럼 매우 일찍 일어났다. 그런데 한참 지나도 신부가 그의 방에서 나오지 않자, 오랫동안 망설이다 큰맘 먹고 방문을 두드려보았다. 보아하니 신부는 밤새 한잠도 자지 못한 채 아직도 자리에 누워 있었다. 그는 가슴이 답답해서 고통을 겪고 있었으며, 평소보다 눈이 충혈되어 있었다. 부인 자신의 말에 의하면, 자기가 공손하게 의사를 부르자고 제안했더니 서운하다 싶을 정도로 거세게 반대하더라는 것이었다. 결국 그 부인은 물러나올 수밖에 없었다. 조금 지나 신부는 벨을 눌러서 부인을 불러들였다. 그는 자기가 아까 짜증을 냈던 것을 사과하고, 그것이 페스트일 리는 없으며 그런 증세는 조금도 보이지 않고 단지 일시적인 피로에서 온 것일 뿐이라고 말했다. 늙은 부인은 위엄 있는 태도로 자기가 그렇게 말한 것은 그런 종류의 불안 때문이 아니라 하느님의 손에 달린 자기 자신의 안전 같은 것은 안중에 없지만, 다만 자기에게도 부분적으로나마 책임이 있다고 볼 수 있는 신부님의 건강을 생각했을 뿐이라고 대답했다. 그러나 신부가 더 이상 아무 말이 없자 그 부인은(물론 그 부인의 말을 전적으로 믿는다면) 자기의 의무만은 다하겠다는 생각에서 의사를 부르자고 다시 한 번 그에게 제안했다. 신부는 또다시 거절했다. 그러나 이번에는 뭐라고 열심히 설명을 덧붙였는데, 늙은 부인으로서는 종잡을 수 없는 말이었다. 다만 그녀가 대충 알아들은 것은, 게다가 그것이 바로 부인에게는 이해가 안 되는 것이었는데, 신부가 진찰을 거부하는 것은 자신의 원칙과 일치하지 않기 때문이라는 것이었다. 그래서 그 부인은 열이 너무 심하게 나서 생각이 어지러운 탓이라고 결론을 짓고 탕약을 끓여주는 것으로 그치고 말았다.

그런 사태에서 생겨나는 여러 가지 의무를 아주 정확하게 완수하겠다고 늘 명심하고 있던 그녀는 두 시간마다 규칙적으로 환자의 방에 들어가보았다. 부인의 눈에 가장 띈 것은 신부가 끊임없는 흥분 속에서 그날을 보낸 사실이었다. 그는 이불을 걷어챘다가 끌어당겼다가 하면서 줄곧 땀이 밴 이마에 손을 갖다 대고, 가끔 몸을 일으키고는 마치 쥐어짜듯 축축하고 목 멘 기침을 뱉어내려고 애쓰는 것이었다. 그럴 때면 그는 마치 목구멍 깊숙이 박힌 솜방망이를 뽑아버릴 수 없어서 숨막혀 하는 것 같았다. 그러한 발작이 끝나자 완전히 기진맥진해져서 뒤로 나자빠지는 것이었다. 그는 마침내 몸을 다시 반쯤 일으키고 잠시 동안 조금 전보다 더 꼿꼿한 자세로 앉아 정면을 응시하는 것이었다. 그래도 늙은 부인은 또다시 의사를 불렀다가 환자의 기분을 거스를까 봐 주저하고 있었다. 겉으로는 요란하지만, 어쩌면 그저 단순한 열로 인한 발작인지도 몰랐다.

그래도 부인은 오후에 신부에게 말을 걸어보았는데, 대답이라고는 횡설수설하는 소리 몇 마디밖에는 들을 수가 없었다. 부인은 또 한 번 제안을 되풀이했다. 그러나 그때 신부는 몸을 일으키고 숨이 막혀 애쓰면서도 자기는 의사를 원치 않는다고 분명히 말했다. 그때서야 부인은 이튿날 아침까지 기다려보아도 신부의 병세가 나아지지 않으면 랑스도크 통신사가 하루에 여남은 번씩은 라디오에서 되풀이하고 있는 전화번호로 전화를 걸어보겠다고 마음먹었다. 언제나 자기의 의무에 충실한 그 부인은 밤에 환자를 찾아가서 밤을 새우면서 돌보아줄 생각이었다. 그런데 저녁때 신부에게 탕약을 한 차례 새로 먹이고 나서 잠시 누웠던 것이 그 이튿날 새벽에야 겨우 눈을 떴다. 그 부인은 그의 방으로 달려갔다.

신부는 약간의 움직임도 없이 누워 있었다. 지난밤에는 그토록 벌겋게 열이 나더니 지금은 납빛이 되어 있었는데, 얼굴 모양이 아직도 말짱한 만큼 그것이 더욱 뚜렷이 보였다. 신부는 침대 위에 걸려 있는 여러 빛깔의 진주 장식이 달린 작은 샹들리에를 가만히 바라보고 있었다. 여주인이 들어가자 그는 그녀에게로 고개를 돌렸다. 그 여주인의 말에 의하면, 그때 그의 모습은 밤새도록 고통에 시달려 이제 반응을 보일 힘도 완전히 없는 모양이었다. 그녀는 그에게 좀 어떠냐고 물어보았다. 그러자 이상할 정도로 무관심한 투로, 병세는 더해가나 의사를 부를 필요는 없고 다만 모든 것을 규칙대로 하기 위해서 자기를 병원으로 운반해주기만 하면 된다고 말했다. 노부인은 너무 놀라서 전화통으로 달려갔다.

리외는 정오에 왔다. 여주인의 이야기를 듣고 나서 그는 파늘루의 말 그대로 아마 때가 늦은 것 같다고만 대답했다. 신부는 여전히 무관심한 태도로 그를 맞았다. 리외는 진찰을 해보았는데, 목이 붓고 호흡이 곤란한 것 말고는 선페스트 또는 폐페스트의 중요한 증세는 하나도 발견할 수가 없다는 점에 놀랐다. 어쨌든 맥박이 너무나 낮게 뛰었고 전반적인 증세도 극히 위험해서 살아날 가망이 거의 없었다.

"페스트의 주요한 증세는 하나도 없습니다." 그는 파늘루에게 말했다. "하지만 뭔가 석연치 않은 점들이 있으니 역시 격리하는 게 좋을 듯합니다."

신부는 예의상 조금 웃어 보였지만, 아무 말도 하지 않았다. 리외는 전화를 걸러 나갔다가 다시 들어와 물끄러미 신부를 내려다보았다.

"제가 곁에 있겠습니다." 그는 부드럽게 말했다.

신부는 갑자기 생기를 되찾은 듯이 일종의 삶의 정열이 되살아나는 것 같은 눈초리를 의사에게로 돌렸다. 그러고는 가까스로 한 마디 한 마디 이어갔는데 그 어조가 슬픈 것인지 아닌지 전혀 알 수가 없었다.

"감사합니다." 그가 말했다. "그러나 성직자에겐 친구가 없습니다. 모든 것을 신에게 맡긴 몸이니까요."

그는 침대 머리맡에 놓여 있는 십자가를 달라고 하여 손에 들더니 고개를 돌려 그것을 바라보았다.

파늘루는 병원에서도 입을 열지 않았다. 그는 자기 몸에 가해지는 모든 치료에 대해서 마치 물건처럼 자기를 내맡기고 있었지만, 십자가만은 끝내 놓지 않았다. 그래도 신부의 증세는 여전히 애매했다. 의문은 리외의 마음속에서 사라지지 않았다. 페스트 같기도 했고 아닌 것 같기도 했다. 그런데 얼마 전부터 페스트는 진찰을 어렵게 만드는 것을 재미로 여기고 있는 듯싶었다. 그러나 파늘루의 경우, 그러한 불확실성도 그다지 중요하지 않았다는 것이 그 뒤의 경과에서 드러났다.

열이 높아졌다. 기침 소리는 점점 더 쇠졌고, 온종일 환자를 힘들게 했다. 신부는 마침내 저녁에 호흡을 틀어막고 있던 그 솜방망이를 기침과 함께 토해냈다. 그것은 새빨갰다. 그런 발열 상태에서도 여전히 파늘루는 무관심한 눈빛을 유지했다. 이튿날 아침, 침대 밖으로 몸을 반쯤 늘어뜨리고 죽어 있는 그의 눈에서는 아무 표정도 찾아볼 수 없었다. 그의 카드에는 이렇게 적혀졌다.

'병명 미상.'

그해의 만성절은 여느 때와는 달랐다. 날씨는 시기와 잘 어울렸다. 갑작스러운 변화가 생겨서, 늦더위가 별안간 선선한 날씨에 자리를 물려주고 사라져버렸다. 예년과 마찬가지로 지금은 찬바람이 계속적으로 불고 있다. 큼직한 구름들이 이 지평선에서 저 지평선으로 흐르면서 집들을 그늘로 덮었고, 그것들이 지나가면 11월의 싸늘하고 노란 햇빛이 다시 그 집들 위를 비추는 것이었다. 그해 처음으로 레인코트가 모습을 드러냈다. 고무를 입혀서 번들거리는 천들이 놀랄 만큼 눈에 많이 띄었다. 사실 신문지상에서는, 200년 전 남프랑스에 대규모의 페스트가 유행했을 때, 의사들이 자신들을 보호하고자 기름먹인 옷을 입었음을 보도했었다. 상인들은 그것을 이용해서 유행에 뒤떨어진 팔다 남은 재고품들을 방출했는데, 시민들은 그것에서라도 면역을 얻고자 하는 것 같았다.

그러나 그 모든 계절적 징후도 묘지를 찾는 사람이 없는 사실을 잊게 할 수는 없었다. 예년 같으면 전차들은 국화꽃의 은은한 향기로 가득 찼고, 부인네들이 떼를 지어 그들의 친척이 묻혀 있는 무덤에 꽃을 놓으러 가곤 했었다. 그날은 사람들이 고인 곁에 가서 그동안 잊은 채 버려두고 지냈던 것에 대한 용서를 빌고자 하는 날이었다. 그러나 이 해에는 아무도 죽은 이를 생각하려고 하는 사람이 없었다. 이미 그들은 죽은 사람들 생각을 지나치게 해왔던 것이다. 그러므로 이 이상 더 회한과 우수로 가득 찬 심정으로 그들을 찾아볼 필요는 없었다. 죽은 사람들은 이미 1년에 한 번씩 산 사람들이 찾아가서 그동안 버려둔 것을 변명해야 할 상대가 아니었다. 모두가 잊어버리고 싶은 입자들이었다. 이런 까닭으로 그해의 만성절은 이를테면 슬쩍 넘어가고 말았다. 타루가 보기에 그 언사가 점점 야유조로 변해가는 것을 알 수 있는 코타르의 말을 빌리면, 매일매일이 만성절이었다.

사실, 페스트의 기세등등한 불꽃은 화장터의 화덕에서 매일같이 더 신바람이 나서 타고 있었다. 사실 시간이 지남에 따라 사망자 수가 증가하는 것은 아니었다. 그러나 페스트는 이제 그 정점에 편안히 자리잡고 앉아서, 착실한 관리처럼 매일매일의 살인에서 정확성과 규칙성을 과시했다. 원칙적으로는, 그리고 당국의 견해로는, 그것은 좋은 징조라는 것이었다. 페스트 진행의 그래프는 끊임없는 상승에 이어서 오랜 안정 상태를 보여줌으로써, 예를 들어 의사 리샤르 같은 이에겐 바람직한 현상으로 보였던 것이다.

"좋아, 훌륭한 그래프야." 그는 이렇게 말했다. 그는 병세가 이른바 안정 단계에 도달한 것이라 보고 있었다. 앞으로는 쇠퇴하는 길밖에 남지 않았다. 그는 그 실적을 카스텔의 새로운 혈청 덕분이라고 생각했다. 사실 그 혈청은 예기치 않았던 성공을 몇 건 거뒀다. 늙은 카스텔도 그 의견에 조금도 반대하지 않았지만, 사실 페스트는 역사적으로 볼 때 예기치 못했던 여러 가지 재연 사례들이 있었으므로 앞날을 예측할 수 없다는 의견이었다. 현청은 오래전부터 민심이 안정되기를 바랐는데, 페스트는 좀처럼 그 길을 열어주지 않았다. 현청은 그 문제에 대한 의사들의 의견을 듣기 위해 회합을 열기로 제안했는데, 그때 의사 리샤르가 역시 페스트로, 더구나 병세가 안정 상태를 유지하고 있을 때 사망하고 말았다.

그 충격적인, 그러나 어떤 사실도 증명하지 못한 그 실례 앞에서 행정 당국은 처음에 낙관론을 받아들였을 때 못지않게 모순된 태도를 보이면서 이제는 비관론으로 돌아섰다. 카스텔은 혈청을 힘닿는 한 정성들여 준비하는 데만 골몰했다. 어쨌든 이제는 병원이나 검역소로 개조되지 않은 공공장소란 한 군데도 없었지만, 그래도 아직 현청만은 손대지 않은 채 그대로 두고 있었다. 그것은 사람들이 모일 장소가 필요했기 때문이다. 그러나 전체적으로 볼 때, 그리고 그 당시에는 페스트가 비교적 안정된 상태에 있었다는 사실에서도, 리외가 계획했던 조직이 손이 모자라 쩔쩔매는 일은 절대로 없었다. 의사들이나 조수들은 있는 힘껏 노력했지만, 그 이상의 노력을 요하는 상황을 상상해 볼 필요는 없었다. 이렇게 말해도 괜찮다면, 그들은 다만 규칙적으로 그 초인적인 일들을 계속해야만 했다. 이미 나타난 폐페스트는 마치 바람이 사람들의 가슴속에 불을 붙여놓고 부채질하듯, 시내 여기저기로 퍼지고 있었다. 피를 토하며 환자들은 훨씬 더 빨리 죽어갔다. 이제는 그 새로운 증세와 더불어 전염성은 더 커질 위험이 있었다. 사실 그 점에 관해 전문가들의 의견은 항상 대립하기만 했다. 그래도 더욱 안전을 기하기 위해서 보건 관계자들은 여전히 소독된 거즈 마스크를 하고 호흡했다. 얼핏 보면 병이 더 확산되었어야 이치에 맞을 것 같았다. 그러나 선페스트의 사례가 감소하고 있었기 때문에, 통계 곡선은 그대로 수평을 유지하고 있었다.

그래도 시간이 흐르면서 자연적으로 식량 보급이 어려운 지경에 이름에 따라 이 밖에도 여러 가지 불안한 문제점들이 생겨난다. 게다가 투기가 성행해서 일반 시장에 부족하지만 가장 긴요한 생활 필수품들이 터무니없는 가격으로 팔렸다. 그래서 빈곤한 가정은 무척 괴로운 처지에 놓이게 되었으나, 반면에 부유한 가정들은 부족한 것이라곤 거의 없었다. 페스트가 그 역할에서 보여준 것 같은 효과적 공평성으로 말미암아 시민들 사이에 평등이 강화될 수도 있었을 텐데, 페스트는 저마다의 이기심을 발동시킴으로써 오히려 인간의 마음속에 불공평의 감정만 과격하게 만들었다. 물론 죽음이라는 완전무결한 평등만은 남아 있었는데 그런 평등은 아무도 원하지 않았다. 그리하여 이처럼 굶주림에 시달리는 빈곤한 사람들은, 전보다 더한 향수에 젖어 생활이 자유롭고 빵도 비싸지 않은 이웃 도시들과 시골들을 그리워했다. 물론 논리에 맞지 않는 이야기지만, 자기들에게 식량을 충분히 공급해주지 못할 바엔 차라리 떠날 수 있게 해주어야 할 것이 아니냐는 것이 그들의 심정이었다. 그래서 마침내 하나의 구호가 생기고 퍼져서, 때로는 그것이 벽에 나붙기도 했고 때로는 지사가 지나가는 길에서 외쳐지기도 했다. '빵을 달라, 그렇지 않으면 공기를 달라.' 이 풍자적인 문구는 몇몇 시위의 단서가 되었는데, 시위는 곧 진압되었지만 그 심각성은 다른 누구의 눈에도 확실했다.

물론 신문들은 그들에게 내려진 절대적인 낙관론의 수칙에 순종하고 있었다. 신문을 보면 현 상황의 현저한 특색이라 할 만한 것은 시민들이 보여 준 '냉철과 침착의 감동적인 모범'이었다. 하지만 꽉 막혀 있는 듯한 도시에서, 그리고 무엇이고 비밀인 채로 유지될 수 없는 그 도시에서, 아무도 공동체가 보여주고 있는 '모범' 따위에 속는 사람은 없었다. 그리고 문제가 된 그 냉철이나 침착이라는 것에 대해서 정확한 윤곽을 파악하자면, 당국에 의해서 마련된 예방격리소나 격리 수용소 중의 한 군데에 들어가보는 것만으로 충분했다. 마침 서술자는 딴 곳에 볼 일이 있어서 그런 곳들에 가보지 못했다. 그 때문에 서술자는 여기서 타루의 목격담을 인용할 수밖에 없다.

사실 타루는 그의 수첩에 시립운동장에 설치된 수용소에 랑베르와 함께 갔던 이야기를 적어놓았다. 운동장은 시문 근처에 있었으며, 한쪽은 전차가 다니는 거리에, 또 한쪽은 그 도시가 자리잡은 고원 끝까지 뻗은 공터에 면하고 있었다. 그곳은 원래 콘크리트로 높은 담이 둘러쳐져 있어서 탈주를 막기 위해서는 네 군데의 출입구에 보초병을 세워두는 것만으로 충분했다. 동시에 그 담은 격리당하고 있는 사람들을 외부 사람들의 호기심으로부터 보호해주기도 했다. 그 대신 수용된 사람들은 하루 종일 보이지도 않는 전차가 지나가는 소리를 들어야 했고, 전차 소리와 더불어 더욱 커지는 웅성거림을 듣고 그때가 관공서의 출퇴근 시간이라는 것을 짐작하기도 했다. 그들은 이와 같이 자기들이 돌려내진 그 생활이 그들과 불과 몇 미터 떨어진 곳에서 계속되고 있는데도, 콘크리트 담을 경계로 자기들은 서로 다른 두 개의 별보다도 더, 저쪽 세상과는 딴판으로 갈라져 있다는 것을 알고 있었다.

　어느 일요일 오후, 타루와 랑베르는 운동장으로 찾아갔다. 그들은 축구선수인 곤잘레스와 같이 갔는데, 랑베르가 그를 다시 찾아내서 결국은 수용소의 관리인에게 그를 소개해야만 했다. 곤잘레스는 그 두 사람과 만났을 때, 페스트가 발생하기 전 같으면 시합을 시작하려고 유니폼을 입고 있을 시간이라는 말을 했다. 경기장이 징발되고 난 지금에 와서는 그것도 있을 수 없는 일이었다. 그래서 곤잘레스는 아무것도 할 일이 없어진 사람처럼 보였고, 스스로도 그렇게 느낀 모양이었다. 바로 그런 이유도 있고 해서 그는 그 감시 업무를 주말에만 맡기로 한다는 조건으로 받아들였던 것이다. 하늘은 약간 흐려 있었다. 곤잘레스는 코를 벌름거리면서, 비도 안 오고 덥지도 않은 이런 날씨가 시합에는 제격이라고 아쉽다는 듯이 설명했다. 그는 탈의실의 도찰제(塗擦劑) 냄새며, 무너질 듯 가득 찬 관람석이며, 엷은 황갈색 땅 위를 누비는 산뜻한 빛깔의 팬츠며, 쉬는 시간에 마시는 레몬 주스나, 바싹 마른 목구멍을 수천 개의 바늘로 콕콕 찌르는 듯한 소다수 같은 것들을 나름대로 떠올려 보았다. 게다가 타루의 기록에 의하면, 교외의 몹시 팬 길을 걸어가는 동안에도 그 선수는 돌만 보면 발길로 차곤 했다. 그는 돌멩이를 똑바로 하수구에 집어넣으려고 애썼는데, 성공하면 "1 대 0"이라고 말하곤 했다. 담배를 피우고 나면 으레 꽁초를 앞으로 탁 내뱉고, 떨어지는 그것을 재빨리 발길로 찼다. 운동장 근처에서 놀고 있던 아이들이 지나가는 사람들을 향해서 공을 보내자, 곤잘레스는 공을 향해 달려가서 정확하게 그것을 차서 돌려보냈다.

마침내 그들은 운동장에 들어갔다. 관람석은 사람들로 꽉 차 있었다. 그러나 운동장은 수백 개의 붉은 천막으로 뒤덮여 있었고 그 속에 있는 침구라든지 보따리 같은 것이 멀리서도 보였다. 관람석은 그대로 남겨 두어, 몹시 덥거나 비가 오는 날에 수용자들이 그곳으로 피신할 수 있도록 했다. 다만 해가 지면 모두 천막 속으로 되돌아가야만 했다. 관람석 아래에는 새로 설치된 샤워실이나, 예전의 선수용 탈의실을 개조한 사무실, 그리고 병실들이 있었다. 수용자 대부분은 관람석에 모여 있었다. 다른 사람들은 터치라인 근처를 서성거리고 있었다. 몇몇 사람들은 자기네 천막 입구에 쭈그리고 앉아 멍한 시선으로 두리번거리고 있었다. 관람석에는 많은 사람들이 털썩 주저앉은 채, 마치 뭔가를 기다리는 듯했다.

"모두들 낮에는 무엇을 하나요?" 타루가 랑베르에게 물어보았다.

"아무것도 안 하죠."

사실 거의 전부가 멍하니 앞을 바라보고만 있었다. 그 인간의 거대한 집단은 신기하리만큼 조용했다.

"처음 며칠 동안은 글쎄, 서로의 말소리도 안 들릴 지경이었지요." 랑베르가 말했다. "그런데 날이 갈수록 모두들 말이 없어지더군요."

적힌 것을 그대로 믿는다면, 타루는 그들의 심정을 이해할 수 있었으며, 초기에 그들은 겹겹이 둘러쳐진 천막 속에서 파리가 날아다니는 소리를 듣거나, 그렇지 않으면 몸을 긁적거리기에 바쁘고, 혹 친절하게 자기 얘기를 들어줄 사람을 만나면 자기들의 분노나 공포에 대해 떠들어대는 모습을 볼 수 있었다. 그러나 수용소가 초만원을 이루게 된 뒤부터는 친절하게 말을 들어줄 사람이 점점 적어졌다. 그래서 결국은 입을 다물고 서로를 경계할 수밖에 없게 되었다. 사실 거기에는 경계심 같은 것이 잿빛으로 빛나는 하늘로부터 붉은 천막 위로 쏟아져내리고 있었다.

그렇다, 그들은 모두가 경계하는 표정이었다. 다른 사람들로부터 격리된 사람들이기 때문에, 전혀 이유가 없는 것도 아니었다. 그래서 그들은 스스로 이유를 찾고, 두려워하는 사람의 얼굴을 하고 있었다. 타루가 본 사람들은 하나같이 흐린 눈빛을 하고 있었으며, 모두 자기들의 생활을 이루고 있었던 것들에서 격리된 이별의 슬픔 때문에 고민하고 있었다. 그렇다고 해서 항상 죽음만을 생각하고 있을 수는 없었기 때문에 그들은 아무런 생각도 하지 않았다. 그들은 휴가중이었다. '그러나 가장 나쁜 것은,' 타루는 이렇게 쓰고 있다. '그들이 잊힌 사람들이라는 사실과 그들 역시 그것을 알고 있다는 사실이다. 그들을 아는 사람들도 다른 생각을 해야 하기 때문에 그들 생각을 잊어 버렸고, 그것 또한 충분히 이해할 수 있는 일이다. 그들을 사랑하는 사람들도 역시 그들을 거기서 끌어내기 위한 활동이나 계획에 몰두하고 있었기 때문에, 그들 생각은 잊어버렸던 것이다. 끌어내는 일에 급급해서 정작 끌어내야 할 사람에 대해서는 잊고 마는 것이다. 그것도 역시 당연한 일이다. 그래서 결국에 가서는, 비록 불행의 막바지에 이른 경우라 할지라도 어떤 사람을 정말로 생각한다는 것은 불가능함을 알게 되었다. 왜냐하면 어떤 사람을 정말로 생각한다는 것, 그것은 어느 순간에도 결코 다른 것에 마음을 빼앗기지 않고, 살림 걱정도 안 하고, 파리가 날아다니는 것이나 밥, 가려움도 느끼지 못하는 것이기 때문이다. 그러나 파리라든가 가려움이라든가 하는 것은 언제나 존재한다. 따라서 인생은 살기가 어려운 법이다. 그리고 사람들은 그것을 너무나 잘 알고 있었다.'

그들에게로 돌아온 소장이, 오통 씨가 그들을 만나고 싶어한다는 뜻을 전했다. 소장은 곤잘레스를 그의 사무실로 안내해주고 나서 그들을 관람석으로 데리고 갔다. 홀로 앉아 있던 오통 씨가 관람석에서 일어나 그들을 맞았다. 그는 여느 때와 같은 옷차림을 하고 있었고 빳빳한 옷깃도 여전했다. 타루는 다만 그의 머리털이 관자놀이의 위쪽에 곤두서 있고, 한쪽 구두끈이 풀려 있는 것을 보았다. 판사는 피곤한 듯했고, 말하는 동안에 단 한 번도 상대방을 보지 않았다. 그는 그들에게 만나게 되어서 대단히 기쁘다며, 의사 리외에게 여러 가지 신세를 졌으니 감사하다는 말을 전해달라고 했다.

두 사람은 잠자코 있었다.

"그래도," 얼마 지나지 않아 판사가 말했다. "필리프가 너무 호된 고생은 하지 않았으면 해서요."

타루로서는 그가 자기 아들의 이름을 부르는 것을 듣는 것이 처음이었고, 어딘가 변했다는 것을 알 수 있었다. 해가 지평선으로 기울었는데, 구름 사이로 햇빛이 비스듬히 관람석을 비추며 그 세 사람의 얼굴을 붉게 물들였다.

"아닙니다." 타루가 말했다. "그래요. 정말 고생은 별로 안 했어요."

그들이 돌아가자, 판사는 햇빛이 비치는 쪽을 가만히 바라보고 있었다.

그들은 곤잘레스에게 잘 있으라는 말을 하러 갔다. 그는 감시 교대표를 검토하고 있었다. 축구선수는 그들의 손을 잡으면서 웃었다.

"적어도 탈의실만은 도로 찾았죠." 그가 말했다. "그것만이라도 어디예요."

얼마 지나지 않아 소장이 타루와 랑베르를 배웅해줄 때, 관람석에서 커다랗게 찌지직거리는 잡음이 들려왔다. 그러더니 좋았던 시절에는 시합 결과를 알린다든가 팀을 소개하는 데 사용했던 확성기가 코먹은 소리로, 수용자들은 각자의 천막으로 돌아가서 저녁식사 배급을 받으라고 알리는 것이었다. 사람들은 천천히 관람석을 떠나서, 신발을 찍찍 끌면서 천막 안으로 들어갔다. 모두가 제자리로 돌아갔을 때, 기차역에서나 볼 수 있는 조그만 전기 자동차 두 대가 천막 사이로 커다란 냄비를 싣고 다녔다. 사람들은 팔을 내밀어서 국자 두 개를 그 두 냄비에 담았다가 두 개의 식기에 갖다 쏟았다. 차는 다시 움직였다. 다음 천막에서도 같은 일이 되풀이되었다.

"과학적이군요." 타루가 소장에게 말했다.

"그래요, 과학적이에요." 소장은 그들의 손을 잡으면서 만족스러운 듯 대답했다.

땅거미가 지고 하늘이 벗겨졌다. 부드럽고 신선한 햇빛이 수용소를 비춰주고 있었다. 저녁의 평화 속에서 숟가락과 접시 부딪히는 소리가 여기저기서 들렸다. 박쥐들이 천막 위에서 푸드덕거리더니 갑자기 사라졌다. 전차 한 대가 벽 저 너머에서 전철기(轉轍機) 위를 지나가느라고 삐걱거리고 있었다.

"판사도 가엾군." 문턱을 넘어서면서 타루가 중얼거렸다. "뭔가 해야겠는데, 선생을 위해서라도. 그런데 판사를 어떻게 돕는다?"

시중에는 이 같은 수용소가 몇 군데 더 있었는데, 서술자는 민망하기도 하고 직접적인 정보가 없기 때문에 더 이상 언급할 수가 없다. 그러나 서술자가 말할 수 있는 것은, 그러한 수용소의 존재라든가 거기서 나는 사람 냄새라든가 황혼 속에서 들리는 확성기의 커다란 소리라든가 담에 가려진 것의 신비, 누구나 질색할 장소에 대한 공포 같은 것들이 우리 시민들의 마음을 무겁게 짓누르고, 모든 사람이 그러잖아도 느끼고 있던 혼란과 불안감을 더욱 가중시키고 있었다는 것이다. 행정 당국과의 분규와 알력은 늘어날 뿐이었다.

11월 말이 되자 아침에는 꽤 추웠다. 억수 같은 비가 몇 차례 퍼부어서 아스팔트 길을 깨끗이 걷어내리고 하늘을 맑게 닦아내어 반짝이는 거리 위로 구름 한 점 없는 하늘이 드러났다. 힘을 잃은 태양이 매일 아침 시가지 위에 번득거리는 냉랭한 햇살을 퍼뜨리고 있었다. 저녁때가 되면 반대로 공기는 다시 따뜻해졌다. 바로 그런 때를 골라서 타루는 의사 리외에게 자기의 정체를 조금씩 밝혔다.

타루는 어느 날 저녁 10시쯤에, 지루하고 고달픈 하루를 보내고 나서 그 천식환자 영감 집에 저녁 왕진을 가는 리외를 따라갔다. 구시가의 집들 위로 하늘이 희미하게 빛나고 있었다. 산들바람이 어두운 네거리를 거슬러 소리도 없이 불고 있었다. 고요한 거리에서 올라오자마자 그 두 남자는 노인의 수다와 맞닥뜨리게 되었다. 노인은 그들에게, 못마땅한 것이 너무나 많다, 수지맞는 것은 늘 똑같은 놈들이다, 그릇을 너무 밖으로 내돌리면 결국 깨지고 만다, 아마도—그 영감은 여기에서도 손을 비볐다—무슨 소동이 일어나고 말 거라는 식으로 떠들어댔다. 의사가 치료를 하고 있는 동안에도, 노인은 여러 가지 일에 대해서 그치지 않고 설명을 늘어놓는 것이었다.

위층에서 누군가 걸어다니는 소리가 들렸다. 늙은 마누라가 타루의 궁금해하는 모습을 알아차리고, 이웃집 여자들이 테라스에 나와 있다고 설명해주었다. 그들은 동시에, 그 위에서 보면 전망이 좋고 집들의 테라스가 서로 한쪽이 통해 있어서, 그 동네 여자들은 제 집 밖으로 나가지 않고도 쉽사리 남의 집을 방문할 수 있다는 것도 알았다.

"그렇습니다." 노인이 말했다. "자, 올라가보십시오. 거기는 공기가 좋답니다."

테라스에는 아무도 없었고, 의자만 세 개 놓여 있었다. 한쪽으로는 테라스가 줄지어 보였으며, 그 끝에는 컴컴하고 울룩불룩한 덩어리가 드러나 있었는데, 그것이 첫 번째 언덕임을 알 수 있었다. 또 한편으로는 몇몇 거리와 보이지 않는 항구 너머로, 하늘과 바다가 어렴풋이 고동치며 뒤섞여 있는 수평선이 내다보였다. 그것은 가슴을 몹시 설레게 만드는 것이었다. 그들이 낭떠러지라고 알고 있는 그 너머에서는, 어디서 오는지도 모를 불빛 한 줄기가 규칙적으로 깜박이고 있었다. 지난봄부터 해협의 등대가 다른 항구들로 항로를 돌리는 선박들을 위해서 계속 빛을 비춰주고 있었던 것이다. 바람에 쓸리고 닦인 하늘에서는 맑은 별들이 빛나고, 등대의 머나먼 불빛이 가끔가다가 거기에 순간적으로 회색빛을 섞어주곤 했다. 미풍이 향료와 돌의 냄새를 실어 왔다. 주위는 완전한 침묵에 잠겨 있었다.

"기분이 좋군요." 리외가 앉으면서 말했다. "뭐랄까, 페스트도 여기까지는 절대로 올라오지 못할 것 같네요."

타루는 그에게 등을 보이고 바다를 보고 있었다.

"네." 잠시 뒤에 타루가 말했다. "좋군요."

그도 의사 곁에 와 앉아서 유심히 그를 보았다. 불빛이 하늘에서 세 번 나타났다. 길의 안쪽 깊숙한 곳으로부터 접시 부딪치는 소리가 그들에게까지 들려왔다. 집 안에서 문이 닫히는 소리가 났다.

"리외!" 타루는 아주 자연스러운 어조로 말했다. "내가 어떤 사람인지 한 번도 알려고 하지 않으셨지요? 나에게 우정은 느끼십니까?"

"네." 리외가 말했다. "당신에게 우정을 느끼지요. 그러나 아직까지 우리에겐 시간이 없었죠."

"그렇습니까? 그래도 안심입니다. 그럼 이 시간을 우정의 시간으로 할까요?"

대답 대신 리외가 그에게 미소를 지어 보였다.

"자, 그럼……."

멀리 어떤 거리에선가 자동차 한 대가 축축한 포장도로 위로 오랫동안 미끄러지고 있는 모양이었다. 자동차가 멀어지자, 그 뒤로 알 수 있는 고함 소리들이 멀리서 터져 나와 침묵을 깨뜨렸다. 그 다음에 침묵은 하늘과 별의 온 무게를 싣고 그 두 사람을 다시금 내리눌렀다. 타루는 일어서서, 여전히 의자에 몸을 깊이 묻고 있는 리외의 맞은편 난간에 걸터앉았다. 그의 모습은 하늘에 새겨놓은 듯한 육중한 덩어리로 보일 뿐이었다. 그는 아주 오랫동안 이야기를 했는데, 그 이야기를 적어보면 대략 다음과 같다.

"간단히 말하자면 리외, 나는 이 도시와 전염병을 만나게 되기 훨씬 전부터 페스트로 고생했습니다. 그러니까 나도 이곳의 모든 사람과 마찬가지란 얘기죠. 그러나 세상에는 그런 것을 모르는 사람들도 있고, 그런 상태에서도 좋다고 살고 있는 사람들도 있고, 또 그런 것을 알면서 거기서 어떻게든 빠져나가보려고 애쓰는 사람들도 있어요. 나는 항상 빠져나가려고 했어요.

젊었을 때, 나는 결백하다는 생각을 갖고 있었어요. 말하자면, 전혀 생각이라고는 하지 않았던 거나 마찬가지죠. 고민하는 성질도 아니었고, 사회로의 첫 진출도 순조롭게 이루어졌어요. 머리도 괜찮았고, 여자들도 곧잘 따랐고, 모든 것이 순조로웠죠. 가끔 불안할 때도 있었지만 이내 잊고 말았어요. 그런데 어느 날 나는 반성하기 시작했어요. 그러니까 뭔가가······.

미리 말해두지만, 나는 당신처럼 가난하지는 않았었죠. 우리 아버지는 차장검사로 계셨는데 그만하면 좋은 자리지요. 그러나 아버지는 본디 호인이어서 그런 티도 볼 수 없었어요. 어머니는 단순하고 겸손했어요. 나는 언제나 변함없이 어머니를 사랑해왔지요. 그러나 그 이야기는 그만두는 편이 더 좋겠어요. 아버지는 나를 많이 사랑하셨어요. 그래서 나를 이해하려고 애쓰셨다고까지 생각하고 있어요. 지금 생각해보면 틀림없다 싶은데, 밖에서는 바람도 꽤 피우신 모양이지만 그렇다고 해서 그것 때문에 조금도 분개하시지는 않았습니다. 아버지는 마땅히 함직한 일이나 하시지 남을 짓밟거나 안 시키셨으니까요. 간단히 말해서, 그렇게 별난 인물은 아니었어요. 그것도 돌아가신 지금은, 성인처럼 살지도 않았지만 그렇다고 악인도 아니셨던 것 같아요. 뭐 그저 그랬죠. 그뿐이에요. 그리고 그런 타입의 사람에게서 사람들은 적당한 애정, 오래 유지해갈 수 있는 애정을 느끼죠.

그래도 아버지에겐 한 가지 특징이 있었습니다. 그는 늘 《철도 여행 안내》란 책을 머리맡에 두고 읽곤 했습니다. 그렇다고 별로 여행을 자주 가시는 것도 아니고 다만 휴가 때, 땅을 조금 갖고 있는 브르타뉴에나 가보는 정도였어요. 하지만 그는 파리에서 베를린선 열차의 출발 및 도착 시각이라든가, 리용에서 바르샤바까지 가려면 어디서 몇 시에 갈아타면 좋다든가, 이 수도에서 저 수도까지는 몇 킬로미터라든가 이런 것들을 정확하게 알고 계셨어요. 브리앙송에서 샤모니까지는 어떻게 가면 되는지 말하실 수 있으세요? 역장이라도 그런 물음에는 당황할 겁니다. 아버지는 달랐어요. 거의 매일 저녁 그 점에 대한 지식을 풍부히 하려고 공부를 하셨고 그것을 아주 자랑으로 여기고 계셨어요. 나도 재미를 단단히 붙여서 자주 아버지에게 질문을 해보곤 했어요. 그러고는 아버지의 대답을 책에서 찾아보고, 그것이 틀림없다는 것을 확인하고는 좋아했지요. 그런 놀이는 우리 부자간의 정을 매우 두텁게 만들었어요. 왜냐하면 아버지에게 아주 성의가 가상한 청중의 한 사람이 되어드렸기 때문입니다. 나로서는 철도에 관해서 해박한 것도, 다른 어떤 것에 해박한 것과 마찬가지로 가치가 있다고 생각했었습니다.

그러나 이러다가는 그 정직한 분을 너무나 중요한 인물로 만들까 두렵군요. 결국 아버지는 내 결심에 대해서 간접적인 영향을 미쳤을 뿐이니 말입니다. 고작 내게 어떤 기회를 만들어주신 것뿐입니다. 마침 내가 열일곱 살이 되었을 때, 아버지는 나더러 자신의 논고를 들으러 오라고 하셨어요. 그 사건은 중죄재판소에서 공판을 받는 어떤 중대 사건이었는데, 아버지는 필시 그날 자신의 가장 훌륭한 모습을 보여줄 수 있을 것으로 생각하신 모양이죠. 또한 젊은 사람의 상상력을 자극시키기에 적합한 그런 의식을 통해, 나도 자신이 택한 길로 들어가게 하려는 생각이었다고 믿습니다. 나는 그러겠다고 했죠. 아버지가 좋아하실 것 같기도 했고, 또 우리 가족들에게 하시던 것과 다른 역할을 하시는 것을 보고 듣고 싶다는 생각도 들었거든요. 그 이상은 아무것도 생각하지 않았어요. 그전까지만 해도 나는 법정에서 일어나는 일은 7월 14일의 사열식이라든가, 어떤 상장 수여식 같은 것과 마찬가지로 자연스럽고도 불가피한 것으로 늘 생각했었지요. 극히 추상적인 관념이었는데도 그것이 그다지 거리끼지 않았고 또 그것에 얽매이지도 않았어요.

그러나 그날, 내 마음에는 단 한 가지 이미지가 남았을 뿐입니다. 그것은 죄인의 이미지였어요. 나는 그 사람이 사실 죄가 있다고 생각했지만 그것이 무엇이었는가는 거의 문제가 아니었어요. 그러나 그 빨간 머리털을 한 키 작고 가엾은 남자는 모든 것을 인정하기로 결심했는데, 자기가 저지른 일과 이제 자기에게 가해질 일에 너무나 겁을 먹고 있는 눈치여서, 얼마 뒤에는 그 사람밖에 아무것도 보이지 않게 되었습니다. 그는 마치 너무 강한 햇빛을 받고 겁이 난 올빼미처럼 보였습니다. 넥타이의 매듭도 와이셔츠의 옷깃 단추를 끼운 곳에 반듯하게 매어져 있지 않았어요. 그는 오른손의 손톱을 깨물고 있었어요. 하여튼 더 이상 자세히 설명하지는 않겠지만 그가 살아 있는 사람이라는 건 아셨을 겁니다.

그러나 그때까지 나는 그를 '피고'라는 편리한 개념을 통해서밖에는 생각지 않았다는 것을 문득 깨달았어요. 그때 내가 아버지 생각을 아주 잊고 있었다고는 할 수 없었지만 무엇인가가 내 배를 꽉 졸라매고 있어서 그 형사피고인 말고는 아무것에도 주의를 기울일 수가 없었습니다. 나는 거의 아무것도 귀에 들리지 않았어요. 다만 모두가 살아 있는 그 사람을 죽이려 한다는 것을 느끼자 물결처럼 밀려오는 굉장한 본능을 억제할 수 없게 되어 거의 맹목적으로 그 남자 편에 섰습니다. 내가 겨우 정신을 차린 것은 아버지의 논고가 시작되었을 때였습니다.

붉은 옷으로 싹 갈아입고, 호인도 못 되고 다정한 사람도 못 되는 아버지의 입에서는 굉장한 말들이 우글거리고 있다가 마치 뱀처럼 줄을 이어 튀어나오는 것이었습니다. 그렇게 내가 알게 된 것은, 아버지가 사회의 이름 아래 그 남자의 죽음을 요구하고 있다는 것, 그리고 심지어는 그 남자의 목을 자르라고 요구한다는 것이었어요. 사실 아버지는 이렇게 말했을 뿐이었어요. '그의 목은 마땅히 떨어져야 합니다.' 그러나 결국 그게 그거 아니겠어요? 어쨌든 아버지는 그 남자의 목을 차지하게 되셨으니까요. 다만 그때 하수인이 아버지가 아니었을 뿐이지요. 그리고 그 뒤, 나는 특히 이 사건만을 결론이 날 때까지 방청을 했는데, 그 불행한 남자에 대해서, 아버지는 도저히 느껴보지도 못하실 아찔할 만큼의 친밀감을 느꼈어요. 그래도 아버지는 관례에 따라, 사람들이 정중하게 이른바 최후의 순간이라고 부르는 것에 참석했을 것입니다. 그 순간이야말로 가장 비열한 살인이라고 불러야 할 것입니다.

그때부터 《철도 여행 안내》만 보아도 꺼림칙하고 구역질이 났습니다. 그날부터 나는 법이니 사형선고니 형의 집행이니 하는 것에 대해 관심을 갖게 되었는데, 결국 그렇게 현기증을 느끼는 것은 아버지가 벌써 몇 차례나 그러한 살인 현장에 입회했고, 그리고 그가 아침 일찍 일어나는 날이 바로 그런 날이었다는 것을 알았을 때였습니다. 사실 아버지는 그런 경우엔 자명종을 틀어놓곤 했습니다. 나는 감히 그런 말을 어머니에게 하지는 못했지만, 어머니를 더 주의해서 관찰했어요. 그리고 내가 알아낸 것은, 그 부부 사이에는 이제 아무것도 없고, 어머니는 그저 체념의 생활을 하고 계시다는 것이었습니다. 그 점을 고려해 어머니는 용서해줄 수 있었습니다. 그때 나는 그렇게 말했었죠. 나중에 안 일이지만, 어머니는 용서받아야 할 것이 하나도 없었습니다. 왜냐하면 결혼할 때까지 내내 가난에 시달렸고 가난이 그녀에게 체념을 가르쳐주었던 것입니다.

아마 선생은 내가 곧 집에서 뛰쳐나왔다고 말할 것을 기대하고 계실 것입니다. 아닙니다. 나는 그대로 몇 달, 아마 거의 1년이나 집에 머물러 있었죠. 그러나 내 마음은 병이 들었습니다. 어느 날 저녁, 아버지가 일찍 일어나야겠으니 자명종을 가져오라고 말했어요. 나는 그날 밤, 한잠도 못 잤습니다. 그 이튿날 아버지가 돌아왔을 때, 집을 나와버렸습니다. 바로 말씀드리자면, 아버지는 나를 찾게 하셨죠. 그래서 나는 아버지를 보러 가서, 만약 나를 강제로 돌아오게 하면 자살해버리겠다고 했어요. 냉정하게, 아무런 설명도 붙이지 않고 말했어요. 결국 아버지가 졌어요. 왜냐하면 본디 성격이 온순한 편이었으니까요. 그리고 제 힘으로 살고 싶다는 어리석음에 대해(결국 아버지는 내 행동을 그렇게 해석하고 있었는데, 나도 그 오해를 굳이 풀어드리려 하지 않았지요) 연설을 늘어놓고 수천 가지 주의를 주면서, 진심으로 우러나오는 눈물을 눌러 참더군요. 그 뒤, 그 뒤래야 아주 오랜 뒤의 일이지만, 나는 정기적으로 어머니를 만나러 집에 들르곤 했는데 그때 아버지도 뵈었지요. 그런 관계만으로 그는 충분했던가봐요. 나로서는 아버지에게 별로 원한을 품고 있지도 않았고, 다만 마음속에 얼마간의 슬픔을 느꼈을 뿐이었어요. 아버지가 돌아가시자 나는 어머니하고 같이 살았는데, 어머니도 돌아가시지 않으셨다면 지금도 모시고 있었을 것입니다.

출발 이야기를 길게 했는데, 그것은 사실 모든 것의 첫 출발이었기 때문입니다. 앞으로는 좀더 빨리 하겠어요. 나는 열여덟 살 때 그 안락한 생활에서 벗어나자 가난을 알았어요. 먹고 살기 위해서 별별 것을 다 했어요. 그런대로 성공을 한 셈이었어요. 그러나 내 관심은 사형선고였습니다. 나는 그 붉은 머리털을 한 올빼미 씨하고 결말을 지어보고 싶었죠. 그래서 결과적으로 정치 운동을 하게 되었어요. 결코 페스트 환자가 되고 싶지는 않았어요. 그것뿐이에요. 내가 살고 있는 사회는 사형선고라는 기반 위에 서 있다고 믿고, 그것과 투쟁함으로써 살인 행위와 싸울 수 있다고 믿었어요. 나는 그렇게 믿었고, 다른 사람들도 그렇게 말했으며, 또 결국은 그것이 대부분 진실이었습니다. 그래서 나는 그중에서 내가 좋아하고, 내가 변함없이 좋아하는 사람들하고 함께 일을 시작했어요. 나는 그 일에 오래 종사했고, 유럽의 각

나라 중에서 내가 더불어 투쟁하지 않은 곳이라곤 없을 정도입니다. 자아, 다음 이야기로 들어가겠어요.

물론 우리도 역시 때에 따라서는 사형선고를 내리고 있다는 것은 나도 알고 있었어요. 그러나 그런 몇몇 사람의 죽음은, 더 이상 아무도 사람을 죽이지 않는 세계로 이끌어가기 위해서 필요한 일이라고 들었어요. 어떤 의미에서는 그것도 진실이었고, 결국 나로서는 그런 종류의 진실을 끝까지 믿을 수는 없었던 것 같습니다. 확실한 것은 내가 주저하고 있었다는 사실입니다. 그러나 나는 그 올빼미 씨 생각을 했었고, 언제나 계속할 것 같았어요. 내가 사형집행을 구경한 그날(그것이 헝가리에서의 일이었어요)이 될 때까지는 말입니다. 그날, 어린애였던 나를 덮친 바로 그 현기증이 어른이 된 나의 눈도 캄캄하게 만들었어요.

선생님은 사람을 총살하는 것을 보신 적은 없나요? 아니, 못 보셨겠죠. 그것은 대개 초청받은 사람들에게만 보여주게 되어 있고, 참석자는 미리 선정돼 있으니까요. 그 결과 선생님 같은 분들의 지식은 그림이나 책에 국한되어 있습니다. 눈가리개, 말뚝, 한참 떨어져 서 있는 병사들……. 천만에, 그런 것이 아닙니다. 총살형 집행반은 뜻밖에도 사형수로부터 1미터 50센티 거리에 자리잡고 있다는 것을 아시나요? 사형수가 두 걸음만 앞으로 나가면 가슴에 총부리가 부딪칠 정도예요. 그렇게 가까운 거리에서 사격수들이 심장 근처를 집중 사격하면, 굵직한 탄환들이 한데 뭉쳐서 주먹이라도 들어갈 만한 구멍을 뚫어놓는 걸 아시나요? 모르십니다. 선생님은 모르시지요. 그런 자세한 내용은 아무도 이야기해주지 않으니까요. 인간의 잠이라는 것은, 페스트 환자들이 생각하는 생명보다도 더 신성한 것입니다. 선량한 사람들이 잠자는 것을 방해해서는 안 됩니다. 그러려면 어느 정도의 악취미가 필요한 것인데, 누구나 다 아는 것이지만 취미란 애서 고집을 부리지 않는 것으로 되어 있지요. 그러나 나는 그때부터 잘 잔 적이 없습니다. 악취미를 버릴 수가 없었고, 여전히 고집을 부리고 있었습니다. 다시 말해서, 늘 그 생각만 하고 지냈단 말입니다.

그때, 나는 그야말로 내가 온 힘과 정신을 기울여 페스트와 싸우고 있었다고 믿고 있던 그 오랜 세월 동안 내가 끊임없이 페스트를 앓고 있었다는 것을 깨달았습니다. 나는 내가 간접적으로 수천 명의 인간의 죽음에 동의한다는 것, 불가피하게 그런 죽음을 가져오게 했던 그런 행위나 원칙들을 선이라고 인정함으로써 그러한 죽음을 야기하기까지 했다는 것을 알았습니다. 다른 사람들은 그런 것에 괴로워하는 것 같지 않았고, 적어도 자발적으로 그런 이야기를 꺼내는 일은 결코 없었습니다. 그러나 나는 목이 메는 것 같았어요. 나는 그들과 같이 있으면서도 외로웠어요. 내가 나의 께름칙한 마음을 표시할라치면, 그들은 나에게 지금 때가 어떤 때인지 잘 생각해 볼 필요가 있다고 말했습니다. 흔히 감동적인 이유들을 내세워 아무리 해도 소화되지 않는 것을 나로 하여금 삼켜버리게 하는 것이었습니다. 그러나 나는 저 거물급 페스트 환자들인 붉은 제복을 입은 사람들도 그들 나름대로의 그럴듯한 이유가 있는 것이고, 만약 내가 불가항력이라는 이유로 평범한 페스트 환자들이 주장하는 요구를 용인한다면 거물급들의 요구도 용인하지 않을 수 없게 될 것이라고 대답했습니다. 그들은 나에게, 붉은 제복이 옳음을 인정하는 태도는 곧 그들에게 사형선고를 전적으로 일임하는 것이라고 지적하는 것이었습니다. 그러나 그때 나는 이렇게 생각했습니다. 일단 한번 양보하게 되면 끝도 없이 양보해야 한다고 말입니다. 역사는 내 생각이 옳다는 것을 증명해주었습니다. 오늘날에는 많이 죽이는 자가 승리하는 모양이니 말이에요. 그들은 모두 살인에 미친 듯이 열중해 있습니다. 달리 어쩔 도리가 없기 때문이지요.

어쨌든 내 문제는 이치를 따지는 게 아니었습니다. 그것은 그 붉은 머리털을 한 올빼미였습니다. 페스트균이 전염된 더러운 입이 쇠사슬에 매인 어떤 남자를 향해서 너는 죽을 거라고 선고를 내리고, 그 남자로 하여금 두 눈을 뜬 채로 살해당할 그날을 기다리며 몸서리치는 고뇌의 여러 밤을 보내게 해놓은 다음, 결국 그가 죽을 절차를 마련하는 그러한 더러운 모험이었습니다. 내 문제라는 것은 가슴에 뻥 뚫린 그 구멍이었습니다. 그래서 나는 이렇게 생각하곤 했어요. 적어도 나로서는 그 진저리가 나는 학살에 대해 단 하나라도, 오직 하나라도 정당성을 부여하는 것은 절대로 거부하겠다고요. 그렇습니다. 나는 완고하고 맹목적인 태도를 지켜나갈 것입니다. 더 확실하게 사리를 깨닫게 될 때까지는.

그 이후로 내 생각은 변하지 않았습니다. 오랫동안 나는 부끄러워했습니다. 아무리 간접적이라 하더라도, 또 아무리 선의에서 나온 것이었다 하더라도 나 역시 살인자 측에 끼어들었었다는 것이 죽을 만큼 부끄러웠습니다. 시간이 지남에 따라서 내가 알게 된 것은, 다른 사람들보다 나은 사람들조차도, 오늘날의 모든 논리 자체가 잘못되어 있기 때문에, 사람을 죽게 하는 위험을 무릅쓰지 않고서는 이 세상에서 몸 한번 마음대로 움직일 수 없다는 것이었습니다. 정말로 나는 부끄러웠으며, 우리는 모두가 페스트 속에 있다는 것을 알게 되었습니다. 그래서 마음의 평화를 잃어 버렸습니다. 나는 오늘날도 그 평화를 되찾아서 모든 사람을 이해하고 그 누구에게도 치명적인 원수가 되지 않으려고 애쓰고 있었던 것입니다. 다만, 이제 다시는 페스트에 전염되지 않으려면 반드시 해야만 할 일을 해야 한다는 것을, 그것만이 우리로 하여금 마음의 평화를, 아니면 적어도 떳떳한 죽음을 바랄 수 있게 해준다는 것을 알고 있습니다. 그것이야말로 사람들을 위로할 수 있는 것이며, 비록 인간을 구원해주지는 못한다 하더라도 최소한 그들에게 되도록 해를 덜 끼치며, 때로는 약간의 좋은 일까지 해줄 수 있는 것입니다. 그래서 나는 직접적이건 간접적이건, 좋은 이유에서건 나쁜 이유에서건 사람을 죽게 만들거나 또는 죽게 하는 것을 정당화시키는 모든 걸 거부하기로 결심했습니다.

또한 바로 그런 이유로, 나는 이번 유행병에서도 배운 것이라고는 하나도 없고, 있다면 당신들 편에 서서 그 병과 싸워야 한다는 것뿐입니다. 내가 확실히 알고 있는 것은(그렇습니다, 리외. 아시다시피 나는 인생 만사를 다 알고 있지요), 누구라도 제각기 자신 속에 페스트를 지니고 있다는 것입니다. 왜냐하면 세상에서 그 누구도 그 피해를 입지 않는 사람은 없기 때문입니다. 그리고 늘 스스로를 살피고 있어야지 자칫 방심하다가는 남의 얼굴에 입김을 뿜어서 병을 옮기고 맙니다. 자연스러운 것은 병균입니다. 그 밖의 것들, 즉 건강, 청렴, 순결성 등은 결코 멈추어서는 안 될 의지의 소산입니다. 정직한 사람, 즉 거의 누구에게도 병을 감염시키지 않는 사람이란 될 수 있는 한 마음이 해이해지지 않는 사람을 말하는 것입니다. 게다가 그렇게 하기 위해서는 그만한 의지와 긴장이 필요하단 말입니다. 리외, 사실 페스트 환자가 된다는 것은 피곤한 일입니다. 그러나 페스트 환자가 되지 않으려고 발버둥치는 것은 더욱더 피곤한 일입니다. 바로 그렇기 때문에 모든 사람이 다 피곤해 보이는 것입니다. 왜냐하면 오늘날에는 누구나 어느 정도는 페스트 환자니까요. 그러나 페스트 환자 노릇을 그만 하려고 애쓰는 몇몇 사람들이, 죽음 말고는 그들을 해방시켜 줄 것 같지 않은 극도의 피로를 겪고 있는 것도 바로 그 때문입니다.

그러다 보니 나는 내가 이 세상에서 아무런 가치도 없는 인간이라는 것, 죽이는 것을 단념한 그 순간부터 나는 결정적인 추방을 선고받은 인물이 되었다는 것을 알게 되었습니다. 역사를 만드는 것은 다른 사람들입니다. 나는 또한 내가 그 사람들을 표면적으로 비판할 수 없다는 것도 알고 있습니다. 나에게는 이성적인 살인자가 될 자질이 없으니까요. 그러니까 그것은 우월성이 아닙니다. 그러나 이제 나는, 본디 있는 그대로의 내가 되기로 했고 겸손이라는 것도 배웠습니다. 다만 지상에 재앙과 희생자들이 있으니 가능한 은 재앙의 편을 들기를 거부해야 한다고 말하렵니다. 아마 좀 단순하다고 보실지도 모릅니다. 과연 단순한지 어떤지는 잘 모르겠지만, 아무튼 그것이 진실이라는 것을 알고 있습니다. 나는 너무 여러 가지 이론들을 들어서 머리가 돌아버릴 뻔했고, 그 이론들 때문에 실제로 다른 사람들은 살인 행위에 동의할 정도로 머리가 돌아버렸어요. 그래서 인간의 모든 불행은 그들이 정확한 언어를 쓰지 않는 데서 온다는 것을 깨달았습니다. 그래서 정도를 걸어가기 위하여 정확하게 말하고 행동하기로 마음먹었습니다. 따라서 나는 재앙과 희생자가 있다고만 말할 뿐, 그 이상은 더 말하지 않습니다. 그렇게 함으로써 비록 나 자신이 재앙 그 자체가 되는 일이 있다 할지라도 적어도 그것에 동조하지는 않을 겁니다. 나는 차라리 죄 없는 살인자가 되길 바랍니다. 보시다시피 이건 그리 큰 야심도 아닙니다.

물론 제3의 카테고리, 즉 진정한 의사로서의 카테고리가 당연히 있어야겠지만, 사실 이런 것은 그리 흔하게 볼 수 있는 것도 아니고, 더구나 그것은 아마도 어려운 일일 것입니다. 그래서 나는 어느 경우에는 희생자들 편에 서서 그 피해를 되도록 줄이기로 마음먹은 것입니다. 희생자들 가운데서 나는 적어도 어떻게 하면 제3의 카테고리, 즉 마음의 평화에 이를 수 있는가를 찾을 수는 있습니다."

타루는 이야기를 맺으면서, 다리 한쪽을 흔들다가 테라스 바닥을 가볍게 탁탁 쳤다. 잠시 아무 말이 없던 의사는 몸을 약간 일으키면서 타루에게, 마음의 평화에 도달하기 위해 걸어야 할 길이 어떤 것일지 생각해본 것이 있느냐고 물었다.

"있죠. 공감이라는 겁니다."

구급차의 사이렌이 멀리서 두 번 들렸다. 조금 전만 해도 희미했던 그 아우성이 시의 경계선 근처 돌 많은 언덕 가까이로 몰려가고 있었다. 동시에 무슨 폭발 소리 같은 것이 들리더니 다시 조용해졌다. 리외는 등대불이 두 번 깜빡거리는 것을 보았다. 산들바람이 거세어지는 것 같더니 이와 때를 같이해서 소금 냄새를 실은 바다 냄새가 실려왔다. 이제는 낭떠러지에 부딪치는 둔탁한 소리가 뚜렷이 들려왔다.

"결국," 솔직한 어조로 타루가 말했다. "내 마음을 끈 것은 어떻게 하면 성인이 되는가 하는 겁니다."

"하지만 신은 안 믿으시면서?"

"바로 그렇기 때문이죠. 오늘날 내가 아는 단 하나의 구체적인 문제는 사람이 신 없이 성인이 될 수 있는가 하는 겁니다."

갑자기 아까 고함 소리가 들려오던 곳에서 큰 불빛이 솟아오르더니, 바람결에 어렴풋한 함성이 그 두 사람에게까지 들려왔다. 불빛은 곧 어두워지고, 멀리 테라스 끝의 불그스레한 빛만 남았다. 바람이 그친 뒤에도 사람들의 고함 소리가 뚜렷하게 들려오다가, 이어서 사격 소리와 군중의 함성이 들렸다. 타루가 일어서서 귀를 기울였다. 이제 아무것도 들리지 않았다.

"또 시에서 싸움이 붙었군요."

"이제는 끝난 모양입니다." 리외가 말했다.

타루는 중얼거리듯이 말했다. 그것은 절대로 끝나지 않았으며 아직도 희생자는 나올 것이라고, 순서가 그렇게 되어 있기 때문이라는 것이었다.

"어쩌면요." 리외가 대답했다. "그렇지만 나는 성인들보다는 패배자들에게 더 연대의식을 느낍니다. 아마 나는 영웅주의라든가 성자 같은 것에는 취미가 없는 것 같아요. 내 마음을 끄는 것은 그저 인간이 되겠다는 것입니다."

"그럼요, 우리는 같은 것을 추구하고 있어요. 다만 내가 야심이 덜할 뿐이죠."

리외는 타루가 농담하는 줄 알고 그의 얼굴을 보았다. 그러나 하늘에서 내려오는 어렴풋한 빛 속에서 보니, 그의 얼굴에는 어떤 비애와 진지함이 담겨 있었다. 바람이 다시 일기 시작했고 리외는 피부에 그 미지근한 감촉을 느꼈다. 타루는 몸을 움직였다.

"우리가 우정을 위해서 무엇을 하면 좋을지 아세요?" 그가 물었다.

"뭐, 좋으실 대로 합시다."

"해수욕을 하는 거죠. 미래의 성인에게 그것은 부끄럽지 않은 쾌락입니다."

리외는 미소를 지었다.

"통행증이 있으면 방파제까지 갈 수 있어요. 정말이지 페스트 속에서만 살아야 한다는 건 너무 바보 같아요. 물론 인간은 희생자들을 위해 싸워야 하죠. 그러나 사실 아무것도 사랑하지 않게 되어 버린다면 투쟁은 해서 뭘 하겠어요?"

"그렇죠." 리외가 말했다. "자, 갑시다."

얼마 지나지 않아 자동차는 항구의 철책 옆에 멈췄다. 달이 떠 있었다. 우윳빛 하늘이 곳곳에 엷은 그늘을 던지고 있었다. 그들 뒤에서는 시가지가 계단을 이루고 있었고, 거기서 불어오는 후덥지근하고 병든 바람이 그들을 점점 더 바다 쪽으로 밀어대고 있었다. 그들이 신분증을 보초에게 보여주자, 보초는 오랫동안 그것을 들여다보았다. 그들은 초소를 통과해서 큰 통들이 뒤덮인 둑 너머로, 포도주와 생선 냄새가 나는 속을 뚫고 방파제를 향해 갔다. 거기에 이르기도 전에 요오드 냄새와 해초 냄새가 가까이 바다가 있다는 것을 알려 주었다. 이어서 파도소리가 들려왔다.

바다는 커다란 덩어리를 이루고 있는 방파제 밑에서 부드럽게 철썩거리고 있었는데, 그들이 그 위를 기어올라가자 벨벳처럼 톡톡하고, 짐승처럼 부드럽고 매끄러운 바다가 나타났다. 그들은 바다를 향한 채 바윗돌 위에 앉았다. 물이 부풀어올랐다가 다시 서서히 주저앉곤 했다. 바다의 그 고요한 호흡으로, 기름을 바른 것 같은 반사광이 물 위에 나타났다가 사라지곤 했다. 그들 앞에는 밤의 어둠이 끝없이 펼쳐져 있었다. 손바닥 밑에 바윗돌의 울퉁불퉁한 감촉을 느끼는 리외의 마음속에 이상한 행복감이 가득 차올랐다. 타루에게로 고개를 돌리자 그는 친구의 침착하고 심각한 얼굴에서도 그 어느 것 하나, 심지어는 그 살인 행위까지도 잊지 않고 있는, 행복감을 느낄 수 있었다.

그들은 옷을 벗었다. 리외가 먼저 뛰어들었다. 처음에는 차갑던 물이, 다시 떠올랐을 때는 미지근하게 느껴졌다. 몇 번 평영을 하고 나니, 그날 저녁 바다는 여러 달을 두고 축적된 열을 대지로부터 옮겨받아 아직도 가을 바다의 따뜻한 온도를 그대로 지니고 있는 것을 알 수 있었다. 그는 규칙적으로 헤엄을 쳤다. 발을 풍덩거릴 때마다 그의 뒤에는 하얀 물거품이 남고, 두 팔을 따라 흘러내린 물이 다리로 흘렀다. 무겁게 울리는 물소리로 타루가 뛰어든 것을 알았다. 리외는 물 위에 드러누워서 달과 별들로 가득 찬 하늘을 바라보면서 미동도 하지 않았다. 그는 천천히 숨을 쉬었다. 그러자 밤의 침묵과 고요 속에서 물 튀기는 소리가 신기하게도 점점 뚜렷하게 들려왔다. 타루가 가까이 오자, 이윽고 그의 숨소리까지 들리게 되었다. 리외는 자세를 바꿔 친구와 나란히 같은 리듬으로 헤엄을 쳤다. 타루는 그보다 더 힘차게 나아가고 있었다. 그래서 그는 좀더 속력을 내야 했다. 몇 분 동안 그들은 같은 리듬, 같은 힘으로 세상을 멀리 떠나, 단둘이서 마침내 도시와 페스트에서 해방되어 나아갔다. 리외가 먼저 멈추었다. 그리고 그들은 천천히 되돌아갔다. 다만 도중에 한순간, 그들은 얼음처럼 찬 물결을 만났다. 둘 다 아무 말도 없이 바다의 기습에 겁을 먹은 듯 서둘러 헤엄쳤다.

그들은 다시 옷을 주워 입고, 말 한 마디 입 밖에 내지 않은 채 발길을 돌렸다. 그러나 그들은 똑같은 심정이었고, 그날 밤의 추억은 달콤한 것이었다. 멀리 페스트의 보초병이 보이자 리외는, 타루도 역시 자기처럼 이렇게 마음속으로 중얼거리고 있다는 것을 알았다. ─페스트가 조금 아까 잠깐이나마 우리를 잊고 있어서 좋았는데 이제 또다시 시작이군.

다시 시작해야만 했다. 페스트는 누구나 그렇게 오랫동안은 잊지 않았다. 12월 내내, 페스트는 우리 시민들의 가슴속에서 타올랐고, 화장터의 화덕에 불을 질렀고, 맨손의 허깨비 같은 사람들로 수용소를 가득 차게 만드는 등, 어쨌든 멎을 줄 모르고 그 끈덕지고도 발작적인 걸음으로 앞을 향해 나아갔다. 당국은 날씨가 추워지면 병세가 수그러들 것으로 예상하고 있었지만, 오히려 페스트는 며칠 동안 계속된 겨울의 첫 추위에도 물러가지 않고 기승을 떨었다. 더 기다려야만 했다. 그러나 사람이란 너무 기다리게 하면 아예 기다리지 않게 되는 법이다. 그래서 우리 도시 전체는 미래의 희망 없이 살고 있었다.

의사로 말하면, 그가 누릴 수 있었던 평화와 우정의 그 덧없는 한 순간 역시 내일의 약속이 없는 것이었다. 병원이 또 하나 생겼으므로 이제 리외는 환자만 대하게 되었다. 그런 중에도 페스트가 점점 폐장성의 형태를 띠어가는 반면, 환자들은 어느 정도 의사에게 협조하는 경향을 보이고 있음을 알 수 있었다. 그들은 초기의 허탈과 광란에 빠지는 일 없이 자기들의 이익에 관해서 좀더 올바른 생각을 갖게 된 듯싶었으며, 자기들을 위해 가장 이로울 수 있는 것을 스스로 요구하게 되었다. 그들은 줄곧 마실 것을 요구했으며 모두들 따뜻한 것을 원했다. 의사로서는 여전히 피곤했지만, 그래도 그 경우에는 덜 고독하다는 느낌이 들었다.

12월 말쯤, 리외는 아직도 수용소에 있는 예심판사 오통 씨로부터 편지를 한 통 받았는데, 그의 격리기간이 지났다는 것, 당국이 자기의 입소 날짜를 확인하지 않은 것, 그가 아직 수용소에 있는 것은 확실히 착오에서 나온 것이라는 사연이었다. 얼마 전에 수용소에서 나온 그의 아내가 현청에 항의를 했는데, 거기서는 절대로 착오란 있을 수 없다고 오히려 큰소리치더라는 것이었다. 리외는 곧 랑베르에게 중재를 부탁했다. 그러자 2, 3일 뒤에 오통 씨가 찾아왔다. 실제로 착오가 있었던 것이어서 리외도 꽤나 화가 났다. 그러나 오통 씨는 그동안에 여윈 몸으로 힘없이 손을 들고는 한 마디 한 마디에 힘을 주어가면서, 누구에게나 실수는 있을 수 있다고 말했다. 의사는 그가 어딘지 달라졌다고만 생각했다.

"어떻게 하시겠어요, 판사님? 처리할 서류들이 잔뜩 기다리고 있을 텐데요." 리외가 말했다.

"그래도 할 수 없죠. 휴가를 얻을까 합니다." 판사가 말했다.

"정말 좀 쉬셔야죠."

"그것이 아닙니다. 나는 다시 수용소로 돌아갈까 합니다."

리외는 깜짝 놀랐다.

"아니, 이제 막 거기서 나오셨잖아요!"

"제 말은 그런 뜻이 아닙니다. 수용소에 자원봉사 사무원 자리가 있다고 들었습니다."

판사는 둥근 눈을 이리저리 굴리며, 손으로 한쪽 머리칼을 꼭꼭 눌러 모양을 바로잡았다.

"그러면 나도 일할 수 있으니까요. 게다가 어리석은 이야기 같지만, 내 자식놈하고 헤어져 있다는 고통도 덜 느끼게 될 테고요."

리외는 그의 얼굴을 바라보았다. 그 딱딱하고 멋없는 눈에 갑자기 부드러운 빛이 머문다는 것은 있을 수 없는 일이었다. 그러나 그의 두 눈은 더 흐릿해졌으며, 그 금속과 같은 맑은 빛은 말끔히 사라져버렸다.

"그거야 그렇죠." 리외가 말했다. "원하시면 제가 알아봐드리겠습니다."

의사는 정말 그 일을 알아봐주었다. 그리고 페스트가 덮친 그 도시의 생활은 크리스마스까지도 그 상태를 지속했다. 타루는 여전히 그 효과적인 침착성을 가는 곳마다 발휘했다. 랑베르는 리외에게, 그 두 젊은 보초 덕분에 자기 아내와의 비밀 편지 왕래의 길을 열어놓았다는 이야기를 털어놓았다. 가끔 아내의 편지를 받는다는 것이었다. 그는 리외에게도 그 방법을 이용하라고 권했고 리외는 그것을 받아들였다. 여러 달 만에 처음으로 편지를 썼는데 여간 힘들지 않았다. 그동안에 아주 잊어버린 말도 있었다. 편지는 발송되었다. 답장은 좀처럼 오지 않았다. 한편 코타르는 나름대로 장사가 잘 되었고, 그가 벌인 자질구레한 투기들이 그를 부자로 만들었다. 그랑만이 그 축제 기간 중에 별반 재미를 보지 못했다.

그해의 크리스마스는 복음서의 축제라기보다 차라리 지옥의 축제였다. 텅비고 불 꺼진 가게들, 진열장에 장식된 모형 초콜릿이나 빈 상자들, 음울한 얼굴들을 실은 전차들, 어느 것 하나 과거의 크리스마스를 연상시키는 것은 하나도 없었다. 전 같으면 부자건 가난한 사람이건 모두 한데 모여서 지내던 그 축제에도, 이제는 꾀죄죄한 가게에서, 일부 특권층이 돈으로 손에 넣은 고독하고도 부끄러운 몇 가지 즐거움만 있을 뿐이었다. 성당들은 감사 기도보다는 오히려 탄식으로 가득 찼다. 음침하고 얼어붙은 시내에서는 몇몇 아이들이 어떤 위협에 직면해 있는지도 모른 채 뛰어놀고 있었다. 그러나 아무도 감히 그 애들에게, 인류의 고통만큼이나 오래되었으면서도 젊은날의 희망 그 자체의 신선한 선물을 가득 실은 옛날의 신이 찾아오는 이야기를 해주지는 못했다. 모든 사람의 마음속에는 이제 극도로 늙고 극도로 음울해진 희망, 심지어는 사람들로 하여금 그냥 가만히 죽어가지도 못하게 하는 희망, 삶에 대한 단순한 아집에 불과한 그런 희망밖에 없었다.

그 전날 밤, 그랑은 약속시간에 모습을 보이지 않았다. 불안해진 리외는 새벽에 일찍 그의 집에 갔으나 그는 없었다. 모두의 마음에 경계심이 생겼다. 랑베르가 11시경에 병원에 와서, 그랑이 초췌한 얼굴로 거리를 헤매고 있는 것을 보았는데 이내 놓치고 말았다고 리외에게 알려주었다. 의사와 타루는 차를 타고 그를 찾으러 나갔다.

정오에 날씨가 싸늘한 가운데 차에서 내린 리외는 그랑이 나무를 거칠게 깎아서 만든 장난감들로 가득 찬 어느 진열장 앞에 바싹 달라붙어 있는 것을 멀리서 보았다. 그 늙은 서기의 얼굴에 끊임없이 눈물이 흘러내리고 있었다. 그 눈물은 리외의 마음을 거세게 흔들었다. 왜냐하면 그는 그 눈물의 원인을 알고 있었고, 자기도 역시 목구멍 깊숙한 곳에서 그것을 느끼고 있었기 때문이었다. 리외도 또한 크리스마스 날, 어느 가게 앞에서의 그 불행한 사나이의 약혼과, 그 남자의 품에 기대면서 기쁘다고 말하던 잔의 모습을 떠올렸다. 미칠 듯한 그랑의 가슴에, 머나먼 그 세월의 밑바닥으로부터 잔의 그 맑은 목소리가 되살아났음이 분명했다. 리외는 늙어버린 그 사내가 울면서 그 순간에 무슨 생각을 하고 있는지를 알고 있었다. 그리고 자기도 그 늙은이와 마찬가지로, 사랑이 없는 이 세계는 죽은 세계와 다를 바 없으며, 언젠가는 반드시 감옥이니 일이니 용기니 하는 것들에 지친 나머지 한 인간의 얼굴과 애정어린 황홀한 가슴을 요구하게 되는 때가 찾아오게 마련이라는 생각을 하고 있었던 것이다.

그러나 그랑은 유리에 비친 리외를 알아보았다. 여전히 울음을 그치지 못한 채 그는 돌아서서 진열장 유리에 등을 기대고 리외가 다가오는 것을 보고 있었다.

"아! 선생님, 아! 선생님." 그가 중얼거렸다.

리외는 말 없이 고개를 끄덕거렸다. 그 슬픔은 리외 자신의 슬픔이었고, 그때 그의 마음을 괴롭히고 있는 것은 모든 인간이 다 같이 나누고 있는 고통 앞에서 문득 치솟는 견딜 수 없는 분노였다.

"그래요, 그랑." 그가 말했다.

"어떻게든 그녀에게 편지를 쓸 시간을 갖고 싶습니다. 그녀가 잘 알 수 있도록……. 그래서 후회 없이 행복하게 살도록……."

리외는 거의 강제적으로 그랑을 앞세우고 걸었다. 그랑은 끌려가듯이 걸어가면서 여전히 이렇게 중얼거렸다.

"너무 오래 계속돼요. 이젠 차라리 될 대로 되라는 생각이 드는 게 당연해요. 아! 선생님! 내가 겉으로는 침착해 보이겠죠. 그러나 그저 정상적이 되기 위해서만도 엄청난 노력이 필요했어요. 그런데 이제는 너무 힘이 들어요."

그는 손발을 부들부들 떨면서 미친 사람 같은 눈을 하고 말을 멈추었다. 리외가 그의 손을 잡았다. 아주 뜨거웠다.

"자, 돌아가야지요."

그러나 그랑은 그에게서 빠져나가서 몇 발짝을 뛰어가더니 멈춰 서서 두 팔을 벌리고 앞뒤로 휘청거리기 시작했다. 그는 제자리에서 빙그르르 돌다가 차디찬 보도 위에 쓰러졌다. 얼굴은 여전히 흘러내리는 눈물로 지저분했다. 지나가던 사람들은 그 자리에 멈춰 서서 멀리서 바라보더니, 이제 다가오려고도 하지 않았다. 리외가 그 노인을 두 팔로 부축해야 했다.

그랑은 이제 그의 침대 속에서 호흡조차 곤란했다. 이미 폐가 감염이 된 것이다. 리외는 생각에 잠겨 있었다. 그랑에게는 가족이 없다. 그를 병원으로 보내서 무엇하랴? 타루하고 둘이 돌봐주는 게 낫지……

그랑은 파리해지고 눈은 빛을 잃은 채, 베개에 머리를 푹 박고 있었다. 그는 타루가 궤짝 부스러기로 벽난로에 지펴놓은 가느다란 불길을 바라보고 있었다.

"아무래도 안 좋게 되어가는걸요." 그가 말했다. 그리고 불길이 타오르는 듯한 그의 폐 속으로부터, 그가 말을 할 때마다 빠지직거리는 야릇한 소리가 새어 나왔다. 리외는 그에게 가만히 있으라고 타이르고, 자기는 이만 가보겠다고 말했다. 야릇한 미소가 환자의 얼굴에 떠오르더니, 미소와 함께 어떤 애정 같은 것이 보였다. 그는 가까스로 눈을 깜박거렸다.

"만약 내가 이 지경에서 벗어난다면, 모자를 벗고 경의를 표해야지요, 선생님!"

그러나 그는 곧 허탈한 상태에 빠지고 말았다.

리외와 타루가 몇 시간 뒤에 다시 와보니, 환자는 침대에서 반쯤 몸을 일으키고 있었다. 리외는 그의 얼굴에서 그의 몸을 불태우고 있는 병세의 진전을 보고 덜컥 겁이 났다. 그러나 환자는 훨씬 정신이 또렷해져서 그에게 이상스럽게도 허전한 목소리로, 서랍에 넣어 둔 원고를 갖다 달라고 부탁했다.

타루가 그 종이뭉치를 갖다 주자, 그는 그것들을 보지도 않고 꼭 껴안았다가, 다음에는 그것들을 의사에게로 내밀면서 자기에게 읽어달라는 몸짓을 했다. 그것은 50여 페이지 남짓한 얄팍한 원고였다. 리외는 그것을 뒤적거려보았는데, 그 종이뭉치에는 모두 같은 문장을 수없이 다시 베끼고 고치고, 더하거나 삭제한 것들뿐이라는 것을 알았다. 끊임없이 5월달이니 말을 탄 여인이니 숲의 오솔길이니 하는 말들이 쏟아져 나와서 여러 가지 방법으로 배열되어 있었다. 그 작품에는 또한 여러 가지 설명이 붙어 있었다. 어떤 때는 엄청나게 긴 것이 있는가 하면, 정정문(訂正文)도 들어 있었다. 그러나 마지막 페이지 끝에는 정성들인 글씨로 아직 잉크빛도 선연하게 '나의 사랑스러운 잔, 오늘은 크리스마스요······'라는 말이 씌어 있고, 그 위에는 앞의 그 문장의 마지막 문안이 공들여 쓴 글씨로 적혀 있었다.

"읽어주십시오." 그랑이 말했다. 그래서 리외가 읽었다.

"5월 어느 아름다운 아침, 가냘픈 여인 하나가 눈부신 밤색 암말에 몸을 싣고, 숲 속의 꽃으로 가득한 오솔길을 누비고 있었다······."

"그것이던가요?" 노인은 열에 뜬 목소리로 말했다.

리외는 그에게로 시선을 돌리지 않았다.

"그래, 알았어요." 그는 흥분해서 말했다. "'아름다운'이에요. '아름다운'은 적절한 표현이 아니에요."

리외는 이불 위에 놓인 그의 손을 잡았다.

"괜찮아요, 선생님. 이제 시간이 없어요······."

그의 가슴이 괴로운 듯 부풀어오르더니 그는 별안간 소리를 질렀다.

"태워버리세요!"

의사는 주저했지만, 그랑이 너무 무서운 말투로, 그리고 너무 괴로운 목소리로 그 명령을 되풀이하는 바람에, 리외도 거의 꺼져가는 불 속에 그 종잇장들을 던졌다. 방 안은 밝아지고 그 짧은 한 순간의 열이 방을 데웠다. 의사가 환자에게로 돌아왔을 때 그는 등을 돌리고 누워 있었는데, 얼굴이 거의 벽에 닿을 지경이었다. 타루는 그런 광경과는 아무 상관도 없다는 듯이 창밖을 내다보고 있었다. 리외가 혈청 주사를 놓은 다음 타루에게 그랑이 밤을 못 넘기겠다고 말하자, 타루는 자기가 남아 있겠다고 했다. 의사는 그러라고 했다.

밤새도록 그랑이 죽어가고 있다는 생각이 리외의 머릿속을 떠나지 않았다. 그러나 이튿날 아침에 리외가 가보니, 그랑은 침대 위에 일어나 앉아서 타루와 이야기를 하고 있었다. 열은 내렸다. 남은 것은 전반적인 쇠약 증세뿐이었다.

"아! 선생님, 제 잘못이었어요." 그랑이 말했다. "하지만 다시 시작하겠어요. 다 외우고 있거든요. 두고 보세요."

"기다려봅시다." 리외가 타루에게 말했다.

그러나 정오가 되어도 아무런 변화가 없었다. 저녁 때가 되자 그랑은 살아났다고 할 수 있었다. 리외는 그 회생을 이해할 수가 없었다. 그러나 거의 같은 시기에 리외에게 여자 환자가 한 사람 따라왔는데, 리외는 그 환자의 병세가 절망적이라고 보고 병원으로 오자마자 격리시켜버렸다. 그 처녀는 완전히 혼수상태였고 폐페스트의 온갖 증세를 다 드러내고 있었다. 그러나 이튿날 아침 열은 내려 있었다. 의사는 그래도 역시 그랑의 경우나 마찬가지로 아침나절의 일시적인 병세 완화 현상이라고 생각했고, 경험에 의해 나쁜 징조라고 생각할 수도 있었다. 그런데 낮이 되어도 열은 올라가지 않았다. 저녁때 겨우 2, 3부 올라갔는데, 이튿날 아침에는 열이 말끔히 가서 있었다. 처녀는 쇠약하긴 했지만, 침대에 누워서 자유롭게 숨을 쉬고 있었다. 리외는 타루에게, 그 여자는 모든 법칙을 깨뜨리고 살아난 것이라고 말했다. 그러나 일주일 동안 리외의 관할 구역에서 그와 같은 일이 무려 4건이나 생겼다.

같은 주말에 그 늙은 천식환자는, 몹시 흥분해서 리외와 타루를 맞이했다.

"됐어요." 그가 말했다. "그놈들이 다시 나와요."

"누가요?"

"누구긴, 쥐 말이에요, 쥐!"

지난 4월 이후로 죽은 쥐는 단 한 마리도 볼 수가 없었다.

"그럼, 다시 시작된다는 건가요?" 타루가 리외에게 물었다.

노인은 계속해서 손을 비비고 있었다.

"놈들이 뛰어다니는 것은 꼭 봐야 한다니까요! 정말 즐거워지거든요."

그는 산 쥐 두 마리가 거리로 난 문을 통해 자기 집으로 들어오는 것을 보았던 것이다. 이웃사람들의 말로는, 그들 집에서도 그놈들이 다시 나타났다고 한다. 여기저기 서까래 주변에서 몇 달이나 잊고 지내던 바스락 소리가 다시 들려왔다. 리외는 매주 초에 실시되는 총괄적인 통계 발표를 기다렸다. 통계는 병세의 후퇴를 분명하게 보여주고 있었다.

제5부

　비록 그렇게 갑작스러운 병세의 후퇴가 뜻밖의 일이기는 했지만, 우리 시민들은 선뜻 기뻐하지 않았다. 여태껏 겪어온 몇 달이 해방에 대한 그들의 욕망을 더하게 하면서도 그들에게 조심성이라는 것을 가르쳐주었으며, 이 전염병이 머잖아 끝난다는 기대는 점점 덜 갖도록 길들여 놓았던 것이다. 그러나 그 새로운 사실은 모든 사람들의 입에 오르내렸고, 따라서 내색은 하지 않아도 사람들의 마음속 깊은 곳에는 말할 수 없는 커다란 희망이 꿈틀거리고 있었다. 그 나머지 모든 일은 제2차적인 것이 되고 말았다. 페스트의 새로운 희생자들도 통계 숫자가 내려가고 있다는 엄청난 사실에 비긴다면 별로 의미가 없었다. 공공연하게 떠들어대지는 않았지만 누구나 건강한 시절을 은근히 기다리고 있다는 징조가 나타났는데, 그것은 바로 우리 시민들이 그때부터는 비록 무관심한 듯한 표정으로나마, 페스트가 퇴치되고 난 뒤에 세워야 할 생활 계획에 대해서 즐겨 이야기를 나눈다는 사실이었다.
　모두의 생각이 일치하고 있는 것은 과거 생활의 온갖 편의가 대번에 회복될 수는 없으며, 파괴하기가 건설하기보다 훨씬 쉽다는 것이었다. 다만 사람들은 식량 보급만이라도 조금은 개선될 것이며, 또 그렇게 되면 가장 심각한 근심은 덜 수 있으리라고 보고 있었다. 그러나 사실은 그런 미온적인 고찰 밑바닥에는 동시에 무절제한 희망이 걷잡을 수 없이 꿈틀대고 있었는데, 정도가 심한 나머지 시민들도 그 사실을 자각할 때가 있을 만큼, 그럴 때면 그들은 부랴부랴 무절제한 희망을 지워버리고 아무래도 해방은 오늘내일에 올 것은 아니라고 딱 잘라 말하는 것이었다.
　사실 페스트는 오늘내일로는 끝나지 않았는데, 겉보기에 사람들이 이성적으로 기대했던 것보다는 더 빨리 약화되어가고 있었다. 정월 초순에는 추위가 보통이 아닌 맹위를 떨치며 버티고 있어서, 도시의 하늘은 그대로 얼어붙은 듯싶었다. 그러면서도 그때만큼 하늘이 푸르렀던 적은 없었다. 며칠 동안

내내 싸늘하면서도 활짝 개인 채 미동도 없는 찬란한 하늘이 끊임없이 쏟아붓는 광선으로 온 도시가 가득했다. 페스트는 그 깨끗해진 대기 속에서 3주일 동안 계속적인 하강 상태에 있었다. 페스트로 인한 시체의 수도 점점 줄어들면서, 페스트는 힘을 잃어가는 듯싶었다. 단시일 안에, 페스트는 수개월 동안 축적해놓았던 힘을 거의 잃었다. 그랑이나 리외가 돌보았던 그 처녀처럼 완전히 점찍었던 미끼를 놓쳐버린다든지, 또 어떤 동네에서는 2, 3일간 병세가 기승을 부리는가 하면 또 다른 동네에서는 완전히 사라진다든지, 월요일에는 희생자의 수를 부쩍 늘려놓았다가 수요일에는 거의 대부분의 환자를 다시 살려준다든지 하는 식으로 그처럼 숨을 몰아쉬거나 거침없이 나아가는 꼴을 보면 마치 페스트는 신경질과 권태로 붕괴되고 있는 것 같아 보였으며, 그것 자체에 대한 자제력과 동시에 그의 힘의 바탕이었던 그 수학적이며 위풍당당한 효율성마저 잃은 듯싶었다. 카스텔의 혈청은 갑자기 여태까지는 이룰 수 없었던 성공을 몇 번이나 연속으로 겪게 되었다. 전에는 아무런 결과도 얻지 못했던, 의사들의 몇몇 조치들 하나하나가 갑자기 확실한 효과를 올리는 것처럼 보였다. 이번에는 페스트 쪽에서 몰리게 되었고, 그 갑작스러운 약화로 인하여 여태껏 그것에 대해 겨루어졌던 무딘 칼날에 힘이 생긴 것처럼 보였다. 다만 가끔가다가 병세가 완강해지면서 틀림없이 완쾌할 것으로 기대했던 환자를 서너 명씩 앗아가곤 했을 뿐이다. 그들은 페스트에 운이 나쁜 사람, 희망에 가득 찼을 때 살해당한 사람들이다. 격리수용소에서 나온 오통 판사가 바로 그런 경우였는데, 사실 타루는 그에 대해서 운이 나빴다고 말했지만, 그 말이 판사의 죽음을 생각해서 하는 말인지, 살았을 때를 생각해서 하는 말인지 몰랐다.

그러나 전체적으로 감염은 모든 분야에서 물러가고 있었으며, 현청의 발표도 처음에는 소극적이고 은근한 희망이나 줄 뿐이었는데 마침내 승리가 확보되었으며, 병이 그 정위치를 버린 채 퇴각하고 있다는 확신을 대중의 마음속에 심어주게까지 되었다. 사실 그것이 과연 승리인지 아닌지는 딱 잘라 말하기 어려웠다. 사람들은 다만, 페스트가 들이닥쳤을 때처럼 사라져가고 있다는 것만은 확신하지 않을 수 없었다. 병에 대응하는 전략은 달리 변하지 않았고, 어제까지는 효과가 없다고 하면 오늘은 뚜렷이 효과를 나타냈다. 다만 병이 제풀에 힘을 다 써버렸거나 아니면 제 목적을 달성했으니까 물러가는 것이리라는 인상을 받았을 뿐이었다. 그런 의미에서 이제 그 역할은 끝난 것이었다.

그런데도 시내에는 아무 변화도 일어나지 않았다. 낮에는 언제나 조용한 거리가 저녁만 되면 늘 같은 군중으로 가득 찬다. 다만 코트와 목도리가 눈에 띄는 것뿐이다. 영화관과 카페는 여전히 수지가 맞았다. 그러나 좀더 자세히 보면, 사람들의 표정은 한결 더 느긋해지고 간혹 미소까지 떠오르는 것을 알 수 있었다. 그리고 그럴 때는 여태까지 누구 한 사람 거리에서 웃는 이가 없었다는 것을 확인하는 기회가 되었다. 사실 몇 달 전부터 그 도시를 뒤덮고 있었던 어두운 베일에 이제 막 조그마한 구멍이 생겨났는데 사람들은 제각기 월요일마다 라디오 보도를 통해서 그 구멍이 자꾸 커져가고 있으며, 결국에 가서는 숨을 쉴 수 있게 된다는 것을 확인할 수 있었다. 그것은 아직 극히 소극적인 안도감이어서 노골적인 표현으로 나타나지는 않았다. 이전 같으면 기차가 떠났다든지 배가 들어왔다든지, 또는 자동차의 운행이 다시 허가될 것 같다는 소식을 들을 때 믿을 수 없다는 마음이 앞섰을 것이다. 그런데 정월 중순경에 이르러서는 그러한 발표를 했더라도 아무도 놀라지 않았을 것이다. 그것은 물론 사소한 일이었다. 그러나 그렇게 사소한 뉘앙스는 사실상 시민들이 희망으로 가는 과정에서 굉장한 진전이 있었음을 나타냈다. 아닌게아니라 가장 보잘것없는 것이나마 주민들에게 희망이란 것이 가능해진 그 순간부터 이미 페스트의 실질적인 지배는 끝났다고 할 수 있었다.

그렇긴 하나 정월 내내, 우리 시민들이 모순된 반응을 보였다는 것도 여전히 사실이다. 정확히 말해서, 그들은 흥분과 의기소침의 단계가 교대로 오는 경험을 한 것이다. 그리하여 통계 숫자가 가장 희망적인 결과를 보여주고 있는 바로 그 시점에 새로운 몇 건의 탈주 기도가 보고되는 일까지 생겼다. 그것은 당국을 크게 놀라게 하고, 감시초소들까지도 놀라게 했다. 탈주의 대부분이 성공했으니 말이다. 그러나 사실은 그 시기에 탈주한 사람들은 자연스러운 감정에 따른 것이다. 어떤 사람들은 페스트에서 벗어날 길이 없다는 심각한 회의에 빠져 있었다. 그들의 마음속에는 희망이라는 것이 더 이상 뿌리를 내릴 수가 없었다. 페스트의 시대가 끝난 그때에도, 그들은 여전히 페스트를 기준 삼아 살고 있었다. 그들은 사건의 흐름을 따라잡을 수 없었던 것이다. 또 어떤 사람들, 특히 그때까지 자기네가 사랑하는 사람과 생이별을 당한 채 살아왔던 사람들 중에서 많이 볼 수 있었는데, 그들은 오랜 세월에 걸친 유폐와 낙담을 겪고 난 다음 그렇게 일어난 희망의 바람이 어떤 열광과 초조에 불을 질러놓은 나머지, 어쩌면 죽어버릴지도 모른다거나, 그리던 사람과 다시 못 만나게 되어 그 오랜 고생이 아무 보람도 없이 될지도 모른다는 생각 때문에 갑작스러운 공포감에 사로잡히고 마는 것이었다. 그들은 여러 달 동안 눈에 보이지 않는 인내를 가지고, 감금과 귀양살이에도 끈기 있게 기다려 왔었는데, 이렇게 불쑥 나타난 한 가닥 희망은 공포나 절망에도 무너지지 않았던 것을 하루아침에 파괴해버리는 데 충분했다. 페스트의 걸음걸이를 끝까지 따라갈 수가 없게 된 그들은 그것보다 앞서려고 미친 사람들처럼 서둘러댔던 것이다.

그런데 바로 같은 시기에 낙관주의의 자연발생적인 징후도 나타났다. 물가의 현저한 하락 현상이 나타난 것도 그런 징후의 하나다. 단순히 경제적 견지에서 보면 그러한 동태는 설명이 되지 않았다. 곤란한 사정은 여전히 그대로였고, 검역 절차는 시의 문에서 계속되고 있었으며, 식량 보급도 개선되려면 언제 이루어질지 몰랐다. 그러한 동향은 마치 페스트의 쇠퇴로 인한 반향이 곳곳에 파급되고 있는 듯한, 순전히 정신적인 현상이었던 것이다. 그와 동시에 전에는 집단생활을 하다가 질병 때문에 떨어져 살게 되었던 사람들 사이에 낙관주의가 깃들기 시작하고 있었다. 시내의 두 수도원이 다시 제자리를 잡기 시작했고, 공동생활도 다시 할 수 있었다. 군대의 경우도 마찬가지로, 군인들도 텅 비어 있던 병영으로 다시 모여들기 시작했다. 그들은 평상시의 주둔생활을 시작한 것이다. 그런 사소한 일들이 괄목한 만한 징후들이었다.

주민들은 1월 25일까지 그렇게 은근한 흥분 속에서 지냈다. 그 주일에 통계 수치가 어찌나 낮아졌는지 현 당국은 의사협회의 자문을 거쳐서 질병은 저지된 것으로 간주할 수 있다는 발표를 했다. 사실 발표문에서는 덧붙여 말하기를, 반드시 시민들도 찬동하리라 기대하고 있지만 신중을 기하려는 취지에서 시문은 향후 2주일 간 폐쇄 상태를 유지할 것이며, 예방 조치는 1개월 간 더 계속될 것이다. 그 기간 중에 위험이 재발할 듯한 징후가 조금이라도 보인다면 '현상' 유지 조치는 계속될 것이며, 조치들은 더 강화될 것이라고 했다. 그러나 모든 사람들은 그 추가 항목을 형식적인 수사로 간주하는

데 의견들이 일치했다. 그래서 1월 25일 저녁에는 희색 넘치는 흥분이 시가를 가득 채웠다. 지사는 전반적인 기쁨에 동조하기 위해서 건강했던 시절과 마찬가지로 등화관제를 해제하라는 지시를 내렸다. 그러자 우리 시민들은 차고 맑은 하늘 아래, 불이 환하게 켜진 거리로 떠들썩하게 무리를 지으며 웃으면서 쏟아져 나왔다.

　물론 많은 집들은 아직 덧창을 닫은 채로 있었고, 어떤 가족들은 다른 사람들이 환호하는 소리로 가득 채우고 있는 긴 밤을 고요히 침묵 속에서 보냈다. 그러나 그처럼 상중에 있는 사람들도, 또 다른 가족이 목숨을 빼앗기지나 않을까 하는 두려움이 마침내 사라졌기 때문이건, 자기 자신의 목숨 보전이라는 감정에 매달려 전전긍긍하지 않아도 되기 때문이건 간에 이제 마음을 놓을 수 있었다. 그러나 일반적인 기쁨과 가장 아랑곳없는 가족들이라면 두말할 필요도 없이, 바로 그 순간에도 병원에서 페스트와 싸우고 있는 가족, 또 예방격리소나 자기 집에서 재앙이 다른 사람에게서 손을 뗀 것처럼 자기들에게서도 손을 떼고 멀리 떠나버리기를 바라고 있는 가족들이었다. 그 가족들도 분명 희망을 품고 있었던 것은 틀림없지만, 그래도 그들은 희망을 예비로 간직해두고자 했고 정말 그 권리를 얻게 될 때까지는 그것을 퍼내어 쓰기를 스스로 금지하고 있었다. 그리하여 그들에게는 단말마의 고통과 기쁨의 중간지점에서 그렇게 기다리고 그렇게 묵묵히 밤을 밝힌다는 것이 모두들 기뻐하는 한가운데서는 더욱 잔혹하게만 느껴지는 것이었다.

　그러나 그런 예외들도 다른 사람들의 만족에 어떤 해를 끼친 것은 아니다. 물론 페스트는 아직 다 끝나지는 않았으며, 페스트가 장차 그 사실을 입증해 보일 것이다. 그런데도 모든 사람들의 머릿속에서는 이미 몇 주일이나 앞당겨서 기차가 끝없이 긴 철로 위로 기적소리를 내면서 지나가고 선박들이 햇빛에 반짝이는 바다를 가르며 나아가고 있었다. 이튿날이면 사람들의 마음도 진정이 되고 의혹도 되살아날 것이다. 그러나 지금 이 순간에는 도시 전체가 이제까지 뿌리를 박고 서 있던 그 어둡고 움직임 없는 밀폐된 장소를 떠나기 위해 흔들리더니 마침내는 생존자들을 실은 채 앞으로 나아가기 시작하는 것이었다. 그날 저녁, 타루와 리외도, 랑베르와 다른 사람들도 군중 틈에 섞여 걸어가고 있었는데, 그들 역시 땅에 발이 닿지 않는 느낌이었다. 큰길에서 벗어난 지 오래되었는데 타루와 리외의 귀에 여전히 그 기쁨의 소리가 그들 뒤를 따라오며 들리고 있었고, 심지어는 그들이 사람 그림자 하나 없는 골목길로 덧창이 닫힌 창문들을 따라 걸어가고 있을 때도 그 소리는 들려오고 있었다. 그런데 피로 탓인지 그들은 그 덧문들 뒤에서 아직도 계속되고 있는 그 괴로움을, 거기서 좀더 먼 곳의 거리들을 메우고 있는 기쁨과 분리시켜 생각할 수가 없었다. 다가오고 있는 해방은 웃음과 눈물이 뒤섞인 모습이었다.

웅성대는 소리가 더 크고 더 즐겁게 울려 퍼지자 타루는 별안간 멈춰섰다. 어둠침침한 보도 위에 어떤 형체 하나가 가볍게 달음질을 치고 있었다. 바로 고양이였다. 지난 봄 이후로 처음 보는 것이었다. 고양이는 잠깐 길 한복판에 서서 망설이더니 한쪽 발을 핥고 그 발을 재빨리 제 오른쪽 귀에 문지르고 나서 다시 소리 없이 달려가 어둠 속으로 사라져버렸다. 타루는 미소를 지었다. 그 작달막한 노인도 기뻤을 것이다.

그러나 페스트가 물러나 자신이 나왔던 알 수 없는 어떤 야수의 굴로 말없이 다시 기어들어갈 무렵, 도시 안에는 그 퇴각에 당황해하는 사람이 하나 있었다. 타루의 수첩에 적힌 바에 의하면 그것은 코타르였다.

사실 그 수첩은 통계 숫자가 내려가기 시작했을 무렵부터 자못 이상하게 변해가고 있다. 피로 탓인지는 몰라도, 수첩의 글씨가 읽기 어려워지고 화제가 너무 빈번히 이리저리 비약하고 있다. 게다가 처음으로 그 수첩에는 객관성이 결여되고 개인적인 판단이 끼어들고 있다. 그래서 코타르의 경우에 관한 상당히 긴 대목 도중, 그 고양이와 희롱하는 늙은이에 대한 짧은 내용이 있다. 타루의 말을 믿는다면, 페스트는 그 늙은이에 대한 그의 깊은 관심을 조금도 앗아가지는 못했으며, 노인은 전염병이 생긴 뒤에도 그 이전에 그의 흥미를 끌었던 것이나 마찬가지로 흥미를 끌고 있던 인물이었는데 타루 자신이 품고 있는 호의에 문제가 있는 것은 아니었으나, 어쨌든 불행하게도 더 이상은 그의 흥미를 끌 수 없게 된 그런 인물이었다. 그는 다시 그 노인을 보려고 애썼으니 말이다. 그 1월 25일 저녁이 지난 2, 3일 뒤에 그는 그 좁은 길 한모퉁이에 자리잡고 서 있었다. 고양이들은 전과 다름없이 그곳에 한데 모여서 따뜻한 양지에 몸을 녹이고 있었다. 그러나 여느 때의 그 시간이 되어도 덧창은 굳게 닫힌 채였다. 며칠이 지나도 타루는 그 문이 열리는 것을 보지 못했다. 그는 기이하게도 결론 내리기를, 노인 쪽에서 기분이 화가 났거나 아니면 죽었거나 한 것이며, 만약 기분이 아주 상한 것이라면 그것은 노인이 자기는 옳은데 페스트가 자기에게 몹쓸 짓을 한 것이라고 생각한 때문이겠으나, 만약 죽었다면 그 노인에 관해서도 천식환자 노인의 경우와 마찬가지로 그가 성인이었는지 아니었는지를 생각해볼 필요가 있다고 적어놓았다. 타루는 그 노인을 성인이라고는 생각하지 않았다. 그러나 그 노인의 실례 가운데 그 어떤 '징후'가 있다고 평가하고 있었다. 그 수첩에는 이렇게 적혀 있었다. '아마도 우리는 성스러움의 근사치까지밖에는 갈 수 없으리라. 그렇다면 겸손하고 자비로운 어떤 악마주의로 만족해야만 할 것이다.'

　여전히 코타르에 관한 관찰 속에 섞여, 수첩에는 여기저기 분산되어 있는 수많은 고찰이 발견되었는데, 그중 어떤 것들은 이제는 회복기에 들어서 마치 아무 일도 없었다는 듯이 다시 일을 시작한 그랑에 관한 것이며, 또 어떤 것들은 의사 리외의 모친을 묘사한 것들이었다. 한 집에 살고 있던 관계로 그 여인과 타루 사이에 있었던 얼마간의 대화나 그 늙은 부인의 태도, 미소, 페스트에 대하여 그녀가 한 말 같은 것들이 자세하게 적혀 있었다. 타루는 특히 리외 부인의 자신을 내세우지 않으려는 태도, 모든 것을 단순한 말로 표현하는 그 솜씨, 고요한 거리로 난 창문을 특히 좋아해서 저녁때가 되면 그 창 앞에 약간 몸을 꼿꼿이 세우고 두 손을 가만히 놓은 채 주의 깊은 시선으로, 황혼이 방 안으로 가득히 들어와 부인의 자태를 햇빛의 광선 속에 하나의 그림자로 만들었다가, 그 햇빛의 광선이 차차 짙어지면서 움직이지 않는 그림자를 녹여버릴 때까지 조용히 앉아 있는 모습, 이 방에서 저 방으로 갈 때의 유연한 동작, 타루 앞에서는 한 번도 분명하게 드러내 보인 적이 없기는 하나 부인의 행동이나 말씨에서 그런 빛을 알아볼 수 있는 선량함, 마지막으로 타루의 말에 의하면 부인은 결코 생각하는 일 없이 모든 것을 다 알고 있으며 그처럼 고요하게 어둠 속에 묻혀 있으면서도 그 어떤 광선에도, 심지어는 그것이 페스트의 광선이라 해도 떳떳이 어깨를 펴고 겨루어나갈 수 있다는 사실 같은 것을 특히 강조하고 있었다. 그런데 여기서 타루의 글씨에는 이상한 쇠퇴의 증세가 나타나고 있었다. 이어서 몇몇 줄은 읽기가 어려웠고, 또 그 쇠퇴의 새로운 증거를 보여주기라도 하듯 그 마지막 말들은 처음으로 개인적인 내용이었다. '내 어머니도 그러했다. 나는 어머니의 바로

그런, 자신을 내세우지 않는 태도를 좋아했고 어머니야말로 내가 늘 한편이
되고 싶었던 그런 여자였다. 8년 전에 어머니가 돌아가셨다고는 할 수 없다.
그저 어머니가 평소보다도 더 많이 자신의 존재를 숨기셨을 뿐이다. 그래서
내가 뒤를 돌아보자 어머니는 이미 거기에 안 계셨던 것이다.'

그러나 우리는 코타르 이야기로 다시 돌아가야 한다. 코타르는 통계 숫자
가 하강하기 시작한 뒤로 이 핑계 저 핑계를 대가며 리외를 여러 차례 방문
했다. 그러나 사실 그때마다 리외에게 질병 진행에 대한 예측을 물어보는 것
이었다.

"그냥 이런 식으로 갑자기, 아무 예고도 없이 질병이 끝날 거라고 생각하
세요?" 그는 그 점에 대해서 회의적이거나, 아니면 적어도 그렇다고 공언했
다. 그러나 자꾸 되풀이해서 물어보는 것을 보면 생각보다는 확신이 굳지 못
한 모양이었다. 1월 중순에 리외는 상당히 낙관적인 태도로 대답했다. 그런
데 번번이 그 대답들이 코타르를 기쁘게 해주기는커녕 불쾌감의 표시로부터
낙담에 이르는 여러 가지 다양한 반응을 일으켰다. 그래서 그 뒤부터 의사는
그에게 통계상 희망적인 징조가 나타났지만 아직은 섣불리 승리를 외칠 단
계는 못 된다고 말하게끔 되었다.

"달리 말하면," 코타르가 지적했다. "그러니까 알 수 없다는 건가요? 언
젠가 다시 시작될지도 모른다는 말씀이군요?"

"그렇죠. 퇴치 속도가 빨라질 수 있는 것과 마찬가지로 반대의 경우도 예
상할 수 있죠."

모든 사람이 불안해하고 있는 그 불확실성이 분명히 코타르의 마음을 진
정시켜주었다. 그래서 그는 타루가 보는 앞에서 자기 동네의 상인들과 이야
기를 주고받는 가운데 리외의 의견을 널리 선전하려고 애썼다. 사실 그것은
하기 어려운 일도 아니었다. 왜냐하면 초기의 승리의 열광이 사라지자 많은
사람들의 머릿속에는 의심이 되살아나서 현청의 발표로 인해 흥분되었던 마
음에 그늘을 드리우고 있었기 때문이다. 코타르는 그처럼 시민들이 불안해
하는 것을 보고 안심하는 것이었다. 그리고 지난번처럼 그는 다시 낙심했다.
"그래요." 그는 타루에게 말했다. "결국은 시문이 열리고 말 테죠. 그러면
두고 보세요. 모두들 나 같은 건 알 바 아니라는 듯 버릴 겁니다."

1월 25일까지 모든 사람들이 다 그의 정신상태가 불안정하다는 것을 알아

차렸다. 그렇게 오랫동안 동네 사람들이며 친지들의 마음을 얻으려고 애써오던 그가 완전히 그들을 적대시했다. 적어도 겉으로는 그 당시 그는 이 세상과 아주 절연된 듯싶었다. 그러더니 이윽고 야만인처럼 살기 시작했다. 이제는 그가 좋아하던 식당에서도 극장에서도 카페에서도 볼 수 없게 되었다. 그런데 그러면서도 그는 질병이 유행하기 전의 절제 있고 이름없는 생활로 되돌아갈 수 없는 성싶었다. 그는 자기 아파트 속에 완전히 틀어박혀 살면서 식사는 근처 식당에서 시켜다 먹곤 했다. 다만 저녁 때면 숨어다니듯이 외출을 해서 필요한 물건들을 사가지고는 가게에서 나와 사람 있는 거리로 뛰어 들어가는 것이었다. 그때 타루와 마주쳤다 하더라도, 그에게서는 그저 '네', '아니오'라는 말밖에 들을 수 없었다. 그러다가는 밑도 끝도 없이 사교적이 되어 페스트에 관해서 수다를 떨고 남의 의견에 장단을 맞추고, 매일 밤 군중 틈에 끼어서 신명나게 휩쓸려 다니는 그를 볼 수 있었다.

현청의 발표가 있었던 날, 코타르는 완전히 행방을 감추었다. 타루는 이틀 뒤에 거리를 헤매고 있는 그를 만났다. 코타르는 그에게 교외까지 같이 가달라고 부탁을 했다. 타루는 그날 하루 일로 유난히 피곤했기 때문에 주저했다. 그러나 코타르는 끈질기게 졸라댔다. 그는 몹시 흥분한 모양이어서 종잡을 수 없는 몸짓을 해가며 큰 소리로 마구 떠들어댔다. 그는 타루에게 현청의 발표로 정말 페스트가 물러갔다고 생각하느냐고 물었다. 타루는 물론 행정적인 발표 그 자체가 그것만으로는 재앙을 멎게 하지는 못한다고 생각했지만, 그래도 예기치 않은 사고를 제외하고는 질병이 끝나간다고 생각할 수 있다고 대답했다.

"그렇죠. 예기치 않은 사고를 제외하고 그렇죠." 코타르가 말했다. "그런데 예기치 않은 경우는 언제나 있는 법이죠."

타루는 아닌게아니라 시문 개방까지 2주일의 기간을 둠으로써 현에서도 어느 정도 예기치 않은 경우에 대비하고 있다는 점을 일깨워주었다.

"참 잘했어요." 여전히 우울하고 흥분한 어조로 코타르가 말했다. "일이 되어가는 꼴로 봐선 현청은 공연히 헛소리를 한 것이 될지도 몰라요."

타루는 그럴 수도 있지만, 그래도 머지않아 시문이 열려서 정상적인 생활로 돌아갈 것에 대비해두는 것이 나을 거라고 말했다.

"그렇다고 칩시다." 코타르가 말했다. "그렇다고 쳐요. 그러나 정상적인 생활로 돌아가는 게 무엇을 의미하는 거지요?"

"영화관에 새 필름이 들어오는 거죠." 웃으면서 타루가 말했다.

그러나 코타르는 웃지 않았다. 그는 페스트가 그 도시에 아무 변화도 일으키지 않을 것인지, 모든 것이 전처럼, 즉 아무 일도 없었던 것처럼 다시 시작될 수 있을지 알고 싶어했다. 타루는 페스트가 그 도시를 변화시킬 수도 있고 시키지 않을 수도 있으며, 시민들의 가장 강한 욕망은 현재도 또 앞으로도 마치 아무 일도 없었던 것처럼 행동하려는 것이라고 말했다. 따라서 어떤 의미에선 아무것도 바뀌지 않을 테지만, 다른 의미에서는 비록 충분한 의지를 갖고 있더라도 모든 것을 잊을 수는 없으며, 페스트는 적어도 사람들 마음속에라도 그 흔적을 남길 것이라고 했다. 그러자 코타르는 자기는 마음 같은 것에는 관심이 없다, 그런 것은 신경을 쓴다 해도 맨 마지막에나 신경을 쓸 것이다, 라고 잘라 말했다. 자기가 관심이 있는 것은, 조직 자체가 변화하지 않을는지, 예를 들어서 모든 기관이 과거와 같이 운영될지 어떨지 하는 문제라고 했다. 그래서 타루도 거기에 대해서는 아는 바가 없다고 시인하지 않을 수가 없었다. 그의 생각에 의하면, 질병 기간 중에 엉망이 된 기관들이 다시 움직이려면 어려움이 많으리라는 것이었다. 새로운 문제들이 수없이 생김으로써 적어도 종전의 기관들의 재편성이 필요해질 것을 믿는다고 말했다.

"과연," 코타르가 말했다. "그렇겠군요. 사실 모두들 모든 일을 전부 다시 시작해야 되겠죠."

그 둘은 코타르의 집 근처까지 왔다. 코타르는 활기를 띠면서 낙관적인 생각을 하려고 애썼다. 그는 무에서 다시 출발하기 위해서 과거를 청산하고 새롭게 살아보려는 도시를 상상하고 있었다.

"아, 그럼요." 타루가 말했다. "결국 당신도 형편이 좀 나아질 거예요. 어떤 의미에서 새 생활이 시작되는 것이니까요."

그들은 문 앞까지 와서 악수를 했다.

"옳은 말씀이에요." 코타르는 점점 더 흥분해서 말했다. "뭐든지 무에서 다시 출발한다는 것은 참 좋은 일이죠."

그런데 복도의 어둠 속에서 두 남자가 불쑥 나타났다. 타루는 저치들이 뭣 때문에 왔는지 모르겠다고 코타르가 말하는 소리를 미처 들을 겨를도 없었는데 사복경찰처럼 보이는 그 사내들은 벌써, 코타르에게 틀림없이 당신 이름이 코타르냐고 물어보는 것이었다. 그러자 코타르는 일종의 신음소리 같은 탄성을 지르면서 몸을 홱 돌려 어둠 속으로 사라졌다. 그 사내들이나 타루가 어떻게 해볼 틈도 없었다. 놀라움이 좀 가시자 타루는 그 두 남자에게 왜 그러느냐고 물어보았다. 그들은 공손하고 친절한 태도로 조사할 일이 있어서 그런다고 말하고 태연스럽게 코타르가 간 방향으로 가버렸다.

집에 돌아오자 타루는 그 당시의 장면을 적어놓고는 곧 자신의 피로감(글씨가 그것을 증명하고 있었다)을 기록해놓았다. 그는 덧붙여서, 자기에게는 아직도 할 일이 많으며, 마음의 준비를 하지 않고 있어야 할 까닭이 없다고 적은 다음, 과연 자기가 마음의 준비가 되어 있는지 자문하고 있었다. 맨 끝으로 그는, 낮과 밤의 어떤 시간이 되면 인간이 비겁해지곤 하는데, 자기가 두려워하는 것은 바로 그 시각이라는 말을 대답 대신 적어놓았다. 그것으로 타루의 수첩은 끝나 있었다.

그 다음다음 날, 시의 문들이 열리기 며칠 전에, 의사 리외는 자신이 기다리는 전보가 와 있지나 않을까 해서 정오에 집으로 돌아왔다. 그 당시에도 그의 매일매일은 페스트가 맹위를 떨치던 때만큼 피곤했지만, 결국 해방에 대한 기대가 그의 피로감을 모두 다 씻어버렸다. 이제 그도 희망을 갖고 있었고, 또 희망을 갖게 된 것을 기뻐했다. 항상 의지력을 긴장시키고 굳은 채로 살 수는 없는 노릇이다. 투쟁을 위해 묶어놓았던 힘의 다발을 자연스레 솟아나는 감정 속에서 하나하나 풀어간다는 것은 참으로 즐거운 일이다. 만약 기다리던 전보가 반가운 것이라면 리외도 다시 시작할 수 있을 것이다. 그는 모두가 새출발을 해야 된다는 의견이었다.

그는 수위실 앞을 지나갔다. 새로 온 수위가 유리창에 얼굴을 바싹 갖다 대고 그에게 미소를 지었다. 리외는 계단을 걸어 올라가면서 피로와 가난으로 파리해진 그의 얼굴을 머릿속에 그려보았다.

그렇다, 추상이 끝나게 되면 다시 시작하리라……. 그리고 좀더 재수가 좋으면……. 그런데 마침 그가 방문을 열고 있었는데 모친이 그를 마중 나와서 타루 씨가 몸이 좋지 않다고 말했다. 그는 아침에 일어났으나 외출할 수가 없어 이제 막 자리에 다시 누웠다는 것이었다. 리외의 어머니는 불안해했다.

"뭐 별것은 아니겠죠." 리외가 말했다.

타루는 몸을 쫙 펴고 누워 있었다. 그의 머리는 베개 속에 푹 파묻혔고, 튼튼한 가슴 윤곽이 두꺼운 이불 밑으로 드러나 보였다. 열이 있었고 머리가 아파서 괴로워하고 있었다. 그는 리외에게 증세가 확실하진 않지만 페스트 증세일지도 모른다고 했다.

"아니, 아직 확실하지는 않아요." 그를 진찰하고 나서 리외가 말했다.

그러나 타루는 갈증이 나서 견딜 수 없어하고 있었다. 복도에서 의사는 자기 모친에게 아마도 페스트의 시초일지도 모른다고 했다.

"설마!" 어머니가 말했다. "이제 와서 그럴 수야 없지!" 그리고 곧 이어서 말했다. "그냥 집에서 치료하자, 베르나르."

리외는 생각에 잠겨 있었다.

"저에게는 그럴 권리가 없어요." 그가 말했다. "그렇지만 시문도 곧 개방될 거예요. 어머니만 안 계시다면 아마 제가 제 몫으로 누리는 첫 번째 권리 행사가 될 수도 있었을 거예요."

"베르나르!" 어머니가 말했다. "우리 둘 다 여기 있게 해주렴. 나는 예방주사를 맞은 지 얼마 되지 않잖느냐?"

의사는 타루도 예방주사는 맞았지만, 아마 너무 피곤했기 때문에 마지막 혈청 주사 맞을 차례를 빼먹었고, 또 몇 가지 주의사항을 잊어버렸을 것이라고 말했다.

리외는 이미 자기 진료실에 가 있었다. 그가 방으로 돌아왔을 때, 타루는 그가 커다란 혈청 앰풀을 들고 있는 것을 보았다.

"아, 역시 그거군요." 그가 말했다.

"아니오, 단지 예방삼아서 하는 거예요."

타루는 대답 대신 말없이 팔을 내밀고, 자기 자신도 다른 환자들에게 놓아주었던 그 오래 걸리는 주사를 꾹 참고 맞았다.

"저녁이 되면 알겠지요." 리외는 이렇게 말하고 나서 타루를 똑바로 바라보았다.

"격리는 어떻게 되는 거죠, 리외?"

"페스트인지 아닌지도 전혀 확실치 않은걸요."

타루는 억지로 웃어 보였다.

"이런 것은 처음 보는데요. 혈청 주사를 놓아주면서 격리 지시를 안 내리시다니."

리외는 얼굴을 돌렸다.

"어머니와 내가 간호하겠어요. 당신에게는 여기가 더 나을 테니까요."

타루가 가만히 입을 다물었다. 그래서 리외는 주사액 앰풀을 정리하면서 그가 무슨 말을 하면 곧장 돌아서려고 기다리고 있었다. 마침내 그는 침대 쪽으로 걸어갔다. 환자는 그를 보고 있었다. 그의 얼굴은 피곤해 보였으나, 잿빛의 두 눈은 침착해 보였다. 리외가 그에게 미소를 지었다.

"되도록 잠을 푹 자둬요. 곧 돌아올 테니."

문 앞까지 갔을 때, 타루가 자신을 부르는 소리를 들었다. 그는 타루 쪽을 돌아보았다.

그러나 타루는 자기가 하려는 말의 표현 자체를 망설이고 있는 것 같았다.

"리외." 마침내 그가 말을 꺼냈다. "사실대로 말해 주세요. 그럴 필요가 있어요."

"약속하지요."

타루는 그 두툼한 얼굴을 일그러뜨리며 웃었다.

"고마워요. 나는 죽고 싶지 않아요. 그러니 싸워보겠어요. 그러나 만약 진다면 깨끗하게 최후를 마치고 싶어요."

리외는 머리를 숙이고 그의 어깨를 잡았다.

"안 돼요." 리외가 말했다. "성자가 되자면 살아야죠. 싸우십시오."

낮 동안 혹독했던 추위는 좀 풀렸지만, 그 대신 오후에는 우박이 섞인 소나기가 억세게 쏟아졌다. 황혼녘에는 하늘이 좀 개는 듯하더니, 추위는 더 뼈저리게 혹독해졌다. 리외는 어두워서야 집에 돌아왔다. 그는 외투도 벗지 않고 친구의 방으로 들어갔다. 리외의 어머니는 뜨개질을 하고 있었다. 타루는 그대로 옴짝달싹도 하지 않은 모양이었다. 그러나 열로 허옇게 된 그의 입술은 지금도 계속 투쟁하고 있음을 말해주고 있었다.

"좀 어때요?" 의사가 물었다.

타루는 침대 밖으로 나온 그 다부진 어깨를 약간 으쓱했다.

"그런데……." 그가 말했다. "아무래도 내가 질 것 같아요."

의사는 그에게로 몸을 굽혔다. 끓는 듯이 뜨거운 피부 밑에서 임파선들이 단단해져 있었고, 그의 가슴은 보이지 않는 대장간의 풀무 소리를 내면서 요란스레 뛰고 있었다. 타루는 이상하게도 두 가지 증세를 보이고 있었다. 리외는 일어서면서 혈청이 아직 효력을 발휘할 만한 겨를이 없었다고 말했다. 그러나 타루의 목구멍 속에서 뜨거운 열이 솟아올라서 뭔가 몇 마디 하려던 말마저 녹아버리고 말았다.

리외와 그의 모친은 저녁을 먹고 나서 환자 곁에 와서 앉았다. 타루에게 밤은 싸움 속에서 시작되었고, 리외는 페스트와의 고달픈 투쟁이 새벽녘까지 계속될 것임을 알고 있었다. 타루의 단단한 두 어깨와 넓은 가슴도 그의 최선의 무기는 아니었다. 오히려 리외가 아까 바늘 끝으로 뽑아냈던 그 피, 그리고 그 피 속 영혼보다도 더 안의 그 무엇, 그 어떤 과학의 힘으로도 밝힐 수 없는 그 무엇이야말로 최선의 무기였다. 그리고 리외로서는 자기 친구가 싸우고 있는 것을 보고만 있어야 했다. 그가 해보려고 하는 일, 가령 화농을 촉진시킨다든지 강장제를 주사한다든지 하는 따위의 일은 몇 달이나 거듭되던 실패였기 때문에 그 효과가 어느 정도인지 그는 알고 있었다. 사실상 그의 유일한 일은 우연의 기회를 만들어 주는 것인데, 자극을 받아야 비로소 그 모습을 드러내는 일이 더 많다. 게다가 그 우연이라는 것이 반드시 필요했다. 왜냐하면 다시 한 번 더 페스트는 그것을 물리치기 위하여 세웠던 전략들을 따돌리기 위해서 애쓰고 있었기 때문이다. 페스트는 전혀 예기치 않았던 곳에 나타나는가 하면, 이미 정착한 곳에서 홀연히 자취를 감추어버리기도 하는 것이었다. 또다시 페스트는 한사코 사람들을 어리둥절하게 하려고 열심이었다.

타루는 미동도 없이 싸우고 있었다. 밤새도록 단 한 번도 고통의 엄습에 몸부림으로 대응하지 않고 다만 그 육중한 몸과 철저한 침묵으로 싸우고 있었다. 그는 단 한 번도 입을 열지 않았다. 그러니까 그는 그런 방식으로 이제는 잠깐이라도 딴 데로 마음을 돌릴 여유가 없음을 고백하고 있는 셈이었다. 리외는 투쟁의 경과를, 다만 친구의 눈에서밖에는 달리 더듬어볼 길이 없었다. 떴다 감았다 하는 그 눈, 안구를 바싹 조이며 달라붙는가 하면 반대로 축 늘어지곤 하는 눈꺼풀, 무엇인가를 뚫어지게 바라보는가 하면 리외와 그의 어머니에게로 옮겨지는 시선 같은 것으로 말이다. 의사가 그 눈길과 마주칠 때마다 타루는 몹시 애를 써서 미소를 지었다.

한순간 거리에서 아주 바쁘게 뛰어가는 발소리들을 들었다. 발소리는 멀리서 으르렁거리는 천둥소리에 쫓기는 것 같더니, 이번에는 그 천둥소리가 차츰 가까워지면서 마침내 거리는 비가 좍좍 쏟아지는 소리로 가득 찼다. 비가 또다시 오기 시작한 것이다. 그 비에 우박이 섞여서 보도 위에 세게 부딪쳤다. 거대한 장막이 창문 밖에서 물결치듯 휘날렸다. 방 안의 그늘에서 비에 잠시 정신이 팔렸던 리외는 머리맡에 놓인 램프 불빛에 비치는 타루를 다시 주시했다. 리외의 모친은 뜨개질을 하면서, 가끔 고개를 들고는 유심히 환자를 바라보곤 했다. 의사는 이제 할 수 있는 일은 다 해본 셈이다. 비가 멎자 방 안의 침묵은 더욱 짙어지고, 다만 눈에 보이지 않는 전쟁의 소리없는 소용돌이만이 그곳에 가득했다. 수면 부족으로 신경이 날카로워진 리외는 그 침묵의 저 끝에서 질병이 기승을 부리는 동안 내내 그를 따라다녔던, 그 부드럽고 규칙적인 휘파람소리가 들리는 것 같은 착각에 빠졌다. 그는 어머니에게 그만 가서 누우라고 눈짓을 했다. 어머니는 고갯짓으로 싫다고 했다. 그는 눈을 빛내며 바늘 끝으로 뜨개질하던 것의 코를 조심스럽게 헤아려 보는 것이었다. 리외는 일어서서 환자에게 물을 먹이고, 다시 자리에 돌아가 앉았다.

행인들은 비가 뜸한 틈을 타서 급히 보도를 걸어가고 있었다. 이내 그들의 발소리가 줄어들더니 멀어져갔다. 리외는 처음으로, 밤 늦게까지 산책객들이 가득하고 구급차의 사이렌 소리가 들리지 않는 그 밤이 옛날의 밤과 비슷하다는 것을 느꼈다. 그것은 페스트에서 해방된 밤이었다. 그리고 추위와 햇빛과 군중에게 쫓긴 질병이 시내의 어둡고 깊은 곳들에서 빠져나와 이 따뜻한 방 속에 숨어 들어와서 타루의 축 늘어진 몸을 향해 마지막 맹공격을 가하고 있는 듯싶었다. 재앙은 더 이상 이 도시의 하늘을 휘저어대고 있지 않았다. 그 대신 이 방 안의 무거운 공기 속에서 나직이 색색거리고 있었다. 리외가 몇 시간 전부터 듣고 있던 것이 바로 그 소리였다. 그는 그곳에서도 페스트가 멎고, 그곳에서도 페스트가 패배를 선언하기를 기다려야만 했다.

동이 트기 조금 전에, 리외는 어머니에게 몸을 굽히고 말했다.

"어머니는 주무시는 게 좋겠어요. 8시에 저하고 교대하려면요. 주무시기 전에 소독을 하세요."

리외 부인은 일어나서 뜨개질하던 것을 챙기고 침대 쪽으로 갔다. 타루는 벌써 얼마 전부터 눈을 감고 있었다. 그 다부진 이마 위에는 머리칼이 땀으로 엉겨붙어 있었다. 부인이 한숨을 쉬었다. 그랬더니 환자는 눈을 떴다. 부드러운 얼굴이 자기를 굽어보고 있는 것을 보자, 끓어오르는 열에 시달리는 중에도 애써 짓는 미소가 다시 그 얼굴에 떠올랐다. 그러나 그 눈은 이내 감겼다. 리외는 혼자 남게 되자 방금까지 모친이 앉았던 안락의자에 가서 앉았다. 거리는 잠잠했고, 이제는 캄캄한 침묵만이 가득 차 있었다. 아침의 싸늘한 기운이 방안에서 느껴졌다.

의사는 깜박 잠이 들었다. 그러나 새벽의 첫 자동차 소리가 그를 잠에서 끌어냈다. 그는 진저리를 치고 타루를 보았다. 그는 병세가 일시적으로 가라앉아서 환자도 잠들어 있음을 알아차렸다. 나무와 쇠로 된 마차 바퀴 소리가 아직 멀리서 들려오고 있었다. 창문에는 아직도 밤의 어둠이 남아 있었다. 의사가 침대 가까이 다가가자 타루는 마치 아직 잠에서 깨어나지 않았다는 듯이 무표정한 눈으로 그를 보았다.

"잠들었었죠?" 리외가 물었다.

"네."

"숨쉬기는 편해졌나요?"

"약간은요. 근데 그게 무슨 의미가 있나요?"

리외는 입을 다물었다. 그러고는 잠시 뒤에 말했다.

"아뇨, 타루. 다른 뜻은 없어요. 당신도 알 듯이 아침에 나타나는 일시적 차도잖아요."

타루가 고개를 끄덕였다.

"고마워요." 그가 말했다. "언제나 그처럼 정확하게 대답해주세요."

리외는 침대 발치에 걸터앉았다. 그는 바로 곁에, 이미 죽은 사람의 몸뚱이처럼 딱딱하고 긴 환자의 다리를 느낄 수 있었다. 타루의 숨소리가 더 높아졌다.

"열이 또 나는 모양이에요. 그렇죠, 리외?" 그는 숨 가쁜 목소리로 말했다.

"네. 그러나 정오가 되면 확실히 결말이 나겠죠."

타루는 힘을 가다듬는 듯이 눈을 감았다. 녹초가 된 표정이 그의 얼굴에 나타났다. 그의 몸 깊숙한 어느 곳에서 이미 꿈틀거리기 시작한 열이 어서 온몸으로 올라오기를 그는 기다리고 있었다. 그가 눈을 떴을 때, 시선은 흐릿했다. 자기 곁에 구부리고 서 있는 리외를 보고서야 겨우 눈빛이 밝아졌다.

"물을 마셔요." 리외가 말했다.

그는 물을 마시고, 고개를 축 떨어뜨렸다.

"지루하군요." 그가 말했다.

리외가 그의 팔을 잡았지만 타루는 시선을 돌린 채 더 이상 반응을 보이지 않았다. 그러자 갑자기 내부에 있는 무슨 둑이라도 무너진 듯이 그의 이마에까지 열기가 뚜렷하게 밀어닥치기 시작했다. 타루가 시선을 의사에게로 돌리자 의사는 긴장한 얼굴로 그를 격려하려고 했다. 타루는 다시 미소를 지으려고 노력했으나, 미소는 굳은 턱과 뿌연 거품으로 시멘트 칠을 한 듯한 입술 밖으로 나오지 못하고 말았다. 그러나 아직도 그 굳은 얼굴에서 두 눈만은 온통 용기의 광채로 빛나고 있었다.

7시에 리외의 어머니가 방안으로 들어왔다. 의사는 사무실로 가서 병원에 전화를 걸고 자신을 대신해 줄 사람을 부탁했다. 그는 또 자기의 진료를 나중으로 연기하기로 하고, 진찰실의 긴 의자 위에 잠시 드러누웠다. 그러나 그는 이내 일어나서 다시 방으로 돌아왔다. 타루는 리외의 어머니 쪽으로 고개를 돌리고 있었다. 그는 의자에 웅크리고 앉아서 무릎 위에 두 손을 얹고 있는 그 조그마한 그림자를 보고 있었다. 그가 너무나 강렬하게 바라보고 있었기 때문에 부인은 그의 입술에 손가락을 갖다 대었다가 일어나서 머리맡 전등을 껐다. 그러나 커튼 뒤에서 햇살이 강하게 스며들기 시작했고, 잠시 뒤 환자의 얼굴 모습이 어둠 속에서 떠올랐을 때, 부인은 환자가 여전히 자기를 바라보고 있는 것을 볼 수 있었다. 그녀는 그에게로 몸을 굽혀서 베개를 고쳐주고, 몸을 일으키면서 축축하게 젖은 채 한데 엉킨 머리칼 위에 잠시 손을 얹었다. 그때 부인은 멀리서 들려오는 듯한 어렴풋한 목소리가 자기에게 고맙다고 하면서, 이제 모든 것은 잘됐다고 말하는 것을 들었다. 다시 그녀가 자리에 앉았을 때 타루는 눈을 감고 있었다. 입술을 굳게 다물고 있는데도 그 수척해진 얼굴은 다시 미소를 짓고 있는 것처럼 보였다.

정오가 되자 열은 절정에 달했다. 일종의 내장성 기침이 환자의 몸을 뒤흔들었고 환자는 처음으로 피를 토하기 시작했다. 임파선은 더 이상 붓지 않았다. 그러나 여전히 없어지지는 않고 관절의 오금마다 나사처럼 단단히 박혀 있어서 리외는 절제수술이 불가능하다고 판단했다. 타루는 열과 기침 사이 사이에 아직도 간간이 자기의 벗들을 바라보는 것이었다. 마침내 눈을 뜨는 횟수도 드물어졌다. 그리고 햇빛 속에 드러난 황폐해진 그의 얼굴은 그때마다 더욱더 창백해졌다. 폭풍에 휩쓸린 그의 온몸은 발작적으로 경련하더니 이제는 그의 모습을 번쩍번쩍 비추던 번개도 점점 드물어졌고, 타루는 그 폭풍 속으로 서서히 표류해가고 있었다. 리외 앞에 있는 것은, 이제 미소가 사라진 채 무기력해져버린 하나의 가면에 지나지 않았다. 그에게 그렇게도 친근했던 그 인간의 모습이, 지금은 창 끝에 찔리고 초인간적인 악으로 불태워지고 하늘의 증오에 찬 온갖 바람에 주리가 틀리면서 바로 그의 눈앞에서 페스트의 검은 물결 속으로 빠져들어가고 있었지만, 그로서는 이 난파를 막는 데 속수무책이었다. 그는 다시 한 번 빈손과 뒤틀리는 마음뿐, 무기도 처방도 없이 기슭에 머물러 있어야만 했다. 그리고 마지막에는 자신의 무력함을 한탄하는 눈물이 앞을 가려 리외는 타루가 갑자기 벽 쪽으로 돌아누워 마치 몸 한구석에서 가장 근원적인 어떤 줄 하나가 툭 끊어지기나 한 것처럼 힘없는 신음소리를 내며 숨을 거두는 것조차 보지 못했다.

이어서 찾아온 밤은 투쟁의 밤이 아니라 침묵의 밤이었다. 세계로부터 단절된 그 방에서, 이제는 옷을 얌전히 입은 이 시체의 머리 위에 리외는 벌써 여러 날 전, 발 아래 페스트가 아우성치는 테라스 위에서, 시의 문이 습격당한 직후에 느꼈던 놀랄 만한 정적이 떠도는 것을 느꼈다. 그는 그때에도 이미, 그냥 죽게 내버려두고 온 사람들의 침대에 감돌고 있던 그 침묵을 생각했다. 그것은 어디서나 똑같은 쉼표였으며, 똑같이 엄숙한 막간이었고, 전투 뒤에 언제나 찾아오는 똑같은 진정 상태였고, 패배의 침묵이었다. 그러나 지금 그의 친구를 에워싸고 있는 침묵에 이르면, 사실 너무나도 진하고 페스트에서 해방된 도시와 거리의 침묵과 너무나도 긴밀하게 일치했기 때문에, 리외는 이번이야말로 정말 결정적인 패배, 전쟁을 끝내면서 평화 그 자체를 치유할 길 없는 고통으로 만들어버리는 그런 패배라는 것을 절실히 느끼고 있었다. 의사는 결국 타루가 평화를 다시 찾았는지 어떤지 알 수 없었다. 그러나 적어도 그때, 그는 자기 자신에게 다시는 평화가 있을 수 없다는 것, 또 아들을 빼앗긴 어머니라든지 친구의 시체를 묻어본 적이 있는 사람에게 다시는 휴전이라는 것이 없다는 것을 알 것 같았다.

밖은 여전히 추운 밤이었고, 맑고 싸늘한 하늘에는 별들이 꽁꽁 얼어붙어 있었다. 어둠침침한 방에 있으니 유리창을 얼리는 추위와 북극의 밤으로부터 불어오는 매서운 바람을 느낄 수 있었다. 침대 옆에는 리외의 어머니가 언제나 낯익은 자세로 오른쪽에 머리맡의 전등 불빛을 받으면서 앉아 있었다. 리외는 불빛에서 멀리 떨어져 방 한가운데 놓인 안락의자에 앉아서 기다리고 있었다. 아내 생각이 갑자기 떠올랐지만, 그때마다 그는 그 생각을 떨쳐버렸다.

저녁이 되자 통행인들의 발소리가 추운 밤공기를 타고 또렷하게 들려왔다.

"다 끝났니?" 리외의 어머니가 말했다.

"네, 전화를 걸었어요."

두 사람은 다시 침묵의 밤샘을 계속했다. 리외의 어머니는 이따금 자기 아들을 바라보았다. 어머니의 시선과 마주치면 그는 미소를 지었다. 밤의 익숙한 소음이 거리에서 거듭 들려오고 있었다. 비록 아직 허가는 나지 않았지만, 많은 차량들이 다시 운행되기 시작했다. 차들은 빠른 속력으로 보도를 훑고 사라졌다가 다시 나타나곤 했다. 사람들의 말소리, 고함쳐 부르는 소리, 다시 돌아온 침묵, 말굽 소리, 커브를 도는 두 대의 전차가 삐걱거리는 소리, 분명치는 않지만 웅성대는 소리, 그리고 다시 밤의 숨소리.

"베르나르야."

"네?"

"피곤하지 않느냐?"

"아뇨."

그 순간 그는 어머니가 무슨 생각을 하고 있는지, 그리고 어머니가 자기를 사랑하고 있다는 걸 알았다. 또한, 한 인간을 사랑한다는 것은 대수로운 일이 아님을, 적어도 사랑이라는 것이 자신의 표현을 발견할 수 있을 만큼 충분히 강력한 것이 못 된다는 것을 알았다. 그래서 그의 어머니와 그는 언제나 침묵 속에서 서로를 사랑할 것이다. 그러고는 어머니는—혹은 그는—일생 동안 자기네들의 애정을 그 이상으로는 드러내 보이지 못한 채 죽을 것이다. 마찬가지로, 그는 타루의 바로 곁에서 살아왔는데도, 자신들의 우정을 정말 우정답게 체험할 시간도 미처 갖지 못한 채 그날 저녁에 타루는 죽어갔던 것이다. 타루는 자기 말마따나 내기에 졌던 것이다. 그러나 리외는 대체 뭘 이긴 것인가? 단지 페스트를 알았고, 그리고 그것에 대한 기억을 가진다는 것, 우정을 알게 되었으며 그것에 대한 추억을 가진다는 것, 애정을 알게 되었으며 언젠가는 그것에 대한 추억을 갖게 되리라는 것, 그것만이 오로지 그가 얻은 점이었다. 인간이 페스트나 인생의 노름에서 얻을 수 있는 것이라고는 그것에 관한 인식과 추억뿐이다. 아마 이것이 내기에 이기는 것이라고 타루가 말했던 것이리라!

또다시 자동차가 한 대 지나갔고, 리외의 어머니는 의자 위에서 약간 몸을 움직였다. 리외가 어머니를 보고 미소를 지었다. 그는 아들에게 자기는 피곤하지 않다고 말했다. 그러고는 곧 말을 이었다.

"너도 산에라도 가서 쉬어야겠구나. 거기 말이다."

"그래야 할까봐요, 어머니."

그렇다, 거기 가서 그는 쉴 생각이었다. 그 역시 기억의 한 구실이 될 것이다. 그러나 내기에 이긴다면, 그것이 결국 이런 것을 말하는 것이라면, 단지 자기가 알고 있는 것, 추억만을 가지고 살아갈 뿐 바라는 것은 다 잃어야 하니 그 얼마나 괴로운 일이랴. 타루는 아마 그렇게 살아왔던 모양이어서 환상 없는 생활이 얼마나 메마른 생활인가를 잘 알고 있었던 것 같다. 희망 없이 마음의 평화는 없다. 그런데 아무도 단죄할 권리를 인간에게 주지 않았던 타루, 그러면서도 누구도 남을 단죄하지 않을 수 없으며, 심지어 희생자가 때로는 사형 집행인 노릇을 하게 됨을 알고 있었던 타루는 분열과 모순 속에서 살아 왔던 것이며, 희망이라곤 전혀 알지 못했던 것이다. 그래서 성스러움을 추구하고, 인간에 대한 봉사에서 마음의 평화를 찾으려고 했던 것일까? 사실 리외는 그런 것에 대해서 아무것도 몰랐고 그런 것은 별로 문제가 아니었다. 타루에 대해서 자기가 앞으로 간직할 유일한 이미지는, 자기 자동차의 핸들을 두 손으로 확 움켜잡고 운전하고 있는 한 남자의 이미지이거나, 이제는 움직이지 않고 뻗어 있는 그 육중한 육체에 대한 이미지이리라. 삶의 체온과 죽음의 이미지, 그것이 바로 인식이었던 것이다.

아마 그 탓이겠지만, 그 다음날 아침, 의사 리외는 자기 아내가 죽었다는 소식을 담담한 심정으로 들었다. 그는 자기 서재에 있었다. 그의 어머니가 뛰다시피 들어와 그에게 전보 한 장을 건네주고는 배달부에게 팁을 주려고 나갔다. 어머니가 돌아왔을 때, 아들은 전보를 펼쳐 들고 있었다. 어머니가 그를 바라보았다. 그러나 그는 창 너머로 항구 위에 밝아오는 찬란한 아침을 뚫어지게 보고 있었다.

"베르나르!" 어머니가 말했다.

의사는 넋이 나간 듯이 어머니를 바라보았다.

"전보는?" 어머니가 물었다.

"그거였어요." 의사는 고개를 끄덕였다. "8일 전이었군요."

리외의 어머니는 창으로 고개를 돌렸다. 의사는 가만히 있었다. 그리고 그는 어머니에게 울지 말라고 하고, 이렇게 될 줄은 알고 있었지만 그래도 몹시 가슴아프다고 말했다. 그런 말을 하면서 그는 다만 자신의 고통이 새삼스러운 것은 아니라는 것을 알고 있었다. 이것은 여러 달 전부터, 그리고 이틀 전부터 계속되어왔던 똑같은 아픔이었다.

시의 문들은, 2월의 어느 화창한 날 아침, 시민들과 신문과 라디오와 현청의 발표문이 환호하는 가운데 마침내 열렸다. 그러므로 서술자에게 남은 일은, 비록 자신은 거기에 완전히 섞여서 기뻐할 자유가 없었던 사람들 중의 하나이긴 했지만, 시의 문이 개방되던 기쁜 순간의 기록자가 되는 일이었다.

성대한 축하 행사가 밤낮 없이 마련되었다. 동시에 기차는 역에서 연기를 뿜기 시작했고, 한편 머나먼 바다로부터 항해해 온 배들은 어느새 우리 시의 항구로 뱃머리를 돌렸고, 제각기 그날이 생이별을 애달파했던 모든 사람들의 역사적인 재회의 날이라는 것을 분명히 보여주고 있었다.

여기서 우리 시민들 중의 수많은 사람들 가슴속에 깃들어 있었던 생이별의 감정이 어떻게 변했을까 하는 것은 쉽게 상상할 수 있으리라. 낮 동안에 우리 시에 들어온 열차도 시에서 나간 열차들 못지않게 많은 승객을 싣고 있었다. 모두들 2주일의 유예 기간 중에 그날을 위해 좌석을 예약해놓고 마지막 순간에 가서 현청의 결정이 변경되지나 않을까 해서 벌벌 떨고 있었던 것이다. 시로 들어오는 여객들 가운데 어떤 사람은 그런 불안을 완전히 버리지 못했던 것이다. 왜냐하면 그들은 대개가 자기와 가까운 관계에 있는 사람들의 소식은 알고 있다 하더라도 다른 사람들이나 시 자체가 어떻게 되었는가는 전혀 몰랐었고, 도시가 아마도 무서운 꼴이 되었으리라고 상상하고 있었던 것이다. 그러나 그것은 그 기간 중에 정열이 모두 불타버리지 않은 사람들의 경우에나 맞는 이야기였다.

정열에 불타고 있던 사람들은 사실 고정관념에 사로잡혀 있었다. 그들에게 있어서는 단 한 가지만 변해 있었던 것이다. 즉, 귀양살이의 몇 달 동안 될 수 있으면 밀치고 나가서 앞으로 떠밀어 보고만 싶었던 그 시간, 이미 그들의 눈에 도시가 보이기 시작했던 그 순간에도 빨리 가라고 고집스럽게 재촉하고 또 재촉하고만 싶었던 그 시간이, 기차가 멈추기 위해 브레이크를 걸기 시작하자 이번에는 반대로 속도를 늦추고 그대로 멈춰 주기를 바라는 것이었다. 그들의 사랑하는 마음에서 볼 때 잃어버린 세월인 그 여러 달 동안의 삶에 대하여 마음에 품고 있는 막연하면서도 격렬한 감정 때문에, 그들은 기쁨의 시간이 기다림의 시간보다 곱절은 더디게 흘러가야 한다는 일종의 보상을 막연하게나마 요구하게 되었던 것이다. 그리고 랑베르의 아내는 벌써 몇 주일 전부터 그 소식을 듣고 필요한 절차를 밟아 오늘 이 도시에 도착할 참이었는데, 그러한 입장의 랑베르처럼 방 안에서나 플랫폼에서 기다리고 있는 사람들도 똑같은 초조감과 똑같은 혼란에 빠져 있었다. 왜냐하면 페스트가 몇 달 동안이나 계속됨으로써 추상이 되어버렸던 사랑이나 애정이 한때 그것의 의지가 되어주었던 실제 육체적인 존재에 견주어지는 순간을 랑베르는 가슴을 떨며 기다리고 있었기 때문이다.

그는 페스트가 번지던 초기에, 단숨에 그 도시를 탈출해서 사랑하는 여인을 만나러 날아가고 싶었던 자기 자신으로 돌아가고 싶었으리라. 그러나 이젠 그것이 불가능하다는 것을 그도 알고 있었다. 그는 변했다. 페스트는 그의 마음속에 방심이라는 것을 불어넣어 주었던 것이다. 그는 전력을 다해 방심을 아주 없애 버리려고 했지만, 그것은 마치 막연한 불안과도 같이 그의 마음속에 계속 살아남았다. 어떤 의미에서는 페스트가 너무나 별안간에 끝난 것 같은 생각이 들어서 그는 평정심을 잃었다. 행복은 전속력으로 다가오고 있었고, 일들은 기대하고 있던 것보다 훨씬 빨리 진행되고 있었다. 랑베르는 모든 일이 삽시간에 복구될 것이고, 기쁨은 음미해볼 겨를도 없이 닥쳐온 불길 같은 것이라는 사실을 깨달았다.

게다가 모든 사람들은 정도의 차이는 있었지만 결국 랑베르와 마찬가지였으므로 그 모든 사람들에 대해서 이야기해야 한다. 제각기 각자의 개인생활을 다시 시작하고 있는 그 플랫폼에서도 그들은 여전히 자기들의 연대성을 느끼면서 서로 눈짓과 미소를 교환하는 것이었다. 그러나 기차의 연기를 보자마자, 그들 귀양살이의 감정은 정신을 차릴 수 없는 기쁨의 소나기에 휩싸여 갑자기 꺼져버렸다. 기차가 멈추자, 서로의 팔이 이제는 그 모습조차 아물아물해졌던 몸과 몸 위로 희색이 만면해서 탐욕스럽게 휘감기는 순간, 대개는 바로 같은 플랫폼에서 시작되었던 그 끝없는 이별은 같은 곳에서 순식간에 마지막을 고했다. 랑베르는 자기를 향해서 달려오는 그 모습을 미처 볼 겨를도 없었는데, 그녀는 벌써 그의 품안에 뛰어들어 있었다. 그래서 그녀를 품안에 가득 껴안은 채, 정다운 머리털밖에 보이지 않는 그 머리를 꼭 끌어당기고, 현재의 행복에서 오는 것인지 아니면 너무나 오랫동안 억눌러 참았던 고통에서 오는 것인지 알 수 없는 눈물을 줄줄 흘리면서, 그 눈물로 지금 자기의 어깨에 파묻혀 있는 그 얼굴이 과연 자기가 그렇게 꿈에도 잊지 못하던 얼굴인지, 아니면 전혀 알지 못하는 타인의 얼굴인지를 확인해 볼 수 없다는 데에 꽤나 안심하고 있었다. 좀 있으면 자기의 의심이 참된 것인지를 알게 될 것이다. 당장에는 그도 자기 주위의 사람들처럼, 페스트가 오든지 가든지 사람의 마음은 조금도 변할 것이 없다고 믿고 싶었다.

그들은 모두 서로를 꼭 껴안고 자기들 밖의 세계와는 전혀 관계가 없다는 듯이, 겉으로는 페스트에 승리한 듯한 얼굴로 모든 비참함도 잊은 듯이, 그리고 역시 같은 기차를 타고 왔지만 아무도 마중 나온 사람이 없는 것을 보고서야 그 오랫동안의 무소식이 그들 마음속에 빚어 놓았던 두려움을 현실로 확인해야만 하는 그런 사람들을 잊어버린 채 집으로 돌아갔다. 그 잊힌 사람들, 이제 동반자라고는 아주 생생한 고통밖에는 없게 된 사람도, 또 그 순간 사라져간 사람의 추억에 골몰하고 있는 사람도 사정이 전혀 달라서, 이별의 슬픔은 절정에 달했다. 이름도 없는 구덩이에 허망하게 묻혀버렸거나, 또는 잿더미 속에서 녹아 없어진 사람과 더불어 모든 기쁨을 잃어버린 어머니들, 배우자들, 애인들에게 페스트는 여전히 계속되고 있었다.

그러나 누가 그 같은 고독을 생각해주겠는가? 정오가 되자 태양은 아침부터 대기 속에서 싸우고 있던 차가운 바람을 이겨, 끊임없이 강렬한 햇빛의 물결을 온 거리에 쏟아붓고 있었다. 낮은 멈춰 있는 듯했다. 산 언덕 꼭대기에 있는 요새의 대포들은 움직이지 않는 하늘에 끊임없이 포성을 울리고 있었다. 도시 전체가 밖으로 쏟아져 나와서, 고통의 시간은 종말을 고했지만 망각의 시간은 아직 시작도 되지 않은 그 벅찬 순간을 축복하고 있었다.

사람들은 광장이란 광장에 모두 모여서 춤을 추고 있었다. 지체 없이 교통량은 현저하게 증가되어 수가 늘어난 자동차들은 사람들이 밀려든 거리거리를 간신히 통과하고 있었다. 시내의 모든 종들이 오후 내내 힘껏 울렸다. 그 소리는 푸르른 황금빛 하늘을 진동으로 가득 채워놓았다. 과연 교회들에게서는 감사 기도를 올리고 있었다. 동시에 오락장들은 터질 듯한 성황을 이루었으며, 카페들은 앞일 걱정은 하지 않은 채 마지막 남은 술을 다 털어내놓는 것이었다. 카운터 앞에는 한결같이 흥분한 사람들이 밀려들고 있었다. 그리고 그들 중에는 구경거리가 되는 것도 두려워하지 않고 부둥켜안고 있는 쌍쌍들도 있었다. 모두들 소리치거나 웃고 있었다. 그들은 저마다 자기 영혼의 불빛을 낮게 줄여놓고 살아 온 지난 몇 달 동안에 비축되었던 생명감을, 마치 그날이 자기들의 남은 날들의 기념일인 양 마음껏 즐기고 있었다. 이튿날이 되면 다시금 본래의 생활이 그 자체의 조심성과 더불어 시작될 것이었다. 그러나 그날 그 순간에는 근본이 다른 사람들끼리 서로 팔꿈치를 비벼대면서 친밀감을 느끼고 있었다. 죽음 앞에서도 사실상 실현되지 못했던 평등이 해방의 기쁨 속에서 적어도 몇 시간 동안은 실현되고 있었다.

그러나 그 진부하고 요란스러운 기쁨이 모든 것을 다 말해주는 것은 아니었으니, 저녁 무렵에 랑베르와 어깨를 나란히 하고 거리를 쏘다니던 사람들 중에는 흔히 마음속에 더 미묘한 행복감을 감춘 채 겉으로는 덤덤한 태도만 드러내 보이는 사람들도 있었다. 실제로 수많은 연인들과 수많은 가족들이 겉보기에는 그저 평화스러운 산책객으로만 보였다. 사실은, 그 대부분의 사람들이 자신들이 고통을 겪었던 이곳저곳을 찾아 미묘한 순례를 하고 있는 것이었다. 그것은 새로 온 사람들에게, 페스트의 뚜렷한 또는 숨어 있는 흔적, 그 역사의 발자취를 보여주기 위해서였다. 어떤 사람들은 안내자의 역할을 맡아서 많은 것을 목격한 사람, 페스트와 함께 지낸 사람의 역할을 하는데 만족했고, 아무런 공포심도 일으키지 않은 채 위험에 대해 이야기를 하는 것이었다. 그러한 즐거움은 해로운 것은 아니었다. 그러나 어떤 사람들의 경우에는 그것은 더 소름이 끼치는 과정이어서, 어떤 애인은 추억의 달콤한 불안 속에 빠져서 함께 있는 여자에게 이렇게 말하는 것이었다.

"바로 여기였어. 그 당시 나는 당신을 그렇게도 원했었는데 당신은 없었지."

그 정념의 편력자들은 그때 자신들이 어떤 존재인지를 확실히 깨달을 수 있었다. 그들은 자신들이 한데 섞여 걷고 있는 그 소용돌이 한가운데서 속삭임과 속내 이야기의 작은 섬을 이루고 있었던 것이다. 네거리의 떠들썩한 오케스트라보다도 정말 해방을 알리는 것은 바로 그들이었다. 말도 없이 서로 꼭 껴안은 채 황홀한 얼굴로 걸어가는 그 쌍쌍의 남녀들이야말로 그 소용돌이 한가운데서 행복한 사람 특유의 의기양양함과 부당함을 감추지 못한 채 이제 페스트는 끝났다고, 공포가 지배했던 시기는 이미 지나갔다고 확인해주는 것이었다. 그들은 우리가 한때 경험했던 저 어처구니없는 세계, 사람을 죽이는 것이 파리 한 마리 죽이는 것마냥 일상다반사였던 세계, 저 뚜렷이 규정된 야만성, 저 계산된 광란, 현재가 아닌 모든 것 앞에서의 무시무시한 자유를 가져왔던 저 감금 상태, 제풀에 죽어 넘어지지 않는 모든 자를 아연실색하게 하던 저 죽음의 냄새, 이런 것들을 그들은 태연하게, 자명한 사실인데도 부정하고 있었다. 그리고 그들은 마침내, 매일 어떤 사람들은 화장터의 아궁이에 켜켜이 쌓여 이글거리는 연기가 되어서 증발해버리고, 나머지 사람들은 무력함과 공포의 쇠사슬에 묶여 자기 차례를 기다리고 있던 그 어리벙벙한 사람들이었다는 것을 부정하고 있었다.

하여간 그것이, 그날 오후가 다 지날 무렵 변두리 구역 쪽으로 가 보려고 교회당의 종소리와 대포소리와 음악소리와 귀가 멍멍해질 정도의 아우성 속을 혼자 걸어가고 있던 리외의 눈에 띈 광경이었다. 그가 맡은 일은 아직도 계속되고 있었다. 환자에게는 휴가라는 것이 없으니 말이다. 도시 위로 내리쬐는 화창한 햇볕 속에, 불고기 냄새나 아니스 주(酒)의 냄새가 피어오르고 있었다. 그의 주위에서는 즐거운 얼굴들이 하늘을 우러러보고 있었다. 남자들과 여자들이 서로 불타는 듯이 화끈 달아오른 얼굴을 하고, 욕정의 모든 흥분과 긴장에 떨면서 부둥켜안고 있었다. 그렇다, 이제 페스트는 공포와 더불어 끝났으며, 그처럼 부둥켜안은 팔들은 사실상 페스트가 귀양살이와 이별의 동의어였음을 말해주는 것이었다.

리외는 처음으로 몇 달 동안 행인들의 얼굴에서 읽을 수 있었던 그 가족적 분위기에 이름을 붙일 수가 있었다. 이제 그는 주위를 둘러보는 것만으로 족했다. 비극과 곤궁을 겪으면서 페스트가 끝나갈 때 그 모든 사람들은 그들이 이미 오래전부터 맡아온 역할의 제복을 걸치게 된 것이었다. 처음에는 얼굴이, 그리고 지금은 복장이, 부재와 멀리 두고 온 고향을 다 말해주고 있는 망명객으로서의 역할 말이다. 그들은 페스트가 시문을 폐쇄시킨 그 순간부터 오직 이별 속에서만 살아왔으며, 모든 것을 잊게 해주는 인간적인 체온으로부터 차단된 채 지내왔던 것이다. 정도는 다르나마 도시의 구석구석에서, 그 남자들과 여자들은 사람마다 각기 그 성질은 다르지만 모든 사람에게 있어서 한결같이 불가능한 것인 어떤 결합을 열망하면서 지냈다. 대부분은 곁에 없는 사람을 향해서 뜨거운 체온과 애정을 달라고, 혹은 습관을 돌려달라고 온 힘으로 외치고 있었다. 어떤 사람들은 흔히 자기도 모르는 사이에 사람들과의 우정이 끊어진 상태에 살고 있음을, 편지라든지 기차라든지 배라든지 하는 어떤 수단을 통해서 남들과 어울릴 처지도 못 된다는 사실을 괴롭게 여기고 있었다. 보다 더 드문 경우지만 그 밖의 사람들, 가령 타루 같은 사람들은 뭐라고 뚜렷하게 정의 내릴 수는 없지만 그들에게 정말로 바람직한 것으로 보이는 그 어떤 것과의 결합을 간절히 바라고 있었다. 그리고 그것을 달리 부를 말을 찾지 못해, 그들은 그것을 때로 평화라고 부르기도 했다.

리외는 계속해서 걸어가고 있었다. 그가 앞으로 나아갈수록 군중의 수가 점점 많아지고 그들의 소란도 더 심해져서, 그가 가고자 하는 변두리 구역이 자꾸 그만큼씩 뒷걸음치는 것 같았다. 그도 차츰차츰 그 소란스러운 커다란 집단 속으로 융화되어감에 따라, 적어도 그들의 외치는 소리의 일부가 자기 자신의 고함소리인 양 더 잘 이해되었다. 그렇다, 모든 사람들이 육체적으로나 정신적으로나 하나같이 괴로운 휴가, 도리 없는 귀양살이, 결코 채울 길 없는 갈증으로 다 함께 고통을 당했던 것이다. 그 산더미처럼 쌓인 시체들, 구급차의 사이렌 소리, 운명이라고 불러 마땅한 예고, 공포에 떨면서 맴도는 집요한 제자리걸음, 그들의 마음속에 치밀어 오르던 무서운 반항, 이러한 모든 것들의 틈바구니에서도 하나의 거대한 기운이 결코 그치지 않은 채 누비고 다니면서 공포에 싸여 있는 사람들에게 경고하듯이, 그들의 진정한 조국을 다시 찾아야 한다고 말해주고 있었던 것이다. 그들 모두에게 있어서, 진정한 조국은 그 질식한 도시의 담 저 너머에 있었다. 그 조국은 언덕 위의 그 향기로운 우거진 숲 속에, 바다 속에, 자유로운 고장들과 따뜻한 사랑의 무게 속에 있었다. 그리고 그들은 바로 그 조국을 향해서, 그 행복을 향해서 돌아가고 있었으며, 그 나머지 것들에 대해서는 혐오감으로 등을 돌리고 싶었던 것이다.

그 귀양살이와 그 결합에 대한 욕구 속에 어떤 의미를 가질 수 있는가에 대하여 리외는 전혀 알지 못했다. 그는 여기저기서 말을 걸어오는 군중들 틈에서도 여전히 걸음을 옮겨가서 점차 덜 붐비는 거리로 나서면서, 그런 것들에 의미가 있다거나 없다거나 하는 것은 그다지 중요한 일이 못 되며, 차라리 사람들의 희망에 어떠한 대답을 얻게 되었는지에 대해서만 알아볼 필요가 있다는 생각을 하는 것이었다.

그는 앞으로 어떠한 대답이 나오는지 알고 있었으며, 거의 사람 그림자 하나 없는 변두리 구역의 초입에 들어설 무렵에는 더욱 뚜렷이 그것을 알 수 있었다. 자기 자신의 보잘것없음을 알고 있는지라 다만 자신들의 사랑의 보금자리로 돌아가기만을 바라고 있던 사람들은 때때로 그 보람을 찾았다. 물론 그중 자신을 기다리고 있던 사람을 빼앗기고서 여전히 고독하게 길거리를 쏘다니고 있는 자도 있었다. 그러나 어떤 사람들은 두 번 생이별을 당하지 않은 것만으로도 다행이라고 여겨야 될 형편이었다. 가령 그 질병이 퍼지기 전에는 자기네의 사랑을 이룩하지 못하다가, 원수 같았던 애인들 사이를 결코 끊을 수 없도록 맺어주는 어려운 화합을 벌써 몇 해를 두고 맹목적으로 추구해왔던 사람들도 있었으니 말이다. 그런 사람들은 리외 자신과 마찬가지로 경솔하게도 시간을 믿었던 것이다. 그러나 그들은 영원히 헤어져야 했다. 하지만 의사가 바로 그날 아침에 헤어지면서 "용기를 내시오. 지금이야말로 정신을 바짝 차려야 할 때지요"라고 말했던 랑베르, 그 랑베르 같은 사람들은 아주 잃어버렸다고 믿었던 사람을 망설임도 없이 다시 찾았던 것이다. 적어도 당분간은 행복하리라. 이제 그들은 인간이 언제나 욕구를 느끼며, 가끔씩 손에 넣을 수도 있는 것이 있다면 그것은 바로 인간에 대한 애정이라는 것을 알게 되었다.

이에 반해 인간을 초월하여, 자신도 상상조차 할 수 없는 그 무언가에 관심을 갖고 있던 사람들은 결국엔 어떤 대답도 얻지 못했다. 타루는 그가 말하던 이른바 마음의 평화라는 어려운 것에 도달한 듯싶었지만, 그러나 그는 그것을 죽음 속에서, 이미 그에게는 아무런 도움이 되지 않았을 때에서야 겨우 발견했던 것이다. 반대로 다른 사람들, 즉 집집의 문턱에서 희미해져 가는 햇볕을 받으며, 서로를 힘껏 껴안은 채 정신없이 마주 보고 있는 사람들이 그들의 바라던 바를 손에 넣을 수 있었다면, 그것은 그들이 자기 힘으로 얻을 수 있는 것만을 요구했기 때문이다. 리외는 그랑과 코타르가 사는 거리로 접어들면서, 적어도 가끔씩은 기쁨이라는 게 찾아와서 인간만으로, 인간의 가난하지만 동시에 엄청난 사랑만으로 만족을 느끼는 사람들에게 보람을 주는 것은 정당한 일이라고 생각하고 있었다.

이 연대기도 막바지에 이르렀다. 이제 베르나르 리외도 자기가 이 연대기의 서술자라는 것을 고백해야 할 때가 되었다. 그러나 이 연대기의 마지막 사건들을 서술하기 전에 그는 적어도 자기가 여기에 개입하게 된 까닭을 설명하고, 또 그가 객관적인 증인의 어조로 기록하고자 애썼음을 알리고자 한다. 페스트가 설치던 동안, 그는 직책상 우리 시민의 대부분을 만나봤고, 따라서 그들의 느낀 점을 수집할 수 있는 처지에 놓였다. 그야말로 자기가 보고 들은 바를 보고하기에 적절한 자리에 있었던 것이다. 그러나 그는 되도록 그것을 신중한 태도로 전달하고자 했다. 전반적으로, 그는 어디까지나 자기 눈으로 볼 수 있었던 것 이상의 일들은 보고하지 않도록, 그리고 페스트 시절을 함께 겪어온 사람들이 마음에 품고 있지도 않았던 생각들을 억지로 만들어내 이야기하지 않도록, 우연히 혹은 불행한 인연으로 자기의 손에 오게된 텍스트만을 인용하도록 노력했다.

어떤 범죄 사건의 증인으로 불려갔던 일이 있었을 때에도 그는 선의의 증인에 적합한 조심성 있는 태도를 지켰다. 그러면서도 동시에 정직한 마음의 규칙에 따라 그는 단호하게 희생자의 편을 들었고 그와 같은 시민들이 서로 공통되게 지니고 있는 유일한 확신, 바로 사랑과 고통과 귀양살이를 겪으려고 했다. 그처럼 시민들의 불안이라면 그 어떤 것도 그들과 함께 겪지 않은 것이라고는 없고, 어떤 상황도 동시에 그 자신의 상황이 아닌 것은 없었다.

그는 충실한 증인이 되기 위해서, 특히 조서, 자료, 그리고 소문 같은 것들을 보고해야 했다. 그러나 개인적으로 말하고 싶었던 것, 즉 자신의 기대라든지 자신의 시련이라든지 하는 것에는 잠자코 있어야만 했다. 혹 그런 것을 이용하는 일이 있었다 하더라도, 그것은 다만 우리 시민들을 이해하고 또 이해시켜보려는 의도에서 그랬던 것이고, 대개 그들이 막연하게 느끼기만 하던 것에 어떤 형태를 부여해보려는 의도에서 그랬던 것이었다. 사실 이러한 이성적 노력이 그에게는 전혀 힘들지 않았다. 수천 명의 페스트 환자의 목소리에 자기 자신의 고백도 직접 섞어 넣어보고 싶은 유혹을 느꼈을 때도 그는 자기의 괴로움 중 어느 것 하나도 다른 사람들의 괴로움 아닌 것이 없으며, 혼자서 고독하게 슬픔을 겪어야 하는 일이 너무나 잦은 세계에서 그 같은 사정은 오히려 다행이라는 생각에서 참았던 것이다. 확실히 그는 모든 사람들에 관한 이야기를 해야만 했다.

그러나 시민들 중 적어도 한 사람만은 의사 리외로서도 두둔할 수 없는 입장이었다. 그는 언젠가 타루가 리외에게 이렇게 말한 적이 있는 바로 그 사람이었다.

"그 사람의 유일하고도 진정한 죄악은 아이들이나 사람들을 죽이는 것에 대해서 마음속으로 시인했다는 점입니다. 그 외의 것은 나도 이해할 수 있어요. 그러니 이것만은 용서할 수가 없어요."

이 기록이 그 무지한 마음, 즉 고독한 마음을 가졌던 그 사람에 대한 이야기로 끝난다는 것은 마땅한 일이다.

축제 분위기로 요란한 큰 거리를 빠져나와서, 그랑과 코타르가 살고 있는 골목으로 들어섰을 때, 의사 리외는 마침 경관들이 쳐 놓은 바리케이드로 인해 발길을 멈출 수밖에 없었다. 전혀 예기치 못했던 일이었다. 요란한 축제의 소리가 멀리서 들려오는 까닭에 그 동네는 더욱 조용한 것 같았으므로, 아예 인기척도 없으리라고 상상했던 것이다. 그는 신분증을 내보였다.

"안 됩니다, 선생님." 경관이 말했다. "미쳐서 시민들에게 총질을 하고 있습니다. 하지만 잠깐만 여기에 계십시오. 도움이 될 지도 모르겠어요."

그때 리외는 그랑이 자기 쪽으로 오는 것을 보았다. 그랑 역시 아무것도 몰랐다. 사람들이 가지 못하게 해서 보니까, 자기 집에서 누가 총을 쏘더라는 것이었다. 멀리, 싸늘해진 태양의 마지막 광선을 받아 노랗게 빛나는 아파트 정면이 보였다. 그 주위에는 커다란 텅 빈 공간이 생겨 맞은편 보도에까지 뻗어 있었다. 그 길 한가운데에 모자 하나와 더러운 헝겊 조각이 뚜렷하게 보였다. 리외와 그랑은 아주 저 멀리, 길 건너에도 자기들을 막고 있는 선과 나란히 경찰의 바리케이드가 또 하나 쳐 있고 그 뒤로 동네 사람들이 빠른 걸음으로 오가는 것을 볼 수 있었다. 잘 보니까, 아파트 맞은편 건물의 문 안에 찰싹 달라붙어서 권총을 겨누고 있는 경관들도 보였다. 아파트의 덧창은 모두 닫혀 있었다. 그러나 3층의 덧창 하나가 반쯤 떨어져서 가까스로 매달려 있는 것을 알 수 있었다. 거리는 정적만이 감돌았다. 시내 중심가에서 음악소리가 단편적으로 들려올 뿐이었다.

한순간 그 집 맞은편의 어떤 건물에서 권총 소리가 두 번 울리더니 아까의 그 떨어질 듯 매달린 덧창에서 파편 몇 개가 튀었다. 그러고는 다시 잠잠해졌다. 멀리서 보고 있자니 한낮의 소란스러운 거리를 지나와서 맞닥뜨린 이 광경이 리외에게는 다소 비현실적으로 느껴졌다.

"코타르의 방 창문이에요." 갑자기 몹시 흥분해서 그랑이 말했다. "그런데 코타르는 달아났는데."

"왜 총을 쏘나요?" 리외가 경관에게 물었다.

"그를 붙잡아두고 시간을 벌려는 겁니다. 우리는 필요한 장비들을 싣고 오는 자동차를 기다리는 중이거든요. 저 건물 문으로 들어가려고만 하면 쏘아대니 말입니다. 경관 한 명이 총에 맞았습니다."

"저 사람은 왜 총을 쏘는 걸까요?"

"모르겠어요. 사람들이 거리에서 즐기고 있었어요. 처음 쏘았을 때는 사람들도 뭐가 뭔지 몰랐었죠. 두 번째 총성이 나고서야 아우성이 일어났고, 부상자가 생겼어요. 그래서 모두들 도망쳤죠. 미친놈이라니까요, 글쎄!"

다시 조용해지자 일분 일분이 지루하게 느껴졌다. 갑자기 거리의 저편에서 개 한 마리가, 리외로서는 정말로 오래간만에 보는 개 한 마리가 튀어나왔다. 더러운 스패니얼 종으로 아마도 그동안 주인이 숨겨두었던 놈일 텐데, 그놈이 벽을 따라서 껑충껑충 뛰어오고 있었다. 개는 문 앞에까지 와서 망설이더니 엉덩이를 땅에 대고 앉아, 뒤로 벌렁 나자빠져 벼룩을 물어뜯는 것이었다. 경관들이 호루라기를 불며 개를 불렀다. 개는 고개를 들더니 천천히 길을 건너가서 모자의 냄새를 맡기 시작했다. 바로 그때 권총소리가 또 3층에서 울렸다. 그러자 개는 얇은 헝겊 조각처럼 뒤집혀 맹렬히 네 발을 휘젓다가 경련을 몇 번 길게 일으키더니 결국은 옆으로 쓰러졌다. 그에 맞은편 문에서 대여섯 발의 총성이 울리며 그 덧창을 산산조각으로 부수어놓았다.

다시 정적이 돌았다. 태양이 약간 기울어져서 그늘이 코타르의 창으로 가까워지고 있었다. 의사 뒤에서 브레이크 소리가 나직이 울렸다.

"왔군." 경관이 말했다.

경관들이 그들 등 뒤로부터 밧줄과 사다리 한 개, 기름먹인 천으로 싼 길쭉한 보따리 두 개를 가지고 나타났다. 그들은 그랑의 집 맞은편 건물들을 끼고 도는 골목으로 들어갔다. 잠시 뒤에 그 집들의 문 안에서 모종의 동요가 직접 보였다기보다는 느낌으로 짐작되었다. 그리고 사람들은 기다렸다. 개는 더 이상 움직이지 않고, 지금은 거무스름한 액체 속에 잠겨 있었다.

갑자기 경관들이 들어가 있던 집들의 창으로부터 기총소사가 시작되었다. 사격이 계속됨에 따라서, 목표물이던 그 덧창은 또다시 말 그대로 산산조각이 나고 그 뒤로 검은 표면이 남았지만, 리외와 그랑이 서 있는 곳에서는 그 속에서 아무 모습도 분간할 수가 없었다. 그 총성이 멎자, 또 다른 기관총소리가 좀더 떨어진 집으로부터 다른 각도에서 따다다다하고 울렸다. 탄환이 아마 창의 어느 쪽을 뚫고 갔는지 그중 한 방에 벽돌 파편이 날았다. 바로 그때, 경관 세 명이 달음박질로 길을 건너가서 아파트 문으로 빨려들 듯이 들어갔다. 거의 동시에 또 다른 세 명이 급히 뛰어들어가자 기관총소리가 멎었다. 사람들은 다시 기다렸다. 두 발의 총소리가 건물 안에서 어렴풋이 울렸다. 이윽고 무슨 소란한 소리가 나더니, 집 안으로부터 셔츠 바람의 작달막한 남자가 연방 소리소리 지르면서 끌려 나왔다기보다는 안겨서 나오는 것이 보였다. 기적이라도 일어난 듯 거리의 덧창들이 모두 열리고 창문마다 호기심에 찬 사람들이 잔뜩 내려다보았다. 한편 수많은 사람들이 집집마다에서 쏟아져 나와 바리케이드 앞으로 몰려들었다. 길 한복판에서 그제야 발을 땅에 붙이고 두 팔을 뒤로 비틀린 채 경관에게 잡혀 있는 그 작달막한 사나이가 잠깐 보였다. 그는 큰 소리로 외치고 있었다. 경관 하나가 유유히 그에게로 다가가서 침착하게 주먹으로 두 번 힘껏 후려쳤다.

"코타르로군요." 그랑이 중얼거렸다. "미쳤군요."

코타르는 쓰러졌다. 경관이 땅 위에 누워 있는 그 사내에게 힘껏 발길질을 했다. 그러자 사람들이 동요하기 시작하면서 의사와 그의 늙은 친구에게로 다가왔다.

"길을 비키시오!" 경관이 말했다.

리외는 그 사람들이 몰려가는 쪽으로 시선을 돌렸다.

그랑과 의사는 해가 저물어가는 황혼 속에서 자리를 떴다. 마치 그 사건이 잠자는 듯 마비 상태에 빠져 있던 그 동네를 흔들어 깨우기나 한 것처럼, 그 외진 거리에도 다시 들뜬 군중의 웅성거리는 소리가 넘쳐나고 있었다. 그랑은 집 앞에서 의사에게 작별 인사를 했다. 그는 일을 할 예정이었다. 그러나 막 집으로 올라가려다가 그는 리외에게, 자기는 잔에게 편지를 썼으며, 지금 아주 만족한다고 말했다. 그리고 예의 그 문장을 새로 쓰기 시작했다는 것이었다.

"전부 없앴죠. 형용사들은 전부 다요." 그가 말했다.

그리고 짓궂은 미소를 지으며 그는 모자를 벗어 들고 정중하게 고개를 숙였다. 그러나 리외는 코타르 생각을 하고 있었다. 코타르의 얼굴을 후려갈기던 소리가 그 천식환자 영감 집을 향해 가는 내내 그의 귀에 들려오는 것만 같았다. 아마도 죄인에 대해 생각하는 것이 죽은 사람에 대해 생각하는 것보다 더 괴로운 일인지도 모른다.

리외가 그의 늙은 환자의 집에 도착했을 때, 벌써 하늘은 깜깜해져 있었다. 방 안에서도 먼 곳에서 자유를 만끽하는 사람들의 떠들썩한 소리가 들려오고, 노인은 여전히 한결같은 기분으로 콩 옮겨 담는 일을 계속하고 있었다.

"들뜬 것도 당연하지." 노인이 말했다. "세상을 살아가려면 뭐든 필요하지요. 그런데 선생님의 친구분은 어떻게 되셨어요?"

폭발음이 몇 번 그들의 귀에까지 들려왔지만, 그것은 평화로운 소리였다. 아이들이 폭죽놀이를 하고 있는 것이었다.

"죽었습니다." 리외는 영감의 쿨럭거리는 가슴에 청진기를 대면서 그렇게 말했다.

"아!" 노인은 좀 기가 막히다는 듯이 중얼거렸다.

"페스트더군요." 리외가 덧붙였다.

"그랬군요." 얼마 지나지 않아 노인이 말했다. "가장 좋은 사람들이 가버리는군요. 그게 인생이죠. 하지만 그이는 자기가 뭘 원하는지 다 알고 있었죠."

"왜 그런 말씀을 하시지요?" 청진기를 집어넣으면서 리외가 말했다.

"그냥요. 그분은 그저 무의미한 말은 하지 않으셨어요. 어쨌든 나는 그분이 좋았어요. 그냥 그랬다 이겁니다. 다른 사람들은 '페스트예요. 페스트를 이겨냈다는군요' 하고 난리를 치죠. 좀더 봐주다간 훈장이라도 달라고 할 판이죠. 그러나 페스트가 뭐기에? 그게 바로 인생이에요. 그뿐이죠."

"찜질을 규칙적으로 해야 합니다.

"아! 염려 마세요. 나는 아직 시간이 있어요. 나는 다른 사람들이 다 죽는 것을 보고 죽을 거예요. 나는 살아남는 방법을 알고 있단 말입니다."

멀리서 기쁨의 외침소리가 그의 말에 대답하는 듯이 들려왔다. 리외는 방 한복판에 우뚝 섰다.

"테라스로 나가봐도 될까요?"

"왜 안 되겠어요. 거기 가서 그들을 좀 보시겠다는 거죠, 그렇죠? 좋을 대로 하세요. 하지만 그들은 늘 똑같아요."

리외는 계단 쪽으로 갔다.

"그런데 선생님, 페스트로 죽은 사람들을 위해서 기념비를 세운다는 게 정말인가요?"

"신문에 그렇게 났더군요. 돌기둥이나 동판 같은 것으로요."

"그럴 줄 알았다니까. 그리고 연설들을 하겠죠." 노인은 목이 비틀리는 소리로 웃어댔다. "여기 앉아서도 훤히 들리죠. '희생자 분들께서는……', 그 다음에는 한턱 잡수시겠죠."

리외는 벌써 계단을 올라가고 있었다. 드넓고 싸늘한 하늘이 집들 위에 펼쳐지고, 언덕 기슭에는 별들이 부싯돌처럼 단단해져가고 있었다. 그가 타루와 더불어 페스트를 잊어보려고 그 테라스 위로 올라왔던 그날 밤과 별로 다를 게 없었다. 그러나 오늘은 파도소리가 그때보다 훨씬 요란스레 낭떠러지 아래에서 들렸다. 공기는 가을의 미지근한 바람이 날라오던 찝찔한 맛이 없어지고, 더욱 잔잔하고 가벼웠다. 그 동안에도 시내에서 들려오는 웅성거리는 소리가 파도소리를 내면서 여전히 테라스 밑에 와서 부딪쳤다. 그러나 그 밤은 해방의 밤이지 반항의 밤은 아니었다. 멀리서 어두우면서도 불그레한 빛이, 그곳에 불빛 찬란한 큰길과 광장이 있다는 것을 말해주고 있었다. 이제 해방된 밤 속에서 욕망은 아무런 구속을 받지 않게 되었다. 리외의 발 밑에까지 으르렁거리며 밀려오는 것은 바로 그 욕망의 소리였다.

어둠침침한 항구로부터 공식적인 축하의 첫 불꽃이 솟아올랐다. 온 도시는 길고 은은한 함성으로 그 불꽃들을 반기고 있었다. 코타르도 타루도, 리외가 사랑했으나 잃고 만 남자들과 여자들도, 죽은 자들도, 범죄자들도 모두 잊혀졌다. 노인이 말한 대로였다. 인간들은 언제나 똑같다. 그러나 그것이 그들의 힘이고 순진함이기도 하다. 그런 점에서 리외는 모든 슬픔을 넘어서 자신이 그들과 통한다는 것을 느낄 수 있었다. 더 힘차고 더 긴 함성이 테라스 밑에서 발 밑에까지 밀려와 오래도록 메아리치는 가운데, 온갖 빛깔의 불꽃 다발들이 점점 그 수를 더해가며 하늘 높이 솟아오르는 것을 바라보며 의사 리외는, 입 다물고 침묵하는 사람들의 무리에 속하지 않기 위하여, 페스트에 희생된 그 사람들에게 유리한 증언을 하기 위하여, 아니 적어도 그들에게 가해진 불의와 폭력에 대해 기억만이라도 남겨놓기 위하여, 그리고 재앙의 소용돌이 속에서 배운 것만이라도, 그러니까 인간에게는 경멸해야 할 것보다도 찬미해야 할 것이 더 많다는 사실만이라도 말해두기 위하여, 지금 여기서 끝맺으려고 하는 이야기를 글로 쓸 결심을 했다.

그래도 그는 이 연대기가 결정적인 승리의 기록일 수 없다는 것을 알고 있었다. 그것은 다만 공포와 그 공포가 가지고 있는 악착같은 무기에 대항하여 수행해나가야 했던 것, 그리고 성자가 될 수도 없고 재앙을 용납할 수도 없기에 그 대신 의사가 되겠다고 노력하는 모든 사람들이 그들의 개인적인 고통에도 불구하고 아직도 수행해나가야 할 것에 대한 증언에 지나지 않는 것이다.

사실, 시내에서 올라오는 환희의 외침소리에 귀를 기울이면서, 리외는 그러한 환희가 항상 위협을 받고 있다는 사실을 떠올리고 있었다. 왜냐하면 그는 그 기뻐하는 군중이 모르고 있는 사실, 즉 페스트균은 결코 죽거나 소멸하지 않으며, 그 균은 수십 년 간 가구나 옷가지들 속에서 잠자고 있을 수 있고, 방이나 지하실이나 트렁크나 손수건이나 낡은 서류 같은 것들 속에서 꾸준히 살아남아 있다가 아마 언젠가는 인간들에게 불행과 교훈을 가져다주기 위해서 또다시 저 쥐들을 불러내어 어느 행복한 도시로 그것들을 몰아넣어 거기서 죽게 할 날이 온다는 것을 알고 있었기 때문이다.

Le Mythe de Sisyphe
시지프 신화

파스칼 피아에게

오, 사랑하는 이여, 불멸의 삶을 갈망하지 마라,
다만 가능성의 들판을 끝까지 내달려라.

핀다로스 〈아폴론 축제 경기의 축가3〉

다음의 글에서 다루려고 하는 것은 이 시대 안에 흩어져 있다고 생각되는 부조리의 감수성에 대한 것이지, 부조리의 철학에 대한 것은 아니다. 엄밀하게 말하자면, 우리 시대는 부조리의 철학이라는 것을 모르고 있었다. 먼저 이 글이 우리 시대의 몇몇 탁월한 정신의 소유자들에게 빚지고 있다는 점을 짚고 넘어가는 것이 최소한의 예의일 성싶다. 나로서는 그 사실을 숨길 의향이 조금도 없으며, 따라서 이 책 전반에 걸쳐 다른 글들이 인용되고 주석이 달린 것을 보게 될 것이다.

　또한 그것과 함께 독자가 미리 염두에 두어야 할 점은, 부조리가 지금까지는 결론으로 여겨져 왔지만 이 수필에서는 출발지점으로 간주되고 있다는 사실이다. 그런 의미에서 독자는 나의 해석에 가변적인 면이 있다고 말할 수도 있다. 그러나 거기에서 나타나는 의견을 속단해서는 안 될 것이다. 내가 이 글에서 묘사하려고 하는 것은, 단지 정신이 앓고 있는 병의 순수한 상태일 뿐이다. 지금으로서는 거기에 그 어떤 형이상학도, 그 어떤 철학적 신조도 섞여 있지 않다. 이것만이 이 책의 한계이자 유일한 신조이다.

부조리의 추론

1 부조리와 자살

　참으로 진지한 철학적 문제는 오직 하나뿐이다. 그것은 자살이다. 인생이라는 것이 경험할 만한 가치가 있느냐 없느냐를 판단하는 것이야말로 철학의 본질적인 물음에 대한 답이다. 그 밖에 세계가 3차원으로 되어 있는지, 정신의 범주가 9가지인지 12가지인지 등의 문제들은 그 다음의 일이다. 그런 것들은 유희나 마찬가지이다. 무엇보다 먼저 답을 구해야 한다. 그리고 니체 자신이 바랐던 것처럼, 존중 받는 철학자가 되려면 본보기를 보이면서 이론을 펼쳐야 한다. 이 말이 사실이라면 저 대답이 얼마나 중요한지 이해할 수 있으리라. 저 대답이 나온 다음에야 결정적인 행동을 취할 수 있을 것이기 때문이다. 이런 것들은 마음속으로 느낄 때는 뻔한 이치 같지만, 지성의 차원에서 분명히 밝히려면 깊이 파고들어 연구해야 하는 것들이다.

　어떠한 물음이 다른 어떠한 물음보다 더 절박하다는 사실을 무엇으로 판단할 것이냐고 묻는다면, 나는 그 물음이 권고하는 행위들이 바로 판단의 기준이 된다고 대답하겠다. 존재론적 논거를 관철시키기 위해 죽는 사람은 한 번도 본 일이 없다. 갈릴레이는 중요한 과학적 진리를 알아냈지만, 그것 때문에 자기 목숨이 위태롭게 되자 아주 쉽게 그 진리를 포기해버렸다. 어떤 의미에서 보면 잘한 일이었다. 그 진리가 화형을 감수해야 할 만큼의 가치가 있었다고 볼 수는 없으니 말이다. 지구와 태양 중 어느 것이 다른 것의 주위를 회전하느냐 하는 것은 나와 아무런 상관도 없는 일이다. 한마디로, 하잘 것없는 문제인 것이다. 이에 반해, 인생이 살 만한 가치가 없다고 생각한 많은 사람들이 죽음을 택하는 것을 본다. 또한 역설적으로, 이념이나 환상에서 자신이 살아갈 이유를 부여받으면서도, 또 그것을 위해 목숨을 버리는 사람들이 있다(여기서 살아갈 이유라는 것은 동시에 죽어야 할 훌륭한 이유이기도 하다). 그러므로 판단해본다면, 삶의 의미가 무엇이냐 하는 것이야말로 모든 물음 중에서도 가장 절박한 물음이라고 할 수 있겠다. 그 물음에 어떻게 대답할 것인가? 모든 본질적인 문제는, 사람을 죽게 만들 위험을 안고 있는 문제들이거나, 아니면 살려는 열정을 증대시키는 문제들, 이 둘 중에 하나라고 생각한다. 또 그것을 생각하는 방법에는 라팔리스의 사고방식과 돈키호테의 사고방식, 이 두 가지밖에는 없을 것이다. 말하자면 뻔한 이치와 서정성의 균형만이 우리를 감동과 분명한 이해, 양쪽 모두에 다다를 수 있도록 해주는 것이다. 이토록 하찮으면서도 동시에 비장함이 담긴 주제를 대할 때는, 그 자리에 유식하고 고전적인 변증법을 동원하기보다는 좀더 겸손한 정신적 태도로 임하는 편이 나을 것이다. 곧 상식과 공감을 가지고 접근하는 것이 더 잘 이해된다고 할 수 있겠다.

자살이 사회현상이 아닌 다른 것으로 다루어진 적은 지금까지 한 번도 없었다. 반면에 이 글에서는, 먼저 개개인의 생각과 자살과의 관계를 문제 삼고자 한다. 자살 같은 행위는 위대한 작품과 마찬가지로 마음이 평정을 이룬 상태에서 준비된다. 당사자도 알지 못한다. 그러다가 어느 날 밤, 갑자기 방아쇠를 당기거나 물속으로 몸을 던지는 것이다. 나중에 자살하고 말았던 부동산 관리인이 언젠가 내게 해주었던 이야기가 있다. 그는 5년 전에 딸을 잃은 뒤부터 성격이 많이 변했고, 결국 그 일이 자신을 '좀먹었다'고 했다. 이보다 더 적절한 표현은 바랄 수도 없을 정도이다. 생각을 하기 시작한다는 것, 그것은 생각이 자신을 좀먹기 시작한다는 뜻이다. 이 시작 단계에서 사회에는 책임을 물을 만한 것이 별로 없다. 벌레는 인간의 마음속에 있다. 바로 거기에서 벌레를 찾아야 하는 것이다. 아주 작은 그 꿈틀거림이 죽음을 불러와 존재의 눈앞에서 인간을 광명의 세계 밖으로 탈주하도록 이끄는 것이기에, 그것을 추적하여 이해해야 한다.

자살에는 수많은 이유들이 있지만, 지금까지 겉으로 가장 많이 드러난 일반적인 이유가 가장 큰 영향을 미쳤던 것은 아니다. 깊이 생각한 끝에 자살하는 사람은(이런 가설을 완전히 배제시키는 것은 아니지만) 드물다. 거의 언제나 무언가가 통제 불가능한 상태가 되어 위기를 촉발시키는 것이다. 신문은 흔히 '내적 번민'이나 '치유할 수 없는 병'이라고 보도한다. 이런 설명들은 그럴듯해 보인다. 그러나 그날 자살자의 한 친구가 무관심한 어조로 그와 이야기하진 않았는지 알아보아야 할 것이다. 그 사람이 바로 범인이다.

왜냐하면 그런 행동만으로도 그때까지 휴면 상태에 있었던 모든 적개심과 모든 의기소침을 불러일으키기에 충분하기 때문이다. *1

그러나 정신이 죽음을 결의했던 세밀한 과정, 그 정확한 순간들을 낱낱이 알기는 어렵다. 그에 비하면 그 행위를 보고 그 사람이 어떤 결론에 이르렀는지 추측하는 것은 좀더 쉽다. 자살은 어떤 의미에서, 아니 멜로드라마에 나오는 것처럼, 고백을 하는 것이다. 삶을 감당할 길이 없음을, 또는 삶을 이해할 수 없음을 고백하는 것이다. 그렇기는 하지만 이런 유추들 속으로 너무 깊이 들어가지는 말고, 일상에서 쓰는 말로 다시 말해보도록 하자. 그러면 그것은 단지, '힘들게 살 가치가 없다'는 사실을 고백하는 것이 된다. 물론 산다는 것은 결코 쉬운 일이 아니다. 행위들이 계속되는 것은 삶을 존속하는 데에 필요하기 때문이다. 거기엔 많은 동기들이 있겠지만 그중에서도 첫 번째가 습관이다. 자신의 의지로 죽는다는 것에는, 그 습관이라는 것이 가소롭다는 것, 산다는 것에 심오한 이유는 아무것도 없다는 것, 매일같이 그렇게 부산을 떨며 산다는 것이 부질없다는 것, 그리고 고통을 감내하는 것이 무가치하는 것을 무의식적으로나마 인정했다는 사실이 깔려 있다.

도대체 삶에 필요한 수면의지까지 박탈하는 헤아릴 길 없는 그 감정을 어떻게 설명할까? 말도 안 되는 이유들을 대서라도 해명할 수 있다면 그 세계는 친근한 세계이다. 그에 반해, 갑자기 빛과 환상이 사라진 우주 속에 있는 인간은 이방인이 되었다고 느낀다. 이런 추방이 절망적인 까닭은, 이젠 고향을 잃어버려 더 이상 고향을 추억할 수도, 약속된 땅에 대해 희망을 품을 수도 없기 때문이다. 인간과 삶 사이, 또는 배우와 무대 장치 사이의 이런 결렬, 이것이야말로 바로 부조리에 대한 깨달음이다. 정상적인 사람이라면 누구나 한번쯤 자살에 대해 생각해보았을 테니, 우리는 따로 설명을 듣지 않아도 몇몇 사실을 알고 있다. 위에서 말한 부조리에 대한 깨달음과, 허무를 향한 갈망 사이에 직접적인 유대관계가 있다는 사실이다.

이 수필의 주제가 바로 그런 부조리와 자살과의 관계이며, 그것을 정확하

---

*1 이 글의 상대적인 특성을 짚고 넘어가야 할 것 같다. 사실 자살은 훨씬 더 명예로운 이유들과 결부되어 있을 수 있다. 이를테면 중국혁명 무렵 이른바 항의의 표시로 결행한 정치적 자살들이 그 예이다.

게 측정하여 자살이 부조리를 해결할 수 있는지 알아보려는 것이다. 원칙적으로 보았을 때, 스스로를 속이는 사람이 아니라면 자신의 행동에 들어맞는 진실을 믿는다고 가정할 수 있다. 따라서 존재의 부조리 속에 있다는 확신이 자기 행동을 통솔해야 한다. 정당한 호기심을 가진 사람이라면, 혹시 그런 종류의 결론이 이렇게도 이해 불가능한 삶의 환경을 가능한 빨리 떠나라고 자신에게 요구하고 있는 건 아닌지, 스스로 만들어낸 비애감에 휩싸이지 않고 분명하게 자문해보기 마련이다. 물론 자기 자신과 합의를 할 의향이 있는 사람들일 경우에 그렇다는 것이다.

명확한 말로 표현해놓고 보니 이 문제는 단순한 듯하면서도 해결이 불가능해 보인다. 그러나 자칫 속단을 하게 되는데 사람들은 흔히 문제가 단순하면 답도 그에 못지않게 단순하며, 명백함은 명백함을 전제로 한다고 생각하기 때문이다. 선험적으로 생각하거나 문제의 항을 뒤바꿔서 생각해보면, 자살을 하든가 안 하든가 두 가지 길밖에는 없는 것과 마찬가지로, 철학적인 풀이에도 긍정적인 것과 부정적인 것 두 가지밖에는 없는 듯하다. 실제로 그렇게 될 수만 있다면 바랄 것이 없으리라. 그러나 어느 쪽으로도 결론을 내리지 않은 채 계속 의문에 싸여 있는 사람들의 경우도 감안해야 한다. 지금 이 말을 비꼬는 것으로 보기에는 무리가 있다. 어차피 사람들 대부분이 그렇기 때문이다. 부정적으로 답을 내린 사람이 마치 긍정적으로 생각하는 사람처럼 행동하는 것을 보곤 한다. 사실 니체의 기준에 따르면, 그들은 어쨌든 간에 긍정적으로 생각하는 사람들이다. 이와 반대로 자살하는 사람들은 이따금 삶에 의미가 있다고 굳게 믿기도 한다. 이런 모순이 언제나 존재한다. 이제껏 모순이 이렇게 심한 경우가 없었던 까닭은, 이런 문제에 대해서 생각할 때 오히려 대단히 논리적인 태도가 요구될 것 같기 때문이라고까지 말할 수 있겠다. 이것은 철학적 이론과 그 이론을 주장하는 사람들의 실제 행동을 비교하는 것에 으레 따르는 상투적인 말이긴 하다. 그러나 명심해야 할 것은, 삶의 의미를 거부했던 사상가들 중에서 삶을 거부하는 마지막 순간까지 자기논리를 밀어붙인 사람은 아무도 없었다는 사실이다. 예외라고는 문학에 등장하는 키릴로프, 전설에 나오는 페레그리노스,*2 그리고 가설의 지배를

---

*2 나는 페레그리노스처럼 되길 바랐던 한 사람에 대한 이야기를 들은 적이 있다. 전후작가였던 그는 세상의 이목을 끌기 위해 첫 번째 책을 쓴 뒤에 자살했다고 한다. 과연 책은 관심

받은 쥘 르키에가 있었을 뿐이다. 우리는 가끔씩 농담 삼아 쇼펜하우어의 말을 인용하면서, 그가 푸짐하게 차려놓은 식탁 앞에 앉아 자살을 찬미했다는 이야기를 한다. 그러나 사실 거기에 농담거리가 될 만한 요소는 전혀 없다. 비극을 심각하게 여기지 않는 그런 태도는 그리 진지하지 않아도, 결국 그것으로 그라는 사람이 평가되는 법이다.

그렇다면 이런 여러 모순과 모호함을 보면서, 삶에 대한 견해와 그 삶을 놓아버리는 행위 사이에 아무 관련도 없다고 믿어야 할까? 이제 이런 쪽으로는 강조하지 말자. 인간이 자기 삶에 집착하는 데에는 세상의 모든 비참함을 이기는 강력한 어떤 것이 있다. 육체의 판단력은 정신의 판단력에 결코 뒤지지 않아서, 육체는 소멸될 위협과 맞닥뜨리면 뒷걸음질 친다. 우리는 생각하는 법을 배우기 전에 먼저 삶을 영위하는 법을 익히는 것이다. 그러나 날마다 조금씩 죽음을 향하여 우리를 몰아가고 있는 삶의 여정 속에서, 육체는 후퇴가 불가능한 전진을 유지하고 있다. 결론적으로, 이런 모순의 본질은 내가 '피하기'라고 일컫는 것에 있다고 할 수 있다. 왜냐하면 그 '피하기'가 파스칼이 말하는 기분전환이라는 의미의 하위개념과 상위개념에 동시에 해당하기 때문이다. 이 죽음을 피할 수 없는 '피하기'가 이 수필의 세 번째 주제를 이루고 있는데, 그것은 바로 희망이다. 그런데 그 희망이란, '자격이 있어야만' 바랄 수 있는 내세에 대한 희망이며, 아니면 삶 자체가 아니라 어떤 거창한 사상을 위해 사는 사람들의 속임수이다. 그들이 얘기하는 사상은 삶보다 우선하고, 삶을 이상화시키며, 삶에 의미를 주는 것이라고는 하지만 결국엔 우리를 배신하고 만다.

모든 것은 이렇게 카드 패들이 뒤죽박죽 섞이는 일에 이바지하고 있다. 그러나 지금까지 애매한 말들을 다루고, 그것을 믿는 척했던 것이 쓸데없는 일만은 아니다. 우리는 앞에서, 삶의 의미를 거부하다 보면 필연적으로 삶이 살 가치가 없는 것이라고 선언하게 된다고 했다. 하지만 사실 그 두 가지 판단 사이에 강요된 척도는 아무것도 없다. 단지 지금까지 강조한 불명료함과 불일치, 산만함 때문에 길을 잘못 드는 일은 없어야 하겠다는 것이다. 모든

을 끌긴 했지만 악평을 받았다고 한다.

것을 배제시키고 진정한 문제로 곧장 들어가야 한다. 자살하는 것은 삶이 살 가치가 없기 때문이라고들 하는데, 이것이 어쩌면 진리일 수도 있다. 그럼에도 그 말이 알맹이가 없는 것처럼 느껴지는 까닭은 오히려 자명한 이치이기 때문이다. 그러나 실존에 대한 그런 모욕, 삶을 심각하게 만드는 그런 반박이 과연 전혀 의미 없는 것에서 기인하는 걸까? 과연 삶의 부조리가 희망이나 자살을 통해 삶을 벗어나라고 요구하는 것일까? 이것이야말로 남은 곁가지를 모두 배제시킨 상태에서 명확하게 밝히고, 추적하며, 설명해야 할 문제인 것이다. 부조리가 과연 죽음을 명령하는 것인지를 생각하면서, 다른 것들은 제쳐두고 바로 그 문제에 걸음을 내딛으며 모든 사고방식과 객관적인 정신의 영향에서 벗어나야 한다. 미묘한 차이들, 모순들, 그리고 심리학적인 것에 대해서, '표상적인' 정신을 가진 사람은 언제나 그것들이 모든 문제 속에 도입되는 것으로 여기는데, 사실 이런 추구와 열정 속에는 그것들이 있을 자리가 없다. 여기에는 단지 부당하기 짝이 없는 사고만이 필요할 뿐이다. 다시 말하면 필연적 귀결만이 필요하다. 쉬운 일은 아니다. 논리적으로 된다는 것은 언제나 쉽지만, 끝까지 논리적으로 귀결되기란 거의 불가능하기 때문이다. 자기 손으로 목숨을 끊는 사람들은 그런 식으로 생각하여 자기감정의 내리막길을 끝까지 따라가는 것이다. 자살에 대해 성찰하고 나니, 이제야 내 유일한 관심사에 대해 문제를 제기할 기회가 생겼다. 곧 죽음에까지 이르게 되는 논리가 과연 있는가 하는 점이다. 내가 그것을 알 수 있으려면, 감정에 치우친 열정을 배제시키고, 자명함이라는 유일한 빛 속에서 이성적 사유를 진행시켜 나가야 할 것이다. 나는 여기서 이 이성적 사유가 바로 출발 지점이라고 지적하겠다. 그것이 바로 내가 부조리에 대한 추론이라고 부르는 것이다. 많은 사람들이 이 추론을 시작했다. 하지만 그들이 시작만 하고 그친 것은 아닌지 아직 잘 모르겠다.

칼 야스퍼스는 세계를 획일적으로 구성하는 것이 불가능하다고 밝히면서 이렇게 외친다. "이런 한계가 나를 나 자신에게로 이끈다. 거기선 내가 더는 객관적인 관점 뒤로 물러나지 않기에 나는 나를 대표하는 것 이상의 존재가 되며, 거기선 나 자신도, 타인의 존재도, 더 이상 나의 대상이 될 수 없다." 그가 다른 많은 사람들에 이어 거론하는 것은 물 한 방울 없는 그런 사막 같은 장소들이다. 거기서 사유가 궁극에 다다른다는 것이다. 그가 다른 많은 사람들에 이어 말했다는 것, 그것은 어쩌면 맞는 말이다. 그러나 얼마나 많은 사람들이 거기서 서둘러 빠져나가려고 했던가! 많은 사람들이 사고가 흔들리는 이 마지막 전환점에 이르렀는데, 그중 대부분이 극히 보잘것없는 정신력을 가진 사람들이었다. 그곳에 다다른 사람들은 그때 자신들이 지니고 있던 가장 소중한 것, 곧 자신의 목숨을 포기했던 것이다. 정신력에 대해서는 으뜸간다는 다른 사람들 또한 포기했다. 이들이 가장 순수한 격분 속에서 실행에 옮겼던 것은 사유의 자살이었긴 하지만 말이다. 그런 것과 반대로 참다운 노력이란, 가능한 한 끈질기게 거기 붙어서 그 외딴 지역에 서식하는 괴상한 식물들을 가까이서 관찰하는 것이다. 집요함과 통찰력을 가진 자야말로 부조리와 희망과 죽음이 서로 화답하는 이 비인간적인 유희를 관망할 특권을 가진 관객이라 할 수 있다. 그럴 때야 비로소 정신은 단순하고도 섬세한 그 춤에서, 설명을 듣거나 스스로 겪어보기 전에 갖가지 모습들을 분석해낼 수 있는 것이다.

2 부조리의 벽

위대한 작품들이 그렇듯이, 심오한 감정들은 언제나 의식적으로 나타나려는 것 이상을 의미하고 있다. 마음속에서 끊임없이 변하는 감정의 기복이나 반감은 행동이나 사고의 습관 속에 그대로 나타나고 마음 스스로도 알지 못하는 사이에 결론 속에서 계속된다. 위대한 감정들은 찬란하거나 비참한 그들 특유의 우주를 거느리고 다닌다. 그 감정들이 스스로의 열정에서 나오는 빛으로 단 하나뿐인 이 세상을 비추면, 이 세상에서는 그 감정들이 몸담고 있는 특유의 환경을 새삼 발견하게 된다. 그것은 질투나 야망의 세계, 이기주의나 너그러움의 세계일 수도 있다. 하나의 세계란 곧 하나의 형이상학, 하나의 정신적 태도이다. 이미 특수화된 의식들에 대해 진실인 것은, 그것들의 밑바닥에 깔려 있는 감정들, 그러니까 막연한 듯하면서도 '확실'하고, 멀리 떨어져 있는 듯하면서도 '현존하는' 그 불명확한 감정들에 대해선 한층 더 진실일 것이다. 바로 그런 감정들에서 우리는 아름다움이나 부조리를 느낀다고 할 수 있다.

부조리의 느낌이 아무 길모퉁이에서나 불쑥 튀어나와 아무 얼굴이나 때릴 수가 있다. 난처하게 치부를 드러내고 빛나지도 않는 빛을 내는 그것을 포착하여 사로잡기란 쉽지 않다. 그러나 이런 어려움이 있다는 것 자체가 성찰할 만한 것이라고 할 수 있다. 맞는 말인지 모르겠지만, 한 인간이 우리에게 결코 알 수 없는 존재로 남는 것은, 그가 언제나 타협을 모르는 무언가를 가지고 있어서 우리를 피해가기 때문이다. 그러나 실제적으로 나는 사람들을 인식한다. 그리고 그들이 하는 행동, 그들의 활동 집단, 그들이 인생행로를 거치는 동안 일어나는 결과들을 가지고 그들이 어떤 사람인지 재인식한다. 이처럼 무엇에 대해 분석해야 할지 알 수 없는 그 모든 비합리적인 감정들을 나는 실제적으로 정의할 수 있으며, 실제적으로 평가할 수 있다. 이것은 지성이라는 범주 안에 그 감정의 결과들을 종합하고, 그 감정의 모든 면모를 파악·기록하고, 그 감정들의 우주를 재구성함으로써 가능한 일이다. 같은 배우를 백 번 보았다고 해서 내가 그 사람을 개인적으로 더 잘 알게 되는 것이 아님은 확실하다. 그러나 그가 연기했던 주인공들의 역할을 모두 종합해 생각하면서 백 번째 인물쯤에 이르고 난 다음 그를 좀더 잘 알게 되었다고 한다면, 거기엔 약간의 진실이 있을 것이라고 느껴지리라. 사실 뚜렷한 역설은 또 다른 우화이기 때문이다. 이 역설에는 어떤 교훈이 하나 있다. 그 교훈이 가르쳐주고 있는 것은, 한 인간이 그의 솔직한 충동에 의해서 정의되는 바와 마찬가지로 그가 연기하는 연극에 의해서도 정의된다는 사실이다. 그보다 약간 낮은 차원에서는, 감정들의 경우도 마찬가지라 할 수 있다. 마음으로 직접 느낄 수는 없지만, 감정이 행위를 불러일으키고 정신적 태도에는 감정이 전제되어 있는 것이므로, 행위와 정신적 태도를 통해 감정은 부분적으로나마 노출된다고 할 수 있다. 독자들은 지금 내가 이런 식으로 하나의 방법론을 정의하고 있다는 것을 느낄 것이다. 그러나 그것이 분석의 방법론일 뿐 인식의 방법론은 아니라는 것 또한 느낄 것이다. 사실 방법론이란 형이상학을 포함하고 있으며, 때로는 스스로 알지 못하는 사이에 아직 모르고 있다고 주장하는 결론을 드러내는 것이기 때문이다. 예를 들면 어떤 책의 마지막 페이지에 있는 내용은 첫 페이지에서 이미 나왔던 내용이다. 이런 연관성은 불가피한 것이다. 여기서 규정하고 있는 방법론은 완벽히 진정한 인식이란 불가능하다는 감정을 고백하고 있다. 다만 우리는 그 겉모습들을 하나하나 짚어볼 수 있고 환경을 느껴볼 수 있을 따름이다.

  부조리라는 이 꼬집어 말할 수 없는 감정을 우리가 포착하여 사로잡을 수 있다면, 아마도 서로 다르지만 친근한 세계들 속에서일 것이다. 그것은 지성의 세계이며 삶의 예술 세계, 간단히 말해서 예술의 세계이리라. 가장 먼저 포착되는 것은 부조리의 환경일 것이다. 마지막에 포착되는 것이 부조리의 우주일 터이며, 이런 정신의 태도가 그 특유의 빛으로 세상을 비추어서, 부조리를 재인식할 줄 아는 특권적이고도 완전무결한 얼굴을 빛나게 해주리라.

*

모든 위대한 행동, 모든 위대한 사상은 하찮은 것에서 시작되곤 한다. 위대한 작품들은 흔히 어느 길모퉁이에서, 혹은 어느 식당의 회전문 안에서 태어난다. 부조리도 마찬가지다. 그 어느 것보다 부조리한 세계가 그런 보잘것없는 탄생 과정에서 고귀함을 이끌어낸다. 수많은 상황들 속에서, 생각의 밑바닥에 무엇이 있느냐는 물음에 '아무것도'라고 대답하는 것은 어떤 사람에게 있어서는 위장일 수가 있다. 연애하는 사람들은 그걸 잘 안다. 그러나 만약 이 대답이 진심일 뿐 아니라, 독특한 영혼의 상태를 나타냄으로써 영혼속의 텅 빈 곳에서 설득력 있는 말이 들려오고, 일상적인 행동들의 연쇄가 끊어져버려 끊어진 연결을 다시 이을 고리를 찾으려고 마음속으로 노력해도 소용없다면, 바로 그때 그 대답은 부조리의 첫 징후와도 같은 것이다.

무대장치들이 무너지기에 이른다. 아침의 기상, 전차, 사무실이나 공장에서의 4시간, 식사, 다시 전차, 4시간의 일, 식사, 잠, 그리고 똑같은 리듬속의 월요일 화요일 수요일 목요일 금요일 토요일, 이런 여정은 대부분 수월하게 이어진다. 단지 어느 날엔가 '왜?'라는 의문이 고개를 쳐들면, 그때부터 모든 것은 놀라움의 기미를 띠는 권태 속에서 시작되는 것이다. '시작된다'는 말이 중요하다. 권태는 기계적으로 움직였던 삶의 행위들을 끝내지만, 그와 동시에 의식 활동을 개시한다. 권태는 의식을 깨우고 그 여파를 유발한다. 여파란, 아무 생각 없이 생활의 쳇바퀴 속으로 되돌아가는 것일 수도 있고 결정적인 깨어남일 수도 있다. 이런 깨달음 끝에 결론이 내려지고 시간이 생기게 된다. 결론은 자살일 수도 있으며 회복일 수도 있다. 권태는 그 자체로 뭔가 좀 메스꺼운 데가 있다. 여기서 나는 이 권태가 이로운 것이라고 결론지어야 되겠다. 사실 모든 것은 깨달음에 의하여 시작되며, 깨달음에 의한 것이 아니면 그 무엇도 가치가 없기 때문이다. 이런 지적은 전혀 나만의 독창적인 생각이 아니다. 오히려 뻔한 것이다. 부조리의 기원을 간략하게 인식해볼 수 있는 기회는 얼마 동안은 이것으로 충분하다. 단순한 '고민'이 모든 것의 기원인 것이다.

이처럼 광채 없는 나날들 속에서 시간이 우리를 책임진다. 그러나 결국 어느 순간에 이 시간을 책임져야 할 때가 온다. 우리는 미래를 기약하며 살아간다. '내일', '나중에', '네가 출세를 하면', '나이가 들면 너도 알게 돼' 등의 말을 하며 살고 있지 않은가. 이런 모순은 놀랍기가 그지없다. 미래란 결국 죽음에 이르는 것이니 말이다. 그럼에도 그 어느 날은 오기 마련이고, 그 사람은 자기가 서른 살인 것을 확인하고 내가 서른 살이구나 하고 말한다. 그는 그렇게 자신의 젊음을 표명한다. 그러나 동시에 그는 시간과 결부되어 위치가 정해진다. 시간 속에 자신의 자리를 두는 것이다. 그는 자신이 곡선의 어떤 지점에 있는 것을 인정하고, 앞으로 그 곡선을 따라 걸어야 한다는 사실을 고백한다. 그는 시간에 종속되어 있는 것이다. 그리고 자신을 사로잡는 공포를 느끼며 거기에 가장 위험한 적이 있음을 인식한다. 내일, 그는 내일을 바라고 살겠지만, 그의 본연의 존재 자체는 내일을 거부해야만 할 것이다. 이 본능의 저항이 바로 부조리이다. *3

그보다 한 단계 더 내려가면 나타나는 것이 소외감이다. 곧 세계가 '빡빡하다'는 것을 깨닫게 되는데, 어렴풋하게나마 짐작되는 점은, 하나의 돌이 얼마나 우리에게 낯설고 배타적이며, 자연이나 풍경이 얼마나 큰 강도로 우리를 밀어낼 수 있는가 하는 것이다. 모든 아름다움의 밑바닥에는 뭔가 비인간적인 것이 가로놓여 있다. 그래서 저 언덕들, 온화한 하늘, 저 나무들의 윤곽, 그것들은 곧바로 우리가 입혀놓고 있었던 의미를 허망하게 잃어버리고, 그때부터는 잃어버린 낙원보다도 더 멀리 떨어진 존재가 되는 것이다. 세계의 원초적 적의가 수천 년의 세월을 지나 우리를 향해 거슬러 올라온다. 한동안 우리는 세계를 이해할 수 없게 되는데, 그것은 우리가 여러 세기 동안 세계를 이해하지 않은 채, 우리 스스로가 그동안 부여하고 있었던 모습과 윤곽으로만 세계를 보고 있었기 때문이며, 그때부터는 그러한 인위적 수단

---

*3 하지만 본디 의미에서는 아니다. 정의에 관한 것이 아닌 감정들의 열거일 뿐이고, 이 감정은 부조리를 내포할 수 있다. 열거가 끝났다고 해도 부조리를 철저히 고찰한 것은 아니다.

을 행사할 힘이 없어졌기 때문이다. 세계가 우리로부터 멀어지는 것은 본디 모습으로 돌아가는 것이다. 습관에 의해 가려져 있었던 무대장치들이 다시 있는 그대로의 모습으로 되돌아간다. 우리를 떠나는 것이다. 한 여인의 친숙한 얼굴 속에서 낯선 얼굴이 떠오르고, 그 얼굴이 다름 아닌 여러 달, 혹은 여러 해 전에 사랑했던 여인일 때가 있듯이, 어쩌면 우리는 갑자기 우리를 혼자가 되게 하는 바로 그런 것을 원하는지도 모른다. 그러나 아직 그때는 오지 않았다. 다만 한 가지가 있을 뿐이다. 세계의 그러한 빡빡함과 그러한 소외감, 바로 부조리라는 사실이다.

인간들에게서도 비인간적인 것이 배어나온다. 의식이 명료한 어느 시간 동안에는, 사람들의 행동에서 보이는 기계적인 면과 의미를 잃은 무언극이 사람들 주변의 모든 것을 바보같이 만들어버린다. 한 사내가 유리 칸막이 저쪽에서 전화를 하고 있다. 목소리는 들리지 않는다. 몸짓은 보이지만 이해될 만한 것은 아니다. 그 모습을 바라보노라면 저 사람은 왜 살까 하는 의문이 들게 된다. 인간 자체에 있는 비인간성을 접하면서 느끼는 그런 불편함, 우리 자신의 모습 앞에서 경험하는 측량할 길 없는 그런 추락, 이 시대 어느 작가의 말처럼 '구토', 이것 또한 부조리이다. 마찬가지로 어떤 순간에 거울 속에서 우리를 만나러 오는 낯선 사람, 우리 자신의 사진 속에서 다시 보게 되는 친근하지만 어딘지 불안한 형제, 이것도 역시 부조리이다.

이제 나의 논의는 죽음과 그 죽음에 대해 우리가 지니고 있는 감정에까지 다다랐다. 이 점에 대해서는 앞에서 모두 언급했으므로 비장한 표현은 자제하는 것이 좋을 성싶다. 그런데 모든 사람이 마치 누구나 죽음에 대해 '모르고' 있는 듯이 살아가고 있다는 것은 절대로 크게 놀랄 일이 아니리라. 그것은 사실, 죽음을 체험한 사람이 없기 때문이다. 본디 의미대로라면 살아가면서 의식하는 것 말고는 경험이라 할 수 없다. 여기서는 기껏해야 타인의 죽음에 대한 경험을 말할 수밖에 없다. 그러나 타인의 죽음이란 하나의 대용품이고, 정신적인 시각에서 보는 것에 지나지 않으므로 결코 충분할 만큼 우리를 설득하지 못한다. 이런 우울한 합의에 설득력 따위가 있을 수 없다. 사실 공포는 사건의 수학적 측면에서 온다. 시간이 우리를 두렵게 한다면 그것은 증명을 해 보이기 때문이리라. 정작 해답은 그 뒤에 온다. 영혼에 관한 온갖 미사여구들은 적어도 얼마 동안은 거기서 반대되는 증명과 만나게 될 것이다. 뺨 때려도 더 이상 자국이 나지 않는 생기 없는 육체에서 영혼은 사라져 버렸다. 그 모험과 같은 기초적이고도 결정적인 측면이 부조리를 느끼는 감정 속에 들어 있는 내용물이다. 그 운명이라는 죽음의 조명 아래 무용성이 모습을 드러낸다. 어떤 도덕도, 어떤 노력도 인정사정없는 수학 앞에서는 선험적인 증명을 할 수가 없다. 그 수학이 우리 운명의 조건들을 시간적으로 배치하기 때문이다.

다시 한 번 말하지만 이 모든 것은 이야기되고 또 거듭 이야기되어온 것들이다. 그러니 여기서는 간략하게 분류하고 뚜렷한 주제들을 제시하는 것으로 그치겠다. 사실 그 주제들은 모든 문학, 모든 철학에 걸쳐 두루 나타나 있다. 우리가 매일같이 하는 이야기들도 사실 그런 것들이지 않는가. 그러니 그런 것들을 새로 고안해낸다는 것은 말도 안 되는 이야기이다. 그러나 이렇게 자명한 사실들도 확실히 해두어야 나중에 본질적인 문제들을 제기할 수 있다. 나의 관심을 끄는 것은, 거듭 말하지만 부조리가 발견되었다는 사실이 아니다. 오히려 부조리의 결과이다. 이런 사실들에 확신이 선다면 과연 어떤 결론을 내려야 하며, 어디까지 밀고나가면서 과감히 맞서야 할까? 자신의 의지로 목숨을 끊어야만 할 것인가, 아니면 이 모든 것을 무릅쓰고 희망을 가져야 할 것인가? 이것에 대답하려면, 먼저 지성적인 측면에서도 똑같이 간략한 검토가 필요하리라.

＊

정신이 첫 번째로 하는 것은, 무엇이 참이고 무엇이 거짓인지 가려내는 일이다. 그런데 생각이 생각 자체를 숙고할 때 먼저 발견하게 되는 것은 어떤 모순이다. 이때는 이해해보려고 아무리 노력해도 소용이 없다. 여러 세기에 걸쳐 그에 대해 언급되어 왔지만, 아리스토텔레스가 했던 다음의 말처럼 명쾌하고 완벽한 논증은 아직 없을 것이다. "흔히 웃음거리가 되곤 하는 어떤 견해들이 서로를 상쇄되는 결과를 낳는다는 사실이다. 예를 들면 모든 것이 참임을 긍정한다면, 우리는 부정이 참이라는 것도 긍정하는 것이고, 그 결과 우리 자신의 명제가 거짓이라는 사실도 긍정하는 것이다(같은 이치로, 부정한다면 그 부정을 긍정하는 것이 참일 가능성도 부정하는 것). 그리고 만약 모든 것이 거짓이라면, 이 말에 대한 긍정 자체도 거짓이 되고 만다. 만약 우리 견해를 부정하는 것만 거짓이라고 하거나, 오직 우리 견해만 거짓이 아니라고 표명한다 해도, 참이나 거짓의 헤아릴 수 없이 많은 판정을 허용해야 된다. 왜냐하면 어떤 진실을 긍정하는 사람은 동시에 자신의 긍정 자체가 참임을 선포하는 일이고, 이런 식으로 끝없이 이어지게 되기 때문이다."

그러한 악순환은 단지 연쇄의 첫 연결고리에 지나지 않는다. 그 연쇄에서 정신은 스스로의 모습을 들여다보다가 현기증 나는 소용돌이 속으로 떨어지고 만다. 사실 그런 역설들의 일체성 자체가 그 역설들을 돌이킬 수 없는 것으로 만든다. 언어유희나 논리 위에서 펼치는 곡예가 아무리 훌륭해도 소용이 없다. 이해하려면 우선 단일화되어 있어야 하기 때문이다. 정신의 깊은 곳에서 우러나오는 욕구는 그것이 제아무리 진보된 것이라 해도 결국엔 인간이 세계를 앞에 두고 느끼는 무의식적인 감정과 합류한다. 그것은 바로 세계와 친밀해지고 싶은 욕구이며, 명료함에 대한 갈망이다. 인간의 처지에서 세계를 이해한다는 것은 세계를 인간적인 것으로 환원시켜서 인간의 낙인을 찍는 것이다. 고양이의 세계는 개미핥기의 세계가 아니다. '모든 사고는 인간 위주이다'라는 명언도 같은 의미로 볼 수 있다. 그와 마찬가지로, 현실이해를 추구하는 정신의 소유자는 현실을 생각의 언어로 바꾸지 않는 한 스스로 만족스럽지가 않다. 만약 인간이, 이 세계도 인간처럼 사랑할 수 있고, 고통 받을 수 있다는 사실을 인정한다면 세계와 화해하게 될 것이다. 영원한 연관들 속에서는 현상들이 요약될 수 있으며, 연관 자체도 단일한 원리로 요약될 수 있다. 그런데 사유함으로써, 여러 현상들이 변모하는 거울 속에서 그러한 사실을 발견할 수 있다면, 정신적으로는 행복하다고 말할 수 있을 것이다. 그러나 그 행복을 누리는 사람들의 신화라는 것은 한낱 우스꽝스러운 위조품에 지나지 않는 것이리라. 그 일치에의 향수, 절대에의 갈망은 인간사가 추구하는 본질적인 움직임을 여실히 보여준다. 하지만 이런 향수가 하나의 사실로 존재한다고 해서 당장 그 향수를 달래야 한다는 뜻은 아니다. 왜냐하면, 만일 우리가 정복의 욕구를 가로막고 있는 심연을 뛰어넘어, 파르메니데스가 그랬듯이, 그것이 어떤 것이건, 유일자가 실재한다고 단정한다면, 우리는 우스운 정신적 모순에 빠지고 말 것이기 때문이다. 말하자면 자신이 완전한 일치를 증명하고, 자기가 본디 가지고 있던 차이와 해결하겠다고 큰소리쳤던 다양성을 스스로 확인하여 입증한다고 생각하는 것이다. 이런 또 하나의 악순환은 우리가 품고 있는 희망을 질식시키기에 충분하다.

　그런 것들 또한 자명한 이치들이다. 다시 강조하지만 관심을 가질 만한 것은 사실들 그 자체에 있는 게 아니라, 단지 거기에서 끌어낼 수 있는 결과에 있다. 그런데 나는 또 하나의 자명한 이치를 알고 있다. 그것이 내게 인간은 반드시 죽는다고 속삭이고 있다. 하지만 그것에서 극단적인 결론을 끌어낸 정신의 소유자는 손가락으로 헤아릴 정도이다. 이 수필에서 우리는 끊임없이 훑어봄으로써 우리가 안다고 상상하는 것과 우리가 실제로 아는 것 사이의 변함없는 괴리를, 곧 실천적 동의와 위장된 무지 사이의 변함없는 괴리를 숙고해야 할 것이다. 그 위장된 무지가 우리에게 이상이 있다고 여기게 만들지만, 우리가 정말로 증명할 수만 있다면 사실 그 이상은 우리 삶의 전부를 전복시키고야 말 그런 것이다. 이처럼 뒤얽힌 정신의 모순들 앞에서, 우리 스스로가 창조한 것들에서 우리를 갈라놓는 바로 그 불일치가 또렷이 파악될 것이다. 희망만 가지고는 움직여지지 않는 세계 속에서 정신이 침묵을 지키고 있는 한도 내에서는, 모든 것이 정신적 향수에서 오는 일치감으로 표출되고 정돈된다. 그러나 정신이 움직이는 순간부터 그 세계는 균열이 생기고 무너진다. 이제는 번쩍이는 파편들이 인식 속에 무한하게 피어오르는 것이다. 그런 파편들이 균열이 생겼던 표면을 친숙하고 평온한 상태로 다시 일으켜 세워 우리에게 마음의 평화를 안겨주리라는 기대는 일찌감치 버려야 한다. 여러 세기에 걸친 온갖 탐구와 뭇 사상가들의 숱한 기권을 목격하고 나서, 우리는 그러한 사실이 우리의 인식 전체를 통틀어 진실이라는 것을 확실히 알게 되었다. 직업적인 합리주의자를 제외하고는 오늘날 우리 모두는 참된 인식에 대해 절망하고 있다. 인간의 사고사 중에 의미 있는 것만을 써보라고 하면, 아마도 계속되는 회한의 역사, 무능함의 역사를 써야 하리라.

　나는 과연 누구에 대해서, 무엇에 대해서 '그것을 알고 있다'라고 말할 수 있을까? 내 안의 이 마음, 나는 그것을 느낄 수 있고, 그것이 존재한다고 판단한다. 이 세계, 나는 그것을 접할 수 있으며, 역시 그것이 존재한다고 판단한다. 나의 모든 지식은 거기까지이다. 나머지는 지어낸 것이다. 왜냐하면 스스로가 자아를 확신하고 있다고 해도, 막상 포착해보거나 정의하고 요약해보려고 하면, 이 자아는 손가락 사이로 새어나가는 물에 지나지 않는 것이기 때문이다. 나는 내 자아가 취할 줄 아는 모든 모습, 그리고 자아가 부여받았던 모든 것, 그 교육, 그 기원, 그 열정 혹은 그 열정의 침묵들, 그 고귀함이나 그 저속함들 하나하나를 그려볼 수 있다. 하지만 이런 모습들을 합칠 수는 없다. 그런 마음조차, 내 것이라고는 해도 내겐 영원히 정의될 수 없는 것으로 남을 것이다. 그러니 내 안에 내 존재가 들어 있다는 확신과 내가 그 확신에 부여하려는 내용 사이에 파인 도랑은 결코 메워질 수 없으리라. 영원히 나는 나 자신에게 이방인일 것이다. 심리학에도 논리학에도, 여러 가지 진리들은 있지만 하나의 진리는 없다. '너 자신을 알라'라는 소크라테스의 말은 고해성사 때 하는 '덕을 행하라'라는 말 정도의 가치밖에 없다. 그런 말들은 동경과 무지를 동시에 드러내고 있다. 그런 말들은 커다란 주제에 대한 부질없는 유희들이다. 그리고 그런 말들은 그 말들이 막연하다는 바로 그 엄밀한 한도 내에서만 유효한 것이다.

여기 나무들이 있다. 나는 그 꺼칠꺼칠한 촉감이나 물기를 알고 있으며 그 맛을 느낀다. 저 향기로운 풀잎과 별들, 밤, 마음이 느긋해지는 저녁나절들, 이렇게 위력과 영향력을 실감케 하는 이 세계의 존재를 내가 어떻게 부정할 수 있겠는가? 그러나 지상의 모든 과학은, 이 세계가 나의 것이라고 확신할 만한 것이라곤 아무것도 알려주지 못할 것이다. 당신은 내게 세계를 묘사해 보이고 분류하는 방법을 가르쳐준다. 당신은 이 세계의 법칙들을 나열하고, 나는 알고자 하는 갈망으로 그 법칙들이 옳다고 동의한다. 당신은 세계의 구조 원리를 분석하고, 나는 희망에 부풀어 오른다. 마지막으로 당신은 멋지고도 복잡다단한 이 우주가 원자로 환원되며, 그 원자 자체는 또 전자로 환원된다는 사실을 내게 가르쳐준다. 그런 건 아무래도 좋다. 나는 당신이 계속해주기만을 바랄 뿐이다. 그런데 당신은 눈에 보이지도 않는 전자궤도 이야기를 하면서 그 속에서 전자들이 핵 주위를 회전한다고 설명한다. 당신은 이 세계를 어떤 영상으로 설명해주고 있는 것이다. 그때 나는 당신이 시(詩)에 이르렀음을 알아차리게 된다. 그것은 말하자면, 내가 절대로 알지 못할 것이라는 말과 같다. 내가 그 때문에 화낼 시간이라도 있을까? 미처 그러기도 전에 당신은 벌써 이론을 바꾸어버렸다. 이렇게 나에게 모든 것을 가르쳐줄 것 같던 과학은 가설로 끝나고, 저 명징함은 비유 속으로 침몰하며, 저 불확실함은 예술작품이 된다. 내가 그토록 많은 노력을 기울일 필요가 있었던가? 차라리 저 산들의 부드러운 곡선과 산란한 가슴을 다독이는 저녁의 손길이 세계에 대해 내게 훨씬 더 많은 것을 가르쳐준다. 나는 출발지점으로 되돌아왔다. 나는 내가 과학을 통해 여러 현상들을 파악하고 열거할 수는 있다고 해도, 그것을 가지고 세계를 포착할 수는 없다는 사실을 깨닫는다. 이 세계의 울퉁불퉁한 요철을 모조리 손가락으로 더듬어본다고 해도 나는 역시 그것을 더 잘 알지는 못하리라. 이윽고 당신은 내게, 확실하긴 하지만 가르쳐주는 것은 아무것도 없는 묘사와, 가르쳐준다고는 하지만 전혀 확실하지 않은 가설을 내밀면서 이 두 가지 중에 하나를 택하라고 한다. 나는 나 자신과 이 세계에 낯선 이방인 데다가, 나 자신을 지킬 무기라고는 오직 나 자신을 긍정하자마자 부정하는 사유밖엔 없다. 이런 조건에서는 내가 평화를 얻을 수 있다 하더라도 그 평화가 아는 것과 사는 것을 거부할 터이며, 정복의 욕구가 끓어올라 벽에 부딪힌다 해도 그 공격이 무시당하기만 할 것이다. 그게 뭐란 말인가? 바란다는 것, 그것은 곧 온갖 역설을 불러일으킨다는 것이다. 그래서 결국 모든 것이 갖추어져 저 중독성 있는 평화가 시작되면, 태평함이나 마음의 무기력 상태, 죽음에 이르는 포기가 오고 만다.

그런데 지성도 지성의 방식으로 이 세계가 부조리하다고 말해주고 있다. 지성이 대립적인 입장에서 맹목적 이성을 가지고 쓸데없이 주장하는 이야기는, 모든 것이 명확하다는 것이다. 나는 증거들이 나오길 기다리며, 그 주장이 옳기를 바랐다. 그러나 현학적인 세기가 숱하게 흐르고 그동안 많은 논객들이 현란하고 설득력 있는 말솜씨로 겨루었지만, 나는 그것이 허위임을 안다. 적어도 이런 방면에서는, 기쁨을 맛보려면 내가 알 수 있는 것이어야만 한다. 실제적이든 정신적이든, 저 보편적 이성이나 결정론 같은 그런 범주들이 모든 것을 설명해준다고 하는 주장은 점잖은 사람을 웃게 할 정도이다. 그런 것들은 정신과는 조금도 상관없는 것들이기 때문이다. 그것들은 정신의 심오한 진리가 사슬에 묶여 있다는 사실을 부정한다. 사실 판독 불가능하며 한계가 있는 그런 우주 속에서라야 인간의 운명은 비로소 그 의미를 갖게 되는 것이다. 한 무리의 불합리가 분연히 일어나 마지막 순간까지 인간의 운명을 에워싼다. 이제 되돌아온 그 통찰력과 어색한 현재 속에서, 부조리의 느낌은 명확해지고 자세해진다. 나는 앞에서 세계가 부조리하다고 말했는데, 사실 너무 성급했었다. 세계가 그 자체로서 이성적이지 않다는 것, 세계에 대해 말할 수 있는 것은 이것뿐이다. 부조리란 곧 불합리와 맞서려는 열망이지 다른 것이 아니다. 그 열망이 명료함을 정신없이 찾아 헤매고 있는 까닭은 이 명료함에 대한 소명이 인간의 가장 깊은 곳에 울려 퍼지고 있기 때문이다. 부조리는 인간과 세계에 똑같이 속해 있다. 그러니 당장은 부조리가 그 둘을 이어주는 유일한 끈이다. 증오만이 인간들 사이를 접합시킬 수 있듯이 부조리가 인간과 세계를 서로 고정시키는 것이다. 나의 모험이 계속되고 있는, 이 지표도 척도도 없는 세계 속에서 내가 명확히 분간할 수 있는 것이라고는 이것뿐이다. 그러니 여기에서 멈추도록 하자. 만일 내가 삶과 온갖 연관을 결정짓는 이 부조리를 진실이라고 간주한다면, 또 세계가 보여주는 온갖 광경 앞에 사로잡힌 나의 이런 감정 속으로, 과학의 연구가 내게 부과하는 통찰력 속으로 침잠한다면, 나는 저런 확신들에 모든 것을 희생해야 하고, 그것들을 똑바로 바라보면서 그런 시각을 유지해야 한다. 특히 그 확신에 내 행동을 맞추어야 하며 그 확신이 가져오는 모든 귀결 속에서 확신을 추구해야 한다. 지금 나는 성실함에 대해 말하고 있다. 하지만 그전에 과연 인간의 사유가 이런 불모지에서 존속하는 것이 가능한지 알고 싶다.

*

적어도 인간의 사유가 이런 불모지로 들어섰다는 것은 이미 알고 있었다. 하지만 거기서 사유는 스스로에게서 양분을 찾았다. 그리고 그때까지 환상을 먹고 살았음을 깨달았다. 사유는 인간적 성찰의 가장 절박한 몇몇 주제들에 구실을 제공한 것이다.

인정을 받는 그 순간부터 부조리는 어떤 열정, 그러니까 모든 열정 중에서도 가장 가슴 아픈 열정이 된다. 그러나 과연 그런 열정을 가지고 살아갈 수 있는지, 그 열정의 심오한 법칙을 받아들여 그것에 열광하는 동시에 가슴을 불태울 수 있는지 아는 것, 단지 이것이 문제이다. 그렇지만 그것은 아직 우리가 제기할 문제가 아니다. 그런 문제는 그런 경험이 한창 진행되는 시점에 다루면 된다. 나중에 그에 대한 것을 다시 언급할 시간이 있을 것이다. 지금은 오히려 불모지에서 싹튼 저 주제들과 격정들을 받아들이는 것이 좋겠다. 그것들을 열거하기만 해도 충분하리라. 그것들도 오늘날 모든 사람에게 알려져 있는 것들이기 때문이다. 불합리의 권리를 옹호하려는 사람들은 늘 존재해왔다. 굴욕적인 사유라고 부를 만한 것의 전통은 결코 중단된 적 없이 활발하게 이어져왔다. 합리주의에 대한 비판은 더 이상 할 게 없다고 여겨질 만큼 여러 번 있었다. 그런데도 우리 시대는 역설적인 학설들이 자꾸만 생겨나 이성을 비틀거리게라도 움직이게 하면서, 마치 전에는 이성이 정말로 늘 작동되었다는 듯이 애쓰는 꼴을 본다. 그러나 그런 것은 이성의 효력을 증명하는 것도, 희망의 강렬함을 증명하는 것도 전혀 되지 못한다. 역사적인 차원에서, 그 변함없는 두 가지 입장은 일치에 대한 소명과, 그 소명을 사방의 벽에 가둬둘 명확한 전망 사이에서 번민하는 인간의 본질적인 열정을 설명해주고 있다.

그러나 어느 시대에도 이성을 향한 공격이 우리 시대만큼 활기를 띠지는 못했을 것 같다. 차라투스트라의 위대한 절규는 다음과 같았다. "우연하게도 그것은 세상에서 가장 오래된 고귀함이다. 나는 그것을 모든 것에 되돌리면서, 지금까지는 그것들을 초월한 어떤 영원한 의지도 바라지 않고 있었다고 말했다." 또한 키르케고르는 그 치명적인 질병을 다음과 같이 말했다. "이 병은 죽음에 이르게 되고 죽음 이후엔 아무것도 없다." 이 두 가지 말은 그 뒤로 부조리적인 사유에 대한 의미심장하고도 괴로운 주제들이 그치지 않고 잇달아 등장하도록 만들었다. 또 이 뉘앙스가 중요한데, 적어도 비이성적이고 종교적인 사유를 위한 주제들이 잇달아 등장하도록 만들었다. 야스퍼스에서 하이데거, 키르케고르에서 셰스토프, 현상학자들에서 셸러에 이르기까지, 논리적인 면이나 윤리적인 면에서, 이들 사상 집단 전체는 같은 것을 지향하는 동류가 되어, 방법과 목표는 서로 대립될지라도 이성이라는 왕도를 차단한 채 진실에 이르는 올바른 길을 되찾는 것에 열중했다. 여기서는 독자가 그 사상들을 이미 알고 있고, 체득하고 있다고 간주하겠다. 본디 야심이 어떤 것이든, 또 어떤 것이었든, 그 사상들 모두는, 말로 표현할 수는 없지만 그 이성의 세계가 모순이나 불일치, 번민, 무력감을 다스린다는 사실을 기본으로 출발하고 있다. 그리고 그들에게 공통된 것, 그것이 바로, 지금까지 여기서 언급되었던 주제들이다. 분명히 말해두어야 할 것이 있는데, 그 사상들에 있어서도 무엇보다 중요한 것은 그런 발견들에서 각 사상들의 결론을 끌어낼 수 있었다는 사실이다. 이것은 너무나 중요한 문제이므로 나중에 따로 검토해야 할 것이다. 그러나 지금으로서는 오직 그 사상들이 발견한 것들과 처음에 겪었던 일들만이 문제가 된다. 다만 그 사상들이 어떤 부분에서 일치하는지 확인하는 일이 중요한 것이다. 그 사상들에 들어 있는 여러 철학들을 다루겠다는 것이 건방진 생각일 수도 있지만, 그 사상들에 공통된 환경이 있다고 깨닫게 만드는 것은 어쨌든 가능한 일이며 충분히 그럴 만한 일이기도 하다.

하이데거는 인간의 조건을 냉철하게 고찰하고 나서, 인간의 실존이 굴욕적이라고 밝히고 있다. 유일한 현실이란 것이, 바로 여러 층위의 존재들 전체에 깃들어 있는 '고민'일 뿐이기 때문이다. 세계와 세계의 여흥 속에서 길을 잃은 인간에게 이 고민은 짧은 순간 스쳐 지나가는 두려움이다. 하지만 이 두려움이 스스로를 의식하고 나면, 그 두려움은 고뇌가 되어, 명철해진 인간의 영원한 환경으로 변하게 되고, '그 속에서 실존이 다시 발견된다'. 이 철학교수는 한 치의 흔들림도 없이 세상에서 가장 추상적인 언어로 다음과 같이 쓰고 있다. "인간 실존의 유한하고 한정된 특성은 인간 자체보다도 더 근원적이다." 그는 칸트에 관심을 보이지만, 그것은 칸트의 '순수이성'이 한정된 특성을 가지고 있는지 확인하기 위해서이다. 여러 분석 끝에 나온 결론은, '세계는 고뇌에 사로잡힌 인간에게 더 이상 아무것도 제공할 수 없다'는 것이다. 그 고민이라는 것이 사실상 추론의 여러 범주들을 훨씬 뛰어넘을 정도로 보인 나머지, 그는 오직 그것만을 생각하고 그것에 관해서만 이야기한다. 그는 고민의 갖가지 얼굴들을 나열한다. 평범한 사람이 고민을 자기 안에서 어물어물 덮어버리며 가라앉히려고 애쓰는 순간의 권태로운 얼굴, 정신이 죽음을 응시하는 순간의 두려워하는 얼굴 등등. 나중엔 그도 더 이상 깨달음과 부조리를 구분하지 않는다. 죽음에 대한 깨달음은 고민을 부르는 것이며, '실존이 그때 깨달음을 통해 자기를 독자적인 방식으로 불러달라고 말을 걸어오는 것'이기 때문이다. 죽음에 대한 깨달음은 고뇌의 목소리 그 자체이며, 그것은 실존을 향해, '이름 없는 존재 속에 유실된 그 상태에서 이제 그만 돌아오라'고 명령한다. 그 또한 모든 것이 소진될 때까지 잠들지 말고 깨어 있어야 한다고 생각한다. 그는 이 부조리의 세계 속에 꼭 붙어서 세계의 덧없는 특성을 고발하고 있는 것이다. 잔해들의 한가운데서 자신의 길을 찾는 것이다.

야스퍼스는 모든 존재론에 절망한다. 우리가 '순진성'을 잃어버렸기를 바라기 때문이다. 그는 우리가 아무 곳에도 다다르지 못하고, 결국 여러 징후들에서 나타나는 죽음에 이르는 유희를 초월하지 못하리라는 사실을 안다. 그는 정신의 궁극이 좌절이라는 사실도 알고 있다. 그는 역사가 우리에게 넘겨주는 정신적 모험을 찬찬히 따라가며 각 체계의 결점과, 모든 것에 구원이 되어주었던 환상, 속 들여다보이는 설교를 가차 없이 폭로한다. 황폐해진 이 세계, 인식의 불가능성이 증명되고, 허무가 곧 유일한 현실, 어쩔 도리 없는 절망, 유일한 태도처럼 보이는 이 세계 속에서, 그는 아리아드네의 실을 재발견하여 그 실을 잡고 신성한 비밀들에 이르고자 한다.

　한편 셰스토프도, 경탄할 만큼 단조로우며 끊임없이 똑같은 진리를 추구하는 한 작품을 온전히 따라가면서, 가장 신중한 체계나 가장 보편적인 합리주의도 결국은 언제나 인간적 사유의 비이성적인 면에 부딪치게 된다는 것을 줄기차게 증명하고 있다. 빈정거리는 명증성들, 비웃음 섞인 모순들이 나타나 이성의 가치를 하락시키면 그런 것들은 여지없이 그에게 제지당한다. 그가 흥미를 느끼는 단 하나는 바로 예외라는 것이다. 그것이 감정이나 정신의 역사에서 나온 것이기만 하면 된다. 도스토옙스키가 표현하는 사형수의 경험들, 니체가 표현하는 정신의 치열한 모험들, 햄릿에 나오는 저주의 말들이나, 입센의 한 작품에 나오는 씁쓸한 귀족주의, 이런 것들을 통하여 그는 돌이킬 수 없는 것에 맞서는 인간의 반항을 추적하고, 조명하며, 찬양한다. 그는 이성에 이성이 있다는 것을 인정하지 않으며, 그가 뭔가 결의에 찬 발걸음을 떼놓기 시작한다면, 그것은 오직 저 한 가지 색의 사막 한복판에서 모든 확실성들이 돌로 변할 그때뿐이다.

　이 모든 사람 중에 아마도 가장 매력적인 인물인 키르케고르는 생애의 적어도 한 부분에서 부조리를 발견하는 것 이상을 보여준다. 그는 부조리를 살아낸다. 이 사람이 "침묵 가운데 가장 확실한 침묵은 잠자코 있는 것이 아니라 말을 하는 것이다"라고 쓰고 있듯이, 그가 제일 먼저 확인하는 것은 어떤 진실도 절대적이지 않다는 사실, 그리고 불가능한 실존 그 자체는 만족시킬 수 없다는 사실이다. 인식에 있어서의 돈 후안 격인 그는 숱한 가명들을 사용하고, 엄청난 모순들을 되풀이하며, 《교훈적 논설》을 쓰는가 하면, 그러면서도 《유혹자의 일기》라는 저 냉소적인 유심론 개론서를 쓰기도 한다. 그는 위안, 도덕, 절대 안전한 원리들을 거부한다. 그는 자신의 가슴속에 가시가 박혀 있음을 느끼지만, 고통을 줄이려고 조심하지 않는다. 오히려 고통을 자극하여, 존재가 담고 있는 십자가에 달린 자의 절망적 기쁨 속에서, 하나씩 하나씩, 명철한 의식, 거부, 희극 같은 악마적인 범주를 구성해간다. 그 다정하면서도 비웃는 얼굴, 영혼 밑바닥에서부터 터져 나오는 절규를 동반하는 그 여러 번의 돌변들, 그것이 바로 감당 못할 현실과 싸우고 있는 부조리적인 정신 그 자체이다. 그리고 값비싼 희생을 치른 추문들로 키르케고르를 이끌게 되는 정신적 모험, 그것 또한 장식도 없고 지리멸렬했던 그의 처음 상태로 되돌아가는 혼돈스런 경험 속에서 시작되는 것이다.

완전히 다른 설계도, 방법의 설계도를 살펴본다면, 이 방면에서는 후설과 여러 현상학자들이 자신들의 과도함 자체를 사용해서, 세계가 가진 다양성을 기준으로 세계의 도면을 작성하고, 이성의 초월적 능력을 부정한다. 정신의 우주는 그들과 더불어, 측정할 수 없을 만큼 풍부해진다. 장미 꽃잎이나 이정표, 인간의 손도 사랑이나 욕망, 중력의 법칙 못지않게 중요성을 가진다. 생각한다는 것은 더 이상 대원리의 조건 아래 현상을 단일화시키거나 친근하게 만들어주는 것이 아니다. 생각한다는 것, 그것은 보는 법과 주의를 기울이는 법을 다시 배우는 것이며, 자기 의식을 통솔하는 것, 그리고 프루스트가 하는 식으로 생각 하나하나, 영상 하나하나를 특권적인 장소로 만드는 것이다. 역설적이게도 모든 것이 저마다 특권적 지위를 가진다. 사유를 정당화하는 것은 그 사유의 마지막에 있는 의식이 한다. 키르케고르나 셰스토프보다 더 긍정적이 되기 위해 후설의 행보는 처음엔 이성의 고전적 방식을 부정하지만, 희망을 포기하고 직관과 마음의 문을 열어, 현상들이 증식하는 풍부함 속에는 비인간적인 어떤 것이 있음을 드러낸다. 이런 길들은 모든 지식으로 통하든가, 그 어디로도 통하지 않든가 둘 중의 하나이다. 곧 여기서 방법이 목적보다 더 중요하다고 할 수 있다. 중요한 것은 다만 '인식을 하려는 자세'이지 위안을 느끼자는 것이 아닌 것이다. 다시 한 번 말하지만, 최소한 처음에는 그렇다.

그 정신들 사이에서 어떻게 깊은 동질성을 느끼지 않겠는가! 희망이 더 이상 설 자리를 잃은 특권적이고 쓰라린 장소 주변에 그 정신들이 다시 무리 짓고 있는지 어떻게 보이지 않겠는가? 내게 모든 것이 이해되든가, 아니면 무(無), 둘 중의 하나를 원한다. 하지만 이성은 마음속에서 터져 나오는 절규 앞에서 무력하다. 정신은 그런 요청에 깨어나 뭔가 찾아보지만 발견하는 것이라고는 모순과 말도 안 되는 논리뿐이다. 내가 이해할 수 없는 것이라면 그것은 합리적인 것이 아니다. 세계는 이러한 불합리들로 가득 차 있다. 내가 유일한 의미를 이해하지 못한다는 그 하나만으로도 세계는 엄청난 불합리일 뿐이다. 단 한 번만이라도 '그것은 뚜렷하다'라고 말할 수 있다면 모든 것은 구원될지도 모른다. 그러나 갈망으로 가득 찬 사람들은, 아무것도 뚜렷하지 않고, 모든 것이 혼돈이며, 인간이 간직한 것이라고는 단지 자신을 에워싸고 있는 벽들에 대한 통찰력과 자세한 인식뿐이라고 선언한다.

이런 모든 경험은 서로 일치하며 겹친다. 궁극적 한계점에 다다르게 된 정신은 판단을 내리고 결론을 선택해야 한다. 거기에 자살과 대답이 놓인다. 그러나 나는 고찰의 순서를 뒤집어, 지적 모험에서 출발하여 일상적인 행위들로 되돌아오고자 한다. 여기서 거론된 여러 경험들은 불모지에서 태어난 것이기에 우리는 결코 그 불모지를 떠나면 안 된다. 적어도 그 경험들이 어디에까지 이르렀는지는 알아야만 한다. 노력의 단계에서 인간은 불합리와 마주서게 된다. 그는 자신의 내면에 행복해지고 싶고 합리적이고 싶은 욕구를 느낀다. 부조리는 인간의 호소와 세계의 불합리적 침묵 간의 마주침에서 생겨난다. 이것을 잊어서는 안 된다. 바로 이 점에 집착해야 하는데, 그것은 일생의 모든 귀결이 그것으로부터 나올 수도 있기 때문이다. 불합리, 인간의 향수, 그리고 이 둘의 마주침으로 불쑥 나타나는 부조리, 이것이 바로 드라마의 세 등장인물인데, 그 드라마는 필연적으로 한 존재에서 가능한 모든 논리와 함께 끝나게 될 것이다.

3 철학적 자살

그렇다고 부조리의 감정이 부조리의 개념은 아니다. 부조리의 감정이 부조리적인 개념의 근거를 제공한다는 것, 그것뿐이다. 부조리의 감정은 부조리의 개념 속에 요약되지 않는다. 예외가 있다면 부조리의 감정이 우주에 대하여 판단을 내리는 짧은 순간뿐이다. 이제 부조리의 감정에 남겨진 일은 좀더 멀리 가는 것이다. 부조리의 감정은 살아 있다. 말하자면 그것은 죽기도해야 할 테고, 그전에 먼저 영향을 주기도 해야 할 것이다. 우리가 모은 주제들도 마찬가지이다. 그러나 이 경우에도 내가 관심을 갖는 것은 저작물들이나 사상들이 아니다. 그것들을 비평하려면 다른 자리에서 다른 양식으로 이루어져야 할 것이다. 그러나 그들이 내린 결론에 공통된 점이 있다는 것을 발견하는 일은 여전히 내 관심을 끈다. 아마도 지금까지 그토록 서로 다른 정신들은 결코 없었을 것이다. 하지만 그럼에도 동일한 정신적 배경에서 그들이 동요하고 있음을 우리는 알아채고 있다. 마찬가지로, 그토록 제각기 다른 학문을 통해서 말하고 있는데도, 그들이 저마다 여정을 끝내면서 외치는 소리는 같은 방식으로 울려 퍼지고 있다. 확실히 느낄 수 있는 것은 앞에서 언급한 정신들에 공통적인 환경이 있다는 점이다. 그 환경이 살인적이라고 말한다 해도, 그것은 기껏해야 말장난에 지나지 않는다. 그런 숨 막히는 하늘 아래 산다는 것은 거기서 빠져나오든가, 아니면 남아 있든가 둘 중 하나를 택하게 만든다. 여기서 중요한 것은 전자의 경우엔 어떻게 하면 거기에서 빠져나올 수 있는가를, 그리고 후자의 경우엔 왜 거기에 남아 있어야 하는가를 아는 것이다. 나는 실존철학의 여러 가지 결론들에 대해서 가질 수 있는 관심과 자살의 문제를 그렇게 정의한다.

그전에 나는 잠깐 제 길에서 벗어나보고자 한다. 지금까지 우리는 겉모습으로 부조리를 규정할 수 있었다. 그렇지만 그 개념이 명확하게 포함하고 있는 것이 무엇인지 의문을 가지고, 한편으로는 그 의미를 직접 분석하며, 다른 한편으로는 그 개념이 끌어내는 결론들을 다시 생각해볼 만하다.

만약 내가 어떤 무고한 사람을 흉악한 죄인으로 고발하거나, 도덕적인 사람을 두고 자기 누이를 탐내는 사람이라고 주장한다면, 그 사람은 내게 부조리한 소리라고 반박할 것이다. 이런 분노에는 희극적인 면이 있다. 그러나 근본적인 이유도 있다. 도덕적인 사람은 이 반박으로 내가 자신에게 뒤집어씌운 행위와 전 생애에 걸친 자신의 원칙 사이의 결정적인 모순을 설명하고 있는 것이다. '부조리하다'라고 말하는 것은 '있을 수 없는 일이다'라는 의미이지만, 또한 '모순이다'라는 뜻이기도 하다. 만일 어떤 사람이 대검으로 기관총소대를 공격하는 것을 본다면 나는 그의 행동이 부조리하다고 판단할 것이다. 그러나 그렇게 말할 수 있는 것은 오직, 그의 의도와 그를 기다리고 있는 현실 사이에 존재하는 불균형, 그의 실제 능력과 그가 정한 목표 사이에 내가 포착할 수 있는 모순을 근거로 할 때만이다. 마찬가지로 우리가 어떤 판결을 부조리하다고 할 때는, 겉으로 나타난 사실들을 보고 내릴 만한 판결과 비교하여 그렇게 평가하는 것이다. 마찬가지로 귀류법(부조리)에 의

한 논증도 그러한 추리의 귀결들을 새로 만들어내려는 논리의 현실과 서로 비교함으로써 이루어진다. 모든 경우, 가장 단순한 것에서 가장 복잡한 것에 이르기까지 부조리는 내가 비교하는 두 항 사이의 격차가 커지는 만큼 커질 것이다. 부조리한 결혼이 있으며, 부조리한 도전, 원한, 침묵, 전쟁, 그리고 부조리한 평화가 있다. 그 어느 것이든 부조리는 둘 사이의 비교에서 생겨난다. 따라서 이러한 충분한 근거를 전제로 이야기한다면, 부조리의 감정이란 어떤 사실이나 인상의 단순한 검토에서 생기는 것이 아니라, 현상과 어떤 현실 사이, 어떤 행위와 그 행위를 초월하는 세계 사이의 비교로 생기는 것이다. 부조리란 본질적으로 어떤 불일치이다. 그것은 비교하는 두 요소 중 이쪽에 있는 것도, 저쪽에 있는 것도 아니다. 부조리는 그 둘의 마주침으로 생겨난다.

따라서 이해하기 쉽게 말할 수 있는 것은, 부조리란 인간의 내부에 있는 것도 아니고(지금까지 이런 은유가 의미를 가질 수 있었다고 한다면), 세계 속에 있는 것도 아니며, 다만 그 둘이 공존하는 것에 있다는 것이다. 지금으로서는 부조리만이 양쪽을 묶어주는 유일한 끈이다. 그에 대한 명증성을 보이기 위해 말한다면, 나는 인간이 무엇을 원하는지 알고 있고, 세계가 인간에게 무엇을 주는지 알뿐 아니라, 이젠 그 둘을 하나로 일치시키는 것까지도 안다고 말할 수 있다. 더 이상 파고들어갈 필요는 없다. 탐구하는 사람에게는 단 하나의 확실성만으로도 충분하다. 단지 중요한 것은 거기에서 모든 결과를 이끌어내는 일이다.

즉시 이끌어낼 수 있는 결과는 방법의 규칙이기도 하다. 세계와 인간과 부조리의 기이한 삼위일체가 이렇게 밝혀지지만 아메리카 대륙을 갑자기 발견한 것같이 생각할 일은 전혀 아니다. 그러나 그 삼위일체는 경험의 여건과 공통된 여건을 지니고 있어, 무한히 단순하면서도 무한히 복잡하다. 그런 관점에서, 여러 특징들 중 첫 번째는 바로 그것들이 서로 분리될 수 없는 것이라고 말할 수 있겠다. 그 항목들 가운데 하나를 파괴하는 것은 전체를 파괴하는 것이다. 인간의 정신을 벗어난 부조리는 있을 수 없다. 따라서 모든 것과 마찬가지로 부조리도 죽음과 함께 끝난다. 또한 세계를 떠나서도 부조리는 있을 수 없다. 그러므로 바로 그런 점을 기초적인 판단근거로 삼아 내가 판단하는 것은, 부조리의 의미란 본질적인 것이며 내가 알고 있는 진리 중에 제일가는 것으로 생각할 수 있다는 점이다. 앞서 거론한 방법의 규칙이 바로 여기에 나타난다. 만일 내가 어떤 것을 진실이라고 판단한다면 나는 그것을 지켜야 한다. 내가 어떤 문제에 해결책을 제시하겠다는 생각을 할 때 최소한 이것만큼은 안 된다 하는 일이 있다면, 그것은 바로 문제의 해결을 위해 문제들 중 어느 항목을 슬그머니 감추는 일이다. 내 처지에서는 유일하게 가지고 있는 여건이 부조리이다. 문제는, 어떻게 거기에서 헤어날 수 있는지, 그 부조리가 과연 자살로 귀결되어야 하는 것인지 아는 것이다. 내 탐구의 첫 번째 조건, 사실상 유일한 조건은, 나를 으스러뜨릴 듯이 짓누르고 있는 그것 자체를 보존하는 일, 따라서 거기서 중요하다고 판단되는 것을 존중하는 일이다. 나는 지금 그것을 끊임없는 대결과 투쟁이라고 정의하고 있다.

그리고 이 부조리의 논리를 끝까지 밀고 나가 내가 인정해야 할 것이 있는데, 그것은 이러한 투쟁에, 모든 희망의 부재와(절망과는 아무 관련도 없다) 계속되는 거부(포기와 혼동하면 안 된다), 또 의식적인 불만족(젊은 시절의 불안과 동일한 것으로 생각될 수 있다) 같은 것이 전제되어 있다는 사실이다. 이런 제약들을 없애버리거나 감추거나 혹은 교묘히 다듬는 그 모든 행위는(첫 번째로는 불일치를 타파하는 것에 대한 동의) 부조리를 무너뜨리고, 그때 취해질 수 있는 태도를 실추시킨다. 부조리란 오로지 우리가 그것에 동의하지 않는 범위에서만 의미를 갖기 때문이다.

*

완전히 도덕적으로 보이는 자명한 이치의 사실 하나가 존재하는데, 그것은 인간이 언제나 자신이 세운 진리들의 희생자가 된다는 것이다. 일단 받아들이고 나면 그 사람은 거기서 떨어져 나올 줄을 모른다. 어느 정도 대가를 치러야 하는 것이다. 부조리를 의식하게 되는 인간은 언제까지나 거기 얽매이게 된다. 희망도 없는데 존재를 의식한 인간은 더 이상 미래와는 상관없는 사람이 된다. 그것은 당연하다. 그러나 똑같이 당연한 것은 자신이 그 세계의 창조자이면서도 그가 거기서 빠져나오려고 애쓴다는 점이다. 앞으로 언급될 모든 것이 조금이라도 의미를 가지려면 이런 역설을 마음속에 두어야 한다. 그런 관점에서 볼 때 그 어떤 것보다도 교훈적이라고 할 수 있는 것은, 지금 어떤 방식을 사용하여 사람들이 합리주의의 비판에서부터 출발하여 부조리의 환경을 확인하기까지 자신들의 논리를 밀고 나가는지 검토하는 일이다.

그런데 실존철학들을 다루면서, 그것들 모두가 예외 없이 내게 탈주를 권한다는 사실을 알았다. 기묘한 논리로 이성의 잔해 위 부조리에서 출발하여, 밀폐된 우주 안, 인간적인 것의 한계 속에 갇힌 그 사상들은 스스로를 짓누르고 있는 것을 신격화하고 스스로를 빼앗아간 것 속에서 희망의 근거를 발견한다. 이 강요된 희망의 본질은 그 어떤 실존철학에서건 종교적이다. 이런 사실은 주목할 만하다.

나는 여기서 다만 하나의 예로써, 셰스토프와 키르케고르가 가진 특유의 몇몇 주제들을 분석하려고 한다. 그러나 야스퍼스는 도가 너무 지나쳐 풍자화로까지 보이는 그런 태도의 전형적인 예를 우리에게 보여줄 것이다. 그러면 나머지 것은 한층 분명해지리라. 그는 초월적인 존재를 구현할 힘도, 경험의 깊이를 헤아릴 능력도 없이, 실패로 전복된 이 세계를 깨닫고 있는 상태이다. 그는 앞으로 나아갈 것인가, 아니면 최소한 그 실패에서 어떤 종류의 결론들을 이끌어낼 것인가? 그가 경험 속에서 찾아낸 것이라고는 자신의 무력함에 대한 고백뿐이었으며, 뭔가 만족스러운 원리를 추리할 만한 아무런 실마리도 찾지 못했다. 그런데도 그는 증거도 없이—그 자신이 그렇게 말하고 있다—동시에 초월적인 것과, 경험의 존재, 삶의 초인간적 의미를 한마디로 단정하며 이렇게 쓴다. "실패야말로 모든 가능한 설명과 해명 이상으로 보여주지 않는가, 허무가 아닌 초월적인 존재를." 그런 존재가 갑자기 나타나 인간적 믿음이라는 맹목적인 행위를 통해 모든 것을 설명하고, 그는 그것을 '일반적인 것과 특별한 것의 상상을 초월하는 일치'라고 정의한다. 이런 식으로 부조리는 신이 되고(말의 가장 넓은 의미에서), 몰이해는 모든 것을 밝혀주는 존재가 된다. 그런 추론은 논리적으로 아무것도 끌어내지 못한다. 나는 그것을 비약이라 부를 수 있다. 게다가 역설적으로 말하자면, 야스퍼스가 고집과 무한한 인내로 초월적인 것을 경험 불가능한 대상으로 만들어놓는 것이 이해된다. 왜냐하면 그런 막연한 대상이 멀리 떨어져 있을수록, 위와 같은 정의는 점점 더 허황된 것으로 드러나고 초월적인 것은 그에게 점점 더 현실적인 것이 될 테니 말이다. 또한 그가 초월자를 긍정하게 되는 열정은, 그의 설명 능력 그리고 세계나 경험의 비합리성, 이 둘 사이의 거리에 정비례하기 때문이다. 이렇게 야스퍼스가 악착스럽게 이성의 편견들을 파괴하려는 것은 사실상 더욱 근원적인 방법으로 세계를 설명하려는 것처럼 보인다. 이 굴욕적 사상의 전도자는 다름 아닌 그 굴욕의 끝에까지 가서 자신의 온전한 심연 속에 가라앉아 있는 존재를 소생시킬 그 무엇을 찾으려 하고 있는 것이다.

　신비사상은 그런 과정들로 우리에게 익숙하게 되었다. 그 과정들은 어떤 정신의 태도와 마찬가지로 정당성을 가지고 있다. 하지만 지금의 나는 마치 어떤 문제에 심각하게 매달려 있는 듯이 굴고 있다. 그런 태도의 일반적인 가치나 교육적인 영향력 등에 선입견을 갖지 않은 채 오직 내가 검토해보고 싶은 것은 그러한 태도가 과연 내가 세웠던 조건들에 부응하는지, 또 내가 관심을 갖는 대립과 맞아떨어지는지 하는 것이다. 따라서 나는 셰스토프로 다시 돌아온다. 어느 주석자가 인용한 흥미로운 구절 하나를 보도록 하자. "그는 이렇게 말한다. 유일하고도 진정한 해결책은 인간의 판단에는 해결책이 없다는 바로 그 점이다. 그렇지 않다면 우리에게 신이 필요한 이유가 무엇이겠는가? 신에게 돌아설 때는 오직 불가능한 것을 얻으려고 할 때만이다. 가능한 것이라면 인간의 힘으로도 충분하다." 만약 셰스토프 철학이라는 것이 있다면 이 말로 완전히 요약된다고 할 수 있다. 열정적인 분석을 마친 셰스토프가 모든 존재의 근원적인 부조리를 발견하고 나서 한 말은, '여기 부조리가 있다'가 아니었던 것이다. 그는 이렇게 말했다. "여기 신이 있다. 신에게 우리를 내맡기는 것이 바람직하다. 설령 신이 인간 이성의 어떤 범주와도 소통하지 않는다 해도." 혼동이 생기지 않게 하려는 마음에 이 러시아 철학자는 자신의 처지를 넌지시 말해주기까지 하는데, 내용인즉슨 자신이 말한 신은 어쩌면 증오로 가득 차 있어 혐오스러우며, 이해불가능하고 모순적이겠지만, 그 신의 모습이 최고로 추악하게 나타난 부분에서 신의 권능이 최고로 입증된다는 것이다. 신의 위대함이란, 바로 신이 가진 모순이다. 신의 존재를 증명하고 있는 것, 그것은 바로 신의 잔인함이다. 신의 품속으로 뛰어 들어가야만 하며, 그 도약을 통해 온갖 합리의 환상에서 해방되어야 하는 것이다. 이렇듯 셰스토프에게 부조리의 수용은 부조리 자체와 동시적인 관계에 있다. 부조리를 확인한다는 것은 곧 그것을 받아들인다는 뜻이며, 그는 온갖 노력을 다해 논리적인 사고를 함으로써 부조리를 드러내어, 동시에 엄청난 희망이 부조리에 이끌려 쏟아져 나오도록 하려는 것이다. 다시 한 번 말하지만, 이러한 태도는 정당한 것이다. 그러나 여기서 내가 끈질기게 주시하는 것은 단 하나의 문제와 그 문제의 모든 결과이다. 이 글에서 내가 사상이나 신앙행위의 비장함을 검토할 필요는 없다. 그런 것은 평생 동안 아무 때고 하면 된다. 나는 합리주의자가 셰스토프를 못마땅하게 여긴다는 사실을 알고 있다. 그러나 합리주의자에 비해 셰스토프가 옳다는 사실 또한 감지하고 있으므로 다만 셰스토프가 부조리의 여러 요청들에 충실한 태도를 견지하고 있는지를 알고 싶을 따름이다.

그런데 부조리가 희망의 반의어라는 것을 인정한다면, 셰스토프의 실존 사상은 부조리를 전제하고 있기는 해도, 오직 부조리를 흩어버리기 위해서만 부조리를 내보이고 있다고 생각할 수 있다. 이토록 능란한 사유방식은 곡예사의 비장한 공중돌기와 마찬가지이다. 그런가 하면 셰스토프는 자신이 말하는 부조리를 일상적인 도덕과 이성에 대립시키면서, 그것을 진리와 구원이라고 이름 짓는다. 따라서 근본적으로 부조리에 대한 이런 식의 정의에는 셰스토프가 부조리에 부여하는 어떤 찬양이 있는 것이다. 이런 개념이 가진 모든 영향력이 깃들어 있는 방식 속에서 부조리가 우리의 근본적인 기대들과 충돌한다는 점을 인정할 때, 또 부조리가 스스로 살아남기 위해 결코 동의할 수 없는 것을 요구하고 있다고 느껴질 때, 그때 부조리는 그 참된 모습과 인간적이며 상대적인 특성을 잃고, 불가사의하지만 동시에 만족을 주는 영원성 속으로 들어갔던 것이라고 볼 수 있다. 만약 부조리가 존재한다면 인간의 세계 안에 있다. 하지만 그 개념이 영원성으로 비약하는 발판으로 탈바꿈하는 순간부터, 그것은 이미 인간의 명증성과는 관련이 없게 된다. 그때부터 부조리는 더 이상, 인간이 동의하지는 않은 채로 그 존재만을 인정하던 자명한 사실이 아니다. 투쟁을 피해간 것이다. 인간은 부조리와 동화되어, 그 합일 속에서 대립, 분열, 반목이라는 부조리의 본질적인 성격을 없애버린다. 이러한 비약은 어떤 도피이다. 셰스토프는 "시간이 어긋나 있도다(The time is out of joint)"라고 한 햄릿의 말을 아주 즐겨 인용하는데, 그는 그 말이 특별하게도 모든 것을 내포하고 있다는 어떤 고집스런 희망을 가지고 그렇게 쓴다. 사실 햄릿이 말하거나 셰익스피어가 쓰고 있는 그 말은 그런 의미가 아니라는 뜻이다. 비합리에 심취하여 황홀경에 다가가고자 하면 명철한 정신은 부조리에서 벗어나 다른 길로 빗나가게 된다. 셰스토프가 볼 때, 이성이 헛된 것이긴 해도 이성 저 너머에는 무언가가 있다. 하지만 부조리의 정신으로 보면, 이성은 헛된 것이고 이성 저 너머에는 아무것도 없다.

적어도 이런 식의 비약이 우리에게 부조리의 참다운 본질을 좀더 명확하게 밝혀줄 수 있다. 우리가 알기로 부조리는 균형 속에서만 가치를 지니며, 무엇보다도 비교를 하는 가운데 생기는 것이지, 비교를 하고 있는 항목들 속에 들어 있는 것이 아니기 때문이다. 그러나 셰스토프는 모든 무게를 그 항목들 중 어느 하나에만 실음으로써 바로 균형을 깨뜨린다. 우리의 이해욕구와 절대에 대한 향수는 우리가 많은 것들을 이해하고 설명할 수 있는 바로 그런 한도 내에서만 비로소 설명될 수 있을 뿐이다. 이성을 전적으로 부정한다 해도 아무 소용이 없다. 이성에는 이성이 효력을 발휘하는 고유한 영역이 있다. 그것은 다름 아닌 인간적 경험의 영역이다. 그러기에 우리는 모든 것이 명확히 밝혀지길 바란다. 우리가 그렇게 할 수 없게 되어 부조리가 생기는 그런 경우란 바로, 영향력은 있지만 한계가 있는 이성과 늘 되살아나는 불합리가 만나는 경우이다. 그런데 셰스토프는 '태양계의 운동이 불변의 법칙들에 따라 행해지며 이 법칙들이 곧 태양계의 이성이다'라는 헤겔 식의 명제에 싫증을 느낀다거나 스피노자의 합리주의를 무너뜨리고 싶은 열정에 휩싸이게 되면, 바로 모든 이성이 공허하다고 결론짓는다. 그 이성으로부터 비이성적인 것의 우월성으로의 당연하면서도 비합법적인 회귀를 통해서 말이다. [*4] 그러나 추이는 뚜렷하지 않다. 여기에 한계라는 개념과 차원의 개념이 끼어들 수 있기 때문이다. 자연의 모든 법칙은 어느 한계까지는 유효한 것일 수 있지만, 일단 그 한계를 넘어서면 스스로에 해를 끼치며 부조리가 생겨난다. 게다가 그 법칙들은 묘사의 차원에서는 정당화될 수 있어도 설명의 차원에서는 그렇지 못할 수가 있다. 이 셰스토프의 세계에서는 모든 것이 불합리한 것에 희생되고, 명징함에 대한 요구는 적당히 얼버무려지며, 부조리는 비교의 한쪽 항목과 더불어 사라져버린다. 하지만 이와 반대로, 부조리의 인간은 이렇게 균등화되지 않는다. 부조리의 인간은 투쟁을 인정하고 이성을 전적으로 경멸하지 않으며 불합리의 요구를 받아들인다. 마찬가지의 시선으로

---

*4 특히 예외라는 개념과 아리스토텔레스 사상에 반대하여.

경험된 모든 여건을 거두어들일 뿐, 알기도 전에 비약할 마음은 전혀 갖지 않는다. 알고 있는 것이 있다면 단지 그런 곤두선 의식 속에 희망이 있을 자리가 이제 없다는 사실이다.

레프 셰스토프에게서 확실히 느낀 것이 아마도 키르케고르에게서는 한층 더 심하게 느껴질 것이다. 물론 이런 회피성 사상가에게서는 명제들에 나타난 윤곽을 분명하게 짚어내기가 어렵다. 그러나 글들은 대조적으로 보이지만, 가명이나 태도, 미소 너머로 모든 저작물을 따라 어떤 진리의 예감(동시에 두려움) 같은 것이 나타나고 있음이 느껴진다. 결국 그것은 말년의 작품들 속에서 뚜렷이 드러나게 된다. 즉 키르케고르 또한 중대결정을 내린다. 어린 시절 그토록 두려워했던 그리스도교였지만, 그는 결국 가장 엄격한 그리스도교의 모습으로 돌아간다. 그에게도 역시 모순과 역설이 수도자의 표지가 된다. 그래서 전에 인생의 의미와 깊이로 그를 절망하게 만들었던 바로 그것이 나중엔 진리와 빛을 주게 된다. 그리스도교란 모순적인 사건이며, 키르케고르가 끊임없이 요구하는 것은 이그나티우스 데 로욜라가 요구했던 제3의 희생으로, 신이 가장 기뻐하는 희생, '지성의 희생'인 것이다. *5 '비약'의 이러한 결과는 이상한 것이지만 그것은 이제 우리를 놀라게 하지 않는다. 비약은 저쪽 세상에서 부조리를 표지로 삼지만, 이쪽 세상에서는 경험의 찌꺼기에 불과하다. 키르케고르는 말한다. "신앙인은 자신의 패배 속에서 승리를 찾는다."

이런 태도가 관련된 감동적인 설교에 어떤 것이 있는지 알아볼 생각은 없다. 다만 내가 알아보고 싶은 것은 부조리가 펼쳐 보이는 광경과 부조리 본디 성격이 이런 태도를 정당화시킬 수 있는지 하는 것이다. 그런데 그 문제에 대해 그렇지 않다는 것을 알겠다. 부조리의 내용을 새롭게 고찰해보고 나니, 키르케고르에게 영감을 준 방법론이 더 잘 이해된다. 세계의 불합리와 부조리에 반발하는 향수 사이에서, 그는 균형을 유지하지 못하고 있다. 그는

---

*5 본질적인 문제는 신앙의 문제임에도 내가 여기서 그 사실을 소홀히 다룬다고 생각될 수도 있겠다. 그러나 내가 검토하고 있는 것은 키르케고르나 셰스토프나 좀더 뒤에서 다루게 될 후설의 철학이 아니다(그런 것들을 다루려면 다른 자리와 다른 정신적 태도가 있어야 하리라). 나는 그런 것들에 주제를 빌려와서 검토한 뒤, 거기서 도출되는 결과들이 이미 정해진 규칙들에 들어맞을 수 있는지 알아보고자 하는 것이다. 여기서는 오직 끈질긴 성격만이 중요하다.

양자 사이의 비율을 존중하지 않고 있지만, 엄밀하게 말하면 그 비율이 부조리적인 감정을 만들어내는 것이다. 불합리에서 빠져나올 수 없다고 확신하면서도, 그는 적어도 척박하고 결실 없어 보이는 절망적인 향수에서는 달아나고 싶어한다. 그러나 자신의 판단 속에서는 그 문제에 대해 옳다고 할 수 있더라도, 그 명제의 부정 속에서도 그럴는지 그는 알 수 없을지도 모른다. 저항의 외침을 열광적인 지지로 바꾸어버림으로써, 이제 그는 지금까지 자신을 비춰주던 부조리를 모른 체하고, 유일한 불변성, 머지않아 소유하게 될 불합리를 신격화하기 시작한다. 중요한 것은, 갈리아니 신부가 데피네 부인에게 말했듯이, 치유가 아니라 고통과 함께 사는 것이다. 그런데 키르케고르는 치유되기를 바란다. 치유야말로 그의 열광적인 기원, 그의 일기 전체에 흐르고 있는 기원이다. 그가 지성을 다 바쳐 노력하는 것은 인간 조건의 모순에서 빠져나오는 일이다. 그런데 노력은 더욱 절망적이 되어, 그는 노력의 빛나는 섬광 너머로 얼핏 공허를 보게 된다. 예를 들면 자신의 애기를 하면서 그는 마치 신에 대한 두려움으로도 신앙심으로도 평화를 느낄 수 없었던 것처럼 말하고 있다. 그렇게 하여 그는 억지스런 핑계를 달아 불합리에는 모습을, 자신의 신에게는 부조리의 속성들인 부당함과 모순, 불가해성 등을 부여하게 된다. 오직 지성만이 그의 내부에서 인간 마음의 심층에서 우러나오는 요구사항을 질식시키려고 애쓴다. 증명된 것은 아무것도 없으니 모든 것이 증명될 수 있다.

키르케고르 스스로가 자신이 걸어온 길을 우리에게 드러내 보여주고 있다. 나는 여기서 아무런 암시도 하고 싶지 않다. 그러나 그의 작품들 속에서 어떤 조짐이 읽히는 것을 어쩌겠는가? 그것은 부조리에 동의함으로써 얻어진 훼손과 마주하고 있는 거의 자의적인 정신 훼손의 조짐이다. 그의 일기 속에도 되풀이되고 있는 주제이다. "나에게 없는 것, 그것은 짐승이다. 그것 또한 인간 운명의 일부인 것이다……. 그러니 나에게도 육체를 다오." 좀 뒤로 가면, "아! 특히 젊은 시절 초기에 인간이 되는 시간이 내게 주어졌더라면, 6개월만이었더라도…… 내게 부족한 것은 사실 육체이며, 실존의 육체적 조건이다." 그런데 다른 대목에서 이 사람은 여러 세기에 걸쳐 부조리의 인간을 제외한 많은 사람들의 심금을 울렸던 위대한 희망의 외침을 자기 것으로 삼고 있다. "그러나 그리스도교 신자에게 죽음은 결코 모든 것의 끝이 아니며, 죽음은 건강과 힘이 넘치기까지 하는 삶이 우리에게 주는 희망보다도 더 큰 희망을 무한히 내포하고 있다." 추문 덕에 이룬 화해, 그것도 화해이긴 매한가지이다. 이 화해는 보다시피 희망을 그 반대편에 있는 죽음에서 이끌어내도록 해줄지도 모른다. 그러나 공감이 생겨 이런 태도로 감정이 쏠린다고 하더라도, 비정상적인 것은 아무것도 정당화하지 않는다고 못 박아야 하겠다. 이런 것은 인간이 가능할 수 있는 한계를 넘는 것이니, 따라서 초인간적인 것이어야 한다고들 말한다. 그러나 이 '따라서'라는 말은 심한 것이다. 그 말에서 논리적 확실성이라고는 조금도 찾아볼 수 없다. 실험의 개연성 또한 없다. 내가 말할 수 있는 것은 그것이 정말로 나의 척도를 초월한다는 것이 전부다. 그 사실에서 부정명제를 이끌어내지는 않는다 하더라도, 적어도 이해할 수 없는 것을 전제로 해서는 아무것도 세우고 싶지 않다. 내가 알고 싶은 게 있다면, 내가 알고 있는 것을 가지고, 또는 알고 있는 것만을 가지고 내가 살아갈 수 있는가 하는 점이다. 내게 또 속삭이는 소리가 있다면, 이럴 때 지성은 그 오만함을 포기해야 하고, 이성은 스스로를 굽히고 들어가야 한다는 것이다. 그러나 내가 이성의 한계를 인정한다고 해도, 그것이 이성을 부정한다는 말은 아니다. 나는 이성의 상대적 능력을 인정하고 있다. 나는 다만 그런 중도적 입장을 고수하며 지성이 명석함을 유지하도록 하고 싶을 뿐이다. 바로 그런 중도적 상황에 지성의 오만함이 있다고 해도 난 그것을 왜 포기해야 되는지 충분한 이유를 모르겠다. 사실 그 어떤 관점도 키르케고르의 관점보다는 심오하지 않다. 예를 들면 그는, 절망이 어떤 사실이 아니라 어떤 상태, 즉 죄의 상태 그 자체라고 했다. 왜냐하면 죄야말로 신에게서 멀어지게 하는 것이기 때문이다. 부조리, 그것은 의식적 인간의 형이상학적 상태이며, 신에게 이르지 않는 것이다. *6 어쩌면 이 개념이 밝혀질지도 모르겠다. 내가 '부조리란 신 없이 존재하는 죄다'라는 엄청난 말을 감히 입에 올린다면 말이다.

이러한 부조리의 상태, 그 상태로 산다는 것이 중요하다. 나는 부조리가 어떤 것을 기반으로 하고 있는지 알고 있다. 부조리의 정신과 부조리의 세계는 서로를 지탱하고 있어서 서로를 껴안을 수 없는 상태이다. 나는 이 상태

---

*6 '신을 거부하는 것이다'라고는 쓰지 않았다. 그러면 그것은 결국 신을 긍정하는 말이 됐을 테니까.

에서의 삶의 규범이 어떤 것인지 묻는다. 그러면 나는 부조리의 기반 같은 건 무시해버리고 고통스럽게 대립하고 있는 두 항목 중 하나를 부정하라는 제안을 받으며, 결국엔 내가 포기하기를 요구받는다. 나는 나 자신의 것으로 인정해야 하는 조건이 과연 무엇을 끌어올 수 있는지 묻는다. 그러면 그 조건이 어둠과 무지를 내포하고 있음을 알게 되고, 그 무지가 모든 것을 설명해줄 터이며, 그 어둠이 나의 빛이라고 믿게 된다. 그러나 이런 것에서는 내가 의도한 답이 나오지 않고, 그 감동적인 서정 속에 역설이 들어 있다는 사실이 내게 드러날 수밖에 없다. 따라서 방향을 바꾸어야 한다. 키르케고르가 이렇게 외치며 경고할지도 모른다. "만일 인간에게 영원한 의식이 없었다면, 만일 모든 사물의 밑바닥에 존재하는 것이라고는 오직 거칠게 소용돌이치는 힘뿐이어서, 그 어두운 정념의 소용돌이 속에서 위대하고 하찮은 모든 것이 만들어져왔다면, 만일 바닥없는 공허가 아무것도 채울 수 없도록 사물들 밑에 숨겨져 있었다면, 도대체 그것을 삶이라고 할 것인가, 아니면 절망이라고 할 것인가?" 이 외침에도 부조리의 인간을 멈추게 할 어떤 것은 없다. 진정한 것을 추구하는 것과 바람직한 것을 추구하는 것은 다른 것이다. 만약 '삶이란 도대체 무엇인가?'라는 괴로운 질문에서 빠져나오기 위해 환상이라는 장미꽃잎을 당나귀처럼 뜯어 먹고 살아야 한다면, 그런 허구를 받아들이느니 차라리 부조리의 정신은 두려움 없이 키르케고르의 답인 '절망'을 채택하는 편에 설 것이다. 모든 것을 검토해본 결과 말할 수 있는 것은, 단호한 정신은 언제나 그런 의견에 합의할 것이라는 사실이다.

*

　나는 여기서 실존적 태도를 멋대로 철학적 자살이라고 부르고자 한다. 그러나 그 말이 어떤 판단을 내포하고 있는 것은 아니다. 그것은 변화를 지칭하는 하나의 편리한 방편에 지나지 않으므로, 이때의 변화란 어떤 사유가 스스로를 부정하고, 그렇게 자기사유를 부정하는 가운데 스스로를 넘어서고자 하는 것에서 나타나는 현상이다. 실존철학자에게는 부정이 곧 그들의 신이다. 정확히 말하면, 이 신은 인간 이성의 부정에 의해서만 존립한다.[7] 그러

---

*7 다시 한 번 확실히 해두도록 하자. 신에 대한 긍정은 여기서 문제로 삼는 것이 아니고 문제는 바로 신에 이르는 논리이다.

나 자살과 마찬가지로 신도 사람들에 따라 바뀐다. 비약의 방법들은 많이 있겠지만 핵심은 비약한다는 것이다. 그 구원의 부정들, 그리고 아직 넘어보지도 못한 장애물을 부정하는 그 마지막 모순들은 이성적 차원에서 태어날 수도 있지만 종교적 영감에서 태어날 수도 있다(역설이야말로 이 추론이 겨냥하고 있는 바이다). 그것들은 늘 영생을 동경한다. 오직 그 점에서만 비약을 하고 있는 것이다.

다시 말하는 것이지만, 이 시론이 탐구하고 있는 추론이 옆쪽으로 완전히 방치하고 있는 것이 있다면, 개명된 우리 시대에서 가장 널리 퍼져 있는 정신적 태도이다. 그것이 근거하고 있는 것은 모든 것이 이성이라는 원칙이며, 그것이 겨냥하고 있는 것은 세계에 어떤 설명을 부여하는 것이다. 세계가 명확해야 한다는 사실이 인정될 때 그에 대한 명확한 관점을 제시하는 것은 당연하다. 이것은 정당하기는 하지만 우리가 여기서 추구하는 추론과는 관련이 없다. 추론이 사실상 목적을 가지고 밝혀주는 것은 정신의 과정으로, 그것은 세계의 무의미적 철학에서 출발하여 결국엔 어떤 의미와 깊이를 발견하기에 이른다. 이와 같은 과정들 중에 가장 비장한 것은 종교적인 본질이다. 그것은 불합리라는 주제 속에 뚜렷이 드러난다. 그러나 가장 역설적이고 가장 의미심장한 것은, 종교적인 본질이 하나의 세계에 논리적인 이유를 부여하는 바로 그 과정이며, 그 세계가 처음에는 종교적인 본질이 지도 원리도 없이 상상만 했던 곳이라는 점이다. 어쨌든 향수로 가득 찬 정신이 새롭게 획득한 이 관념이 주어져 있지 않고서는 우리가 흥미로운 결론에 이를 방도가 없다고 할 수 있다.

나는 다만 후설과 현상학자들이 유행시킨 '지향(intention)'이라는 주제만을 검토해보겠다. 이것은 이미 앞에서 암시적으로 언급된 바 있다. 본디 후설의 방법은 이성의 고전적인 추론 방식을 부인한다. 다시 한 번 반복하지만, 사유한다는 것은 어떤 커다란 모습의 원리로 현상을 통일하며 친근하게 만드는 것이 아니다. 사유한다는 것은 보는 방법을 다시 배우고, 자신의 의식이 향하는 방향을 정해주며 저마다의 영상이 특권적인 장소가 되도록 하는 것이다. 다시 말해서 현상학은 세계를 설명할 것을 거부하고 단지 경험된 것에 대한 묘사나 서술에 그치고자 한다. 세상에 불변의 진리란 존재하지 않으며 오직 여러 가지 진리들이 존재할 뿐이라는 원초적 주장에 있어서 현상학은 부조리의 사상과 이어진다. 저녁 바람부터 시작해 어깨 위에 놓인 이 손에 이르기까지 모든 것은 저마다 그것 자체의 진리를 가지고 있다. 오직 의식만이 하나하나의 진리에 주의를 기울임으로써 빛을 던져준다. 의식은 인식의 대상을 구성하지 않는다. 단지 그 대상을 주시할 뿐이다. 그것은 주의를 기울이는 행위이며, 베르그송의 비유를 빌리자면 돌연 어떤 영상에 고정되는 영사기와 같은 것이다. 차이가 있다면 일정한 시나리오 없이, 밑도 끝도 없는 화면들이 연이어 나타난다는 점이다. 이 마술적인 환등 속에 나타나는 모든 영상은 하나하나가 특권을 가진다. 의식은 주목받은 대상들을 경험 속에 둔다. 의식은 기적과도 같은 위력에 의하여 대상들을 분리해낸다. 이렇게 되면 대상들은 모든 판단 밖으로 벗어난다. 의식을 특징짓는 것은 바로 이 '지향'이라는 것이다. 그러나 이 말은 어떤 목적성의 관념은 조금도 가지고 있지 않다. 이 말은 그 속에 내포된 '방향'의 의미로만 이해되어 오직 지형학적인 가치만 지니고 있을 뿐이다.

그러므로 언뜻 보기에 부조리의 정신과 어긋나는 것은 아무것도 없는 듯이 보이리라. 대상을 설명하기를 거부한 채 다만 묘사하고 기술하는 데 그치는 정신의 표면적인 겸손, 역설적으로 경험을 깊고도 풍요롭게 하고 세계가 장황한 모습으로 재생되도록 만드는 의도적인 규율, 이것이 과연 부조리의 방법이다. 적어도 언뜻 보기에는 그렇다는 뜻이다. 다른 경우에서와 마찬가지로 여기서도 사고의 방법은 언제나 두 가지 측면, 즉 심리학적 측면과 형이상학적 측면을 지니고 있으니까 말이다. *8 따라서 그것들은 두 가지 진리를 포함하고 있는 셈이다. 만약에 지향성이라는 주제가, 현실을 설명하는 것이 아니라 밑바닥까지 섭렵하려고 하는 심리학적 태도만을 드러내 보인다면, 사실 그것은 부조리의 정신과 전혀 어긋나지 않는다. 그것은 대상을 넘어설 수 없으므로 그저 열거만 하고자 한다. 그것은 오직, 통일의 원리도 전연 없는 가운데서도 사고는 경험 하나하나의 모습을 서술하고 이해하는 데에서 기쁨을 맛볼 수 있다는 점만 확인할 뿐이다. 이때 이러한 경험의 모습 하나하나에 대하여 거론되는 진리는 심리학적 범주에 속한다. 이 진리는 다만 현실이 보여줄 수 있는 '흥미'를 입증하는 데 그친다. 그것은 졸고 있는

---

*8 가장 엄밀한 인식론조차 여러 가지 형이상학을 전제로 한다. 따라서 대부분의 현대 사상가들의 형이상학은 바로 단 한 가지 인식론밖에는 가진 것이 없다고 말할 수 있을 정도이다.

세계를 흔들어 깨워 정신을 생생하게 느끼도록 하는 하나의 방법이다. 그러나 이 진리라는 개념을 확장하여 근거를 마련하고자 한다면, 그리하여 각 인식 대상의 '본질'을 발견하겠다고 나선다면, 그것은 곧 경험에 깊이를 회복시켜놓게 된다. 부조리의 정신으로서는 이해할 수 없는 일이다. 그런데 겸손과 확신 사이에서의 이러한 흔들림이야말로 지향적 태도 속에 확실히 느껴지는 것이며, 말하자면 수면에 비친 빛처럼 현상학적 사고가 그 반짝임을 변화시킨다는 이 사실은 부조리한 논증이 얼마나 독특한 것인지를 다른 무엇보다도 더 분명히 드러내줄 것이다.

왜냐하면 후설 또한 지향이 드러낸 '초시간적 본질'을 이야기하고 있으니 말이다. 그 말 속에서는 마치 플라톤의 목소리가 들리는 듯한 느낌이다. 모든 사물을 단 한 가지 사물이 아니라 모든 사물에 의해서 설명한다는 것이다. 나는 그 두 가지가 어떻게 다른지 알 수가 없다. 물론 의식이 저마다 서술의 끝에 가서 '현실화하는' 관념들, 혹은 본질들이 아직은 완전한 모델이기를 바라지 않는다. 그러나 그 본질들이 깨달음의 여건 속에 직접 현존하는 것이라고 그들은 주장한다. 이제 더 이상 모든 것을 다 설명해주는 단 하나의 관념은 존재하지 않지만 무한한 수의 대상들에 의미를 부여하는 무한한 수의 본질들이 존재한다는 것이다. 세계는 움직임을 멈추지만 스스로를 비춘다. 플라톤의 실재론은 직관적인 것으로 변하지만 그래도 실재론으로 바뀌지는 않는다. 키르케고르는 그의 신 속으로 빠져들어갔고, 파르메니데스는 유일자(唯一者) 속으로 사고를 몰고 갔다. 그런데 후설의 경우, 사고는 어떤 추상적 다신교 속으로 몸을 던지고 있다. 뿐만 아니라 환각과 허구까지도 '초시간적 본질'의 일부를 이룬다. 이 관념의 신세계 속에서는 반인반마(半人半馬)의 범주가 지하철 승객들이라는 보다 평범한 범주와 서로 협력하고 있다.

부조리의 인간에게 세계의 모습들은 어느 것이든 다 특권적이라는 순전히 심리학적인 견해 속에는 하나의 진리와 더불어 씁쓸한 맛이 담겨 있었다. 모든 것이 저마다 특권적이란 말은 결국 모든 것의 가치가 같다는 의미이다. 그러나 이 진리의 형이상학적 국면을 너무나 극단적으로 믿은 나머지 후설은 단순한 반작용으로 아마도 자신이 플라톤에 더욱 가까워진 것으로 느낀 모양이다. 과연 저마다의 영상 뒤에는 마찬가지로 특권적인 어떤 본질이 전제되어 있다는 가르침을 받는 것이다. 이 계급 없는 관념의 세계 안에서 정규군은 오직 장군들만으로 이루어진 셈이다. 분명 초월성은 배제될지도 모른다. 그러나 사고가 느닷없이 방향을 바꿔 어떤 단편적 내재성이 세계 안에 재도입되고 이리하여 우주는 그 깊이를 다시 찾아 가지게 되는 것이다.

창조자들은 보다 신중히 다루었던 주제를 내가 너무 엉뚱하게 발전시킨 것이 아닌가 하고 걱정해야 할까? 나는 다만 다음과 같은 후설의 단언을 읽는 것뿐이다. 그 단언은 표면상 역설적으로 보이지만, 그 앞에 나오는 말을 인정한다면 우리는 엄밀한 논리를 감지할 수 있다. "진실한 것은 그 자체로서 진실하다. 진리는 하나이며, 그것을 인지하는 존재가 인간, 괴물, 천사 또는 신 그 어떤 것이든 간에, 그것 자체와 동일하다." 이 말로써 '이성'은 승리의 나팔을 분다. 나는 이를 부인할 수 없다. 부조리의 세계 속에서 그의 단언은 무슨 의미를 지닐 수 있을까? 천사나 신의 깨달음이라는 것은 내게는 아무런 의미도 없다. 신성한 이성이 나의 이성을 동의해주는 이 기하학적 장소 따위 나에게는 영원히 이해할 수 없는 것이다. 여기서도 나는 또 한 가지의 비약을 보게 된다. 추상 속에 이루어진 것이긴 해도 내가 볼 때 그것은 역시 내가 잊지 않으려고 애쓰는 바로 그 망각을 의미한다. 좀더 뒤에서 후설의 "비록 인력의 지배를 받는 모든 물체가 사라진다 할지라도 인력의 법칙 자체는 파괴되지 않은 채 그저 적용될 곳이 없는 상태로만 그대로 머물러 있을 것이다"라는 외침과 마주치게 될 때 나는 그것이 어떤 위안의 형이상학임을 알 수 있다. 그리하여 만약 사고가 자명함의 길로부터 이탈하는 전환점이 어딘지를 찾아내고 싶다면 그저 후설이 정신에 관해서 제시해 보이는 유사한 추론을 다시 읽어보기만 하면 된다. "만약 우리가 심적 과정의 정확한 모든 법칙을 확실히 관찰할 수만 있다면 그 법칙들은 이론적 자연과학의 기본법칙처럼 영원불변한 것으로 보이리라. 따라서 아무런 심적 과정이 존재하지 않아도 그 법칙들은 유효할 것이다." 설사 정신이 존재하지 않아도 그 법칙들은 존재할 것이라고! 여기서 나는 후설이 하나의 심리학적 진리를 합리적 법칙으로 만들려 한다는 걸 깨닫는다. 결국 인간 이성의 통합적인 능력을 부인하고 나서 그는 이를 핑계삼아 영원한 '이성' 속으로 비약하는 것이다.

이렇게 되면 '구체적 우주'라는 후설의 주제도 놀라울 게 없다. 모든 본질이 다 형식적인 것은 아니고 물질적인 본질도 있다든가, 전자는 논리학의 대상이고 후자는 제반 과학의 대상이라고 말한다는 것은 한낱 정의의 문제일 따름이다. 추상이라는 것은 어떤 구체적 보편 속의 비실질적인 한 부분에 지나지 않는다고 단정한다. 그러나 이미 이쪽저쪽으로 흔들리고 있음이 드러난 이상 이런 혼란스러운 표현들의 확실한 설명이 가능해진다. 왜냐하면 이것은 곧, 내가 주목하는 구체적인 대상, 이 하늘, 이 외투 자락에 어리는 물의 반사가 그 자체로서, 나의 관심이 세계 속에서 분리해내는 현실로서의 특권을 지닌다는 의미일 수도 있기 때문이다. 나도 그것을 부정할 생각은 없다. 그러나 그것은 또한 외투 자체는 보편적인 것으로 고유하고 충족된 본질을 가지고 있으면서 형상들의 세계에 속해 있음을 의미할 수도 있다. 이렇게 되면 나는 단지 행렬의 순서가 달라졌을 뿐임을 깨닫게 된다. 이 세계는 더이상 보다 높은 어떤 우주 속에 그 그림자를 던지고 있지 않지만 형상의 하늘은 이 땅의 수많은 영상들 가운데에서 그 모습을 드러낸다. 그렇다면 실제로 달라진 것은 아무것도 없는 셈이다. 내가 여기서 찾은 것은 결코 구체적인 것에 대한 존중이나 인간 조건의 의미가 아니라 구체적인 것 자체를 보편화하려는 난폭한 주지주의일 뿐이다.

겸손해진 이성과 의기양양한 이성이라는 서로 대립된 길을 거쳐오고 나서도 사유가 결국은 사유 그 자체를 부정하게 된다는 점에서는 마찬가지라고 해서 그런 표면상의 역설에 놀라는 것은 의미가 없으리라. 후설의 추상적 신에서 키르케고르의 섬광과도 같은 신까지의 거리는 그다지 멀지 않다. 이성이나 비합리는 같은 신을 설명하기에 이른다. 사실상 어느 길로 가느냐 하는 것은 별로 중요하지 않으며 오직 목적지에 다다르려는 의지만 있다면 어떤 일이라도 할 수 있기 때문이다. 추상적인 철학자와 종교적인 철학자는 동일한 혼란에서 출발하여 같은 고뇌 속에 서 있다. 그러나 본질적인 것은 설명을 하는 일이다. 여기서는 절대에 대한 향수가 인식보다 더 강하다. 이 시대의 사유가 세계의 무의미성의 철학에 가장 깊이 젖어 있는 사유들 중의 하나이면서 동시에 거기서 도달한 결론에 있어서는 가장 분열된 사유들 중의 하나라는 점은 매우 의미심장한 일이다. 이 시대의 사유는 현실을 이성의 유형들로 포개어놓게 만드는 현실의 극단적 합리화 작용과, 현실을 신격화하도록 부추기는 극단적인 비합리화 작용 사이를 끊임없이 오가고 있다. 그러나 이와 같은 분열은 표면적인 것에 지나지 않는다. 문제는 화해하는 일인데, 둘 다 비약만 하면 화해는 충분히 가능하다. 흔히들 이성의 개념은 일방통행적인 것일 뿐이라고 믿고 있지만 그것은 착각이다. 의도에 있어서 아무리 엄격하다 할지라도 사실은 이성이라는 개념도 다른 개념들과 마찬가지로 유연한 것이다. 이성은 전적으로 인간적인 모습을 지니고 있지만 그것은 또한 신을 향해서 돌아설 수도 있다. 이성과 영원의 풍토를 처음으로 화해시켰던 플로티노스 이래로 이성은 그의 가장 소중한 원리인 모순을 저버리고 가장 기이한 원칙, 즉 참여라는 마술적 원리를 자기 것으로 만드는 재주를 배웠다. *9 이성은 사유의 도구이지 사유 자체는 아니다. 한 인간의 사유란 무엇보다 먼저 그 사람이 가진 향수인 셈이다.

이성은 플로티노스의 우수(憂愁)를 진정시킬 수 있었듯이 현대의 고뇌가 영원성이라는 낯익은 무대장치 속에서 아픔을 달랠 수 있는 수단들을 제공한다. 부조리의 정신은 그만한 행운을 얻지는 못했다. 그의 처지에서 보면 세계는 그렇게 합리적인 것도 비합리적인 것도 아니다. 그것은 이성이 결여된 것일 뿐이다. 후설의 경우 이성은 마침내 아무런 한계도 갖지 않기에 이른다. 반대로 부조리는 그의 한계를 분명히 정한다. 이성은 부조리의 고뇌를 진정시킬 힘이 없기 때문이다. 한편, 키르케고르는 단 하나의 한계만으로도 이성을 부정하기에 충분하다고 단언한다. 그러나 부조리는 거기까지 말하지 않는다. 부조리에 있어서 이 한계는 다만 이성의 여러 가지 야심들만을 겨냥하는 한계다. 실존주의자들이 생각하는 비합리의 주제는 정신이 흐려진 이성, 그리하여 스스로를 부정함으로써 해방되는 이성 바로 그것이다. 부조리는 자신의 한계를 확인하는 명석한 이성이다.

바로 이 험난한 길의 끝에 가서야 비로소 부조리의 인간은 진정한 존재 이유를 발견하게 된다. 그의 마음속 깊은 곳에서의 요청과 사람들이 그에게 제공하는 것을 비교할 때 그는 돌연 자기가 그곳에서 돌아서리라는 것을 느낀

---

*9 A—그 시대에 이성은 적응하지 않으면 죽어야 했다. 그래서 이성은 적응한다. 플로티노스와 더불어 이성은 논리적인 것에서 미적인 것으로 바뀐다. 비유가 삼단논법을 대신한다.
　　B—사실 이것만이 현상학에 대한 플로티노스의 유일한 공헌은 아니다. 이러한 태도는 이미 알렉산드리아 사상가 특유의 관념, 즉 인간의 관념만이 아니라 소크라테스의 관념도 있다는 생각 속에 포함되어 있었다.

다. 즉, 후설의 우주에는 세계가 명확해져서 인간의 마음을 사로잡는 친숙함에의 욕구는 쓸모없게 된다. 키르케고르의 묵시록적 세계 속에서 명석(明晳)에의 욕구는 그 욕구 자체를 포기해야만 비로소 만족될 수 있다. 죄는 아는 것이 아니라(이 점에서 누구나 다 무죄이다), 오히려 알기를 원하는 것이 죄다. 바로 이것이야말로 부조리의 인간으로 하여금 자신의 유죄와 동시에 무죄를 느끼게 만드는 단 하나의 죄이다. 사람들이 그에게 제시하는 결말 속에서는 과거의 모든 모순이 한낱 논쟁을 위한 유희에 지나지 않게 된다. 그러나 부조리의 인간은 모순들을 그런 방식으로 인지한 것이 아니었다. 결코 만족스럽게 해소될 수 없다는 점이 이 모순들 특유의 진실인 바, 이 진실을 지켜야만 한다. 부조리의 인간은 설교 따위는 바라지 않는다.

　나의 추론은 추론을 불러일으킨 자명함 자체에 충실하고자 원한다. 그 자명함이란 곧 부조리이다. 욕망하는 정신과 실망만 안겨주는 세계 사이의 배반 상태, 통일에의 향수, 지리멸렬의 우주, 그리고 그 양자를 한데 이은 모순이 바로 부조리다. 키르케고르가 나의 향수를 말살해버리는 한편 후설은 이 우주를 한 덩어리로 끌어모은다. 그러나 내가 기대하고 있었던 것은 그런 게 아니었다. 이러한 분열과 더불어 살고 생각하는 것이며 받아들일지 거부할지를 아는 일이다. 자명한 것을 은폐한다거나 방정식의 한쪽 항을 부인함으로써 부조리 자체를 없애버리는 것이 문제가 될 수 없다. 부조리로 살아갈 수 있는가, 아니면 논리는 부조리로 말미암아 죽을 수밖에 없다고 명하는가를 알고 싶은 것이다. 나는 철학적 자살이 아니라 단적인 자살 그 자체에 관심이 있다. 나는 다만 자살에서 감정적인 내용을 없애버리고 그것의 논리와 정직함을 알고 싶을 뿐이다. 그 밖의 모든 태도도 부조리의 정신에서 보면 속임수를 전제로 하고, 정신이 뚜렷이 드러내 보여주는 것 앞에서 뒷걸음질하는 것에 지나지 않는다. 후설은 '익히 잘 알고 있고 편안한 생존 조건 속에서 살고 생각하는 고질적인 습관'에서 벗어나려는 욕구에 따르라고 말한다. 그러나 그에게 마지막 비약은 우리로 하여금 영원과 이 영원 속에서의 안락으로 되돌아가게 한다. 비약은 키르케고르가 원했던 것 같은 극단적인 위험의 모습을 가진 것이 아니다. 오히려 진정한 위험은 비약하기 바로 전의 미묘한 순간 속에 있다. 현기증이 날 듯한 순간의 모서리 위에서 몸을 지탱할 줄 아는 것, 그것이야말로 성실한 삶이다. 그 밖의 것은 속임수에 지나지 않는다.

나는 또한 인간의 무력함이 키르케고르의 그것만큼 감동적인 조화를 촉발한 예는 일찍이 없었다는 사실도 안다. 그러나 무력함이 역사의 무심한 풍경 속에서는 나름대로의 자리를 차지한다 할지라도, 이제 그 요청하는 바가 무엇인지를 잘 알게 된 어떤 추론 속에 그것이 들어설 자리는 더 이상 없다.

4 부조리한 자유

이제 주된 논의는 끝났다. 나는 결코 모른 체할 수 없는 몇 가지 자명한 사실들을 거머쥐고 있다. 내가 알고 있는 것, 확실한 것, 내가 부정할 수 없는 것, 내가 거부할 수 없는 것, 이것이야말로 중요한 것이다. 불확실한 향수에 의지하여 살아가고 있는 나의 몫을 송두리째 다 부정할 수 있어도 이 통일에 대한 욕구, 해결하고 싶다는 본능적 욕구, 명석함과 정합성(整合性)에 대한 이 요청은 다르다. 나는 나를 에워싸고 나에게 부딪쳐오거나 나를 싣고 가는 이 세계 안의 모든 것을 다 반박할 수는 있으나 오직 이 혼돈, 이 설쳐대는 우연, 무질서에서 생겨나는 이 기막힌 등가성(等價性)만은 물리칠 수 없다. 나는 이 세계가 그 자체를 넘어서는 어떤 의미를 지니고 있는지 모른다. 그러나 나는 그 의미를 인식하지 못하며 지금 나로서는 그것을 인식할 길이 없다는 사실을 알고 있다. 내 조건을 벗어나는 의미가 존재한들 그것이 나에게 무슨 의미가 있겠는가? 나는 오직 인간적인 언어로 된 것만을 이해할 수 있을 따름이다. 내 손에 만져지는 것, 나에게 저항해오는 것, 이것이 바로 내가 이해하는 것이다. 그리하여 나는 절대와 통일을 향한 나의 열망과 이 세계를 합리적이고 타당한 원리로 환원시킬 수 없다는 불가능성, 이 두 가지 확신을 서로 타협시킬 수 없다는 사실도 알고 있다. 거짓말을 하지 않고서야, 내가 가지고 있지도 않은 희망, 내 조건의 한계 안에서는 아무것도 의미하지 않는 희망을 끌어들이지 않고서야, 도대체 내가 무슨 다른 진실을 인정할 수 있겠는가?

만일 내가 뭇 나무들 중 한 그루의 나무라면, 뭇 짐승들 중 한 마리의 고양이라면 이 삶은 의미가 있을까? 아니 차라리 이 삶에 의미가 있든 없든 이런 문제 자체가 제기되지 않았을 것이다. 왜냐하면 나는 이 세계의 일부분이기 때문이다. 나는 지금 내 모든 의식과 친숙함에의 요구를 통해서 내가 맞서고 있는 이 세계 자체가 되어버릴 테니까 말이다. 이토록 보잘것없는 이성, 바로 이것이 나를 모든 창조물에 대립시켜놓는 것이다. 나는 그 이성을 펜으로 확 없애버리듯이 부정할 수 없다. 그러므로 내가 진실이라고 믿는 것을 나는 마땅히 지켜야 한다. 나에게 그처럼 분명하게 나타나 보이는 것이라면 그것이 비록 적대되는 것일지라도 지지해야 한다. 그런데 이 세계와 내 정신 사이의 갈등과 마찰의 근본을 이루는 것은 바로 그에 대한 나의 의식 자체가 아니고 무엇이겠는가? 그러므로 만약 내가 그것을 유지하고자 한다면 그것은 늘 새로워지고 늘 긴장을 유지하는 끊임없는 의식에 의해서만 가능하다. 지금 당장 내가 인식해두어야 할 것은 바로 이 점이다. 이렇게 되면 그토록 뚜렷하고 그토록 정복하기 어려운 부조리는 한 인간의 삶 속으로 되돌아와 그의 고향을 되찾아가게 된다. 또한 이때 정신은 명증한 노력의 삭막하고 메마른 길로부터 벗어날 수 있다. 그 길은 이제 일상생활 속으로 접어든다. 그 길은 이름 없는 '군중'의 세계와 합류하지만 인간은 이제부터 그의 반항과 명찰(明察)을 간직한 채 그곳으로 되돌아간다. 그는 희망을 갖지 않는 법을 배운 것이다. 현재라는 이름의 지옥, 이것은 마침내 그의 왕국일 수밖에 없다. 모든 문제는 또다시 서슬 푸른 날을 세운다. 추상적인 자명함은 형태와 색채들의 서정성 앞에서 뒤로 물러선다. 정신적인 갈등들은 구체적인 현실의 모습을 갖추며 인간의 마음이라는 보잘것없으면서도 찬란한 피난처를 되찾는다. 아무것도 해결된 것은 없다. 그러나 모든 모습이 달라졌다. 그대로 죽을 것인가, 비약을 통해서 벗어날 것인가, 아니면 제 분수에 맞는 관념과 형상들의 집을 지을 것인가? 아니면 반대로 부조리의 비통하고도 멋들어진 내기를 지탱해나갈 것인가? 이 점에 관해 마지막으로 한 번 더 애써보자. 그리하여 가능한 모든 결론을 끌어내보자. 이때 육체, 사랑, 창조, 행동, 인간의 고귀함은 어처구니없는 세계에서 그들의 자리를 차지하게 될 것이다. 마침내 인간은 거기서 자신의 위대함을 키우기 위한 부조리라는 술과 무관심이라는 빵을 되찾게 될 것이다.

다시 한 번 방법 문제를 강조해두기로 하자. 방법이란 바로 고집스럽게 버티는 것이다. 길을 가다 보면 어느 길목에선가 부조리의 인간은 그를 손짓하는 유혹을 만나게 된다. 역사 속에는 온갖 종교나 예언자들이 있다. 심지어는 신 없는 종교나 예언자도 있다. 그리하여 부조리의 인간에게 비약할 것을 요구한다. 그에게 가능한 대답은 잘 이해할 수 없다는 것, 도무지 분명치 않다는 것뿐이다. 그는 자신이 잘 알고 있는 것만 하려고 한다. 사람들은 그것을 오만의 죄라고 역설하지만 그는 죄의 개념이 뭔지 모른다. 가는 길의 저 끝에는 지옥이 기다리고 있다고들 역설하지만 그는 이 기이한 미래를 머릿속에서 그려볼 수 있을 만큼 풍부한 상상력을 갖지 못했다. 또 그러다간 영원한 삶을 잃는다고들 하지만 그에게는 다 헛된 말 같아 보인다. 사람들은 그가 자신의 유죄를 인정하기를 바랄지도 모른다. 그러나 그는 자기가 무죄임을 느낀다. 사실 그가 느끼는 것은 오직 그것, 어찌할 수 없는 그 무죄뿐이다. 조금도 죄를 저지르지 않았기 때문에, 그에게는 모든 것이 허용된다. 이리하여 그가 스스로에게 요구하는 바는 '오로지' 자신이 아는 것만 가지고 살고, 존재하는 것에 만족하며, 확실치 않은 것이라면 아무것도 끌어들이지 않는다는 것이다. 사람들은 그에게 세상에 확실한 것은 아무것도 없다고 응수한다. 그러나 적어도 이것 하나만은 확실하다. 그가 상대하는 것은 다름 아닌 확실성이다. 즉 그는 구원을 호소하지 않고 사는 것이 가능한가를 알고 싶은 것이다.

이제 나는 자살의 개념에 다가갈 수 있게 되었다. 우리는 앞에서 이미 이 문제에 대한 해결책이 어떠해야 할 것인지를 느꼈으리라. 이 점에 있어서 문제가 뒤바뀌었다. 앞에서는 인생이 과연 살 만한 의미를 가지고 있는지 어떤지가 문제였었다. 이번에는 그와 반대로 인생에 의미가 없으면 없을수록 그만큼 더 훌륭히 살아갈 수 있다고 여겨지는 것이다. 어떤 경험, 어떤 운명을 산다는 것은 그것을 남김없이 받아들이는 것이다. 그런데 운명이 부조리하다는 것을 잘 알면서도, 만약 의식에 의하여 백일하에 드러난 부조리를 자신의 눈앞에 지탱시키려고 최선을 다하지 않는다면 부조리한 운명을 살아가는 것이라고 할 수 없으리라. 부조리는 대립에 의해서 존재하는 것인데 그 대립의 항목들 중 어느 하나를 부정하는 것은 부조리를 기피하는 일이 된다. 의식적인 반항을 폐기하는 것은 곧 문제 자체를 회피하는 일이다. 이처럼 항구적인 혁명이라는 주제는 개인적 경험 속으로 옮겨진다. 산다는 것은 부조리를 살리는 것이다. 부조리를 살린다는 것은 무엇보다 먼저 부조리를 주시하는 일이다. 에우리디케(오르페우스는 죽음의 나라에서 자신의 아내 에우리디케를 뒤돌아본 탓으로 영원히 아내를 잃었다)는 반대로, 부조리는 오직 우리가 그것을 주시하던 눈길을 딴 데로 돌릴 때만 죽는다. 따라서 유일하게 일관성 있는 철학적 태도는 곧 반항이다. 반항은 인간과 그 자신의 어둠과의 끊임없는 대결이다. 반항은 어떤 불가능한 투명성에 대한 요구다. 반항은 순간순간마다 세계를 문제삼는다. 위험이 인간에게 반항해야 할 단 한 번의 기회를 제공하듯이, 형이상학적 반항은 경험 전반에 펼쳐놓는다. 반항은 인간이 자신에게 끊임없이 현존함을 뜻한다. 반항은 갈망이 아니다. 반항에는 희망이 없다. 반항은 짓눌러오는 운명의 확인이다. 그러나 그런 확인에 따르기 마련인 체념을 거부한 채의 확신인 것이다.

바로 여기서 우리는 부조리의 경험이 자살과는 얼마나 거리가 먼지 알 수 있다. 자살은 반항에 뒤이어 오는 것이라고 생각하는 사람이 있을지 모른다. 그러나 그것은 잘못이다. 왜냐하면 자살은 반항의 논리적 귀결을 나타내는 것이 아니기 때문이다. 자살은 부조리에 대한 동의를 전제로 한다는 점에서 반항과는 정반대다. 자살은 비약과 마찬가지로 극한에 있어서의 수용이다. 모든 것이 탕진되고 인간은 그의 본질의 역사 속으로 되돌아간다. 그의 미래, 그의 하나뿐인 가공할 미래를 식별하고는 그 속으로 뛰어들어가는 것이다. 자살은 그것 나름대로의 부조리를 해소해버린다. 자살은 부조리를 바로 죽음 속으로 끌고 들어간다. 그러나 나는 부조리가 지탱되자면 부조리 자체가 해소되어버려서는 안 된다는 것을 알고 있다. 부조리는 죽음에 대한 의식인 동시에 죽음의 거부라는 점에서 자살에서 벗어난다. 부조리는 사형수의 마지막 생각이 극한에 이르렀을 때, 현기증나는 추락의 막다른 벼랑 끝에서 어쩔 수 없이 바라보게 되는 저 한 가닥의 구두끈이다. 자살자의 정반대, 이것은 바로 사형수이다.

반항은 삶에 가치를 부여한다. 한 생애의 전체에 걸쳐 펼쳐져 있는 반항은 그 삶의 위대함을 회복시킨다. 편견이 없는 사람에게는, 인간의 지성이 자신을 넘어서는 현실과 부둥켜안고 대결하는 광경보다 더 아름다운 광경은 없다. 인간적 오만이 펼쳐 보이는 광경은 그 무엇과도 비길 수 없다. 그것을 평가절하하려고 제아무리 애써보아야 헛수고가 될 것이다. 정신이 스스로에게 부과하는 이 규율, 불 속에서 통째로 단련해낸 이 의지, 그리고 정면대결에는 무엇인가 강력하고 비범한 것이 있다. 현실의 비인간적인 면 때문에 바로 인간이 더욱 위대해지는 법인데, 이러한 현실을 보잘것없는 것으로 평가절하한다는 것은 곧 인간 자체를 평가절하하는 것이 된다. 그러기에 나는 내게 모든 것을 다 설명해주는 이론들이 어찌하여 설명과 동시에 나 자신을 약하게 만드는지 알 수 있게 된다. 그런 이론들은 나 자신의 삶에서 짐을 덜어내준다. 그러나 이 짐은 나 혼자서 짊어지고 가야만 한다. 이 지점에서 나는 회의적 형이상학이 포기의 도덕과 손잡는다는 것을 도저히 이해할 수 없게 된다.

의식과 반항이라는 거부는 자기 포기와는 정반대이다. 인간 가슴속에 깃들인, 환원될 수 없고 열정적인 모든 것이 다 함께 그의 삶에 맞서서 거부하도록 부추긴다. 중요한 것은 화해하지 않고 죽는 것이지 기꺼이 받아들이면서 죽는 것은 아니다. 자살은 인식의 부족이다. 부조리의 인간은 오직 남김없이 다 써서 없애고 자기 자신의 전부를 마지막까지 소진할 뿐이다. 부조리는 인간 최극단의 긴장, 고독한 노력으로써 끊임없이 지탱하는 긴장이다. 왜냐하면 그는 자신이 나날의 의식과 반항을 통해서 운명에 대한 도전이라는 자신의 유일한 진실을 증언하고 있음을 알고 있기 때문이다. 이것이 첫 번째 귀결이다.

만약 내가, 하나의 개념을 발견하고서 그 개념으로부터 이르게 되는 모든 결과를 남김없이(그리고 오직 이 결과만을) 이끌어낸다는 일관된 자세를 굳게 지킨다면, 나는 제2의 역설을 직면하게 된다. 이 방법에 충실하기 위해서 나는 형이상학적 자유의 문제에는 아무런 관심도 가지지 않는다. 인간이 자유로운 존재인가 아닌가를 아는 것은 내 관심을 끌지 못한다. 나는 오직 나 자신의 자유를 느낄 수 있을 뿐이다. 이 자유에 대하여 내가 가질 수 있는 것은 일반적인 개념이 아니라 몇 가지 분명한 단편적 모습들이다. '자유 그 자체'의 문제는 아무런 의미도 없다. 왜냐하면 이 문제는 전연 다른 방식으로 신의 문제와 이어지기 때문이다. 인간이 자유로운가를 알기 위해서는 인간이 주인을 가질 수 있는가를 알아야 한다. 이 문제가 안고 있는 독특한 불합리는 자유의 문제를 가능케 하는 관념 그 자체가 동시에 이 문제에서 모든 의미를 앗아가버린다는 점에 있다. 왜냐하면 신 앞에서는 자유의 문제보다 오히려 악의 문제가 더 크기 때문이다. 우리는 다음과 같은 양자택일의 경우를 알고 있다. 우리에게는 자유가 없다. 따라서 전능한 신이 악에 대한 책임을 진다. 그런 것이 아니라면 우리에게는 자유가 있고 책임이 있다. 따라서 신은 전능하지 않다. 탁월한 기교를 발휘하는 학파들이 많지만 그 어느 것도 날카로운 역설에 그 무엇을 더하지도 덜어내지도 못했다.

그렇기 때문에 나는 내 개인적 경험의 범위를 넘어서자마자 나에게서 빠져 나가고 그 의미 자체를 잃어버리는 개념을 치켜세우거나 단순히 정의하는 일에 무작정 파묻힐 수 없는 것이다. 나는 어떤 우월한 존재에 의해서 주어지는 자유가 어떤 것인지 이해할 수 없다. 나는 이미 위계의 감각을 잃었다. 내가 자유에 대해서 알 수 있는 것은 죄수의 개념이나 국가 안에서의 근대적 개인의 개념뿐이다. 내가 알고 있는 유일한 자유는 정신과 행동의 자유이다. 그런데 부조리가 영원한 자유를 얻기 위한 모든 기회를 말살하는 것이라면 그것은 반대로 행동의 자유를 나에게 되돌려주며 북돋워서 높여준다. 희망과 미래를 박탈당했다는 것은 곧 인간의 행동 가능성이 더욱 증대됨을 의미한다.

부조리를 만나기 전의 일상적인 인간은 여러 가지 목적들, 미래나 정당화(누구에 대한 또는 무엇에 대한 정당화냐 하는 것은 문제가 되지 않는다)에 대한 관심 속에서 살아간다. 그는 자기 운수를 가늠해보며 장래에 대해서, 정년퇴직 뒤 또는 자식들이 하는 일에 대해서 기대를 건다. 아직도 그는 자신의 인생 속에서 무엇인가를 뜻대로 이끌어갈 수 있을 거라고 믿고 있다. 실제로 그는 마치 자기가 자유로운 존재이기라도 한 것처럼 행동한다. 어느 모로 보나 이 자유란 것이 매번 부인당하고 있는데도 말이다. 부조리를 만나고 나면 모든 것이 다 흔들려버린다. '나는 존재한다'라는 생각, 모든 것이 다 어떤 의미를 지니고 있다는 듯이(이따금 그 어떤 것에도 의미가 없다고 말하긴 하지만) 행동하는 나의 태도, 이런 모든 것은 장차 죽음이 다가오고 있다는 부조리성으로 말미암아 현기증이 날 만큼 부정되어버린다. 내일을 생각하고 어떤 목적을 설정하며 뭔가를 특히 선호하는 이런 모든 것은, 비록 그 자유가 실감되지 않음을 분명히 아는 경우가 더러 있다 할지라도, 그것은 역시 자유에 대한 믿음을 전제로 하고 있다. 그러나 부조리와 맞닥뜨린 뒤로는 그 우월한 자유, 어떤 진리를 성립시킬 수 있는 유일한 토대인 '존재'의 자유가 존재하지 않는다는 사실을 나는 잘 안다. 말하자면 죽음이 유일한 현실인 것이다. 죽음이 오고 나면 내기는 이미 끝난 것이다. 나 또한 이제 더 이상 영원히 생명을 이어갈 자유가 없는 노예인 것이다. 더군다나 혁명의 희망도 없이, 경멸에 호소할 길도 없는 영원한 노예이다. 그런데 혁명도 경멸도 없이 계속 노예로만 머물러 있을 수 있는 자가 어디 있겠는가? 영생에 대한 보장도 없이 충만한 의미의 자유가 어떻게 존재할 수 있겠는가?

그러나 이와 동시에 부조리의 인간은 자신이 지금까지 자유롭다는 가정에 얽매여 그 환상을 먹으면서 살아왔다는 사실을 깨닫는다. 어떤 의미에서 그 것이 그를 강압적으로 얽어맨 것이다. 자기 인생에 어떤 목표를 그리는 대 로, 그는 이루어야 할 목적의 요구에 따르고, 그리하여 스스로 자유의 노예 가 되었다. 그 결과 나는 가족의 아버지(혹은 기술자, 민족의 지도자, 또는 우체국 수습직원)로밖에는 행동할 수 없게 되리라. 나는 다른 것보다는 이것 처럼 되는 것을 스스로 선택할 수 있다고 믿는다. 사실 그것은 무의식적인 믿음이다. 그러나 그와 동시에 나는 내 주위 사람들의 믿음과 사회적 환경의 편견에 의해서(다른 사람들도 자신이 자유롭다는 것을 저토록 확신하고 있지 않는가. 저런 기분 좋은 확신은 너무나도 전염성이 강한 것이다!) 내 가정을 지탱해나가고 있는 것이다. 모든 도덕적 사회적 편견을 제아무리 멀리한다 할지라도 사람은 얼마간 그 영향을 받게 되고, 나아가서는 그중 최상의 경우 (편견에도 좋은 것과 나쁜 것이 있다) 그것에 맞추어 삶을 살아가기도 한다. 이리하여 부조리의 인간은 자신이 실제로 자유롭지 않았다는 사실을 깨닫는 다. 보다 분명하게 말하면, 나의 미래에 대하여 희망을 가짐으로써, 나 자신 만의 진리가 존재하고 창조하는 방식에 깊은 관심을 기울임으로써, 그리고 끝으로 내 삶에 질서를 부여하고 그리하여 삶에 의미가 있음을 시인하고 입 증함으로써 나는 스스로 울타리를 만들고 그 속에다가 내 삶을 가두게 되는 것이다. 나는 내게 오로지 혐오감밖에는 아무것도 주는 것이 없는 저 숱한 정신과 마음의 관료들처럼 행동하고 있다. 이제야 잘 알게 된 사실이지만, 그들이 하는 일이라고는 오직 인간의 자유에만 심각하게 매달리는 것뿐이다.

내일이란 없다. 부조리는 이것을 나에게 분명하게 보여준다. 나의 깊은 자 유의 존재 이유는 바로 거기에 있는 것이다. 나는 여기서 두 가지 비유를 들 어보고자 한다. 먼저, 신비주의자들은 자기에게 부여할 자유를 발견한다. 자 신들의 신 속으로 몰입하고 신의 규율에 동의함으로써 그들도 은밀하게 자 유를 얻는다. 그들이 절실한 독립을 되찾는 것은 자발적으로 동의한 노예 상 태 안에서인 것이다. 그러나 이런 자유가 무엇을 의미하는 걸까? 그들은 자 신에 대해서 스스로가 자유롭다고 '느끼는' 것일 뿐 실제로 자유롭다기보다 는 특히 해방감을 맛보는 것이라고 우리는 말할 수 있다. 이와 마찬가지로 전적으로 죽음(여기서는 가장 뚜렷한 부조리성으로 간주된)만을 주목하다 보니 부조리의 인간은 자신의 내면에 응집된 그 열광적인 관심 밖의 것은 모두 다 벗어났음을 느낀다. 그는 일상적인 규칙들로부터 자유로움을 맛본다. 여기서 우리는 실존철학의 출발점에 있는 주제들이 타당하다는 것을 알 수 있다. 의식으로의 복귀, 일상적인 삶의 졸음으로부터의 탈출은 부조리의 자유 첫 단계를 보여주고 있다. 그러나 실존철학의 목표는 실존에 관한 설교이며, 더불어 사실상 의식의 기피인 정신적 비약인 것이다. 마찬가지로(이것이 나의 두 번째 비유다) 고대의 노예는 자유로운 결정권을 갖지 못했다. 그러나 그들도 자유를 맛볼 수 있었는데 그것은 바로 책임을 느끼지 않는 자유였다. *10 죽음 역시 노예를 억압하면서 동시에 해방감을 맛보여주는 로마 특권계급과 같은 손을 가지고 있다.

밑바닥 없는 이 확실성 속으로 파고들어가는 것, 이제부터 자신의 삶에 대하여 충분하리만큼 스스로가 이방인임을 느낌으로써 그 삶을 확장시키고, 연인처럼 근시안이 되지 않은 채 삶을 바라보는 것, 거기에 해방의 원리가 있다. 이 새로운 독립에는 어떤 행동의 자유가 다 그렇듯이 한도가 있다. 그것은 영원을 담보로 한 수표를 끊을 수 없다. 그러나 독립은 '자유'라는 온갖 환상을 대신한다. 그 환상들은 모두가 다 죽음 앞에서 무효가 되고 만다. 어느 이른 새벽 감옥의 문이 열릴 때 그 문 앞으로 끌려나온 사형수가 맛보는 기막힌 자유로움, 삶의 순수한 불꽃을 뺀 모든 것에 대한 엄청난 무관심, 죽음과 부조리야말로 단 하나 온당한 자유의 원리, 곧 인간의 가슴이 경험할 수 있고 체현할 수 있는 자유의 원리임을 우리는 분명히 느낄 수 있다. 이것이 두 번째 귀결이다. 이렇게 부조리의 인간은, 불처럼 뜨거우면서도 얼어붙은 듯 차갑고, 투명하고 한정된 세계, 아무것도 가능한 것이 없으면서도 모든 것이 주어진 세계, 그 한계 밖으로 넘어서면 붕괴와 허무뿐인 하나의 세계를 엿보게 된다. 이리하여 그는 그 같은 세계 속에서 살아가기로, 그 세계에서 힘을, 희망의 거부를, 그리고 위안 없는 한 삶의 고집스러운 증언을 이끌어내기로 결심할 수 있는 것이다.

---

*10 여기서 중요한 것은 사실의 비유일 뿐 굴욕의 옹호는 아니다. 부조리의 인간은 화해한 인간과는 정반대이니까.

그래도 그와 같은 세계 속에서의 삶이란 무엇을 의미하는 것일까? 당장은 미래에 대한 무관심과 주어진 모든 것을 남김없이 전하겠다는 열정 말고는 아무것도 아니다. 삶의 의미를 믿는다는 것은 언제나 어떤 가치척도, 선택, 이것보다 저것이 낫다는 우리의 선호 태도를 전제로 한다. 우리가 정의하는 바에 따르건대 부조리를 믿는다는 것은 그것과는 반대되는 것을 가르친다. 그러나 이 문제는 여기서 잠시 검토하고 넘어갈 필요가 있으리라.

　인간은 과연 구원을 호소하지 않은 채 살아갈 수 있는가? 이 문제가 바로 내 관심의 전부다. 나는 이 영역에서 결코 벗어나고 싶지 않다. 내게 주어진 삶의 이런 모습에 나는 과연 적응할 수 있을까? 그런데 이 독특한 관심사를 앞에 놓고 볼 때 부조리를 믿는다는 것은 결국 경험의 질을 양으로 바꾸는 것을 의미한다. 만약 내가 삶에 부조리의 모습 말고 다른 모습은 없다는 것을 믿는다면, 만약 이 삶의 균형이 송두리째 나의 의식적인 반항과 그 반항이 몸부림치고 있는 어둠 사이의 끊임없는 대립에 달려 있다는 것을 이해한다면, 그리고 만약 나의 자유가 한정된 운명과의 관련 아래에서만 의미가 있다는 것을 인정한다면 그때 나는, 중요한 것은 가장 잘 사는 것이 아니라 가장 많이 산다는 것이라고 말해야 한다. 나는 그것이 천한 일인지 구역질나는 일인지, 혹은 우아한 것인지 유감스런 것인지를 굳이 생각할 필요는 없다. 여기서는 돌이킬 수 없을 만큼 결정적으로 가치의 판단은 폐기되고 사실의 판단만 남는다. 나는 오로지 내가 내 눈으로 볼 수 있는 것에서만 결론을 이끌어낼 뿐 그 어떤 가설도 함부로 내세워서는 안 된다. 만약 이렇게 사는 것이 성실하지 않다고 한다면 진정한 성실성은 나에게 불성실하라고 요구하리라.

　가장 많이 산다. 이 삶의 규칙은 넓은 의미에서 아무런 의미도 없다. 따라서 이 규칙을 명확히 규정해야 한다. 우선, 사람들은 양의 개념을 충분할 만큼 심사숙고해보지 않았던 것 같다. 이 개념은 인간 경험의 광범위한 부분을 설명할 수 있기 때문이다. 한 인간의 도덕과 가치의 척도는 그가 축적할 수 있었던 경험의 양과 다양성에서만 그 의미를 갖는다. 그런데 현대생활의 모든 상황은 대부분의 사람들에게 동일한 양의 경험을, 따라서 동일한 깊이의 경험을 부과한다. 물론 개인의 자연적인 몫, 곧 그의 안에 '주어진' 것 또한 고려해야 한다. 그러나 나는 이에 대해 판단을 내릴 수 없다. 나의 규칙은 여기서도 역시 직접적으로 자명하다고 인정되는 것들만을 다루자는 것이다.

그리하여 나는, 어떤 공통된 도덕의 고유한 특성은 그것에 생명력을 불어넣어주는 모든 원칙의 관념적 중요성에 있다기보다 오히려 경험의 측정 가능한 규격에 있음을 알 수 있다. 좀더 무리하게 말해보자면, 마치 오늘날의 우리가 여덟 시간 노동의 도덕을 가지고 있듯이 그리스 사람들은 그들만의 여가생활의 도덕을 가지고 있었다고 할 수 있다. 그러나 이미 많은 사람들이, 그것도 가장 비극적인 사람들이, 보다 오랫동안의 경험은 가치의 도표를 바꾸어놓는다는 사실을 우리에게 예감케 한다. 그들은, 단순히 경험의 양으로써 모든 기록을 깨뜨리고(나는 일부러 이 스포츠 용어를 사용한다) 이로써 자신의 고유한 도덕을 획득하게 되는 일상생활의 모험가를 우리로 하여금 상상케 해준다.*[11] 그러나 낭만주의와는 거리를 두기로 하고, 다만 자신의 내기에 응하면서, 내기의 규칙이라고 생각되는 것을 엄격히 지키고자 결심한 인간에 있어서 이러한 태도가 무엇을 의미하는지를 살펴보기로 하자.

모든 기록을 깨뜨린다는 것, 그것은 무엇보다도 먼저 가능한 한 자주 현실 세계와 부딪친다는 것이다. 오로지 그뿐이다. 언어의 희롱이 아니고서야 이것이 어떻게 모순 없이 가능해질 수 있겠는가? 부조리가 한편으로는 모든 경험에 차별이 없다는 것을 가르치면서 다른 한편으로는 최대한 많이 경험하도록 몰아붙이고 있으니 말이다. 그렇다면 어떻게 위에서 언급한 그 많은 사람들처럼, 인간적 소재를 가장 많이 가져다주는 삶의 형태를 선택하지 않을 수 있겠으며, 그리하여 한쪽으로는 포기한다고 했던 어떤 종류의 가치체계를 거부할 수 있겠는가?

그러나 우리를 가르치는 것은 또다시 부조리이며 모순된 삶이다. 이 경험의 양이란 것이 실은 우리 자신에게 달려 있는데도 우리 삶의 상황에 달려 있다고 생각하는 것은 잘못이기 때문이다. 여기서는 단순하게 생각해야 한다. 같은 햇수를 사는 두 사람에게 세상은 언제나 같은 양의 경험을 제공한다. 이를 의식하는 것은 우리의 문제이다. 자신의 삶, 반항, 자유를 느낀다는 것, 그것을 최대한 많이 느낀다는 것, 그것이 바로 사는 것이며 가능한

---

*11 때로는 양이 질을 만들어낸다. 과학이론에서 최근 수정된 것을 믿는다면 모든 물질은 에너지 핵들로 구성되어 있다. 핵의 양이 많고 적음에 따라 차별성이 각기 다른 특성이 생겨난다. 10억 개의 이온과 한 개의 이온은 양에 있어서 다를 뿐만 아니라 질에 있어서도 다르다. 이러한 유추를 인간 경험 속에서 찾아내는 일은 쉽다.

한 많이 사는 것이다. 명증한 정신이 지배하는 곳에서는 가치의 척도는 쓸모가 없어진다. 좀더 단순하게 생각해보자. 유일한 장애, 유일한 '손해'는 너무 일찍 찾아온 죽음으로 이루어진다고 할 수 있겠다. 여기 암시된 세계는 죽음이라는 끊임없는 예외와의 대립에 의해서만 생명을 지탱할 수 있는 것이다. 그러기에 그 어떤 깊이, 그 어떤 감동, 그 어떤 정열, 그 어떤 희생도 부조리 인간에게는(비록 그가 원한다 할지라도) 40년 동안의 의식적 삶과 60년에 걸쳐 전개된 총명한 정신을 동등한 것으로 보이게 할 수는 없으리라. *12 광기와 죽음은 부조리 인간의 돌이킬 수 없는 못이다. 인간은 선택을 하지 않는다. 따라서 부조리와 부조리가 내포하는 덤으로서의 삶은 **인간의 의지에 달린 것이 아니라** 그 의지의 반대인 죽음에 달려 있다. *13 뜻을 잘 헤아리며 해야 할 말이지만, 이건 오로지 운의 문제인 것이다. 운을 받아들일 줄 알아야 한다. 60세까지 살지도 모르는데 40세에 죽는다면, 그때 그 20년간의 삶과 경험은 결코 그 무엇으로도 대체될 수 없다.

그리스인들은, 그처럼 깨어 있는 민족치고는 이상하게도 앞뒤가 안 맞는 점이지만, 젊어서 죽는 사람들이야말로 신들의 사랑을 받은 것이라고 생각했다. 그런데 신들의 그 보잘것없는 세계 속으로 들어가는 것은 곧 살아서 느낀다는, 이승에서 살고 느낀다는, 기쁨 중에서도 가장 순수한 기쁨을 영영 잃어버리게 되는 것임을 인정할 때 비로소 그러한 생각은 옳다고 할 수 있다. 끊임없이 의식의 날을 세워 가지고 있는 한 영혼 앞에 놓이는 현재, 그리고 줄지어서 지나가는 수많은 현재들, 그것이 바로 부조리 인간의 이상이다. 아니, 이상이라는 말에는 오해의 소지가 있다. 사실 그것은 부조리한 인간의 사명이라고도 할 수 없다. 오직 그의 추론의 세 번째 귀결에 지나지 않는다. 부조리에 대한 성찰은 비인간적인 것을 고통스럽게 의식하는 데서 출

---

*12 허무의 개념처럼 지극히 다른 개념에 대해서도 똑같은 고찰을 할 수 있다. 허무의 개념은 현실에 대하여 그 어떤 것도 더하거나 빼지 않는다. 허무의 심리학적 경험에 있어서 우리 자신의 순수한 허무가 정녕 어떤 뜻을 갖게 되는 것은 2천 년 뒤에 일어날 일을 생각해볼 때이다. 어떤 면에서 허무는 바로 우리가 죽어 없어지고 난 뒤 우리의 것과 무관한 미래의 삶의 총화다.

*13 여기서 의지는 하나의 행동주체에 지나지 않는다. 그것은 의식을 지탱시키려는 경향을 지니고 있을 뿐이다. 의지는 삶의 규율을 제공한다. 그러나 사실은 그것만으로도 꽤 중요하다.

발하여 그 여정의 종점에 이르면 인간적 반항이라는 열정에 찬 불꽃 속으로 되돌아오는 것이다. *14

이리하여 나는 부조리에서 나의 반항, 나의 자유, 나의 열정이라는 세 가지 귀결을 이끌어낸다. 오직 의식의 활동만을 통해서 나는 비로소 죽음으로의 유혹을 삶의 법칙으로 바꾸어놓는다. 그래서 나는 자살을 거부한다. 살아가는 나날 동안 줄곧 끊이지 않고 따라다니며 둔탁하게 울리는 이 소리를 모르는 바는 아니다. 그러나 내가 할 수 있는 말은 오직 하나, 이 소리는 꼭 필요한 것이라는 것뿐이다. 니체는 "하늘에서 그리고 땅 위에서 가장 중요한 일은 오랫동안, 같은 방향으로 '복종'하는 일이라는 것이 확실해진다. 그 결과 마침내는 덕, 예술, 음악, 무용, 이성, 정신과 같은, 이 땅에서 사는 보람을 느끼게 하는 그 무엇, 변화를 가져오는 그 무엇, 무엇인가 세련되고 광적인, 혹은 신성한 그 무엇이 생겨난다"라고 썼는데, 그는 그 말로써 고귀한 도덕의 규칙을 분명히 보여주고 있는 것이다. 그러나 그는 또한 부조리의 인간이 가는 길을 보여주고 있다. 불꽃에 복종한다는 것, 그것은 가장 쉬우면서도 동시에 가장 어려운 일이다. 그러나 인간이 이따금 어려움에 맞닥뜨려 겨루어봄으로써 자신을 판단하는 일은 괜찮다. 단지 인간만이 그렇게 할 수 있다.

"기도는 밤이 사유 위로 찾아올 때 하는 것이다"라고 알랭은 말한다. 이에 대하여 신비주의자들과 실존주의자들은 대답한다. "그러나 정신은 밤에 만나야 한다." 물론 그렇다. 그러나 눈을 감아버리면 생겨나는 밤, 오직 인간의 의지에 의해서만 태어나는 밤, 정신이 그 안에 빠져들어가기 위해 불러들이는 캄캄하고 닫힌 밤은 아니다. 만약 정신이 밤을 만나야만 한다면 그것은 오히려 어디까지나 명증함을 잃지 않은 절망의 밤, 극지방의 밤, 정신이

---

*14 중요한 것은 추론 전말의 일관성이다. 여기서 우리는 세계에 대한 동의에서부터 출발한다. 그러나 동양사상은 세계에 '대항해서' 선택하면서도 똑같은 논리적 노력에 몰두할 수 있음을 가르쳐준다. 이것 또한 정당한 것으로 우리의 시론에 전망과 한계를 부여한다. 그러나 세계의 부정도 마찬가지로 엄격하게 실천될 경우 가끔(베다 철학의 어떤 학파에 있어서 그렇듯이), 예컨대 작품들이 나타내 보이는 무관심 같은 것에 있어서, 우리의 것과 흡사한 결과에 다다르는 일이 있다. 장 그르니에는 매우 중요한 저서 《선택(Le Choix)》에서 이런 방식으로 진정한 '무관심의 철학'의 기초를 마련했다.

깨어 있는 밤이기를 바란다. 하나하나의 대상이 지성의 불빛 속에서 또렷이 보이는 희고도 때묻지 않은 광명이 동터올 밤이어야 하기 때문이다. 이 단계에 이르면 균등관계는 열정적인 이해와 만나게 된다. 이렇게 되면 실존적 비약을 비판하는 것 따위는 더 이상 문제도 되지 않는다. 그것은 여러 세기에 걸쳐 인간의 태도가 변화해온 모습을 그린 벽화 속의 제자리로 되돌아갈 것이다. 관객이 볼 때—그의 의식이 또렷하다면—이 비약 또한 부조리하다. 비약은 역설을 해소시킨다고 믿는 바로 그 점에 있어서 역설을 고스란히 되살려놓는다. 이 점에서 비약은 감동적이다. 이 점에서 모든 것은 제자리를 되찾게 되고 부조리의 세계는 눈부시게 다양한 모습으로 되살아난다.

그러나 가던 걸음을 멈추는 것은 좋지 않다. 단 한 가지 관찰 방법만으로 만족한 채, 모든 정신적 힘들 중에서 가장 미묘한 모순이 없이 산다는 것은 어려운 일이다. 지금까지 서술한 것은 다만 어떤 사고방식을 정의한 데 지나지 않는다. 이제부터 문제는 추론이 아니라 사는 일이다.

부조리한 인간

스타브로긴은 뭔가를 믿는다 하더라도 자기가 뭔가를 믿는다고는 믿지
않는다. 아무것도 믿지 않는다 하더라도 자기가 뭔가를 믿지 않는다고
는 믿지 않는 그런 사람이다.   《악령》

"나의 활동 영역은 시간이다"라고 괴테는 말했다. 이것이 바로 부조리한 발언이다. 부조리한 인간이란 사실 어떤가? 영원을 부정하지는 않지만 영원을 위해 전혀 아무것도 하지 않는 인간이다. 그가 영원에 대한 향수를 조금도 느끼지 않아서가 아니다. 그러나 그는 향수보다는 자신의 용기와 이성 쪽을 사랑하는 것이다. 용기는 그에게 구원을 호소하지 않은 채 살아가고 자신이 소유한 것만으로 스스로 만족하는 법을 가르쳐주며, 이성은 그의 한계를 깨닫게 해준다. 시한부의 자유와 미래가 없는 반항과 언젠가는 반드시 소멸하고야 말 의식을 확신하는 그는 자신이 살아 있는 시간 속에서 모험을 추구한다. 그곳에 그의 영역이 있고 그의 행동이 있다. 그는 이 행동을 자신의 판단 말고는 그 어떤 판단에도 맡기지 않는다. 그에게 있어 보다 큰 삶이란 저세상에 가서의 다른 삶을 뜻하는 것이 아니다. 만약 그런 삶을 기대한다면 그것은 너무나 뻔뻔스러운 것이다. 그렇다고 나는 여기서 이른바 후세(後世)라고 부르는 터무니없는 영원을 말하고 있는 것도 아니다. "오, 자유여, 네 이름 아래 얼마나 많은 범죄가 저질러졌는가." 단두대에 올랐을 때 롤랑 부인

(파리에서 유명한 살롱을 열고 있었던 공화파로서 정치 사상에 많은 영향을 끼쳤으나 과격파의 미움을 받아 교수형에 처해졌다. 감옥에서 〈내무장관의 아
내인 시민 롤랑이 공정한 후세인들에게 보내는 호소문〉을 써서 남겼다. 괴테는 〈잠언집〉에서 이 호소문에 관하여 언급했지만 롤랑 부인의 이름은 무시했다)

은 이 말을 남기며 후세를 부탁했다. 자업자득인 셈이다. 후세는 즐겨 그녀의 말을 인용하지만 그에 대하여 판단하는 것은 까맣게 잊어버린다. 후세 사람들은 롤랑 부인에 대하여 아무런 관심이 없는 것이다.

도덕을 논하는 것은 문제가 될 수 없다. 나는 사람들이 도덕에 대하여 잘 알면서도 나쁜 행동을 하는 것을 보아왔다. 정직한 사람은 규칙 따위를 필요로 하지 않는다는 것을 나는 매일같이 확인한다. 부조리의 인간이 받아들일 수 있는 도덕은 단 하나밖에 없다. 신에게서 분리되지 않는 도덕, 곧 절실히 요구되는 도덕이다. 그러나 부조리의 인간은 바로 신의 밖에서 살고 있다. 그 밖의 도덕들(배덕주의도 포함하여)은 어떠한가? 부조리의 인간은 그런 것들이 기껏해야 자기 변명이라고밖에는 보지 않는다. 그러나 그에게는 변

명해야 할 것이 아무것도 없다. 그래서 나는 그의 무죄라는 원리를 출발점으로 삼는다.

이 무죄는 무서운 것이다. '무슨 짓이든 다 할 수 있다'고 이반 카라마조프는 외친다. 이 말도 그 나름의 부조리함이 느껴진다. 그러나 이 말을 평범한 의미로 해석하지 않는다면 과연 사람들은 어떻게 느낄까? 그것은 해방과 기쁨의 외침이 아니라 하나의 쓰라린 확인인 것이다. 인생에 의미를 부여해줄 어떤 신이 있다는 확신은 벌받지 않고 악을 행할 수 있는 능력보다 훨씬 더 매혹적이다. 그러니 둘 중 어느 것을 선택하게 된다면 어렵지는 않으리라. 그러나 선택의 여지는 없다. 이렇게 되면 쓰라린 원망이 시작된다. 부조리는 사람을 해방하는 것이 아니라 결박한다. 부조리가 무슨 행동이든 다 허용하는 것은 아니다. 모든 것이 허용되어 있다는 것은 아무것도 금지된 것이 없다는 뜻은 아니다. 부조리는 다만 이러한 행동들의 결과도 한결같은 가치를 부여할 따름이다. 부조리는 범죄를 저지르라고 권하지 않는다. 만약 그렇다면 그것은 유치한 일이 될 것이다. 다만 부조리는 후회에 그것 본디부터의 무용성을 회복시켜놓는다. 마찬가지로 모든 경험 사이에 차이가 없다면 의무의 경험도 다른 경험 못지않게 정당하다. 사람은 어쩌다 기분이 내키면 덕이 높은 사람이 될 수도 있는 것이다.

모든 도덕은, 어떤 행위에 뒤따르게 되는 결과들이 그 행위를 정당화해주거나 부정해버리는 생각을 바탕으로 성립된다. 부조리의 인간은 다만 이와 같은 결과의 연쇄를 감정이 섞이지 않은 담담한 태도로 고찰해야 한다고 판단한다. 그는 대가를 치를 준비가 되어 있다. 다시 말해서 그가 볼 때 책임지는 사람은 있을 수 있으나 죄인은 없다는 것이다. 그가 인정할 수 있는 것이 있다면, 그것은 기껏해야 미래의 행동을 위한 토대로서 과거의 경험을 이용할 수 있다는 것 정도이다. 시간은 또 다른 시간을 살 수 있게 해주고 삶은 또 다른 삶에 유용해질 수 있을 것이다. 한정되어 있는 동시에 가능성에 넘쳐 있는 이 활동 영역 안에서 그의 명증한 정신을 제외한 내면의 모든 것은 예측 불가능한 것으로 보인다. 그렇다면 합리성이 결여된 이런 세계 속에서 어떤 규칙이 생겨날 수 있겠는가? 그에게 유익하게 보일 수 있는 유일한 진리는 결코 형식적인 것이 아니라 인간들 속에서 살아 숨쉬며 전개되는 진리다. 따라서 부조리의 인간이 추론 끝에 찾을 수 있는 것은 결코 윤리적 규칙들이 아니라 인간의 삶을 구체적으로 보여주는 실례들과 살아 있는 숨결이다. 이제부터 다루게 될 몇몇 모습들이 바로 그렇다. 이 영상들은 부조리의 추론을 계속하면서 거기에 부조리한 인간의 자세와 그 특유의 열기를 부여하게 될 것이다.

어떤 예를 든다고 해서 반드시 따라야 하는 것은 아니며(부조리의 세계에서라면 더군다나), 그러한 구체적 예시들이 반드시 어떤 본보기로서의 의미는 아니라는 점을 구태여 길게 설명할 필요가 있을까? 정도의 차이는 있겠지만 루소를 읽고 나서 짐승처럼 네 발로 걸어다녀야 한다는 결론을 이끌어낸다거나, 니체를 읽고 나서 자기 어머니에게 덤벼드는 것이 옳다는 결론을 끌어내자면, 유별난 소명의식이 있어야 하리라는 것은 별문제로 치더라도, 우스꽝스러운 일이 될 것이다. "부조리해져야 한다. 해결되었다고 느끼고, 사실은 터무니없는 자기기만을 해서는 안 된다"라고 이 시대의 어느 작가는 쓰고 있다. 우리가 이제부터 논의하게 될 태도들은 그것과 정반대되는 태도들을 고려할 때 비로소 완전한 의미를 갖게 된다. 우체국 수습직원과 정복자는, 만약 둘 다 똑같은 의식을 지니고 있다면, 서로 아무런 차이가 없다. 이런 점에서 볼 때 모든 경험은 서로 차이가 없다. 그중에는 인간에게 도움이 되는 것들도 있고 해가 되는 것들도 있다. 인간이 의식적이라면 이 경험들은 도움이 된다. 그렇지 않다면 그것은 아무런 의미도 없다. 즉 어떤 인간이 패배한다면 그때 비판의 대상이 되는 것은 패배의 정황이 아니라 패배한 인간 자신이다.

내가 선택한 사람들은 다만 자신을 남김없이 다 소진하는 것을 목표로 삼는 사람들, 혹은 스스로를 남김없이 소진한다고 나에게 의식되는 그런 사람들뿐이다. 더 이상의 것은 없다. 지금으로서는 사고에 있어서나 삶에 있어서나 다같이 아무런 미래가 없는 세계에 대해서만 이야기하고자 한다. 인간으로 하여금 일하게 하고 바쁘게 활동하도록 만드는 모든 것은 희망을 그 수단으로 이용한다. 그러므로 단 한 가지 거짓되지 않은 사고는 미래의 열매를 기대하지 않는 불모의 사고이다. 부조리의 세계에서 어떤 개념이나 삶의 가치는 그것의 불모성에 의해 측정된다.

1 돈 후안주의

사랑하는 것만으로 충분하다면 모든 일이 너무나도 단순하리라. 그러나 사랑하면 사랑할수록 부조리는 더욱 견고해진다. 돈 후안이 이 여자에게서 저 여자에게로 전전하는 것은 결코 사랑이 부족해서가 아니다. 그가 남모르는 계시를 받아 완전한 사랑을 추구한다고 상상하는 것은 우스꽝스럽다. 하지만 그가 타고난 재주를 써먹고 또 써먹으면서 그 깊이를 더해갈 수밖에 없는 것은 모든 여자를 똑같은 열정으로 그때마다 자신의 모든 것을 다 바쳐서 사랑하기 때문이다. 그러기에 여자들도 저마다 어느 누구도 그에게 맛보여 준 적이 없는 것을 주고 싶어한다. 그때마다 그녀들은 심한 착각을 하는 것이다. 그렇게 함으로써 돈 후안은 오직 전과 같은 반복의 필요성을 느낄 따름이다. 한 여자가 소리친다. "드디어 내가 당신에게 진정한 사랑을 바쳤군요." 그러자 돈 후안이 비웃기라도 하듯이 "드디어라고? 천만에, 다시 한 번 더 바쳤을 뿐이지"라고 하는 말을 들어도 놀랄 일은 아니리라. 어째서 드물게 사랑해야만 많이 사랑하게 된단 말인가?

돈 후안은 슬퍼하고 있는 것일까? 그런 것 같지는 않다. 나는 그의 전기(傳記)는 거의 참고해보지 않고 그냥 이야기할 생각이다. 그 웃음, 우쭐대는 오만함, 그 발랄함과 연극 취미, 이러한 것들은 밝고 유쾌하다. 모든 건전한 존재는 한꺼번에 여러 가지를 하고 싶어한다. 돈 후안의 경우도 마찬가지다. 그러나 슬픈 사람들은 슬퍼할 두 가지 이유를 가지고 있다. 그들은 무지하든가 기대를 하고 있다. 반면에 돈 후안은 알고 있으며 기대를 하지 않는다. 그는, 자신의 한계를 알며 결코 그 한계를 넘어서지 않는 예술가들, 그리하여 자신의 정신이 자리잡고 있는 이 덧없는 한시적 공간 속에서도 대가답게 놀라운 넉넉함을 보이는 예술가들을 연상케 한다. 이런 것이 바로 천재, 즉 자신의 한계를 아는 지성인 것이다. 육체적 죽음의 경계에 이르기까지 돈 후안은 슬픔을 모른다. 그가 앎을 얻는 순간부터 웃음이 터져나오면서 모든 것을 덮어주고 용서한다. 미래에 대한 희망을 품고 있었을 때 그는 슬펐다. 그런데 이제 그는 여인의 입술 위에서 단 하나뿐인, 쓰디쓰면서도 용기를 주는 지혜의 맛을 느꼈다. 쓰디쓴 맛? 그건 극소량에 지나지 않는다. 이 피하기 어려운 불완전함이 행복을 실감나게 해주는 것이다!

돈 후안이 전도서(특히 인생의 허무를 가리키고 있는 구약성서 중의 한 편)를 읽고 깊이 영향받은 인간이라고 여기는 것은 커다란 기만이다. 왜냐하면 내세에 대한 희망을 제외하고는 그에게 있어 더 이상 공허한 것이라곤 아무것도 없기 때문이다. 그는 하늘 자체와 맞서서 내기를 함으로써 이를 입증한다. 쾌락에 빠져서 잃어버린 욕망에 대한 회한이란 어떤 상투적인 무력감인데 그는 그런 것과는 무관하다. 자신을 악마에게 팔아먹을 정도로 신을 믿은 파우스트에게나 어울릴 일이다. 돈 후안에 있어서 일은 한결 더 단순하다. 몰리나(인간의 자유의지를 옹호한 19세기 에스파냐 신학자)의 《색마(色魔)》는 지옥으로 보내겠다는 협박에 대하여 언제나 "오랜 유예기간만 주신다면!"이라고 대답한다. 죽고 난 뒤에 오는 것이야 아무런들 어떠랴. 제대로 살 줄 아는 사람에게는 얼마나 긴 나날의 연속인가! 파우스트는 지상의 행복을 요구했다. 그 불쌍한 사람은 그냥 손을 내밀기만 하면 된다는 것을 몰랐던 것이다. 자신의 영혼을 기쁘게 할 줄 모른다는 것은 이미 그 영혼을 팔아버린 것이나 다름없다. 그와 반대로 돈 후안은 흡족할 정도의 쾌락을 맛보라고 영혼에게 명한다. 그가 한 여인을 떠나는 것은 꼭 그녀를 더 이상 원하지 않기 때문이 아니다. 아름다운 여인은 늘 욕망의 대상이니까. 따라서 다만 그가 다른 여인을 원하기 때문이며, 그 두 가지 이유는 결코 같은 것이 아니다.

이 삶은 그를 만족시킨다. 그것을 잃어버리는 것보다 더 불행한 일은 없다. 광인은 위대한 현인이다. 그러나 희망을 먹고 사는 사람들은 선량함이 관용에, 애정이 사내다운 침묵에, 그리고 신앙의 공동의식이 고독한 용기에 자리를 양보하는 이런 세계에 여간해서 잘 만족하지 못한다. 그리하여 모두들 '그는 약한 자였거나 이상주의자였거나 아니면 성자였다'고 말한다. 남을 모욕하는 위대함이라면 정녕 격이 떨어지는 것일 수밖에 없다.

사람들은 돈 후안이 떠벌리는 말에 대해서, 그리고 여인들을 만날 때마다 한결같이 써먹는 똑같은 말에 대해서 분노를 금치 못한다(혹은 그가 찬미해 마지않는 것을 깎아내리는 공모의 웃음을 짓는다). 그러나 즐거움을 구하는 사람에게 중요한 것은 효과뿐이다. 이미 효력이 입증된 암호인데 그것을 괜히 복잡하게 볼 필요가 있을까? 남자건 여자건 누구 하나 그 암호에 실제로 귀를 기울이는 사람은 없다. 그보다는 오히려 그것을 말하는 목소리에 귀를 기울인다. 그 암호들은 규칙이요, 관례요, 예의이다. 그냥 그 암호를 말하는 것뿐이고 정작 중요한 것은 그 뒤에 남는다. 돈 후안은 벌써 준비를 했다. 왜 그가 도덕 따위를 문제삼겠는가? 그를 지옥에 떨어뜨리는 것은 밀로즈의 마냐라(오스카르 벤체스라스 루비츠―밀로즈의 수난극 《미겔 마냐라》)처럼 성인이 되고자 하는 욕망에서가 아니다. 그에게 지옥이란 사람들이 만들어내는 것이다. 신의 노여움에 대한 그의 대답은 오직 한 가지뿐이니 그것은 바로 인간의 명예다. "나에게는 명예가 있다. 나는 기사이므로 약속을 지킨다"라고 그는 기사령 영주에게 말한다. 그러나 그것 때문에 그를 부도덕한 자로 취급하는 것 또한 그에 못지않은 잘못이 될 것이다. 그 점에서 그는 '남들과 다를 것이 없다'. 그는 자기 나름대로의 공감 또는 반감을 도덕법칙으로 삼고 있는 것뿐이다. 평범한 유혹자요 엽색가라는, 통속적인 그의 표상을 마음속에 두고 볼 때에야 비로소 우리는 돈 후안을 잘 이해할 수 있는 것이다. 그는 평범한 유혹자다.*15 다른 점이 있다면 스스로가 유혹자임을 의식하고 있다는 사실뿐인데, 바로 그 때문에 그는 부조리의 인간인 것이다. 명증한 의식을 지닌 유혹자라고 해서 달라지는 것은 없다. 유혹하는 것이 그가 하는 일이다. 하는 일이 달라지거나 더 나은 사람이 되는 것은 오직 소설 안에서나 가능한 일이다. 그러나 아무것도 변하지 않았지만 동시에 모든 것이 변모했다고 말할 수 있다. 돈 후안이 행동으로 실천하는 것은 질을 지향하는 성자의 그것과는 반대로 양(量)의 윤리학이다. 사물들의 심오한 의미를 믿지 않는 점이야말로 부조리 인간의 특성이다. 그는 진정어린 얼굴들, 혹은 경이로워하는 얼굴들을 두루 살펴보며 지나치게 거두어들이고 불살라버린다. 시간이 그와 더불어 흘러간다. 부조리의 인간은 시간을 벗어나지 않는 인간이다. 돈 후안은 여인들을 '수집'하려는 것이 아니다. 그는 수많은 여인들을 최대한으로 상대하며 그 여자들과 더불어 삶의 기회를 남김없이 소진한다. 수집한다는 것은 자신의 과거를 먹고 살아갈 수 있음을 뜻한다. 그러나 돈 후안은 희망의 또 다른 형태인 애착을 거부한다. 그는 초상화들을 바라보며 즐길 줄 모른다.

그렇다고 해서 그는 과연 에고이스트일까? 그 나름대로는 그럴지도 모르

---

*15 그 말이 온전한 의미에서, 그리고 그 나름의 결함까지도 포함하는 의미에서의 평범한 유혹자. 건전한 태도는 결함 '또한' 포함하고 있다.

겠다. 그러나 이것 역시 잘 새겨들을 필요가 있다. 세상에는 살기 위해 태어난 사람도 있고 사랑하기 위해 태어난 사람도 있다. 적어도 돈 후안은 기꺼이 그렇게 말하고 싶으리라. 그러나 그것은 그가 나름대로 선택해본 생략적인 표현일 것이다. 왜냐하면 여기서 말하는 사랑은 영원성의 온갖 환상으로 장식된 것이니까 말이다. 모든 열정적 사랑의 전문가들이 한결같이 말하듯이, 못하게 막는 것이 있어야 비로소 영원한 사랑이 존재할 수 있는 법이다. 투쟁 없는 사랑의 정열은 없다. 그러한 사랑은 죽음이라는 궁극적인 모순 속에서만 끝나는 것이다. 베르테르가 되느냐 아니면 아무것도 아니게 되느냐 양자택일뿐이다. 여기서도 또한 여러 가지 자살 방법이 있을 수 있겠는데, 그중 하나는 전적인 헌신과 몰아(沒我)다. 그 누구 못지않게 돈 후안도 이것이 감동적일 수 있다는 사실을 안다. 그러나 그는 그게 중요한 것이 아님을 아는 소수의 사람 중 하나이다. 그는 또한 위대한 사랑으로 말미암아 자신의 인생을 등진 사람들은 스스로 풍성해질지 모르되 그들이 사랑의 대상으로 택한 사람들을 틀림없이 가난하게 만들리라는 것을 잘 알고 있다. 어머니라든가 정열적인 여인은 필연적으로 메마른 마음을 가지고 있게 마련이다. 왜냐하면 그들의 마음은 세상을 등지고 있기 때문이다. 단 하나의 감정, 단 하나의 존재, 단 하나의 얼굴뿐, 다른 모든 것은 다 탕진되고 없는 것이다. 돈 후안을 움직이는 것은 다른 사랑이다. 그것은 해방하는 사랑이다. 그 사랑은 세상의 모든 얼굴을 다 불러오며 그의 전율은 자신이 죽어 없어질 존재임을 의식하는 데서 생겨난다. 돈 후안은 아무것도 아니게 되는 쪽을 택했다.

그에게 중요한 것은 똑똑히 보는 일이다. 우리는 우리 자신을 어떤 존재와 맺어주는 힘을 사랑이라고 부르지만 그것도 오직 책이나 전설이 만들어낸 어떤 집단적으로 바라보는 방식에 비추어보면서 그렇게 부르는 것이다. 그러나 사랑에 대해서 아는 바가 있다면 그것은 오직 나를 어떤 존재와 맺어주는 욕망과 감정과 지성의 혼합물뿐이다. 상대가 달라지면 이 복합체도 달라질 것이다. 이런 모든 경험을 전부 똑같은 이름으로 지칭할 권리는 내겐 없다. 이렇게 되면 이 경험들을 같은 방식으로 체험하지 않아도 되는 셈이다. 부조리의 인간은 여기서도 하나로 통일되는 것이 아니라 다양화된다. 이리하여 그가 발견하게 되는 새로운 존재방식은 적어도 그 방식에 접근하는 사람들을 해방시키는 것 못지않게 그를 해방시켜주는 것이다. 스스로 덧없는 것인 동시에 둘도 없는 것임을 의식하고 있는 사랑만이 너그러운 사랑이다. 돈 후안에게 그의 삶을 하나의 다발로 묶어주는 것은 이 모든 사랑의 죽음과 사랑의 부활들이다. 이것이 바로 그만이 베푸는 방식이며 삶을 주는 방식이다. 과연 에고이즘이라는 말을 쓸 수 있는지의 여부는 각자의 판단에 맡기겠다.

여기서 나는 돈 후안이 기어이 벌을 받아야 한다고 주장하는 사람들을 생각하게 된다. 비단 저세상에 가서 뿐만 아니라 이 세상에서도 벌을 받아야 한다는 것이다. 늙어버린 돈 후안에 대한 그 모든 이야기와 전설과 비웃음들을 떠올린다. 그러나 돈 후안은 벌써 그에 대한 각오가 되어 있다. 의식적인 인간에게 있어 노년과 그 노년이 예고하는 바는 놀랄 만한 것은 아니다. 그는 바로 그것에 대한 공포를 스스로에게 숨기지 않는다는 면에서 의식적인 것이다. 아테네에는 노년에 바쳐진 신전이 있었다. 아테네 사람들은 그곳에 아이들을 데리고 가곤 했다. 돈 후안은, 사람들이 비웃으면 비웃을수록 그의 얼굴을 그들에게 더 드러내어 이목을 끌었다. 이렇게 하여 그는 낭만주의자들이 그에게 뒤집어씌운 모습을 거부하는 것이다. 괴로움에 시달린 가련한 돈 후안을 비웃으려는 사람은 아무도 없다. 사람들은 그를 동정하고 하늘도 그를 구원할 것이 아닌가. 그러나 그렇지는 않다. 돈 후안이 슬쩍 훔쳐본 세계 안에서는 우스꽝스러운 것 '또한' 포함되어 있다. 그는 벌받는 것을 당연하다고 생각할 것이다. 그것이 게임의 규칙이다. 그리하여 게임의 모든 규칙을 완전히 받아들였다는 점이야말로 그의 고결함이다. 그러나 그는 자기가 옳다는 사실, 그것이 벌일 수는 없다는 사실을 안다. 운명이란 벌이 아니다. 이것이 그의 죄이고, 영원을 중시하는 사람들이 그에 대해 징벌을 요구하는 것은 충분히 이해된다. 그는 그들이 주장하는 모든 것을 부정하는 듯한, 전혀 환상을 갖지 않는 앎에 이르렀던 것이다. 사랑하고 소유하는 것, 정복하고 소진하는 것, 이것이 곧 그의 인식 방법이다(성서에서는 사랑의 행위를 '인식하다(connaître)'라고 부르고 있는데, 거기에서 자주 보이는 이 말은 의미가 깊다). 그는 그들을 무시한다는 점에서 그들의 최악의 적이 된다. 한 전기작가는, 그 진짜 '색마'가 '지체 높은 가문 출생이므로 벌을 받지 않도록 되어 있었지만 돈 후안의 방탕과 불경건함에 끝장을 내고자 했던' 프란체스코 수도사들에 의해 암살당했다고 기록하고 있다. 그 뒤 그들은 하늘이 벼락을 내려 그를 죽였노라고 발표했다. 이 이상한 종말의 증거를 제시한 사람은 아무도 없다. 또한 그에 대한 반증을 보인 사람도 없다. 그러나 이것이 진실인지 아닌지는 묻지 않기로 하고, 나는 그것이 논리적이라고 말할 수 있다. 다만 여기서 나는 '출생'이라는 말에 주목하면서 말장난을 해보고 싶어진다. 삶이 그의 무죄를 확보해준 것이었다고 말이다. 반면에 이제는 전설이 되어버린 유죄성이란 것은 오직 죽음에서만 이끌어낼 수 있었다.

그 석기사(石騎士), 감히 생각하려고 했던 그 피와 용기를 벌하기 위하여 몸을 움직여 걸어나온 써늘한 석상은 그 밖에 또 무엇을 의미하는 것일까? 영원한 '이성'과 질서와 보편적 도덕의 모든 힘, 여차하면 노여움을 터뜨리는 신, 인간과는 다른 위대함이 그 석상 안에 요약되어 있다. 이 커다랗고 혼이 없는 돌덩어리는 돈 후안이 끝내 부인했던 권능들만을 상징하고 있을 따름이다. 그러나 석기사의 사명은 그것으로 끝난다. 천둥과 벼락은 사람들의 부름을 받고 떠나왔던 허황한 하늘로 되돌아갈 수 있다. 진정한 비극은 그 밖에서 연출된다. 그렇다. 돈 후안은 결코 돌로 된 손아귀 속에서 죽은 것이 아니다. 오히려 나는 전설적인 허세, 존재하지 않는 신에 도전하는 건전한 인간의 무모한 웃음을 기꺼이 믿고 싶다. 그러나 특히 돈 후안이 안나의 집에서 기다리던 그날 밤에 기사가 오지 않았다는 것을, 그리하여 자정이 지나자 신을 믿지 않는 그는 자기 생각이 옳았음을 확신하는 사람들 특유의 그 끔찍하고 쓰디쓴 맛을 느꼈으리라는 것을 나는 믿는다. 더욱이 나는 만년에 이른 그가 수도원에 몸을 묻고 은거했다는 후일담을 기꺼이 받아들인다. 그 이야기의 교훈적인 면이 그럴 듯해서가 아니다. 대체 신에게 무슨 은신처를 구할 수 있다는 말인가? 오히려 그것은 전적으로 부조리에 사무쳐 있었던 삶의 논리적 귀결이요, 내일 없는 기쁨을 향해 치닫던 존재의 성난 결말을 드러낸 것이다. 쾌락은 금욕으로 끝난다. 우리는 이 쾌락과 금욕이 동일한 헐벗음의 두 가지 모습이 될 수 있다는 것을 이해해야 한다. 자신의 육체에게 버림받고 제때에 죽지 못했기에, 자기가 우러러 보지도 않는 신과 얼굴을 마주한 채, 삶을 섬겼듯이 신을 섬기며 허공 앞에 무릎 꿇고, 아무 말도 하지 않고, 깊이도 없는 하늘을 향해 손을 벌리고서 종말을 기다리는 가운데 끝까지 희극을 연출하는 한 인간의 모습, 이보다 더 끔찍한 모습을 바랄 수 있겠는가.

어느 언덕 위, 외따로 떨어진 에스파냐 수도원 어느 골방 속에 파묻힌 돈 후안의 모습이, 지금 내 눈앞에 생생히 떠올랐다. 혹시 그가 무엇인가 바라보는 것이 있다면 그것은 사라져버린 사랑들의 환영이 아니라, 아마도 벽에 뚫어 놓은 뜨거운 총구멍 틈으로 내다보이는 에스파냐의 어느 고적한 평원, 자신의 모습이 고스란히 비쳐 보이는 듯한 찬란하면서도 혼이 없는 대지일 것이다. 그렇다. 이제 우수에 차고 또한 햇빛 찬란한 이 영상에서 멈추는 것이 좋겠다. 궁극의 종말, 가만히 기다리고 있었지만 결코 바라지는 않았던 그 종말은 경멸할 만한 것이다.

2 연극

"연극이야말로 왕의 의식을 낚아챌 덫이다"라고 햄릿은 말한다. '낚아채다'라는 표현은 매우 적절하다. 왜냐하면 의식이란 본디 재빨리 스쳐 지나가거나 움츠러드는 것이니까 말이다. 의식은, 그것이 허공을 날아가고 있을 때, 스스로에게 슬쩍 시선을 던지는 형언할 수 없는 순간에 낚아채야 한다. 일상적 인간은 발걸음을 멈추고 늑장부리는 것을 좋아하지 않는다. 그러기는커녕 모든 것이 그를 재촉한다. 그러나 동시에, 그에게 자신 이상으로 관심을 끄는 것은 없다. 특히 실제의 자신보다 장차 자기가 변해서 될 어떤 존재에 대하여 온통 관심이 쏠려 있는 것이다. 연극에 대한, 스펙터클에 대한 관심은 바로 거기서 생겨나는 것이다. 무대 위에서는 숱한 운명들이 그에게 제시되고 있어서 그는 이 운명들의 쓰라림을 겪지 않은 채 시적 흥취만을 받아들이기 때문이다. 적어도 여기서 우리는 무의식적인 인간의 모습을 알아볼 수 있을 것이다. 그는 계속해서 무엇인지 모를 희망을 향하여 분주하게 내딛고 있다. 부조리의 인간은 희망이 끝나는 곳에서부터, 정신이 남의 연기를 감상하기를 멈추고 그 속으로 직접 들어가려고 하는 지점에서 시작된다. 그 모든 삶 속으로 파고 들어가서 삶의 다양함을 느끼고, 이것이 바로 그 삶들을 연기하는 것이다. 그렇다고 일반적으로 배우이면 누구나 다 이런 요청에 따른다거나 누구나 다 부조리의 인간이라는 말은 아니다. 배우의 운명은 명철한 마음을 매혹하고 끌어당길 수 있는 부조리의 운명이라고 말하는 것이다. 지금부터 이야기하려는 것을 오해 없이 이해하기 위해서는 이 점을 확실하게 해두자.

배우는 필연적으로 소멸하게 되어 있는 것 가운데서 군림한다. 다 아는 바와 같이 세상의 모든 영광 중에서 배우의 영광이 가장 덧없는 것이다. 적어도 흔히 주고받는 대화 속에서는 그렇게들 말한다. 그러나 영광이란 모두가 다 덧없는 것이다. 시리우스 별에서 내려다본다면 괴테의 수많은 작품들조차 1만 년 뒤에는 티끌로 변할 것이요, 그의 이름도 잊힐 것이다. 아마도 어떤 고고학자들이 언젠가는 우리 시대의 '증거물들'을 찾으려고 애쓸지도 모른다. 이런 생각은 늘 무언가 가르쳐주는 바가 있었다. 이 생각을 깊이 파고들어 보노라면 우리의 소란스러운 몸부림이 줄어들게 되고, 그리하여 무관심 속에서 얻을 수 있는 심오한 고귀함에 이르게 된다. 아니, 무엇보다도 우리의 관심을 가장 확실한 것, 그러니까 직접적인 것에 전념하게 할 것이다. 모든 영광 중에서 가장 속임수 없는 것은 영광 그 자체를 살아가는 일이다.

　　그러기에 배우는 무수한 영광, 스스로를 바치고 스스로 체험하는 영광을 선택했다. 모든 것은 언젠가 죽게 마련이라는 사실에서 최선의 결론을 끌어낸 것이 배우다. 배우는 성공하든가 아니면 성공하지 못하든가 할 뿐이다. 작가는 설사 인정을 못 받는다 하더라도 희망을 잃지 않는다. 언젠가는 작품이 자신의 존재를 증언해주리라고 믿는다. 배우는 기껏해야 우리에게 한 장의 사진을 남겨놓을 뿐, 그의 모습, 동작과 침묵, 짧은 숨결 혹은 사랑의 숨소리는 전혀 우리에게까지 전달되지 않을 것이다. 그에게 있어서, 알려지지 않는다는 것은 곧 연기를 하지 않는다는 뜻이며, 연기를 하지 않는다는 것은 곧 그가 생명을 부여하여 새로이 살려내고자 했던 그 모든 존재와 더불어 무수히 죽는다는 뜻이다.

　　가장 덧없는 창조들 위에 세워진 영광이 소멸해버리고 말 영광임을 발견한다고 해서 놀랄 만한 게 있을까? 배우는 세 시간 동안 이아고(오셀로의 주요 인물)나 알세스트(몰리에르의 희곡 「인간 혐오」에 나오는 주인공), 페드르(라신의 희곡 「예드르」의 주인공)나 글로세스터(셰익스피어의 희곡 「리처드 3세」에 나오는 인물)가 된다. 그 짧은 시간 동안 그는 50제곱미터의 무대 위에서 그들을 태어나게 하고 죽게 한다. 부조리가 이처럼 훌륭하게 그리고 오랜 시간 동안 구체화되어 나타난 일은 없다. 이 놀라운 인생들, 벽과 벽 사이에서 그리고 몇 시간 동안, 자라나서 끝매듭지어지는 둘도 없는 완벽한 운명들, 이보다 더 계시적인 축도(縮圖)를 어찌 바랄 수 있겠는가. 연극이 끝나면 시지스몽(칼데로의 작품 「인생은 꿈」의 인물)은 이제 아무것도 아니다. 두 시간 뒤면 그가 시내에서 식사하는 모습을 볼 수 있다. 아마도 바로 이때 인생은 한낱 꿈이라고 느낄지도 모른다. 그러나 시지스몽에 뒤이어 다른 인물이 나타난다. 불안함에 괴로워하던 인물이 복수를 끝내고 울부짖는 인물로 바뀐다. 이렇듯 뭇 세기와 뭇 정신들을 편력하고, 그렇게 될 수도 있는 모습의 인간, 그리고 있는 그대로의 인간을 모방함으로써 배우는 나그네라는 또 하나의 부조리 인물과 합류한다. 나그네와 마찬가지로 그는 무언가를 소진하며 끊임없이 이곳저곳을 돌아다닌다. 그는 시간의 나그네요, 최상의 경우, 숱한 영혼들에게 쫓기는 나그네인 것이다. 만약 양(量)의 도덕이 무슨 양식을 발견할 수 있다고 한다면 그것은 분명 기묘한 무대 위에서일 터이다. 배우가 어느 정도로 이들 인물들에게서 혜택을 입는지는 말하기 어렵다. 그러나 중요한 것은 그것이 아니다. 중요한 것은, 단지 배우가 자신이 연기하는 인물들의 소중한 삶과 얼마만큼 동화되느냐, 그것을 아는 것이다. 사실, 배우가 그들을 제 몸 안에 지니고 다님으로 해서 그들이 스스로 태어난 시간과 공간의 범위를 약간 넘어설 수도 있다. 그들이 배우 곁에 바싹 붙어다니고 있어서 배우는 무대 위의 자신에게서 더 이상 쉽사리 떨어져 나오지 못한다. 배우는 실제로 잔을 집어들 때 술잔을 들어올리는 햄릿의 동작을 그대로 하는 수가 있다. 그렇다. 그가 무대 위에서 생생하게 되살렸던 인물들과 그의 거리는 그리 멀지 않다. 이로써 그는 인간이 되고자 하는 존재와 실제의 존재 사이에 경계가 없다는 지극히 풍성한 진리를 매월 혹은 매일 분명하게 드러내 보인다. 언제나 더 구체적인 모습으로 나타내 보이는 데 온통 정신이 팔려 있는 그는 어느 만큼이나 겉모양이 실재가 될 수 있는가를 증명해 보여준다. 왜냐하면 절대적으로 흉내내는 것, 자신의 것이 아닌 삶 속으로 가능한 한 깊숙이 들어가는 것, 이것이야말로 배우의 예술이기 때문이다. 그가 노력한 끝에 그의 사명이 무엇인지 밝혀진다. 즉 마음을 다하여 아무것도 아니거나 또는 여러 존재가 되고자 전력투구하는 것이 그것이다. 인물 창조를 위하여 그에게 부여된 한계가 좁으면 좁을수록 더욱 그의 재능이 필요하게 된다. 오늘 그의 것이 된 모습으로 그는 이제 세 시간 뒤에는 죽게 된다. 그는 세 시간 동안에 예외적인 운명을 송두리째 실감하고 또 그것을 표현해야 한다. 이것이 바로 흔히 말하는, 자신을 되찾기 위하여 자신을 잃는다는 것이다. 이 세 시간 동안에 그는 객석에서 구경하는 관객이 일생 동안 거쳐가는 출구 없는 길의 종착점까지 가는 것이다.

    소멸하고 마는 세계를 흉내내는 배우는 겉모습으로만 자신을 단련하고 완성시킨다. 오로지 몸짓으로만, 그리고 육체로만—혹은 육체인 동시에 영혼인 목소리로만 인간의 마음을 표현하고 이해시키는 것이 연극의 관습이다. 이 예술의 법칙은 모든 것을 인간의 육신으로 만들어 표현하기를 요구한다. 만약 무대 위에서 우리가 현실 속에서 사랑하듯이 사랑하며, 그 무엇으로도 대신할 수 없는 마음의 목소리를 사용하고, 현실 속에서 바라보듯이 바라보아야 한다면, 우리의 언어는 남들이 이해할 수 없는 암호로 남아 있게 될 것이다. 무대 위에서는 침묵마저도 귀에 들려야 한다. 현실에서는 낮게 속삭이는 사랑의 말도 여기서는 어조를 높여야 하고, 움직이지 않는 자세도 두드러지게 눈에 보여야 된다. 육체가 모든 것 위에 군림하는 왕인 것이다. 마음속에서 바라기만 하는 것은 '연극적인 것'이 아니다. 잘못 평가절하되어 있는 이 '연극적'이란 말은 하나의 미학 전체를, 하나의 윤리 전체를 포함하고 있다. 인간의 삶 절반은 마음에 품은 것을 표면화하지 않은 채 암시하며 얼굴을 돌리고 침묵하면서 보내게 마련이다. 배우는 이런 세계 속으로 불청객인 침입자처럼 들어온다. 그는 저 사슬에 묶인 영혼을 마술에서 풀어준다. 마침내 온갖 정념이 그들의 무대 위로 쏟아져나온다. 이 정념들은 온갖 몸짓 속에서 떠들어대고 오직 외침을 통해서만 생기를 발한다. 이렇듯 배우가 인물들을 형상화하는 것은 자랑삼아 보여주기 위함이다. 그는 인물들을 그리거나 조각한다. 그는 그들의 상상적인 형태 속으로 흘러들어가서 그들의 환영에게 자신의 피를 수혈한다. 물론 나는 여기서 위대한 연극에 대해 말하고 있다. 배우에게 순전히 육체적인 그의 운명을 실현할 기회를 주는 연극 말이다. 셰익스피어를 보라. 이 첫 충동의 연극에 있어서 춤을 인도하는 것은 육체의 광란이다. 이 광란이 모든 것을 다 설명해준다. 이것 없이는 모든 것이 붕괴되고 말 것이다. 코딜리아를 추방하고 에드가를 정죄하는 거친 행동이 없다면 리어 왕은 결코 광기와의 약속 장소에 나가지 않았으리라. 따라서 이 비극이 광기의 기치 아래 되풀이된다는 것은 당연한 일이다. 영혼들은 악마들에게, 그리고 악마들이 추는 사라반드(3박자의 느릿한 무곡)에 내맡겨진다. 자그마치 넷이나 되는 광인들, 하나는 직업 때문에, 다른 하나는 의지 때문에, 나머지

두 사람은 고민 때문에 미쳐버린 것이다. 걷잡을 수 없이 몸부림치는 네 개의 육체, 같은 조건을 지닌 말로 표현할 수 없는 네 얼굴.

인간의 육체라는 척도만으로는 부족하다. 가면과 반장화(半長靴), 얼굴을 본질적인 요소들로 환원시켜서 뚜렷하게 만드는 분장, 과장하는 동시에 단순화하는 의상, 이런 것들의 세계에서는 외관만 남기고 다른 것은 모두 희생된다. 그것은 오로지 눈만을 위하여 만들어진 세계다. 그 무슨 부조리의 조화였을까. 여기서도 인식을 가져오는 것은 육체이다. 스스로 이아고의 역을 연기해보지 않고서는 결코 그를 충분히 이해하지 못할 것이다. 아무리 그의 말을 들어봐도, 그를 봤을 때 비로소 그를 파악한다. 따라서 배우는 부조리의 인물이 지니는 단조로움을 갖게 된다. 그가 그의 모든 주인공을 통하여 거느리고 다니는 낯설면서도 친근한, 독특하고 집요한 그 실루엣 말이다. 여기서도 위대한 연극작품은 이러한 단일한 톤에 봉사하고 있다. *16 바로 이 대목에서 배우는 자기 모순을 드러내 보인다. 즉 동일하면서도 지극히 다양하고, 단 하나의 육체에 의하여 그토록 많은 영혼들이 요약된다는 배우의 모순이 그것이다. 그러나 모든 것을 성취하고 모든 것을 살고자 하는 저 인간, 저 헛된 시도, 저 부질없는 고집, 그것은 부조리의 모순 그 자체이다. 그런데도 언제나 자기 모순에 차 있는 것이 그의 안에서 통일을 이룬다. 그는 육체와 정신이 서로 만나 껴안는 곳, 온갖 실패에 지친 정신이 그의 가장 충직한 맹우(盟友)에게로 되돌아가는 그곳에 있다. 햄릿은 말한다. "피와 판단이 너무나도 야릇하게 서로 뒤섞인 나머지, 운명의 손가락이 제멋대로 노래 부르게 하는 피리가 되지 않는 사람들은 복 있을지어다."

배우가 보여주는 이와 같은 행동을 어찌 교회가 단죄하지 않았겠는가. 교회는 이 예술 속에서 영혼들을 이단적으로 증식시키는 행위, 온갖 질탕한 감정들의 잔치, 단 하나의 운명만으로 살아갈 것을 거부하고 온갖 무절제 속으로 뛰어드는 정신의 파렴치한 주장을 배척했다. 교회는 그들 가운데 교회가

---

*16 여기서 나는 몰리에르의 알세스트를 생각하고 있다. 모든 것은 지극히 단순하고 뚜렷하며 조잡하다. 필랭트 대 알세스트, 엘리앙트 대 셀리멘, 종말을 향하여 떠밀리는 성격의 부조리한 귀결 속에 송두리째 담긴 주제 전체, 그리고 시구(詩句) 그 자체. 성격의 단조로움과 마찬가지로 운율이라곤 거의 찾아볼 수 없는 '서투른 시구'가 그러하다.

가르치는 모든 것의 부정인, 현재만을 중시하는 경향과 프로테우스($\binom{\text{포세이돈에게서}}{\text{마음대로 모습을}}$ 바꿀 수 있는 능력과 예언의 능력을 받은 바다의 $\binom{}{}$)의 영향력을 금지했다. 영원이란 연기가 아니다. 영 신. 그러나 예언하기를 피하여 자주 변신했다

원보다 연극을 좋아할 만큼 무분별한 정신은 자신의 구원 기회를 잃어버렸다. '어디에서나'와 '언제나' 사이에 타협의 여지는 없다. 그러기에 이처럼 천대받는 이 직업은 엄청난 정신적 갈등을 일으킬 수 있다. 니체는 말한다. "중요한 것은 영원한 삶이 아니라 영원한 생동감이다." 실제로 모든 드라마는 이 선택에 있다.

아드리엔 르쿠브뢰르($\binom{1692\sim1730,\ \text{프랑}}{\text{스의 비극 여배우}}$)는 임종의 자리에서 고해성사와 성체배령은 원했지만 그 직업을 부인하는 것은 거부했다. 그 때문에 그녀는 고해성사를 할 수 없었다. 결국 이것은 신의 뜻을 거역하면서까지 자신의 깊은 정열의 편을 든 것이 아니고 무엇이겠는가. 죽음을 맞이한 이 여인은 스스로 자신의 예술에 대한 부정을 눈물로 거부함으로써 일찍이 무대의 조명 아래서 다다르지 못한 위대함을 입증했다. 이것은 그녀의 가장 아름다운 역이요 가장 감당하기에 어려운 역이었다. 하늘과 보잘것없는 충실함 중 어느 것을 선택할 것인가, 영원을 포기하고 자신을 택할 것인가 아니면 신의 뜻 속으로 빠져들어갈 것인가 하는 문제는 오래된 비극으로, 우리는 그 비극 가운데서 자신의 자리를 차지해야만 하는 것이다.

그 무렵 배우들은 자신이 파문당한 것을 알고 있었다. 배우라는 직업에 들어선다는 것은 지옥을 택하는 것이었다. 그리하여 교회는 그들을 최악의 적으로 보았다. 문학자들 중에는 분개하는 이들도 몇몇 있었다. "아니, 몰리에르에게 최후의 구원을 거절하다니!" 그러나 그러한 교회의 태도는 정당했다. 무대 위에서 쓰러져 죽은 그 사람, 송두리째 분산(分散)에 바쳐진 일생을 분장한 얼굴로 마감한 그 사람에 있어서는 특히 그러했다. 그 점에 대하여 사람들은 모든 것에 변명이 되는 천재를 내세운다. 그러나 천재는 그 어느 것의 변명도 되지 않는다. 변명을 거부하는 것이 바로 천재이기 때문이다.

그때 배우는 어떤 벌이 자신에게 약속되어 있는지 알고 있었다. 하지만 인생 자체가 그에게 준비하고 있는 죽음이라는 마지막 징벌에 비긴다면 그렇게도 막연하기만 한 위협들쯤이야 무슨 의미가 있을 수 있었겠는가. 그가 앞질러 느끼고 전적으로 받아들인 것은 바로 이 최후의 징벌이다. 배우에 있어서나 부조리의 인간에 있어서나 앞당겨 찾아온 죽음은 그 무엇으로도 보상

할 수 없는 것이다. 죽음이 찾아오지 않았다면 그가 편력했던 수많은 얼굴과 수많은 세기의 총화를 보상할 수 있는 것은 아무것도 없다. 어찌 되었든 문제는 죽는다는 사실이다. 배우는 분명히 어디에나 있지만 시간이 또한 그를 이끌어가면서 그의 위력을 발휘하니까 말이다.

따라서 배우의 운명이 무엇을 뜻하는지 느끼기 위해서는 약간의 상상력만 있으면 충분하리라. 그가 인물들을 구성하고 열거하는 것은 시간 안에서이다. 그가 그들을 지배하는 방법을 배우는 것 또한 시간 안에서이다. 그가 서로 다른 수많은 삶들을 체험하면 할수록 그는 그 삶에서 더욱 쉽게 떨어져나온다. 무대에서, 그리고 이 세상에서 죽어야만 할 시간이 찾아온다. 그가 겪으며 살아온 것이 그의 눈앞에 있다. 그는 똑똑히 본다. 그는 이 모험이 비통하고도 그 무엇으로도 대신할 수 없는 것임을 느낀다. 이제 그는 죽을 줄 알며 또한 죽을 수 있다. 세상에는 늙은 배우들을 위한 은둔처들이 있는 것이다.

3 정복

정복자는 말한다. "그렇지 않다. 내가 행동을 좋아하다 보니 생각하는 것을 잊어버릴 수밖에 없었다고 여겨서는 안 된다. 그러기는커녕, 나는 내가 믿는 바를 완전하게 정의할 수 있다. 왜냐하면 나는 그것을 굳게 믿고 있으며, 확실하고 명확한 눈으로 보고 있으니까 말이다. '이건 내가 너무나 잘 알고 있는 것이어서 말로 표현할 길이 없다'고 하는 자를 믿지 말라. 그들이 말로 표현하지 못한다면 그것은 알지 못하기 때문이거나 혹은 게으름으로 말미암아 겉핥기식으로밖에 알지 못하기 때문이다."

나는 많은 의견을 가지고 있지 않다. 한 인생의 종말에 이르러 사람은 단 하나의 진리를 확인하기 위하여 여러 해를 보냈음을 깨닫게 된다. 그러나 만약 단 하나의 진리라도 뚜렷한 것이기만 하다면 그것으로써 삶의 지표를 삼기에 충분하다. 아무리 생각해보아도 내겐 분명히 개인에 대해서 무엇인가 할 말이 있는 것 같다. 그런 것은 거칠게, 아니 필요하다면 적당히 멸시조로 말해야 한다.

한 인간은 그가 말하는 것들에 의해서라기보다도 말을 꺼내지 않음으로써 한결 더 인간답다. 내가 침묵해야 하는 이야기들은 많다. 그러나 확신하거니와, 지금까지 어떤 개인에 대하여 판단을 내려본 사람들 가운데 그 누구도 그 판단의 근거를 찾기 위하여 우리만큼 많은 경험을 해본 사람은 없다. 지성, 그 감동적인 지성은 아마도 확인해야 할 것이 무엇인지를 미리부터 예감했으리라. 그러나 시대와 그 시대의 폐허와 흘린 피로 말미암아 우리는 얼마든지 많은 자명함을 목격한다. 고대인들, 아니 심지어 우리네 기계시대에 이르기 전까지의 가장 가까운 과거 사람들은 사회와 개인의 힘을 저울질할 수 있었거니와 어느 편이 다른 편에 봉사해야 할 것인지를 탐구할 수 있었다. 그것이 가능했던 것은 우선 인간의 마음속에 끈질기게 남아 있는 변칙성 덕분이었다. 그 변칙성에 따라 인간들은 봉사하기 위해서거나 아니면 봉사받기 위하여 세상에 태어난 것이다. 그것은 또한 사회도 개인도 아직 그들의 수완을 완전히 발휘하지 않은 상태였기 때문에 가능했던 것이다.

나는 선량한 사람들이 플랑드르의 피비린내 나는 전쟁이 한창일 때 태어난 네덜란드 화가들의 걸작을 보고 찬양하거나, 끔찍한 30년 전쟁^(1618~1648년에 걸쳐 일어난 종교전쟁)의 와중에서 성장한 슐레지엔 신비주의자들의 기도문을 읽고 감동하는 모습을 보았다. 경탄을 금하지 못하는 그들의 눈에는 변하지 않는 영원한 가치란 속세의 소용돌이를 초월한 저 높은 곳에 떠 있는 것으로 보이는 것이다. 그러나 그 뒤로 시대는 변했다. 오늘날의 화가들은 그러한 평온을 빼앗겨버렸다. 설사 그들에게 창조자가 갖추어야 할 마음, 즉 메마른 마음이 있다 할지라도 그것은 아무런 쓸모가 없다. 왜냐하면 모든 사람이, 심지어 성인까지도 징집·동원되는 시대이기 때문이다. 이것이 아마도 내가 가장 뼈저리게 느낀 일이리라. 참호 속에서 하나의 형상이 유산될 때마다, 칼날 밑에서 하나의 윤곽이, 하나의 은유 혹은 기도문이 으깨어질 때마다 영원은 승부에 지고 만다. 나는 나의 시대와 분리될 수 없다는 사실을 뚜렷이 의식하기에 이 시대와 하나가 되기로 마음먹었다. 내가 개인을 이토록 소중히 여기는 까닭은 오로지 개인이란 보잘것없고 비천한 존재로 보이기 때문이다. 승리로 끝날 대의들이란 존재하지 않음을 알기에 나는 패배로 끝날 대의들을 귀하게 여기는 것이다. 그것들은 일시적인 승리건 패배건 상관없이 영혼을 송두리째 다 바칠 것을 요구한다. 이 세계의 운명과 연대를 느끼는 사람에게는 여러 가지 문명들의 충격은 고통스럽기 짝이 없는 그 무엇으로 느껴지는 법이다. 나는 이 고통을 내 것으로 삼는 동시에 그 안에서 내 몫을 맡고자 했다. 나는 확실한 것들을 사랑하기에 역사와 영원 가운데 역사를 선택했다. 역사에 대해서라면 적어도 나는 확신할 수 있다. 나를 짓누르고 있는 이 힘의 존재를 어찌 부정할 수 있겠는가.

관조와 행동 중 어느 하나를 택해야 할 때가 반드시 온다. 그것은 바로 인간이 되는 것이다. 이 찢어짐은 끔찍하다. 그러나 자부심을 가진 마음에게 중간이란 있을 수 없다. 신이냐 시간이냐, 십자가냐 칼이냐가 있을 뿐이다. 이 세계는 온갖 소용돌이를 넘어서는 보다 높은 의미를 지니고 있든가 아니면 그 소용돌이들 말고는 진실은 하나도 없든가 둘 중의 하나다. 시간과 더불어 살고 시간과 더불어 죽거나 아니면 보다 더 위대한 어떤 삶을 위해 시간을 벗어나야 한다. 나는 타협하여 시대 속에 살면서 영원을 믿을 수도 있다는 것을 안다. 이를 가리켜 동의(同意)라고 한다. 그러나 나는 이 말을 혐오한다. 내가 바라는 것은 전체 아니면 무(無)이다. 내가 행동을 선택한다고 해서 관조가 내게 미지의 땅과 같은 것이라고 생각해서는 안 된다. 그러나 관조가 내게 모든 것을 줄 수도 없고, 나는 영원을 갖지 못하기에 시간과 한편이 되고자 한다. 나는 향수도 원한도 고려하고 싶지 않으며 오직 명확히 보고자 원할 따름이다. 분명히 말해두겠는데, 내일 당신은 동원될 것이다. 당신에게나 나에게나 그것은 어떤 해방이다. 개인은 아무것도 할 수 없지만 모든 것을 다 할 수 있다. 이 경탄할 만큼 자유로운 처분 가능성 속에서 왜 내가 개인을 북돋워서 높이는 동시에 짓누르는가를 당신은 이해할 것이다. 개인을 짓뭉개는 것은 세계요, 개인을 해방시키는 것은 나다. 나는 개인에게 그 모든 권리를 부여한다.

정복자들은 행동이 그 자체로서는 아무런 도움이 되지 않는다는 것을 안다. 유익한 행동이란 단 하나밖에 없다. 즉 인간과 천지를 다시 만드는 행위이다. 나는 결코 인간들을 다시 만들지 못할 것이다. 그러나 '마치 그럴 수 있는 것처럼' 해야만 한다. 왜냐하면 투쟁의 길을 가다 보면 나는 육체와 마주치게 되기 때문이다. 비록 비천한 것일지라도 육체는 나의 유일한 확신이다. 나는 오직 육체로 살 수 있을 뿐이다. 피조물의 세계가 나의 조국이다. 바로 그렇기 때문에 나는 이 부조리하고 보람 없는 노력을 선택한 것이다. 따라서 나는 투쟁의 편에 서 있다. 시대가 그런 선택에 적합하다는 점은 이미 말했다. 지금까지는 정복자의 위대함이란 지리적인 것이었다. 그것은 정복한 영토의 넓이를 보고 측정할 수 있었다. 이제는 이 말의 의미가 바뀌고 더 이상 승전 장군을 가리키지 않게 되었는데 그것은 우연한 일이 아니다. 위대함은 그 기반을 바꾸었다. 그것은 항의와 미래가 없는 희생 속에 존재하게 되었다. 이 경우도, 패배를 좋아하는 취미가 있어서 그렇게 된 것은 아니다. 당연히 승리가 바람직한 것이리라. 그러나 승리는 오직 한 가지가 있을 뿐이니 그것은 바로 영원한 승리다. 그것은 나로서는 절대로 거두지 못할 승리이다. 그것이 바로 내가 맞부딪치는 대목이고 또한 내가 매달리는 대목이다. 최초의 현대적 정복자인 프로메테우스의 혁명을 비롯하여 혁명이란 무릇 신들에게 항거함으로써 성취되는 것이다. 그것은 주어진 운명에 맞선 인간의 권리 주장이다. 가난한 자의 권리 주장이라고 하는 것은 하나의 핑계에 지나지 않는다. 그러나 나는 그러한 정신이 오로지 역사적 행위로 나타날 때만 그 정신을 파악할 수 있다. 내가 그 정신에 동조하는 것은 바로 그것이 역사적인 행위라는 점에서이다. 그렇다고 해서 내가 그것에 안주한다고 생각해서는 안 된다. 본질적인 모순과 맞서서 나는 나의 인간적 모순을 지지한다. 나는 나의 명철성을 부정하는 것의 한복판에 그 명철성을 확립시킨다. 나는 인간을 짓누르는 것과 맞서서 인간을 찬양하며, 이때 내 자유와 반항과 정열은 그 긴장과 그 명철성과 그 엄청난 반복 속에서 한 덩어리가 된다.

그렇다, 인간 자체가 인간의 목적이다. 또한 유일한 목적이다. 그가 무엇인가가 되고자 원한다면 그것은 바로 삶 속에서이리라. 이제 나는 그것을 너무나도 잘 안다. 정복자들은 이따금 승리하는 것과 극복하는 것에 대해서 말하곤 한다. 그러나 그 말은 늘 '자신을 극복하는 것'이라는 뜻이다. 이것이 무엇을 의미하는지 당신들은 잘 알고 있다. 인간은 저마다 어느 순간 자기가 어떤 신과 동등하다고 느낀 적이 있다. 적어도 그렇게 말하곤 한다. 그가 인간 정신의 놀라운 위대함을 섬광처럼 느꼈기 때문에 그러는 것이다. 정복자들이란 끊임없이 그러한 절정에서, 그런 위대함을 뚜렷하게 의식하며 살아가고 있음을 확신할 수 있을 만큼 충분한 힘을 느끼는 사람들일 뿐이다. 이는 산수의 문제, 즉 많고 적음의 문제이다. 정복자들은 가장 많은 것을 할 수 있다. 그러나 그들은, 인간이 하고자 원할 때 인간이 할 수 있는 것보다 더 많은 일을 할 수는 없다. 그러기에 그들은 인간의 도가니를 결코 떠나지 않으며, 치열하게 타오르는 혁명의 혼 가운데서도 가장 뜨거운 것 속으로 잠겨드는 것이다.

그들은 그곳에서 훼손된 피조물들을 찾는다. 그러나 또한 그들이 사랑하고 찬양하는 유일한 가치들, 즉 인간과 자신의 침묵을 만난다. 그것은 그들의 빈곤함이고 동시에 그들의 부유함이다. 그들에게 사치는 단 하나뿐이니, 바로 인간관계의 사치이다. 약하고 상처받기 쉬운 이 세계 안에서 인간적인, 오직 인간적인 것에 불과한 것은 무엇이든 보다 뜨거운 의미를 갖게 된다는 사실을 어찌 이해하지 못하겠는가. 긴장된 얼굴들, 위협받는 동지애, 인간들 상호간의 지극히 강하고 수줍은 우정, 이러한 것들이야말로 참된 부(富)인 것이다. 왜냐하면 그것들은 언젠가 소멸해버릴 것이기 때문이다. 정신이 그의 능력과 한계, 곧 그의 유효성을 가장 깊이 느끼는 것은 바로 그러한 부 가운데서이다. 어떤 사람들은 천재라는 말을 사용했다. 그러나 천재란 너무 성급한 표현이기에 그 말보다 나는 지성 쪽을 택하겠다. 이때 지성은 찬란한 것이라고 할 수 있다. 지성은 사막을 밝히고 지배한다. 지성은 자신의 굴욕적 상황을 알고 있으며 그것을 구체적으로 드러내 보인다. 그것은 육체와 동시에 죽으리라. 그러나 그러함을 안다는 것, 바로 여기에 그의 자유가 있다.

모든 교회가 우리를 반대하고 있다는 것을 우리는 확실히 알고 있다. 이토록 팽팽하게 긴장된 마음은 영원과는 무관한 것인데, 신의 교회건 정치적인 교회건 모든 교회는 영원으로 인도하겠다고 주장한다. 행복과 용기, 월급이나 정의 같은 것은 그들 교회의 시각에서 보면 부차적인 목적일 뿐이다. 그들이 제시하는 것은 교의(教義)로서 그것에 따라야 한다. 그러나 나는 관념이나 영원 따위와는 아무런 관련이 없다. 나의 척도로 잴 수 있는 진리는 손으로 만질 수 있다. 나는 이러한 진리와 떨어질 수 없다. 바로 그런 이유 때문에 당신은 나를 바탕으로 삼아 내 위에 아무것도 세울 수 없는 것이다. 정복자에게는 아무것도 영속하지 않는다. 심지어 그의 교의마저도 영원히 계속되지는 못한다.

이런 모든 것의 끝에는 죽음이 있다. 우리는 이를 알고 있다. 우리는 또한 죽음이 모든 일을 마감한다는 것도 알고 있다. 그러기에 유럽 대륙을 뒤덮은 이 묘지들, 우리 가운데 몇몇 사람들의 마음을 떠나지 않는 이 묘지들은 보기에 흉물스러울 뿐이다. 우리는 우리가 사랑하는 것만을 아름답게 만드는데, 죽음은 우리에게 혐오를 일으키고 우리를 진력나게 한다. 죽음 또한 정복해야 한다. 페스트로 말미암아 인적이 끊어진 채 베네치아군에게 포위된 파도바 시(市)에 갇힌 최후의 카라라 영주는 황량한 궁전의 이 방 저 방을 아우성치며 돌아다녔다. 그는 악마를 부르며 그에게 죽음을 달라고 청했다. 그것은 바로 죽음을 극복하는 하나의 방법이었다. 죽음이 영광스럽게 떠받들어질 것으로 스스로 믿고 있는 장소들을 그토록 끔찍한 곳으로 만들었다는 것 또한 서구 특유의 용기 표시이다. 반항인의 세계에서 죽음은 불의를 찬양한다. 죽음은 가장 큰 오류인 것이다.

한편 또 다른 사람들은, 그 역시 타협하지 않은 채, 영원을 택하여 이 세상의 헛됨을 고발했다. 그들의 묘지는 수많은 꽃들과 새들에 에워싸인 채 미소짓고 있다. 그런 것은 정복자에게 적합한 것으로서 그가 배척한 것의 명확한 영상을 그에게 부여한다. 반대로 정복자가 택한 것은 검은 쇠의 장식이나 이름 없는 무덤이다. 영원을 택한 사람들 중에서도 가장 훌륭한 이들조차, 자신의 죽음은 이 같은 영상이라는 것을 알면서 살아갈 수 있는 정신의 소유자들을 앞에다 두고 이따금 존경과 연민에 넘친 두려움에 휩싸인다. 그러나 이런 사람들은 바로 거기에서 그들의 힘과 정당성을 이끌어내는 것이다. 우리의 운명은 바로 우리 앞에 있다. 우리가 한판 승부를 벌이고자 하는 것은 다름 아닌 이 운명에 대해서이다. 오만해서가 아니라 오히려 가망 없는 우리의 조건을 뚜렷이 의식하기 때문이다. 우리도 우리 자신에 대하여 연민을 느낄 때가 있다. 이것만이 우리가 받아들일 수 있을 유일한 동정이다. 당신으로서는 아마 이해하지 못할지도 모른다, 아니 그다지 사내답지 못하다고 여겨질 감정이리라. 그러나 이를 느끼는 것은 우리 중에서도 가장 대담한 사람들이다. 우리는 총명한 자들을 사내답다고 한다. 우리는 명철함을 저버리는 힘이라면 원치 않는다.

다시 한 번 되풀이해 말하는데, 이상과 같은 인간상들이 나타내려는 것은 도덕적 교훈이 아니다. 그것들은 판단을 강요하지 않는다. 그들의 모습은 소묘들일 뿐이다. 이 묘사들은 단지 삶의 어떤 한 양식을 보여줄 따름이다. 사랑하는 사람, 배우 또는 모험가는 부조리를 연기한다. 그러나 스스로 원한다면 정숙한 사람, 관리 또는 대통령도 부조리를 연기할 수 있다. 그저 알기만 하면 되고 아무것도 가리거나 덮거나 하지 않는다―부조리를 연기하는 데는 이것으로 충분하다. 단두대가 보이지 않도록 가리기 위하여 사제들이 사형수들의 얼굴 앞에 쳐놓곤 하던 작은 그림 병풍들은, 이탈리아의 미술관에서 가끔 볼 수 있다. 온갖 형태의 비약, 신 또는 영원 속으로의 돌입, 일상적인 것 또는 관념의 환상 속으로의 투신 등의 모든 병풍은 부조리를 가린다. 하지만 그런 병풍으로 가리지 않는 관리들도 있는데, 내가 말하고 싶은 것은 바로 그들이다.

나는 가장 극단적인 경우의 사람들을 선택했다. 이 정도에 이르면 부조리는 그들에게 왕과 같이 당당한 권한을 부여한다. 사실 이 왕자들에게는 왕국이 없다. 그러나 그들은 다른 사람들과 비교해볼 때, 모든 왕권이 다 헛된 것임을 알고 있다는 이점을 가지고 있다. 즉 그들은 알고 있는 것이다. 바로 여기에 그들의 위대함이 있다. 그러므로 그들에게 숨겨진 불행이니 환멸의 잿더미니 하는 말을 늘어놓아 보아야 의미 없는 일이다. 희망을 잃었다는 것은 절망과는 다르다. 이 지상에 타오르는 불꽃들도 천상의 향기에 못지않은 가치가 있다. 나도, 그 어느 누구도 여기서 그들에 대하여 판단을 내릴 수는 없다. 그들은 보다 나은 존재가 되려고 애쓰는 것이 아니라 다만 처음부터 끝까지 한결같으려고 노력할 따름이다. 만약 슬기롭다는 말이, 갖지도 않은 것에 대한 공상에 빠지는 것이 아니라 가진 것만으로 살아가는 인간에 적용될 수 있다면, 그들이야말로 슬기로운 사람들이라 하겠다. 그들 중 한 사람, 이를테면 정신에 있어서의 정복자, 인식에 있어서의 돈 후안, 지성에 있어서의 배우는 그것을 누구보다도 잘 알고 있다. 즉, "사람은 양같이 부드러운 마음을 완벽할 정도로 가꾸어왔다고 해서 땅에서나 하늘에서 그 어떤 특권을 누릴 자격을 갖추는 것은 결코 아니다. 아무리 그래봐야 기껏 뿔이 난 우스꽝스러운 어린 양일 뿐 그 이상은 아무것도 아니다―설령 허영에 들뜨지도 않고, 심판관 같은 태도를 보여 추문을 일으키는 일이 없을지도 모르지만 말이다."

아무튼 부조리의 추론에 보다 뜨거운 체온이 담긴 모습들을 회복시키는 일이 필요했다. 상상력을 발휘해본다면, 미래도 없고 그렇다고 약해지지도 않는 세계의 척도에 따라 살 줄 아는, 시간에 얽매이고 적지에 발목 잡힌 또 다른 많은 얼굴들을 거기에 추가해볼 수도 있다. 그러면 신 없는 이 부조리의 세계는 분명하고 확실하게 생각하고 아무런 희망도 없는 사람들로 가득찰 것이다. 그런데 나는 그런 인물들 중에서도 가장 부조리한 인물, 곧 창조자에 대하여 아직 언급하지 않았다.

부조리한 창조

1 철학과 소설

부조리의 희박한 공기 속에서 결코 빠져나갈 수 없는 이 삶 전부가 유지될 수 있는 것은, 거기에 생명력을 불어넣어주는 어떤 심오하고 한결같은 사상으로 지탱되기 때문이다. 여기에서 그 사상이란 독특한 충실성의 감정, 바로 그것일 수밖에 없다. 우리는 의식 있는 사람들이 가장 어리석은 전쟁의 소용돌이 한가운데서도 자기 모순을 느끼지 않은 채 스스로의 임무를 충실히 수행하는 것을 보았다. 그 어느 것 하나도 회피해서는 안 된다는 점이 중요하기 때문이다. 이리하여 세계의 부조리를 지탱해나가는 데에는 이른바 형이상학적 행복이 있다. 정복 혹은 연기, 헤아릴 수도 없는 사랑, 부조리한 반항, 이런 것들은 미리부터 패배한 것이나 다름없는 전장에서 바로 인간이 자신의 존엄성에 바치는 경의인 것이다.

중요한 것은 전투의 규칙을 충실히 지키는 것뿐이다. 이 생각만으로도 정신에 자양을 공급하기에 충분하다. 그 생각에 의지하여 이미 수많은 문명들이 송두리째 지탱해왔고 또 지금도 지탱하고 있다. 실제로 벌어지고 있는 전쟁을 없다고 부정하지는 못한다. 오직 그 전쟁으로 인하여 죽든가 살든가 할 수 있을 뿐이다. 부조리의 경우도 이와 마찬가지다. 중요한 것은 부조리와 더불어 살아 숨쉬는 것이고 그것이 주는 교훈을 인정하고 그 피와 살을 찾는 것이다. 이런 면에서 부조리한 즐거움은 예술창조이다. 니체는 이렇게 말했다.(^{제신의}_{황혼}) "예술, 오로지 예술. 우리는 진리로 인하여 죽지 않는 방법으로 예술을 가지고 있다."

내가 여러 가지 방식으로 기술하고 또 실감나게 하려고 노력하는 경험 속에서는 분명 하나의 고뇌가 사라지면 바로 그곳에 또 하나의 고뇌가 태어나게 마련이다. 어린애처럼 망각하려고 애쓰거나 만족을 호소해봐야 이제 아무런 메아리도 들려오지 않는다. 그러나 매순간 긴장을 풀지 않은 채 세계와 맞대면하고 그리하여 질서 있는 광란 속에서 모든 것을 다 맞아들이는 인간은 그의 마음속에서 또 다른 열기가 솟아오르는 것을 느낄 수 있다. 그래서 이러한 세계 안에서 작품이야말로 그의 의식을 그대로 유지하면서 그 의식의 여러 모험들을 정착시킬 수 있는 절호의 기회가 된다. 창조한다는 것은 두 번 사는 것이다. 이를테면 프루스트 같은 사람이 불안해서 벌벌 떨면서 찾아나가는 모색의 과정이나 꽃과 태피스트리와 고뇌를 세심하게 수집하는 노력이 의미하는 바 또한 그와 다를 것이 없다. 그러나 동시에 그것은 배우와 정복자와 모든 부조리의 인간들이 나날의 삶 속에서 몰두하고 있는 미세하고 부단한 창조보다 더 큰 중요성을 지닌 것도 아니다. 모두가 한결같이 자신의 현실을 흉내내고 되풀이하며 재창조하려고 시도한다. 결국 우리는 우리의 진실들로 만들어진 얼굴을 갖게 마련이다. 영원을 쳐다보지 않고 고개를 돌려버린 한 인간에게 생존은 송두리째 부조리라는 가면을 쓰고 하는 엄청난 팬터마임에 지나지 않는다. 예술창조란 위대한 팬터마임인 것이다.

이 사람들은 무엇보다 먼저 앎으로부터 시작한다. 그 다음에는 그들이 이제 막 접하게 된 내일 없는 섬을 두루 돌아다녀보고 그것을 확장시키며 풍요하게 만드는 데 모든 노력을 쏟는다. 그러나 우선은 알아야만 한다. 왜냐하면 부조리의 발견은 어떤 정지(停止)의 한 순간과 일치하기 때문이다. 미래의 여러 가지 정열들이 이 순간에 형성되고 정당성을 얻는다. 복음을 갖지 못한 인간조차 그들 나름의 감람나무 동산(예수가 십자가에 못박히기 전에 기도했던 곳)이 있다. 또한 그들의 감람나무 동산에서 잠이 들면 안 된다. 부조리의 인간에게 설명하고 해결하는 것은 더 이상 문제가 아니다. 경험하고 묘사하는 것이 문제가 되는 것이다. 모든 것은 투시력을 갖춘 무관심으로부터 시작된다.

묘사하는 것, 이것이야말로 부조리한 사고의 마지막 야망이다. 과학 역시 그 역설의 절정에 이르면 대안의 제시를 그만두고 발걸음을 멈춘 채 현상들이 보여주는 신선한 풍경을 관조하고 묘사하게 되는 것이다. 이리하여 우리는 세계의 여러 가지 모습들을 바라보면서 우리의 가슴속에서 열광과 더불어 솟아오르는 이 감동은 세계의 깊이에서가 아니라 그 다양성에서 온다는 사실을 마음 깊이 깨닫는다. 설명은 헛된 것이지만 감각은 남는다. 그 감각과 더불어 양적으로 무궁무진한 세계가 그칠 줄 모르고 우리를 부르고 있는 것이다. 우리는 여기에서 예술작품이 차지하는 위치를 이해하게 된다.

예술작품은 한 경험의 죽음과 동시에 그 증식도 나타낸다. 그것은 세계가 이미 짜맞추어놓은 여러 가지 주제들의 단조롭고도 열정적인 반복과 같은 것이다. 즉 수많은 사원들의 정면에 헤아릴 수 없이 새겨놓은 형상인 육체, 형태나 색채들, 수 또는 비탄 같은 주제들 말이다. 그러므로 끝으로 창조자의 위대하고도 순진한 세계 속에서 이 시론의 주된 주제들을 재확인해보는 것은 무의미한 일이 아니리라. 그렇다고 해서 그것을 어떤 상징으로 보거나 예술작품이 부조리의 한 피난처가 될 수 있다고 생각한다면 잘못일 것이다. 예술작품은 그 자체가 부조리한 현상이다. 중요한 것은 그 현상의 묘사, 그 것뿐이다. 그것이 정신의 병에 어떤 해결책을 제공하지는 않는다. 반대로 그 것은 한 인간의 사고 전체에 반향되고 있는 그 병의 한 징후인 것이다. 그러나 예술작품은 처음으로 정신을 그것 자체의 밖으로 나오게 하여 타자와 대면시킨다. 그렇게 하는 까닭은 정신이 어리둥절해져서 갈피를 잡지 못하도록 하기 위해서가 아니라 모든 사람이 다 갇혀 있는, 출구 없는 막다른 길을 정확히 손가락으로 가리켜 보이기 위해서이다. 부조리한 추론의 단계에서 창조는 무관심과 발견의 뒤에 온다. 그것은 부조리한 정열들이 내닫는 출발점을, 추론이 정지하는 지점을 가리켜 보인다. 이 시론 속에서 창조의 위치는 이렇게 정당성을 얻는다.

부조리에 연관된 사고의 모든 모순점이 예술작품 속에서 어떻게 나타나 있는가를 재확인해보기 위해서는 창조자와 사상가에게 공통된 몇 가지 주제를 밝혀보면 충분하리라. 사실 서로 다른 여러 지성들은 동일한 결론보다는 차라리 그들에게 공통된 모순을 통해서 상호간의 혈연관계를 드러내 보인다. 사고와 창조도 같다고 할 수 있다. 구태여 지적할 필요가 있을지 모르겠으나, 인간은 어떤 동일한 고뇌로 말미암아 이와 같은 태도들을 취하게 되는 것이다. 바로 이 점에 있어서 이런 태도들은 출발에 있어 일치하는 것이다. 그러나 내가 본 바로는 부조리에서 출발한 모든 사상 가운데 그 부조리를 피하지 않고 그 안에서 버티어나가는 사상은 극소수였다. 그리하여 그들의 이탈이나 불충실함을 보고서 오로지 부조리에만 속한 것이 무엇인지를 가장 잘 헤아릴 수 있었다. 이어서 나는 이렇게 자문하지 않을 수 없다. 부조리한 작품은 과연 가능한 것인가?

예술과 철학을 대립된 것으로 생각해온 옛날부터의 관념이 자의적이라는 사실은 아무리 강조해도 지나치지 않다. 만약 그 대립관계를 너무 엄밀한 의미로 이해하려고 한다면 그 대립은 확실히 잘못됐다. 만약 이 두 가지 분야가 저마다 고유한 풍토를 지니고 있다는 의미만이라면, 아마 그 말은 옳을지도 모른다. 그러나 그것은 막연한 이야기다. 유일하게 수긍할 수 있는 입론이 있다면 그것은 자신의 체계 '한복판'에 갇혀 있는 철학자와 자신의 작품만 '쳐다보고' 있는 예술가 사이에서 제기되는 모순에 대한 것이다. 그러나 그것은 우리로서는 부차적인 것으로 간주하는, 어떤 일정한 형태의 예술과 철학에 대해서나 타당한 것이다. 예술을 그 창조자와 분리하여 생각하는 관념은 단순히 시대에 뒤떨어졌을 뿐만 아니라 거짓된 것이다. 예술가와는 대조적으로, 어떤 철학자도 여러 가지 체계를 정립한 적은 없다는 지적이 있다. 하지만 그 어떤 예술가가 표현하는 것도 그 겉모습들은 다양하지만 그 속에 담긴 것은 한 가지뿐이라는 시각으로 이해할 때 그 지적은 옳은 것이다. 예술이란 순식간의 완성일 뿐이어서 늘 새롭게 할 필요가 있다고 하는 생각은 오직 편견일 뿐이다. 왜냐하면 예술작품도 하나의 구성이고, 위대한 창조가 얼마나 단조로운 것인가는 누구나 다 잘 알고 있는 사실이기 때문이다. 예술가도 사상가와 마찬가지로 그의 작품 속에 깊숙이 개입되어 있으며 그 속에서 자신의 모습을 만들어간다. 이 상호침투 관계는 가장 중요한 미학적 문제를 제기한다. 더군다나 정신이 지향하는 목적이 단 하나라고 확신하는 사람에게는 방법과 대상에 따른 이러한 구분보다 더 무의미한 것은 없다. 인간이 뭔가를 이해하고 사랑하기 위해 스스로 창안해낸 여러 가지 분야들 사이에 경계선이란 없다. 그 분야들은 상호침투하며 동일한 고뇌에 사로잡혀 있어서 서로 분간하기가 어려워진다.

　이 점은 미리부터 지적해둘 필요가 있다. 부조리의 작품이 가능하기 위해서는 가장 명철한 형태의 사고가 그 속에 들어가야 한다. 그러나 동시에, 그 사고가 겉으로 나타나서는 안 된다. 다만 질서를 부여하는 지성의 모습으로서 나타나는 경우는 예외일 것이다. 이 패러독스는 부조리에 의해서 설명될 수 있다. 예술작품은 지성이 구체적인 것을 이성적으로 따지기를 포기함으로써 생겨난다. 예술작품은 육체적인 것의 승리를 나타낸다. 작품이 생겨나게 되는 발단은 명철한 사고지만, 바로 그렇게 하는 행위 속에서 사고는 스스로를 버린다. 사고는 묘사된 것에다가 보다 깊은 어떤 의미를 덧보태고 싶다 하더라도, 그 깊은 의미가 온당치 않다는 것을 아는 한은 유혹에 넘어가지 않을 것이다. 예술작품은 지성의 드라마를 구체화하여 나타내 보이지만 그것을 오직 간접적으로 입증할 따름이다. 부조리한 작품은 이러한 한계를 스스로 의식하는 예술가와, 구체적인 것은 그냥 그것 자체일 뿐 그 이상의 의미는 없는 그러한 예술을 요구한다. 작품은 어떤 인생의 목적도 의미도 위안도 될 수 없다. 창조를 하건 창조를 하지 않건 아무것도 달라지는 것은 없다. 부조리한 창조자는 자신의 작품에 집착하지 않는다. 그는 작품을 포기할 수도 있으리라. 실제로 포기하는 경우도 있다. 아비시니아로 떠나고 싶다는 생각만으로도 충분히 포기해버리는 것이다 (시 쓰기를 포기하고 아비시니아로 떠나버린 랭보를 암시함. 《결혼·여름》, p.69 참조).

동시에 우리는 여기서 하나의 미학적 규칙을 발견할 수 있다. 진정한 예술작품은 언제나 인간적인 척도로 잴 수 있는 것이다. 진정한 작품은 본질적으로 '더 적게' 말하는 것이다. 한 예술가의 총체적인 경험과 이를 반영하는 작품 사이에는, 이를테면 《빌헬름 마이스터》와 괴테의 원숙함 사이에는 어떤 관계가 있다. 작품이 설명적인 문학에서 볼 수 있듯이 매우 장식적인 종이 위에다가 자신의 경험을 송두리째 다 쏟아 담으려고 할 때 이 관계는 좋지 못하다. 작품이 경험 속에서 도려낸 한 토막, 내면의 광채가 집약되어 있으면서도 제한됨이 없는, 다이아몬드의 한 조각에 지나지 않을 때 이 관계는 좋은 것이다. 전자의 경우, 작품은 군더더기가 많고 영원을 지향하는 가당찮은 야망을 드러낸다. 후자의 경우, 작가의 풍부한 경험이 온통 암시되어 있으므로 작품은 풍성해진다. 부조리의 예술가에게 중요한 것은 단순한 수완의 차원을 넘어서는 삶의 지혜를 얻는 일이다. 결국, 이런 풍토 아래 위대한 예술가란 무엇보다 먼저 잘 살 줄 아는 사람이다. 물론 여기서 산다는 것은 깊이 생각하는 것 못지않게 느낀다는 의미로 이해되어야 마땅할 것이다. 따라서 작품은 지성의 드라마를 구체적으로 육화하여 보여준다고 하겠다. 부조리한 작품은 사고가 그 본디 특권을 포기하고서 한낱 지성의 자격으로 오직 외관만을 만들어 보이며 존재 이유가 없는 것에 영상을 부여하는 모습을 생생하게 보여준다. 만약 세계가 확실명료한 것이었다면 예술은 존재하지도 않으리라.

나는 여기서 그 찬란하면서도 겸손한 묘사만이 가장 중요한 몫을 차지하는 형태예술 혹은 색채예술에 대하여는 이야기하지 않는다. *17 표현은 사고가 끝나는 곳에서 시작된다. 사원과 박물관에 가득 들어차 있는, 텅 빈 눈을 가진 젊은이들의 조각상을 보라. 그들의 철학은 여러 가지 몸짓 속에 새겨져 있다. 부조리한 인간에게 그런 철학은 세상의 어떤 도서관보다 더 많은 것을 가르쳐준다. 또 다른 면에서 볼 때 음악의 경우도 마찬가지라 할 수 있다. 만약 교훈과 무관한 예술이 있다면 그것은 바로 음악일 것이다. 음악은 수학에서 그 무상성(無償性)을 빌려온 것이라고 할 정도로 너무나도 수학과 닮았다. 일정한 관습과 절도를 갖춘 법칙에 따라 정신이 자신과 벌이는 이 유희는 바로 우리의 것인 소리 공간 속에 전개되지만 동시에 진동은 그 공간을 넘어 어떤 비인간적인 우주에서 서로 만난다. 이보다 더 순수한 느낌이란 없다. 이것은 사실 알기 쉬운 예이다. 부조리한 인간은 화음과 형식들이 바로 자기 것임을 깨닫는다.

그러나 여기서 나는 설명하고자 하는 유혹이 여전히 없어지지 않고 가장 크게 남아 있는 작품, 환상이 스스로 그 모습을 드러내며, 거의 불가피할 정도로 결론이 뒤따르는 그러한 작품에 대해 이야기하고자 한다. 즉 소설의 창조 말이다. 나는 부조리가 소설 속에서 과연 잘 지탱될 수 있는가를 생각해 보려고 한다.

생각한다는 것은 무엇보다 먼저 하나의 세계를 창조하고자 한다는 것이다 (혹은, 결국 같은 말이지만 자신의 세계를 한정하고자 한다는 것이다). 그것은 인간을 그의 경험과 갈라놓는 근원적인 불화에서 출발하여 그의 향수에 따른 화해의 소지를 찾고자 하는 것이며, 참을 수 없는 배반상태를 해소하게 해주는 세계, 이성에 의하여 완벽하게 규제된, 또는 유사점들에 의하여 환하게 조명된 세계를 찾고자 하는 것이다. 따라서 철학자는 칸트라 할지라도 창조자인 것이다. 그에게는 자신만의 인물들과 상징들과 내밀한 행동이 있다. 그에게는 특유의 결말이 있다. 그와 반대로, 시와 에세이에 비하여 소설이

<hr>

*17 여러 가지 회화들 중에서 가장 지적인 회화, 즉 현실을 본질적 요소들로 환원시키고자 하는 회화가 마지막에 이르면 한갓 눈의 즐거움만으로 변해버린다는 사실은 실로 불가사의한 일이다. 이 회화는 세계에서 다른 것은 다 버리고 오직 색채만을 취하여 간직할 뿐이다.

우위를 점하는 것은 겉보기와는 달리 그것이 오직 예술의 보다 더한 지성화를 나타내 보이기 때문이다. 물론 여기서 말하는 것은 특히 가장 위대한 작품들의 경우이다. 어떤 장르의 풍부함과 위대함은 그 장르에서 흔히 발견되는 쓰레기들을 보고 측정할 수 있다. 졸렬한 소설이 많다고 해서 가장 훌륭한 소설들의 위대함을 잊어서는 안 된다. 훌륭한 소설들은 바로 그들 나름의 세계를 그 안에 지니고 있기 때문이다. 소설은 그 자체의 논리와 추론들과 직관과 가설들을 가지고 있는 것이다. *18

앞에서 말한 철학과 예술의 고전적 대립은 특수한 경우에 있어서는 타당성이 더욱 부족하다. 그런 대립은 철학과 그 철학을 만든 철학자를 서로 분리시켜 생각하는 것이 쉽던 시대에는 의미가 있었다. 사상이 더 이상 보편성을 표방할 수 없게 된 오늘날, 그리고 가장 훌륭한 사상의 역사란 사상의 수정(修正)의 역사라고 할 수 있을 오늘날에 있어서, 가치 있는 체계는 그것을 만들어낸 저자와 분리하여 생각될 수 없다는 사실을 우리는 잘 알고 있다. 어떤 면에서는 《윤리학》 자체도 하나의 길고 엄격한 자기 고백일 뿐이다. 추상적인 사고가 마침내 그 표현매체인 육체와 하나가 된 것이다. 이와 마찬가지로, 육체와 여러 가지 정열들이 소설 속에서 상관관계를 맺는 방식도 어떤 세계관의 요청에 의거하여 좀더 정돈된다. 소설가는 이제 '이야기'를 지어내어 들려주는 것이 아니라 자신의 우주를 창조한다. 위대한 소설가는 철학적 소설가다. 즉 경향소설가(écrivain à thèse)의 반대이다. 몇 명 열거하자면 발자크, 사드, 멜빌, 스탕달, 도스토옙스키, 프루스트, 말로, 카프카가 그렇다.

그러나 추론보다는 오히려 영상을 통한 글쓰기를 택함으로써 그들은 그들에게 공통된 어떤 생각을 드러내 보인다. 곧 그들은 일체의 설명적인 원리란 쓸모가 없다는 사실과 감각적 외관이 교훈적 메시지를 표현할 수 있다는 사

---

*18 가장 저질스런 소설들조차 어떤 것인지를 설명한다는 것을 잘 생각해보길 바란다. 사람은 거의 누구나 사유할 능력이 있다고 믿는다. 실제로, 우열의 차이야 있겠지만, 어느 정도 사유한다. 반면에 자신이 시인 또는 문장가라고 생각할 수 있는 사람은 극소수뿐이다. 그러나 스타일보다 생각이 더 중요하다고 생각하게 된 뒤로부터 대중이 소설을 다 차지하고 말았다. 이것은 사람들이 흔히 말하는 것처럼 아주 나쁜 일은 아니다. 가장 훌륭한 사람들은 결국 그들 자신에 대하여 보다 엄격해지는 쪽으로 나가게 된다. 이 길에서 쓰러지는 사람은 살아남을 자격이 없었던 것이다.

실을 굳게 믿는다. 그들은 작품이 끝인 동시에 시작이라고 생각한다. 작품들은 대부분 드러내놓고 표현하지 않은 어떤 철학의 귀착점이며, 명시이며, 완성이다. 또한 작품은 그 철학의 겉으로 표현되지 않은 암시들에 의해서만 비로소 완전한 것이 된다. 결국, 그 작품은 아주 오래된 어떤 주제의 한 재해석 형식에 정당성을 부여한다. 설익은 사유는 그 주제를 삶에서 멀어지게 하지만 깊이 있는 사고는 그것을 삶으로 되돌아가게 한다. 현실을 승화시킬 수 없게 되면 사유는 현실을 모방하기에 그친다. 여기서 문제삼고 있는 소설은 상대적이면서도 무궁무진한 인식, 너무나도 사랑을 닮은 그런 인식의 도구이다. 소설적 창조는 사랑에서 처음 느끼는 감탄과 풍요로운 반추의 매혹을 지니고 있다.

적어도 내가 소설 창조에서 처음부터 알아본 것은 놀라운 매력이다. 그러나 나는 굴욕적 사고를 대표하는 왕자들에게서도 같은 매력들을 알아보았지만 그 뒤 내가 보게 된 것은 그들의 자살이었다. 나의 관심사는 그들을 환상이라는 공통된 길로 되돌아가게 하는 힘이 무엇인지 알아내어 그것을 묘사하는 일이다. 따라서 여기서도 나는 같은 방법을 사용하게 될 것이다. 이미 앞에서 그 방법을 쓴 적이 있었기 때문에 나의 추론은 짧게 줄일 수 있고 한 가지의 분명한 예를 통해서 이를 곧바로 요약할 수 있다. 내가 알고 싶은 것은, 구원을 호소하지 않은 채 살아가기로 한 사람이 역시 구원을 호소하지 않은 채 일도 하고 창조도 할 수 있는가, 그렇다면 그와 같은 자유로 인도하는 길은 어떤 길일까. 나는 나의 세계를 망령들로부터 해방시키고, 오로지 그 현존성을 부인할 수 없는, 육체로 이루어진 진실만으로 이 세계를 가득 채우고 싶을 따름이다. 나는 부조리한 작품을 만들 수 있고 다른 것보다는 창조의 태도 쪽을 택할 수 있다. 그러나 부조리한 태도가 부조리한 상태로 머물러 있기 위해서는 그 무상성(無償性)을 끝까지 의식하고 있어야만 한다. 작품의 경우도 그와 마찬가지다. 만약 작품 속에서 부조리의 계율이 지켜지지 않는다면, 만약 작품이 배반과 반항을 명시하지 않는다면, 만약 작품이 환상의 제물이 되어 희망을 사주한다면 그것은 더 이상 무상한 것이 되지 못한다. 그렇게 되면 나는 더 이상 작품에서 떨어질 수가 없다. 나의 삶은 거기서 어떤 의미를 찾아낼 수 있게 될 테니 이는 터무니없는 일이다. 결국 그 작품은 이미 한 인생의 찬란함과 무용함을 완성시켜주는 초연함과 열정의 실천이 아니다.

설명하고 싶은 유혹이 가장 강한 세계가 창조인데 거기서 과연 우리는 그 유혹을 이길 수 있을까? 이 소설이라는 허구의 세계는 현실 세계의 의식이 가장 강한 세계인데 과연 나는 결론을 내리고자 하는 욕망에 굴하지 않은 채 끝까지 부조리에 충실할 수 있겠는가? 마지막 남은 힘을 다하여 숙고해보아야 할 문제들이다. 이 문제들이 무엇을 의미하는지는 이미 충분히 이해했을 것으로 안다. 이것은 궁극의 환상에 이끌린 나머지 최초의 고달픈 교훈을 저버리게 될까 봐 두려워하는 의식의 마지막 망설임을 보여준다. 부조리를 의식하는 인간이 취할 수 있는 태도들 중의 '하나'가 창조라고 할 수 있겠는데, 그 창조에 있어 타당한 것은 인간에게 주어지는 삶의 모든 양식에 있어서도 타당하다. 정복자나 배우, 창조자나 돈 후안은 그들의 삶의 실천이 필연적으로 그것 특유의 무분별한 성격에 대한 의식을 동반한다는 사실을 잊어버릴 수 있다. 사람은 너무나 쉽게 습관에 젖어든다. 사람은 행복하게 살기 위해서 돈을 벌려고 하는데 인생의 모든 노력과 최상의 몫이 이 돈벌이에만 집중되어버린다. 그러나 행복은 잊히고 수단이 목적으로 변한다. 이와 마찬가지로 정복자의 모든 노력은 보다 큰 삶을 향해 가는 길에 지나지 않았던 야망 쪽으로 빗나가버린다. 한편 돈 후안 역시 자신의 운명에 동의하게 되어 그러한 생활에 만족하려 한다. 사실은 오로지 반항에 의해서 위대한 가치를 지니는 삶인데도 말이다. 전자의 경우는 의식이, 후자의 경우는 반항이 중요한 것인데, 결국 이 두 경우에 있어서 부조리는 사라진 것이다. 인간의 마음속에서 집요하게 되살아나는 것이 희망이다. 가장 헐벗은 인간들도 이따금 환상에 동의하고 만다. 평화의 갈망 때문에 어쩔 수 없이 이루어진 이 찬동은 실존적 동의의 내면적 형제나 마찬가지다. 이리하여 빛의 신들과 진흙의 우상이 생긴다. 그러나 진정으로 찾아내어야 할 것은 인간의 얼굴들로 이끄는 중간의 길이다.

지금까지 부조리의 요청이 무엇인가를 우리에게 가장 잘 가르쳐준 것은 이 요청에 대한 응답의 실패였다. 이와 마찬가지로 소설의 창조도 어떤 철학들과 똑같은 모호성을 나타낼 수 있다는 사실을 알아차린다면 충분히 과오를 피할 수 있을 것이다. 그러므로 나는 부조리의 의식을 표시하는 모든 것이 한데 다 모여 있는 작품, 출발이 명료하고 풍토도 명쾌한 작품을 선택하여 예증해 보일 수 있다. 그 작품에서 나온 여러 가지의 귀결이 우리에게 가르쳐주는 바가 있을 것이다. 만약 그 작품 속에서 부조리가 존중되지 않는다면 우리는 어느 측면을 통해서 환상이 흘러들어오는지를 알게 되리라. 이 경우 하나의 정확한 예, 하나의 주제, 창조자의 성실만으로도 충분할 것이다. 이것은 이미 길게 진행시켜온 동일한 분석이다.

나는 도스토옙스키가 즐겨 다루는 하나의 주제를 검토하고자 한다. 물론 다른 작품들을 연구할 수 있었을지도 모른다.[*19] 그러나 도스토옙스키의 작품에서는, 앞서 검토해보았던 실존적 사상들의 경우와 같이, 문제가 위대함과 감동이라는 방향으로 직접 다루어지고 있다. 이러한 유사성이 나의 목적에 도움이 된다.

2 키릴로프

도스토옙스키의 주인공들은 누구나 인생의 의미에 대하여 자문한다. 바로 이 점에 있어서 그들은 현대인이다. 그들은 우스꽝스러움을 꺼려하지 않는다. 근대적 감수성과 고전적 감수성의 차이는 후자가 도덕적 문제들을 바탕으로 성립하는 데 비해 전자는 형이상학적 문제들을 바탕으로 성립한다는 점이다. 도스토옙스키의 소설에서는 문제가 극단적인 해결책들을 끌어들일 수밖에 없을 정도로 강렬한 밀도로 제기되어 있다. 존재는 허망한 것이든가 '아니면' 영원한 것이든가 둘 중 하나일 뿐이다. 만약 도스토옙스키가 그러한 검토만으로 만족했다면 그는 철학자가 되었으리라. 그러나 그는 그 같은 정신의 유희가 인간의 삶 속에 가져올 수 있는 귀결들을 구체적으로 보여준다. 바로 이 점에서 그는 예술가이다. 그 귀결들 가운데 그를 사로잡는 최후의 것, 즉 그 자신의 《작가일기》에서 논리적 자살이라고 일컫는 귀결이다. 1876년 12월의 일기에서 그는 실제로 '논리적 자살'의 추론을 가정해보고 있다. 영혼의 불멸을 믿지 못하는 사람에게 인간의 존재란 완전한 부조리라는 것을 확실히 이해하고 절망한 그는 다음과 같은 결론에 이른다.

[*19] 예를 들면 말로의 작품이다. 그러나 말로의 작품을 논한다면 사회적 문제도 동시에 다루어야만 했을 것이다(비록 이 부조리의 사상이 제시할 수 있는 해결책들은 여러 가지이고 서로 다른 것들이기는 하지만). 그러나 일정한 제한을 두어서는 안 된다.

"행복에 관한 나의 의문에 대하여, 나의 의식을 통해서 밝혀지는 대답은, 내가 상상할 수도 없고 앞으로도 결코 상상할 수 없을, 커다란 전체와 조화하지 않으면 나는 행복해질 수 없다는 것이다. 그러므로 분명한 점은⋯⋯."

"결국 사정이 이러고 보니 나는 원고와 변호인의 역할, 피고와 재판관의 역할을 동시에 담당하게 되었고, 또한 나에게는 자연 쪽에서 벌이는 이 연극이 너무나도 어리석게 여겨지며, 심지어 나로서는 이런 연극을 한다는 것이 굴욕적이라고 판단되므로⋯⋯."

"원고인 동시에 변호인, 재판관인 동시에 피고라는 달리 논할 여지가 없는 자격으로서 나는, 너무나도 파렴치하고 뻔뻔스럽게 나를 세상에 태어나게 만들어 고통받게 하는 이 자연을 단죄한다―나는 자연이 나와 함께 소멸될 것을 선고한다."

이러한 입장에는 아직도 약간의 유머가 있다. 이 남자가 자살하는 것은 형이상학적인 면에서 '화가 났기' 때문이다. 어떤 의미에서 그는 복수하는 셈이다. 그것은 '호락호락 넘어가지 않겠다'는 것을 증명하기 위한 방법이다. 그러나 《악령》에 등장하는 한 인물로서 그 역시 논리적 자살의 지지자인 키릴로프에 이르면 똑같은 주제가 가장 놀라운 차원으로 확대되어 구체적 표현을 얻고 있는 것을 볼 수 있다. 기사(技士) 키릴로프가 스스로 목숨을 끊으려 한 것은 '그의 생각'이기 때문이라고 어디선가 말했다. 물론 이 말은 확실한 형태를 갖춘 것이라는 본디 의미에서 이해해야 한다. 그가 죽으려는 것은 하나의 생각, 하나의 사상을 위해서이다. 이것은 고차원적인 자살이다. 여러 장면들을 통하여 키릴로프의 가면이 조명되어감에 따라 점진적으로 그를 움직이는 치명적 사상이 점차 우리에게 알려진다. 과연 기사 키릴로프는 《작가일기》의 추론들을 되풀이한다. 그는 신이 필요하고, 신이 존재해야 한다고 느낀다. 그러나 신은 존재하지 않으며 존재할 수도 없다는 사실을 알고 있다. "이것만으로도 자살할 이유가 충분하다는 것을 어찌하여 그대는 깨닫지 못하는가?" 그는 이렇게 외친다. 그의 경우 이 태도는 여기에서 그치는 것이 아니라 부조리의 귀결들 중 몇 가지가 그에 뒤따르게 된다. 그는 자기가 경멸하는 목적에 자신의 자살이 이용되어도 자신과는 전혀 관계가 없다고 받아들인다. "오늘 밤, 나는 어떻게 되건 상관없다고 마음먹었다." 결국 그는 반항과 자유가 한데 섞인 감정으로 그의 결정적 행동을 준비한다. "나는 나의 불복종, 나의 새롭고 무시무시한 자유를 확인하기 위해 자살할 테다." 문제는 이미 복수가 아니라 반항이라는 것이다. 그러므로 키릴로프는 부조리한 인물이다—다만 자살한다는 점에서 본질적으로 차이가 있음을 지적해둘 필요가 있다. 그러나 그는 이러한 모순을 자기 스스로 설명한다. 게다가 지극히 순수한 상태의 부조리한 비밀을 드러내 보이게 된다. 실제로 그는 자신의 치명적 논리에다가 놀랄 만한 야망을 덧붙인다. 그 야망이야말로 이 인물의 전모를 알 수 있게 해준다. 즉 그는 신이 되기 위해 자살하려는 것이다.

이 추론은 고전적인 명석함을 보여준다. 만약 신이 존재하지 않는다면 키릴로프가 신이다. 만약 신이 존재하지 않는다면 키릴로프는 자살해야 한다. 따라서 키릴로프는 자살을 해서 스스로 신이 되어야 한다. 이 논리는 논리라고도 할 수 없지만, 꼭 있어야만 한다. 그러나 우리의 관심을 끄는 것은 지상으로 끌려내려온 이 신에게 하나의 의미를 부여하는 일이다. 그것은 결국 '만약 신이 존재하지 않는다면 내가 신이다'라는, 아직도 여전히 불분명한 전제를 해명하는 것이나 다름없다. 무엇보다 먼저 이러한 비상식적인 주장을 내세우는 사람이 분명 이 세상 사람이라는 사실을 지적해두는 것은 중요한 일이다. 그는 건강을 유지하기 위하여 아침마다 체조를 한다. 그는 아내와 다시 만나는 샤토프의 기쁨에 감동한다. 그가 죽은 뒤 사람들이 발견하게 될 종이에다가 그는 혀를 날름 내밀며 '그들을' 비웃는 얼굴을 그리려고 한다. 그는 유치하고 화를 잘 내며 열정적이고 조직적이며 예민하다. 초인적인 면이라고는 논리와 고정관념뿐이며, 그 밖에는 무엇에나 속속들이 평범하다. 그런데도 바로 이 사람이 자신의 신성(神性)에 관하여 태연히 말하고 있는 것이다. 그는 광인이 아니다. 그가 광인이라면 도스토옙스키도 광인이다. 따라서 그가 무슨 과대망상증 환자의 환상에 사로잡혀서 발광을 하는 것은 아니다. 그래서 이번에는 말을 문자 그대로의 의미로 받아들인다는 것은 우스꽝스러운 일이 될 터이다.

키릴로프 자신이 우리의 보다 나은 이해를 도와준다. 스타브로긴의 물음에 대답하면서 그는 어떤 인간—신(dieu-homme)에 대해 말하고 있는 것이 아님을 분명히 한다. 이것은 그리스도와 자신을 구별지으려는 배려에서라고 생각할 수도 있다. 그러나 사실 그의 관심사는 그리스도를 합병하는 일이다.

과연 키릴로프는 죽어가는 예수가 '천국으로 돌아간 것이 아니다'라고 한동안 상상한다. 그때 그는 그리스도의 수난이 헛되었다고 느꼈다. "자연의 모든 법칙은 그리스도를 거짓된 곳에서 살게 하고 거짓을 위해 죽게 만들었다"라고 기사 키릴로프는 말한다. 이러한 의미에서만 예수는 인간의 드라마를 송두리째 구체화한다. 그는 가장 부조리한 조건을 실현한 사람이기에 완전한 인간인 것이다. 그는 인간-신이 아니라 신-인간(homme-dieu)이다. 그리하여 그와 마찬가지로 우리도 누구나 십자가에 못박히고 기만당할 수 있다—어떤 점에서는 실제로 그렇다.

그러므로 여기서 말하고 있는 신성은 전적으로 지상적인 것이다. "나는 3년 동안 내 신성의 속성이 무엇인지 알아내려고 고심했는데 마침내 이를 찾아냈다. 내 신성의 속성은 바로 독립이다"라고 키릴로프는 말한다. 이제, '만약 신이 존재하지 않는다면 내가 신이다'라고 한 키릴로프의 말이 전제하는 의미를 깨달을 수 있다. 신이 된다는 것은 오직 이 지상에서 자유로워진다는 것, 그 어떤 불멸의 존재도 섬기지 않는다는 것에 지나지 않는다. 특히 그것은, 두말할 나위도 없이, 이 고통에 찬 독립으로부터 있을 수 있는 모든 귀결을 끌어낸다는 것을 의미한다. 만약 신이 존재한다면 모든 것은 그에게 달려 있거니와, 우리는 그의 의지에 반대하는 그 어떤 것도 할 수 없다. 만약 신이 존재하지 않는다면 모든 것은 우리에게 달려 있다. 니체에게나 키릴로프에게나, 신을 죽인다는 것은 자기 자신이 신이 되는 것—이미 이 지상에서부터 복음서가 말하는 영원한 삶을 실현하는 것이다. *20

그러나 만약 이 형이상학적 범죄만으로 인간을 완성할 수 있다면 무엇 때문에 거기에다가 자살을 덧붙인단 말인가? 자유를 얻은 뒤에 무엇 때문에 자살하고 이 세상을 떠날 필요가 있단 말인가? 이것은 모순이다. 키릴로프는 이를 잘 알고 있기에 이렇게 덧붙여 말한다. "만약 그대가 이것을 느낀다면 그대는 황제다. 그리하여 자살하기는커녕 영광의 절정에서 살게 되리라." 그러나 사람들은 이를 모른다. 그들은 '이것'을 느끼지 못한다. 프로메테우스의 시대처럼 그들은 자신들의 내부에 온갖 맹목적인 희망들을 키우고 있다. *21 그들은 누군가가 길을 인도해주기를 바라고 있다. 그들은 설교 없이

---

*20 "스타브로긴 : 당신은 저세상에서의 영생을 믿습니까? 키릴로프 : 아니오, 믿지 않습니다. 바로 이 세상에서의 영생을 믿습니다."《악령》제2부 제1장)

는 살아갈 수 없다. 그러기에 키릴로프는 인류에 대한 사랑 때문에 자살해야 한다. 그는 그의 형제들에게 자기가 앞장서서 가야 할 험난한 왕도를 보여주어야 했다. 이것은 하나의 교훈적 자살이다. 따라서 키릴로프는 자신을 희생시킨다. 그러나 비록 그는 십자가에 못박힌다 해도 속아넘어가지는 않을 것이다. 그는 죽음 다음에 미래란 없다는 것을 확신하고 복음적 슬픔에 사무친 채 신―인간으로 머무른다. 그는 말한다. "나는 나의 자유를 긍정**해야 하기에** 불행하다." 그러나 그가 죽고 마침내 사람들이 깨달음을 얻게 되면 이 땅은 황제들로 득실거리고 인간적 영광으로 찬란하게 빛날 것이다. 키릴로프의 권총 한 발은 궁극적 혁명의 신호가 되리라. 이렇듯 그를 죽음으로 몰아간 것은 절망이 아니라 이웃에 대한 사랑 바로 그것이다. 형언할 수 없는 정신적 모험을 피흘리며 끝장내기 전에 키릴로프는 인류의 고통만큼 역사적으로 오랜 한 마디 말을 남긴다. "모든 것이 잘되었다."

따라서 도스토옙스키에게 자살이란 주제는 분명 부조리한 주제다. 다만 더 깊이 파고들어가기 전에, 키릴로프가 또 다른 인물들 속에서 다시 살아 일어난다는 것을, 그리하여 이번에는 그들이 또 다른 부조리한 주제들을 끌어들인다는 것을 주목해두자. 스타브로긴과 이반 카라마조프는 실생활 속에서 부조리의 진리들을 실천한다. 그들은 키릴로프가 죽음으로써 해방된 것이다. 그들은 황제가 되려고 시도해보았다. 스타브로긴은 '아이러니한' 삶을 산다. 우리는 그것이 어떤 것인가를 잘 알고 있다. 그는 주위에 증오를 불러 일으킨다. 그러나 이 인물의 비밀을 푸는 말은 그의 유서 속에 담겨 있다. "나는 그 어느 것도 증오할 수가 없었다." 그는 무관심 속의 황제다. 이반도 역시 정신적 왕권의 포기를 거부함으로써 황제다. 그의 형제처럼, 믿기 위해서는 자신을 낮추어야 한다는 사실을 생활로써 증명해 보이는 사람들에게, 그는 조건이 걸맞지 않는다고 대답할지도 모른다. 그의 비밀을 푸는 말은 적당한 비애의 느낌이 섞인, "모든 것이 다 허용되어 있다"라는 말이다. 물론 신을 죽인 자들 중에서 가장 널리 알려진 니체와 마찬가지로 그 또한 광기 속에서 끝장을 보았다. 그러나 이것은 마땅히 각오해야 할 위험이고, 비극적 종말 앞에서 부조리한 정신이 나타내는 본질적 반응은 '이것은 무엇을 증명

＊21 "인간은 자살하지 않으려고 신을 만들어내는 데 열중했다. 이것이 현재까지의 보편 역사의 요약이다."(《악령》 제3부 제6장)

하는 것인가?'라는 물음이다.

　이렇듯 그의 소설들도 《작가일기》와 마찬가지로 부조리의 문제를 제기한
다. 소설들은 죽음에 이르기까지 일관된 논리, 열광, '무시무시한' 자유, 황
제들이 인간적으로 변한 영광을 내세운다. 모든 것이 다 잘되었고, 모든 것
이 다 허용되어 있으며, 그 어느 것도 증오할 것은 없다. 이런 것이 바로 부
조리의 판단이다. 그러나 불과 얼음으로 된 이 존재들이 우리에게 그처럼 친
근하게 느껴지도록 만들어놓은 창조의 세계는 얼마나 경이로운가! 그들의
마음속에서 요란하게 울리고 있는 무관심의 정열에 넘친 세계는 우리에게
조금도 기괴하게 여겨지지 않는다. 우리는 거기에서 우리가 일상적으로 겪
는 고뇌들을 찾는 것이다. 아마도 도스토옙스키처럼 부조리의 세계에 그토
록이나 친근하고 그토록이나 고통스러운 마력을 부여한 사람은 아무도 없었
으리라.

　그러나 그가 얻게 된 결론은 무엇인가? 두 가지의 인용문을 읽어보면 작
가를 다른 계시들로 넘어가게 만든 완전한 형이상학적 전도(顚倒) 과정을
여실히 알 수 있을 것이다. 논리적 자살자의 추론이 몇몇 비평가들의 항의를
불러일으키게 되자 도스토옙스키는 《작가일기》의 다음 권에서 자신의 논지
를 발전시켜 이렇게 결론짓는다. "인간 존재에게 영생에 대한 믿음이 그토
록 필요한 것은(영생 없이는 자살할 수밖에 없을 만큼) 그 같은 믿음이 인
간의 정상적인 상태이기 때문이다. 그렇다면 인간 영혼의 불멸은 의심할 여
지없이 확실하다." 다른 한편, 그가 최후로 쓴 소설의 마지막 페이지에서 신
과의 엄청난 투쟁이 끝에 이를 무렵 어린아이들이 알료샤에게 묻는다. "카
라마조프, 종교에서 말하는 것이 정말인가요, 우리가 죽은 이들 가운데서 다
시 살아나고 우리가 서로 다시 만나게 된다는 것은 정말인가요?" 그러자 알
료샤가 대답한다. "물론이지. 우리는 서로 만나서 그동안에 있었던 모든 일
을 즐겁게 이야기하게 될 거야."

　이처럼 키릴로프, 스타브로긴, 그리고 이반은 패배했다. 《카라마조프의 형
제들》이 《악령》에 대답하고 있다. 그래서 하나의 결론이 문제가 된다. 알료
샤의 경우는 뮈슈킨 공작의 경우처럼 애매하지 않다. 병든 뮈슈킨은 영원한
현재 속에 살고 있다. 거기에는 가끔 미소와 무관심이 섞여들 뿐이다. 이 행

복한 상태가 공작이 말하는 영원한 삶일지도 모른다. 그러나 알료샤는 분명히 말한다. "우리는 다시 만날 거야." 이제 자살과 광기는 문제되지 않는다. 영생과 기쁨을 확신하는 사람에게 그런 것들이 무슨 소용이 있겠는가. 인간은 자신의 신성을 행복과 바꾼다. "우리는 서로 만나서 그동안에 있었던 모든 일을 즐겁게 이야기하게 될 거야." 그리하여 키릴로프의 권총은 또다시 러시아 어느 곳에선가 총성을 울렸지만 세상은 계속하여 맹목적인 희망들의 바퀴를 굴리며 갔다. 사람들은 '그것'을 이해하지 못한 것이다.

그러니 우리를 향하여 말하고 있는 것은 부조리의 소설가가 아니라 실존적 소설가이다. 여기서도 비약은 감동적이고 그 비약을 암시하는 예술에 그 위대성을 부여한다. 이것은 온갖 회의들로 반죽이 된, 불확실하고 열렬하고 눈물겨운 동의이다. 《카라마조프의 형제들》에 관해서 도스토옙스키는 이렇게 썼다. "이 작품의 전 편에 걸쳐 추구하게 될 주요 문제는 바로 내가 일생을 통하여 의식 또는 무의식중에 고민해온 문제, 즉 신이 존재하는가라는 문제이다." 소설을 한 편 쓴 것만으로, 전 생애를 두고 뇌리를 떠나지 않았던 고통이 즐거운 확신으로 바뀌었다는 것은 믿기 어렵다. 어떤 해설자[*22]는 이 점을 올바르게 지적하고 있다. 그의 말에 의하면, 도스토옙스키는 이반과 의견이 같았다―그래서 《카라마조프의 형제들》 중에서 긍정적인 몇 개의 장을 쓰는 데는 3개월에 걸친 노력을 바쳐야만 했던 데 비해 그가 '독신(瀆神)'이라고 부르는 대목은 불과 3주일 동안에, 그것도 열광 속에서 써내려갔다는 것이다. 그의 인물들 가운데 살 속에 박힌 가시 때문에 시달리지 않는 인물은 하나도 없고 그 아픔에 대한 묘약을 관능이나 부도덕에서 찾으려 하지 않는 사람은 하나도 없다. [*23] 어쨌든 이 회의라는 문제를 좀더 생각해보기로 하자. 여기 대낮의 빛보다 더욱 인상 깊은 명암 속에서 자신의 온갖 희망과 맞서 싸우는 인간의 투쟁을 볼 수 있는 작품이 있다. 마지막에 이르자 작품의 창조자는 그의 인물들의 뜻과 반대되는 선택을 한다. 모순이 모순이니만큼 우리는 여기에 어떤 미묘한 차이를 끌어들일 수 있다. 지금 문제가 되고 있는 것은 하나의 부조리한 작품이 아니라 부조리의 문제를 제기하는 한 작

---

*22 보리스 드 슐뢰제르(Boris de Schlœzer).
*23 지드의 흥미롭고 날카로운 지적, 곧 도스토옙스키의 거의 모든 주인공은 일부다처라는 사실.

품인 것이다.

도스토옙스키의 대답은 겸허함, 스타브로긴의 말에 의하면 '치욕'이라는 것이다. 반대로 진정한 부조리의 작품은 답을 제시하지 않는다. 바로 여기에 중요한 차이가 있다. 끝으로 한 가지 더 지적해둘 것이 있으니, 이 작품에 있어 부조리와 서로 어긋나는 것은 작품이 지닌 기독교적 성격이 아니라 그것이 약속하는 내세에 대한 예고다. 사람은 기독교도이면서 동시에 부조리할 수 있다. 내세를 믿지 않는 기독교도들의 예는 얼마든지 있다. 따라서 예술작품에 관하여, 이미 앞서의 여러 대목들 속에서 그 속마음을 짐작할 수 있었던 부조리한 분석 방향들 중의 한 가지를 분명히 할 수 있을 것이다. 그 분석에 의하면 '복음서의 부조리성'이라는 문제가 제기될 수 있다. 그것은, 여러 가지 확신들을 가졌다고 해서 무신앙이 되지 말라는 법은 없다는, 여러 갈래로 흥미로운 문제들을 일으킬 수 있는 생각을 조명해준다. 그런데 이와는 반대로 《악령》의 작가는 이러한 길에 익숙하면서도 끝내는 아주 다른 길을 택했다는 것을 우리는 확실히 알 수 있다. 스스로 창조해낸 작중인물들에게 던진, 키릴로프에게 던진 도스토옙스키의 저 놀랄 만한 대답은 결국 다음과 같이 요약될 수 있다. "존재는 거짓된 것이다. **그리고** 그것은 영원한 것이다."

3 내일 없는 창조

그러므로 여기서 희망이란 영원히 피할 수 없는 것이어서 그것에서 해방되고자 하는 사람들에게 줄기차게 덤벼들 수 있는 것임을 나는 깨닫게 되었다. 이것이 곧 지금까지 살펴보았던 작품들에서 내가 발견하는 의의이다. 나는 적어도 창조의 차원에서 진정으로 부조리한 몇몇 작품들을 열거할 수 있을지도 모른다. [24] 그러나 어떤 일이든 시초가 있어야 한다. 이 탐구의 목적은 어떤 성실성에 있다. 교회가 이단자들에게 그렇게도 가혹했던 것은 오로지 길을 잘못 들어선 자식보다 더 무서운 적은 없다고 생각했기 때문이다. 그러나 그노시스파(모든 종교를 서로 타협시키고 신에 대한 완전한 인식을 통해서 그 깊은 의미를 설명할 수 있다고 주장하는 철학적 절충주의)의 대담한 주장들의 역사나 마니교파(신과 악마의 이원론을 믿은 이단적 교파)의 집요함은 정통적 교의의 확립을 위하여 모든 기

---

[24] 예를 들면 멜빌의 《백경》.

도보다 더 많은 공헌을 해왔다. 물론 나름대로의 차이는 있겠지만 부조리의 경우도 마찬가지라 할 수 있다. 우리는 부조리에서 멀어지는 길들을 발견함으로써 부조리의 정도(正道)를 알아낼 수 있다. 부조리의 추론의 끝에 이르러, 그 논리가 명하는 태도들 중 어느 한 가지 속에서 가장 비장한 겉모습을 갖추고 스며든 희망을 다시 만나는 것은 결코 그냥 지나쳐버릴 일이 아니다. 이것은 부조리의 고행이 얼마나 어려운가를 보여준다. 특히 그것은 의식이 끊임없이 깨어 있어야 할 필요성을 여실히 보여줌으로써 이 시론의 전체적인 틀과 일치한다.

그러나 아직은 부조리의 작품들을 일일이 다 꼽아보려는 것은 아니더라도, 적어도 부조리한 삶을 보완할 수 있는 태도 가운데 하나인 창조적 태도에 관한 결론을 이끌어낼 수는 있으리라. 부정적 사고만큼 예술에 이바지하는 것은 없다. 마치 흑색이 백색에 필요하듯이 이 별것 아닌 부정적 사고의 겸허한 방식도 위대한 작품의 이해를 위하여 필요한 것이다. '부질없이' 작업하고 창조하는 것, 진흙으로 조각품을 만드는 것, 자신의 창조에 미래가 없음을 아는 것, 자신이 만든 작품이 하루 사이에 부서져버리는 것을 보면서 그것이 근본적으로는 수세기에 걸친 장구한 미래를 위하여 건축하는 것이나 마찬가지로 아무 중요성도 없음을 의식하는 것, 그것이야말로 부조리의 사고가 가능케 해주는 어려운 예지인 것이다. 한편으로는 부정하고 다른 한편으로는 찬양하는 이 두 가지 사명을 동시에 실천하는 것, 이것이 바로 부조리한 창조자에게 열려진 길이다. 그는 공허를 자신의 색채로 물들여야 한다.

이것은 예술작품에 대한 독특한 개념을 만든다. 사람들은 흔히 한 창조자의 작품을 일련의 고립된 증언들의 연속으로 간주하곤 한다. 이때 그들은 예술가와 글쟁이를 혼동하게 된다. 하나의 심오한 사상은 부단히 생성, 변모하면서 한 생애의 경험과 하나가 되어 그 안에서 모습이 다듬어진다. 이와 마찬가지로 한 인간의 하나뿐인 창조는 그가 차례로 내놓는 작품들의 연속적이고 다양한 모습들 속에서 단단해져간다. 어떤 작품들은 다른 작품들을 서로 보완해주고 수정해주거나 또는 미진한 것을 바로잡아주고 나아가서는 부정하기도 한다. 만약 창조를 끝내게 하는 무엇인가가 있다면 그것은 '나는 할 말을 다했다'라는 눈먼 예술가의 득의양양하고 근거 없는 외침이 아니라 창조자의 죽음이다. 죽음은 그의 경험을 정지시키고 그의 천재의 책을 닫아버리는 것이다.

이러한 노력, 이러한 초인적 의식이 반드시 독자의 눈에 드러나 보이지는 않는다. 인간의 창조에 초자연적인 신비는 없다. 의지가 창조라는 기적을 이룬다. 그러나 적어도 비밀 없이는 참된 창조란 없다고 할 수 있다. 아마도 일련의 작품들이란 동일한 사상에 접근해가는 일련의 근사치들에 지나지 않을 수도 있으리라. 우리는 병치에 의하여 작업하는 또 다른 부류의 창조자들도 상상해볼 수 있다. 그들이 창조한 작품들은 상호간에 아무런 관련이 없는 듯이 보일 수도 있다. 어떤 점에서는 서로 모순되기도 한다. 그러나 전체 속에 갖다놓고 보면 작품들은 질서정연한 배치관계를 다시 드러낸다. 따라서 그 작품들은 다름 아닌 죽음으로부터 결정적인 의미를 얻어 갖게 되는 것이다. 작품들은 바로 작가의 생애 자체로부터 가장 밝은 빛을 받아들인다. 이때 그의 일련의 작품들은 수많은 실패들을 수집해놓은 것에 지나지 않는다. 그러나 만약 이 실패들이 한결같이 똑같은 울림을 간직한다면, 창조자는 그 자신의 존재방식을 되풀이 형상화하고 그가 지닌 불모의 비밀을 반향하게 만든 것이 된다.

이때 억제하는 노력은 엄청난 것이다. 그러나 인간의 지성은 그보다 더한 것에도 충분히 응할 수 있다. 지성은 오직 창조의 의지적 측면만이라도 잘 보여줄 것이다. 인간의 의지가 목표하는 바는 의식을 지탱하는 데 있는 것임을 나는 이미 다른 곳에서 밝힌 바 있다. 하지만 그것은 규율 없이는 이룰 수 없을 것이다. 인내와 명철성을 배우려면 창조가 가장 효과적이다. 그것은 또한 인간이 지닌 유일한 존엄성의 기막힌 증언이기도 하다. 즉 인간 조건에 대한 집요한 반항, 불모의 것인 줄 잘 알고 있으면서 노력을 계속하는 불굴의 인내가 그것이다. 창조는 나날의 노력, 자기 억제, 진리의 한계들에 대한 정확한 판단, 절도와 힘을 요구한다. 그것은 그 자체가 하나의 고행이다. 그런 모든 것이 '쓸데없는 것을 위해서'이고 끝없이 되풀이하고 제자리걸음하기 위해서인 것이다. 그러나 아마도 위대한 작품은 그 자체가 중요하다기보다는 오히려 그것이 인간에게 요구하는 시련과, 또한 인간이 그의 망령들을 이겨내고 자신의 적나라한 현실에 더욱 가까이 다가갈 수 있는 기회를 그에게 제공한다는 점에서 중요한 것이리라.

내가 말한 미학을 오해하지 않기를 바란다. 나는 여기서 어떤 주의주장을 차근차근 알려주거나 쓸데없이 자꾸만 해명하려는 것이 아니다. 내 뜻을 명확히 설명했는지는 잘 모르겠지만, 오히려 그 반대이다. 이른바 경향소설, 즉 무엇인가를 증명하려고 덤비는, 가장 혐오해야 마땅할 작품은 대부분 '자기 만족에 빠진' 어떤 사상에 그 바탕을 두고 있다. 자신이 소유하고 있다고 믿는 진리를 입증한다. 그러나 그때 내세우는 것은 관념들인데, 관념은 사상의 반대이다. 그런 창조자들은 수치스러운 철학자들이다. 그와 반대로 내가 말하고자 하는 혹은 상상하는 창조자들은 명철한 사색가들이다. 사고가 그것 자체로 되돌아와 반성하게 되는 어느 지점에서, 그들은 한계를 지닌, 필연적으로 소멸하게 되어 있으며 반항적인 어떤 사고의 뚜렷한 상징들로서 작품의 영상들을 펼쳐 보이는 것이다.

　이 작품들은 아마도 무엇인가를 증명하고 있을 것이다. 그러나 소설가는 증거를 남에게 제공한다기보다 차라리 자신에게 준다. 가장 중요한 것은 이들이 구체적인 것 속에서 승리를 한다는 사실이며, 거기에 그들의 위대함이 있다. 전적으로 육적(肉的)인 승리를 준비해온 사고 속에서 추상적 힘들은 기가 꺾여버렸다. 이 추상적 힘들이 완전히 기가 꺾이게 되면 그와 동시에 육체는 부조리의 온갖 광채로써 창조를 빛나게 한다. 정열적인 작품을 만드는 것은 바로 풍자적인 철학들이다.

　통일을 단념하는 사고는 모두 다양성을 찬양한다. 그리하여 다양성이야말로 곧 예술의 보금자리이다. 정신을 자유롭게 해방하는 사고는 정신이 자신의 한계와 머지않아 다가올 종말을 확신한 채 홀로 있도록 내버려두는 사고이다. 이 정신은 어떠한 교의에도 움직이지 않는다. 정신은 작품과 삶의 성숙을 가만히 기다린다. 이 정신과 멀찍이 떨어진 곳에서, 사고는 영영 희망에서 해방된 영혼의 무딘 소리를 다시 한 번 들려줄 것이다. 혹은, 만약 창조자가 지쳐 그만 외면해버리겠다고 할 경우에는 아무 소리도 들려주지 않을 것이다. 그것은 결국 마찬가지다.

　이렇듯 나는 내가 사고에 요청했던 것, 즉 반항과 자유와 다양성을 부조리한 창조에 대해서도 요구한다. 부조리한 창조는 그 뒤 자신의 깊은 무용성을 나타내야 한다. 지성과 정열이 서로 혼합되어 서로를 열광케 하는 나날의 노력 속에서 부조리의 인간은 힘의 본질을 이루는 어떤 규율을 발견한다. 거기에 필요한 열성과 집요함과 통찰은 정복자 같은 태도와 결합된다. 창조한다는 것은 자신의 운명에 어떤 형태를 부여하는 것이다. 이 모든 인물에 있어서 그들의 작품은 적어도 그들에 의해 작품이 정의되는 것만큼 그들을 정의한다. 이것은 배우가 우리에게 가르쳐준 것이다. 즉 겉으로 보이는 것과 실제 사이에는 경계가 없다는 뜻이다.

다시 한 번 되풀이해보자. 이 모든 것은 어느 것에도 현실적 의미가 없다. 자유의 길 위에서 아직도 한 걸음 더 전진해야 한다. 같은 혈연의 정신들이, 즉 창조자나 정복자가 마지막으로 노력해야 할 것은 자신들의 기도(企圖) 그 자체로부터도 해방될 줄 아는 일이다. 다시 말해서 그들의 작품 자체—그것이 정복이건 사랑이건 혹은 창조이건—가 존재하지 않을 수도 있음을 인정하는 것, 그리하여 개인의 삶 전체의 근본적인 무용성을 완성하는 것 말이다. 바로 이렇게 함으로써 정신들은 보다 쉽게 작품을 실현할 수 있게 된다. 이는 그들이 삶의 부조리를 깨달음으로써 지나칠 만큼 열광하며 삶 속에 뛰어들게 되는 것과 같다.

남은 것은 유일한 출구가 죽음이라는 불가피한 운명이다. 죽음이라는 유일한 숙명성을 빼면 기쁨이건 행복이건 결국 모든 것이 자유이다. 인간만이 유일한 주인인 세계가 남는다. 그를 얽매어놓고 있었던 것은 다른 어떤 세계에 대한 환상이었다. 그의 사고가 가야 할 운명은 스스로를 포기하는 것이 아니라 영상들이 되어 다시 도약하는 데 있다. 그것은—아마 신화 속에서—인간 고통의 깊이 말고는 다른 깊이가 없는 신화, 따라서 인간의 고통처럼 다할 길 없는 신화 속에서 전개된다. 그냥 재미있는, 그리하여 우리를 눈 멀게 만드는 신들의 우화가 아니라 어려운 예지와 내일 없는 정열이 요약되어 있는 지상적 얼굴, 몸짓, 연극 속에서 말이다.

시지프 신화

    신들이 시지프($\binom{\text{시시포스의}}{\text{프랑스어명}}$)에게 내린 형벌은 쉬지 않고 바위를 굴려 산꼭대기까지 올리는 것이었다. 그런데 산꼭대기에 오르면, 바위는 그 자체의 무게 때문에 다시 굴러 떨어지곤 했다. 그들이 허무하고 희망 없는 노동보다 더 끔찍한 형벌은 없다고 생각한 것은 일리가 있었다.

    호메로스의 말에 의하면 시지프는 인간들 중에서도 가장 현명하고 가장 신중한 자였다. 그러나 또 다른 설화에 의하면 그의 직업은 강도였다고 전해진다. 내가 보기에 이것은 서로 모순되는 이야기가 아닌 것 같다. 그가 지옥에서 헛된 노동을 하도록 벌받게 된 원인에 관해서는 의견이 분분하다. 첫째로, 그는 신들에게 경솔했다는 비난을 받고 있다. 신들의 비밀을 누설했다는 것이다. 아조프의 딸 에기나는 주피터에게 납치되었다. 그의 아버지는 딸이 사라지자 놀라서 시지프에게 사정했다. 이 납치 사건의 전말을 알고 있던 그는 코린트 성에 물을 대어준다면 아조프에게 비밀을 가르쳐주겠다고 했다. 하늘의 노여움을 사는 한이 있더라도 물의 혜택을 받고 싶었던 것이다. 이 때문에 그는 지옥에 떨어지는 벌을 받았다. 호메로스는 또한 시지프가 사신을 쇠사슬로 묶어놓았다는 이야기도 우리에게 전해주고 있다. 플루톤($\binom{\text{저승과 죽}}{\text{음의 신}}$)은 텅 비고 조용하기만 한 그의 왕국의 정경을 보자 참을 수가 없었다. 그는 전쟁의 신을 급파하여 사신을 승리자의 손에서 해방시켰다.

    또 전하는 이야기로는, 시지프는 죽을 때가 가까워오자 경솔하게도 아내의 사랑을 시험해보려 했다고 한다. 그는 아내에게 자신의 시체를 묻지 말고 광장 한복판에 내다버리라고 명했다. 시지프는 지옥에 떨어졌다. 이렇게 되자 인간적 사랑을 저버린 채 시킨 대로 복종한 아내에게 분격한 나머지 시지프는 아내를 벌하려고 플루톤에게 지상으로 되돌아가도록 해달라고 간청하여 허락을 받았다. 그러나 이 세상의 모습을 다시 보고 물과 태양, 따뜻한 돌들과 바다의 맛을 보자 그는 지옥의 어둠 속으로 되돌아가고 싶지 않았다.

수차례에 걸친 소환, 분노, 경고에도 아랑곳하지 않았다. 다시 여러 해 동안 그는 둥글게 굽은 만과 눈부신 바다, 그리고 미소짓는 대지를 눈앞에 보며 살았다. 이렇게 되자 신들은 판결을 내려야 했다. 메르쿠리우스 $\binom{\text{주피터의 아들이고}}{\text{제신의 사자(使者)}}$ 가 와서 이 뻔뻔스러운 자의 목덜미를 움켜잡아 그를 쾌락에서 끌어낸 다음 굴려 올릴 바위가 준비된 지옥으로 강제로 끌고 갔다.

우리는 이미 시지프가 부조리한 영웅임을 알아차렸다. 그는 그의 열정뿐만 아니라 그의 고뇌로 인하여 부조리한 영웅인 것이다. 신들에 대한 멸시, 죽음에 대한 증오, 그리고 삶에 대한 열정은 아무것도 성취할 수 없는 일에 전 존재를 다 바쳐야 하는 형용할 수 없는 형벌을 그에게 안겨주었다. 이것이 이 땅에 대한 정열을 위하여 지불해야 할 대가이다. 지옥에서의 시지프에 관해서는 아무것도 전해진 바가 없다. 신화란 상상력이 거기에 생명을 불어넣은 것이다. 시지프의 신화에 있어서는 다만 커다란 돌을 들어올려 산비탈로 굴려 올리기를 수백 번 되풀이하느라고 잔뜩 긴장해 있는 육체의 노력이 보일 뿐이다. 경련하는 얼굴, 바위에 밀착한 뺨, 진흙에 덮인 돌덩어리를 떠받치는 어깨와 그것을 고여 버티는 한쪽 다리, 돌을 되받아 안은 팔 끝, 흙투성이가 된 두 손 등 온통 인간적인 확신이 보인다. 하늘 없는 공간과 깊이 없는 시간으로나 헤아릴 수 있는 이 기나긴 노력 끝에 목표는 이루어진다. 그때 시지프는 돌이 순식간에 저 아래 세계로 굴러 떨어지는 것을 바라본다. 그 아래로부터 정점을 향해 이제 다시 돌을 끌어올려야만 하는 것이다. 그는 또다시 들판으로 내려간다.

바로 저 정상에서 되돌아 내려오는 동안, 잠깐의 휴식 때문에 특히 시지프는 내 관심을 끈다. 그토록이나 돌덩이에 바싹 닿은 채로 고통스러워하는 얼굴은 이미 그 자체가 돌이다! 나는 이 사람이 무겁지만 흐트러짐 없는 걸음걸이로, 아무리 해도 끝장을 보지 못할 고통을 향하여 다시 걸어 내려오는 모습을 본다. 마치 내쉬는 숨과도 같은 이 시간, 또한 불행처럼 어김없이 되찾아오는 이 시간은 곧 의식의 시간이다. 그가 산꼭대기를 떠나 신들의 소굴을 향하여 조금씩 더 깊숙이 내려가는 그 순간순간 시지프는 자신의 운명보다 더 우월하다. 그는 그의 바위보다도 강하다.

이 신화가 비극적인 것은 주인공의 의식이 깨어 있기 때문이다. 만약 한 걸음 한 걸음 옮길 때마다 성공의 희망이 그를 떠받쳐준다면 무엇 때문에 그가 고통스러워하겠는가? 오늘날의 노동자는 그 생애의 그날그날을 똑같은 일을 하며 산다. 그 운명도 시지프에 못지않게 부조리하다. 그러나 운명은 오직 의식이 깨어 있는 드문 순간들에 있어서만 비극적이다. 신들 중에서도 프롤레타리아요 무력하고도 반항적인 시지프는 그의 비참한 조건을 구석구석까지 알고 있다. 바로 이 비참한 조건을, 그는 산에서 내려오는 동안 계속 생각했다. 아마도 그에게 고뇌를 안겨주는 통찰이 동시에 그의 승리를 완성시킬 것이다. 멸시로 응수하여 극복되지 않는 운명은 없다.

 이처럼 어떤 날들에 시지프는 고통스러워하면서 산을 내려오지만 그는 또한 기뻐하면서 내려올 수도 있다. 이것은 지나친 말이 아니다. 나는 또한 바위로 되돌아가는 시지프를 상상해본다. 그것은 고통으로써 시작되었다. 대지의 영상이 너무나도 강렬해 기억에 생생할 때, 행복의 부름이 너무나도 강렬할 때, 인간의 마음속에 슬픔이 고개를 쳐들게 마련이다. 그 슬픔은 바위의 승리다, 아니 바위 그 자체이다. 엄청난 비탄은 감당하기에 너무나도 무겁다. 이것은 우리가 맞이하는 겟세마네의 밤들이다. 그러나 인간을 무너뜨리는 진리들은 인식됨으로써 사멸한다. 이렇듯 오이디푸스도 처음에는 영문을 알지 못한 채 그의 운명에 따른다. 그가 알게 되는 순간부터 비극은 시작된다. 그러나 바로 그 순간에 눈 멀고 ^(알지 못한 채 자신의 어머니와 결혼한 오이디푸스는 이를 깨닫자 눈을 뽑았다) 절망한 오이디푸스지만 자기를 이 세상에 비끄러매어놓는 유일한 끈은 한 처녀 ^(오이디푸스의 딸 안티고네를 가리킴) 의 윤기 있고 싱싱한 손이라는 것을 안다. 이때 기가 막힌 한 마디 말소리가 울린다. "그 많은 시련에도 내 많은 나이와 내 영혼의 위대함에 의하여 판단하노니 모든 일이 다 잘되었도다." 소포클레스의 오이디푸스는 도스토옙스키의 키릴로프와 마찬가지로 부조리의 승리를 완성시킨다. 고대의 예지가 현대의 영웅주의와 만난다.
 부조리를 발견하면 누구라도 행복의 안내서를 쓰고 싶은 유혹을 느끼지 않을 수 없다. "아니, 뭐라고! 이처럼 좁은 길들을 통해서⋯⋯?" 그러나 세계는 하나뿐이다. 행복과 부조리는 같은 땅에서 태어난 두 아들이다. 이들은 서로 떨어질 수 없다. 행복은 반드시 부조리의 발견에서 태어난다고 말한다면 그것은 잘못일 것이다. 부조리의 감정이 오히려 행복에서 태어날 수도 있다. "내가 판단하노니 모든 일이 다 잘되었다." 오이디푸스는 이렇게 말한다. 이 말은 신성하다. 이 말은 인간의 사납고 유한한 세계 안에서 울린다. 또 모든 것이 밑바닥까지 다 소진되는 것은 아니며 또 소진되지도 않았음을 가르쳐준다. 그리하여 그것은 불만과 쓸모없는 고통에 대한 취미를 가지고 들어온 신을 이 세계로부터 추방한다. 그 한 마디는 운명을 인간의 문제로, 인간들끼리 해결해야 할 문제로 바꾼다.

시지프의 말 없는 기쁨은 송두리째 여기에 있다. 그의 운명은 그의 것이다. 그의 바위는 그의 것이다. 이와 마찬가지로 부조리한 인간이 자신의 고통을 응시할 때 모든 우상을 침묵하게 만든다. 문득 본연의 침묵으로 되돌아간 우주 안에서 경이에 찬 작은 목소리들이 대지로부터 헤아릴 수 없이 솟아오른다. 은밀하고 무의식적인 부름이며 모든 얼굴의 초대인 그것들은 승리의 필연적인 이면이요 대가이다. 그림자 없는 햇빛이란 없기에 밤을 알아야만 한다. 부조리한 인간의 대답은 긍정이며 그의 노력에는 끝이 없을 것이다. 개인적인 운명은 있어도 초월적인 운명이란 없다. 게다가 그 운명이란 피할 수 없고 경멸해야 할 것으로 판단된다. 그 밖의 것에 관한 한, 인간은 스스로 자신이 살아가는 날들을 지배하리라는 것을 안다. 인간이 그의 생활로 되돌아가는 이 미묘한 순간에 시지프는 자신의 바위를 향하여 돌아가면서 서로 아무런 연관도 없는 일련의 행위들을 응시한다. 이 행위들의 연속은 곧 자신에 의해 창조되고 자기 기억의 시선 속에서 통일되며 머지않아 죽음에 의해 봉인될 그의 운명이 되고 있는 것이다. 이렇게, 인간적인 모든 것은 완전히 인간적인 근원을 가지고 있음을 확신하면서, 맹목적이면서 보고자 원하되 밤은 끝이 없음을 아는 장님인 시지프는 지금도 여전히 걸어가고 있다. 바위는 또다시 굴러떨어진다.

이제 나는 시지프를 산기슭에 남겨둔다! 사람은 언제나 자기 짐의 무게를 다시 발견한다. 그러나 시지프는 신들을 부정하며 바위를 들어올리는 한 차원 높은 성실성을 가르친다. 그 역시 모든 것이 다 잘되었다고 판단한다. 이제부터는 주인이 따로 없는 이 우주가 그에게는 쓸모없는 것으로도, 하찮은 것으로도 보이지 않는다. 그에게서는 이 돌의 부스러기 하나하나, 어둠 가득한 이 산의 광물적 광채 하나하나가 그것만으로도 하나의 세계를 만든다. 정상을 향한 투쟁 그 자체가 인간의 마음을 가득 채우기에 충분하다. 이제 시지프는 행복하다고 상상해야 한다.

프란츠 카프카 작품에 나타난 희망과 부조리

편집인의 말

《시지프 신화》 초판에서는 '도스토옙스키와 자살'에 관한 장이 여기 부록으로 발표하는 프란츠 카프카에 대한 연구 대신 실려 있었다. 카프카에 관한 이 연구는 1943년 〈아르발레트(L'Arbalète)〉지에 발표된 바 있다.

독자는 도스토옙스키에 관한 글에서 이미 다룬 바 있는 부조리한 창조에 대한 비평을 여기서는 다른 시각으로 다시 보게 될 것이다.

카프카 예술의 핵심은 독자로 하여금 또다시 읽고 싶게 만드는 데 있다. 그의 작품의 결말 또는 그 결말의 결여는 여러 설명 방법들을 독자에게 암시해주지만, 이 설명들이 분명하게 드러나는 것은 아니어서 그것이 설득력을 얻으려면 새로운 각도에서 다시 한 번 이야기를 읽어야 한다. 때로는 이중의 해석이 가능하며 그러기에 두 번 읽어야 할 필요성이 생긴다. 이것은 사실 작가의 의도라 할 수 있다. 그러나 카프카의 작품을 자세한 부분까지 다 해석하려는 것은 잘못이다. 상징은 늘 전체에 걸쳐 있으며, 상징을 아무리 정밀하게 해석한다 해도 예술가는 단지 상징의 전체적인 움직임을 재현해놓을 뿐이다. 즉 한 마디 한 마디가 다 맞아떨어지게 옮겨놓을 수는 없는 것이다. 사실 상징적 작품만큼 이해하기 어려운 것은 없다. 상징은 언제나 그것을 사용하는 사람을 넘어서며 사실상 그가 의식적으로 표현하고자 한 것 이상을 말하게 한다. 그런 관점에서 볼 때 상징을 파악하는 가장 확실한 방법은, 그것에 맞서지 말고 선입관 없는 정신으로 작품에 조금씩 파고 들어가며 그리하여 은밀한 흐름의 줄기를 찾으려 하지 않는 일이다. 특히 카프카의 경우는 그의 유희에 동의하면서 겉모습을 통해서 드라마에, 그리고 형식을 통해서 소설에 접근하는 것이 옳다.

얼른 보기에는, 그리고 거리를 두고 바라보는 독자에게는, 그것은 어떤 불안스런 사건에 대한 이야기인데 거기에 휘말린 채 전율하는 인물들은 어떤 문제에 고집스레 매달리고 있지만 결코 그 문제가 어떤 것인지를 구체적으로 꼬집어 밝히는 법이 없다. 《심판》에서 요제프 K……는 고소당했다. 그런데 그는 무엇 때문에 고소당했는지 알지 못한다. 물론 그는 자기를 변호하고자 힘쓴다. 그러나 그 이유를 모른다. 변호사들은 그의 처지에서는 방어하기 어렵다고 본다. 그러는 동안에도 그는 잊지 않고 사랑하며 먹고 신문을 읽는다. 이윽고 그는 재판을 받는다. 그러나 법정은 매우 어둡다. 그는 어떻게 된 영문인지 잘 알지 못한다. 다만 그는 유죄 판결을 받은 모양이라고 추측할 뿐 구체적으로 어떤 판결을 받았는지 거의 생각해보지도 않는다. 이따금 그 점에 대하여 의심을 품어볼 때도 있긴 하지만 그냥 그렇게 계속 살아간다. 오랜 시간이 지난 뒤에 말쑥하고 단정하게 차려입은 두 신사가 찾아와서 함께 가자고 한다. 그들은 더할 수 없이 정중한 태도로 어느 황량한 변두리로 그를 데리고 가서 돌 위에 머리를 찍어 죽인다. 죽기 직전에 그 죄수가 한 말은 딱 한 마디. "개같이."

자연스러움이 가장 뚜렷한 특징인 이야기에서 상징이라는 말을 쓰기란 어려운 일이다. 그러나 자연스러움이란 이해하기가 어려운 범주이다. 독자가 보기에 일어나는 사건이 자연스럽게 느껴지는 작품들이 있는가 하면, 훨씬 드문 경우이긴 하지만, 작중인물이 자기에게 일어나는 사건을 자연스럽다고 보는 그런 작품들도 있다. 기이하고도 뚜렷한 역설이겠지만, 작중인물이 겪은 일들이 예외적인 것일수록 이야기는 더욱 자연스럽게 받아들여질 것이다. 곧 자연스러움은 한 사람 인생의 기이함과 그 사람이 기이한 삶을 받아들이는 방식의 단순성 사이에 느껴지는 거리에 비례한다. 카프카의 작품에서 느껴지는 자연스러움은 바로 이런 것이리라. 우리는 《심판》이 말하고자 하는 바가 무엇인가를 분명히 느낀다. 이 소설은 인간이 살아가는 방식을 묘사한 것이라고도 한다. 아마 그럴지도 모른다. 그러나 《심판》은 그보다 더 개인적이고 단순하면서 동시에 더 복잡하다. 다시 말해서 이 소설의 의미는 보다 더 특수하고 보다 더 개인적인 카프카만의 것이다. 어떤 면에서 보면 그는 우리 모두의 일을 고백하고 있지만 말하는 사람은 바로 그 자신이다. 그는 살아가고 있으며 심판을 받았다. 그는 소설 앞부분에서 이미 그것을 깨닫고, 이 세계에서 그것을 좇는다. 그러므로 그는 거기에 대처하고자 시도하지만 그런 일을 당한 것이 뜻밖이라는 놀라움은 없다. 이처럼 놀라움이 없다는 사실에 그는 별로 놀라지 않을 것이다. 이런 모순이야말로 부조리한 작품의 가장 확실한 징후를 드러낸다. 인간 정신은 그 자체의 정신적 비극을 구상적인 세계 속에 투영한다. 그런데 그것은 오로지 색채에 공허를 표현할 능력을 부여하고 일상적인 몸짓에 영원한 야망들을 드러내 보일 능력을 부여하는 항구적 역설에 의해 가능해진다.

마찬가지로, 《성(城)》은 어쩌면 현실로 나타난 신학이라고 할 수 있을지도 모른다. 그러나 이것은 무엇보다도 먼저 자신의 은총을 추구하는 한 영혼의 파란, 지상의 사물들에게서 장엄한 비밀을 구하고 여인들에게서 그들 안에 잠들어 있는 신의 징후를 구하는 한 인간의 개인적 모험이다. 한편 《변신》도 분명 명철성의 윤리학을 구체적으로 그린 무시무시한 영상을 보여주고 있다고 할 수 있다. 그러나 그것 또한 자신이 너무나도 쉽게 벌레로 변했음을 느낄 때 인간이 겪게 되는 형언할 수 없는 경악의 산물이기도 하다. 카프카의 비밀은 바로 이 근원적인 모호성 속에 있다. 자연스러움과 예외적 이상함, 개인적인 것과 보편적인 것, 비극적인 것과 일상적인 것, 그리고 부조리와 논리 사이에서의 부단한 흔들림은 그의 작품 전체에 퍼져 있으며 그의 작품에 독특한 울림과 의미를 부여하고 있다. 부조리한 작품을 이해하기 위해서는 이 역설들을 하나하나 열거해야 하고 모순들을 강화해야만 한다.

상징은 두 개의 면, 관념과 감각의 두 세계를 전제로 하며 이 양자 사이를 매개하는 어떤 사전을 전제로 한다. 그중에서도 가장 다루기 어려운 것이 이 사전이다. 그러나 서로 대응하는 두 세계를 의식한다는 것은 그들 사이의 은밀한 관계의 길로 접어드는 것이 된다. 카프카에게 이 세계는 한편으로 일상적 생활, 다른 한편으로 초자연적 불안의 세계이다.[*1] 카프카 작품을 읽으면 마치 "중대한 문제들은 길에 있다"라는 니체의 말을 끝없이 실제로 활용하고 있는 광경을 눈으로 직접 보는 느낌이 든다.

인간이라 하면 모든 문학에 가장 빈번히 등장하는 주제이지만, 인간의 삶 속에는 근원적인 부조리성과 더불어 확고한 위대함이 깃들여 있다. 부조리와 위대함, 이 두 가지는 마치 당연한 일이기라도 한 듯 동시에 존재한다. 다시 한 번 되풀이하거니와, 이 두 가지는 우리 영혼의 과도한 야망과 육체의 덧없는 기쁨을 서로 갈라놓는 어처구니없는 절연 속에서 나타난다. 그처럼 측량할 수 없을 만큼 크게 육체를 넘어서는 것이 바로 육체의 영혼이라는 사실, 바로 이것이 부조리다. 이 부조리를 형상화하고자 하는 사람은 거울 두 개를 평행하게 마주 놓은 듯한 상호대조의 관계 속에서 부조리에 생명을

---

*1 카프카의 모든 작품을 사회비평의 방향으로 해석하는(예를 들면 《심판》) 것도 마땅히 가능하다는 사실은 주목할 만하다. 사실 구태여 한쪽을 선택하지는 않을 것이다. 두 가지 해석이 다 의미 있다. 이미 관찰한 바와 같이, 부조리의 시각에서 볼 때 인간들에 대한 반항은 '또한' 신에 대한 반항이기도 하다. 커다란 혁명들은 언제나 형이상학적인 것이다.

부여해야만 한다. 카프카는 바로 이렇게 일상적인 것을 통해서 비극을 표현하고 논리적인 것을 통해서 부조리를 표현하고 있다.

배우는 과장을 삼가면 삼갈수록 비극적 인물에 그만큼 더 큰 힘을 부여하게 된다. 그가 절제된 사람이면 그가 자아내는 공포의 감정은 더욱 엄청난 것이 되리라. 이런 점에서 그리스 비극은 많은 것을 가르쳐준다. 비극작품에서 운명은 논리적이며 자연스러운 모습을 띨 때 한결 더 확실하게 느껴진다. 오이디푸스의 운명은 예고되어 있다. 그가 아버지를 죽이고 근친상간의 죄를 범하리라는 것은 초자연에 의해 미리부터 정해져 있다. 극의 모든 노력은 논리적 추론의 연쇄에 의하여 주인공의 불행을 마침내 완성시키는 논리적 체계의 가차없음을 보여주는 데 송두리째 바쳐진다. 단순히 그 유별난 운명을 우리에게 알려주기만 하면 조금도 두려울 것이 없다. 왜냐하면 그것은 있을 법한 일이 아니기 때문이다. 그러나 운명의 필연성이 사회나 국가, 낯익은 감정과 같은 일상생활의 테두리 속에서 구현되어 우리에게 입증된다면 바야흐로 끔찍한 공포의 감정은 절정에 달할 것이다. 너무나 충격적인 일을 당한 인간은 '있을 수 없는 일'이라고 외치며 반항한다. 그러나 그 반항 속에는 벌써 그것이 '있을 수 있는 일'이라는 절망적 확신이 담겨 있는 것이다.

이것이 그리스 비극의 모든 비밀, 아니 적어도 그 일면의 비밀이다. 왜냐하면 또 한 가지 면이 있기 때문이다. 그것은 앞서와는 반대되는 방법으로 우리에게 카프카를 보다 더 잘 이해하게 해준다. 인간의 마음은 단순히 자신을 짓누르는 것만을 운명이라고 부르려 하는 유감스러운 경향을 띤다. 그러나 행복도 그 나름대로 까닭 없이 찾아온다. 왜냐하면 행복은 불가피한 것이기 때문이다. 그런데 현대인은 자신의 행복을 알면서도 늘 자기 힘으로 행복을 손에 넣었다고 생각한다. 그러므로 반대로 그리스 비극에서 만나게 되는 예외적 운명들, 그리고 율리시스와 같이 최악의 사건에 휘말려도 자연히 거기서 구출되는 전설의 총아들에 관해서 우리는 많은 이야기를 할 수 있으리라.

어쨌든 간과해서는 안 되는 것은 비극에서 논리적인 것과 일상적인 것 사이에 이루어지는 은밀한 공모관계이다. 《변신》의 주인공 잠자(Samsa)가 평범한 외판사원인 까닭이 여기에 있다. 자신이 한 마리 벌레로 변해버리는 기묘한 모험을 겪는 가운데서도 자신의 결근을 사장이 못마땅해하리라는 것이 그 인물의 유일한 걱정거리가 되는 까닭도 바로 여기에 있다. 그의 몸에는 벌레의 발과 더듬이가 돋아나고 척추가 둥글게 휘고 배에는 여기저기 흰 반점이 생긴다. 이러한데도 그가 전혀 놀라지 않는다고 말할 수야 없을 것이다. 그렇게 되면 효과는 없어질 테니까 말이다. 다만 그것 때문에 그는 '좀 곤란해진다'. 카프카 예술의 정수는 이런 미묘한 느낌의 차이 속에 담겨 있다. 그의 주요 작품《성》에서는 일상생활의 자질구레한 일들이 지배적인 역할을 한다. 그런데도 무엇 하나 이루어지는 것 없이 모든 것이 다 새로 시작되기만 하는 이 야릇한 소설 속에서 구체적으로 그려지고 있는 것은 은총을 찾아 헤매는 영혼의 본질적인 파란이다. 이처럼 잠재적인 문제를 현실 속에 녹여서 표현하고 보편적인 것과 특수한 것을 하나로 만드는 방식은 위대한 작가만이 흔히 구사하는 사소한 기교들 중에서도 엿볼 수 있다.《심판》에서 주인공의 이름은 슈미트나 프란츠 카프카일 수도 있었을 것이다. 그러나 그는 요제프 K……라고 불린다. 그는 카프카가 아니지만 또한 카프카이다. 그는 평균적인 유럽인이다. 그저 평범한 아무개이다. 그러나 그는 또한 주인공의 신원에 관한 육체의 방정식의 x에 해당하는 실체로서의 K이기도 하다.

마찬가지로 만약 카프카가 부조리를 표현하고자 한다면 그는 한결같은 논리를 이용하리라. 목욕탕에서 낚시질하는 광인의 일화는 잘 알려진 이야기이다. 정신병 치료에 일가견을 가진 한 의사가 그에게 "고기가 잘 잡히냐"고 묻자 그는 단호하게 대답했다. "아니, 이 바보야, 이건 목욕탕이잖아." 참으로 이상한 이야기지만, 여기서 우리는 부조리의 효과가 과도할 정도의 논리와 연관성이 깊다는 것을 실감할 수 있다. 카프카의 세계는 사실상 아무 것도 낚지 못하리라는 것을 뻔히 알면서 목욕탕에서의 낚시질이라는 고통스러운 수고를 자청하는 인간의 말이 안 되는 세계인 것이다.

따라서 나는 카프카 작품에서 원칙상 부조리한 작품을 알아볼 수 있다. 예를 들어서《심판》은 전적으로 성공한 작품이라고 말할 수 있다. 육체가 승리를 거두고 있는 것이다. 거기에는 어느 것 하나 빠진 것이 없다. 겉으로 표현되지 않은 반항(반항을 표현하는 게 아니라, 바로 그 반항이 작품을 쓰고 있는 것이다), 명철하면서도 말없는 절망(그러나 바로 그 절망이 작품을 창조하고 있는 것이다), 그리고 소설 속 인물이 최후의 죽음에 이르는 순간까지 보이는 놀랍도록 자유로운 거동, 모든 것이 다 갖추어져 있는 것이다.

그러나 이 세계는 보기보다 그렇게 폐쇄되어 있지 않다. 발전이 없는 이 세계 속에 카프카는 기이한 형태로 희망을 끌어들이려고 한다. 이 점에서 《심판》과 《성》은 같은 방향으로 나가지 않는다. 두 작품은 상호보완적이다. 《심판》에서 《성》으로 눈에 보이지 않는 진전이 이루어지고 있는데, 그것은 도피라는 차원에서 거두어들인 터무니없는 성과를 나타낸다. 《심판》이 제기하는 문제를 《성》은 어느 정도 해결한다. 전자가 거의 과학적인 방법으로 묘사를 하면서 결론은 내리지 않고 있다면 후자는 어느 정도 설명을 하고 있다. 《심판》은 진단을 내리고 《성》은 치료법을 내놓는다. 그러나 여기서 처방한 약은 병을 낫게 하지 않는다. 그것은 단지 병이 정상적인 삶 속으로 되돌아가게 할 뿐이다. 그것은 병을 받아들이도록 도와준다. 어떤 의미에서(키르케고르를 생각해보자) 그 약은 병을 애지중지하게 만든다. 측량기사 K······는 자신을 괴롭히고 있는 단 한 가지 근심 말고는 다른 근심은 상상할 수 없다. 그의 주위 사람들조차도 마치 그에게 주어진 고통이 어떤 특별한 모습을 갖추기라도 했다는 듯이, 뭐라고 딱히 이름지을 수도 없는 그의 공허, 그의 고통에 정신없이 열중해 있다. "나는 너무나도 당신이 필요해. 당신을 알게 된 다음부터는 당신이 내 곁에 없으면 온통 버림받은 느낌뿐이야." 프리다는 K······에게 이렇게 말한다. 우리를 짓누르는 것을 오히려 사랑하게 만들고 출구 없는 세계 속에서 희망이 생겨나게 만드는 이 신통한 약, 모든 것을 바꾸어버리는 이 돌연한 '비약', 이것이 바로 실존적 혁명의 비밀이요 《성》 자체의 비밀이다.

《성》만큼 전개방식이 엄밀한 작품은 거의 없다. K······는 성의 측량기사로 임명되어 마을에 도착한다. 그러나 마을에서 성으로는 연락할 수 없다. 수백 페이지에 걸쳐서 K······는 성으로 가는 길을 찾기 위해 집요하게 애를 쓰며, 모든 방법을 다 동원해보고, 샛길로 가는 방법이 없는지 꾀를 내어보기도 하며, 결코 화를 내는 법 없이 놀라울 정도의 신념으로 자기에게 맡겨진 직분을 수행하려고 한다.

하나하나의 장(章)은 좌절의 기록이다. 또 새로운 시작이다. 이 시작은 논리가 아니라 끈질긴 정신에서 비롯된다. 이런 끝없는 집요함이 바로 이 작품의 비극성을 이룬다. K······가 성에 전화를 걸자 그의 귀에 들려온 것은 확실하지 않은 뒤섞인 목소리들, 희미한 웃음소리들, 멀리서 부르는 소리 같은 것뿐이다. 하지만 그것만으로도 그의 마음속에 희망을 키우기에는 충분하다. 마치 여름 하늘에 나타나는 비의 어떤 전조, 혹은 우리에게 삶의 이유를 주는 저녁 무렵의 약속들과도 같이. 여기서 우리는 카프카 특유의 우수가 지닌 비밀을 엿보게 된다. 그것은 실상 프루스트의 작품이나 플로티노스의 풍경 속에서 느껴지는 것과 똑같은 우수이다. 즉 잃어버린 낙원에 대한 향수인 것이다. 올가는 말한다. "아침에 바르나바스가 성에 간다고 말할 때 나는 아주 슬퍼져요. 그건 아마도 헛걸음이고, 아마도 낭비이며, 아마도 보람 없는 희망일 테니." '아마도'라는 이 미묘한 말의 느낌에 카프카는 그의 전 작품을 걸고 있다. 그래도 어쩔 수가 없다. 여기서는 영원에 다다르려는 탐구가 더할 수 없이 꼼꼼하게 진행되고 있는 것이다. 그리하여 영감받은 자동인형 같은 카프카의 인물들은, 유희가 불가능해진 채*2 신이 가하는 굴욕에 송두리째 내맡겨진 우리들 미래 모습 그 자체를 보여준다.

《성》에서는 이런 일상적인 것에 대한 복종이 하나의 윤리처럼 되어 있다. K……의 커다란 희망은 성에서 그를 받아들여주는 것 한 가지뿐이다. 혼자 힘으로는 희망을 이룰 수 없으므로 그는 이 마을의 주민이 되어 모든 사람이 그로 하여금 느끼게 하는 이방인이라는 자격을 잃음으로써 그같은 은총을 받기에 합당한 자가 되어보겠다고 온 힘을 기울인다. 그가 원하는 것은 하나의 직업과 가정과 건전한 보통 사람의 생활이다. 이제 그는 자신의 미친 짓을 참을 수가 없다. 그는 분별 있는 사람이 되고 싶다. 그를 마을의 이방인으로 만들어놓는 유별난 저주에서 풀려나고 싶다. 이런 점에서 프리다의 일화는 의미가 깊다. 성의 한 관리를 알고 있는 이 여인을 그가 정부로 삼는 것은 바로 그런 그녀의 과거 때문이다. 그는 그녀에게서 자기를 넘어서는 그 무엇을 찾지만 그와 동시에 그녀를 영원히 성에 걸맞지 않은 존재로 만드는 그 무엇을 의식한다. 여기서 우리는 레기네 올센에 대하여 키르케고르가 느꼈던 기이한 사랑을 떠올리게 된다. 어떤 사람들은 너무나 엄청난 영원의 불길에 부대낀 나머지 주위 사람들의 마음까지도 태워버린다. 신의 것이 아닌 것을

---

*2 《성》에서 파스칼적 의미에서의 '유희'는 K……로 하여금 그의 근심을 잊고 딴 생각을 하게 하는 '조수들'에 의해 구상화되고 있는 것이 분명하다. 프리다가 끝내 그중 한 조수의 애인이 되어버리는 것은 그녀가 진실보다 겉으로 보이는 꾸밈을, K……와 고뇌를 나누기보다는 일상적인 평온한 삶을 더 좋아하기 때문이다.

신에게 바친다는 이 비참한 오류, 이것은 또한 《성》의 이 일화의 주제이기도 하다. 그러나 카프카는 이것이 오류라고는 생각하지 않는다. 이것은 오류가 아니라 하나의 교의요, '비약'이다. 신의 것이 아닌 것은 아무것도 없다.

측량기사가 프리다를 떠나 바르나바스 자매에게로 간다는 사실은 한결 더 의미가 깊다. 바르나바스 집안 사람들은 성과 마을 자체로부터 완전히 버림받은 단 하나의 가족이니까 말이다. 언니 아말리아는 성의 한 관리의 파렴치한 구혼을 거절했다. 그에 뒤따른 부도덕한 저주로 그녀는 영원히 신의 사랑으로부터 멀어져버렸다. 신을 위하여 자신의 명예를 버릴 수 없다는 것은 곧 신의 은총을 받을 자격이 없어진다는 뜻이다. 여기서 우리는 도덕과 상반된 진리라는 실존철학의 낯익은 주제를 알아볼 수 있다. 아니, 여기서 더 나아간다. 왜냐하면 카프카의 주인공이 이르는 길, 프리다로부터 바르나바스 자매로 가는 길은 바로 의심할 줄 모르는 사랑으로부터 부조리의 신격화로 가는 길이기 때문이다. 또한 여기서 카프카의 사상은 키르케고르와 만난다. '바르나바스 이야기'가 책의 마지막 부분에 놓인 것은 놀라운 일이 아니다. 측량기사의 마지막 시도는 신을 부정하는 것을 통하여 신을 되찾는 것, 우리의 선과 미의 범주에 따라서가 아니라 신의 무관심과 불의와 증오를 드러내는 공허하고 추악한 모습 뒤에서 신을 발견하고 인정하는 것이다. 성에서 자신을 받아주기를 바라는 이 이방인은 여행의 끝에 이르러 좀더 심각하게 소외된 처지가 된다. 왜냐하면 이제 그는 자기 스스로에 대하여 불충실해진 채 정신의 도덕, 논리, 진리들을 버리고서 오직 무모한 희망에 부풀어 신의 은총이라는 사막 속으로 들어서려고 애쓰기 때문이다. *3

여기서 희망이라는 말을 써도 우스꽝스럽지는 않으리라. 그러기는커녕 카프카가 서술하는 상황이 비극적이면 비극적일수록 희망은 더욱 굳건하고 격렬한 것이 된다. 《심판》이 참으로 부조리하면 부조리할수록 《성》의 열광적인 '비약'은 더욱 감동적이고 부당한 것으로 보인다. 그러나 우리는 여기서 키르케고르가 다음과 같이 표현한 바 있는 실존사상의 역설을 순수한 모습 그

---

*3 이것은 물론 카프카가 우리에게 남긴 미완성의 원고 《성》에만 해당된다. 그러나 이 작가가 만약 이 작품을 끝까지 썼더라도 소설의 통일된 분위기를 깨뜨렸으리라고는 생각할 수 없다.

대로 보게 된다. "지상에서 실현돼야 할 만한 기대 따위는 죽여 없애버려야 한다. 그래야 비로소 진정한 기대*⁴에 의해서 구원받게 될 것이다." 이것을 달리 말하면 다음과 같은 공식이 될 것이다. '먼저 《심판》을 쓰고 난 다음이라야 비로소 《성》을 구상할 수 있다.'

물론 카프카에 대해 언급한 사람들 대부분은 그의 작품을 설명하면서 인간에게 아무런 구원도 허락하지 않는 절망의 외침이라고 정의했다. 그러나 그것은 다시 검토할 필요가 있다. 희망에는 여러 종류가 있는 것이다. 앙리 보르도 씨의 낙관적인 작품은 나에게는 유난히도 실망스럽게 여겨진다. 그 세계에서는 얼마간 까다로운 마음을 가진 사람에게라면 아무것도 허용되지 않기 때문이다. 그와 반대로 말로의 사상은 언제나 정신에 활기를 준다. 그러나 이 두 경우에 희망은 똑같은 희망이 아니고 절망도 똑같은 절망이 아니다. 다만 나는 부조리의 작품 자체도 바로 내가 피하고자 하는 불성실에 다다를 수 있다는 것을 알게 되었을 따름이다. 처음에는 아무런 결실의 희망도 없는 일을 무의미하게 되풀이하면서 조금도 앞으로 나아가지 못하고 그저 덧없는 것에 대한 명철한 열광을 보일 뿐이었던 작품이 여기서는 온갖 환상의 요람이 되고 있다. 이 작품은 설명을 하고 희망에 어떤 형태를 부여한다. 창조자는 이제 희망에서 떨어질 수가 없다. 작품은 마땅히 비극적 유희여야 하는데 그러지 못하고 작가의 삶에 어떤 의미를 주는 것이다.

어쨌든 카프카, 키르케고르, 셰스토프의 작품들처럼 서로 유사한 영감에서 자라난 작품들, 간단히 말하면 실존적 소설가와 철학자들의 작품이 부조리와 그 귀결에 전적인 관심을 쏟고 있으면서도 결국에는 이처럼 엄청난 희망의 외침으로 귀착되는 것은 기이한 일이다.

그들은 자신을 잡아 삼키는 신을 끌어안는다. 희망은 바로 굴종을 통해 스며드는 것이다. 왜냐하면 인간 존재의 부조리성은 그들로 하여금 초자연적 존재를 보통 사람보다 더욱 확신케 하기 때문이다. 만약 이 인생길이 신에게 가닿는다면 그때는 하나의 해결책이 있는 셈이다. 그리하여 키르케고르, 셰스토프, 그리고 카프카의 주인공들이 그들의 여정을 되풀이할 때 보여주는 인내와 집요한 고집은 기이하게도 이 확신이 지닌 열광적인 위력에 대한 보

---

*4 마음의 순결.

증이 되고 있다. *5

    카프카는 그의 신에게서 도덕적 위대함, 명증성, 선(善), 정합성을 인정하지 않으려 한다. 그러나 그것은 신의 품속에 좀더 확실하게 뛰어들기 위함이다. 부조리를 확인하고 받아들이고 나서 인간은 거기에 자신을 내맡겨버린다. 이 순간부터 그는 더 이상 부조리의 인간이 아님을 우리는 안다. 인간 존재방식의 한계 안에서, 그런 존재에서 벗어날 수 있게 하는 희망보다 더 큰 희망이 어디 있겠는가? 결국 사람들의 일반적 견해와는 달리 실존사상은 피안에 대한 엄청난 희망, 바로 원시기독교 및 복음의 전파와 더불어 고대 세계를 뒤흔들었던 바로 그 희망으로 다져져 있다는 사실을 나는 여기서 다시 한 번 이해하게 된다. 그러나 모든 실존사상의 특징인 이러한 비약 속에서, 이 고집 속에서, 그리고 형태 없는 신성(神性)을 이처럼 측량하려는 태도 속에서 어찌 명철성이 스스로를 포기하는 징후를 보지 않을 수 있겠는가? 사람들은 구원 받기 위해서 오만을 버려야 한다고만 믿는다. 이러한 포기는 많은 결실을 얻을지도 모른다. 그러나 포기한다고 해서 무슨 변화가 일어나지는 않는다. 내가 보기엔 오만이 그러하듯이 명철성도, 무슨 결실을 가져오는 것은 아니라고 평가된다고 해서 명철성의 지적 가치가 줄어드는 것은 아니다. 진리도 그 정의상 결실이 없는 것이니까 말이다. 모든 자명한 사실들은 다 결실이 없는 것이다. 모든 것이 주어져 있을 뿐 무엇 하나 설명되지 않는 세계에서 어떤 가치 또는 형이상학의 풍요로움이라는 것은 무의미한 관념이다.

    어쨌든 우리는 여기서 카프카의 작품이 어떤 사상 전통에 속하는가를 알 수 있다. 사실《심판》에서《성》에 이르는 과정에 엄격한 의미를 부여하는 것은 어리석은 일이리라. 요제프 K……와 측량기사 K……는 카프카를 끌어당기는 두 개의 극이다. *6 나도 카프카처럼 말할 수 있고, 그의 작품이 부조리한 것은 아니라고 말할 수 있다. 그러나 이렇게 말한다고 해서 그의 작품

---

* 5 《성》에서 아무런 희망도 없는 유일한 인물은 아말리아다. 측량기사가 가장 난폭하게 적대하는 것이 바로 이 여자다.
* 6 카프카 사상의 이 두 가지 측면에 관해서는,《유형지에서》의 "유죄라는 것(인간이라는 것)은 조금도 의심할 바 없다"와《성》의 한 구절(모뮈스의 말), "측량기사 K……을 유죄라고 단정하긴 어렵다"라는 말을 비교해보기 바란다.

의 위대성과 보편성을 인식하지 못하게 되는 것은 아니다. 이 위대성과 보편성은 그가 희망에서 비탄으로, 절망적인 예지에서 고의적인 맹목으로 옮겨가는 나날의 행로를 그처럼 풍부하게 표현할 수 있었다는 데서 오는 것이다. 그의 작품이 보편성을 가지는 것은(참으로 부조리한 작품은 보편적이지 않다), 자신의 온갖 모순 속에서 믿어야 할 이유를 끌어내고 자신의 풍요로운 절망 속에서 희망을 가질 이유를 끌어내며, 그 끔찍한 죽음의 수업을 삶이라고 부르면서 바로 그 인간성으로부터 벗어나고자 하는 인간의 비통한 모습이 거기에 뚜렷이 그려져 있기 때문이다. 그 작품은 종교적 영감에 근거한 것이기에 보편적이다. 모든 종교가 그렇듯이 그 작품 속에서 인간은 자기 삶의 짐에서 해방된다. 그러나 나도 그것을 알고 또 그 작품에 감탄할 수는 있겠지만, 동시에 나는 내가 추구하는 바가 보편적인 것이 아니라 진실이라는 사실도 알고 있다. 보편적인 것과 진실, 그 두 가지는 서로 일치하지 않을 수 있다.

진실로 절망적인 사상은 바로 그와 반대되는 기준들에 의해 정의되며 비극적인 작품은 미래의 희망이 송두리째 다 배제된 상황에서 행복한 인간의 삶을 묘사하는 작품이라고 말한다면, 여러분은 이와 같은 관점을 좀더 잘 이해할 수 있으리라. 삶이 열광적이면 열광적일수록 삶을 잃는다는 것은 한층 부조리해진다. 니체의 작품 속에서 우리가 느끼게 되는 그 찬란한 메마름의 비밀은 아마도 여기에 있을 것이다. 이런 사상의 영역에서 니체야말로 '부조리'한 미학의 극단적인 모든 귀결을 끌어낸 단 하나뿐인 예술가일 듯하다. 그의 마지막 메시지는 자신만만하면서도 결실을 맺을 희망이 없는 명철성, 그리고 온갖 초자연적인 위안의 집요한 부정에 있기 때문이다.

지금까지 지적한 것만으로도 카프카의 작품이 이 시론의 틀 안에서 차지하는 중요성을 밝히기에 충분했을 것이다. 카프카 작품과 더불어서 우리는 지금 여기 인간적 사상의 한계에까지 와 있다. 엄밀한 의미에서 이 작품 속에서는 모든 것이 다 본질적이라고 말할 수 있다. 어쨌든 이 작품은 부조리의 문제를 송두리째 다 제기한다. 따라서 이 결론과 우리가 처음에 지적했던 몇 가지 사실들, 내용과 형식, 《성》의 은밀한 의미와 작품을 자연스럽게 끌고 가는 기법, K……의 열정적이고도 오만한 추구와 이 추구가 이루어지고 있는 일상적인 배경 등을 대조해본다면, 어떤 점에서 카프카가 위대한가를 이해할 수 있을 것이다. 만약 향수(鄕愁)가 인간적인 것을 나타내는 표시라면, 이 회한의 망령들에다 그처럼 살과 굴곡을 부여한 작가는 카프카를 빼면 아무도 없을 테니까 말이다. 그러나 그와 동시에 우리는 부조리의 작품이 요청하는 기이한 위대성, 여기서는 아무리 찾아보려야 찾아볼 수 없을 위대성이 어떤 것인가를 파악할 수 있을 것이다. 예술의 본분이 보편적인 것을 개별적인 것에, 물 한 방울의 덧없는 영원성을 그 물방울에 비친 빛의 변화무쌍한 유희에 결합시키는 데 있다면, 부조리한 작가의 위대함을 그가 그 두 가지 세계 사이에 설정하는 거리에 따라 평가하는 것은 더욱 타당한 일이다. 그의 비밀은 이 두 세계가 더없이 심한 불균형 속에서 서로 만나는 정확한 지점을 찾는 데 있다.

그런데 사실 순수한 마음들은 인간과 비인간적인 것이 공존하는 이 기하학적인 접점을 어디에서나 찾을 수 있다. 파우스트와 돈키호테가 탁월한 예술적 창조물인 것은 그들이 이 지상에 속하는 자신들의 손으로 우리에게 보여주는 엄청난 위대성 때문이다. 그런데도 손으로 만질 수 있는 진리를 정신이 부정하는 순간이 반드시 찾아온다. 창조가 더 이상 비극적인 것이 되지 않고 단지 진지해지려고만 하는 때가 찾아오는 것이다. 인간은 바로 이럴 때 희망에 온 관심을 기울이게 된다. 그러나 그것은 인간의 소관사항이 아니다. 인간이 할 일은 기만, 술책에 속지 않는 일이다. 그런데 카프카가 전 우주에 대하여 제기하는 맹렬한 소송의 끝에 이르러 내가 발견하게 되는 것은 바로 이 기만, 술책이다. 그가 내리는 어이없는 판결은 두더지들까지도 나서서 피안에 대한 희망을 가지려고 설쳐대는 이 추악하고 어지러운 세계를 끝내 무죄방면하는 것이다. *7

---

*7 지금까지 말한 것은 물론 카프카의 작품에 대한 한 가지 해석이다. 그러나 모든 해석과는 별도로, 순전히 미적인 시각에서 이 작품을 고찰하지 말라는 법은 없다는 것을 여기서 지적해둔다. 예를 들면 그뢰튀젠(R. Groethuysen)은 《심판》에 붙인 주목할 만한 서문 중에서 우리보다 더 현명한 방법을 택하여, 놀랍게도 그 자신이 '눈 뜨고 잠자는 사람'이라고 명명한 존재의 고통스러운 상상들을 단순히 뒤따라가는 것으로 만족하고 있다. 모든 것을 다 보여주면서도 어느 것 하나 확정짓지는 않는다는 것, 이것이야말로 이 작품의 운명이요, 어쩌면 그 위대함일 것이다.

카뮈의 생애와 작품

알베르 카뮈와 그 작품 세계에 관하여

영원한 여름이 깃든 땅에서

1913년 11월 7일, 알베르 카뮈는 알제리 몽드비에서 태어났다. 그의 증조할아버지는 본디 프랑스 보르도 태생이지만, 17세기 중반 무렵 알제리로 이주해 농사일을 했다. 그리고 알베르의 아버지는 북아프리카산 포도주 수출 회사의 사원으로 일하다가 제1차 세계대전에 나가 마른 전투에서 전사했다. 남편이 죽자 알베르의 어머니는 생후 11개월 된 알베르와 그의 형을 데리고 알제의 친정으로 갔다. 집은 아주 작았는데, 외할머니와 외삼촌이 같이 살고 있었다.

"내가 자유를 배운 것은 마르크스 안에서가 아니었다. 가난 속에서 자유를 배웠다고 해야 옳을 것이다." 카뮈는 나중에 《시사평론 I》에서 이렇게 쓴다. 작은 집에서 5명이 북적거리며 사는 것도 그렇지만 그 가족들은 모두 조금씩 독특했다. 에스파냐령 메노르카 섬 출신으로 1707년에 남편을 잃은 할머니는 새침한 데다 거만했다. 포도주 통을 만드는 일을 하고 있던 외삼촌은 장애가 있었고, 가정부 일을 하며 아이들을 키우던 카뮈의 어머니 또한 귀가 거의 들리지 않아 말수가 적었다. 카뮈에 의하면, 그들은 읽고 쓰지 못했다. 그래서 집에는 책 한 권 없었고, 신문이나 잡지 같은 것도 찾아볼 수가 없었다. 카뮈는 《안과 겉》에서 자기 가족의 모습을 3인칭으로 묘사했다.

"그 집에는 다섯 사람이 살고 있었다. 할머니와 아들, 딸 그리고 그 딸의 두 자녀였다. 아들은 벙어리에 가깝고, 딸은 귀머거리로 이제 아무것도 생각할 수 없었다. 두 아이 중 한 명은 이미 보험회사에서 일하고 있었으며, 다른 한 명은 아직 학업을 계속하고 있었다. 일곱 살이 되었지만, 할머니는 아직도 이 집을 지배하고 있었다."

대부분의 경우 가난은 사람들에게 선망과 불만을 심어준다. 그러나 카뮈의 가족들은 아무것도 부러워하거나 시기하지 않았다. 지중해의 아름다운 풍경은 그의 탈출구로서 위안이 되고 구원이 되었다.

"내 소년 시절을 지배하고 있던 아름다운 태양은 내게서 모든 원한을 빼앗았다. 나는 궁핍한 생활을 했지만, 동시에 어떤 쾌락을 누렸다. 나는 스스로 무한한 힘을 느꼈다. ……이 힘의 장애가 되는 것은 가난이 아니었다. 아프리카에서는 바다와 태양뿐이다. 방해가 되는 것은 오히려 편견이나 어리석은 행동에 있었다."

그는 1958년《안과 겉》에 새로 덧붙인 서문에서 이렇게 말했다.

뫼르소가 그랬듯이 작가인 그 또한 자연의 변화에 예민했다. 하늘을 붉게 물들이며 뜨고 지는 태양은 그의 가슴을 뜨겁게 수놓았고, 망망하게 드넓은 바다는 그의 머리를 푸른빛으로 가득 채웠다. 카뮈와 마찬가지로 어릴 때 아버지를 잃고 할아버지의 보살핌 아래 자란 사르트르가 서재에만 틀어박혀 세상 물정에 어둡고 사회 교류가 적었던 것과 대조적인 모습이다. 이것이 그가 사랑한 자연의 치유력이었다.

카뮈는 초등학교에서부터 뛰어난 자질을 보이기 시작해, 그 재능을 아까워한 담임교사 루이 제르맹은 그에게 특별히 개인교습을 해주었다. 노벨문학상을 수상한 뒤 했던 〈스웨덴 연설〉에서 카뮈는 제르맹에게 깊은 감사의 마음을 표시했다. 알제 중고등학교에 들어간 카뮈는 우수한 성적을 거두고 장학생으로 추천받았다. 그는 운동신경도 뛰어나 축구팀에서 골키퍼로

알제항과 시가지 알베르 카뮈는 알제리에서 태어나 추방될 때까지 그곳에서 살았다.

활약했는데, 열일곱 살 때 폐결핵으로 첫 발작을 일으키고 말았다. 나중에 철학교수 자격시험을 단념할 수밖에 없었던 것도 이 병 때문이다.

중고등학교 상급반에서 그는 철학교수 장 그르니에를 만난다. 그르니에는 소설가이자 실존주의 철학가로 카뮈에게 깊은 영향을 끼친 인물이다. 카뮈는 자신의 작품인 《반항적 인간》이나 《안과 겉》을 그에게 바치고, 그르니에의 저서 《섬》에도 서문을 써서 힘을 보태고 있다. 알제 대학에 진학해서도 카뮈는 다시 그르니에의 가르침을 받는다. 그르니에

알베르 카뮈(왼쪽)와 형 뤼시앵
"널 자세히 살펴봐도 가족들에 대해선 전혀 알 수가 없었단다."(카뮈가 초등학교 때 담임교사였던 루이 제르맹의 말)

의 실존에 관한 피상적이고 시적인 설명이나 회의적 어조는 카뮈의 사상적인 면에 지속적으로 깊은 영향을 미치게 된다.

1934년, 스무 살이 된 카뮈는 결혼을 하지만, 2년 정도 지나 이혼한다. 이듬해에는 공산당에 입당해 이슬람교도에 대한 선전 일을 맡았으나, 몇 년 뒤 관계를 끊는다. 이 문제에 대해서는 여러 설이 있지만, 가장 타당하게 여겨지는 경위는 다음과 같다. 원주민으로 이루어진 인민당과 공산당과의 사이에 의견 차이가 생기고, 카뮈는 어쩔 줄 몰라 하다가 1937년에 공산당에 의해 제명된다는 설이다.

대학을 다니며 그는 장학금을 받았지만, 여러 아르바이트를 계속해야 했다. 대학 기상반에 속해 남부지방의 기압 상황을 조사하거나, 자동차 부품 판매를 하거나, 뫼르소처럼 해운업자가 되거나, 시청 사무원이 되거나 했다. 이런 다양한 경험은 그의 작품에서 직간접적으로 다루어지고 있다.

뜨겁게 타오르는 불꽃

졸업 뒤에는 파스칼 피아의 소개로 일간지 〈알제 레퓌블리캥〉 신문사에 들어가, 잡지기사부터 논설까지 모든 부문을 다뤘다. 글에 대한 카뮈의 재능은 이처럼 시사문제와의 직접적인 접촉으로 그 꽃잎을 틔워갔다. 그러면서 아마추어 극단의 일원이 되어 남자주인공으로서 무대를 밟기도 했다. 연출에도 관여했으나 곧 희곡으로 관심을 돌려 희곡 《칼리굴라》를 쓰기에 이른다. 1937년에는 《안과 겉》, 1939년에는 《결혼》을 적은 부수로 간행했다. 이 두 편은

할머니 생테스 부인
"이 아이에게는 지금이 중요한 순간이야."(가톨릭 세례를 강제로 받게 하면서 한 말)

소품이지만, 카뮈의 풍부한 감수성과 근원적인 사상 경향을 분명히 드러내는 작품이다. 그는 《안과 겉》의 서문에서 이렇게 말한다.

"나로 말하자면, 내 원천이 《안과 겉》, 빈곤과 빛의 세계 속에 있는 것을 알고 있다. 나는 거기서 오랫동안 살았지만, 모든 예술가를 위협하는 두 개의 모순된 위험, 즉 원한과 만족에서 그 추억이 아직도 나를 지켜주고 있다."

이 말은 초기 작품의 중요성을 증명하는 것이리라.

제2차 세계대전이 발발하자 카뮈는 병역을 지원하지만, 건강상의 이유로 연기된다. 1940년에 오랑 출신의 프랑신 포르와 재혼하는데, 나중에 그녀와의 사이에서 쌍둥이가 태어난다. 세계대전 발발 뒤에 〈알제 레퓌블리캥〉지에 실은 반전적 논조의 기사가 당국의 비위를 거슬러, 결국 카뮈는 알제에서 추방당하는 처지가 된다. 하지만 이번에도 피아의 소개로 〈파리 수아르〉지의 기자가 될 수 있었다.

리세 고등사범학교 준비반(1932~33) 뒷줄 왼쪽에서 네 번째가 카뮈. 앞줄 가운데 교장을 중심으로 교장 바로 뒤가 클로드 드 플라맹빌, 오른쪽에서 두 번째가 앙드레 블레미쉬.

1942년 6월, 《이방인》이 간행된다. 이 작품은 1940년 이후 최대의 걸작이라 칭송받으며 문단을 뒤흔든다. 그리고 같은 해 2월에 사르트르가 '《이방인》의 철학적 번역'이라고 일컬은 《시지프 신화》가 간행되었다.

전시 중 그는 〈콩바〉지 편집에 참여하여 저항운동 정신을 북돋웠지만, 전후 사르트르와 나란히 프랑스 문단을 대표하는 가장 훌륭한 작가로 비춰지기에 이른다. 게다가 작품의 독특성으로 말미암아 카뮈는 사르트르와 같은 부류의 실존주의자로 비춰졌다. 이에 대해 카뮈는 노트에 이렇게 적었다.

"아니, 나는 실존주의자가 아니다. 사르트르와 나는 늘 우리의 이름이 짝을 이루고 있는 것을 보고 놀란다. 우리는 언젠가 광고라도 잠깐 내볼까 하는 생각까지 했다. 우리에게 아무런 공통점이 없다는 것, 서로에게 폐만 될 관계는 맺고 싶지 않다는 것을 확실히 하기 위함이다. ……사르트르와 나는 모든 책을, 우리가 서로 알기 전에 발표했던 것이다. 우리가 서로 알게 되었을 때, 우리는 서로의 차이점을 확인했다. 사르트르는 실존주의자다. 그리고 내가 발표한 유일한 사상서인 《시지프 신화》는 이른바 실존주의 철학에 반대하는 입장에 치우쳐 있다."

실제로 카뮈는 사르트르와 분명히 다르다. 사상도, 성장 과정도, 자질도, 감수성도, 소설관과 문체에 있어서조차 같은 것이 하나도 없다. 단지 이 둘은 다른 방법으로 인간의 부조리를 그린 것 말고는 아무 공통점도 없다.

1947년에 그는 《페스트》를 간행하는데, 이것은 《이방인》 이상으로 그의 명성을 높였다. 희곡으로는 《칼리굴라》에 이어, 《오해》, 《계엄령》, 《정의(正義)의 사람들》 등을 상연하고, 1951년에는 평론 《반항적 인간》을 발표한다. 왼쪽에도 오른쪽에도 치우치지 않는 중도정신을 설명한 이 책은 세계 평화의 위기를 염려하던 그 무렵에는 흐리멍덩한 것으로 비춰졌다. 이에 대해 사르트르가 주재하는 〈현대〉지는 날카롭게 카뮈를 비판했는데, 이것을 계기로 10년 가까이 가깝게 지내던 둘의 우정은 마침표를 찍게 되었다.

이 논쟁에서는 카뮈 스스로가 옳지 못하다고 깨달은 부분도 있었다고 하지만, 이것은 분명 카뮈의 불명예는 아니리라. 사르트르가 논쟁에 뛰어난 것도 있지만, 카뮈는 자신의 세계를 그만큼 존중했던 것인지도 모른다. 그러나 카뮈는 논쟁 뒤, 몇몇 번안극을 상연하는 데 그치고, 문학상, 정치상 잠시 침묵을 지켰다.

가까스로 그가 새로운 작품을 출판한 것은 5년이나 지난 1956년이었다. 한 여인의 자살 장면을 보고도 방관한 청년이 자신의 실존과 원죄의식으로 괴로워하는 중편 《전락》이다. 1957년에는 단편집 《추방과 왕국》이 간행되고, 그해 그는 노벨문학상을 받았다. 44세로, 프랑스 수상자 중 최연소로 상을 받은 것이다. 이렇게 프랑스를 대표할 뿐만 아니라 세계적으로 주목받고 있던 알베르 카뮈는 장편소설 《최초의 인간》을 구상하고, 일부분을 쓰기 시작했을 때, 뜻밖의 자동차 사고로 마흔일곱의 짧은 생애를 마친다. 1960년 1월 4일, 세상은 문학계의 고뇌하는 별 하나를 잃고 만다.

카뮈의 작품 세계
한낱 독자로서 수수께끼로 가득 찬 창조자의 마음을 헤아린다는 것은 그야말로 파도가 밀어닥치는 드넓은 모래밭에서 신비하게 빛나는 모래알 하나를 찾아내는 일과도 같다. 그러나 모래 하나하나는 저마다 어찌나 아름답게 빛나는 것인지! 카뮈는 입버릇처럼 말했다.

"비밀 없는 창조는 존재하지 않는다."

따라서 그의 비밀을 풀어야 하는 처지로서 이 의미심장한 말에 조바심이
나지 않을 수가 없다.

카뮈는 이렇게 단언한 바 있다.

"작가가 작품으로 자기 자신을 이야기하고 반드시 자화상을 그리게 된다
는 것은 낭만주의로부터 물려받은 낡고 유치한 생각일 뿐이다. 한 인물의 작
품은 가끔 그가 느끼는 향수와 유혹을 반영하긴 하지만, 절대로 고스란히 나
타내지는 않는다."

작가에게 맡겨진 것은 발효되지 않은 밀가루 반죽일 뿐이다. 그는 거기에
자신의 역사가 담긴 소금과 설탕을 많이 넣을 수도, 조금 넣을 수도 있다.
하지만 그 양에 상관없이 작품은 언제나 작가의 삶을 어느 정도 포함하고 있
다. 이 점을 알고 있는 로제 그르니에는 '가면'이란 말을 쓴다. 가면 너머로
시선이 느껴진다는 것이다.

"프랑스 비평가들이 당신의 작품에서 무시해 온 점이 있다면 무엇입니
까?"

이 질문에 카뮈는 다음과 같이 대답했다.

"어두운 부분, 내가 보지 못하는 본능적인 부분입니다. 프랑스 비평가는
무엇보다도 먼저 사상을 주목하더군요."

개괄적이긴 해도 카뮈로서는 의미심장한 말이다. 특히 1930년부터 1960년
에 걸친 프랑스의 문학적, 철학적, 정치적 상황을 고려한다면 더욱 그러하
다.

카뮈는 스무 살 때 이렇게 적었다.

"한 작가가 죽으면 작품의 가치가 올라가는 것과 마찬가지로, 한 인간의
죽음은 우리 사이에서 그 사람이 했던 역할을 부풀려버린다."

물론 과소평가도 있을 수 있다. 프랑스에서는 저명인사가 죽은 다음 날이
면 모두가 그 위업을 칭송하며 애가를 읊는다. 그리고 그 뒤에는 몇 년에 걸
쳐서 이 친애하는 고인을 되풀이하여 살해하는 것이다.

죽은 뒤 11년이 지나 출판된 첫 번째 소설 《행복한 죽음》에서 그 무렵 스
물두 살이었던 카뮈는 주인공 메르소(Mersault)에 대해 이렇게 적었다.

"꽉 움켜쥐어 말랑하게 만드는 갓 구운 빵처럼 그는 인생을 두 손으로 붙
잡고 싶어했다."

작가의 말대로 메르소가 그러했다면 카뮈 또한 그 울타리 안에서 크게 벗어나지는 않았으리라. 그는 《시지프 신화》에서 이렇게 일렀던 것이다. 인간은 끊임없이 굴러 떨어지는 바위를 날마다 끌어올리는 시지프와 같지만, 그것은 빛의 일면이요, 승리의 필연적인 대가라고.

시공간을 뛰어넘어 겉도는 영원한 《이방인》

《이방인》은 프랑스 식민지였던 알제리에서 태어나 이름조차 알려져 있지 않던 일개 문학청년을 단번에 문단의 총아로 만든 작품이다. 이 작품으로 카뮈는 짧지만, 실로 영광으로 가득 찬 문학적 삶으로 나아갔다. 그가 발표한 소설 가운데 《페스트》나 《전락》을 최고로 생각하는 사람도 있지만, 《이방인》은 작가의 내적 세계를 가장 잘 드러내고, 카뮈 문제의 근본을 우리에게 잘 보여줌으로써 더욱 중요한 작품이다.

주인공 뫼르소(Meursault)는 작가가 애착을 가지고 만든 인물이겠지만, 1930년대 청년들의 기쁨이나 괴로움을 한 몸에 구현한 전형적인 인물이기도 하다. 아니, 그 이상으로 과장시킨 인물이다. 그의 비극성은 20세기 어두운 유럽의 반영인 동시에 근원적 질문 '인간이란 무엇인가'에 대한 답이 된다. 그래서 국적과 환경이 아주 다른 우리에게도 강하게 호소하는 힘을 가지고 있다.

소설 《이방인》에 대해서는 사르트르의 완벽한 해설서인 《상황 I》이 있

카뮈의 첫 번째 부인 시몬 이에
"그녀는 이제 오지 않을 거야…… 이미 선택해 버렸거든."

다(앞의 해설에 수록). 여기서 사르트르는 《시지프 신화》와 《이방인》과의 관계에 대해 언급하면서 전자가 후자의 '정확한 주석'이고 '철학적 번역'이라고 했다. 하지만 《이방인》은 테제 소설이 아니므로 《시지프 신화》에서 이야기하는 부조리 이론이 그대로 《이방인》의 주인공 뫼르소에게 들어맞지는 않는다. 그는 부조리한 인간이면서도 그 부조리하므로 완전히 설명되지 않는 고유의 애매함을 지키고 있는 것이다.

카뮈의 자화상
"잘 해냈다고 생각했으나 그렇지 않다고 깨달은 청년"이라는 메모가 오른쪽 위에 남겨져 있다.

사르트르는 이것이 그가 살아 있는 증거이자, '소설적 농밀함'을 갖추고 있기 위한 것이라고 지적한다. 뫼르소는 '불가능한 초월의 작가' 카프카의 주인공과는 달리 카프카적인 불안을 전혀 가지고 있지 않다. 카프카에게 우주는 증거로 가득 차 있지만, 카뮈는 지상적이다. '아침, 밝은 저녁, 작열하는 오후'가 뫼르소가 좋아하는 시각이고, '알제의 영원한 여름'이 가장 좋아하는 계절이다. 그의 우주에서 밤은 들어앉을 자리가 아예 없다. '자연의 완고한 맹목성은 물론 그를 애태우게 하지만, 위로하기도 한다. ……이 부조리한 인간은 인문주의자이다. 그는 이 세상의 선(善)밖에 모른다'고 사르트르는 결론을 맺는다. '누보(앙티) 로망'의 나탈리 사로트는 평론집 《불신의 시대》에서 《이방인》에 대해, 뫼르소가 카프카적 인간에서 멀리 떨어져 있으며, 오히려 프랑스의 전통 소설 주인공에 가깝다고 지적한다.

뫼르소가 작가의 꼭두각시로 전락하지 않고 고유의 애매함을 갖추고 있는 것은 카뮈의 손에 달려 있었겠지만, 또 하나의 이유로는 뫼르소의 모델이 있었다는 사실을 들 수 있겠다. 1944년 섣달 그믐날 밤, 지드가 소유한 아파트에 살고 있던 카뮈는 많은 사람들을 초대해 파티를 열었다. 시몬 드 보부아르는 사르트르와 함께 참석했는데, 파티 내내 계속 침묵을 고수하던 한 남자를 가리키며 카뮈가 '뫼르소의 모델이야'라고 했다고 회상록《어떤 전후》에 적고 있다.

뫼르소는 사르트르가 교묘하게 지적하듯이 '사랑'이라 불리는 일반적 감정과는 아무런 관계가 없는 존재이다. 사람은 늘 상대를 대하고 있지 않더라도 여럿으로 나뉘어 있는 감정에 추상적인 통일감을 주고, 그것을 '사랑'이라 묶어 부른다. 뫼르소는 이러한 의미를 붙이는 것을 모두 인정하지 않는다. 그에게 중요한 것은 현재이고, 구체적인 것뿐이다. 현재의 욕망만이 그를 움직이게 한다. 현재의 욕망은 달리는 트럭에 뛰어올라 탈 정도의 힘을 발휘한다. 이에 대해 우리는 같은 작가의 다른 작품인《결혼》에서 언뜻 볼 수 있는 한 청년을 떠올리지 않을 수 없다. 카뮈는 이렇게 쓰고 있다.

"내 친구 빈센트는 통 장수로 주니어급 평영 선수지만, 명쾌한 지식을 가지고 있다. 그는 목이 마르면 물을 마시고, 여자를 원하면 함께 잔다. 여자를 사랑한다면 결혼할 것이다(아직 그런 것은 아니지만). '이걸로 좋아'가 그의 말버릇이다."

극단 동료들 왼쪽부터, 극단에서 도구를 담당하던 이슬람 교도 벨카디, 마르그리트 도브렌, 잔 시카드, 크리스티안 갈란드 그리고 알베르 카뮈.

파티에 온 남자와 빈센트가 과연 같은 인물인지 아닌지는 알 수 없지만, 어쨌든 뫼르소의 어떤 면을 눈에 선하게 만드는 인물임은 틀림 없다. 그러나 뫼르소는 모델이 된 인물 이상으로 매력적이고 실재감 있는 존재이다. 귀스타브 플로베르의 《보바리 부인》이 그렇듯이. 이것이 명작 중의 명작인 이유일 것이다.

피렌체 여행 때의 카뮈
이때 극단 동료 잔과 마르그리트와 함께했다.

《행복한 죽음》은 《이방인》 이전에 쓰인 작품으로 1937년에 완성됐다. 이 작품의 주인공 이름은 메르소(Mersault)로서, 프랑스어 '바다(mer)'와 '태양(soleil)'을 더해 만든 것이다. 뫼르소(Meursault)는 바로 이 메르소의 후신이고, 이것은 '죽음(meurs)'과 '태양'의 합성어이다. 그래서 이 명사는 아주 암시적으로, 뫼르소의 생애를 상징한다.

뫼르소를 부정적이고 허무적인 인간으로 볼 수 있다. 그러나 그는 하나의 진리를 위해 죽음을 받아들인다. 인간이란 무의미한 존재이고, 모든 것이 아무런 대가나 보상이 없다는 명제는 도달점이 아니라 출발점임을 알아야 한다. 뫼르소는 어떤 적극성을 안에 감춘 인간인 것이다.

작품 주제의 발상에서 완성까지 4년여의 세월을 필요로 했다는 사실에서, 카뮈가 이 작품에 예사롭지 않은 노력을 기울인 것은 충분히 추측할 수 있다. 《수첩》을 보면 1938년 가을에 그가 이미 《이방인》의 첫머리를 쓴 것을 알 수 있는데, 확실히 이 소설은 '부조리에 관해, 부조리에 맞서 만들어진 고전적인 작품이고, 질서가 있는 작품(사르트르)'이다. 《페스트》에서 카뮈가 현대의 고전으로 자리매김했다는 것이 통설이지만, 사실은 이미 《이방인》이 그를 고전파로 분류하게 한다. 카뮈 또한 이 작품에 대해 말하며 고전주의적 지향성을 나타내곤 했다. 고전적이라는 것은, 그에겐 '가장 적게 말하는 것'이며 가장 많이 암시하는 것이다. 그 점에서 《이방인》은 행동하는 고전주의이다.

이 소설의 끝머리에 뫼르소가 '모든 것이 끝나지 않았다'고 중얼거리는 것에 주목하고 싶다. 이 말은 요한복음서에서도 볼 수 있다. 바로 예수 그리스도가 임종을 맞으며 하는 말인데, 이것을 뫼르소에게 중얼거리도록 한 것은 그의 처형이 그리스도의 십자가형과 마찬가지로 '억울한 죄'라고 작가가 생각하고 있기 때문이다. 작가는 희곡 《칼리굴라》, 소설 《전락》의 주인공들에게도 같은 말을 하게 하고, 평론 《시지프 신화》에서도 그것을 언급한다.

또 하나의 문제는 뫼르소의 회상처럼 진행되는 이 소설이 과연 뫼르소 자신에 의해 집필된 것인가 하는 문제이다. 카뮈는 절묘한 수법으로 이 문제를 해결했다. 법정에서 뫼르소가 시선을 나누었던 한 신문기자에 의해 쓰였다는 가설을 세우고 있는 것이다.

부조리에 의해 감금당한 사람들, 《페스트》

《페스트》는 《이방인》에 이은 카뮈의 두 번째 작품으로, 1947년 6월에 발

티파자에서 "이때 카뮈는 돈후안을 연기하고 있었다"고 크리스티안 갈란드가 말했다.

표되었다. 《이방인》 이후 그에 대한 기대가 치솟긴 했지만, 이 작품이 막상 발표됐을 때 그 폭발적인 열광은 경이로울 지경이었다. 출간 며칠이 지나서 그가 비평가상을 받자, '이것으로 이 상도 유명해질 것이다'라는 말을 하는 사람이 있을 정도였다. 작품은 곧바로 각 나라의 언어로 번역되어 불과 6개월 사이에 세계 곳곳으로 퍼져 나갔다.

《페스트》는 흔히 성공을 거두는 작품에서 보이는 상상이나 감정에 강하게 호소하는 요소는 아주 적고, 오히려 주로 머리에 호소하는 작품이다. 본디대로라면 일반 독자가 읽기 어려운 작품이 이런 폭발적인 성공을 거둔 이유는 무엇일까?

카뮈 연구가 알베르 마케는, 이

"유일하게 진지한 철학적 문제는, 바로 '자살'이다. 삶이 살 만한 가치가 …… 이러한 판단을 통해서만 이 철학의 근본 문제에 답할 수 있다."《시지프 신화》에서.

작품의 간결한 사실주의가 여러 각도에서 아주 명료한 상징성을 지니고 있으므로 독자들이 저마다 거기에서 당면한 관심을 충족할 수 있었기 때문이라고 말한다. 페스트 때문에 완전히 격리된 도시에서 질병과 싸우는 시민들의 기록이라는 이 이야기에서, 페스트는 모든 삶에서의 악의 상징으로서 대체할 수 있다. 죽음이나 병, 고통 등 인생의 근원적인 부조리를 이것과 바꿔 놓을 수 있다면, 다른 한편으론 인간 내부의 악덕이나 약함, 혹은 빈곤, 전쟁, 전체주의 같은 정치악의 상징을 찾을 수도 있다.

사실 이 작품은 분명히 그러한 의도로 쓰였다고 말할 수 있다. 막 끝난 세계대전의 생생한 체험을 간직한 그 무렵 독자들에게 이 상징은 단순한 상징이 아니라 절박함 그 자체였고, 그것이 이 작품의 커다란 성공 원인인 것은 의심할 여지가 없다.

'카리비아의 비극'을 다루면서 프랑스의 식민정책을 비난한 카뮈의 글이 실렸던 〈알제 레퓌블리캥〉지(1939)

그러나 거기에 카뮈 문체의 매력도 크게 작용했음을 놓쳐서는 안 된다. 압축된 깨끗한 문체는 언뜻 보기에도 객관적이며, 애써 감동이 없는 듯한 묘사로 처음부터 끝까지 이어진다. 그 간결함 덕분에 밀려드는 감동은 마치 부끄러운 듯이 조용히 숨 쉬고 있다. 고통스런 상황에서도 간결하게 아무런 수식도 없이 담담하게 말하는 자와 듣는 자의 마음이 독자의 가슴에도 스며든다. 마음과 마음이 닿는 미묘한 감촉을, 이만큼 아름답게 전할 수 있는 작가가 지금껏 있긴 했을까 싶을 정도이다. 작품의 성질이 다르긴 하지만, 이것은 초기 수필이나 《이방인》에서는 볼 수 없었던 문체의 특징으로 여기서 우리는 그의 작가로서의 성장을 볼 수 있다. 카뮈가 이 작품으로 단번에 세계적 작가의 반열에 오른 것이 전혀 부당한 결과가 아닌 것이다.

카뮈는 멜빌의 《백경》을 읽고 감동받아 이 작품을 구상하게 되었다고 밝혔다. 그러나 이 가공의 방대한 기록에 충분한 긴박감을 주기 위한 그 구성상의 노력은 결코 쉽지 않았던 듯하다. 로제 키요에 의하면, 1941년부터 착상이 시작되어 46년 끝무렵에서야 작품이 완성되었으며, 카뮈의 작품 가운데 가장 고심한 것이라고 한다. 따라서 주도면밀하게 계획되어 탄생한 이 대작을 충분히 이해하는 것은 좀처럼 쉽지 않다. 먼저 이 작품의 구조를 분해해 볼 필요가 있으리라.

이 이야기의 주 서술자는 의사 리외지만, 그의 서술과 병행하는 또 하나의 서술로 타루의 '수첩'이 있다. 리외는 처음엔 엄정한 역사가의 눈으로 서술하려고 한다. 하지만 사건이 점차 외적인 것에서 내적인 것으로, 개인적인 것에서 집단적인 것으로 나아감에 따라 그의 글에 무언의 공감과 애정이 감돌기 시작한다. 그리고 마지막에 그는 이렇게 고백한다. '그는 선의의 증인에 적합한 조심성 있는 태도를 지켰다. 그러면서도 동시에 정직한 마음의 규칙에 따라 그는 단호하게 희생자의 편을 들었고 그와 같은 사람들이 서로 공통되게 지니고 있는 유일한 확신, 바로 사랑과 고통과 귀양살이를 겪으려고 했다.' 희생자 측에 선 선의의 증언자. 이것은 분명히 작가 자신의 상황일 텐데, 그 서술이 충분히 '희생자 측에 섰다'는 증언이 될 수 있게 하기 위해서는 사건의 한복판에 있었던 리외가 작가의 대변자로 서 있어야 했다. 그러므로

〈알제 레퓌블리캥〉지의 동료들과 함께
카뮈의 글이 실린 신문을 펼쳐들고 있다.

사건의 일반적인 부분과 중요한 국면은 리외의 관점에서 듣게 된다.

타루의 '수첩'은 이것과 현저하게 다르다. '그것은 사소한 일들에만 관심을 갖기로 작정한 듯한 아주 유별난 연대기라고 할 수 있겠다. ……그 전반적인 혼란 속에서 그는 아무 이야깃거리도 되지 못하는 것에 대하여 기록하는 역사가가 되려고 애쓰고 있었던 것이다.' 이 수첩은 '부조리한 사람'의 이야기를 들려주고 있다고 할 수 있다. 그러나 무관심하고 고립적인 뫼르소가 아니라 늘 이해하려 애쓰고 궁극의 무언가를 찾는 '부조리'한 고행자의 수기이다. 사람들이 페스트, 부조리와 싸우는 노력에 마음을 빼앗겨 거기에 대한 경계심을 잊었을 때 이 고행자의 수기는 끊임없이 그것을 떠올리게 하는 '부조리'에 눈뜬 양심으로서 활약하는 것이다.

독자는 이 두 가지 흐름 말고도 세 사람의 이야기를 듣게 된다. 리외가 들은 그랑의 삶과 타루의 삶, 그리고 타루가 수첩에 쓴 늙은 천식환자의 삶. 한 사람은 아내가 집을 나감으로써, 한 사람은 사형집행을 목격한 것으로, 한 사람은 노년에 이르러서 모두 '부조리'에 눈을 뜬다. '부조리한 사람'의 삶을 살게 되는 것이다. 말하자면 이들은 눈앞의 페스트로 인해 '부조리'에 눈뜬 사람들의 대표인 셈이다. 그들을, 현재를 뛰어넘어 과거와 역사, 인류와 연결시킴으로써 '부조리'는 집단적이고 역사적인 문제가 된다.

《페스트》는 위의 세 가지 차원으로 구성되어 있다. 이것은 인생의 근본적인 부조리에 토대를 세우고, 머리 부분은 '역사'의 구름 속에 들이밀면서, 그중에서도 특히 현재의 행복에 살려고 하는 한 도시 주민들의 전투 기록이다.

여기에 등장하는 작중인물에 대해서도, 크게 두 가지로 나누어 생각할 수 있다. 페스트와 만남으로써 뚜렷하게 변한 사람들과 그다지 변하지 않은 사람들이다. 전자에 속하는 사람은 사제 파늘루, 판사 오통, 신문기자 랑베르, 범죄자 코타르 등을 들 수 있다. 이들은 저마다 신의 정의, 사회의 정의, 인간의 정의를 대표하거나, 그 정의, 그중에서도 특히 사회의 정의에 반항하는 고립자이다. 지금까지 한 번도 겪어보지 못한 경험에 의한 그들의 심각한 변화는 정의의 문제가 얼마나 깊게 인생에 대한 이해와 사랑으로 이어지는지를 보여주고 있다.

반면 변하지 않는 사람들로는 리외·타루·그랑, 늙은 천식환자, 노의사 카스텔 등이 있다. 카스텔을 빼면 그들은 모두 '부조리한 인간'이고, 또 거기서도 천식환자 말고는 모두 공동사회의 연대성에 눈뜬 '부조리한 인간'이다. 그들의 싫증내지 않는 태도는 '부조리'의 절망에 입각한 인간이 공동의 이상과 희망을 위해 얼마나 힘차게 싸우는지 말해준다.

판사 오통은 엄격하고 정직한 질서에 대한 신봉자였으나, 사랑하는 자식의 죽음으로 신중한 사랑의 봉사자로 변모한다. 타루와 마찬가지로 선의의 고행자였던 그가, 역시 마찬가지로 페스트가 끝나기 직전 병으로 쓰러지는 것은 고행자에 대한 카뮈의 사고의 한 모습을 암시하는 것일지도 모른다.

반면에 코타르는 단순히 체포의 공포에서 벗어나는 기쁨을 맛보게 됐지만, 실은 모든 사람이 자신과 같은 상황에 빠짐으로써 그때까지의 사회적 고립에서 구원받았다는 것에 대한 기쁨이 더욱 크다. '그 사람의 유일하고도 진정한 죄악은 아이들이나 사람들을 죽이는 것에 대해서 마음속으로 시인했다는 점이다'라고 타루는 말한다. 만약 비상사태 때문에 법의 추적을 피했다는 기쁨뿐이었다면, 그는 적어도 페스트 자체를 시인하는 짓은 하지 않았을 것이다. 이것이 리외와 타루가 그를 용서할 수 없는 이유이다. 하지만 이 '무지하고 고독한 마음을 가진' 남자의 불행에 대해 리외가 어떤 연대감 비슷한 고통을 보인 것은 주목할 만하다. '코타르의 얼굴을 후려갈기던 소리가 그 천식환자 영감 집으로 가는 내내 그의 귀에 들려오는 것만 같았다. 아마도 죄인에 대해 생각하는 것이 죽은 사람에 대해 생각하는 것보다 더 괴로운 일인지도 모른다.'

파늘루 신부의 변화는 매우 중요하다. 처음엔 페스트를 신의 벌로 보고 사람들이 죄를 뉘우치도록 설득했던 그는, 죄 없는 소년의 죽음을 목격함으로써 '자비로운 마음 없이 생각하고 말'했던 것을 반성한다. 그러고는 아이의 죽음이라는 의문으로 괴로워한 끝에, 이 상황은 이해할 수 없지만, 그렇기 때문에 받아들여야 한다고 결론짓는다. '인간이 보기에는 잔인하지만 신이 보기에는 결정적인 믿음이기 때문이

카뮈는 《페스트》에서, '부조리'와의 끊임없는 싸움이라는 그의 사상적인 면을 강하게 드러냈다. 이는 한때 레지스탕스 활동에서 받은 영향이었으리라.

다. 그래서 우리는 이해할 수 없고 바랄 수밖에 없는 것을 사랑해야만 한다.' 아이의 죽음에도, 아니 도리어 그렇기 때문에 그는 신을 믿지 않을 수 없었다. 왜냐하면 이 부조리에는 중간지점이 없으므로, '모든 것을 믿든지, 아니면 모든 것을 부정하든지'라는 선택뿐인데, 모든 것을 부정할 수는 없었기 때문이었다. '부조리' 때문에 오히려 신을 믿어야만 하는 것, 이것이 그와 리외를 나누는 거의 유일한 차이로서, 이것은 이 세계를 받아들이기를 거부하는 리외에게 비로소 '은총'임을 알았다고 그가 말하는 것으로 표현되고 있다. 그가 행동규범으로 제창하는 '능동적'인 운명론이라 할 만한 것은 '무릎을 꿇고 모든 것을 포기해야 한다고 하는 저 도덕자들의 말에 현혹되어선 안 된다. 어둠 속을 더듬거리면서라도 앞으로 나아가야만 하고 선을 행하도록 노력해야 한다'고 설득하는 것인데, 이것은 리외가 바라던 것과 거의 같다. 카뮈가 이 작품을 자신이 쓴 가장 반(反)그리스도적 작품이라 일컫는 것도, 신의 존재와 상관없이 두 사람의 행동상 결론이 일치하는 것이 신의 존재가

쓸모없음을 나타내는 결과가 되었기 때문이다.

　젊은 신문기자 랑베르가 조금씩 변해가는 모습은 이 작품에서 가장 흥미로운 부분이다. 그는 끝까지 개인의 행복을 지키고자 하고, 행복을 희생물로 삼을 가치가 있는 것은 아무것도 없다고 믿는다. 그래서 페스트가 덮친 도시를 탈출해 파리에 있는 애인에게 가려고 한다. 그러나 탈출을 위해 우울한 일들을 되풀이하던 가운데, 그의 안에 점차 무언가가 자라난다. '그는 페스트가 번지던 초기에, 단숨에 그 도시를 탈출해서 사랑하는 여인을 만나러 날아가길 바랐던 자기 자신으로 돌아가고 싶었으리라. 그러나 이젠 그것이 불가능하다는 사실을 그도 알고 있었다. 그는 변했다. 페스트는 그의 마음속에 방심이라는 것을 불어넣어주었던 것이다. 그는 모든 힘을 다해 방심을 아주 없애버리려고 했지만, 그것은 마치 막연한 불안처럼 그의 마음속에 계속 살아남았다.' 그는 그때까지 자신은 이 도시와 아무런 관계가 없는 사람이므로 빠져나갈 권리가 있다고 생각했지만, '현재 상황 그대로를 본 지금으로서는' 이미 이 도시 사람이 되어 있었다. 그는 '여전히 자기 생각에 변함은 없지만 그래도 자기가 떠난다면 부끄러운 마음을 지울 수 없게 될 거라고 말했다. 그렇게 되면 남겨두고 온 그 여자를 사랑하는 것도 거북해지리라는 것이었다.' 그래서 행복을 선택하는 데엔 부끄러울 게 없다고 격려하는 리외에게 그는 이렇게 대답한다.

　"그러나 혼자만 행복한 것은 부끄러울지도 모르지요."

　희생과 행복 가운데 무엇을 선택할지 고민하는 것은 문제가 아니다. 그러나 사람들이 죽어가는 것을 보고도 돕지 않고 얻은 행복은 이미 행복이라 이름붙일 수 없다. 행복에 대한 열망으로 이 우애와 연대감을 느낀 랑베르는 가장 인간적인 기준에서 새로운 도덕을 알게 됨으로써, 어떤 의미로는 이 소설의 진정한 주인공이라 할 수 있다.

　변하지 않은 네 사람은 서로 긴밀하게 이어져 있다. 타루는 리외의 분신이고, 그랑은 리외의, 늙은 천식환자는 타루의 투영이다. 그랑도 늙은 천식환자도 무해한 일 속에서 마음의 평화를 찾은 선의의 '부조리한 인간'이라는 점에서는 일치하지만, 늙은 천식환자가 속세를 떠난 사람인 것에 반해 그랑은 끝까지 인간적인 세계에 머문다는 점이 다르고, 그 점에서 리외는 마음이 끌린다.

왜냐하면 그가 첫 번째로 바란 것은 '인간이라는 점'이기 때문이다. 그러나 타루는 늙은 천식환자에게 마음이 끌려 이렇게 자문한다. "성스러움이 온갖 습관의 총체를 의미하는 것이라면 그는 성자일까?" 타루에게 '유일한 구체적인 문제'는 '사람은 신에게 의지하지 않고 성자가 될 수 있을까?'이고, 그는 늙은 천식환자에서 그가 성자일 수 있는 모습을 찾으려고 한다. 요컨대 그랑과 늙은 천식환자는 리외와 타루 저마다의 전혀 꾸미지 않은 이상적 모습이라 하겠다.

노벨문학상을 받은 카뮈 (1957)
카뮈의 글은 소외와 전후 지식인의 절망을 표현하기 위해 실존주의 사상의 많은 내용을 받아들인 것으로 보인다.

타루는 리외와 더불어 겉과 속이 같은 분신이고, 그들은 결론이나 행동에 있어서도 하나이다. '세계의 질서는 죽음에 의해 지배되는 것이니만큼 아마 신으로서는 사람들이 자기를 믿어주지 않는 편이 더 나을지도 모릅니다. 그리고 신이 그렇게 침묵하고만 있는 하늘을 쳐다볼 것이 아니라 있는 힘을 다해 죽음과 싸워주기를 더 바랄는지도 모릅니다.' 두 사람의 차이는 아주 미묘하지만, 가장 근본적인 점은, 타루가 이미 모든 것을 다 알고 있다고 믿으면서도 계속 리외를 찾는다는 것이다.

"나는 정말 아무것도 모릅니다. 그런데 당신은 대체 무엇을 알고 계신지요?"

"오! 이제는 모르는 것이 별로 없습니다."

이렇게 모든 것을 알았다고 믿고, '마음의 평화'라는 목표를 확실하게 파악한 타루는 그것에 다다르기 위해 신과 같은 책략을 써서 사람을 움직이기도 한다.

　이러한 의미에서 그는 리외의 정치적 분신이라 할 만하다. 같은 '공감(共感)'을 지향하면서 리외의 '성실'한 도덕에 대해 그의 도덕이 '이해'하는 것도 그 이유 때문이다. 그가 죽기 직전에 중얼거린 《악령》 키릴로프의 '이제 모든 것이 잘됐다'는 말은 리외가 결코 용서할 수 없는 것이다. 그에게 가장 중요한 것은 어디까지나 사람들과 함께 인간 세계에 머문 것이고, 인간을 넘어 인간의 힘에 미치지 않는 무언가를 찾은 적이 없었다. '집집의 문턱에서 희미해져 가는 햇볕을 받으며, 서로를 힘껏 껴안은 채 정신없이 마주 보고 있는 사람들이 그들이 바라는 바를 손에 넣을 수 있었다면, 그것은 그들이 자기 힘으로 얻을 수 있는 것만을 요구했기 때문이다. 리외는 그랑과 코타르가 사는 거리로 접어들면서, 적어도 가끔씩은 기쁨이라는 게 찾아와서 인간만으로, 인간의 가난하지만 동시에 엄청난 사랑만으로 만족을 느끼는 사람들에게 보람을 주는 것은 정당한 일이라고 생각하고 있었다.' 고통을 잊고, 죽음을 잊고, 단지 그때그때의 환희에 행복을 맛본 사람들—리외의 공감은 모두 그들에게 향한다. '인간들은 언제나 똑같다. 그러나 그것이 그들의 힘이고 순진함이기도 하다. 그런 점에서 리외는 모든 슬픔을 넘어서 자신이 그들과 통한다는 것을 느낄 수 있었다.' 이것이 리외의 '인간적인' 입장이고, 그의 힘의 원천이다.

　카뮈의 '부조리한 철학'이 비로소 완전하고 일정한 형식을 갖춰 표현된 《페스트》는 그의 작가생활을 한 단계 구분짓는 가장 중요한 작품이다. 《이방인》의 주인공 뫼르소의 '자기에 대한 성실'이라는 도덕은 아직 개인적인 성향을 벗어나지 않고, 행동하는 자의 규범이라기보다 오히려 부정적인 면이 강했다. 《페스트》에서는 처음으로 연대감의 윤리를 확립하고, '부조리'와의 끊임없는 싸움이라는, 그의 사상의 긍정적인 면이 강하게 드러났다. 이 성장은 아마도 세계대전이 한창일 때 레지스탕스 활동에서 받은 영향일 것이다. 1945년에 발표된 《반항적 인간》은 개인에서 연대성으로의 그 승화를 확실하게 말하고 있다. '부조리한 체험에서 고통은 개인적인 것이다. 반항의 충동이 일어난 순간부터, 그 고통은 모든 사람의 사건이 된다. ……그때까지 단지 한 사람이 느낀 악은 집단의 페스트가 되는 것이다.' 이것이 1951년에 발표된 대작《반항적 인간》의 출발점을 이룬 사상이다. 이 사상이 일정한 형식을 갖춘 《페스트》는 그 점에서 《반항적 인간》에 대해,《시지프 신화》에 대한 《이방인》과 같은 관계에 있다. 페스트가 상징하는 것이 다른 무엇보다도 전쟁의 체험을 통해 가장 절실하게 이해된다는 것은 처음에 말한 그대로다. 그러나 여기서 표현한 것과 전쟁

1960년 1월 4일, 카뮈는 불의의 사고로 세상을 떠났다. 사진은 파리 교외 빌블르뱅 국도 옆 사고현장을 찍은 것

과의 중대한 차이는 살육이 전혀 없는 전쟁이라는 것이다. 문학가의 사명이 어떤 것에도 굴할 수 없는 '자유로운 증인'이라는 것에 있고, 설령 그것이 무질서를 용인하는 결과가 되더라도 정의를 위해 외치기로 한 그에게 이것은 정말 이상적인 싸움이다. 게다가 여기에는 완연히 적대되는 성질을 가진 사람은 한 사람도 없고, 코타르조차 동정을 받는다. 그래서 성실한 리외를 중심으로, 신을 믿는 파늘루부터 이성을 믿는 타루에 이르기까지 사람들의 입장을 모아 '인간'을 위한 강력한 인민전선을 결성하려는 듯이 보인다. 공산주의와 그리스도교 사이에 보다 인간적인 제3의 길을 찾으려고 하는 카뮈의 처지를 이만큼 흡족하게 표현할 수 있는 작품은 없다.

쳇바퀴 굴리는 사람들《시지프 신화》

소설 《이방인》 이전의 형태에 해당하는 미발표 작품 《행복한 죽음》의 주인공은 메르소(Mersault)인데, 이 이름은 '바다'와 '태양'을 의미한다는 설이 있다. 여기에서 유추해 보면, 《이방인》의 주인공 뫼르소(Meursault)라는 이름은 '죽음'과 '태양'을 의미하게 된다.

이 설에 얼마나 객관적인 근거가 있는지, 카뮈가 과연 그러한 말장난을 의식해서 주인공 이름을 생각했는지의 여부는 확실하지 않다. 그러나 그러한 실증적 판단 따위는 상관없을 정도로 이 설에는 그럴듯한 점이 있다. 이것은 '바

다'와 '태양'과 '죽음'이 카뮈의 세계를 관통하는 세 가지 주제이기 때문이다.

카뮈가 태어나 자란 알제리는 지중해 풍토를 지닌 곳으로서 드넓은 바다와 뜨거운 태양이 사람들을 끌어안고 있다. 이 자연환경은 초기 산문집 《결혼》 속에서 아름답게 묘사되고, 《시지프 신화》에서도 세계에 대한 서정적인 사랑을 때때로 참아내지 못한 나머지 한꺼번에 터뜨리고 만다. 허락을 얻어 지옥에서 지상으로 올라왔을 때의 전설 속 시지프처럼 카뮈는 '바다가 뭍으로 파고 휘어들어간 곡선, 빛나는 바다, 대지의 미소'에 넋을 잃은 사람이었다.

그러나 카뮈의 태양은 단순히 생명력만을 상징하는 것은 아니다. 《안과 겉》에서 우리는, 타는 듯한 태양과 한없이 푸르고 빛나는 바다가 언제나 빈곤이나 고독, 병, 이른바 지폐 한 장의 '표리'를 이루는 것으로 묘사되는 것을 발견하게 된다. 그리고 거기서는 '살아 있는 것에 대한 절망 없이 살아 있는 것에 대한 사랑도 없다'라는 카뮈 나름의 세계관을 엿볼 수도 있다.

찬란히 빛나는 햇빛은 분명히 자연에 대한 사랑을 나타낸다. 거기에는 감각의 도취가 있고, 삶의 축제가 있다. 하지만 모든 것을 찬란하게 비추는 햇빛도 물체에 닿으면 그림자를 만들어낸다는 사실을 카뮈는 놓치지 않았다. 눈부시게 빛나는 햇빛 아래 선 사람은 자기 육체의 죽음에 대해 숙명을 고하는 어두운 그림자도 발견하게 되는 것이다. 세계와 함께 삶의 연소를 가져오는 태양은 명석함을 구하는 의식의 빛, 끝없는 절대 상징이기도 하다. 따라서 모든 것을 명확한 통일 아래 파악하는 일은 결국 불가능하다고 알리는 '죽음'의 예고자이기도 한 것이다.

삶의 기쁨이 동시에 죽음에 대한 응시이기도 한, 철저한 모순의 동시적 현존. 그것이 카뮈에게는 '태양'과 '죽음'의 상관관계이다. '태양'의 가혹한 능동성에 대해 '바다'는 수동적인 기능을 갖는다. 굳이 정신분석학 설을 가져올 것까지도 없이, 《페스트》의 끝머리에서, 리외와 타루가 밤바다를 헤엄치는 대목을 떠올리면 충분하리라. 바다는 뜨뜻미지근하게 사람을 품에 안고, 다정한 무관심으로 사람을 행복하게 만든다. 그러나 그 심해에는 또한 '죽음'이 모습을 감춘 채 고요히 깔려 있다.

이 '부조리에 대한 시론'을 통해 우리는 《페스트》에 어우러진 '바다'와 '태양'과 '죽음'이 만들어낸 모순의 역학과, 거기에서 볼 수 있는 결코 암울하지 않은 색조, 오히려 절망이 그 모습 그대로 투명하게 빛나기까지 하는 모습을 접할 수 있다. 카뮈 사고의 그 독특한 구조는 《시지프 신화》에서도 확실히 드러난다.

'통일을 바라면서도 그 불가능을 알고 있기에 통일에 대한 계기는 모두 거짓으로서 냉정하게 떨쳐버리고, 긴장 사태의 대립을 계속해 유지해 간다.' 《시지프 신화》에서 카뮈의 태도는 이렇게 요약할 수 있을 것이다. 물론 이것은 정합적 논리체계를 구축하는 데 적당한 자세는 아니다. 또한 미래에 무관심하고 현재의 순간순간만 탐욕스럽게 의식적으로 살아가는 것을 삶의 규칙으로 삼기만 하는 태도는, 역사의식은 조금도 없고 도덕률로서도 참으로 불충분한 것이다. 그러나 그런 면에서 카뮈의 사상가로서의 한계를 말하는 것은 그의 본질을 무시하는 일이다. 통합을 이룰 계기가 없는 이항대립(二項對立)을 더욱 심화해서 '현재의 지옥'을 그대로 '왕국'으로 바꾸고자 하는 것은, 인간의 부조리성에서 눈을 떼지 않고 신이 아닌 '성스러운 것'을 추구하려 하는 아주 20세기다운 문학적 자세인 것이다. 흑백논리에 가까운 성급한 추궁 방식이 궁극적으로 터져 나올 때의 찬란함, 그것이 '성스러운 것'이고, 그것이 문학으로서 가장 완전한 꽃을 피운 것이다.

게다가 카뮈의 세계에서 특징적인 것은 세계의 부조리를 지탱하는 것이 영웅적인 행위라고 말할 뿐만 아니라, 형이상학적 행복을 느낄 수 있는 일이라고까지 말할 수 있는 점에 있다. 암흑과의 투쟁이 지중해의 풍토에서 죽음을 응시하고 현재를 살아갈 때의 그 기쁨과 특질로 전환되는 것이다. 이 전환은 카뮈의 작품 속에, 예를 들면 《이방인》의 뫼르소가 사형집행이 있기 전날 밤 '밤과 대지와 소금 냄새'에 행복을 느끼는 그 감동적인 구절로 형상화되고, 《시지프 신화》에서도 활기차고 선명한 문체를 통해 거의 감각적으로 전해져 온다. 마지막으로 카뮈의 이러한 '행복관' 속에서 우리는 그와 친했던 사람들이 입을 모아 말하는 인간적 매력, 아마도 어두운 허무주의를 안에 숨겼겠지만, '만나면 꼭 악수하고 싶은 사람이었다'는 그의 사람 됨됨이를 느낄 수밖에 없다.

알베르 카뮈 연보

1913년   11월 7일 알제리의 몽도비 근처 생폴 농장에서 출생. 아버지 뤼시앵 카뮈는 19세기 끝무렵 알제리로 이주한 보르도 지방 출신으로 포도주 수출회사에 다니는 가난한 노동자였고 어머니 카트린 생테스는 스페인 출신으로 귀가 잘 안 들리고 말수가 적었음. 네 살 위인 형 뤼시앵이 있었음.

1914년(1세)   8월 제1차 세계대전 발발. 아버지는 알제리군에 징집되어 마른 전투에서 전사. 어머니는 두 형제를 데리고 엄격한 외할머니와 장애가 있는 삼촌이 사는 알제리의 가난한 마을 벨쿠르의 방 두 개짜리 아파트로 이주. 어른 셋은 모두 문맹이었음.

1918년(5세)   초등학교에 입학. 교사 루이 제르맹을 만나 남다른 총애를 받음. 제르맹은 수업이 끝난 뒤에도 카뮈를 지도해주었을 뿐 아니라 카뮈의 어머니에게 카뮈를 상급학교로 진학시킬 것을 권유하고 장학금을 받을 수 있도록 힘씀.

1920년(7세)   국가의 보호를 받는 전쟁고아로 인정받음.

1924년(11세) 고등학교에 장학생으로 입학. 기숙사 생활을 하며 프랑스어와 라틴어를 중심으로 교직 과정을 밟음.

1928년(15세) 알제 대학 축구팀의 골키퍼로 활약.

1929년(17세) 삼촌 아코의 권유로 지드의 《지상의 양식》을 읽음.

1930년(17세) 고등학교 최상급반에 진급. 평생의 스승이자 친구가 될 철학교사 겸 문필가 장 그르니에를 만남. 그르니에의 추천으로 앙드레 드 리쇼의 소설《고통》을 읽고 문학에 눈을 뜸.

1931년(18세) 1월 폐결핵으로 첫 발병. 의사의 권유로 삼촌 아코 집에서 생활하게 됨.
                  잡지〈르 쉬드(Le Sud)〉에 'P. 카뮈'라는 필명으로〈어느 사생아의 마지막 날〉이라는 단편소설을 게재. 외할머니 죽음.

1932년(19세) 6월 대학입학자격 취득. 〈르 쉬드〉지에 짧은 평론 다섯 편을 발표. 학창시절 친구로 클로드 드 프레맹빌과 앙드레 벨라미슈를 사귐. 나중에 건축가가 된 미켈, 조각가가 된 베니스티, 작가이자 비평가가 된 막스 폴 푸셰 등과 교우.

1933년(20세) 1월 히틀러가 정권을 장악. 카뮈는 앙리 바르뷔스와 로맹 롤랑이 주도한 암스테르담—플레이엘 반파쇼 운동에 가입, 투쟁.
그르니에의 수필집 《섬》을 읽고 깊은 감명을 받아 작가를 꿈꾸게 됨. 실존 문제를 다루면서 강한 회의주의를 표명하는 《섬》은 뒷날 《안과 겉》, 《결혼》에 큰 영향을 미침.
10월, 알제 대학 문학부에 입학, 르네 푸아리에와 그르니에의 지도를 받음. 독서노트를 쓰기 시작. 이 무렵 발표한 단편은 초기 작품집 《직관》(1993년 갈리마르사 출판)에 수록됨.

1934년(21세) 6월 친구의 약혼자였던 시몬 이에와 결혼. 시몬은 마약중독증 치료 중이었음. 결혼을 반대한 삼촌 아코의 집을 나온 뒤로 온갖 아르바이트를 하며 생계를 이어감. 그르니에의 집을 자주 방문.

1935년(22세) 창작노트 《작가수첩》을 쓰기 시작함. 5월, 철학 문학사 취득. 여름에 폐병이 악화되어 해안가 마을 티파자에서 요양. 여고생들을 모아 가정교사를 함.
가을에 공산당 입당. 알제리에서 이슬람교도를 대상으로 선전활동을 함. 공산당 문화원 운동에 가담하여 그 일환으로 극단 '노동극장'을 창설함.

1936년(23세) 1월 미완의 소설 《행복한 죽음》(1971년 갈리마르사 출판)의 창작준비 시작. '노동극장'에서 마르코의 〈모멸의 시대(Le Temps du mépris)〉를 각색하여 상연.
3월, 2년 전 스페인의 내란을 소재로 한 《아스튀리의 반란》이 상영금지 당함. 훗날 샤를로 출판사에서 출간됨. 이 무렵 가브리엘 오디지오와 샤를로를 중심으로 '참다운 풍요'를 기치로 한 지중해 문학이 젊은이들 사이에서 크게 유행.

5월, 프랑스 본국에 인민전선내각이 성립.

7월, 스페인 내전 발발. 카뮈는 비폭력, 반파시즘 사상에 강하게 매료됨. 플로티노스와 성 아우구스티누스를 통한 헬레니즘과 기독교의 관계를 주제로 한 철학 졸업논문 제출(제목은 〈기독교 형이상학과 신플라톤 철학〉). 논문 심사에 합격하여 고등교육수료증을 받음.

여름, 아내와 친구와 함께 중앙 유럽을 여행. 귀국 뒤 이혼을 결심.

가을, 여대생 장 시카르, 마르그리트 도브란 등과 함께 알제리의 어느 언덕에 집을 빌려 '세계를 꿈꾸는 집'이라고 명명하고 공동생활을 시작.

1937년(24세)   '라디오 알제리'에 1년 계약으로 취직하여 배우로서 전국을 돌며 공연함. 희곡 《칼리굴라》 착상.

2월, 문화원에서 신지중해 문화에 대해 강연.

5월, 친구가 경영하는 샤를로 출판사에서 수필집 《안과 겉》 3백 부를 출간. 이 출판사에서 이듬해 창간된 잡지 〈리바주〉의 편집위원이 됨. 건강상 이유로 대학교수자격시험을 단념.

여름, 말로에 관한 평론 계획. 첫 파리 여행 중 건강이 악화되어 사부아 지방에서 요양.

9월, '세계를 꿈꾸는 집'의 여자친구들과 이탈리아 여행. 오랑 교외의 작은 마을 철학교사로 임명되나 타성과 침체를 우려하여 거절.

12월, 알제 대학 부속 기상학연구소에 취직. 이해 반프랑스 투쟁가 메사리 하지(이슬람교종교가)의 알제 인민당을 지지했다는 이유로 공산당에서 파면 당함. 그러나 '노동극장'이 해체된 뒤 흡수된 '협력극장'에서 〈카라마조프의 형제들〉을 상연할 때 카뮈는 이반 역을 맡음.

1938년(25세)   6월, 프랑신 폴과 만나 결혼.

10월, 기상학연구소를 나와 파스칼 피아가 주도하는 일간지 〈알제 레퓌블리캥〉 창간에 참여, 기자로서 활약. 잡보 기사, 사설, 의회 기사, 문학에 이르기까지 여러 분야를 담당했으며, 특히 알제리의 정치문제를 낱낱이 파헤치기도 했음. 12월, 친구 프레맹빌과 '카르프 출판'을 공동경영. 가을 무렵에 《작가수첩》에 《이방인》의 도입 부분을 씀.

1939년(26세)   '협력극장'에서 싱(Synge)의 〈서부의 멋쟁이(The Playboy of the Western World)〉를 상연, 대성공을 거둠.

5월, 단편집 《결혼》을 샤를로 출판사에서 출간.

9월, 제2차 세계대전 발발. 군대에 지원하지만 징병심사에서 불합격됨. 〈알제 레퓌블리캥〉지에 〈카빌리 지방의 비참함〉 등의 유명 르포가 속속 게재되어 커다란 반향을 부름.

10월, 정부의 탄압과 종이 부족으로 〈알제 레퓌블리캥〉이 폐간되어 석간지 〈수아르 레퓌블리캥〉지에 합병.

1940년(27세)   1월, 당국의 검열 요구에 불복하여 〈수아르 레퓌블리캥〉지 발간금지 처분.

2월, 재판소에서 이혼허가를 받음.

3월, 정부의 퇴거 권고를 받고 알제리를 떠나 파리로 이사. 피아의 소개로 대중일간지 〈파리 수아르〉의 편집자로 입사하여 주로 사무만 봄.

5월, 《이방인》 탈고.

6월, 프랑스, 독일에 전면 항복. 〈파리 수아르〉 편집진과 함께 국내를 전전함.

9월, 《시지프 신화》 전반부 집필.

12월, 리옹에서 프랑신과 재혼. 인원정리에 따라 신문사에서 해고당함.

1941년(28세)   1월 아내의 고향인 알제리 오랑으로 이사. 유대인 아이들이 많이 다니는 사립학교에서 교편을 잡음.

2월, 《시지프 신화》 탈고. 《페스트》를 구상.

4월, 피아와 말로의 주선으로 파리에 있는 갈리마르사에 '부조리 3부작'인 《이방인》, 《시지프 신화》, 《칼리굴라》의 원고를 보냄. 가끔 알제리를 방문하여 '협력극장'의 부활에 힘을 보탬.

1942년(29세) 봄, 각혈이 재발하여 오른쪽 폐가 상함. 샹봉 쉬르 리뇽의 오래된 농장에서 요양.

6월, 갈리마르사에서 《이방인》 출간. 커다란 반향을 일으킴.

8월, 프랑스 샹봉 부근 파늘리에의 외틀리 부인 집에서 요양.

11월, 연합군의 북아프리카 상륙작전으로 인해 알제리의 가족과 연락이 끊김. 그동안 희곡 〈오해〉와 《페스트》를 동시 집필.

12월, 갈리마르사에서 《시지프의 신화》 출간. 비평계 일각에서 카뮈를 절망의 철학자로 규정, 선전.

1943년(30세) 2월, 〈카이에 뒤 쉬드(Cahiers du sud)〉지에 사르트르의 '《이방인》 해설'과 그르니에의 짧은 평전이 실려 호평을 받음.

6월, 파리에서 사르트르의 〈파리〉 무대연습을 보러 갔다가 사르트르와 만남. 이해 말로, 보부아르, 레리스, 쿠노 등 지식인 친구를 얻음.

11월, 파리에 정착. 갈리마르사가 얻어준 방에서 원고심사일(플레야드 상 등)을 함.

1944년(31세) 피아의 뒤를 이어 레지스탕스의 지하출판물 〈콩바〉지의 편집을 맡음. '전국작가위원회'의 비밀기관지 〈레 레트르 프랑세즈(Les Lettres françaises)〉의 운영위원회에 가담함.

6월, 파리 마튀랭 극장에서 〈오해〉를 상연. 시덥지않은 반응.

8월, 파리 해방. 일간지로 격상한 〈콩바〉의 편집장이 되어 독일 협력자의 숙청을 주장.

10월, 기독교적 관용을 주장하는 모리악과 이 문제로 논쟁을 벌임.

1945년(32세) 1월, 독일 협력자인 작가 브라지악의 특사청원서에 서명.

5월 8일, 종전. 알제리에서 지드와 함께 이 소식을 들음. 전후 알제리에서 폭동 발발. 전국을 돌아다니며 〈콩바〉지에 폭동 상황 보고.

9월, 에베르트 극장에서 〈칼리쿨라〉 초연, 대성공을 거둠. 쌍둥이 자녀 장과 카트린 출생. 《반항하는 인간》의 출발점이 되는 《반항론》 발표.

1946년(33세)   2월, 삼촌 아코 죽음.

3~6월, 외교부의 '문화교류기구'로부터 파견을 받고 미국, 캐나다로 강연을 다님. 대학생들의 열렬한 환영을 받음. 하버드에서는 연극에 관해서, 뉴욕에서는 문명의 위기에 관해서 강연. 《페스트》를 어렵게 탈고.

7월, 레지옹 도뇌르 훈장 수상.

10월, 사르트르, 말로, 케스틀러, 스페르버 등과 정치문제 토론.

11월, 〈콩바〉지에 〈희생자도 없고 사형집행인도 없다〉(훗날 갈리마르 출판사의 간행물 《시사평론》에 수록) 게재. 이해 갈리마르 출판사의 《희망》 총서를 감수, 시몬 베유 등의 작품을 발굴.

1947년(34세)   1월, 브리앙송에서 요양.

6월, 경영의 어려움과 피아와의 갈등으로 〈콩바〉에서 손을 뗌. 갈리마르 출판사에서 《페스트》 출간, 베스트셀러가 됨. 수많은 비평가들이 카뮈를 덕망 있는 '무신론적 성자'로 찬양, 선전. 비평가상 수상.

8월, 그르니에와 브르타뉴를 여행. 처음으로 아버지의 무덤을 찾아감.

여름, 아비뇽에서 평생의 벗이 될 르네 샤르와 만남.

10월, 《반항하는 인간》 집필.

1948년(35세)   5월, '문화교류기구'로부터 파견을 받고 영국으로 강연을 떠남.

10월, 마리니에 극장에서 〈계엄령〉을 상연, 악평을 받음.

11월, 세계시민을 자칭하는 게리 데이비스를 지지.

1949년(36세)   3월, 〈칼리굴라〉의 공연을 계기로 런던을 방문.

사형선고를 받은 그리스 공산당원들을 위한 구명 호소.

6~8월, '문화교류기구'로부터 파견을 받고 남미로 강연을 떠났다가 건강이 악화되어 우울증에 걸려 자살충동에 빠짐.

10월, 각혈. 절대안정을 이유로 갈리마르 출판사에서 1년간

병가를 받고 프랑스 남부 카브리에서 요양.

12월, 에베르트 극장에서 〈정의의 사람들〉 상연.

1950년(37세)　《시사평론》 제1권 간행. 이해 파리와 카브리를 오가며 지냄.

1951년(38세)　10월, 〈아르〉지에서 브르통과 논쟁. 《반항하는 인간》을 갈리마르 출판사에서 간행.

11월, 수술을 받은 어머니를 병문안하러 알제리 티파자를 방문.

1952년(39세)　5월, 사르트르가 주관하는 잡지 〈레 탕 모데른(Les Temps Modernes)〉에서 프랑시스 장송이 《반항하는 인간》을 비판, 카뮈와 사르트르 간의 논쟁으로 발전. 사르트르와 결별하며 파리 문단에서 차츰 고립됨.

11월, 레카미에 극장 운영 신청. '스페인 공화국 친선모임'에서 연설. 프랑코 장군 영도하의 스페인이 국가로 인정받자 유네스코에서 탈퇴.

12월, 티파자 재방문 뒤 사하라의 오아시스 마을 구아트와 가르다이아를 여행.

1953년(40세)　6월, 앙제 연극축제에서 연출가 마르셀 에랑이 병으로 못 나오자 그를 대신하여 번안극 〈십자가에의 예배〉와 〈정령〉을 상연, 성공을 거둠. 여러 실패를 겪으며 실의에 빠진 나날을 보내던 카뮈는 이를 계기로 연극에 대한 정열을 다시금 불태움.

여름, 아내, 쓰러져 레망 호수에서 요양.

10월, 도스토옙스키의 〈악령〉 각색을 구상.

11월, 파리에서 회고전 '알베르 카뮈의 기록'이 열림. '알제리 소설대상'의 선고위원으로 발탁. 이해 자전적 소설 《최초의 인간》을 구상.

1954년(41세)　'알제리 소설대상'이 총독부의 후원을 받는다는 사실을 알고 위원직에서 사퇴. 아내의 건강악화가 겹쳐 집필 불능 상태가 됨.

10월, 네덜란드 여행.

11월, 원주민 무장 봉기에서 비롯된 알제리 전쟁 발발. 이탈리아 여행.

1955년(42세) 3월, 디노 부차티의 〈흥미 있는 경우〉 각색.

4월, 그리스를 여행하며 〈계엄령〉의 야외 상연을 다시 구상하고 연극에 관해 강연. 아내 호전.

6월, 자유주의 성향의 주간지 〈엑스프레스〉에 집필 재개. 주로 알제리 문제를 다룸.

여름, 샤모니에서 요양 뒤 이탈리아 여행.

9월, 포크너가 파리를 방문했을 때 〈어떤 수녀를 위한 진혼곡〉의 번역을 계약.

1956년(43세) 1월, 알제에서 휴전을 위한 강연집회를 열지만 현지 반응은 냉담. 이후 알제리 문제에 침묵, 《엑스프레스》와도 연락을 끊음.

5월, 갈리마르 출판사에서 《전락》 출간.

9월, 마튀랭 극장에서 〈어떤 수녀를 위한 진혼곡〉 상연, 호평을 받음.

《여름》의 속편으로 《축제》 집필 구상.

1957년(44세) 3월, 부다페스트 봉기. 탄압 반대 회합에 참여. 갈리마르 출판사에서 단편집 《적지와 왕국》 출간.

6월, 앙제 연극 축제를 지휘, 번안극 〈올메도의 기사(騎士)〉, 〈칼리굴라〉 상연.

10월, 노벨문학상 수상. 프랑스인으로 아홉 번째이며 최연소.

12월, 스톡홀름에서 열린 수상식에 참석하여 강연.

1958년(45세) 3월, 서문을 추가한 《안과 겉》의 개정판을 갈리마르 출판사에서 출간. 드골을 방문하여 알제리 문제를 의논.

6월, 드골 내각 성립. 알제리 연대기인 《시사평론》 제3권 출간. 이 저서를 통하여 알제리의 갈등과 해결책 강구를 위한 면밀한 분석의 필요성을 제창했으나, 유명 신문들은 아무런 논평도 하지 않음.

건강 쇠약. 미셸 갈리마르의 가족과 그리스 여행.

9월, 그르니에의 고향인 프랑스 남부의 루르마랭에 주택 구입.

1959년(46세) 1월, 앙투안 극장에서 〈악령〉 상연. 시도는 좋았으나 실패로

끝남. 르네 샤르에게 편지를 보내 딸의 병과 자신의 우울증을
호소. 카뮈가 극본을 쓴 TV드라마 《클로즈 업》 제1회 방송.
5월부터는 주로 루르마랭에서 지냄.
여름 무렵부터 죽기 직전까지 《최초의 인간》을 집필.
12월, 그르니에게 마지막 편지를 씀.
1960년(46세) 1월 2일, 파리로 돌아가는 가족들을 아비뇽 역까지 전송.
3일, 갈리마르 가족과 승용차에 동승하여 파리로 향함.
4일, 빌블르뱅 근교에서 큰길 옆 플라타너스를 들이받고 즉사.
6일, 루르마랭에 묻힘.

이혜윤(李惠允)
가톨릭대학교 불어불문학과 졸업. 이화여자대학교 일반대학원 불문과 석사과정 수료.
옮긴책 보부아르《처녀시절》《여자 한창 때》스탕달《파르마 수도원》동화일러스트판
도로테 드 몽프리드《이젠 나도 알아요》이자벨 주니오《이젠 나도 느껴요》라 퐁텐
《라 퐁텐 우화집》페로동화집《장화신은 고양이》등이 있다.

World Book 154
Albert Camus
L'ÉTRANGER/LA PESTE/LE MYTHE DE SISYPHE
이방인/페스트/시지프 신화
알베르 카뮈/이혜윤 옮김

1판 1쇄 발행/2011. 6. 1
1판 7쇄 발행/2021. 2. 25
발행인 고정일
발행처 동서문화사
창업 1956. 12. 12. 등록 16-3799
서울 중구 마른내로 144(쌍림동)
☎ 546-0331~6 Fax. 545-0331
www.dongsuhbook.com
잘못 만들어진 책은 바꾸어 드립니다.

＊
사업자등록번호 211-87-75330
ISBN 978-89-497-0747-1 04080
ISBN 978-89-497-0382-4 (세트)